윤리적 소비
행복한 소비

천경희 · 홍연금 · 윤명애 · 이성림
심　영 · 김혜선 · 고애란 · 제미경
김정훈 · 이진명 · 유현정 · 손상희 지음

윤리적 소비 행복한 소비

발행일 2023년 2월 10일 1쇄 발행

지은이 천경희, 홍연금, 윤명애, 이성림, 심 영, 김혜선
　　　　고애란, 제미경, 김정훈, 이진명, 유현정, 손상희
발행인 강학경
발행처 ㈜시그마프레스
디자인 우주연, 김은경
편 집 이호선, 김은실, 윤원진
마케팅 문정현, 송치헌, 김미래, 김성옥

등록번호 제10-2642호
주소 서울특별시 영등포구 양평로 22길 21 선유도코오롱디지털타워 A401~402호
전자우편 sigma@spress.co.kr
홈페이지 http://www.sigmapress.co.kr
전화 (02)323-4845, (02)2062-5184~8
팩스 (02)323-4197

ISBN 979-11-6226-427-0

머리말

전 지구적인 기후변화로 지속가능한 사회에 대한 관심이 높아지면서 윤리적 소비의 실천에 주목하고 있다. 인류가 지구촌에서 지속가능한 삶을 살아가려면 '지속가능한 발전'이 필수적이다. 윤리적 소비는 사회와 환경을 고려하여 의식적으로 선택하는 소비행동으로 '지속가능한 발전'을 실천하는 방법이다.

'지속가능한 발전'은 유엔환경계획의 세계환경개발위원회에서 1987년 '우리 공동의 이익', 일명 브란트란트 보고서에서 처음 제시한 개념으로 '환경적으로 건전하고 지속가능한 개발'을 실현하고자 하는 노력을 의미한다. 유엔은 2015년 총회에서 '지속가능한 발전을 위한 2030 의제'라는 이름으로 '지속가능한 발전목표(sustainable development goals, SDGs)'를 채택하고, 인류 모두가 지속가능한 발전 이행에 관심을 기울일 것을 기대하고 있다.

초기에 윤리적 소비는 착한 커피, 착한 초콜릿 등 '착한 소비'라는 이름으로 대중들에게 알려졌다. 연구소나 생산자들도 윤리적 소비를 주제로 다양한 연구를 진행하였고, 공정무역이나 녹색소비, 로컬소비 등을 다루는 도서가 출간되었다. 그러나 기존에 출간된 도서는 윤리적 소비의 일부만을 다루는 경우가 대부분이어서 각각의 관련 주제들을 모아 윤리적 소비라는 큰 틀 안에서 체계적으로 다루어 주는 책이 필요하다. 한편, 소비자학계에서도 소비자 개인의 효율성과 합리성에 주목하며 시장에서 소비자권리를 옹호하던 기존의 시각에 머무르지 않고 소비자의 책임과 도덕성에 대한 교육을 강화해야 한다는 주장이 지지를 받고 있다.

이러한 배경에서 가톨릭대학교에서 2010년 봄 처음으로 윤리적 소비를 체계적으로 교육하는 학부 교과목을 개설하였으며, 이어서 윤리적 소비 교육에 함께 하고자 하는 성균관대, 인하대, 인제대, 원광대에서 윤리적 소비 교과목을 운영하였고, 이후 순천대, 연세대, 충북대, 건국대, 충남대, 서원대, 서울대 등 여러 대학에서도 신설과목으로 개설하여 운영하고 있다.

유네스코 한국위원회는 지속가능발전 교육에 대한 이해 향상과 실천 역량 강화를 위해 '유네스코지속가능발전교육(education for sustainable development, ESD) 공식프로젝트인증제'를 주관한다. 윤리적 소비 교과목은 2012년 지속가능발전교육 공식프로젝트로 인증받은 이후로 2021년까지 인증 유효기간이 연장되었으며, 2022년도에는 프로젝트 인증 이후 10년 이상 지속가능한 발전을 위한 교육 증진 활동에 이바지한 공로로 감사패를 받았다.

가톨릭대학교는 윤리적 소비의 다양한 주제들을 하나의 책으로 묶어 강의교재로 활용하다가 이 주제에 관심을 가지는 사람들에게 윤리적 소비의 전체 내용을 안내하기 위하여 2010년『착한 소비 윤리적 소비』를 발간하였다. 2017년에는 윤리적 소비 교과목을 개설한 대학교의 교수님들이 모두 참여하여 전면적으로 내용을 개정한『행복한 소비 윤리적 소비』를 출간하였다.

최근에 전 지구적인 기후변화로 윤리적 소비의 필요성이 더욱 중요하게 대두되면서 책 개정의 필요성에 따라 유네스코지속가능발전교육프로젝트 공식인증 프로그램이 지향하는 전기관적 접근(whole-institutional approach) 요소와 유엔이 지향하는 SDGs, 기후변화에 맞추어 변화하는 기업의 ESG 경영 등의 내용을 보완하여 '윤리적 소비 행복한 소비'로 책 제목을 수정하여 전면 개정하였다.

책 개정은 참여하는 교수님들의 주 연구 분야에 따라 제1장은 이성림 교수, 제2장은 심영 교수, 제3장은 김혜선 교수, 제4장은 고애란 교수, 제5장은 제미경 교수, 제6장은 김정훈 교수, 제7장은 이진명 교수, 제8장은 천경희 교수, 제9장은 유현정 교수, 제10장은 홍연금 교수, 제11장은 윤명애 교수, 제12장은 손상희 교수가 각각 담당하였으며, 전체 개정 작업은 천경희 교수가 총괄하여 담당하였다.

이 책은 윤리적 소비와 관련된 모든 주제를 다루며 다음과 같이 구성하였다. 제1부 윤리적 소비의 이해에서는 윤리적 소비 각론으로 들어가기에 앞서 현대 소비사회의 특성을 이해하고, 소비윤리와 윤리적 소비에 대한 전체적인 틀과 내용을 담았다. 제2부, 제3부, 제4부는 윤리적 소비의 실천 영역으로, 영역별 순서는 기초적인 윤리적 소비라 할 수 있는 상거래상 소비윤리를 먼저 다루고, 구매운동

(buycotts)과 불매운동(boycotts)이라는 윤리적 소비의 방법론을 제시한 후, 구매운동의 구체적인 범주로서 녹색소비, 로컬소비, 공정무역 등을 차례로 살펴본다. 다음으로 윤리적 소비의 가장 높은 차원이라 할 수 있는 공동체운동과 절제와 간소한 삶, 기부와 나눔을 배열하였다. 마지막으로 윤리적 소비가 어떻게 우리의 행복한 삶과 연결되는지를 보여주고자 하였다.

이 책의 특성은 다음과 같다.

첫째, 윤리적 소비의 전체 모습을 담았다. 개별적인 주제에 관해서는 이 책보다 더 깊이 있고 체계적으로 다룬 단행본과 자료들이 많다. 그러나 이 책은 윤리적 소비가 단지 공정무역 상품이나 친환경 상품을 구매하는 '착한 소비'에만 국한하지 않고, 상거래윤리에서부터 공동체운동과 절제와 나눔에 이르기까지 소비자로서의 삶 전체에서 실천하는 행동임을 강조한다.

둘째, 각 주제별로 다양한 자료를 제시한다. 각 장의 도입 부분에는 EBS 지식채널e의 일부를 소개하여 주제에 들어가기 전에 생각해 볼 자료를 제공하였고, 최신 신문기사나 여러 자료를 제시하여 실제 현장에서 윤리적 소비가 어떻게 이루어지고 있는지 살펴볼 수 있도록 하였다. 각 장의 마지막 부분에는 해당 주제에 대해 더 자세히 탐구할 수 있는 단행본 도서, 영상자료를 차례로 소개하였다. 또한 윤리적 소비를 실천하는 소비자를 인터뷰한 내용을 각 장마다 소개하여 윤리적 소비자의 생활을 생생하게 느낄 수 있도록 하였다.

셋째, 윤리적 소비의 각 하위 주제별로 논란이 되는 주제를 '다른 생각 다른 견해'에 제시함으로써 각 실천 영역에 대한 이해와 생각의 깊이를 더할 수 있게 하였다.

저자들은 이 책의 일차적인 독자로 대학에서 윤리적 소비 관련 과목을 수강하는 학생들을 생각하였다. 이 책을 통해 학생들은 윤리적 소비의 개념을 이해하고 실천 방법을 파악함으로써 지속가능한 사회를 지향하는 의식적인 소비자로서 성장할 수 있을 것이다. 이 책으로 윤리적 소비 교육을 진행한다면 주차별 강의 주제에 맞추어 시의적절한 단행본 또는 시청각 자료를 보완함으로써 심도 있는 교육을 수행할 수 있을 것이다. 대학생들뿐 아니라 윤리적 소비에 대한 전체 개념을 조망하고 이해하려는 단체, 연구소, 기업의 관계자들에게도 이 책이 도움을 줄 수 있을 것으로 기대한다.

촉박한 일정에도 개정 작업에 힘써주신 여러 대학의 교수님들, 성심껏 최선을 다해 멋진 책을 만들어주신 ㈜시그마프레스의 강학경 사장님과 편집부에 진심으로 감사드린다.

2023년 2월
저자 일동

차례

제1부   윤리적 소비의 이해

제1장   현대 소비사회의 특성 / 3

생각해 봅시다   4

1. 소비사회의 발달   8

2. 현대 소비사회의 문화적 특성   9

3. 현대 소비사회의 문제   11

4. 현대 소비사회의 문제 해결을 위한 노력   22

현대 소비사회의 특성의 이해를 돕는 책   29

현대 소비사회의 특성의 이해를 돕는 영상   31

제2장   소비윤리와 윤리적 소비 / 35

생각해 봅시다   36

1. 소비윤리란 무엇인가?   39

2. 소비윤리의 내용은 무엇인가?   41

3. 소비윤리는 어떻게 실천하는가?   52

소비윤리와 윤리적 소비의 이해를 돕는 책   63

소비윤리와 윤리적 소비의 이해를 돕는 영상   65

제2부 윤리적 소비 실천의 기초

제3장 상거래 소비윤리 / 71

생각해 봅시다 72

1. 상거래 소비윤리란 무엇인가? 75

2. 상거래 소비윤리는 왜 지켜야 하는가? 78

3. 상거래 소비윤리는 어떻게 실천하는가? 94

4. 윤리적 소비자는 어떻게 사는가? 102

상거래 소비윤리의 이해를 돕는 책 106

상거래 소비윤리의 이해를 돕는 영상 108

제4장 구매운동 / 113

생각해 봅시다 114

1. 구매운동이란 무엇인가? 117

2. 구매운동은 왜 하는가? 118

3. 구매운동의 대상은 어떤 기업인가? 122

4. 구매운동은 어떻게 실천하는가? 137

5. 윤리적 소비자는 어떻게 사는가? 147

구매운동의 이해를 돕는 책 151

구매운동의 이해를 돕는 영상 153

제5장 불매운동 / 157

생각해 봅시다 158

1. 불매운동이란 무엇인가? 161

2. 불매운동은 왜 하는가? 167

3. 불매운동은 어떻게 실천하는가? 170

4. 윤리적 소비자는 어떻게 사는가? 179

불매운동의 이해를 돕는 책 183

불매운동의 이해를 돕는 영상 185

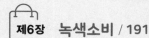

제3부   윤리적 소비 실천의 성장

제6장   녹색소비 / 191

생각해 봅시다   192

1. 녹색소비란 무엇인가?   195

2. 녹색소비는 왜 해야 하는가?   196

3. 녹색소비는 어떻게 실천하는가?   199

4. 윤리적 소비자는 어떻게 사는가?   221

녹색소비의 이해를 돕는 책   225

녹색소비의 이해를 돕는 영상   227

제7장   로컬소비 / 231

생각해 봅시다   232

1. 로컬소비란 무엇인가?   235

2. 로컬소비는 왜 해야 하는가?   238

3. 로컬소비는 어떻게 실천하는가?   240

4. 윤리적 소비자는 어떻게 사는가?   260

로컬소비의 이해를 돕는 책   265

로컬소비의 이해를 돕는 영상   267

제8장   공정무역 / 273

생각해 봅시다   274

1. 공정무역이란 무엇인가?   277

2. 공정무역은 왜 해야 하는가?   281

3. 공정무역은 어떻게 실천하는가?   284

4. 공정무역마을운동 현황   310

5. 윤리적 소비자는 어떻게 사는가?   316

공정무역의 이해를 돕는 책   321

공정무역의 이해를 돕는 영상   323

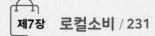

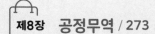

제4부 윤리적 소비 실천의 성숙

제9장 공동체운동 / 331

생각해 봅시다 332

1. 공동체운동이란 무엇인가? 336

2. 공동체운동은 왜 해야 하는가? 337

3. 공동체운동은 어떻게 실천하는가? 340

4. 윤리적 소비자는 어떻게 사는가? 375

공동체운동의 이해를 돕는 책 378

공동체운동의 이해를 돕는 영상 380

제10장 절제와 간소한 삶 / 385

생각해 봅시다 386

1. 절제와 간소한 삶이란 무엇인가? 389

2. 왜 절제하고 간소한 삶을 살아야 하는가? 392

3. 어떻게 절제하고 간소한 삶을 실천하는가? 400

4. 윤리적 소비자는 어떻게 사는가? 408

절제와 간소한 삶의 이해를 돕는 책 412

절제와 간소와 삶의 이해를 돕는 영상 414

제11장 기부와 나눔 / 417

생각해 봅시다 418

1. 기부와 나눔이란 무엇인가? 421

2. 왜 남을 돕는가? 424

3. 기부와 나눔은 어떻게 하는가? 431

4. 윤리적 소비자는 어떻게 사는가? 445

기부와 나눔의 이해를 돕는 책 450

기부와 나눔의 이해를 돕는 영상 452

제12장 윤리적 소비의 실천과 행복한 삶 / 459

생각해 봅시다 460

1. 윤리적 소비, 얼마나 실천하고 있는가? 463

2. 나는 윤리적 소비를 얼마나 실천하고 있는가? 467

3. 윤리적 소비를 실천하기 어려운 이유는? 467

4. 윤리적 소비를 실천하면 더 행복한가? 473

5. 윤리적 소비를 촉진하려면 어떻게 해야 하는가? 480

윤리적 소비의 실천과 행복한 삶의 이해를 돕는 책 485

윤리적 소비의 실천과 행복한 삶의 이해를 돕는 영상 487

▣ 찾아보기 491

제 **1** 부

윤리적 소비의 이해

01 현대 소비사회의 특성
02 소비윤리와 윤리적 소비

현대 소비사회의 특성

자본주의는 대중들이 대량소비를 하는 데 기대어 움직이는 체제다.
곧 소비자들에게 욕망을 부추김으로써 욕망의 확대 재생산을 무한히 증폭시켜
끊임없이 앞으로 나아가는 것이다.

우리가 소비자로서의 욕망을 스스로 자제할 수 없다면
지구상의 유한한 자원은 멀지 않아 바닥을 드러낼 것이다.
'소비로부터의 자유'가 절실하다.

– 김덕호, 『욕망의 코카콜라』 중에서

- '희한한 빵집'의 빵을 먹기 위해 멀리 도쿄에서 시골의 한적한 마을까지 몇 시간이나 걸려 찾아오는 이유는 무엇일까?
- 흔한 빵(상품)과 진짜 빵(상품)의 차이는 무엇인가?

희한한 빵집

EBS 지식채널e 2016. 4. 27.

호밀빵 있나요?
죄송합니다. 오늘은 그 빵을 만들지 않습니다.

건포도 호두빵 있나요?
죄송합니다. 다 팔렸습니다.

그럼 식빵은?
죄송합니다. 오늘은 휴무일입니다.

일본 남서부 오카야마현
그곳에서 다시 전철로 2시간
산 중턱 위 100년 된 고택에 문을 연 희한한 빵집
일주일에 사흘 : 휴무
일 년에 한 달 : 장기 휴가
나오는 빵 : 요일마다 다름
빵 가격 : 시중의 약 4배

늦게 오면 치즈빵은 없으니까
아침부터 와서 기다렸죠.
빵이 달지 않은데 이렇게 맛있다는 게 정말 신기해요.
이 빵을 먹기 위해 도쿄에서 왔습니다.

그 빵의 재료 : 달걀, 버터, 우유, 설탕이 아닌
농약과 비료가 섞이지 않은 그 지역의 밀과 깨끗한 물

고택에는 접착제나 방부제 같은
화학물질이 없어요.
그래서 시골의 깨끗한 공기와 어울려서
'이것'이 살기 좋은 환경이 되죠.

특유의 단맛, 독특한 신맛, 묵직한 맛,
수십 가지 전혀 다른 맛을 내는 '이것'
'천연 효모'

천연 효모는 모두 맛과 향이 다릅니다.
천연 효모의 생명활동으로 빵의 다양하고 깊은 맛이 탄생합니다.

빵 고유의 맛과 향을 위해 기다려야 하는 시간
최소 10시간에서 최대 3일
인공 효모를 쓴다면 3시간이면 완성되는 빵
빨라지는 대신 '빵 맛'을 내기 위해 추가되는 설탕과 버터
인공 효모가 가져온 값싸고 달콤한 흔한 빵들의 전성시대

제빵 보조로 일할 때 하루 15시간 이상씩
빵을 그저 찍어내듯 만들었습니다.
일을 하면 할수록 회의가 들더군요.
내가 만드는 게 음식일까? 상품일까?

빨리 많이 만들수록 낮아지는 빵의 가격
빨리 많이 만들수록 값싸지는 일자리
빨리 많이 만들수록 낮아지는 삶의 질
악순환에서 벗어나기 위한 어느 제빵사의 선택

진짜 빵을 만들자!
살아 있는 빵을 만들자!

천연 효모를 살려 '진짜 빵'을 만드는 제빵사 와타나베 이타루
그의 경영원칙
내가 사는 고장의 재료 쓰기, 천연 효모로 정성껏 만들기, 정당한 가격에 적당량만 팔기,
빵을 잘 만들기 위해 반드시 빵을 안 만드는 시간 갖기

많은 사람들이 묻습니다.
왜 더 많은 빵을 만들지 않나요?

깨끗한 자연의 산물 천연 효모는 인간이 욕심내지 못하게 합니다.
무한히 생산할 수 있는 존재가 아니거든요.
저는 그저 효모의 목소리에 귀 기울이고 그 목소리에 따라 빵을 굽습니다.
그게 가장 자연스러우니까요.

참고 : 시골빵집에서 자본론을 굽다, 와타나베 이타루, 더숲, 2014

소비윤리는 현재 우리의 소비생활에 대한 문제인식으로부터 출발한다. 따라서 소비윤리를 논의하기에 앞서 과잉 소비와 과잉 폐기를 부추기는 오늘날 소비사회의 특성과 문제점을 경제, 사회, 환경적 측면에서 고찰하고자 한다. 우리 인류가 공동으로 당면한 소비사회 문제를 해결하기 위해 국제사회는 2030년까지 달성해야 하는 구체적인 지속가능발전 목표를 설정하고 기후협약을 이끌며 변화를 촉구하고 있는데, 성공 여부는 전 세계, 특히 경제적으로 발달한 선진국 소비자와 기업이 얼마나 행동으로 실천하는가에 달려있다. 소비자는 자신의 소비가 타인과 환경에 미치는 영향을 인식하고 사회와 환경에 유익한 선택을 추구하는 윤리적 소비를, 기업은 ESG와 윤리경영을 실천해야 하는 필요성에 대해 논의하고자 한다.

1. 소비사회의 발달

근대적인 소비사회의 시작은 19세기 말의 산업혁명으로부터 시작되었다. 새로운 과학기술의 발전으로 철도, 전보, 전화 등 근대식 교통 · 통신 인프라가 구축됨으로써 대량으로 생산된 제품들을 전국으로 공급하는 것이 기술적으로 가능하게되었고 본격적인 대중소비시대의 서막이 올려졌다(질 리포베츠키 저, 정미애 역, 2009). 제품 판매를 촉진하고 소비자의 구매와 소비를 안내하는 기제들, 예를 들면 백화점, 브랜드, 포장, 광고와 같은 시장 요소들이 처음으로 생겨난 것도 이 시기이다. 저렴한 가격으로 판매하는 대형상점과 대형할인매장이 급속도로 증가하였으며, 대중이 소비사회의 주체가 되는 소비사회가 도래했다. 소비자들의 경제 수준이 높아지고 중산층이 부상하는 소비사회에서 소비생활을 이끌어 가는 중요한 가치는 물질적으로 풍요로운 삶을 향유하는 것이다. 산업사회 초기에는 가정마다 자동차와 텔레비전를 비롯하여 생활의 편리를 가져다주는 각종 가전제품 등을 구비하여 안락한 생활을 영위하고, 더 좋은 제품을 더 많이 소유하는 것이 소비생활에 있어서 중요한 가치가 되었다.

소비사회가 고도화됨에 따라 소비를 통해 표출되는 생활양식이 자신이 소속된 사회 계층이나 사회 집단의 사회적 정체성을 나타내고, 개성을 드러내며 정체성을 표현하고, 적극적으로 원하는 정체성을 구성하는 중요한 기제가 되었다(Bourdieu, 1984). 현대 소비사회에서 소비하는 제품과 서비스는 성공을 드러내는 기호이자 사회적 지위의 징표로 작용한다. 따라서 소비재의 선택에 있어서 제품이 내포하는 상징이 중시되고, 제품은 사회적 소속감이나 자아정체성을 드러내는 차별화의 코드로서 소비된다.

소비자의 제품과 서비스 선택의 기준이 기능보다 개인적 · 사회적 정체성을 표출하고 구성하는 상징과 기호로서의 사회문화적 가치가 중요해지면서 제품을 구매하는 이유는 그런 것이 없거나 망가지거나 사용가치가 떨어져서가 아니라 광고, 드라마, 유명 연예인의 소비로부터 끊임없이 새롭게 창출되는 이미지를 갖추고 소비사회에 뒤처지지 않고 참여하고자 하는 소비욕망에 따른 것이다. 소유하는 물질과 소비생활 양식을 통해 사회적 우월감을 드러내고 타인의 사회적 · 경제적 정체성을 판단하기도 한다.

　고도소비사회에서 소비를 부추기는 다른 중요한 기제는 소비의 즐거움을 추구하는 쾌락적인 동기이다. 감정적, 신체적, 감각적, 미학적이고 관계를 중시하며 재미있고 기분을 전환해 주는 상품과 서비스에 소비자들은 열광한다(질 리포베츠키 저, 정미애 역, 2009). 특별한 경험과 감각을 느끼고 젊음과 건강을 유지하는 등 개인의 취향과 선호를 충족시키는 소비를 통해 행복감을 느끼고 보다 나은 삶을 살고 있다고 여긴다. 소비사회에서 소비는 즐기고 일상의 생활공간에서 작은 기쁨을 느끼며, 스스로에게 보상을 주는 하나의 놀이로서 개인의 삶에 깊숙이 들어와 있다.

2. 현대 소비사회의 문화적 특성

상품과 서비스가 상징과 코드로서 소비되고, 소비를 통해 즐거움과 쾌락을 추구하는 현대 소비사회의 특성은 과시소비, 물질주의, 상징소비, 소비주의라는 네 가지 개념으로 설명되는데, 그 내용을 고찰하면 다음과 같다.

1) 과시소비

우리는 일상적 삶에서 과시적으로 살아가는 모습을 쉽게 찾아볼 수 있다. 과시적 여가, 과시적 여행, 과시적 소비를 비난하면서도 남에게 보이기 위한 과시적 행태로부터 자유로울 수 없다. 산업시대 초기부터 상층계급은 경쟁적 소비를 하고 하층계급은 모방적 소비를 따라하며 소비를 통해 신분적 위계를 드러냈다(Simmel, 1978: chap. 5, 6). '과시소비'라는 용어를 처음으로 사용한 소스타인 번드 베블런(T. B. Veblen)은 산업시대 초기 부유층인 유한계급은 근면과 협동과 같은 직업윤리보다 부의 과시에 집중한다고 비판했다. 베블런에 따르면 과시소비란 실용성을 떠나서 의례와 과시를 위해서 부유함을 상징하는 소비에 몰두하는 것이다(Veblen, 1953, pp. 41-80). 연예인을 비롯한 유명인의 과시소비는 사회 전반에 모방 소비와 경쟁적 소비를 부추긴다. 사회 전반에 제품 소비를 촉발시키기를 원하는 사업자들이 자사의 제품을 이용하는 유명인의 모습을 보여주기 위해 이들에게 고가의 비용을 지불하고 광고를 만들거나 여러 가지 방법을 동원하는 이유가 바로 여기에 있다.

2) 물질주의

현대 소비문화를 특징짓는 물질주의는 재화의 소유, 축적, 쾌락적 소비에 대한 강한 욕망, 행복과 성공을 위해 물질의 소유와 돈이 중요하다는 가치, 물질적 소유가 삶의 중심이 되며 인생의 만족과 불만족을 초래하는 가장 큰 원천이라는 믿음으로 정의할 수 있다(송인숙, 1991; Belk, 1984; Richins & Dawson, 1992; Ward & Wacknam, 1971). 소비사회의 물질주의 성향을 연구한 리친스와 다슨(1992)에 따르면 물질주의의 주요 특성은 다음과 같다. 첫째, 물질의 소유가 삶의 중심을 차지하여 물질의 획득 자체가 중요한 의미를 지니며, 삶을 구성하고 행동을 결정짓는다. 둘째, 물질의 소유를 통해 행복을 추구한다. 물질의 소유나 획득 과정에서 행복을 느끼고 삶에 만족감을 경험한다. 셋째, 물질의 소유를 통해서 삶의 성공 여부를 판단하는 특성이 있는데, 소유물과 소비 수준이 자신과 타인의 성공을 판단하는 기준이 된다. 물질주의 성향이 강한 사람은 물질적 소유를 통해 삶이 행복해질 수 있다는 믿음이 강하다. 그러나 물질주의가 사람에게 미치는 영향에 대한 연구들은 물질주의 성향이 높을수록 주관적 안녕감이 낮을 뿐 아니라 자존감이 낮고 외로움과 불안 수준이 높다는 일관된 결과를 보고하고 있다.

3) 상징소비

재화는 세계관을 인지하고 표현하는 매개체이기도 하다. 우리가 일상생활에서 많은 것을 구매하고 소비하는 이유는 기능적인 효과를 얻기 위해서(영양을 공급하기 위해 음식을 먹는 것이나 몸을 보호하기 위해 옷을 입는 것 등)뿐만 아니라 상품이 내포하는 의미에 이끌리는 경우가 많다. 의미를 지닌 재화의 소비를 통해 사람들은 자기를 표현하고 상호 간에 의미를 전달하기도 하는데, 재화의 기능적 사용을 넘어 자아정체성을 전달하거나 의사소통을 하는 수단으로서의 소비를 상징소비라고 한다. 현대자본주의 사회에서 상품은 본래적 실용성보다도 자신을 표현하고 드러내는 소비의 상징성과 상호 의미 전달을 위한 매개체로서의 역할이 중요하다(보드리야르 저, 이상률 역, 1991).

4) 소비주의

과시소비, 물질주의, 상징소비라는 현대 소비문화의 특징은 모두 소비주의로 귀결된다. 소비주의는 제품 구입을 통해 만족을 추구하고 소비욕구의 만족을 목적이나 의무처럼 생각하는 태도이다(손상희, 1997). 소비주의는 삶의 목표로 재화의 소유와 소비가 중요하게 인식되는 사회에 만연한 시대사조가 되었다. 현대인들은 소비를 통해 자신들의 개성이나 사회적 지위를 보여 줄 수 있고 또한 자신이 갖고 있던 욕망이나 꿈을 실현하기도 한다(Ferraro, 1991). 생산기술의 발달과 더불어 운송수단 및 광고매체의 발달, 그리고 인터넷의 발달로 인해 이제 세계는 하나의 거대한 시장이다. 소비주의가 지배하는 "지구는 떠돌고 있는 하나의 거대한 상점이다" (White, 2005). 현대 소비사회의 소비문화는 한마디로 '소비를 위한 소비'라고 할 수 있다(박선정, 2006).

3. 현대 소비사회의 문제

소비재의 교체와 구입은 일상적으로 매우 빈번하게 이루어지고, 이 과정에서 막대한 양의 자원이 소비되고 폐기된다. 제품이 대량으로 생산되고 대량으로 소비되는 현대 소비사회가 겪고 있는 문제를 환경, 경제, 사회적 측면에서 고찰하고자 한다.

1) 환경오염

화학 살충제의 오용이 어떻게 생물과 가축, 인간을 위험에 빠뜨리는지를 상세하게 기술한 한 권의 책, 『침묵의 봄』이라는 책을 통해 미국의 여류 생물학자 레이첼 카슨은 각종 세제, 화장품, 해충 방지제와 살충제 등 일상적인 소비생활에서 광범위하게 사용되는 유해한 화학물질에 의한 환경오염 문제의 심각성을 일깨웠다. 미국 농촌 지역의 많은 마을에서 소와 양 떼뿐만 아니라 사람들도 병에 걸리거나 사망하는 일이 빈번하게 일어나고 봄을 알리는 새들의 소리를 들을 수 없게 된 원인이 농작물의 해충 피해를 방지하기 위해 사용하는 살충제에 있었다. 이 책은 밭과 초지에 뿌려진 살충제가 어떻게 토양과 하천 및 지하수를 오염시키고 인체에 흡수되어 사람에게까지 해를 입히는지 그 경로를 잘 설명해 주고 있다.

숲, 과수원, 밭에 살충제를 아주 조금 사용한다고 해도 몇 년 동안 반복되면 엄청난 양이 토양 속에 쌓이게 되고(레이첼 카슨, 83 : 4-5), 이런 토양에서 자란 작물은 살충제를 흡수한다. 살충제가 뿌려진 토양에 비가 내리면 살충제 성분은 땅밑의 지하수, 시냇물, 강, 저수지 등으로 이동하게 된다. 수질을 오염시키는 원인은 농작물과 정원, 숲과 밭에 뿌려진 살충제뿐 아니라 도시와 마을에서 흘려보낸 생활폐수, 공장에서 나오는 산업폐기물 등 다양하다. 미국의 수질오염 전문가들은 세제야말로 상수원의 가장 심각한 오염원이라고 지적한다. 시냇물과 우리가 마시는 물에 화학물질이 포함되어 있다는 증거는 도처에서 발견된다(65 : 9-10).

각국의 규제 기관은 '허용량'이라는 오염의 최대 한계치를 설정하고 있다. 허용량 기준은 동물을 대상으로 한 유독물 실험을 토대로 문제를 일으키는 양보다 훨씬 낮게 설정되기 때문에 이 안전 기준을 지키는 한 문제가 없다고 주장한다. 그러나 소규모이지만 매일 또는 매년 지속적으로 화학물질에 노출되면, 계속해서 떨어지는 물방울이 단단한 바위에 구멍을 뚫는 것처럼, 셀 수 없이 다양한 식품 속에 포함된 화학물질의 양을 각기 더해 그 전체를 측정하기는 어렵다. 엄격하게 통제된 동물 실험실 상황과 달리, 토양이나 물이나 인간의 핏속으로 유입된 화학물질은 독자적으로 존재하지 않고 서로 섞이게 되면 그렇지 않던 물질도 유독성분으로 바뀌는 알 수 없는 변화가 일어나기도 한다. 레이첼 카슨은 이 경우 특정 식품의 화학잔류물 안전 기준을 논하는 것은 의미가 없다고 주장한다. 새로운 사실이 밝혀지면 물질에 따라 허용량을 축소하거나 취소하기도 하는데 대중이 이미 충분히 위험한 수준에 노출된 이후에나 가능하다. 레이첼 카슨은 '잔류 허용량 기준'은 농부와 제조업자들에게 생산 비용 절감이라는 혜택을 주지만 사람이 먹는 음식에 독성 화학물질 사용을 허가하는 것이라고 비판한다.

공기 중에 떠다니는 오염물질, 오염된 물, 잔류 농약, 약품과 화장품, 목재용 방부제, 페인트와 잉크 등의 착색제 등에도 발암물질인 비소가 존재하고, 살충제, 제초제, 곰팡이 제거제, 플라스틱 제품 제조에 사용되는 가소제, 의약, 옷, 절연체 등에 널리 사용되는 우레탄 역시 암을 유발하는 발암물질로 알려졌다. 우리는 일상생활에서 매우 미미한 양이지만 다양한 발암물질에 노출되기 쉽다. 정상세포가 악성세포로 변하는 방식에 관한 암세포의 기원을 연구하는 독일 막스 플랑크 연구소의 생화학자 오토 바르부르크 박사에 따르면 세포가 다량의 발암물질을 한꺼번에 흡수하면 바로 죽지만 소량을 반복적으로 흡수하면 세포들이 상해를 입은 채로 살아남게 되고 이렇게 살아남은 세포가 암세포로 전이된다고 한다. 따라서 발암물질에 안전치가 존재할 수 없고, 또한 두세 종류의 발암물질이 함께 작용하면 한 가지 화학물질이 다른 물질에 영향을 미쳐서 그 효과가 더욱 복잡해지기도 한다(레이첼 카슨, pp. 259-267). 레이첼 카슨은 사람들이 흘려 보낸 화학물질도 자연의 순환에 따라 움직이는 생태학적 관점에서 문제를 인식해야 한다고 주장한다. 이러한 물질들이 음식과 식수와 공기 속의 남아 있게 되는데 인체에 수년간 지속적으로 계속 흡수되어 피해를 입을 수 있다.

카슨에 따르면 대부분의 발암물질을 만들어낸 장본인은 바로 인간이다. 좀 더 편하고 쉬운 생활을 추구하는 과정에서 암을 유발하는 물질이 우리 환경에 등장하게 되었다. 우리는 음식과 식수와 대기를 오염시키는 발암물질을 제거하기 위해 노력해야 한다. 사람들은 원하기만 하면 그 위험물질의 상당수를 없애버릴 수 없다. 소비자가 선택할 수 있는 방법은 화학물질로 오염된 땅에서 재배한 농작물과 그것을 원료로 하여 제조된 제품의 소비를 거부하는 것이다.

한편 플라스틱은 매년 4억 톤 정도가 생산되는데 이 중 한 번만 사용하고 버려지는 일회용 포장 플라스틱(쇼핑백, 음식물 포장, 용기, 빨대, 컵, 일회용 수저, 포크 등)이 차지하는 비중은 약 36% 정도이다(UNEP, 2018). 일회용 포장용 플라스틱은 세계적으로 매년 1~5조 개, 1분에 약 1,000만 개가 소비되고 있다. 이는 지구를 1시간에 7회 돌거나 프랑스 면적의 두 배를 덮을 수 있는 분량이라고 한다. 한국의 1인당 연간 포장용 플리스틱 사용량은 세계 최고 수준으로 알려지고 있다.

전체 플라스틱 쓰레기의 약 50%는 일회용 플라스틱 포장재로서, 일회용 플라스틱 사용은 엄청난 규모의 쓰레기를 배출한다. 플라스틱 쓰레기 중 재활용되는 비중은 9%에 불과하고, 약 12%는 소각되며, 거의 대부분에 해당하는 79%는 매립되어 버려진다(UNEP, 2018). 버려진 플라스틱은 생분해되지 않기 때문에 미세플라스틱(미세입자)으로 잘게 쪼개져 땅과 바다에 분포하는데, 먹이사슬을 거쳐서 결국 사람들이 먹는 어류, 해양생물, 소금, 수돗물, 생수에서 미세플라스틱이 검출되고 있다.

　최근 독일 바이노리트 대학의 연구에 따르면 플라스틱에서 방출되는 비스페놀 A는 환경호르몬의 일종으로서 인체에 유해한 영향을 미칠 가능성이 높다고 한다. 음식 포장재로 많이 사용되는 스트로폼은 발암성 독성 화학물질인 스티렌과벤젠을 함유하고 있어서 음식 용기로 사용하면 음식에 흘러 들어갈 우려가 있으며 특히 음식물을 용기에 넣은 채 가열하면 위험성이 증가한다. 플라스틱이 주는 위험으로부터 벗어나고 환경을 보호하기 위해 소비자들이 가방이나 장바구니를 이용하고 카페나 식당, 음식물 포장에 일회용 플라스틱을 사용하지 않으며, 과대포장을 거부하는 등 플라스틱을 줄이는 단순한 행동부터 실천해야 한다.

2) 자원 고갈

천연자원 고갈, 환경오염, 개발도상국의 폭발적인 인구 증가, 핵무기 개발 등 인류를 위기에 빠뜨릴 심각한 문제들에 대한 해결책 모색를 위해 세계 여러 국가의 과학자, 경제학자, 교육자, 경영자들이 모여서 민간연구 단체인 로마클럽을 설립하여 연구 프로젝트를 수행하고 1970년에 '성장의 한계'라는 보고서를 발표했다. 이들은 인구 증가, 공업 산출, 식량생산, 환경오염, 자원 고갈 등 5가지 요소에 대해 1900년부터 1970년까지의 자료를 이용하여 성장 계수를 도출하고 이 비율로 계속 증가한다는 가정하에서 2100년까지의 추세를 분석하였는데, 인구는 급격히 증가하는 한편 부존자원은 기하급수적으로 감소하여, 결국 가용 부존자원의 양이 인구 성장을 지탱할 수 없는 상황이 도래할 것이라는 결론에 도달했다.

　인류를 위협하는 과잉인구, 환경오염, 자원 고갈, 식량부족 등의 문제들은 그중 어느 것 하나를 해결하려면 다른 부분을 훼손시켜야 하는 상호의존적 관계로 얽혀 있어서 문제 해결이 더욱 어렵다. 예를 들면 식량 생산을 늘리기 위해 더 많은 숲을 개발하고 더 많은 비료와 농약을 사용하면, 환경을 해치게 되어 결국에는 사람이 살 수 없는 환경이 될 수 있다. 늘어나는 인구를 먹여 살리기 위해서 투자를 늘리고 경제 개발을 하게 되면 자원 고갈이 앞당겨지게 된다. 결국 인류의 미래에 대해 현재의 성장추세가 감소되지 않는 한 환경적 재앙과 붕괴가 초래될 수밖에 없다는 비관적 전망을 내놓았다. 이러한 내용을 담은 로마클럽의 보고서는 국제사회에서 공동의 노력으로 지속가능발전을 추진하도록 하는 결정적인 계기가 되었다.

3) 기후변화

최근 세계 곳곳에서 가뭄, 홍수, 태풍, 대형 산불 등으로 인한 피해를 겪으면서 극심한 기후변화를 체감하고 있다. 여름철 아시아 지역 전반에 걸친 극심한 폭우, 미국에서는 서부지역의 이례적인 폭설과 한파, 더욱 강력해  진 중부지역의 토네이도와 동남부 해안지역의 태풍, 호주에서 6개월 이상 지속된 대형 산불, 남미와 아프리카 지역의 극심한 가뭄과 폭염, 북극과 남극의 빙하 해빙, 시베리아 동토층의 해빙, 알프스와 히말라야 빙하의 해빙 등 가시적인 기후변화의 징후는 인류에게 기후변화 문제의 심각성을 일깨우고 있다.

기후변화가 일어나는 원인은 자연적인 원인과 인위적인 원인으로 구분된다. 자연적 원인으로는 지표에 도달하는 태양의 복사 에너지량에 따라 지표면의 온도가 변하기도 하고, 화산이 폭발하여 화산 분출물이 대류권에 도달하는 태양 빛을 감소시키거나, 지구 움직임의 변화에 따라, 예를 들면 지구의 공전궤도는 10만 년을 주기로, 지구의 자전축은 4만 년을 주기로 조금씩 바뀌고 있는데, 이로 인해 태양에너지를 받는 양이 달라져서 기후가 변할 수 있다(국가기후위기적응정보포털, https://kaccc.kei.re.kr/).

그러나 현재 진행되는 기후변화는 지구를 둘러싼 대기권의 온실가스 농도 증가에 기인한 인위적인 요인에 의한 것으로 밝혀졌다. 온실가스는 대기 중의 열을 흡수하여 저장하는 온실효과를 일으키는 기체인데, 온실가스 농도가 높아져서 지구 복사열을 과다하게 흡수하여 지구의 에너지 균형이 깨지면서 지구의 온도가 높아지는 것이다. 대표적인 온실가스는 이산화탄소, 메탄, 프레온가스, 질소 등이며, 이 가운데 이산화탄소가 전체 온실가스의 약 88.6%를 차지하여 이산화탄소 배출이 기후변화에 미치는 영향이 가장 크다(기후정보포털, http://www.climate.go.kr/

그림 1-1 한국의 온실가스 배출량 순위
출처 : KBS NEWS(https://news.kbs.co.kr/news/view.do?ncd=5065059)

home/09_monitoring/info/co2_intro).

이산화탄소, 메탄 및 아산화질소의 대기 중 농도는 산업혁명이 시작된 1750년 이후부터 현저하게 증가했다. 이산화탄소 농도는 산업화 이전 280ppm에서 현재 410ppm으로 증가했는데, 이는 최근 200만 년간 전례가 없을 정도의 매우 높은 수준이다(IPCC, 2007; IPCC 2021). 이산화탄소는 인간 활동에 의해 인위적으로 발생하는 온실가스로서 주로 석유와 석탄 등의 화석연료를 사용할 때 배출되며 개발로 인한 산림의 감소도 이산화탄소 농도에 영향을 미친다. 메탄과 아산화질소는 농업과 축산업 부문에서 주로 배출된다(IPCC, 2021). 20세기 중반 이후 지구 평균 기온 상승은 이와 같은 인위적인 온실가스 농도가 증가하여 발생한 것으로서 결국 현재 우리가 겪고 있는 기후변화는 사람들이 스스로 초래한 것이라고 할 수 있다(IPCC, 2021).

2011~2021년 전지구 지표면 온도는 산업화 이전(1950~1900년) 대비 1.09°C 상승했는데, 현 수준의 온실가스 배출량을 유지한다면 2021~2040년 중에 지구 온도가 1.5°C 이상으로 상승할 것으로 전망되고 있다(IPCC, 2021).

기후변화는 극심한 홍수, 태풍, 폭설, 가뭄, 화재 등 감당하기 어려운 자연재해를 불러일으킬 뿐 아니라 생태계 교란, 해수면 상승, 농작물 수확량 감소 등의 피해를 통해 인간의 생명과 삶을 터전을 위협한다. 한국대기환경학회(2011)에 따르면 기후온난화에 따른 문제는 다음과 같다. 첫째, 기온 증가와 더불어 폭우, 폭설, 가뭄, 한파, 폭염과 같은 이상 기상 현상이 더 빈번해지고 더욱 강력해진다. 둘째, 온도가 상승하면 물이 팽창하고, 육지의 빙하, 만년설, 그린란드와 남극지방의 빙상 등이 녹아서 해수면이 상승하게 되는데, 해수면이 상승하면 고도가 낮은 태평양 섬들과 항구, 해안 농경지와 주택 등이 침수되어 세계적으로 8,000만 명 이상이 삶의 터전을 잃고 이주해야 할 것으로 예측되고 있다. 셋째, 기온 증가는 산림분포 지역과 생태계의 변화를 초래한다. 세계의 곡창지대로 알려진 지역에서 강수량이 감소하고 병충해가 증가하여 식량 생산이 감소하는 한편, 기후 변화로 인간, 가축, 농작물 등의 전염병이 쉽게 발생하고 세계로 확산되어 인류의 생명을 위협하는 건강상의 피해가 점점 증가할 것으로 예상되고 있다. 경제 개발을 위한 생태계 파괴로 인해 멸종위기에 놓인 생물이 급증하면서 '생물다양성'이 급격히 감소하고 있는데, 기후변화로 인한 농작물 피해나 조류독감, 메르스, 결핵, 코로나 등의 전염병이 발생하고 전파되는 빈도가 잦아지는 현상은 생물다양성의 소실과 연관이 있다고 한다.

세계불평등보고서(2021)에 따르면 국제적인 소득과 자산의 불평등은 탄소배출량 불평등, 즉 기후변화에 대한 기여도의 불평등과 밀접한 연관이 있다. 탄소배출량이 가장 많은 선진국의 상위 10% 인구가 배출하는 이산화탄소 양은 전체 배출량의 약 50% 이상을 차지할 정도로 높지만, 탄소배출량이 작은 저개발 국가 인구의 50%가 배출하는 양은 전체 배출량의 12%에 불과하다. 그러나 홍수, 가뭄, 폭풍 등 기후변화의 피해는 모두에게 같지 않으며 지역에 따라 다르고, 같은 지역 내에서도 차이가 큰데, 탄소배출을 가장 적게 하는 국가와 인구층이 보다 많은 피해를 입고 있다. 탄소배출량이 적은 중남미, 아프리카, 남아시아의 저개발국가, 소규모 도서 개도국, 북극 지역에서 기후변화로 인하여 식량부족과 물 부족, 자연재해로 삶의 터전을 잃는 등의 피해가 빈번하게 발생하였고, 같은 지역 내에서는 피해를 방어할 자원이 부족한 빈곤층 등 취약계층에 피해가 집중되었다(IPCC, 2022).

기상이변, 기후변화 대응 실패, 자연재해, 생물다양성 손실 등 기후변화와 관련된 요인들은 인류가 직면한 가장 심각한 위협요인이다(세계경제포럼, 2021). 현재의 온실가스 배출량과 기후변화 속도를 고려하면 현 세대도 그 피해를 비껴가기 어려운 실정이며 다음 세대의 미래는 보장하기 어렵다. 상품의 생산과 유통, 구매, 사용, 폐기 과정에서 화석연료의 사용이 불가피한 실정에서 현재 인류의 소비 규모를 고려하면 이산화탄소 배출량은 그야말로 어마어마하다. 인류의 생존을 위협하는 기후변화를 억제하는 방법은 온실가스 농도를 낮추는 것인데, 이산화탄소와 메탄 등의 온실가스 배출을 억제함으로써 가능하다. 기후변화 문제를 해결하기 위한 전 인류의 즉각적인 행동이 절실히 요구된다. 온실가스 배출을 줄이기 위해서 우리는 무엇을 할 수 있으며 해야 하는가? 우리는 우리 스스로를 위하여 이 질문에 대한 답을 찾고 실천해야 한다.

4) 경제발전과 행복의 역설

경제가 발달하고 소득이 증가할수록 물질적으로 풍요로운 생활을 영위할 수 있다. 경제가 성장하면 평균 수명이 길어지고 여가 시간이 증가하여 삶의 만족도가 높을 것으로 생각하지만 사회가 물질적으로 풍요로워질수록 불면증, 불안증, 우울증에 시달리는 사람도 증가한다. 제2차세계대전 이후부터 1970년까지 14개국 국민들을 대상으로 소득 수준과 행복 수준 사이의 관계를 연구한 미국의 경제학자 이스털린(R. Easterlin)은 경제성장이 인류의 삶을 이롭게 하리라는 당시 사회 전반에 지배적인 위치를 차지하던 가치에 의문을 제기하는 의외의 연구결과를 발표했다. 이스털린(1970)에 따르면 한 국가 안에서 소득이 증가할수록 개인의 행복 수준은 증가하지만, 국가 간의 비교에서 국민의 행복 수준은 1인당 국민소득에 비례하지 않는다. 다른 나라보다 앞서서 경제발전을 이룬 미국의 경우 1946년에서 1970년까지 1인당 국민소득은 지속적으로 증가했지만 행복하다는 사람의 비율은 1960년과 1970년 사이에 오히려 감소했다. 이러한 현상을 '행복의 역설', 또는 이스털린의 이름을 따서 '이스털린의 역설'이라고 한다.

이후의 연구(Inglehart, 1996)에서 〈그림 1-2〉에 나타난 바와 같이 국민소득이 매우 낮은 수준에서는 소득이 증가할수록 국민의 행복 수준이 소득 수준에 비례하여 증가하지만, 일단 기본 욕구가 충족되면 더 이상의 소득 증가는 삶의 만족도에

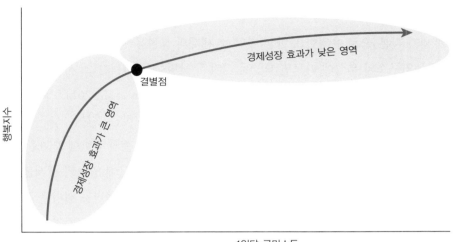

그림 1-2 국민소득과 행복지수
출처 : 이정전(p. 42)

영향을 미치지 않는다. 평균적으로 1인당 국민소득이 1만 달러에서 1만 5,000달러 수준까지는 소득이 증가할수록 국민의 행복지수도 증가하지만, 이 기준점을 넘어서면 소득이 증가하더라도 행복은 크게 증가하지 않는데, 국민의 행복수준이 소득의 영향으로부터 분리된다고 해서 이 기준점을 **결별점**(decoupling point)이라고 한다(이정전, 2008). 개발도상국에서는 국민소득의 향상과 더불어 영양상태나 위생상태가 개선되어 국민의 건강상태가 나아지는 경향이 있는 반면, 선진국에서는 치열한 경쟁 속에서 스트레스와 우울증에 시달리는 사람이 증가하거나 지방과 탄수화물 섭취가 증가하여 비만 위험이 증가하는 것처럼 삶의 질에 부정적인 영향을 미치는 새로운 인자가 나타난다(이정전, 2008).

사람들은 물질적인 소유와 소비로부터 즐거움을 느끼지만 이러한 즐거움은 일시적이며 점차 사라지는 경험을 한다. 이스털린의 역설은 '돈으로 행복을 살 수 없고' 가장 소중한 가치는 시장에서 살 수 없음을 시사한다(브루노 프라이, 알로이스 스터처, 2008).

5) 경제적 불평등과 사회문제

『21세기 자본』으로 유명한 토마 피케티 등 세계의 불평등 연구자들이 이끄는 세계 불평등연구소의 분석에 따르면 오늘날 경제적 불평등은 20세기 초 서구 제국주의 가 정점에 이르렀던 시기와 비슷한 수준이라고 한다(Lucas et al., 2021). 오늘날 전 세계인의 소득 가운데 소득이 낮은 하위 50% 인구가 차지하는 부분은 서구 유럽과 이들의 식민국가 사이에 격차가 크게 벌어졌던 1820년 수준의 절반에 불과할 정도 로 불평등 상황이 심각하게 악화되었다는 것이다. 가장 최근에 발표된 세계불평등 보고서(Lucas et al., 2021)에 제시된 사항을 중심으로 경제적 불평등 현황을 구체적 으로 살펴보면, 세계에서 가장 부유한 10% 인구가 전체 세계 소득의 절반 이상인 52%를 차지하는 한편, 소득이 낮은 절반의 인구가 차지하는 소득 점유율은 8.5% 에 불과하다. 자산 불평등은 이보다 훨씬 심각한데, 세계 인구 중 자산이 가장 많 은 10%의 인구가 전체 세계 자산의 76%를 차지하는 반면, 자산이 적은 전체 인구 절반이 보유하는 부분은 2%에 불과하다. 특히 1990년대 중반 이후에 축적된 자산 의 약 38%는 상위 1% 부자들의 수중에 들어갔는데, 이러한 격차는 자산이 많을수 록 자산이 더욱 가파르게 증가한 데 기인한다(피케티 외 25인, 2017: 79]. 즉, 자산 이 자산을 축적하는 과정이 되풀이되면서 자산의 극심한 불평등으로 인해 점점 더 소수의 수중에 경제적 권한이 더욱 집중되었다는 것이다.

우리나라도 예외는 아니어서, 전체 인구 가운데 소득이 낮은 50%의 인구층이 차지하는 소득점유율은 국민 전체 소득의 약 16%에 불과하지만, 소득이 많은 상위 10%는 약 46.5%를 차지하였으며, 자산은 하위 50%의 인구층이 약 5.6%를 차지한 반면, 상위 10%는 약 58.5%를 차지하는 것으로 나타나고 있다. 이 가운데 상위 1% 의 점유율은 소득은 약 14.7%, 자산은 약 25.4%이다. 이처럼 우리나라 전체 인구 가 가진 모든 자산의 약 4분의 1 이상은 자산이 가장 많은 상위 1%에 집중되었다 (Chanel, Piketty, Saez, 2022).

소득과 부의 불평등의 심화는 개인과 사회에 여러 가지 부정적인 영향을 미친 다. 사회적으로 과도한 불평등은 경제성장 둔화, 국내 총생산 감소 및 불안정을 초 래할 뿐 아니라 경제력이 있는 소수에게 권한이 집중됨으로써 민주주의의 약화,

공정성과 정의 등의 사회적 가치 훼손, 국가적 정체성의 위기 등의 문제가 발생하는 값비싼 대가가 뒤따른다(스티글리츠, 2020 : 41). 개인 생활에 있어서도 경제적 불평등은 생활여건, 건강, 교육 등의 생활 전반에 걸친 불평등을 낳는다. 일류 대학교를 우수한 성적으로 졸업한 사람들은 대체로 좋은 일자리를 얻을 수 있지만, 이러한 기회는 부모의 학력이 높고 부유한 가정에서 태어나지 않으면 가지기 어렵다면 성공의 기회가 모든 사람에게 공정하게 주어졌다고 하기는 어려울 것이다.

불평등은 개인의 삶에도 직접적인 영향을 미치는데, 사람들은 지위 경쟁에서 뒤처지지 않기 위하여 삶의 많은 부분을 포기하게 되고 개인의 삶, 가족과의 삶, 친구와 친지와의 관계, 지역사회 내에서의 생활은 축소될 수밖에 없다(라이시 저, 오성호 역, 2002). 어린아이들조차도 미래를 위하여 수면 시간과 놀이 시간을 줄이고 공부에 몰두하며 분주하게 살고 있는 현실이다. 알랭 드 보통(정영목 역, 2012)에 따르면 소득 불평등이 클수록 사회적 지위가 능력에 따른 서열화라고 생각하여 사회적 평가에 대한 우려, 지위에 대한 불안감도 증가한다. 능력 중심의 자본주의 사회에서 지위 보전에 실패한 사람들은 자기 자신을 수치스럽게 생각하고, 불안정한 직종이나 직업에 종사할 경우 개인의 자아실현에 대한 기대와 직업에 대한 실제 경험 사이의 괴리 속에서 자존감에 상처를 입으며 실망과 불안감이 생기게 된다.

경제적 불평등이 큰 사회에서 상대적으로 불리한 위치에서 상대적 박탈을 경험하는 사람들은 지위불안과 스트레스에 시달리기 쉬운데, 일차적으로 면역계와 신진대사시스템에 이상이 생기고 심장병, 고혈압, 또는 다른 질병에 걸리기 쉬운 상태가 되며, 간접적으로는 흡연, 비만, 알코올 중독 등 건강을 악화시키는 습관에 빠지게 됨으로써 건강에 부정적인 영향을 미친다(Adjaye-Gbewonyo & Kawachi, 2012). 공중보건학자들의 연구에 따르면 소득격차 큰 국가에서 우울 등 정신질환을 겪는 환자 수, 십 대 출산율, 비만율, 불면증 환자가 증가하는 등 건강 문제가 빈번하게 발생하고, 살인율, 수감율, 유아사망율 등 부정적인 지표가 높은 반면, 사회적 신뢰도나 사회 이동성 등 바람직한 지표는 낮은 경향이 뚜렷하게 나타났다(리처드 윌킨슨, 케이트 핏킷, 2012).

소득격차가 큰 사회에서는 평등한 사회보다 상대적 위치와 사회적 지위가 더욱 중시되는 사회적 분위기가 형성된다. 개인의 경제적 능력을 보여 주는 현실적인 방법은 돈을 낼 능력이 있다는 것을 보여 주는 과시적 소비로서, 치열한 지위경쟁은 소비경쟁으로 표출되기 쉽다. 소비자는 원하지 않더라도 자신을 좋게 포장하고 긍정적인 인상을 남기고 타인에게 무능하게 보이지 않기 위해 더욱 소비에 몰입하게 되고 결국은 과소비와 낭비가 만연한 소비주의 문화가 만연하게 된다(Frank, 2007).

세계불평등연구소(Lucas et al., 2021)에 따르면 1980년대 이후 세계화의 물결을 타고 자유시장경제 체제의 세계적인 확산과 더불어 세계 거의 모든 국가에서 소득과 자산의 불평등은 증가했지만, 국가마다 어떤 경제 및 사회 정책을 채택하는가에 따라서 불평등의 증가 정도는 차이가 크다. 따라서 경제적 불평등은 불가피한 것이 아니라 사회적인 선택의 문제이며, 국가마다 불평등을 완화하는 행동을 채택할 필요가 있다(Chanel, Piketty, Saez, 2022; 조지프 스티글리츠, 2020).

4. 현대 소비사회의 문제 해결을 위한 노력

1) 국제적 노력

기후변화 문제를 해결하지 않고는 인류의 미래가 불확실하고 경제적 불평등 문제를 해결하지 않으면 인류 공동의 행복한 삶을 보장하기 어렵다. 따라서 기후문제와 불평등 문제의 심각성을 인지하고 문제 해결을 위한 결단력 있는 행동과 과감한 조치가 요구된다. 국제사회는 일찌감치 기후변화와 경제발전의 한계에 대해 인류 공동의 대응을 촉구해 왔는데, 이러한 대응은 오늘날 기후변화협약과 지속가능발전목표를 중심으로 추진되고 있다.

국제사회의 기후변화협약은 대기 중 인위적인 온실가스 농도의 안정화를 달성하기 위해 체결한 1992년 유엔기후변화협약을 시작으로 '차별화된 책임 원칙'하에 국가별 온실가스 감축 의무와 의무 이행 방식 등을 규정한 1997년 '교토의정서'를 거쳐서, 2015년에 파리기후변화협정을 채택하고 2020년부터 국제사회는 새로운 기후체제에 돌입하였다(김상만, 2016). 파리기후변화협정은 지구 온난화 방지를 위해 온실가스를 줄이자는 전 지구적 합의안으로서 지구의 평균 온도 상승을 산업화 이전 대비 2도보다 낮은 수준으로 유지하고 1.5도로 제한하는 목표를 수립하였다. 파리기후협약은 모든 국가가 기후행동에 참여하며 5년 주기로 이행 사항을 점검하여 기후변화 완화를 위한 노력을 강화하도록 규정했다. 파리기후협정은 195 개국 이상의 당사국이 참여하여 국제적으로 구속력 있는 국제조약을 만들고, 참여국이 전 세계 배출량의 95%를 차지한다는 점에서 성과가 있을 것으로 기대를 모으고 있다.

사회적 형평성과 환경문제를 개선하기 위해 UN을 중심으로 지속가능발전을 추구하는 국제적인 노력이 1972년 스톡홀름 유엔인간환경회의를 시작으로 오늘날까지 지속되고 있다. 지속가능발전은 현재 세대의 필요를 충족시키기 위하여 미래 세대가 사용할 경제·사회·환경 등의 자원을 낭비하거나 여건을 저하시키지 않고 서로 조화와 균형을 이루는 발전을 추구하는 것을 목표로 한다(UN, 2015). 2015년 뉴욕에서 열린 제70차 유엔총회에서는 지속가능발전 목표(sustainable development goals, SDGS)를 달성하기 위해 '단 한 사람도 뒤처지지 않게(Leave

그림 1-3 지속가능발전 목표
출처 : 지속가능발전포털(www.ncsd.go.kr)

no one behind)'라는 슬로건과 함께 인간, 지구, 번영, 평화, 파트너십이라는 5개 영역에서 인류가 나아가야 할 방향성을 17개 목표와 169개 세부 목표로 제시하고 2030년까지 이행할 것을 결의하였다(지속가능발전포털, http://ncsd.go.kr/unsdgs?content=1). UN이 제시한 지속가능발전 목표는 사회 안정과 통합, 환경 보전이 균형을 이루는 경제성장을 추구하고, 전 세계적으로 확대되고 있는 기후변화와 빈곤 등 범지구적 문제를 해결하며, 좋은 사회가 어떠해야 하는지에 대한 총제적인 비전을 제시하고, 구체적인 지속가능발전 목표의 틀 안에서 국가마다 세부적인 실행 목표를 수립하고 모든 국가들이 공동의 노력을 경주하도록 하였다는 점에서 의의가 크다(UN, 2015).

2) 소비자의 윤리적 소비 실천

앞에서 고찰한 바와 같이 현대 소비사회는 지나친 물질주의와 소비주의, 그로 인한 자원 고갈과 환경오염 문제, 나아가 기후변화, 소득불평등, 삶에 대한 불만족 등의 문제들을 해결해야 하는 과제와 도전에 마주하고 있다. 소비자는 어떤 노력을 해야 하는가? 풍족함이 곧 행복임을 말할 수 없는 우리 시대의 역설을 극복하기 위해 더 나은 생활방식에 대한 지혜를 찾아볼 필요가 있다.

현대 소비사회의 다양한 문제를 해결하기 위해서는 소비자 자신의 소비 선택이 그가 속한 지역과 사회의 경제, 문화, 정치, 자연생태 등에 어떠한 결과를 야기하는가에 대해 인식하는 것으로부터 출발할 것이다(심영, 2009). 시장에서 소비자의 선택은 개인의 사적 행동이지만 선택에 수반된 사회적 책임을 인식하고 개인적인 소비 만족의 추구가 사회 전체의 복지와 조화를 이루어야 한다는 인식의 전환이 필요하다. 소비의 목적을 전적으로 개인적인 소비욕망을 추구하는 데 두기보다는 지속가능한 소비, 친환경 소비, 사회적 약자를 배려하는 소비, 지역공동체의 삶을 복원하는 소비, 간소한 삶 등 윤리적인 측면을 동시에 추구함으로써 급속한 경제성장과 대중소비사회의 환경적·사회적 문제를 해결하는 데 소비자들도 동참하고 기여할 수 있다.

지구온난화를 방지하고 지속가능한 발전을 실현하기 위해 소비자들은 자원이용과 환경파괴를 최소화할 것을 인식하여 미래 세대의 욕구충족을 저해하지 않는 지속가능소비를 실천할 필요가 있다. **지속가능소비**는 1994년 오슬로에서 개최된 지속 가능한 소비 심포지엄에서 처음으로 언급된 용어인데, "미래 세대가 위험에 처하지 않도록 제품의 생애주기 전반에 걸쳐 자연자원 및 독성 물질의 사용과 쓰레기와 오염물질 배출을 최소화하는 상품과 서비스를 사용하는 것"을 의미한다. 환경에 대한 부정적인 영향을 줄이는 방식으로 생산된 녹색상품, 친환경 상품을 소비함으로써 지속가능한 소비를 실천할 수 있다. 보다 근본적으로는 과도하거나 불필요한 소비를 하지 않음으로써 자원 고갈, 환경 훼손, 과도한 폐기물, 온실가스 배출을 줄일 수 있기 때문에 오늘날에는 소비 욕구와 욕망을 절제하고 전반적으로 소비 규모를 줄여나가는 새로운 소비 생활양식을 구축하고 실천하는 행동이 더욱 강조되고 있다. 시장이 요구하는 대로 상품을 구매하고 소비하는 욕구만을 따른다면 더 나은 삶에 대한 희망을 갖기 어려울 것이다(질 리포베츠키 저, 정미애 역, 2009). 소비생활에서 낭비적인 요소들을 재조정하고 새로운 생활방식을 채택하는 용기와 지혜가 요구된다. 소비가 적정 수준에서 이루어질 때 생산량이 억제되면 자원 사용과 온실가스 배출이 감소하므로 지속가능한 발전을 이룰 수 있을 것이다(송인숙, 천경희, 2016).

경제활동에 있어서 사회적 책임은 기업뿐 아니라 소비자에게도 요구된다. 윤리적 소비란 소비자에게 요구되는 사회적으로 책임 있는 소비이다. 여기서 소비자의 사회적 책임이란 경제적 및 법적 책임을 넘어서 지속가능한 소비에 대한 책임, 동시대의 인류를 위한 책임을 포함하는 개념이다(홍연금, 송인숙, 2010). 구체적으로 시장에서 거래를 할 때 지켜야 하는 상거래 윤리, 윤리적으로 바람직한 제품을 구입하는 **구매운동**(바이코트, buycott), 윤리적으로 바람직하지 않은 제품을 구매하지 않는 **불매운동**(보이코트, boycott), 소비가 환경에 미치는 영향을 고려하는 **녹색소비**, 지역사회와 제3세계 노동자의 복지를 고려하는 **로컬소비와 공정무역소비**, 더 나아가 서로 돕고 더불어 사는 삶을 추구하는 **지역공동체운동**, 소비 이외의 가치 있는 삶의 양식을 복원하는 **간소한 삶** 등의 소비운동에 소비자가 참여하고 실천함으로써 일상적인 소비생활에서 구현될 수 있다. 윤리적 소비는 개인 소비자의 삶뿐만 아니라 소비자와 직접적 연관이 있는 거래 당사자, 소비를 통해 연결된 노동자, 함께 살아가는 이웃의 삶과 우리를 둘러싼 환경에 긍정적인 변화를 불러일으키고, 현대

소비사회의 다양한 문제를 해결하는 데 소비자가 동참할 수 있는 가장 좋은 방법
이 될 것이다.

3) 기업의 ESG 경영

현대 소비사회에서 기업은 환경과 상품 시장뿐만 아니라 일자리와 고용, 임금 등
과 관련하여 경제 전반과 사회구성원의 삶의 복지에 지대한 영향을 미친다. 특히
거대 기업은 막대한 자본력을 토대로 지역사회와 사회 전반에 강력한 영향력을 행
사하고 있다. 현대 소비사회의 많은 문제는 기업의 잘못된 관행으로부터 비롯되어
나타나기도 한다. 소비자 복지에 대한 무관심, 무책임한 자원낭비, 비윤리적 행동
등 기업의 바람직하지 못한 행태에 대한 비판은 끊임없이 제기되고 있으며, 최근
기업의 규모가 확대되고 기업의 사회적 영향력이 커지면서 기업의 윤리적 경영과
사회적 책임에 대한 요구는 더욱 강력해지고 있다.

기업이 추구하는 기업 목표는 경제성(생산성 향상)뿐 아니라 사회성(사회와의
공존)과 환경성(자연과의 공존)이라는 세 가지 기본 목표를 포함하는 방향으로 이
동할 것이 요구되고 있는데(서인덕, 배성현, 2011), 이는 기업의 ESG 경영을 통해
이룰 수 있다. ESG란 환경(environmental), 사회(social), 지배구조(governance)의 약
자로서 기업의 비재무적 성과 측정 지표를 구성하는 개념들이다. ESG는 기업이
지속가능발전을 추구하는 국제사회의 노력에 동참하여 기여할 수 있는 구체적인
행동 지침이 되고 있다.

기업의 ESG 경영은 지속가능성을 추구하는 기업의 비재무적 성과 측정 지표로
서도 활용된다. 점점 더 많은 투자사와 연금기금이 기업의 ESG를 기준으로 투자
결정을 내리기도 한다. 투자 의사결정에 기업의 재무적 성과뿐 아니라 환경과 사
회에 대한 책임, 기업의 지배구조와 같은 비재무적 성과를 고려하는 것이다. 예를
들면, 세계 3대 연기금 중 하나인 노르웨이 국부펀드는 석탄, 담배, 핵무기를 생산
하는 기업과 환경오염을 일으키는 기업, 부패하거나 인권을 침해하는 기업을 투자
대상에서 제외하고, 미국의 스탠더드앤푸어스(S&P)나 무디스와 같은 신용평가 기
관은 기업의 신용을 평가할 때 기업의 ESG 요소를 중시한다(한국개발원, 2021).

기업의 ESG 경영은 기업 가치를 평가하는 기준으로서뿐만 아니라 소비자의 제

그림 1-4 ESG

출처 : https://blog.naver.com/csh569874/222878393547

품선택 기준이 되기도 한다. 그러나 ESG 경영은 기업 가치 향상과 기업에 대한 소비자의 호의적 태도를 끌어내기 위한 도구라기보다는 기업이 중요한 사회구성원으로서 지속가능발전에 동참하고 기여하는 하나의 방법이 되어야 한다.

자본주의는 인류 진보에 긍정적이었나

자본주의를 바라보는 시선은 두 가지로 나눌 수 있다. 비판적인 관점은 자본주의가 제도적 특성인 무한경쟁, 개인의 이윤추구, 자본의 논리 등으로 인해 필연적으로 불평등을 낳게 되며 타인의 희생을 전제로 하여 성장을 이룸으로써 세계 절대 다수가 고통받는다고 본다.

그러나 이러한 자본주의의 특성으로 인해 많은 진보를 이루었으며 과학 및 의학의 발달과 정치사상의 진보 등 헤아릴 수 없는 발전이 있었다는 견해도 있다. 또한 자본주의는 역사적으로 봉건사회에서 귀족의 지배를 받던 농노를 자유민으로 해방시키는 역할을 하였으며 프랑스 혁명을 통해서 '인권 의식', '소유권' 등과 같은 평등권과 인민주권을 가져다주는 데도 기여하는 등 인류 진보에 긍정적인 결과를 낳기도 한 것이다.

『자본주의를 의심하는 이들을 위한 경제학』에서 저자 조지프 히스는 우파는 시장만능주의, 인센티브 및 경쟁제일주의, 세금에 대한 알레르기 반응 등을 내세우면서 이에 따른 비용은 무시하며, 좌파는 가격 및 임금 조정, 자본주의 붕괴에 대한 환상, 하향평준화를 가벼이 여기는 태도 등을 내세우면서 이에 따른 비용은 무시하는 등 우파와 좌파 모두 자본주의를 완벽하게 이해하지 못하는 점을 나무라고 있다.

이처럼 자본주의는 무한경쟁, 불평등과 같은 부정적인 측면도 있지만 민주화, 자유와 해방, 성장, 발전 등 긍정적인 측면도 지닌다는 서로 상반된 견해가 존재한다. 이러한 상반된 견해를 어떻게 보아야 할까.

『자본주의를 의심하는 이들을 위한 경제학』
조지프 히스 지음, 노시내 옮김, 마티, 2009

토론해 봅시다

1. 자본주의에 기반한 현대 소비사회의 경제적 특성과 문제점에 대한 자기 자신의 체험과 이에 대해 느낀 감정에 대해 이야기를 나눕시다.

2. 기후변화에 대한 좌파와 우파의 견해는 무엇인가? 기후변화 문제 해결을 위해 나는 무엇을 해야 하는가?

침묵의 봄 레이첼 카슨(2020), 에코리브르

20세기에 가장 큰 영향력을 미친 책으로 일컬어지는 『침묵의 봄』은 무분별한 살충제 사용으로 파괴되는 인간과 야생 생물계의 모습을 적나라하게 공개했다. 언론의 비난과 이 책의 출판을 막으려는 화학업계의 거센 방해에도 카슨은 환경 문제에 대한 새로운 대중적 인식을 이끌어내며 정부의 정책 변화와 현대적인 환경운동을 촉발시켰다. 『침묵을 봄』을 읽은 한 상원의원은 케네디 대통령에게 자연보호 전국 순례를 건의했으며, 이를 계기로 지구의 날(4월 22일)이 제정되었다.

평등이 답이다 : 왜 평등한 사회는 바람직한가? 리처드 윌킨슨, 케이트 피킷(2014), 이후

왜 사회계층이 낮을수록 건강이 좋지 않은 것일까? 경제 불평등이 개인의 정신적 · 육체적 건강에 미치는 영향에 대해 연구한 바 있는 리처드 윌킨슨은 동료 케이트 피킷과 함께 사회 전체의 신뢰 수준, 폭력과 살인 등의 범죄율, 십 대 출산과 사회의 계층 이동성까지 포괄하는 광범위한 사회문제의 공통된 뿌리를 경제 불평등에서 찾았다. 평등한 사회는 불평등한 사회보다 일관되게 좋은 사회적 성과를 보인다. 중요한 것은 물질적인 지표나 경제성장이 아니라 평등이다. 사회가 평등하지 않을 때 선진국의 건강과 사회문제는 근본적으로 개선될 수 없으며 극심한 불평등으로 발생한 문제를 해결하는 최선의 길은 불평등 자체를 줄이는 것이라는 아주 단순한 메시지를 전달한다.

핀란드 사람들은 왜 중고가게에 갈까? 박현선(2020), 헤이북스

현대사회는 '쉬운 소비와 빠른 폐기'가 부른 환경문제에 골머리를 앓고 있다. 해답의 실마리는 '일상이 된 중고 문화'에 있었다. 헬싱키는 '순환 경제'의 현장이었다. 산업혁명과 함께 탄생한 선형 경제에서는 자원이 순환될 수 없었는데, 기존의 '처분'에서 끝나던 제품을 수리나 재활용, 재사용 등의 과정을 통해 다시 사용 가능하게 만들고 있었다. 무엇보다 개인이 중고 문화에 참여함으로써 소비자가 물건의 수명을 늘이는 주체가 되어 있었다. 이 책에서 저자는 핀란드 중고 문화의 성격을 잘 보여주는 기부형 중고 가게, 판매 대행 중고 가게, 빈티지 상점, 벼룩시장 및 중고 거래 행사 등을 저자의 경험과 함께 현지 관련 인물들의 인터뷰를 통해 자세히 소개했다.

우리는 플라스틱 없이 살기로 했다 산드라 크라우트바술(2016), 양철북

우리는 화학물질의 바다에서 살고 있지만, 일상적으로 쓰는 수많은 플라스틱과 비닐의 성분이 무엇인지, 그것이 구체적으로 건강과 환경에 어떤 영향을 미치는지 잘 모른다. 그저 쓰레기 분리배출은 잘한다고 스스로 우쭐해하던 보통의 가족이 감히 '플라스틱 없이 한 달 살아 보기'에 도전했다. 이들 가족의 이야기를 따라가다 보면, 넘쳐나는 플라스틱이 왜 문제인지, 우리의 건강과 환경에 어떻게 영향을 미치는지, 왜 재활용 시스템만을 믿어서는 안 되는지 등 우리 삶과 환경의 관계를 바라보는 새로운 시야를 얻게 된다. 그리고 '나도 이 정도는 해볼 수 있겠다'는 용기와 아이디어를 얻을 수 있다. 작은 모래알이라도 모이면 더 큰 변화를 일으킬 수 있다.

나는 쓰레기 없이 살기로 했다 비 존슨(2013), 청림

덜 갖추고 사는 것이 생활에 결핍을 불러오지는 않는다. 잡동사니 서랍이 집 안에 몇 개나 있는가? 그 안에 없으면 못 살 물건이 뭐가 있나? 이런 물품들을 집 안에 남겨두면 소중한 공간만을 차지할 뿐이다. 필요하지 않은 물품은 처분하자. 그러면 그것이 차지하는 공간을 되찾을 수 있다. 가진 것이 적다면 걱정할 일도 적어진다. 충동적인 소비를 줄이고 쓰레기를 창출하는 모든 소비생활은 한번 점검한 뒤 양보다는 질에, 물건보다는 경험에 집중하도록 간소한 생활방식을 만들어나가자. 비우면 비운만큼 행복해질 것이다.

파타고니아 : 파도가 칠 때 서핑을 이본 쉬나드(2020), 라이팅하우스

이본 쉬나드는 자연을 사랑하는 한 인간이자 성공한 사업가로서 자신이 몸소 체득한 교훈을 전달하기 위해 이 자전적 경영 철학서 『파타고니아, 파도가 칠 때는 서핑을』을 썼다. 그는 환경 위기에 대한 해법을 모색하고 실천하는 데 사업을 이용하기로 결심한다. 이런 신념을 바탕으로 쉬나드는 환경 피해를 줄이는 기능성 원단을 개발하고, 모든 면제품을 유기농 목화로 제작했으며, 매년 매출의 1퍼센트를 자연환경의 보존과 복구에 사용하는 '지구세(Earth Tax)'를 도입했다. 파타고니아를 경영하는 데 있어서도 돈을 위해 원칙을 포기하지 않았다. 그 결과 유행을 타지 않고 오래 입을 수 있는 아름다운 제품으로 소비자들의 마음을 사로잡았고, 지구를 되살려야 한다는 목표도 실천하며 유례없는 성공을 이루었다.

KBS 방송 : 타일러의 지구를 지키는 20가지 제안

https://www.youtube.com/watch?v=Gqh8ZVY8xk0

지금까지 더 나은 지구를 위해 우리가 할 수 있는 일들에 대해 알아보았어요! 누구나 마음만 먹으면 시작할 수 있는 행동들! 외면하지 않고, 또 미루지 않고 더 나은 지구, 나아가 더 나은 우리의 삶을 위해 오늘부터 작은 실천을 시작해 보기로 해요!

1. 온도 편
2. 쓰레기 줄이기 편
3. 텀블러 사용하기(플라스틱으로부터 바다 지키기)
4. 분리수거 제대로 하기
5. 당신이 몰랐던 이메일의 역습
6. 대중교통 이용하기
7. 어린 수산물은 먹지 마세요
8. 종이를 아껴서 지구를 지켜요
9. 음식물 쓰레기를 줄여요!
10. 위험도가 높은 화학 세제 사용을 줄여요!

11. 기업에 영향을 미치는 현명한 소비로 환경을 지켜요!
12. 자전거 타기로 이산화탄소 배출량을 줄여요!
13. 나와 당신을 위한 달리기, 줍깅!
14. 대체 불가 자원인 물! 물을 아껴요!
15. 저…저… 전기도둑 잡아라! 대기전력 낭비 막고 지구를 지켜요!
16. 약을 잘못 버리면 지구에 독이 됩니다!
17. 마스크! 올바르게 사용하고 올바르게 버리는 게 지구를 지키는 힘이 됩니다!
18. 저탄소 인증 농산물 밥상으로 지구와 건강을 함께 지켜요!
19. 지구 환경을 사랑하는 마음을 충전! 리필을 통해 지구를 지켜요!
20. 가장 중요한 것은 실천! 우리 모두 조그만 것부터 바꿔나가봐요!

참고문헌

김상만(2016). 신기후체제 파리협정(Paris Agreement)의 역사적 의의와 한계에 대한 고찰, 아주법학, 9(4), 225-249.

박시원(2016).파리협정과 Post-2020 신기후체제의 서막, 환경법과 정책, 16, 285-322.

브루로 프라이, 알로이스 스터처 저, 김민주, 정나영 역(2008). 경제학, 행복을 말하다, 미래경제를 이끌어갈 핵심키워드, 예문

서인덕, 배성현(2011). 기업윤리, 경문사.

손상희(1997). "소비사회와 청소년 소비문화", 한국가정관리학회지, 제15권 4호, 341-353.

송인숙(1991). "물질주의에 관한 고찰", 성심여자대학교 생활과학연구논집, 11(1), 91-104.

송인숙, 천경희(2016). "지속가능발전 교육(ESD)의 관점에서 본 윤리적소비 교육프로그램의 특성과 의의", 소비자정책교육연구, 12(3), 191-215.

심영(2009). "소비자의 사회적 책임에 관한 연구", 소비자학 연구, 제20권 2호, 81-119.

이성림(2006). "소비자학 분야의 소비문화 연구에 대한 소고". 소비문화연구, 9(2), 127-249.

이정전(2008). 우리는 행복한가, 경제학자 이정전의 행복방정식. 한길사.

한국개발원(2021). 지속가능한 성장을 위한 기업의 노력, ESG경영. 경제로 세상읽기. https://eiec.kdi.re.kr/material/pageoneView.do?idx=1474. 2022년 5월 3일 접근.

한국대기환경학회(2011). 기후변화와 지구온난화.

홍연금, 송인숙(2010). 윤리적 소비에 대한 개념 논의와 실천영역 연구. 소비자정책교육연구, 6(4), 91-110.

환경부, 지속가능발전포털, 지속가능발전목표(UN-SDGs). http://ncsd.go.kr/unsdgs, 2021, 5. 12.

레이첼 카슨 저, 김은령 역(2020). 침묵의 봄, 에코리브스.

로버트 라이시 저, 오성호 역(2001). 부유한 노예, 김영사.

리처드 윌킨슨, 케이트 피킷 저, 전재웅 역(2014). 평등이 답이다, 왜 평등한 사회는 늘 바람직한가? 이후

알랭 드 보통 저, 정영목 역(2011). 불안, 은행나무.

장 보드리야르, 이상률 역(1991). 소비의 사회, 문예출판사.

질 리포베스키 저, 정미애 역(2009). 행복의 역설, 알마.

Belk, R. W. (1985). "Three Scale to Measure Constructs Related to Materialism: Reliability, Validity and Relationships to Measures of Happiness," *Advances in Consumer Research*, 11, 291-297.

Bourdieu P. (1984), *Distinction*. Cambridge, Mass.: Harvard University Press.

Chancel, L., Piketty, T., & Saez, E. (Eds.). (2022). World inequality report 2022. Harvard University Press.

Ferraro, Thomas J. (1991), *Whole Families Shopping at Night, New Essays on White Noise*, Cambridge: Cambridge University Press, 15-38.

Inglehart, R. (1996). The Diminishing Uility of Eonomic Gowth. *Critical Review* 10(4). 509 -531.

IPCC(2021). IPCC Sixth Assessment Report: Working Group I-The Physical Science Basis, Summary for Policymakers

IPCC(2022). IPCC Sixth Assessment Report: Working Group II-Impacts, Adaptation and Vulnerability.

Richins, M. L., Dawson, S. (1992). "A Consumer Values Orientation for Materialism and Its Measurement: Scale Development and Validation." *Journal of Consumer Research*, 19(3), 303-316.

Simmel, G. (1978). *The Philosophy of Money*, Routledge and Kegan Paul.

United Nations(2015). Transforming our world: the 2030 Agenda for Sustainable Development

UNEP(2018), Single-use Plastics, A Roadmap for Sustainablility

Veblen, T. (1899), *The Theory of the Leisure Class: An Economic Study of Institutions*, New Your Nentor Book.

White, D. R. (2005). *Postmodern Ecology: Communication, Evolution, and Play*, Albany, NY: State University of New York Press.

World Economic Forum(2021). Annual Report 2020-2021.

2

소비윤리와 윤리적 소비

시장과 상업이 재화의 성질을 바꾸는 상황을 목격했다면 시장에 속한 영역은 무엇이고 시장에 속하지 않는 영역은 무엇인지 의문을 던져야 한다. 그리고 재화의 의미와 목적, 재화를 지배해야 하는 가치를 놓고 깊이 사고하지 않고서는 이러한 질문에 대답할 수 없다.

- 마이클 샌델, 『돈으로 살 수 없는 것들』 중에서

- 소비생활에서 소비자로서 개인적 이익과 사회적 책임은 충돌하는가?
- 우리 자신의 소비와 관련하여 책임감을 느껴야 하는 범위는 어디까지인가? 나 자신? 가족? 우리나라 사람? 지구촌 모든 인류?

그가 유죄인 이유

도대체 무엇을 인정하란 말입니까?

EBS 지식채널e 2014. 8. 12.

살면서 단 한 번도 법을 어긴 적이 없고
언제 어디서나 최선을 다했던 한 남자가
퇴근길 버스 정거장에서
체포된다.

그가 유죄인 이유

1961년
이스라엘 예루살렘
온 세계가 지켜보는 법정에 선 50대 중반의 평범한 아저씨

도대체 무엇을 인정하란 말입니까?
저는 남을 해치는 것엔 아무 관심이 없습니다.
제가 관심이 있는 건 맡은 일을 잘하는 것뿐입니다.
죽음을 향해 달리던 열차
그 열차를 만든 건
지시받은 업무를 잘 처리하기 위해서였습니다.
저의 '열차' 덕분에
우리 조직은 시간 낭비 없이 일을 처리할 수 있었죠.

그가 고안해 낸
가스실이 설치된 열차

달리는 기차의 가스실 혹은 기차가 멈추는 수용소의 가스실에서 죽을 수밖에 없었던
유대인들

수백만 명의 죽음
그 죽음의 중심에 서 있었던 아돌프 아이히만
당신은 당신의 죄를 인정합니까?

나는 잘못이 없습니다.
단 한 사람도 내 손으로 죽이지 않았으니까요.
죽이라고 명령하지도 않았습니다.
내 권한이 아니었으니까요.
나는 시키는 것을 그대로 실천한 하나의 인간이며 관리였을 뿐입니다.

재판을 지켜본 여섯 명의 정신과 의사들의 판정

"그는 나보다 더 정상이며 심지어 준법정신이 투철한 국민이었다."

8개월간 계속된 지루한 재판
하나둘 자리를 떠나는 방청객들
그러나 재판을 끝까지 지켜본 한 사람
아돌프 아이히만과 동갑내기였던 철학자 한나 아렌트

그는 아주 근면한 인간이다. 그리고 이런 근면성 자체는 결코 범죄가 아니다.
그러나 그가 유죄인 명백한 이유는 아무 생각이
없었기 때문이다.

생각의 무능
말하기의 무능
행동의 무능

다른 사람의 처지를 생각할 줄 모르는
생각의 무능은
말하기의 무능을 낳고 행동의 무능을 낳는다.
                    - 한나 아렌트 『예루살렘의 아이히만』 중

양심의 가책을 느낀 적은 없었나?

월급을 받으면서도 주어진 일을 열심히 하지 않으면
양심의 가책을 받았을 것입니다.
                    - 아돌프 아이히만

앞서 우리는 현대 소비사회의 특성과 그로 인한 문제들, 그리고 이를 해결하기 위한 움직임에 대해 살펴보고 윤리적 소비를 대안적 활동으로 결론 내렸다.

　이 장은 제2부와 제3부에서 살펴볼 다양한 윤리적 소비 실천의 토대를 제시하고자, 먼저 윤리적 소비의 규범체계로 소비윤리가 무엇인지 그 개념과 내용을 살펴본다. 이어서 소비윤리의 실천행동으로서 윤리적 소비의 개념, 특성 및 실천을 살펴보고, 윤리적 소비 실천의 성장 단계에 대해 알아볼 것이다.

1. 소비윤리란 무엇인가?

석유 매장량의 한계와 같은 자원고갈, 원자력 발전의 위험, 환경오염으로 인한 지구온난화와 기후변화, 수질오염, 빈곤 및 빈부격차 등의 문제 속에서 우리는 지속가능성에 위협을 받으며 살고 있다. 이러한 문제들이 해소되기를 간절히 바라지만 불행하게도 현재의 흐름대로 생산되고 소비된다면 오히려 더 악화될 것이라는 예측만 나온다. 그렇다면 이러한 문제들을 해결하고 지속가능한 사회를 만들기 위해 우리는 어떻게 살아야 하는가? 우리는 어떤 소비를 해야 하는가? 어떤 소비를 해야 옳은 것일까?

일반적으로 옳고 그름, 마땅히 해야 할 것과 하지 말아야 할 것을 이야기할 때 우리는 윤리를 이야기한다. 즉 윤리는 일반적으로 인간이 사회구성원으로서 지켜야 할 바람직한 행동 기준, 규범 혹은 도리로, 자신만이 아니라 공동체 사회에 속한 타인도 함께 고려하고 존중하는 보편적 규범이자 기준이다. 윤리에 기반한 자세, 태도 및 행동을 통해 인간은 사회구성원들 간의 공동체적 질서를 유지하며 사회를 존속시켜 간다. 사회적 존재인 인간에게 윤리가 필요한 이유는 인간은 이성과 이타성을 소유하고 있음에도 불구하고, 이기적 욕망에 더 많이 지배되는 한계를 지니며, 이러한 한계는 결과적으로 자신의 이익을 우선으로 추구하는 행동을 유발하고 이로 인해 타인에게 불이익을 초래할 수 있기 때문이다. 이에 공동체 사회의 질서 유지와 지속을 위해서 사회구성원들 간의 규범이 반드시 필요하다.

이러한 맥락에서 인간이 행하는 일상적인 경제활동 중 하나인 소비행위가 공동체 사회의 질서를 유지하고 지속가능한 사회를 구현하도록 하기 위한 소비윤리를 생각해 볼 수 있다. 애덤 스미스(Adam Smith)가 지적하는 바와 같이 인간의 경제행위를 지배하는 동기는 자기이익의 추구로, 인간은 자신의 이익만을 추구하는 이기적 합리성에 기반한 의사결정을 토대로 소비행동을 한다. 그러나 이러한 자기이익에 기반한 소비행동이 자신이 속한 사회의 타인에게 불이익, 권리 침해, 나아가 사회 전체에 대한 지속가능성을 위협할 수 있다는 점에서 인간의 소비행위에 대한 윤리, 즉 소비윤리가 필요하다.

그렇다면 구체적으로 소비윤리란 무엇인가? 무엇을 의미하는가? 소비윤리(ethics

of consumption)는 소비와 윤리의 합성어로, 앞에서 언급된 윤리 개념에 비추어 보면 인간의 소비행동에서의 기준이 되는 규범체계로 규정지을 수 있다. 즉 소비윤리는 경제주체인 인간의 소비생활에 필요한 재화와 서비스의 생산, 획득(구매), 사용 및 처분을 둘러싼 행동을 규율하는 윤리이다. 재화와 서비스는 인간의 욕망과 필요를 충족시키기 위한 수단이라는 점에서, 자신의 이익만을 추구하는 이기적 합리성에 기반하여 인간은 자신의 욕망과 필요의 충족을 극대화하는 재화 및 서비스의 소비행동을 할 수 있다. 이러한 점에서 소비윤리는 자신의 욕구와 필요 충족만을 극대화하는 인간의 이기적인 소비행동을 규율하고 공동체 사회 속에 있는 타인의 욕구와 필요 충족도 함께 고려하고 존중하는 보편적 규범이자 기준으로 정의될 수 있다. 송인숙(2005)은 소비윤리를 사회의 도덕적인 원칙이나 가치체계에 기초를 두고 판단하는 사회윤리로서 개개 소비자의 소비행동에 대한 잘잘못을 판단할 수 있는 기준으로 정의하였다. 해리슨 등(Harrison et al., 2005)은 소비윤리를 소비에 대한 도덕적 평가로 정의하였다.

우리가 여기에서 주목해야 할 것은 개개 소비자의 소비행동에 대한 잘잘못을 판단하는 윤리적 기준이나 도덕적 평가의 근거가 무엇인가 하는 점이다. 윤리, 즉 옳고 그름의 근거는 크게 두 가지, 공리주의 입장과 의무주의 입장이 있다(박미혜, 강이주, 2009; 이재율, 1995; Barnett et al., 2005; Harrison et al., 2005; Singer, 1993). 공리주의는 사회구성원 전체의 선 혹은 행복을 극대화하는 행동을 옳은 것으로 판단하는 입장으로, 행위의 결과가 좋은가 나쁜가를 기준으로 행동의 옳고 그름을 판단하는 것이다. 반면에 의무주의는 결과에 관계없이 행위가 가치나 도덕적 규칙에 일치하는가 혹은 그렇지 않은가에 따라 옳고 그름을 판단하는 입장으로, 가치나 도덕적 규칙은 이성적 판단으로 누구에게나 적용될 수 있는 보편성을 띤 것이다. 소비행동에 대한 잘잘못이나 도덕적 평가 기준인 소비윤리는 공리주의 입장과 의무주의 입장 모두를 근거로 할 수 있다. 즉 인간의 소비행위에 대한 옳고 그름의 기준인 본질적 가치가 존재하며, 이러한 가치는 결과적으로 자신의 이익만을 고려하는 것이 아닌 사회구성원 전체의 선 혹은 행복을 극대화하도록 한다. 따라서 소비윤리는 단순한 자기이익의 추구가 아닌 사회구성원 전체의 선을 추구하는 본질적인 가치체계를 지닌 도덕적 판단 기준이다.

 소비행동에 대한 도덕적 판단 기준으로 설명되는 소비윤리는 앞서 언급한 것처럼 지속가능성을 위협하며 여러 문제를 일으키는 원인 중 하나로 지적된 인간의 소비행위 문제를 비판하면서 부상하기 시작하였다. 즉 소비윤리는 소비행동, 소비문화에 대한 환경, 사회에 미치는 비판적 관점에서 시작된 것으로, 소비자의 소비행태 중 특히 과소비나 유해상품 소비와 같은 문제점이 지적되면서 이를 바로잡기 위한 대안으로 소비윤리에 대한 논의가 시작되었다.

 소비윤리는 소비자의 권리에 대응되는 의무 또는 책임의 개념으로 이해되기도 한다. 국제소비자기구(Consumers International)에서 발표한「소비자행동윤리헌장」의 소비자행동윤리 내용을 보면 자신이 사용하는 재화와 서비스에 대하여 경각심과 의문을 가지는 비판적 시각(critical awareness), 공정하다고 생각하는 것에 반응하는 실천력(action), 자신의 행동이 사회적·국제적으로 불이익을 받게 될 집단에 미칠 영향을 고려하는 사회적 책임(social responsibility), 자신의 소비가 환경에 어떤 영향을 미치는지 고려하는 환경적 책임(environmental responsibility), 그룹을 형성하고 행동하여 권익을 증진·강화해야 한다는 사회조직의 연대성(solidarity) 등이 필요하다고 말한다. 또한 소비자에게는 문제를 의식하는 책임, 참여에 대한 책임, 사회적 책임, 환경보존에 대한 책임, 단결에 대한 책임이 있음을 선언하고 있어 소비자 책임을 소비윤리와 같은 의미로 보고 있음을 알 수 있다. 또한 정준(1997)은 소비윤리를 책임 있는 소비자행동으로 보고 있으며, 채정숙 등(2004)도 소비윤리를 소비자 권리에 대칭되는 개념으로 사용하고 있어 소비윤리를 소비자 책임이나 의무로 보고 있다. 이상에서 언급된 소비자 책임은 결과적으로 지속가능한 사회를 구현하기 위한 소비자의 소비 관련 행동 및 생활에 대한 규범체계라는 점에서 소비윤리와 밀접한 관련성을 지니므로 소비윤리와 같이 이해될 수 있다.

2. 소비윤리의 내용은 무엇인가?

그렇다면 소비행동의 구체적인 윤리적 판단 기준은 무엇인가? 소비윤리가 준수되어야 하는 범위는 어떠한가? 소비의 윤리적 판단 기준은 핵심가치와 차원에 따라, 소비윤리가 준수되어야 하는 범위는 소비행동 영역에 따라 구분하여 살펴볼 수 있다.

1) 핵심가치에 따른 소비윤리 구분

가치는 일반적으로 좋은 것, 값어치 있는 것, 유용한 것으로, 인간의 욕구나 관심을 충족시키는 것이다. 따라서 소비자가 내적으로 지닌 가치는 소비자가 상품을 선택하는 근거가 된다. 일반적으로 소비자가 상품을 선택하는 기존의 핵심가치는 경제적 효율성으로, 합리적인 소비자는 가격, 품질, 상표 등을 토대로 경제적 효율성의 자기이익을 극대화하는 방향으로 상품을 선택하고자 한다.

그렇다면 지속가능한 사회를 구현하기 위한 소비윤리로서 소비자가 고려해야 하는 윤리적 판단 기준으로서의 핵심가치는 무엇인가? 〈표 2-1〉은 우리 사회에서 일반적으로 공유되고 있는 핵심적인 소비윤리 가치를 나타낸 것으로, 안전및 건강, 환경, 인권, 동물복지, 지역공동체이다(곽윤영, 2015; 박미혜, 강이주, 2009; 소현진, 2014; 천경희, 2011; 한겨레경제연구소, 2009; Barnett et al., 2005; Clark & Unterberger, 2007; Starr, 2009). 각각에 대해 좀 더 자세히 살펴보자.

(1) 안전 및 건강

안전 및 건강은 개인과 가족의 신체적·생리적 안전과 건강을 우선하는 가치로, 웰빙에 관심을 갖기 시작하면서 가격보다는 안전하고 건강한 먹거리, 유기농식품 등을 선호하는 것에서부터 확대되어 친환경상품에 대한 관심과 추구를 강조하는 핵심가치이다.

표 2-1 소비윤리의 핵심가치와 내용

핵심가치	내용
안전 및 건강	자신 및 가족의 육체적 안전과 건강을 강조 -안전한 먹거리, 유전자변형작물(GMO)에 대한 반대
환경	자연생태환경 보호 및 보존에 대한 가치
인권	제3세계 국가 등 생산국 노동자 인권 및 노동조건, 아동 노동 및 착취 금지, 판매 시점에서 감정노동자의 인권에 초점을 둔 가치
동물복지	동물 보호 및 배려에 대한 가치 -동물 임상실험, 공장식 사육 반대 및 금지
지역공동체	지역 소상공인 및 농민 보호와 지역 경제·사회 살리기를 강조하는 가치

그림 2-1 농민의 직거래 주말시장 유기농채소

그림 2-2 마트의 유기농과일

(2) 환경

환경은 자연자원의 고갈, 생태계 환경오염 및 파괴로 인한 기후변화, 지구온난화 등으로 자연생태환경에 문제를 야기하면서 자연생태환경의 지속가능성에 초점을 둔 가치이다. 즉 천연자원의 고갈, 자연생태환경의 오염 및 파괴를 막고 보호하며 보존하는 것에 중요성을 둔 핵심가치이다.

그림 2-3 폐사된 물고기

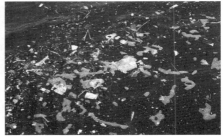

그림 2-4 바닷가 쓰레기

(3) 인권

인권은 상품을 생산하고 유통, 판매하는 과정에서 이와 관련된 노동자들의 인간으로서 누려야 할 당연한 기본적 권리를 강조하는 가치이다. 즉 소비자 자신의 소비 행동 과정에서 관련된 모든 타인에 대한 인권의 중요성을 강조하는 가치이다. 인권 가치는 다음과 같은 세 가지 측면이 핵심이다. 첫째, 특히 제3세계 노동자의 생산활동 과정에서 행해지는 노동착취, 부당한 노동대가 등 착취적 노동 조건 및 환

그림 2-5 코르디부아르 카카오농장의 아동
          노동자

그림 2-6 직원(감정노동자) 배려 관련
          게시물

출처 : 한국기독공보, 2011. 4. 27.

그림 2-7 아시아 지역 차농업 여성노동자

경, 노동인권에 관심을 둔 가치로, 생산자의 생산활동에 합당한 비용이 생산자에게 지급됨으로써 생산자의 탈빈곤, 경제적 자립, 부의 분배 기여에 중요성을 둔 가치이다. 둘째, 아동 특히 제3세계 아동에 대한 노동 및 착취 금지에 초점을 둔 가치이다. 셋째, 판매 접점에서 감정노동자의 인간으로서의 기본적 권리를 고려한 소비자의 자세, 태도 및 행동에 초점을 둔 가치이다.

(4) 동물복지

동물복지는 동물 보호 및 배려에 초점을 둔 소비윤리 가치로, 동물을 대상으로 임상실험을 하거나 공장식 사육, 동물을 활용한 제품을 생산하는 등 동물학대를 반대하고 금지하는 것에 중요성을 둔 가치이다. 이 가치는 인간과 같은 생명체로서의 동물에 대한 존중과 배려에 초점을 둔 것이다.

그림 2-8 흰쥐 대상 임상실험

그림 2-9 가축사육장

(5) 지역공동체

지역공동체는 소비자 개개인은 혼자 살아가는 존재가 아니라 자신이 거주하는 지역사회의 다른 구성원들과 더불어 살아가는 존재로서 지역공동체 차원에서 사회정의 및 사회연대를 강조하는 가치로, 지역사회를 지원하고 지지하며, 나아가 경제적·사회적으로 지역사회 살리기를 실현하는 가치이다. 이 가치는 지역에서 생산된 상품을 우선으로 구매하거나 지역 취약계층을 지원하는 사회적 기업의 상품을 우선으로 구매하는 것에 초점을 둔다.

그림 2-10 지역시장 농산물

그림 2-11 지역 카페(청주 카페온정)

2) 차원에 따른 소비윤리 구분

소비행동의 도덕적 판단 기준이 되는 소비윤리를 송인숙(2005)은 〈표 2-2〉와 같이 네 가지 차원, 즉 종적 차원, 횡적 차원, 상거래 차원 그리고 시장경제 차원으로 구분하고, 각 차원에 대해 설명하였다. 각각에 대해 좀 더 자세히 살펴보면 다음과 같으며, 〈그림 2-12〉는 이를 그림으로 나타낸 것이다.

(1) 종적 차원의 소비윤리

소비윤리의 종적 차원은 환경과 다음 세대의 삶을 고려하는 차원의 윤리적 판단 기준으로, 미래 세대를 위한 현재 세대의 자원 배분 문제와 관련되는 시간적 차원의 세대 간 분배에 초점을 둔 소비윤리이다. 따라서 종적 차원의 소비윤리는 자연환경의 보호 및 보존과 이로 인한 세대에서 세대로 이어지는 지속가능한 소비, 즉 미래 세대의 요구에 대응할 능력도 유지하면서 동시에 현재 세대의 요구도 충족시키는 수준으로 현재 수준의 적정한 소비를 강조한다. 이는 곧 환경자원의 세대 간 분배를 고려하는 소비의 윤리적 판단 기준이다. 현재 시점에서 소비를 절제하는 것 등은 그것 자체로 고통스러울 수 있지만, 장기적으로 지속가능한 발전 및 사회 구현을 위해 가치 있는 것이다.

(2) 횡적 차원의 소비윤리

소비윤리의 횡적 차원은 공간적 차원으로 동시대 인류 간의 빈부격차 문제를 고려

표 2-2 소비윤리의 차원과 내용

차원	내용
종적 차원 －세대 간 분배	환경과 다음 세대를 고려한 소비
횡적 차원 －세대 내 분배	동시대의 자발적 소득 재분배 － 절제와 나눔, 자선, 기부
상거래 차원 －사업자와의 거래 윤리	계약관계 이행 의무, 주의 의무, 소비자 권리에 대응한 소비자 책임
시장경제 차원 －기초적 윤리	절제된 이기심, 정직성, 신뢰성, 책임의식과 같은 윤리적 가치가 소비자에게 내재화 및 생활화

출처 : 송인숙(2005)에 기초하여 수정함.

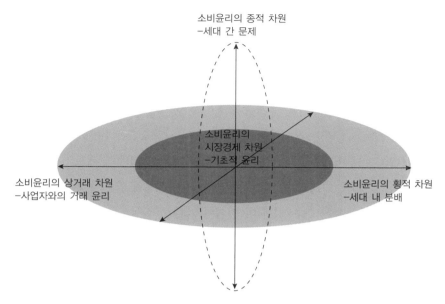

그림 2-12 소비윤리의 차원
출처 : 송인숙(2005)에 기초하여 수정함.

하는 차원의 윤리적 판단 기준이다. 즉 세대 내에서의 분배를 고려하는 윤리적 판단을 강조하는 것으로, 사회적 분배시스템에 의해 정당하게 획득한 소득이라 할지라도 자신만을 위한 소비는 옳은 것이 아니며 자신의 생활 안에서 가능한 방법으로 소득을 재분배하여 사회 전체 차원에서 자원의 총효용을 극대화하는 방향으로 소비하는 것이 윤리적이라고 본다. 이는 자신이 속해 있는 사회뿐 아니라 지구촌 인류 전체의 소비 수준을 고려하여 자신의 소비 수준을 절제하고 자원을 나누는 윤리적 판단을 강조한다.

(3) 상거래 차원의 소비윤리

소비윤리의 상거래 차원은 사업자와 소비자 간의 상거래 접점, 즉 구매 시점의 소비윤리이다. 상거래 관계에서 소비자가 판매자 혹은 사업자에게 적극적 또는 소극적으로라도 손해를 입히는 행위는 옳지 않은 것으로, 필요한 주의 의무, 계약이행 의무, 예약 준수 등 소비자의 의무를 준수하고, 공정한 상거래를 방해하는 속임수, 절도 등을 행하지 않도록 함으로써 공정하고 건강한 상거래 질서가 유지되도록 하

는 윤리적 판단을 강조한다. 또한 상거래 시에 자신의 욕망을 위한 소비행위로 인
해 다른 소비자에게 피해를 입히지 않아야 하는 윤리적 판단을 포함한다.

(4) 시장경제 차원의 소비윤리

시장경제 차원은 시장경제활동 주체로서 소비자가 기본적으로 시장경제의 윤리를
체화하고 준수해야 한다는 것이다. 이는 자본주의 시장경제는 개인의 이기심에 기
초하여 거래가 이루어지는 가치중립적이고 비인간적인 기계적 제도가 아니고 절
제된 이기심, 정직성, 진실성, 신뢰성, 책임의식, 공정성과 같은 일련의 윤리적 가
치가 구성원에게 생활화·습관화되어 있어야 제대로 작동되는 제도라는 점을 강
조한다. 이에 시장경제는 이러한 윤리적 가치에 기초한 제도임을 인식하고 이를
소비자 자신의 소비윤리 가치체계에 내면화하는 것이다.

3) 영역에 따른 소비윤리 구분

소비윤리는 소비자의 소비행동 영역에서의 윤리적 판단 기준이라는 점에서, 소비
윤리가 적용되고 준수되어야 하는 범위는 소비행동 영역에 따라 구분해 볼 수 있
다. 소비자의 소비행동 영역은 소비자로서의 역할이 수행되는 영역으로, 단순히
상품을 구매하는 경제적 역할로 한정되지 않는다. 홍연금(2009)은 소비윤리를 실
천하는 소비행동을 사회적 책임을 실천하는 소비행동으로 보고, 사회적 책임을 실
천하는 영역을 경제적 책임, 법적 책임, 지속가능한 발전 책임, 동시대 인류를 위
한 책임으로 구분하였다. 또한 심영(2009)은 사회적 존재로서 소비자의 사회적 책
임을 언급하며, 소비자의 사회적 책임이 준수되어야 하는 영역을 네 가지 영역, 즉
경제적 역할, 사회문화적 역할, 생태환경적 역할 및 시민적 역할 영역으로 구분하
였다. 홍연금(2009)과 심영(2009)의 구분을 종합하면, 소비의 윤리적 판단 기준이
적용되는 범위는 경제적·법적·생태환경적 및 사회적 영역으로 구분될 수 있다.
〈표 2-3〉은 이들 소비윤리 영역을 나타낸 것으로, 각각에 대해 좀 더 자세히 살펴
보면 다음과 같다.

표 2-3 소비윤리의 영역과 내용

영역	내용
경제적 영역	경제자원의 효율적 사용과 동시에 절제된 배분
법적 영역	상거래 소비윤리 −계약이행의 의무, 주의 의무, 소비자의 법적 책임 이행, 불법적 소비행동 금지 등
생태환경적 영역	천연자원 및 자연생태환경 관련 소비윤리
사회적 영역	소비자 시민으로서 지역사회로부터 지구촌에 이르는 동시대 사회구성원들과 더불어 함께 살아가려는 노력

출처 : 홍연금(2009), 심영(2009)에 기초하여 수정함.

(1) 경제적 영역의 소비윤리

경제적 영역의 소비윤리는 경제활동 주체로서 소비자는 자신의 경제자원을 효율적으로 배분하는 동시에 기초적인 시장경제 윤리인 절제된 이기심, 정직성, 책임감 등의 기초적 시장경제 윤리에 입각한 배분의 윤리적 판단을 강조한다. 경제적 영역의 소비윤리는 소비행동이 소비자의 경제활동의 한 축이라는 점에서 공정한 시장경제가 이루어질 수 있도록 윤리적 판단에 따른 소비행위가 이루어져야 하는 가장 기초적인 소비윤리 영역이다.

(2) 법적 영역의 소비윤리

법적 영역은 소비행동은 단지 소비자의 경제자원 배분에만 초점을 둔 행위만이 아니라 판매자와의 상거래 계약 관계에서 이루어지는 법적 행위라는 점에서 소비자가 판매자 혹은 사업자에게 법적으로 마땅히 지켜야 하는, 옳고 그름의 윤리적 판단이 적용되어야 하는 영역이다. 즉 상거래 관계에서 계약이행의 의무를 포함하는 법적인 책임을 준수하고, 이해관계자인 생산자 혹은 판매자에게 해를 입히지 않는 윤리적 판단에 따른 행동에 초점을 둔 영역이다. 앞에서 언급된 상거래 차원의 윤리적 판단 기준이 적용되는 소비윤리 영역이다.

(3) 생태환경적 영역의 소비윤리

생태환경적 영역은 자연생태 관련 환경의 핵심가치를 지닌 영역으로, 환경과 다음 세대를 위한 종적 차원의 사회적 책임을 인식하는 윤리적 판단을 강조하는 영역이

다. 즉 천연자원의 고갈을 예방하고, 탄소배출 감축 등 자연생태환경을 보호하고
보존하도록 함으로써 현재 세대의 쾌적한 환경을 조성하고 유지하며 나아가 다음
세대에도 이용가능한 자원과 쾌적한 자연생태환경의 지속가능한 소비와 사회발
전이 이루어지도록 하는 데 초점을 둔다. 이는 인간만이 아닌 동식물의 자연 생명
체에 대한 존중과 배려를 강조하고 이들의 지속가능성에 초점을 둔 윤리적 판단이
적용되어야 하는 영역이다.

(4) 사회적 영역의 소비윤리

사회적 영역은 소비자로서 자신만을 생각하는 소비가 아니라, 자신이 속한 사회공
동체 구성원들과의 상생을 생각하고 고려하는 윤리적 판단이 적용되어야 하는 영
역이다. 즉 자신이 속한 지역사회, 나아가 지구촌 사회구성원들에게 미치는 영향
뿐 아니라 한 단계 더 나아가 다른 사회구성원들과 더불어 살아가는 공동체에 대
한 사회적 책임을 의식하고 고려하는 소비의 윤리적 판단이 필요한 영역이다. 따
라서 소비문화 측면에서 소비자의 소비행위가 다른 사람들의 소비에 미치는 사회
적 영향뿐 아니라 경제사회 측면에서 세계화로 인해 가속화되고 있는 빈곤과 빈익
빈 부익부의 사회문제, 노동자들의 인권과 노동 환경, 아동 노동 및 착취 등과 같
은 동시대 인류의 인권뿐 아니라 부의 분배를 강조하는 횡적 차원의 윤리적 판단
이 필요한 영역이다.

4) 윤리의식 정도에 따른 소비윤리 구분

소비윤리는 윤리의식이 발달하는 정도에 따라 진화하고 발전한다. 소비자의 사회
적 책임에 관한 연구에서 심영(2009)은 소비자의 사회적 책임을 개인적·사적인
미시적 수준과 집합적·공적인 거시적 수준으로 구분하고, 소비자의 사회적 책임
의 확대 및 발전을 언급하였다. 전상민(2016)은 윤리에 기반한 소비를 이끄는 본질
적 동기는 소비자의 도덕성으로, 콜버그(Kohlberg, 1958, 1981 & 1984)의 도덕성
발달이론을 토대로 윤리에 기반한 소비동기는 점진적으로 진화하는 위계성이 있
다고 지적하였다. 〈그림 2-13〉은 윤리의식 정도에 따라 소비윤리를 다섯 단계로
구분한 것이다. 각 단계에 대해 좀 더 자세히 살펴보면 다음과 같다.

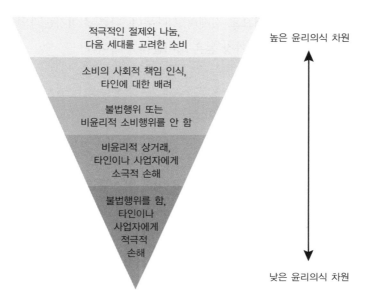

그림 2-13 윤리의식 정도에 따른 소비윤리 구분
출처 : 송인숙(2005)에 기초하여 수정함.

첫 번째 단계는 소비윤리 의식이 가장 낮은 수준으로, 소비자 자신의 이익만을 생각하고 공동체 내의 다른 소비자나 상거래 관계에서 상대방에 대한 윤리의식이 부재한 단계이다. 이로 인해 상거래에서 적극적으로 거래 상대방에게 불법적인 소비행위를 하거나 다른 소비자들에게 적극적으로 피해가 가는 소비행위가 이루어지기도 한다. 두 번째 단계는 더 많이 받은 거스름을 돌려주지 않거나 잘못 계산되어 적게 지불된 가격을 그대로 두거나 하는 행위와 같이 소극적인 행동이기는 하나 거래 상대방에게 손해를 끼치는 윤리의식이 낮은, 비윤리적 의식 단계이다. 세 번째 단계는 앞서 언급한 윤리의식의 부재나 윤리의식이 낮은 비윤리적 의식 단계가 아니라, 시장경제에서 경제주체의 하나인 소비자로서 정직한 소비행동을 하는 것과 같은 시장경제의 기초적 윤리를 의식하는 수준이다. 네 번째 단계는 기초적인 시장경제 윤리의식을 넘어 자신의 소비행위가 타인, 환경 등에 미치는 영향을 인식하고 사회적 책임을 의식하는 윤리의식 수준으로, 대체로 미시적 수준에서의 윤리적 판단 기준이 작용하는 소비윤리 단계이다. 다섯 번째는 미시적 수준에서 더 나아가 보다 넓은 범위의 거시적 수준에서 인간, 환경, 사회에 대한 사회적 책임을 인식하고 고려하며 적극적으로 절제하고 나누며, 다른 소비자들과의 상생을 생각하고 다음 세대를 고려하는 가장 높은 소비윤리 수준이다.

3. 소비윤리는 어떻게 실천하는가?

1) 윤리적 소비의 개념

소비윤리가 소비행위에 대한 개념적이고 이론적인 윤리적 판단 기준을 의미하는 개념이라면, 윤리적 소비(ethical consumption)는 일상 소비생활에서 소비윤리를 실천하는 소비자의 소비행동을 의미하는 개념이다.

1990년대 등장한 '윤리적 소비' 개념은 초기에는 민텔 인터내셔널그룹(Mintel International Group, 1994)이 제시한 개념이 많이 사용되었다. 민텔 인터내셔널은 윤리적 소비를 "압제적인 제도와 군사비를 포함한 윤리적 이슈, 동물 이슈를 고려하여 쇼핑을 하는 것"으로 정의하였다. 여기에서 고려되는 윤리적 이슈의 범위는 압제적 정부, 인권, 노동관계, 국가 권리, 환경, 무책임한 마케팅, 공정무역, 원자력, 무기, 동물 테스트, 기업적 농업과 정치적 기여 등이다. 이 정의는 윤리적 소비가 발달한 영국을 중심으로 유럽 사회에서 일어난 환경, 사회적 이슈 관련 윤리적 구매행동을 개념화한 것이다. 이 정의와 유사하게 우시탈로와 옥사넨(Uusitalo & Oksanen, 2004)은 윤리적 소비를 "상품의 생산과 유통에 있어 아동 노동, 노동조합의 보호, 동물 실험과 같은 윤리적, 도덕적인 면을 고려하는 것"으로 정의하고 있다. 초기에 많이 사용된 이러한 윤리적 소비 개념은 다양한 사회적 이슈를 담고 있기는 하나, 대부분 상거래 시점에서의 윤리적 '구매' 행동에 초점이 맞추어져 있다는 점에서 제한적이다.

한편 케리건과 아탈라(Carrigan & Attalla, 2001)는 윤리적 소비는 "도덕적 신념에 따라 의식적이고, 신중한 선택을 하는 것"으로 정의하며, 도덕적 신념은 인권, 사회정의, 환경, 동물복지와 관련된다. 크레인과 매튼(Crane & Matten, 2003) 또한 윤리적 소비를 "개별적·도덕적 신념에 따라 소비를 선택하는 의식적이고 신중한 소비선택행동"으로 정의하였다. 바넷트 등(Barnett et al., 2005)은 윤리적 소비를 '소비 자체에 대한 통제'로 보고 구매 실천만이 아닌 보다 확대된 범위에서의 소비자의 사회적 실천을 강조하였다. 앞서 제시한 정의들과 달리 케리건과 아탈라 (2001), 크레인과 매튼(2003), 바넷트 등(2005)의 정의를 종합하면, 윤리적 소비는 인권, 환경, 동물, 사회정의와 같은 다양한 가치 측면에서 소비자의 '개별적, 도덕적 신념'에 기초한 의사결정을 토대로 한 절제된 소비선택행동이다. 비텔 등(Vitell et al., 2001)은 소비자가 상거래 관계에서 보여 주는 비윤리적인 행동에 초점을 두고 윤리적 소비를 연구하여 앞에서 언급된 구매행동에 초점을 둔 정의와는 다른 차원으로 윤리적 소비를 바라보고 있다.

최근 우리 사회에서도 많은 관심을 받고 있는 윤리적 소비는 개념적으로 대부분 케리건과 아탈라(2001), 크레인과 매튼(2003), 바넷트 등(2005)의 정의에 기반하고 있다. 한겨레경제연구소(2009)는 윤리적 소비를 개인적이고 도덕적인 믿음에 근거한 의식적인 소비선택으로, 당장 자신에게 경제적인 이득이 주어지지 않더라도 장기적이고 이웃을 고려하며 자연환경까지 생각하는 관점에서 내리는 구매선택으로 정의하였다. 홍연금(2009)은 윤리적 소비를 소비자의 개별적, 도덕적 신념에 따라 사회적 책임을 실천하는 소비행동으로 정의하며, 사회적 책임 실천을 강조하였다. 또한 윤리적 소비를 실천하는 범주는 단순히 구매행동만이 아닌 소비자의 일상생활 속 모든 소비행위와 소비자 역할, 즉 구매, 사용 및 처분의 전 소비과정과 자원배분까지 포함하여야 한다고 지적함으로써 구매행동에 초점을 두었던 기존의 범주에서 윤리적 소비 실천 범주의 확대를 강조하였다. 오종철 (2014)은 윤리적 소비를 개인적, 도덕적 신념을 바탕으로 건강, 사회, 자연환경을 고려한 양심적 소비로 정의함으로써, 인간, 사회 그리고 자연의 상생을 위한 도덕적 의식에 초점을 둔 소비를 강조하고 있다. 한편 김정훈(2014)은 소비중심적인 삶에서 벗어나 내적 세계와 공동체의 관심과 관계 속에서 개인의 소비가 환경적으로나 사회적으로 미치는 영향력을 고려한 지속가능한 사회를 위한 소비 실천으로 정의하였다. 또한 이혜미(2016)는 윤리적 소비를 개인의 도덕적 신념에 따라 사회공동체적 이익과 책임을 고려하여 폭넓게 행해지는 대안적 소비 실천으로 정의함으로써 윤리적 소비를 보다 거시적인 시각에서 실천하는 개념으로 보았다.

결론적으로, 윤리적 소비는 소비의 전 과정과 다양한 일상 소비생활에서 소비자 자신의 소비행위가 자신과 자신을 둘러싼 인간, 환경, 사회에 미칠 영향을 고려하여 개별적, 도덕적 신념에 따라 사회적 책임을 실천하는 소비행동이다. 따라서 윤리적 소비는 앞서 살펴본 소비윤리의 내용을 실천하는 소비행동으로, 이는 궁극적으로는 소비자 개인의 행복한 삶을 영위하는 소비 실천행동일 뿐 아니라 인간, 환경, 사회의 지속가능성을 구현하는 소비 실천행동이다. 즉 윤리적 소비는 소비의 전 과정과 다양한 일상 소비생활의 〈표 2-3〉의 경제적, 법적, 생태환경적 · 사회적 영역에서 〈표 2-1〉의 안전 및 건강, 환경, 인권, 동물복지, 지역공동체의 핵심가치와 〈표 2-2〉의 종적 차원, 횡적 차원, 상거래 차원, 시장경제 차원을 고려한 개별적, 도덕적 신념에 따라 사회적 책임을 실천하는 소비행위이다.

2) 윤리적 소비의 특성

산업화 이후 경쟁적인 생산 및 소비로 인해 나타난 지구의 기후변화와 자원고갈의 문제를 극복하고자 1970년대 이후 여러 차례의 국제회의를 거치면서 '지속가능발전'이 전 세계 인류 공통의 과제로 대두되었다. '지속가능발전' 개념은 1983년 설립된 환경과 발전에 관한 세계위원회(World Commission on Environment and Development, WCED)가 1987년 작성한 '우리의 공동 미래(Our Common Future)'라는 보고서를 통해 처음 사용되었다(WCED, 1987). 인간을 포함한 모든 생명체의 지속가능성을 토대로 경제적 효율성과 사회적 형평성이 동시에 실현되는 상태를 의미하는 지속가능발전 개념은 초기 환경문제에 초점을 두었으나 이후 경제와 사회문제까지 확대되어, 오늘날 지속가능발전은 환경, 사회, 경제의 세 가지 요소를 포함한다.

  UN을 중심으로 진행되어 온 지속가능발전 노력은 1992년 브라질 리우회의에서 지속가능발전 실현을 위한 '지속가능한 생산과 소비(sustainable production and consumption)' 실천 강조, 2012년 Rio+20 지속가능발전 세계정상회의에서 '지속가능한 소비와 생산에 관한 10년 기본계획(10-Year Frame Work of Programmes on Sustainable Consumption and Production)' 수립, 2015년 광범위하고 체계적인 지속가능발전을 추구하고자 채택된 '2016~2030년 지속가능발전 목표(SDGs)' 등을 들 수 있다. 이러한 UN의 지속가능발전 노력은 소비 및 생산의 지속가능성에 초점을 둔 것으로, 인간의 기본적 욕구를 충족시키며 삶의 질을 개선시킴과 동시에 전 생애주기에 걸쳐 자연자원과 유해물질 사용, 오염물질 배출을 줄임으로써 미래 세대를 생각하는 서비스와 제품의 사용을 의미한다. 이는 소비자의 지속가능소비 실천이 필요하다는 것을 의미하며, 적정 수준의 소비는 적정 수준의 생산으로 지속가능소비가 지속가능생산을 이끌고 나아가 지속가능발전을 이끄는 원동력이 될 수 있다는 점을 강조한다.

생산과 소비의 지속가능성, 지속가능발전의 중요성이 부각되면서 지속가능발전 노력은 개개인의 인식과 행동 변화가 선행되어야 한다는 점에서 지속가능발전을 위한 인식 및 실천을 위한 교육의 역할이 강조되어 왔다. 이러한 흐름에서 유네스코(UNESCO)는 추진기관으로 지속가능발전이나 생산 및 소비의 지속가능성과 관련된 지식을 얻고 이해할 수 있도록 돕고, 삶 전반에 걸쳐 지속가능원칙을 적용하여 실천하는 소양을 기를 수 있게 하는 지속가능발전교육(Education for Sustainable Development, ESD)에 주도적 역할을 담당하고 있다. 우리나라는 2007년 UN의 2005~2014년 '지속가능발전교육 10년(Decade of Education for Sustainable Development, DESD)' 사업을 국가적 차원에서 실행하기 위한 기본법을 제정하고, 2009년 유네스코 지속가능발전교육 한국위원회를 설치했다. 유네스코 지속가능발전교육 한국위원회는 지속가능발전에 대한 개인 및 공동체의 이해를 높이고 사회구성원 간의 의사소통과 상호학습을 통해 공동체의 역량을 강화함으로써 사회의 지속가능성을 위하여 도입하는 유네스코 지속가능발전교육 공식프로젝트 인증제(Korea UNESCO ESD Official Project)를 운영하고 있다(유네스코한국위원회, 2011).

지속가능발전교육의 핵심 주제는 양성평등, 평화/인권, 문화다양성, 지속가능한 생산, 지속가능한 소비, 지역개발 및 거버넌스, 빈곤감소, 생물다양성, 환경 및 에너지로, 환경, 경제 및 사회의 세 영역을 포함하고 있다. 이 중 특히 지속가능한 소비는 개개인이 지구환경 변화 등의 문제를 인식하고 이를 고려하여 자신의 소비생활을 지속가능한 소비양식으로 변화시키고자 하는 주제로, 윤리적 소비는 이와 같은 시대적·사회적으로 지속가능한 소비가 요구되고 지속가능발전에 대한 관심이 높아지면서 등장하였다. 즉 윤리적 소비는 무엇보다도 소비자의 선택이 지역적 혹은 전 지구촌의 사회, 경제, 환경에 어떠한 결과를 야기하는가를 인식하고 실천하는 소비자의 책임 있는 행동으로, 지속가능발전을 실현하기 위한 지속가능소비 실천이자 지속가능생산을 이끄는 소비실천이다(심영, 2009; 천경희 등, 2012).

최근 소비생활양식의 변화를 통해 지속가능소비를 실천하도록 하는 프로그램으로 '윤리적 소비 교육프로그램'이 주목받고 있다(송인숙, 천경희, 2009; 천경희 등, 2012). 한 예로, '대학생의 착한 소비 윤리적 소비 실천 교육'은 2010년 처음 1개 대학교에서 시작되어 2012년 유네스코한국위원회 ESD 인증제(Korea UNESCO ESD Official Project)에 의한 지속가능발전교육 공식프로젝트 선정을 계기로 2022년 현재 전국 11개 대학교로 확산되며 대학교 전공 또는 교양 과목으로 개설되어 운영되고 있다(그림 2-14 참조).

환경·경제·사회의 지속가능성에 초점을 두며 다양한 핵심 주제를 포함하고 있는 지속가능발전의 맥락에서 윤리적 소비는 다음과 같은 10가지 특성을 지닌다

그림 2-14 유네스코한국위원회의 지속가능발전교육 (ESD) 공식프로젝트 인증제 안내
출처 : 유네스코한국위원회 지속가능발전교육(https://esd.unesco.or.kr/)

(천경희, 송인숙, 2012). 첫째, 정직한 거래를 한다. 둘째, 능동적이고 주체적으로 선택한다. 셋째, 환경을 고려하는 소비를 한다. 넷째, 생산과 유통 과정을 인식하면서 소비한다. 다섯째, 소비가 미치는 사회적 영향을 고려한다. 여섯째, 더불어 잘사는 것을 생각하는 소비를 한다. 일곱째, 다른 사람의 행복을 고려하는 소비를 한다. 여덟째, 경제적 효율성이나 경제적 이익보다 사람을 먼저 생각하는 소비를 한다. 아홉째, 인류와 연대감을 생각하는 소비를 한다. 열째, 소비를 절제하려고 노력한다. 즉 윤리적 소비는 개인 소비가 환경적으로나 사회적으로 주는 영향력을 고려하는 소비로서 인류 전체와의 연대감을 소비생활에서 실천하는 특성을 지닌다고 할 수 있다. 이러한 특성을 윤리적 소비가 지향하는 핵심적인 가치를 중심으로 다시 정리하면, 첫째, 마케팅이나 소비주의에 이끌리는 소비가 아닌 자신의 욕구를 명확히 파악하여 선택하는 주체적인 소비, 둘째, 누가, 어떻게, 어떤 환경에서 생산·유통하는지를 인식하는 소비, 셋째, 타인 및 자연 생명체를 배려하는 소비, 넷째, 지속가능한 소비, 다섯째, 절제하는 소비로 요약할 수 있다.

이러한 윤리적 소비의 특성은 욕망의 자기 조절, 쾌락과 의미 균형, 내적 집중, 자기 초월의 원리와 같은 행복한 소비의 특성과도 일치한다. 즉 윤리적 소비는 자신의 가치관을 명확히 파악하여 그에 따른 소비 조절 및 선택, 소비와 동시에 다른 사람을 돕거나 환경에 해를 덜 끼치는 소비를 통해 만족감을 느낄 수 있다. 또한 소비중심적인 삶에서 벗어나 내적 세계와 공동체에 대한 관심과 관계 속에서 행복감을 느낀다.

3) 윤리적 소비의 실천

소비자의 윤리적 소비는 재화와 서비스의 구매, 사용 및 처분 행동과 자원배분에 이르는 소비의 전 과정에서 소비자의 개별적, 도덕적 신념에 따라 인간, 사회, 환경에 대한 사회적 책임을 실천하는 소비행동이다. 〈표 2-4〉는 구매, 사용, 처분 및 자원배분의 소비 과정에 따른 윤리적 소비행동을 나타낸다.

(1) 구매

윤리적 구매행동은 소비 과정의 구매 시점에서 소비윤리를 실천하는 것으로, 다음

표 2-4   소비 과정에 따른 윤리적 소비행동 내용

소비 과정	내용	
구매	상거래 소비윤리 준수, 정직한 구매행동, 적정한 구매행동, 노동기준을 준수한 제품 구매, 불매운동, 녹색소비(환경친화적 제품 구매, 낮은 에너지 소비제품 구매), 로컬소비, 생활협동조합이나 사회적 기업 제품 구매, 공정무역 제품 구매, 공정여행	자발적 간소화
사용	에너지·물 절약, 집약적 제품 이용, 물건 오래 사용하기, 대여제품 사용, 1회용 제품 사용하지 않기, 리필제품 사용, 천연제품 사용, 아나바다(아껴쓰고, 나눠쓰고, 바꿔쓰고, 다시쓰기)	
처분	음식물 등 쓰레기 줄이기, 제로웨이스트, 분리 수거 및 배출, 재활용 및 중고제품 이용 및 거래	
자원배분	기부 및 후원, 나눔, ESG 기업 경영을 고려한 윤리적 투자	

출처 : 홍연금(2009)에 기초하여 수정함.

과 같은 구매행동을 들 수 있다. 구매 접점에서 기초적인 시장경제 윤리가 준수되고 상거래 소비윤리가 준수되는 구매행동, 윤리적 판단 기준에 위배되는 상품을 생산·유통하는 기업 및 그 기업의 상품, 독과점 행위 등과 같이 상거래 관계에서 소비자에게 불이익을 제공하는 기업 및 그 기업의 상품에 대한 적극적인 불매운동, 구매단계에서부터 소비를 최소화하는 미니멀리즘 소비, 적정한 구매행동, 환경친화적 상품, 낮은 에너지 소비 상품, 노동기준을 준수한 상품, 동물 임상실험이나 동물 테스트를 하지 않은 상품 구매, 공정무역 상품 및 사회적 기업 상품 구매, 공정여행, 로컬소비, 생활협동조합이나 생산자와의 직거래, 사회적 기업 상품 구매, DIY 상품 구매 등이 있다. 윤리적 구매행동은 앞서 언급한 다양한 소비윤리 내용을 실천할 수 있는 소비 단계로, 〈표 2-1〉의 핵심가치, 〈표 2-2〉의 차원, 〈표 2-3〉의 영역에서 언급된 소비윤리 내용을 적극적으로 실천하는 첫 출발점이라는 점에서 매우 중요한 윤리적 소비행동 단계이다. 윤리적 구매행동은 시장에서의 금전투표행위(dollar voting)를 통한 소비자의 선택이라는 점에서 기업과 정부에 대해 소비자의 윤리적 소비 의사를 표현할 수 있다는 특성을 지닌다. 따라서 소비자로서 윤리적 소비에 대한 권리를 행사할 수 있는 정치적인 힘을 발휘할 수 있다.

(2) 사용

윤리적 사용행동은 소유하고 있는 자원을 보다 집약적이고, 효율적이며, 자원보존적이고, 탄소중립 실천 등 환경친화적으로 사용하는 행동을 의미한다. 이러한 행동으로 에너지 및 물과 같은 자원 등의 사용을 절약하기, 1회용 제품 사용하지 않기, 리필제품 사용하기, 천연제품 사용하기, 물건 오래 사용하기, 아나바다(아껴쓰고, 나눠쓰고, 바꿔쓰고, 다시쓰기), 구매 대신 대여하여 사용하기 등이 있다. 사용 단계는 주로 환경의 핵심가치와 종적 차원의 소비윤리가 강조되고, 주로 경제적 및 생태환경적 영역에서 소비윤리가 실천될 수 있는 소비행동 단계이다.

(3) 처분

윤리적 처분행동은 제로웨이스트, 쓰레기 분리배출, 재활용, 중고제품 이용 및 거래 등이 그 예로, 윤리적 처분행동의 궁극적 목표는 쓰레기 감소에 따른 환경오염 및 자원낭비를 막고, 기후변화로 인한 지구온난화 등의 환경 변화로부터 자연환경을 지키고 지속가능한 생산 및 소비가 가능한 사회를 구현하는 것이다. 윤리적 처분행동은 환경의 핵심가치, 종적 차원의 소비윤리가 강조되고, 주로 생태환경적 영역에서 소비윤리가 실천될 수 있는 소비행동이다.

(4) 자원배분

자원배분에 해당하는 윤리적 소비행동은 소득의 지출이나 자산관리에 있어 사회적 책임을 고려한 행동으로, 기부 및 후원, ESG 기업경영을 고려한 윤리적 투자, 나눔을 들 수 있다. 자원배분은 주로 지역공동체의 핵심가치, 횡적 및 종적 차원의 소비윤리가 강조되고, 경제적 · 생태환경적 · 사회적 영역에서 소비윤리가 실천될 수 있는 소비행동이다.

　이상의 〈표 2-4〉를 통해 명확하게 알 수 있는 것은 소비자들이 실천하는 윤리적 소비행동은 단지 윤리적 상품을 구매하는 데 그치는 것이 아니라 구매, 사용, 처분 및 자원배분의 전 소비 과정에서 이루어질 수 있다는 것이다. 이 외에 어느 하나의 소비 과정으로 나눌 수 없고 소비의 전 과정에 걸쳐서 이루어지는 윤리적 소비행동은 자신의 삶 전체를 간소하게 생활하는 것이다. 자발적인 간소한 삶은 단순히

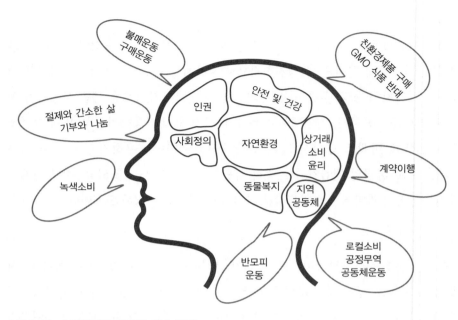

그림 2-15 소비윤리와 윤리적 소비 실천

소비량을 줄이는 것이 아닌 소비자가 생활양식 자체를 단순화하여 간소한 소비생활로 변화하는 윤리적 실천행동이다. 〈그림 2-15〉는 소비자 내면에 지닌 핵심가치의 소비윤리와 이에 따라 외적으로 나타나는 구체적인 윤리적 소비 실천의 예를 형상화한 것이다.

4) 윤리적 소비 실천의 성장 단계

윤리적 소비 연구에 따르면, 소비자는 여러 가지 동기로 윤리적 소비를 하게 되지만 실천해 가는 과정에서 관심 영역이나 이슈 등이 변화하고 실천 방법이나 영역도 변화한다. 홍연금과 송인숙(2008)의 연구는 개인이나 가족의 건강, 안전을 동기로 한 경우보다 지역사회나 농업, 환경에 대한 이타적 동기가 교육이나 공동체 활동을 통해 더 강화되었을 때 소비자는 윤리적 소비를 지속하고 실천 영역을 더 확대한다는 것을 보여 주었다. 결론적으로, 앞에서 언급된 바와 같이 소비자의 윤리의식 정도에 따라 소비윤리는 진화하고 발전한다(그림 2-13 참조)는 점에서 소비윤리의 실천행동인 소비자의 윤리적 소비는 변화하고 발전한다. 〈그림 2-16〉은 윤리적 소비 실천 영역을 기초, 성장, 성숙의 단계별로 구분한 것으로, 각각에 대해 살펴보면 다음과 같다.

첫째, 윤리적 소비 실천의 기초 단계는 시장경제의 주체로서 소비자는 시장경제의 기초적 윤리를 준수하고, 상거래에서 불법행위를 하지 않으며 법적 책임을 준수하는 상거래 소비윤리를 실천하는 단계이다. 그리고 다양한 윤리적 상품을 구매하는 실천행동과 동시에 비윤리적 기업 및 상품에 대한 불매운동이 포함된다.

둘째, 윤리적 소비 실천의 성장 단계는 지속가능한 책임, 동시대 인류를 위한 책임을 인식하며 구매뿐만 아니라 사용, 처분에 이르는 소비생활 전반에서 윤리적 소비를 실천하는 단계이다. 녹색소비와 로컬소비, 공정무역을 대표적으로 들 수 있다.

마지막으로, 윤리적 소비 실천의 성숙 단계는 소비생활 전반에서 소비윤리를 실천할 뿐만 아니라 삶 전체에서 지속적으로 윤리적 가치를 추구하는 단계로, 이 단계의 윤리적 소비 실천은 공동체운동, 절제와 간소한 삶, 기부와 나눔이 해당된다. 윤리적 소비의 성숙 단계에 이르면 소비자는 윤리적 소비자로서 다른 소비자들에게 긍정적인 영향을 미칠 뿐 아니라 소비사회를 변화시킬 수 있는 영향력을 발휘할 수 있게 된다. 결과적으로 성숙 단계는 윤리적 소비의 가장 높은 궁극적으로 지향해야 할 단계로, 소비자 자신에게는 행복한 삶을 영위할 수 있도록 할 뿐 아니라 동시에 자신을 포함하는 인간, 환경, 사회가 모두 함께 살아가는 지속가능한 사회를 구현할 수 있도록 한다.

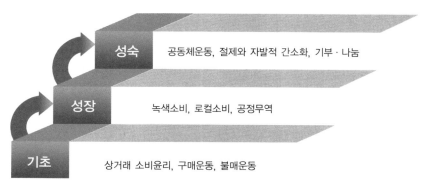

그림 2-16 윤리적 소비 실천의 성장 단계

결코 들킬 염려가 없어도 사람들은 윤리적인 행동을 할까?

오늘날 사람들은 윤리보다는 자기 이익을 우선으로 추구하는 것 같다. 특히 현대자본주의사회의 최전선 미국 금융중심가인 월가의 양상을 보여 준 영화들은 물질만능사회에서 돈에 대한 갈망 때문에 비윤리적인 방법으로라도 어떻게든 돈을 많이 벌어 마음껏 쓰고 싶어 하는 사람들의 단면을 보여 준다. 1987년 영화 <월스트리트>는 주인공 고든 게코의 입을 빌려 "탐욕은 좋은 겁니다. 탐욕은 선이에요"라며 맹목적으로 돈을 추구하는 월가의 분위기를 말해 준다. 2014년 영화 <더 울프 오브 월 스트리트>에서 주인공 조던 벨포트 역시 타고난 재능으로 사기성 띤 주식매매를 하여 월가에서 엄청난 액수의 돈을 벌고 마약, 섹스, 돈에 중독된 삶을 산다.

"어느 날 양치기가 양들에게 풀을 먹이려고 들에 나갔는데 뇌우와 지진이 일어난 뒤에 땅이 갈라졌다. 아래로 내려간 양치기는 금반지를 발견하여 자기 손가락에 끼웠다. 며칠 뒤에 동료 양치기들과 모인 자리에서 무심코 보석반지 거미발을 손 안쪽으로 돌렸는데 몸이 투명해져서 동료 눈에 보이지 않게 되었다. 이 사실을 안 양치기는 왕에게 양떼의 상태를 보고하는 사자들 속에 자신도 끼도록 일을 꾸며 궁전에 들어가자마자 반지를 이용하여 왕비를 유혹하고 모략을 꾸며 왕을 살해한 후 왕관을 차지했다." 소크라테스와 글라우콘의 대화에 나온 이 이야기는 그런 반지를 가져 절대로 발각되지 않을 경우라면 누구든 윤리기준을 모두 내던지고 말 것임을 의미한다.

피터 싱어는 『이렇게 살아가도 괜찮은가』에서 앞의 이야기를 인용하며 우리에게 이런 질문을 하고 있다. 자신의 이익과 윤리가 충돌할 때 자기 이익을 선택한 적이 있지 않은가? 만일 결코 들킬 염려가 없는데도 사람들은 자신의 이익을 포기하고 윤리적인 행동을 할까? 그 이유는 무엇일까?

『이렇게 살아가도 괜찮은가』
피터 싱어 지음, 노승영 옮김, 시대의창, 2014

토론해 봅시다

1. 결코 들킬 염려가 없어도 사람들(자신)은 윤리적 소비를 실천할 것인가?

2. 자신이 행한 소비행위를 윤리적 소비와 비윤리적 소비로 구분해 보자. 어떤 경우에 윤리적 소비행위를 하였고, 어떤 경우에 비윤리적 소비행위를 하였는가?

3. 소비자로서 자신에게 주는 윤리적 소비의 의미는 무엇인가?

윤리적 소비, 윤리적 소비와 합리적 소비, 우리의 선택은? 위문숙(2018), 내인생의책

이 책은 값싸고 품질 좋은 제품만을 추구하던 합리적 소비에서 생산과정의 윤리성까지 점검하는 윤리적 소비로 관심의 무게가 이동하며 소비의 패턴이 변화하고 있다는 점에 주목하며 윤리적 소비에 대한 기본적인 상식에서 시작해서 윤리적 소비의 장점과 그 뒤에 있는 한계까지를 다루고 있다. 우리가 왜 윤리적 소비를 지향해야 하는가를 생명, 인권, 환경, 동물, 공동체의 다섯 가지로 구분하여 설명한다.

생명을 살리는 윤리적 소비 정원각(2010), 상수리

이 책은 윤리적 소비의 개념과 역사, 유럽과 한국에서 실천하고 있는 윤리적 소비 방법 등을 어린이들이 알기 쉽게 소개한다. 학대받는 동물, 위협받는 먹을거리, 사라져 가는 논과 환경오염, 가난한 제3세계 어린이들이 어려운 환경에서 만드는 축구공과 초콜릿 등 세계적으로 문제가 되고 있는 생산과 소비생활을 짚어 본다. 또한 이러한 문제들을 해결하는 방법으로서 윤리적 소비와 공정무역뿐 아니라 여행지의 주민과 환경을 배려하는 공정여행까지 자세히 살펴본다.

윤리적 소비 박지희 등(2010), 메디치미디어

저자들은 소비가 더 이상 개인의 행복을 지키는 도구에 그치지 않고 사회의 안녕을 지키는 도구로 바뀌어 가고 있다고 말한다. 소비자는 이제 윤리적 소비자로, 나아가 사회를 바꾸는 진보적 개혁 운동가로 발돋움하고 있다는 것이다. 이 책은 공정무역과 공정여행을 비롯해 자연보호까지 아우르는 윤리적 소비의 정의와 역사, 그리고 실제와 미래를 총망라해 다룬다.

윤리적 소비를 말한다 켈시 팀머맨(2010), 소울메이트

소비자는 대부분 의류가 제조·판매되기까지의 과정을 생각하지 않은 채 옷을 구매하고 소비한다. 그러나 이 책의 저자인 켈시 팀머맨은 본인이 즐겨 입는 의류가 생산된 나라와 공장(미국, 방글라데시, 캄보디아, 중국)을 방문하고 공장 노동자들을 만나면서, 공장 노동자들이 처한 현실적인 삶의 문제들과 더불어 특히 세계화로 인한 제3세계 아동 노동 및 노동자들이 직면한 대가와 인권의 문제를 조명한다.

세상을 바꾸는 소비자의 힘 iCOOP생활협동조합 한겨레경제연구소(2009), 한겨레출판사

이 책은 윤리적 소비 체험수기 공모전 수상작과 한국의 윤리적 소비 연구를 묶은 책으로 우리 사회의 소비 습관에 새로운 역할과 방향을 제시한다. 주부뿐만 아니라 고등학생, 대학생, 교사, 생협 활동가 등이 공정무역 물품, 로컬푸드, 유기농 농산물 및 장애인·노인 생산품 소비, 재래시장 이용, 공정여행 등 다양한 윤리적 소비의 이야기를 들려준다. 이 책은 윤리적 소비에 대한 의미를 정착시키고 그 내용을 구체적으로 알려줌으로써 바람직한 소비문화가 자리매김할 수 있도록 돕는다.

오래된 미래 헬레나 노르베리 호지(2007), 중앙북스

언어학자이자 사회운동가인 헬레나 호지가 1975년 언어 연구를 위해 인도 북부 작은 마을 라다크에 들어갔다가 빈약한 자원과 혹독한 기후에도 불구하고 생태적 지혜를 통해 천 년이 넘도록 평화롭고 건강한 공동체를 유지해 온 라다크가 서구식 개발 속에서 환경이 파괴되고 사회적으로 분열되는 과정을 보여 준다. 이 책에서는 오직 경제성, 합리성의 극대화와 물질로 대변되는 풍요로움과 행복의 가치를 통해 진정한 '행복'이란 어떠한 것이며 저생산체계 구축과 느림의 철학으로 생활하는 라다크인들의 생활을 통해 새로운 의미의 발전상과 사회생태의 합리성을 추구해야 함을 주장한다.

행복의 경제학

2011년 개봉 다큐멘터리 영화

<행복의 경제학>은 우리가 직면한 여러 문제에 대한 전략적인 해결책으로 세계화가 아닌 지역화를 논하는 영화다. 헬레나 노르베리 호지를 필두로 티베트 망명정부 총리 삼동 린포체, 인도의 세계적인 핵물리학자이자 환경운동가 반다나 시바, '350 캠페인'을 이끄는 미국의 환경운동가 빌 맥키번, 일본 슬로라이프 운동의 선두주자 츠지 신이치 등 6개 대륙의 환경운동가들은 진정한 행복의 경제학이 추구하는 바를 이야기한다.

영화는 세계화가 진행될수록 스트레스와 우울증이 증가하고, 경쟁이 치열해질수록 삶에 대한 만족도는 떨어진다고 말한다. 광고와 미디어는 부자가 아니면 행복해질 수 없고 예쁘지 않으면 만족할 수 없는 삶이라고 우리에게 경쟁할 것을 독려한다. 세계화가 가져온 또 다른 폐해는 천연자원의 고갈과 환경오염이다. 수입과 수출, 생산과 소비의 과정에서 오염물질과 쓰레기가 발생하는 것이다. 가령 미국에서 재배한 오렌지를 중국으로 옮겨 왁스칠을 한 뒤 다시 미국으로 들여와 판매하는 방식은 운반 과정 중 다량의 이산화탄소(CO_2)를 발생시킨다. 또한 기업이 운영하는 대형마트는 과소비를 부추겨 낭비와 비만을 가져오며, 우리는 비만 때문에 사회적 비용을 추가로 지불해야 한다.

그렇다면 행복한 삶을 위해 경제구조는 어떻게 바뀌어야 하는가? 이에 대한 해법으로 경제활동의 지역화를 제시한다. 또한 무엇이 우리에게 행복한 삶을 가능하게 하는가라는 질문에 '파괴의 소비'를 멈추고 지역이 주체가 되는 경제활동을 시작해야 한다고 말하며, 각각의 문화에서 다양성을 찾고 그 고유한 문화에서 자신의 정체성을 찾으면 내가 '나'로 살아가는 게 행복해질 수 있다고 주장한다.

곽윤영(2015), 윤리적 소비 관련 인증제도 활성화 방안 연구, 정책연구 15-13, 한국소비
　　자원.

김정훈(2014), "지속가능사회를 위한 활동중심형 경제교육 프로그램: 윤리적 소비와 함
　　께 가는 우리," 경제교육연구, 21(3), 1-21.

남궁달화(2003), "교과를 통한 인성교육의 접근," 한국실과교육학회 2003년도 하계학술
　　대회, 1-28.

박명희, 송인숙, 손상희, 이성림, 박미혜, 정주원(2006), 생각하는 소비문화, 교문사.

박명희, 박명숙, 제미경, 박미혜, 정주원, 최경숙(2013), 가치소비시대의 소비자의사결
　　정, 교문사.

박미혜(2015), "윤리적 소비와 관련한 소비자의 감정경험," 소비자학연구, 26(3), 27-58.

박미혜, 강이주(2009), "윤리적 소비의 개념 및 실태에 대한 고찰," 한국생활과학회지,
　　18(5), 1082-1062.

소현진(2014), "친환경 식품 소비자의 가치체계 탐구: 효과적인 마케팅커뮤니케이션 전
　　략개발을 위하여," 광고PR실학, 7(3), 57-86.

송인숙(2005), "소비윤리의 내용과 차원정립을 위한 연구," 소비자학연구, 16(2), 37-55.

송인숙, 천경희(2009), "대학생 소비윤리 교육프로그램 개발," 소비문화연구, 12(3),
　　21-45.

심영(2009), "소비자의 사회적 책임 연구," 소비자학연구, 20(2), 81-119.

오종철(2014), "윤리적 제품 소비에 미치는 소비자 가치요인에 관한 연구: 제품신뢰의 조
　　절효과를 중심으로," 기업경영연구, 54, 1-26.

유네스코한국위원회(2011), 2011 지속가능발전교육 개황.

이원재(2009), 건강에서 환경, 이젠 사회로, 진화하는 착한 소비, 한겨레경제연구소.

이재율(1995), 경제윤리, 민음사.

이혜미(2016), "윤리적 소비 실천은 시민참여의 확장을 의미하는가? 한국 소비자들의 윤
　　리적 소비와 시민참여 경험 간의 관계성과 개인의 선택적 지향성 조절효과," 소비자학
　　연구, 27(1), 153-182.

전상민(2016), "윤리적 소비동기의 발달: 도덕성 발달 이론을 중심으로," 소비자학연구,
　　27(2), 151-179.

정준(1997), 소비사회의 실상과 바람직한 소비문화의 모색, 한국소비자보호원.

채정숙, 유두련, 김정희(2004), 정보사회의 소비자와 시장, 신정.

천경희(2011), "소비윤리와 윤리적 소비에 대한 고찰," 인문학연구, 17, 7-33.

천경희, 송인숙(2012), "공동체화폐운동 참여자의 소비생활에서 나타나는 윤리적 소비 특성 연구," 한국생활과학회지, 21(4), 745-764.

한겨레경제연구소(2009), 건강에서 환경, 이젠 사회로 진화하는 착한 소비, 한겨레신문사.

홍연금(2009), 우리나라 윤리적 소비자에 대한 사례연구, 가톨릭대학교 박사학위논문.

Barnett, C., Cafaro P. & T. Newholm(2005), "Philosophy and Ethical Consumption," in *The Ethical Consumer*, R. Harrison, T. Newholm and D. Shaw. eds., Sage: London, 11-24.

Carrigan, M. & A. Attalla(2001), "The Myth of the Ethical Consumer-Do Ethics Matter in Purchase Behavior," *Journal of Consumer Marketing*, 18(7), 560-577.

Clark, D. & R. Unterberger(2007), *The Rough Guide to Shopping with a Conscience*, New York and London: Rough Guides.

Crane, A. & R. Matten(2004), *Business Ethics*, Oxford: Oxford University Press.

Harrison R., Newholm T., & Shaw D.(2005), *The Ethical Consumer*, Sage Publication.

Kohlberg, L. (1958), The Development of Modest of Thinking and Choices in Year 10 to 16, Ph. D. Dissertation, University of Chicago.

Kohlberg, L.(1981), *Essays on Moral Development, Vol. I: The Philosophy of Moral Development*, San Francisco, CA: Harper & Row.

Kohlberg, L.(1984), *Essays on Moral Development, Vol. II: The Psychology of Moral Development*, San Francisco, CA: Harper & Row.

Mintel International Group(1994), *The Green Consume 1: The Green Conscience*, London: Mintel International Group Ltd.

Starr, M. A.(2009), *The Social Economics of Ethical Consumption: Theoretical Consideration and Empirical Evidence*, American University: Department of Economics, Working Paper Series, pp.1-26.

Uusitalo, O. & R. Oksanen(2004), "Ethical Consumerism: A View from Finland," *International Journal of Consumer Studies, 28*(3), 214-221.

Vitell, S. J., A. Singhapakdi & J. Thomas(2001), "Consumer Ethics: An Application and

Empirical Testing of the Hunt-Vitell Theory of Ethics," *Journal of Consumer Marketing*, *18*(2), 153–178.

World Commission on Environment and Development(1987). *Our Common Future*, Oxford University.

제**2**부

윤리적 소비 실천의 기초

03 상거래 소비윤리

04 구매운동

05 불매운동

상거래 소비윤리

사람이 착한 일을 하여 그 利益(이익)을 보지 않음은 마치 풀 속에 난 冬瓜(동과)
와 같으니 모르는 중에 절로 자라고, 몹쓸 일을 하고도 그 손해를 보지 않음은 뜰
앞의 봄눈과 같아서 반드시 모르는 가운데 녹게 된다.

-『법구경(法句經)』

바른 일은 더디지만 좋은 결과를 가져오게 되고, 비양심적으로 얻게 된 이익은 지
속되지 않고 결국은 사라지게 된다.

● 자신의 이익을 위해 바르지 않은 상거래를 눈감은 적이 있는가?
● 소비생활 속에서 자신에게 번거로운 일이기 때문에 잘못된 시장질서를 바로잡으려 노력하지 않고 지나친 일이 있었는가?

공유지의 희극

EBS 지식채널e 2014. 11. 3.

정말 모두의 것은 누구의 것도 아닌 것일까?
모두가 공유하는 물은 어떻게 관리되는가?

급격한 산업화 시대
지구라는 '공유지'에서 벌어지는 수많은 비극
공유지는 누구나 자유롭게 사용할 수 있다고 믿고
각자 자신의 이익만 추구하여
모두가 파국을 향해 달린다.

지구라는 '공유지'에서 벌어지는
수많은 비극

'공유지의 비극' 해결을 위한 주류 경제학자들의 뜨거운 논쟁
정부가 나서서 규제해야 한다.
시장에 맡겨야 한다.

부족했지만 그 누구도 남획하지 않았던
'공유의 규칙'
사람들은 늘 공유자원을
남용하기만 하는 것일까?

세계 곳곳 수십, 수백 년간
공유지를 지켜 온 오래된 규칙들
환경도, 제도도, 대상도 모두 다르지만
오래된 규칙들의 공통점
공유지 문제를 해결해 온 주체는
시장도, 정부도 아닌 '지역 공동체'

목초지 관리 규칙을 스스로 정한
스위스 농부들

"공유지에 비극만 있는 것은 아니다!
공유지에는 희극도 있다!"

"흔히 인간은 단기적 이익을 좇아 움직인다고
생각합니다.
하지만 사람들의 삶을 보면
공동의 문제 해결을 위해 자발적으로
협력하는 모습도 많이 있습니다."
"무엇보다 저는 인간이 희망이 없는 존재라고 생각하지 않습니다."

소비자가 일일이 나열하기 어려울 정도로 많은 물건을 구매할 때마다 합리적이고 효율적인 소비를 하기 위해서 수없이 많은 관련 정보를 수집하고 비교하는 불편하고 번거로운 과정을 적절하게 생략하게 해 주는 주요한 경험칙(Rules of Thumb) 중의 하나가 바로 특정 기업이나 브랜드를 이용하는 것이다. 이는 기업이나 브랜드의 명성이 순식간에 얻어지는 것이 아닐 뿐 아니라 무작정 긴 시간이 흘렀다고 형성되는 것도 아니기 때문이다. 그러나 이러한 신뢰에 금이 가는 일이 생기게 된다면?

시장에서 거래 상대방에 대한 신뢰의 감소는 사회적으로 제한된 자원을 감시와 검증에 배분하게 하여 불필요한 비용을 증가시키게 된다는 점에서 시장에서의 상거래 윤리에 대한 사회적 관심이 증가하고 있다.

이 장에서는 시장참여자들이 기본적으로 지켜야 할 상거래에서의 소비윤리에 대해 알아본다. 상거래 소비윤리가 무엇인지, 왜 필요한지, 어떻게 실천하는지에 대해 알아보자.

1. 상거래 소비윤리란 무엇인가?

개별 소비자의 소비행동은 지극히 개인적인 욕구를 충족시키기 위해서 시작되지만 소비자가 어떠한 가치를 지향하는가에 따라 개인적인 소비자의 욕구를 충족시키는 방법은 매우 다른 양상을 보일 수 있다. 소비자들이 자신의 만족을 극대화하기 위해 해 왔던 합리적이고 경제적이라고 생각하고 실천했던 소비행동의 방식이 환경오염과 자원고갈이라는 눈에 띄는 사회문제를 증가시켰다. 그 결과로 개인적인 소비생활에 직접적인 피해를 체감하게 되면서 서서히 개인의 소비행동이 사회 전체에 미치는 영향에 관심을 가지게 되었다. 그동안 개인적 효율성과 합리성을 최대로 하는 합리적 소비라는 가치를 지향하던 소비자들이 자신 이외에 자신이 속한 집단과 사회뿐 아니라 동일 시대를 뛰어넘는 다음 세대를 고려하는 방식의 지속가능한 소비에 대해 관심을 가지게 되었다. 더 나아가 지속가능한 소비를 넘어서 보다 적극적으로 소비가 이루어지는 환경을 건전하고 바람직하게 변화시키려는 윤리적 소비에 대한 사회적 공감도 급속도로 확산되고 있다.

1) 보이지 않는 손과 윤리적 소비

윤리적 소비는 상품을 선택할 때 가격과 품질만이 아니라 상품의 생산과정부터 사용 결과까지를 고려하여 개인의 효율성과 합리성만을 기준으로 하지 않고 타인을 배려하고 그 결과의 사회적 파급효과를 고려하는 소비행동을 의미한다.

수없이 쏟아지는 물건의 홍수 속에서 내가 구매하는 물건이 과연 내가 지불한 만큼의 가치가 있는 것일까라는 의문을 가지지 않은 소비자는 없을 것이다. 어쩌면 가장 기본적으로 지켜지기를 기대하는 가격과 품질의 정비례적인 상관관계를 신뢰할 수 없기 때문에 시장에서 합리적인 소비자는 구매결정을 하기 전에 정보를 탐색을 하고 비교 평가하는 과정을 거쳐야만 하는 것이다.

소비자가 경제학에서 가정하는 합리적이고 이성적이기만 한 인간이 아니기 때문에 제품의 품질 이외의 많은 요소가 상품의 가격에 영향을 미친다. 특히 제품의 질과는 직접 관계가 없지만 제품의 질을 신뢰할 수 있도록 하는 기업의 명성이나 브랜드 이름은 소비자의 탐색비용을 절감시켜 준다. 그렇기 때문에 소비자는 절감된 비용에 상응하는 대가를 어느 정도까지는 기꺼이 지불할 의사를 가지게 된다. 이런 소비자의 심리를 잘 파악한 기업은 소비자로부터 신뢰를 얻기 위해 제품 품질의 혁신을 위한 연구와 개발(R&D) 이외의 요소에도 많은 투자를 하게 되는 것이다. 제품의 판매 이후에 발생하는 제품의 하자에 대한 소비자의 불만을 해소하기 위한 애프터서비스 센터의 운영, 제품에 대한 정확한 정보를 널리 알리려는 광고, 기업에 대한 소비자의 호의적인 태도를 형성하기 위한 기업 이미지 광고와 다양한 사회공헌활동 등이 이 예에 해당한다.

자급자족을 하는 인간에게는 상거래와 관련된 어떠한 규칙도 필요하지 않다. 그러나 어떠한 형태로든 거래를 할 수밖에 없게 되면 거래의 공정성을 유지하기 위한 규칙이 만들어질 수밖에 없게 된다. 이러한 시장에서 서로 다른 이익을 추구하는 소비자와 판매자에게 자유경쟁만 보장된다면 마치 손으로 짜 맞춘 것과 같은 최선의 결과를 가져온다는 아담 스미스의 보이지 않는 손(invisible hands)은 시장의 효과를 극대화하기 위한 가장 기본적인 조건이다. 그러나 자유경쟁이 보장되는 시장이라 할지라도 그 시장이 바람직한 최상의 결과를 가져오기 위해서는 그 안에서 행동하는 소비자의 주체적인 선택이 합리적이어야만 한다. 자유경쟁이 보장되는 시장에서 소비자의 합리적인 선택이 이루어질 때 시장은 최상의 성과를 낼 수 있다. 따라서 이 두 요소가 올바르게 상호작용할 때 소비자의 선택이 제한된 자원의 사용 방법을 최종적으로 결정하게 하는 소비자 주권이 실현되는 경제시스템이 되는 것이다.

2) 상거래 소비윤리의 필요성

소비사회가 계속 발전하고 진화하면서 시장에는 소비자의 기초적인 욕구를 충족시키는 상품에서부터 욕망을 충족시키기 위해 사용되는 상품까지 수많은 상품들이 공급되고 있다. 그 안에서 소비자는 제한된 자원으로 자신의 욕구와 욕망을 최대한 충족시키려는 소비행동을 하게 된다. 이때 소비자의 욕구를 최대한 충족시키기 위한 구매행동은 합리적이어야 한다고 말하며 인간의 경제행위에 대한 연구를 하는 학문인 경제학에서는 최소의 비용으로 최대의 효과를 얻는 방법으로 행동하는 것이 합리적이라고 말해 왔다. 그러나 효율성만을 추구하는 경제학의 합리적 소비행동은 시장의 보이지 않는 손이 제대로 작동할 수 있도록 하는 공정한 자유경쟁과 소비자의 합리적 선택을 보장하지 못한다. 시장 안에서 활동하는 경제주체(공급자나 소비자)들이 바람직하지 못한 의도를 가지고 고의적으로 서로 상대방을 속이려 한다면, 경제주체가 단기적으로 최소의 비용으로 최대의 효과를 얻을 수는 있을지 모르지만, 궁극적으로는 시장의 질서를 흩트리게 되어 서로에 대한 기본적인 신뢰를 훼손하므로 더 많은 거래비용을 유발하게 되어 장기적으로 신뢰가 기반이 되는 시장에서보다 못한 거래 결과를 수용해야만 하게 된다. 서로 상대방을 믿을 수 없는 상태에 이르게 되면 거래를 위한 최소한의 신뢰를 확보하기 위한 검증의 과정에 많은 추가 비용이 발생할 수밖에 없는 것이다. 이러한 문제는 우리가 현실적으로 시장에서 직면하는 수많은 문제들과 직간접적으로 연결되어 있다. 예를 들면 쓰레기로 버려야 할 단무지를 이용했던 만두소 파동, 기생충 알이 나왔던 김치 문제, 공업용 우지로 만들었던 라면 등 식품과 관련한 크고 작은 문제들은 시장에서 구매하는 식품의 안전성에 대한 우리의 의문과 불신을 키웠고 결과적으로 식품의 안전성을 확보하기 위한 과학적인 위생관리 시스템이라고 하는 식품안전관리인증(HACCP)을 도입하기에 이르렀다. 물론 이러한 시스템의 도입이 무조건 나쁘다고 할 수는 없지만 기본적으로 시장에서 지켜졌어야 할 신뢰가 제대로 지켜졌더라면 결과적으로 시장에서 거래하는 경제주체 모두에게 추가적인 비용을 지불하게 하는 이러한 제도의 도입이 꼭 필요하지 않을 수도 있다는 것이다.

경제사회의 주체는 생산자와 소비자이다. 제한된 자원으로 보다 나은 최선의 결과를 가져오기 위해서는 경제시스템이 올바로 작동해야만 한다. 경제시스템이 올바로 작동하기 위해서는 시장에서 활동하는 경제주체들이 서로를 신뢰할 수 있어야 한다. 이것이 시장이 올바로 작동하게 하는 상거래의 기반이다. 그동안 우리는 좀 더 나은 경제사회를 위해 생산자를 포함한 시장의 공급자에게 투명한 경영과 공정한 경쟁을 요구해 왔다. 시장경제시스템이 완전히 진화되어 정착되기 이전에 상대적으로 불리했던 소비자의 지위 때문에 공급자의 상거래 윤리를 강조해 온 것이 사실이다. 그러나 오랜 시간 동안 시장의 진화와 함께 판매자의 시장에서 구매자의 시장으로 시장이 변화하였고 소비자도 더 이상 피해자의 위치에만 머물지 않고 프로슈머로 적극적으로 시장에 영향을 주는 소비자로 변모하였다. 따라서 이제는 시장의 공급자에게만 요구했던 투명한 경영과 공정한 경쟁과 같은 시장이 올바로 작동할 수 있는 신뢰의 기반을 시장의 수요자인 소비자에게도 요구하는 것이 당연하다.

3) 상거래 소비윤리의 정의

상거래 소비윤리란 무엇인가? 상거래 소비윤리에 대해 많은 연구자가 정의하였는데, 우선 닷지(Dodge, 1996)는 소비자가 구매 행동을 할 때 잘못된 행동에 대비되는 올바른 행동이라 했다. 그리고 소비자의 비윤리적 소비행동에 대해 연구를 한 먼시와 비텔(Muncy & Vitell, 1992)은 소비자가 재화와 서비스를 구입, 사용, 처분할 때 소비자의 행동을 지도하는 도덕적 원칙이나 기준이라고 하였다. 그리고 송인숙(2006)은 여러 소비윤리의 차원 중 하나로 정리하였다. 소비자가 사업자와 상거래를 할 때 판매자에게 적극적으로나 소극적으로 손해를 입히는 행동을 하지 않아야 할 뿐 아니라 사용자로서 필요한 주의 의무를 다해야 하고 거래 시에 다른 소비자에게도 피해를 입히지 않는 등으로 소비윤리를 정리하였다.

이와 같이 여러 연구자들에 의해 정의된 상거래 소비윤리에 대한 개념을 정리해 보면, 상거래 소비윤리란 상거래에서 이루어지는 소비행동에 대한 윤리라 할 수 있다. 구체적으로는 사업자와 거래할 때 정해지는 계약의 의무를 지키는 일, 제품을 사용할 때 지켜야 하는 사용상 주의 의무를 지키는 일, 법에 의해 정해져 있는 소비자 책임을 다하는 것, 보다 정직한 사업자를 분별하려고 노력하는 일, 신뢰할 수 없는 사업자를 퇴출하려는 적극적인 노력을 하는 일 등이라 할 수 있다.

다시 말해서 상거래 소비윤리는 시장에서 수요자로서 행동하는 소비자가 거래의 상대방인 공급자에게 신뢰할 만한 거래의 상대방이 되는 것의 기준이며, 공급자들이 신뢰받으려 노력하도록 충분히 자극할 수 있는 방식으로 소비행동을 하는 적극적인 노력을 포함한다.

2. 상거래 소비윤리는 왜 지켜야 하는가?

시장에는 소비자와 기업 사이의 상거래에서 최소한의 신뢰를 확보하기 위한 다양한 거래관행이 있다. 더 나아가 상거래 과정에서 발생하는 비용을 줄이기 위해 때로는 강제적인 정책과 규제를 시장참여자들의 합의하에 도입하기도 한다. 그럼에도 불구하고 시장에서 소비자와 기업은 서로 다른 목적을 추구하기 때문에 신뢰를 쌓아 장기적인 이익을 증대하기보다는 단기적인 이익을 증가시키기 위해 신뢰를 깨뜨리는 행동을 할 유인이 충분히 존재한다.

우리는 매일 많은 물건을 사용하고 구매한다. 그런데 우리가 구매해서 사용하는 물건들이 정말 믿을 만한 것인지 항상 의심스럽다. 생산과 소비의 관계가 멀어지고 유통 방법이 복잡해지면서 생산자와 소비자, 판매자와 소비자 관계도 멀어졌다. 멀어진 관계만큼 서로를 속이고 의심하는 경우가 늘어나고 있다. 경제사회에서 경쟁이 점점 더 치열해지는 생산자와 판매자의 불공정 행동은 말할 필요도 없지만 소비자들의 비윤리적인 소비행동도 늘어나고 있다.

1) 기업은 윤리적인가?

(1) 기업의 사회적 책임

전통적으로 경제주체로서 기업 활동의 본질은 이윤 극대화에 있다고 생각해 왔다. 따라서 기업이 이윤을 극대화하기 위해서 비용을 최소화하거나, 수입을 최대화할 수 있는 다양한 행동을 실행하는 것은 당연한 것으로 받아들여졌다. 그래서 비용을 최소화하기 위해 공해를 배출하거나 아동을 노동자로 고용하는 일에 대해서 큰 경각심을 갖지 않았다.

그러나 소비자들의 교육수준이 높아져 개인과 사회의 권리의식이 고양되고, 지구온난화에 의한 기후변화, 물 부족 등 경제발전에 희생된 환경의 역습이 빈번해지고 경제가 발전할수록 더욱 깊어진 빈부의 격차, 환경오염 등과 같은 다양한 사회문제가 보편화되면서 소비자들은 기업이 생산해서 시장에 제공하는 상품의 가격과 질에 대한 기본적인 관심 이외에 기업이 생산하는 제품의 생산과정에도 관심을 가지게 되었다. 소비자들이 단순하게 질이 좋은 제품을 싸게 구입하는 것에 그치지 않고 제품이 어디서 어떻게 생산되고 공급되고 있는가에도 많은 관심을 기울이기 시작한 것이다.

이러한 변화는 2006년 나이지리아의 최대 유전지역인 니제르 델타 지역에서 셸을 비롯한 다국적 석유회사들이 석유를 생산하면서 그 지역의 실제 주민인 오고니 족의 생존권, 건강권, 주거권, 환경권 등을 침해한 것이 중대한 사회 이슈가 되었던 것이나, 파키스탄의 12살짜리 어린이를 고용자로 고용한 협력업체로부터 납품받은 축구공을 판매한 나이키에 대해 전 세계 시민단체와 소비자들이 불매운동을 벌이고 이것이 결국 나이키의 주가폭락으로까지 이어지게 되었던 사실을 통해서도 확인된다.

이렇게 기업은 단순히 경제적 역할을 넘어서 보다 폭넓은 사회적 활동의 책임이 있다는 개념이 점점 보편화되었는데 이를 기업의 사회적 책임(corporate social responsibility, CSR)이라고 한다. 기업의 사회적 책임은 전통적인 가치관에 의한 기업의 역할, 즉 소비자에게 필요한 상품을 생산하여 공급하고, 그 과정에서 부를 취득하여 더욱 풍부한 상품을 공급함으로써, 물질적 풍요를 제공한다고 하는 물적 · 경제적 문제에 한정된 역할에서 벗어나, 현대 사회에 요구되는 보다 다양한 사회적 역할을 기업이 담당하여야 한다는 것이다. 이와 같이 기업의 윤리성이 중요한 사회적 이슈가 되었다.

기업의 사회적 책임(CSR)이란 기업의 이해 당사자들이 기업에 기대하고 요구하는 사회적 의무를 충족시키기 위해 수행하는 활동으로, 기업이 자발적으로 사업 영역에서 이해관계자들의 사회적 그리고 환경적 관심사들을 분석하고 수용하여 기업의 경영 활동에 적극적으로 적용하는 과정을 통해 이해 당사자들과 지속적인 상호작용을 이루는 것이라고 정의할 수 있다. 즉 영리추구를 목적으로 하는 사기업이라 할지라도 재화 및 서비스의 생산과 이윤창출 외에 사회에 대하여 일정 부분의 책임을 져야 한다는 것으로 기업이 주주(share-holders)뿐만 아니라 그보다 넓은 범위의 사람들(stake-holders)의 이익에 봉사해야 한다는 것을 의미한다.

기업의 사회적 책임, 즉 윤리적 경영에 대한 소비자들의 기대와 관심이 증가하였기 때문에 기업 경영윤리를 소홀히 다루는 기업이 위험에 빠질 가능성이 매우 커지고 있다. 기업은 단순히 눈앞의 이익에만 급급해서 행동하기보다는 기업 경영윤리를 준수하여 더욱 중요한 경쟁력의 원천인 소비자의 신뢰를 획득하여야 한다. 기업 경영윤리는 단순히 기업의 행동을 규제하는 것만은 아니다. 기업이라는 조직이 사회 속에서 해야 할 일과 하지 말아야 할 일을 구분시켜 줌으로써 기업 본연의 목적인 영리추구뿐만 아니라 전체 사회의 이득이 되는 행위의 기준을 제시한다.

(2) 윤리적 경영 사례

윤리적 경영의 대표적 사례는 존슨앤드존슨의 타이레놀 사건에서 찾아볼 수 있다. 존슨앤드존슨은 1930년대부터 자발적으로 윤리경영을 강조해 온 대표적인 글로벌 기업으로 1943년 최초의 기업윤리강령으로 알려진 "우리의 신조(Our Credo)"를 직접 작성하고 경영에 접목하였다. 명확하게 목표를 제시하고 간결한 문장으로 되어 있는 존슨사의 '우리의 신조'는 다른 기업의 윤리강령 작성 시 모범이 되고 있다. 여기에서 '소비자-종업원-지역사회-주주'의 순서로 기업의 책임을 규정하고 있다. 소비자를 최우선으로 생각하면 결국 모든 이해관계자들에게 최고의 결과를 가져오기 때문에 주주에 대한 책임은 자연스럽게 달성된다는 것이다.

1982년 미국 시카고에서 해열진통제인 타이레놀 병 속에 청산가리를 집어넣어 무려 7명이 사망한 사건이 일어났다. 우리는 일명 '타이레놀' 사건의 해결과정에서 존슨앤드존슨의 '우리의 신조'가 무엇을 말하는지 명확하게 확인할 수 있다. 이때 존슨앤드존슨은 오랜 윤리경영 실천의 역사를 바탕으로 기업 신조대로 '투명성이 최선의 정책(Transparency is the bestpolicy)'이라는 판단 아래 고객과 사회에 대한 책임을 실천하기 위해 제조과정을 언론에 공개하고 즉각 시카고뿐만 아니라 미국 전역에서 모든 타이레놀을 수거해 전량 폐기했다. 그 비용만 총 2억 5,000만 달러에 달했으며, 세계 최초의 대규모 리콜이었다. 사건 발생 직후 35%에서 8%로 급감했던 매출은 신속한 대처 이후 다시 진통제 시장 점유율 1위를 차지하며 회복되었고, 이후 존슨앤드존슨은 더욱더 존경받는 기업이 됐다.

이와 같이 영리추구를 하면서도 사회적으로도 인정받는 지속가능한 성공적인 기업이 되는가는 기업의 윤리적 경영과 밀접한 관계가 있다. 특히 포춘지가 선정하는 '미국에서 가장 존경받는 기업'의 에너지 부분에서 1999년, 2000년 연속으로 1위를 차지해 온 기업인 엔론사의 회계부정사건은 경영성과가 아무리 높아도 기업 윤리의식이 희박할 경우 시장과 사회로부터의 신뢰를 상실하여 결국 기업의 문을 닫게 된다는 사실을 재확인시켰고, 미국 기업 전체로까지 확산되고 있는 부정회계와 최고경영층의 비윤리적인 행위 등에 대한 규제는 법이나 제도가 결코 만능

일 수 없으며 기업들의 자발적인 준법정신과 윤리준수 노력이 얼마나 중요한가를 일깨워 주는 매우 의미 있는 사건이다.

2013년 우리나라에서 직원 욕설 파문에서 시작되어 불매운동까지 이어졌던 남양유업 사건은 기업의 윤리적 경영에 대한 소비자의 관심이 얼마나 커졌는지를 잘 보여 준 사건이다. 초기에 남양유업 직원이 한 대리점주에게 욕설을 포함한 폭언을 퍼부은 사실이 알려지면서 국민들의 공분을 샀는데, 시간이 지나면서 물량 밀어내기라는 회사의 악덕 관행과 소위 '갑(甲)의 횡포' 문제로 확산이 되면서 기업에 대한 이미지가 급격히 악화되었다. 남양유업 직원의 폭언이 담긴 파일이 인터넷에 공개가 된 지 한 달 후, 다른 문제들과 함께 남양유업 사태가 주는 충격파가 워낙 커서 대중들의 인지도도 높았으며, 상황도 빠르게 전개되었다. 불매운동으로까지 번지게 된 이 사건으로 인해서 소비자들은 그동안 제조사도 모르고 먹었던 맛있는 우유 GT, 불가리스, 아인슈타인 우유, 임페리얼 분유, 17茶, 앳홈주스, 이오 요구르트, 프렌치카페 등 우리에게 매우 친숙한 제품들이 남양유업 제품이라는 것을 새삼 알게 되기도 했다.

(3) 공유가치창출

비윤리적인 기업경영의 결과가 사회에 미치는 부정적인 결과들의 파장이 결코 작지 않음을 경험하면서 기업의 윤리적 경영에 대한 시각도 기업의 사회적 책임(CSR)을 넘어서 **공유가치창출**(creating shared value, CSV)로 진화하고 있다. 기업의 사회적 책임(CSR)이 소극적으로 윤리적 경영을 촉진시키는 것이었다면 보다 적극적으로 윤리적 경영을 추진하는 것이 기업의 본래 목적인 이윤추구를 달성하면서도 사회적으로 바람직한 가치를 가져오게 한다는 공유가치창출(CSV)은 기업이 수익을 얻고 난 이후에 사회공헌활동을 하는 것이 아니라 기업 활동 자체가 사회적 가치를 창출하면서 동시에 경제적 수익을 추구해야 한다는 것이다.

그러나 여전히 2015년 9월 배기가스 테스트 검출량을 속일 수 있는 불법 소프트웨어를 전 세계적으로 1,100만 대에 장착한 폭스바겐, 2016년 북미에서 사망사고까지 일어난 제품을 국내 기준이 없다면서 리콜결정을 거부했던 이케아, 가습기 살균제 사망 사건이 발생한 지 5년이 지나서야 마지못해 사과한 옥시 레킷벤키저까지 최근 사회적으로 파장을 일으킨 기업들의 비윤리적 행태가 터져 나올 때마다 소비자들은 분노한다. 기업의 비윤리적인 행동에 의해 심각한 신체적 · 정신적 피해를 소비자가 고스란히 받게 되기 때문이다.

이처럼 경제 관련 뉴스 기사를 보면 시장에서 주로 문제 되는 것은 사업자들의 비윤리적인 행위이다. 사업자들의 비윤리적 행위로 얻은 부당한 이익은 억 단위의 큰 금액이며 피해를 본 소비자의 수는 가늠하기 어렵다. 사업자들의 비윤리적 행동은 경제사회가 발전함에 따라 줄어드는 것이 아니라 더 많아지고 심각해지고 있다. 이들을 감시하고 예방하기 위해 여러 정책과 규제를 하고 있으나 끊이지 않고 발생하고 있다.

이러한 불특정 다수의 소비자 피해를 해결하기 위한 방안의 하나로 제시되는 소비자집단소송제도는 아직도 기업들의 반발로 법제화되지 못하고 있다. 소비자집단소송제는 다수의 소비자가 동일한 피해를 당했을 때 일부가 제기한 소송 효력이 모든 피해자에게 미치도록 하는 제도다. 이와 함께 최근 힘을 받고 있는 소비자 보호 장치가 기업이 악의적이고 반사회적인 행위를 벌였을 때 실제 피해보다 훨씬 많은 금액을 배상하도록 하는 징벌적 손해배상제도이다.

2) 소비자는 윤리적인가?

반복적으로 다양한 사업자들의 비윤리적 행동을 경험하게 된 소비자들은 이제 기업들에게 투명하고 윤리적인 경영을 할 것을 요구한다. 실제 제일기획의 2013년 자체조사에 따르면 응답자의 71.2%가 '비윤리적인 기업의 제품을 구매하지 않겠다'는 반응을 보였다고 한다. 이처럼 요즘 소비자들은 기업들에 '좋은 제품'뿐만 아니라 '착한 마음씨'까지 요구하게 되었다.

(1) 블랙컨슈머 문제

그런데 과연 소비자는 얼마나 윤리적일까? 기업의 비윤리적인 행동만큼이나 심각한 사회문제로 부상하고 있는 것이 바로 **블랙컨슈머** 문제이다. 사실 그동안 시장경제시스템에서 소비자는 유통의 말단에 있기 때문에 대부분의 피해를 고스란히 전가당하는 약자의 위치에 있다고 생각해 왔고 그 때문에 소비자의 책임보다는 권리를 더욱 강조해 왔던 것이 사실이다. 기업에 비해 상대적으로 약자인 소비자가 다소 비윤리적인 행동을 한다 하더라도 기업의 비윤리적인 행동으로 인한 사회적 피해에 비하면 크게 사회적으로 문제가 되지 않고 드러나지 않는 경우가 많았다. 그러나 일상생활에서 반복되는 사소하게 볼 수 있는 소비행동들이 장기적으로 볼 때는 건전한 경제 순환 구조를 왜곡시키는 문제 행동이 될 수도 있다.

시장경제의 발달과 함께 다양한 소비경험이 축적된 현대의 소비자는 더 이상 과거처럼 일방적으로 피해를 당하지만은 않는다. 소비자의 권리의식도 향상되었을 뿐 아니라 정보화사회의 기반이 되는 인터넷의 발달로 보다 쉽게 상품이나 기업에 대한 의견을 자유롭고 적극적으로 표현하게 되었다. 소비자들의 상품후기나 블로그 활동, SNS의 발달은 시장에서 소비자의 영향력을 높이는 데 크게 기여하였다. 그러나 소비자의 기대수준 및 요구가 높아지고 소비자보호제도가 활성화되면서 일부 소비자들의 불만대응행동이 점차 다양하고 과격해졌다. 식품 내 이물질 발견 고발전화가 하루에 몇십 건씩 걸려오고, 이물질 검출과 관련해 지나친 요구를 하는 악성 소비자들이 증가하고 있으며 보상 요구 액수도 고액화되고 있다(이병렬, 2008).

블랙컨슈머의 대표적인 사례 중 하나로 2005년 미국의 한 패스트푸드 전문점의 칠리 수프 사건을 들 수 있다. 자신이 주문한 칠리 수프에서 사람의 손가락이 나왔다고 신고한 여성은 이러한 사실을 언론에 알리고 곧바로 거액의 손해배상 소송을 제기했다. 미국 사회에서 소비자의 요구가 너무 지나친 것으로 판단하고 무시했다가는 큰 문제로 이어질 수 있기 때문에 소비자들이 환불이나 교환을 요구하면 군말 없이 응하는 편이다. 그러나 여성의 지나친 요구 때문에 경찰 수사가 이루어졌고 모든 것이 고액의 보상금을 노린 자작극으로 밝혀지면서 당시 미국 사회를 떠들썩하게 했었다. 이 외에도 미국 워싱턴의 한인세탁업주가 미국인 변호사 고객의 바지 한 벌 때문에 5,400만 달러 소송을 당했던 '바지 소송'과 '재킷을 물어내라'며 소액재판 최고 청구액인 1만 5,073달러를 배상하라는 애틀랜타 판 바지 소송(이종원, 2009), 사회적으로 크게 이슈가 되었던 두 명의 판매사원이 무릎을 꿇고 고객에게 사과를 하는 유튜브 동영상은 2015년 인천 신세계백화점의 귀금속업체 스와로브스키에서 2007년과 2008년 제조된 팔찌와 목걸이를 무상으로 수리해 달라는 막무가내 요구를 거부하는 과정에서 발생한 것이다. 이와 같이 우리의 상상을 초월하는 비상식적인 소비자의 요구는 지속적으로 증가하고 있다.

여객기 내의 서비스가 마음에 들지 않는다며 승무원에게 폭언과 폭행을 한 라면상무 사건이나 착용했던 제품에 문제가 없음에도 환불을 요구하는 소비자, 식품의 이물질을 이유로 무리한 액수의 보상을 요구하는 소비자, 소비자단체나 언론에 공개하겠다고 협박하며 막무가내로 떼를 쓰는 소비자 등 폭언, 폭행을 하거나 자신의 개인적 이익을 얻기 위해 사업자에게 무리한 요구를 하며 해를 입히는 소비자에 이르기까지 소비자의 의심스러운 행동들도 사업자들의 행동 못지않게 그 양상이 다양해지고 그로 인한 피해의 심각성도 증가하고 있다. 이 같은 소비자들의 비윤리적 행동에 대해 사업자들은 공개적으로 드러내기를 꺼리지만 최근 대한상공회의소의 조사결과에서 사업자들이 불합리한 소비자를 접한 경험이 83.4%인 것으로 나타났다(대한상공회의소, 2011).

(2) 인플루언서인가 블랙컨슈머인가?

경쟁이 치열해진 구매자 시장에서 기업들은 소비자의 선택을 받기 위해 많은 노력을 한다. 생산자인 기업에 잘못이 있으면 받아들여지고 시정되어야 하므로 소비자가 자신의 정당한 권익을 주장하고 기업에게 시정을 요구하는 것은 당연하다. 그렇지만 다수의 판매처 중 자유롭게 한 곳을 선택할 수 있는 소비자의 권리는 기업들의 치열한 경쟁 생태계 속에서 판매자들의 생존을 좌우할 수 있는 막강한 권력이 된다 해도 과언이 아니다. 소비자의 화폐투표가 궁극적으로 기업의 흥망성쇠를 결정하기 때문에 기업들은 소비자를 왕이라고까지 표현하며 고객만족을 위해 노력한다. 또한 소비자에게 만족을 넘어선 감동까지 제공해야만 재방문, 재구매로 이어지기에 사업자는 높은 수준의 서비스를 제공하려고 안간힘을 쓴다.

이러한 시장환경 속에서 정보의 중요성이 나날이 중요해지고 있는 가운데 블로그와 SNS 등 온라인 커뮤니티에서 개개인 상호 간의 실시간 정보량이 급속도로 늘어나면서 소비자 한 사람의 말이나 행동 의견이 네트워크를 통해 무한 재생산되면서 엄청난 파급효과를 가지게 되어 개인 소비자의 영향력이 매우 커지게 되었다. 이렇게 개인이지만 큰 영향력을 미치는 사람을 **인플루언서**(influencer)라고 부른다.

이러한 소비자의 영향력이 좋은 방향으로 작용하게 되면 경제시스템에 긍정적인 효과를 가져 온다. 반면 기업 입장에서는 블로그나 SNS의 게시 글이 많은 소비자들에게 급속도로 공유되며 확산되는 과정에서 일부 내용이 부풀려지거나 왜곡되며 생기는 부정적인 파급효과가 단기간에 엄청난 손실을 초래하기 때문에 소비자의 무리한 요구를 무시하지 못하고 수용할 수밖에 없는 상황이 되기도 한다. 그 과정에서 일부 소비자들이 당연한 소비자의 권리를 넘어 무리한 요구를 하는 '왕' 혹은 '갑'이 되는 경우가 발생하게 되는 것이다

블랙컨슈머의 행위는 일종의 갑질이라고 할 수 있는데, 갑질은 사회 · 경제적 관계에서 우월적 지위에 있는 사람이 권한을 남용하거나, 우월적 지위에서 비롯되는 사실상의 영향력을 행사하여 상대방에게 행하는 부당한 요구나 처우를 의미한다(국무조정실, 2019).

2014년 뉴욕에서 대한항공 항공기에 탑승한 당시 조현아 부사장이 견과류를 봉지째 제공한 승무원에 항의하고 사무장을 불러 서비스 규정을 따지다가 내리라고 요구해 항공기가 램프를 돌아 사무장이 공항에 내리게 했던 땅콩회항 사건은 대한민국 사회에 만연한 슈퍼 갑질의 현실을 전 세계에 드러내 제대로 나라 망신을 일으킨 대표적인 사건으로, 대한항공은 외부적으로 기업 이미지가 크게 실추되는 손해를 입게 되었다.

(3) 블랙컨슈머에 대한 법적 처벌

블랙컨슈머란 블랙(black)과 컨슈머(consumer)를 합친 신조어이다. 구매한 상품의 하자를 기반으로 해당 기업에 과도한 피해보상금을 요구하거나 거짓으로 피해를 본 것처럼 꾸며 보상을 요구하는 등 의도적으로 악성 민원을 제기하는 소비자를 말한다. 심지어는 소비자의 과실을 기업의 과실로 둔갑시키고 이를 악용해 고액의 배상을 요구하기도 한다. 블랙컨슈머는 반품 · 환불을 넘어 과다한 보상금을 원하거나, 고의적으로 상품에 하자를 입혀 민원을 제기하거나, 기업 이미지를 깎아내리려고 악성 루머를 퍼트리는 행동을 일삼는다. 또 소비자 관련 기관을 거치지 않고 기업에 직접 금전적 보상을 요구한다.

소비자에 의해 문제가 거론되면 기업들은 진위 여부를 떠나 제품 · 기업 이미지

표 3-1 2016년 경찰 '갑질 횡포 100일 특별단속' 결과

내용	빈도(%)
블랙컨슈머	3,352명(43.7%)
직장 단체 내 불법행위(폭행/성폭행/인사비리 등)	1,076명(14%)
거래관계 내 우월적 지위 이용한 리베이트 비리	610명(8%)
외국인 근로자 착취와 원청업체의 불공정 거래	347명(4.5%)
공무원, 시의원 등 공직비리	324명(4.2%)
사이비 기자 금품갈취	142명(1.9%)
기타	1,812명(23.6%)
합계	7,663명(100%)

출처 : 경찰청 브리핑, 2016년 12월 14일

손상을 우려하여 사회적 논란이 되지 않도록 블랙컨슈머의 요구를 암묵적으로 수용하는 등 소극적으로 대응하는 경우가 많았다. 실제로 2013년 대한상공회의소가 203곳의 중소기업을 대상으로 블랙컨슈머 관련 대응 실태조사를 펼친 결과, 무려 83.7%가 '고의성을 알고 있지만 그대로 수용하겠다'고 응답했고, 14.3%만이 '법적 대응을 통해 적극적으로 대처하겠다'고 응답한 것으로 나타났다.

그러나 블랙컨슈머들의 수법이 날로 교묘해짐에 따라 기업들도 블랙컨슈머에 대응하기 위한 전담조직을 구성하고, 여기에 필요한 대응 매뉴얼을 만드는 등 적극적으로 문제를 해결하기 위해 노력하기 시작했고 정부 관계부처도 이런 소비자들의 문제 행동을 근절시키고 건전한 시장 환경을 조성하기 위해 다양한 노력을 기울이기 시작하였다(김태훈, 2017). 또한 최근 블랙컨슈머가 형사처벌을 받는 사례가 늘어나고 있다. 보통 법원에서 블랙컨슈머로 판단할 경우 공갈이나 사기, 명예훼손 등의 혐의가 적용돼 처벌받을 수 있다.

일례로 식품에 이물질을 고의적으로 넣은 후 금전 보상을 요구할 경우 사기죄가 성립할 수 있고, 이 같은 사실이 법원으로부터 인정되면 형법 제347조에 따라 10년 이하의 징역 또는 2,000만 원 이하의 벌금에 처할 수 있다. 온라인이나 언론 등을 통해 공개적으로 회사의 이미지를 훼손하는 경우에는 명예훼손죄로 2년 이하의 징역이나 금고 또는 500만 원 이하의 벌금을 물게 된다. 전혀 근거 없는 허위를 사

실인 것처럼 적시해 명예를 훼손시킨 경우는 5년 이하의 징역에 처하게 된다. 또한 지속적으로 전화를 걸거나 매장에 찾아와 업무를 하지 못하도록 방해하는 경우에는 업무방해죄로 5년 이하의 징역 또는 1,500만 원 이하의 벌금을 물을 수 있다.

(4) 서비스산업과 감정노동자 보호법

현대사회의 산업구조가 서비스업 중심으로 변화하면서 소비자와 직접 대면하는 서비스업의 종사자도 계속 증가하고 있다. 소비자를 직접 대면하거나 일대일로 대화하면서 소비자의 다양한 요구를 충족시키는 서비스를 제공하는 노동을 **감정노동**(emotional labor)이라고 한다. 감정노동을 하는 노동자들은 업무의 특성상 요구되는 친절한 말투나 표정, 몸짓으로 업무를 수행해야만 하기 때문에 때로는 자신이 실제 느끼고 있는 감정을 억누르고 통제해야만 한다. 자신의 감정과 관계없이 밝고 활기찬 모습으로 소비자를 응대해야 하는 감정노동자들은 얼굴은 웃고 있지만 마음은 우울한 상태가 지속되거나 식욕 등이 떨어지는 증상을 경험할 수 있다. 실제로 느끼는 감정을 있는 그대로 표현하지 못하고 조직에서 요구하는 규칙에 따라 감정을 표현하도록 강요받을 때 나타나는 현상으로 **스마일마스크 증후군**이라 한다.

실제로 소비자들의 과도한 요구나 지나친 갑질로 인해 감정노동을 하는 노동자들은 스마일마스크 증후군을 넘어 감정적 상처로 인해 자살 충동을 느끼거나, 억눌린 감정으로 인한 화병, 스트레스로 인한 심장질환 등 다양한 신체적·정신적 건강문제를 겪고 있으며, 산업재해로까지 인정을 받는 사례가 많아지게 되었다.[1] 서비스의 사회화는 앞으로도 계속 확대될 것이기 때문에 이러한 다양한 감정노동과 관련된 문제들을 단순히 감정노동자의 개인 문제가 아니라 공익적 차원에서 해결해야 하는 사회문제로 인식할 필요가 있다. 2018년 산업안전보건법을 개정하여 감정노동자를 위한 법을 마련하였고 2018년 10월 18일부터 시행되고 있다. 일

---

[1] 전화 상담을 하다가 우울증에 걸린 노동자에 대해 노동자 보호 의무를 다하지 않은 책임을 물어 법원에서 회사에 손해배상을 판결한 사례(https://www.legaltimes.co.kr/news/articleView.html?idxno=19650), 대형마트에서 고객으로부터 성희롱과 폭언을 듣고 정신적 스트레스 호소한 노동자가 고객과의 갈등으로 적응장애가 유발돼 산업재해로 인정받은 사례(https://www.labortoday.co.kr/news/articleView.html?idxno=140683), 아파트 주민의 지속적인 폭언과 괴롭힘에 시달리다가 기존의 우울증이 악화되어 발생한 경비원의 분신자살이 산업재해로 인정받은 사례(https://www.hani.co.kr/arti/society/society_general/667054.html) 등 점차 감정노동자의 산업재해 인정사례가 늘어나고 있는 추세이다.

명 '감정노동자 보호법'은 고객 응대과정에서 발생할 수 있는 고객의 폭언·폭행 등으로 고객응대근로자에게 건강장해가 생기지 않도록 사업주가 예방조치를 하게 의무화한 조항이 추가된 개정된 산업안전보건법 41조(고객의 폭언 등으로 인한 건강장해 예방조치 등)를 말하며, 감정노동자의 안전한 일터를 보장하기 위해 사업주가 책임과 의무를 다해야 한다는 것이 감정노동자 보호법의 핵심이다. 이러한 감정노동자 보호법은 모든 국민은 인간다운 생활을 할 권리를 가진다는 대한민국 헌법 제34조의 연장선이라 할 수 있다.

시장경제의 순환과정에서 우리는 모두가 소비자이면서 동시에 생산자, 즉 노동자라는 것을 잊지 말아야 한다. 다시 말해 우리가 일하는 곳에서는 노동자이지만 그 자리를 벗어나는 순간 소비자이기 때문에 어느 누구도 일방적인 노동자이거나 소비자일 수 없다는 것이다. 그러므로 고객서비스 업무에 종사하는 다양한 노동자의 인격을 보호하고 인간다운 대우를 하는 것은 소비자로서 당연히 지켜야 할 윤리임과 동시에 자신을 보호하고 존중하는 당연한 예절인 것이다.

감정노동자법의 도입 이후 우리는 다양한 이유로 전화를 걸 때마다 "2018년 10월 18일부터 산업안전보건법 제26조의2에 의해 고객응대근로자 보호 조치를 시행하고 있습니다. 고객응대근로자에게 폭언, 폭행 등을 하지 말아주세요."와 비슷한 내용의 안내 방송을 들어야만 하게 되었다. 갑질을 하지 않는 소비자도 무조건 들어야 하는 이러한 방송멘트를 듣는 시간은 개개인에게 중요한 한정된 시간자원을 의미 없이 강제로 사용하게 하는 측면이 있으며 사회적으로도 엄청난 자원의 낭비일 수도 있는 것이다. 과도한 요구를 하거나 지나친 권리 주장으로 건전한 상거래 관행을 무너트리며 시장에 악영향을 미치는 블랙컨슈머가 없었다면 발생하지 않았을 사회적 비용을 모든 소비자가 함께 지불해야만 하는 측면이 있다.

따라서 우리는 이러한 법의 제정이 다양한 사회적 문제의 궁극적인 해결책인지 다시 한번 생각해 볼 필요가 있다. 2019년 9월 11일 충남 아산의 한 스쿨존에서 벌어진 어린이 교통사고 사망사건을 계기로 논의되어 어린이보호구역 내 안전 운전 의무 부주의로 사망·상해 교통사고를 내면 가중 처벌한다는 내용을 골자로 한 일명 '민식이 법'의 도입은 어린이 교통사고를 예방하는 데 크게 기여했지만, 어린이보호구역 내에서 아이들이 일부러 차도로 뛰어들며 운전자를 놀리는 등의 악용 사례가 생기면서 '과잉 처벌'이라는 반발 여론이 점점 거세지며 또 다른 사회문제를 낳고 있다. 이와 같은 사례에서 알 수 있듯이 모든 사회문제를 입법으로 해결하는 것이 가장 바람직한 해결책이 아닐 수 있다.

경쟁이 매우 치열한 현대 시장에서 더 많은 소비자의 선택을 받기 위해 기업들이 소비자의 요구를 최대한 만족시키려 노력하는 것이 지극히 자연스러운 일인 것처럼, 소비자가 기업으로부터 제공받은 물건과 서비스를 구매할 때 그에 대한 대가를 지불하는 것은 매우 당연한 일이다. 따라서 당연히 지불해야 할 대가를 지불하면서 마치 왕처럼 행동하며 도에 넘는 친절을 강요하거나 과다한 요구를 할 수 있는 권리는 누구에게도 없다. 그러나 블랙컨슈머로 지칭할 수 있는 소비자, 즉 상거래 소비윤리를 지키지 않는 소비자가 존재하는 한 그로 인해 사회적 비용이 발생할 수밖에 없고 이를 공동으로 부담해야만 한다. 상거래 소비윤리를 지키는 일은 지극히 당연한 일이고 이것이 지켜지는 시장환경이 형성되고 유지될 때 불필요한 사회적 비용이 발생하지 않게 된다. 따라서 상거래 소비윤리를 지키는 일은 궁극적으로 개개인 소비자뿐 아니라 기업 더 나아가 전체 사회 구성원의 삶의 질을 더 나은 방향으로 향상시키기 위한 기초라 할 수 있다.

3) 지켜져야 할 상거래 소비윤리

(1) 소비자 불만표출행동의 효과

사업자의 비윤리적 행동과 마찬가지로 소비자의 비윤리적 행동들도 시장의 불신을 확산시키고 불필요한 부작용을 초래하기 때문에 이를 막기 위한 비용이 발생한다. 물론 소비자들의 불만표출행동은 제품의 안전, 품질, 위생, 품질관리 등에 기업이 더욱 신경을 쓰도록 하는 긍정적 효과가 있기 때문에 모든 소비자의 불평호소 행동을 블랙컨슈머의 행동으로 치부해서는 안 된다. '맥도날드 커피 소송' 사건이 그 사례이다. 한 여성이 자신이 주문한 커피에 크림과 설탕을 넣기 위해 뚜껑을 열다가 그만 뜨거운 커피를 허벅지와 사타구니 등에 쏟는 바람에 화상을 입게 되었고 그녀는 병원 치료비와 정신적 피해보상 등을 이유로 800달러의 피해보상을 요구했다. 하지만 맥도날드는 커피를 쏟은 사람의 부주의로 인한 사고라고 주장하며 피해 여성의 요청을 거부했다. 결국 피해 여성은 소송을 제기했고 맥도날드가 거액의 손해배상을 지불하는 것으로 일단락되었다. 이후 맥도날드는 모든 커피 컵에 "내용물이 뜨거우니 조심하세요"라는 문구를 삽입하였다. 이 사건은 고객의 잘못으로만 돌리려는 기업들의 횡포에 맞서고, 이로 인해 기업 활동의 개선을 가져온 좋은 선례가 되었다.

그러나 소비자의 지나친 요구, 협박 등은 기업경제는 물론 장기적으로는 소비자에게 비용이 전가되고 나아가 국가경제에 부정적이다. 소비자의 악성적 불평행동을 경험한 기업이 비슷한 유형의 정당한 소비자 불만 사례를 악성적 불평행동 사례로 오인함으로써 사업자와 소비자 간 신뢰관계가 약화되면서 다수의 선량한 소비자가 피해를 입기도 한다. 기업은 안전 확보, 제품개발, 서비스 개선, 시설 개선 등에 사용해야 할 비용을 일부 부당한 악성적 소비자에게 사용함으로써 제품품질 개선 투자 감소, 제품 원가상승을 초래한다. 이와 같이 블랙컨슈머가 늘면 사업자의 서비스 비용이 증가되고 그 비용은 소비자에게 전가되는 악순환이 반복되기 때문에 일부 블랙컨슈머는 기업뿐 아니라 선량한 다수의 소비자에게도 악영향을 주게 된다.

그러나 블랙컨슈머가 기업의 품질을 향상시키는 데 일조하는 부분도 있다. 하지만 일반 소비자의 클레임과 블랙컨슈머의 클레임을 확실하게 구분하기가 현실적으로 어려운 것도 사실이다. 지나친 불평호소 행동으로 기업에 해를 가하려는 의도가 가미되어 있다면 블랙컨슈머라고 할 수 있다. 이제는 우리 모두 블랙컨슈머의 행위가 범죄행위라는 인식이 필요하다.

(2) 비윤리적 소비행동

2015년 한국여성소비자연합충남지회 아산소비자상담센터 발표한 500명을 대상으로 한 비윤리적 소비행동에 대한 실태조사 결과에 따르면 '사은품을 받았는데 똑같은 사은품이 배달될 경우 그냥 사용한다'가 39.6%로 가장 높게 나타나 다른 소비행동보다 소비자가 쉽게 생각하는 비윤리적 소비행동으로 나타났다. '음원이나 영화 등의 불법 다운로드'가 32.2%, '유명상표의 디자인이나 상표를 모방한 가짜 상품 구입'이 30%, '세탁물을 맡긴 후 당장 필요가 없으면 일부러 늦게 찾으러 간다'가 30%, '옷을 구입한 후 착용하였는데 한 번도 입어 보지 않았다며 교환이나 반품 요구'가 24.6% 순으로 조사됐다.

그리고 '컴퓨터 소프트웨어나 게임을 사지 않고 복제해서 사용'이 22.2%, '같은 상품이 다른 곳에서 세일하는 것을 알면 미리 산 것을 환불'이 21.8%, '자동차나 가전제품 등을 중고로 팔 때 가격흥정 시 내 물건의 문제점 등에 대해서는 말하지 않는다'가 21.4%, '가격혜택을 받기 위해 아이의 나이를 속인다'가 20.4%, '자동차 사고가 났을 때 보상을 더 받기 위해 차의 파손 정도나 상처 정도를 부풀린다'가 19.8%, '온라인 강의 아이디를 다른 사람과 공유한다'가 19.6%로 나타났다.

조사에서 나타난 것과 같이 소비자가 비교적 높게 행동하는 비윤리적 소비행동들은 공통적으로 눈에 보이는 경제적 손실이 거의 없거나 크지 않아 소비자가 거래의 상대방에게 피해를 준다고 인식하기 어렵고 대다수의 소비자들이 비슷한 행동을 하기 때문에 비윤리적 소비행동이라고 생각하지 않고 쉽게 할 수 있는 유형들이다. 그러나 이렇게 일상생활에서 반복되는 사소하게 생각되는 비윤리적인 소비행동들이 장기적으로는 건전한 경제 순환 구조를 왜곡시키는 문제 행동이 될 수도 있다는 점을 간과해서는 안 된다.

(3) 화이트컨슈머

소비자의 소비행동은 개인적 욕구에 의해 시작되는 행동이지만 그 파장은 개인에게 그치는 것이 아니라 생산, 유통, 문화에 이르기까지 영향을 미치는 매우 사회적인 행동이다. 그동안 기업의 책임이나 윤리를 강조해 왔던 것 못지않게 상거래에서 이루어지는 소비자의 윤리적 행동은 시장의 발전과 공정한 거래에 있어 매우 중요하다. 이렇게 경제 주체들의 행동이 전체 시장에 미치는 영향에 대한 인식이 크게 증가하면서 소비자와 기업 등 경제 주체들의 상생을 위한 소비자들이 지향해 가야 할 모습으로 '화이트컨슈머'가 주목을 받고 있다. 화이트컨슈머는 올바른 소비가치를 가진 기업과 상생하는 마음으로, 소비자의 권리를 정직하게 행사하고, 기업의 발전을 위해 비판이 아닌 제안을 하며, 사회적 책임을 다하는 소비자를 말한다.

인터넷과 SNS의 발달로 커진 소비자의 입김이 블랙컨슈머에 의해 악의적으로 사용될 때는 기업의 부담을 증가시키게 되고 이것이 결국은 사회적 비용으로 다른

주인 없이 운영되는 무인가게

하나 남은 구판장마저 손님이 줄어 문을 닫아 130여 명의 주민들이 생필품을 구하려 4km 떨어진 읍내까지 가야 했던 전남 장성군 북하면 신촌마을에 2005년 5월, 일명 '무인가게'가 들어섰다. 무인가게는 그해 이장이 된 박충렬 씨(56)가 "가게를 운영할 사람이 없다면 '주인 없는 가게'라도 만들어 보자"고 제안해 만들어졌다. 그러나 주민들은 '도둑 들어 거덜 나기 십상'이라는 생각에 걱정이 앞서 회의적인 시각이 많았다. 하지만 이장 박 씨는 "한번 믿어 보자"며 사재 300만 원을 들여 광주의 대형마트에서 과자와 라면, 세제, 술 등을 가져와 마을회관에 가게를 차리고 가게 운영비 명목으로 10%의 이윤만 남겼다.

무인가게는 당초 우려와 달리 두 달 후인 7월, 10만 원의 흑자를 냈다. 생각보다 정직하게 운영될 수 있다는 자신감이 들자 가게 운영에는 더욱 탄력이 붙었다. 그러나 한때 도둑이 들어 돈통을 부수고 돈을 가져가고, 담배자판기를 해체해 담배와 현금을 전부 가져가는 일도 있었다. 2006년에는 확인된 피해액만 300만 원이 넘었다.

상실감에 가게를 접으려 한 박 씨를 이번에는 "외지인이나 철모르는 중·고교생이 그랬을 것"이라며 주민들이 격려했다. 주민들이 양심을 지키며 정직하게 운영하는 모습을 보여 줄수록 도둑은 자연스레 줄어들 것이라는 의견이 많았다. 어려움을 극복한 지금 이 가게는 초기 10m²(약 3평)에서 33m²(약 10평)로 커졌다. 처음에는 CCTV를 설치했지만 이제는 이마저도 떼었다. 지방 곳곳에 농산물 무인판매대는 CCTV 없이 운영되지만 일부 골프장의 경우 무인매대 주변에 CCTV를 설치해 감시하는 경우도 있다. 그렇기에 장성 신촌마을의 CCTV 철거는 믿음이 없으면 불가능한 일이었다. 가게 입구에 걸린 '우리 마을 가게는 무인으로 운영하고 있습니다'란 팻말이 마을주민들의 믿음을 상징적으로 보여 준다. 이곳을 들르는 다른 사람들도 믿겠다는 의지의 표현이기도 하다.

믿음이 이룩한 성과는 가게에서 나온 이득으로 형편이 어려운 노인들에게 쌀과 약간의 용돈을 지원해 주는 데까지 커졌다. 주민 김성균 씨(75)는 "믿음이 정직을 낳고, 정직은 소득을 낳고, 소득은 나눔을 낳게 했다"며 "우리의 작은 노력으로도 얼마든지 세상이 바뀔 수 있다는 반증"이라고 말했다.

출처 : 무인가게 주인은 양심입니다, 동아일보 2015. 3. 11.

소비자에게 전가되어 선량한 소비자들이 불이익을 받게 된다. 이러한 문제는 단순히 경제적 불이익에 그치지 않고 더 나아가 기업과 소비자 간의 불신을 증폭시켜 사회 전체를 병들게 할 수도 있는 것이다.

좋은 상품과 서비스를 제공하여 소비자의 욕구를 충족시킬 뿐 아니라 사회적 책임을 다하려 노력하는 기업과 올바른 소비선택과 발전적이고 좋은 제안으로 착하고 건전한 기업이 성장하도록 돕는 소비자가 공존하며 상생하는 시장이 국가경제 발전의 초석이 된다. 시장경제가 효율적으로 작동하고 모두에게 최상의 결과를 가져오기 위해서는 기업뿐 아니라 소비자도 상거래 소비윤리를 지켜야 한다. 화이트 컨슈머는 소극적으로 현재 상태의 시장 질서를 지키고 정당한 권리를 주장하는 데 그치지 않고 정직한 권리를 실천하고, 무분별한 비판보다는 발전적 제안을 하여 시장의 성과가 개선될 수 있도록 적극적으로 행동하는 소비자라 할 수 있다.

블랙컨슈머가 존재하지 않는 시장, 모든 소비자가 화이트컨슈머가 되어 기업과 함께 모두 협력하며 윈윈(win-win)하는 시장이 우리가 지향해야 할 건강한 시장의 모습이라 할 것이다.

3. 상거래 소비윤리는 어떻게 실천하는가?

상거래 소비윤리는 기본적인 경제윤리 의식을 바탕으로 시작된다. 기본적인 경제윤리는 절제된 이기심이나 정직성, 신뢰성, 공정성, 책임 의식과 같은 윤리적 가치 의식이다. 상거래 소비윤리를 실천하는 것은 이 같은 기본적 경제윤리를 상거래 관계에서 실천하는 것이다.

소비자들의 비윤리적인 소비행동이 갑자기 생겨난 것은 아니다. 500원 정도 더 받은 거스름돈을 그냥 모른 척 더 받아 가거나 커피숍에서 휴지 등을 더 챙겨 오는 행동들은 암암리에 있어 왔다. 하지만 이제는 기업에게만 윤리적 경영을 요구하는 데 그치지 말고 소비자들도 상거래 소비윤리를 지켜 거래주체 간의 신뢰에 기반하여 시장이 효율적으로 제 기능을 할 수 있도록 노력해야 한다.

그렇다면 상거래 소비윤리를 어떻게 실천해야 할까? 사회에 존재하는 수많은 거래관계에서 지켜져야 할 상거래 소비윤리를 일일이 나열한다는 것은 불가능하다. 거래관계의 숫자만큼이나 아니 그보다 더 많은 다양한 상거래 소비윤리가 존재할 수 있기 때문이다. 하지만 우리가 수많은 거래관계에 공통적으로 적용되어야 하는 상거래 소비윤리와 현대 사회에서 좀 더 많은 문제가 있기 때문에 보다 강조되는 상거래 소비윤리는 생각해 볼 수 있다.

1) 경제주체로서 소비자의 의무 실천

가장 기본적인 상거래 소비윤리의 실천 방법은 「소비자기본법」에 명시되어 있는 소비자 책임을 지키는 것이다. 우리나라 「소비자기본법」에서는 경제사회의 주체인 소비자가 보장받아야 하는 8대 권리뿐 아니라 지켜야 할 의무도 정하고 있다. 소비자기본법 제5조에 명시된 소비자의 책무는 첫째, 물품 등을 올바르게 선택하고 경제사회를 만들어 가는 주체로서 자신의 권리를 정당하게 행사하는 것이다. 둘째, 소비자 스스로의 권익을 높이기 위해 필요한 지식과 정보를 탐색하는 등의 노력을 해야 한다. 셋째, 자주적이고 합리적인 행동과 자원을 절약하고 환경친화적인 소비생활을 함으로써 소비생활의 향상과 국민경제의 발전에 적극적인 역할을 다하는 것이다.

이러한 소비자의 책임을 다하려면 소비자는 무엇이 꼭 필요한 것이고 무엇이 필요하지 않은가를 분별할 수 있는 능력을 키워서 현명하게 소비해야 한다. 즉 소비자로서 능력을 키우는 일에 게으르지 말아야 한다는 것이다. 소비자의 능력은 현대 사회에서 생활하는 데 필요한 다양한 지식을 습득하고 그 지식을 활용하여 적합한 태도를 형성하고 행동으로 실천하는 것이다. 현대 사회에 대한 지식이 있어야 시장에서 활동하는 경제 주체로서 시장경제시스템이 효율적으로 작동할 수 있도록 합리적인 행동을 할 수 있다. 즉 소비자로서 효용을 극대화하기 위한 효율적인 소비를 하는 것만이 아니라 비윤리적인 기업의 행동을 징벌하는 것 또한 소비자의 의무다. 이런 관점에서 소액이라서 귀찮아서 행동하지 않고 포기하는 행동은 소비자의 권리뿐 아니라 의무마저도 저버리는 행동이라 할 수 있다.

2) 제품 사용상의 주의 의무 실천

제품의 사용에 있어 소비자는 사용설명서를 읽고 제품을 올바로 사용해서 자원을 절약하고 환경친화적 소비행동을 실천함으로써 가능한 오랜 기간 사용하도록 해야 한다.

이 외에 우리가 고쳐야 하는 일상에서의 비윤리적 소비행동은 많다. 일단 비싸다고 말하며 상품 가격을 터무니없이 깎는 행동, 가게에서 구매할 생각이 없으면서도 과자 등을 집어 먹는 행동, 대중목욕탕이나 찜질방에서 사용하지 않는 물을 틀어 놓는 행동이나 필요 이상 수건을 쓰는 행동 등을 예로 들 수 있다. 커피숍이나 햄버거 패스트푸드점에서 아르바이트를 경험한 학생들은 휴지나 빨대, 일회용 소스 등을 가져가는 소비자에 대해 알면서도 제지하지 못하였고 이러한 행동도 상거래 소비윤리를 지키지 못하는 소비자 행동이라고 하였다. 소비자 입장에선 소소하게 저지르는 비윤리적인 상거래 행동들도 사업자를 난감하게 할 수 있다.

3) 계약 이행과 권리남용 금지

구매는 소비자와 사업자의 계약을 통해 이루어진다. 계약은 거래 당사자인 소비자와 사업자의 약속이다. 사업자뿐 아니라 소비자도 계약한 내용에 대해 성실히 지켜야 하고 자신의 권리를 남용해서는 안 된다. 소비자가 사업자와의 거래에서 피해를 입었을 경우 법이나 규정에 의해 보상을 받을 수 있으나 그 이상으로 보상을 요구하는 것은 소비자의 권리를 남용하는 것이다. 예를 들어 택배가 지연되었다고 하여 정신적 피해보상까지 요구할 수 없다. 그리고 사업자 과실에 의한 보상 규정이 소비자의 기대 수준에 미치지 못하더라도 자신의 기준에 맞춰 규정 이상의 것을 요구하기보다는 합법적이고 사회 참여적인 방법을 통해 보상 규정을 수정해야 한다.

소비자가 기업에게 합리적으로 불만 제기를 하는 방법으로는 첫째, 소비자는 반말이나 욕설을 삼가도록 해야 한다. 둘째, 소비자 관련법이나 규정에 근거한 보상을 요구해야 한다. 셋째, 동일한 불만을 동시에 여러 기관에 접수하여 국가적 행정력이 낭비되지 않도록 해야 한다. 마지막으로 소비자로서 정당한 보상을 받기 위해 소비자 피해에 따른 입증 자료를 확보하는 것이 중요하다. 즉 계약서, 영수증, 진단서, 약제비, 교통비, 사진, 견적서 등을 사전에 준비해 놓고 기업에 요구하는 것이 좋다(김태영, 2009).

소비자의 권리남용과 관련하여 우리 주변에서 간과하기 쉬운 사례 중의 하나가 세탁서비스에 대한 것이다. 한국소비자원에 접수된 세탁서비스에 대한 피해구제 요청을 분석한 결과 대부분의 피해가 주로 세탁업자가 의류에 표시된 취급주의사항에 대해 명확히 확인하지 않고 부적합한 세탁방법을 진행함으로써 분쟁이 발생하는 것으로 분석되었다(한국소비자원, 2015, p. 114).

그러나 이러한 세탁업자의 과실이나 잘못으로 인한 피해만큼이나 문제가 되는 것은 소비자들이 세탁이 완성된 세탁물을 기간 내에 찾아가지 않는 것이다. 2015년 한국여성소비자연합충남지회 아산소비자상담센터가 발표한 500명을 대상으로 한 비윤리적 소비행동에 대한 실태조사 결과에 따르면 30%의 소비자가 '세탁물을 맡긴 후 당장 필요가 없으면 일부러 늦게 찾으러 간다'고 응답했다. 소비자들이 세탁업소를 의류를 세탁하는 곳이 아니라 철 지난 옷을 보관하는 장소로 이용하는 것이다.

세탁업 표준약관에 의하면 세탁완성 예정일이 지나도 찾아가지 않는 세탁물에 대해서는, 소비자에게 세탁물 회수를 통지하고 7일 이후부터 보관료(1일 기준, 세탁요금의 3% 미만)를 청구하도록 하고 있다. 또한 구입가격 20만 원 미만의 세탁물을 고객이 회수 통지일로부터 30일간, 세탁완성 예정일로부터 3개월간 회수하지 않으면 세탁업자가 최종 2주일 이상의 유예기간 후에 세탁물을 임의처분할 수 있다. 또 구입가격 20만 원 이상의 세탁물은 세탁료와 보관료의 합산액이 손해배상 산정액을 초과하는 경우, 세탁업자의 임의처분이 가능하다. 단, 고객에게 최종 유예기간 내로 회수되지 않는 세탁물의 반환책임을 부담하지 않는다는 내용을 통지해야 한다. 그러나 이러한 표준약관에도 불구하고 세탁물을 맡긴 후 계절이 바뀌도록 길게는 3년이 넘도록 세탁물을 찾지 않는 소비자들도 있다고 한다. 이러한 소비자들의 행동에 대해 소규모 영세한 세탁업자들은 적극적으로 대처하지 못하는 경우가 대부분이다. 그러나 권리남용이라 할 수 있는 소비자들의 이러한 행동은 영세한 세탁업자들에게는 비좁은 영업장소와 관련된 관리 경영비용을 증가시켜 세탁업자들의 생존과 직결되는 문제가 될 수 있다.

세탁업자의 과실이나 잘못으로 인한 피해구제는 당연한 것으로 여기지만 아직도 많은 소비자들이 완성된 세탁물을 기간 내에 찾지 않는 것이 문제가 된다고 생각하지 않는다. 그렇지만 이는 사소한 일일지라도 소비자의 권리남용이라 할 수 있다.

4) 예약 지키기

소비자의 부주의로 일어나는 비윤리적인 상거래 소비행동 중 대표적인 것으로 사전 통보 없이 예약을 어기는 것을 들 수 있다.

서비스에 대한 사전예약을 통하여 소비자의 대기시간을 줄이고 사업자는 수요를 미리 예측하여 비용을 절감할 뿐 아니라 소비자에게 제공하는 서비스품질을 향상시키기 위해서 다양한 서비스 제공분야에서 예약제도를 사용하고 있다.

그러나 예약을 해 놓고 취소나 연락 없이 예약 장소에 나타나지 않는 예약부도 일명 '노쇼(no-show)'가 사회 전반에 걸쳐 큰 문제가 되고 있다. 미용실, 피부관리실, 네일숍 등을 비롯해 음식점이나 병원 등 전 산업 영역뿐 아니라 심지어는 열차표, 도서대출 예약, 공공기관 서비스, 자원봉사 활동에서조차 노쇼로 인한 피해사례가 속출되고 있다.

2015년 현대경제연구원이 음식점, 병원, 미용실, 공연장, 고속버스 등 5대 서비스 업종 100개 업체를 조사한 결과 예약 부도로 인한 매출 손실은 4조 5,000억 원에 달하고 연관 제조업체의 손실까지 합치면 경제적 손해는 8조 2,700억 원에 이른다(이민석, 오로라, 2015). 평균 예약 부도율은 식당이 20%, 개인 병원 18%, 미용실은 15%에 달했다. 소규모 공연장은 10.1%, 고속버스는 12%였다. 평균 15%인 5개 업종의 예약 부도율을 선진국 수준인 10%로 낮출 경우 경제적 손실을 매년 3조 8,310억 원 정도 줄일 수 있으며 5개 업종의 예약 부도율을 1%씩 줄일 때마다 5,000명의 고용을 늘릴 수 있을 것으로 나타났다. 예약 부도율을 10% 아래로 떨어뜨릴 수 있다면 매년 5만 명씩 추가 일자리를 만들 수 있다는 뜻이다(엄정여, 2016).

예약을 기반으로 한 서비스에서는 노쇼뿐 아니라 막판 예약 취소나 예약 시간을 넘겨 뒤늦게 나타나는 애프터쇼(after-show) 또한 고질적인 문제 중 하나다. 사전통지 없이 예약을 지키지 않으면 그 제품을 이용하려 했던 다른 소비자는 이를 이용하지 못해서 그리고 사업자는 수익을 얻을 수 없기 때문에 피해를 입게 된다. 이러한 노쇼나 애프터쇼 때문에 일부 업주들은 정원을 초과해 예약을 받는 **오버부킹**(overbooking)을 하게 되고, 수용 가능 인원보다 많은 손님이 제시간에 나타날 경우 대기 시간이 발생하고 이는 고객의 불평으로 이어진다. 약속을 안 지키는 문화 때문에 정작 약속을 지킨 손님들이 제시간에 서비스를 받을 수 없게 되는 불이익이 악순환된다.

이러한 문제를 해결하기 위해서 예약금을 받아 두거나 위약금을 물리는 등과 같은 해결방법이 보다 적극적으로 도입되고 있는 실정이다. 코레일의 경우 노쇼로 인한 각종 폐해를 줄이기 위해 2017년 3월부터 기차표를 예약과 동시에 발매하도록 규정을 변경하였다. 그리고 국립자연휴양림관리소는 2016년 1월부터 전국 29개 국립자연휴양림의 객실과 캠핑장을 예약해 놓고 연락 없이 예약을 두 번 깬 이용자에 대해 90일간 휴양림을 예약할 수 없게 하고, 한 번에 예약 대기를 할 수 있는 캠핑장 개수도 지금까지 최대 9곳이었던 것을 3곳으로 줄였다. 아시아나항공, 진에어, 제주항공 등 많은 항공사들이 국제선 노쇼 페널티(벌금)로 10만 원을 부과하고 있고, 국내선의 경우도 8,000원에서 1만 원의 노쇼 수수료를 받고 있다.

노쇼는 단순하게 다른 소비자의 기회를 뺏는 것에 국한된 것이 아니며 더 나아가 사업주의 정상적인 영업활동을 방해하는 것으로 국가의 경제 손실을 야기하는 사회적 문제이다. 노쇼나 애프터쇼, 그리고 오버부킹의 악순환을 근절하기 위해서는 예약을 한 번 하면 꼭 지켜야 하고, 예약은 서로 간의 소중한 약속이므로 신중하게 결정하고 사정이 생겨서 가지 못하게 될 경우에는 반드시 미리 알리는 것을 당연하게 생각하는 예약 문화를 정착시켜야 한다. 예약을 잘 지키는 문화가 정착되면 사업주들의 손해도 줄고 소비자들이 받을 수 있는 서비스의 질도 올라갈 수 있다.

5) 대학생의 학습행동에서 지켜야 하는 소비윤리 실천

대학생의 경우 과제나 시험 등과 같은 학습행동을 할 때 인터넷을 통해 과제물 판매나 대행 사이트를 이용하여 구매한 과제물을 자신이 작성한 것처럼 제출하는 경우가 있다. 혹은 다른 문헌이나 연구 자료를 이용하여 과제물을 작성한 경우 이에 대한 출처를 밝히지 않는 경우도 비일비재하다. 그러나 이처럼 자신이 수행하지 않은 과제물을 자신이 수행한 것처럼 속여 제출하는 것은 부정직한 행위이며 출처를 밝히지 않고 다른 문헌의 글을 자신의 글인 양 표절을 한 경우는 학습행동의 문제이면서 동시에 비윤리적인 상거래 행동이라 할 수 있다.

따라서 과제를 작성할 때 다른 사람의 글이나 자료를 활용할 경우에는 반드시 그 출처를 정확히 밝혀야 한다. 출처를 밝히면 자신의 주장을 뒷받침할 든든한 근거가 될 수 있으며 확실한 자료에서 출발한다는 것을 보여 줄 수 있다. 둘째, 출처 제시는 다른 사람의 지적 재산권을 존중하는 태도이다. 셋째, 자신의 글을 읽는 사람에게 중요하고도 상세한 자료를 제공하는 가치가 있기 때문이다. 출처는 주석과 참고문헌에 밝힐 수 있으며, 구체적인 표시 방법은 조금씩 차이가 난다(가톨릭대학교 대학생 학습윤리 가이드북, 2009).

6) 저작권에 대한 소비윤리 실천

저작권은 창작물을 만든 이, 즉 저작자가 자기 저작물에 대해 가지는 배타적인 법적 권리로, 많은 국가에서 인정되는 권리이다. 저작권은 만든 이의 권리를 보호하여 문화를 발전시키는 것을 목적으로 하며, 저작권자는 법에 정하는 바에 따라 다른 사람이 복제 · 공연 · 전시 · 방송 · 전송하는 등의 이용을 허가하거나 금지할 수 있다. 따라서 저작권이 있는 저작물은 저작 재산권자에게 허락을 받아 이용하여야 하며, 허락(license, 라이선스)을 받으면 그 허락 조건에 따라 이용할 수 있으며, 권리자가 허락 조건을 미리 명시해 놓은 경우에는 따로 허락을 받지 않아도 그 조건에 따라 이용할 수 있다. 그러므로 저작자 명예를 훼손하거나 저작물 또는 그와 '실질적으로 유사한' 표현물을 허락 없이 이용하면 저작권을 침해하는 것이며, 저작권을 침해하면 피해자에게 민사상 손해 배상 책임을 지며, 형사 처벌을 받을 수도 있다.

그러나 우리는 명품 브랜드의 옷이나 핸드백, 지갑, 시계 등의 디자인과 상표를 복제한 상품을 판매하는 곳을 쉽게 찾을 수 있고, 많은 사람들이 거리낌 없이 이러한 상품을 구매하여 사용하기도 한다. 또 학생들은 교과서를 구매하지 않고 복사본을 사용하는 경우도 많으며, 영화나 음악을 불법으로 다운로드하거나 다운로드한 디지털 콘텐츠를 공유하는 등의 저작권 침해 행위를 아무런 문제의식 없이 행

저작권 위반 행위 예시

- 다른 누리꾼이 쓴 글이나 뉴스 기사를 긁어 무단으로 블로그나 카페에 올린 경우
- 다른 사람의 강연을 허락 없이 녹음해 블로그나 카페에 올린 경우
- 출판이 되었거나 온라인에서 유료 서비스 중인 만화, 소설 파일을 블로그나 카페에 올린 경우
- 저작권을 침해하는 악보나 다른 누리꾼이 직접 만든 음악을 무단으로 블로그나 카페에 올린 경우
- 음반 구입 후 이를 블로그나 카페에 올려 다운로드받을 수 있도록 제공한 경우
- 자동 재생 링크를 사용해 블로그나 카페에 음악을 올린 경우
- 다른 사람이 만든 이미지나 영상물을 블로그나 카페에 올린 경우
- 타인의 이미지에 무단으로 워터마크를 다는 경우
- 영화, 콘서트, 뮤지컬 등의 공연을 무단 촬영해 올리는 경우
- 유료 폰트, 게임, 업무용 프로그램을 무단으로 다운로드받아 사용하는 경우
- 저작권을 침해한 게시물이나 프로그램이 올려져 있는 게시물을 스크랩하는 경우

출처 : 문화체육관광부

하기도 한다. 즉 다른 사람의 창작물이나 연구 등과 같은 저작물에 대한 권리를 아주 쉽게 침해하고 이를 범죄행위로 자각하지 못하고 있는 것이다.

오늘날은 디지털 콘텐츠의 유통으로 인해 인터넷을 통해 시공간적인 제한 없이 누구나 평등하게 정보에 접근할 수 있게 되어 있다. 그러나 양질의 다양한 디지털 콘텐츠가 개발되고 소비될 수 있는 환경을 만들기 위해서는 소비자들의 합법적인 소비행동이 기반이 되어야 한다. 즉 정당한 가격을 지불하는 소비 태도와 저작권을 침해하지 않는 바른 소비문화의 정착이 시급한 실정이다. 이를 위해 정부와 소비자단체 및 관련 기관 등에서는 올바른 디지털 콘텐츠 소비를 위한 교육을 해야 하며, 더 나아가 단순히 올바른 디지털 문화콘텐츠의 소비방향을 제시하는 데 그치는 교육에서 탈피하여 디지털콘텐츠의 생산자, 또는 공급자와 소비자의 상생이 가져올 수 있는 시장효과에 대해 소비자가 호의적으로 받아들일 수 있는 사회적 분위기가 형성되도록 해야 할 것이다(황혜선, 이경희, 김기옥, 2013).

4. 윤리적 소비자는 어떻게 사는가?

1) 저더러 별나대요. (40대 전업주부)

쇼핑은 어떻게 하나요?

쇼핑은 동네 슈퍼에 2~3일에 한 번씩 그때그때 먹을 것만 사 와요. 대형할인마트
는 가기가 무서워요. 한 번 가면 엄청 사 오게 되니까. 물론 동네 슈퍼보단 싸긴 싸
요. 싸니까 남편이 많이 담아요. 그게 저도 처음엔 좋은 줄 알았어요. 하지만 많이
사니까 많이 먹고 버리는 것도 많더라구요. 그래서 안 가요. 그리고 야채는 텃밭에
주로 걸어 먹죠. 햄, 소시지 같은 가공식품하고 라면은 안 사려고 하는데 남편이
좋아해서 가끔씩 사죠. 편하기 위해 사는 건 아닌 것 같아요. 우리가 조금 불편하
더라도 노동을 많이 해야 해요. 몸을 많이 움직여서 음식을 만들든 뭘 하면 자연을
덜 훼손하게 되거든요.

　여긴 동네 엄마들하고 어울리다 보면 밥을 먹고 쇼핑을 가게 되더라구요. 근데
그렇게 몰려서 쇼핑을 가면 남들 사는 것을 같이 사게 돼요. 근데 전 그게 아주 싫
었어요. 그래서 안 사게 되면 분위기 흐려 놓게 되고, 별나단 소릴 듣게 돼요. 그래
서 잘 못 어울리게 됐죠.

　저희도 어렵게 살다가 형편이 좋아지면서 소비를 하고 싶다는 충동이 많이 생겼
어요. 그래서 저도 남편도 소비를 많이 했었죠. 그런데 결국 원점으로 돌아오더라
구요. 돈을 쓰는 순간에만 행복할 뿐 실제 행복하지는 않더라구요. 어느 순간 의미
없는 행동이란 생각이 들더라구요. 남들처럼 그렇게 한다는 게.

소비사회에 대한 생각은?

요즘은 경기가 안 좋아 좀 줄긴 했지만 사람들이 정말 잘 버리는 것 같아요. 여기
도 보면 옷을 보따리로 버려요. 그리고 아이들 먹는 것도 돈 주고 밖에서 많이들
사 먹이구요. 남들 따라서, 편한 것만 생각하고 소비를 하니까요. 그런데 요즘은
가구나 가전제품들이 다 크게 나와서 가구나 살림살이에 치여 사는 것 같아요. 집
이 꽉 차니까 답답해지죠. 살림은 적어야 좋은데. 집에 공간이 많아야 편하거든요.
아무것도 없는, 스님들이 기거하시는 방처럼요. 그런데 자꾸 겉으로만 화려하고

큰 걸 사게 하는 것 같아 맘에 안 들어요. 기업에서도 작고 효율적인 건 개발을 안하고 모두 큰 것만 만들죠. 그러면 전기도 그렇고 더 쓰게 되는데 말이죠.

저는 녹색가게하고 소비자단체에서 자원봉사를 8년 정도 하면서 교육도 받고 소비나 환경에 대한 관심도 갖게 되니까 큰 개념은 없더라도 어떻게 살아야 인간답게 사는구나 하는 생각이 자꾸 들더라구요. 그리고 또 아이들이 자라면서 그런 문제들에 예민해지게 되구요. 그런데 소비에 대해 교육해 주는 데가 없잖아요. 그런 교육이 많이 이루어졌으면 좋겠어요. 시에서든 나라에서든. 덜 쓰고 덜 사게.

2) 소비가 변하려면 실질적인 삶이 같이 변해야죠. (40대 어린이집 교사)

시골에서 자라 자연에 대한 동경이 있으며 발도르프[2] 교육을 받으며 자연과 자신의 삶에 대해 관심이 많다. 현재 발도르프 어린이집 교사로 일하고 있으며 중학생, 초등학생 아들, 딸을 둔 40대 주부이다.

쇼핑은 어떻게 하나요?

먹거리는 두레 생협에서 사요. 우리나라는 황사도 심하고 오염물질이 많아 유기농산물에 대해 신뢰하진 않지만, 친환경적으로 농사를 짓는 사람들에게 힘을 주기 위해 사죠. 그리고 샴푸나 세제도 생협 것을 쓰죠. 정화가 잘돼서 물이 깨끗해진다고 해서요. 일상생활에서 저도 자연을 파괴하는 생활을 하니까 어느 한 부분이라도 좀 덜하고 싶은 거죠. 대형할인마트는 특별히 갈 일이 없어요. 주로 강아지 사료를 사러 갈 때 가는데 그때는 다른 데는 안 돌아다녀요. 보면 사고 싶고, 아이들도 조르니까요. 그리고 재활용에 신경을 쓰려고 하구요. 최근에는 물 절약과 탄소배출량을 고려한 에너지 사용에 관심이 많아요. 환경단체에서 받아 보는 소식지에서 접하게 됐죠. 그래서 좀 춥게 살아야겠다고 아이들과 이야기하고 그렇게 하려고 해요.

---

[2] 발도르프 교육(Waldorfpadagogik)은 독일의 루돌프 슈타이너에 의해 시작된 교육으로 인간의 내적 세계, 즉 영혼과 정신의 세계를 통한 진리의 탐구를 강조하며 인간의 총체성을 강조한 교육이다(전일균, 2002).

윤리적 소비를 하면서 힘든 점은?

어른들은 그냥 아무거나 먹으면 되지 그걸 어떻게 믿냐고, 비싸기만 하다고 말씀하세요. 저도 가끔은 내가 왜 이렇게 하나 그런 생각을 할 때가 있죠. 특히 생협을 이용한 지 2년 정도 지나니까 안 해도 되지 않을까 하는 갈등이 왔어요. 그럴 땐 이용이 좀 뜸했죠. 그러다 특별한 계기가 있었는데, 그게 발도르프 교육이었어요. 자연, 환경, 인문학 이런 것을 접하게 됐고, 저 자신과 삶에 대해 많은 생각을 하게 됐지요. 이런 생각을 자꾸 하는 것도 나쁘지 않아요. 아무 생각 없이 행동하는 것보단 나으니까요.

윤리적 소비를 지속하고 있는 방법은?

실질적인 삶이 같이 가야 해요. (소비가 변하려면) 생각뿐 아니라 그 사람의 삶이 변하고, 그 사람의 삶이 변했다면 주변도 차차 변해 가거든요. 저 같은 경우는 생각이 바뀌니 전체(생활)가 조금씩 변화해 가게 되더라구요. 보는 책, 강의, 모임을 하더라도 그런 것만 눈에 보이고. 그냥 물드는 것 같아요. 그 방향으로.

콘텐츠의 공유가 디지털 콘텐츠 시장을 침체시키는가?

디지털 콘텐츠의 공유에 대한 다른 입장이 있다. 카피레프트(copyleft)는 저작물을 자유롭게 이용하도록 하며, 저작권을 기반으로 정보를 공유하자는 운동이다. 이 운동을 주도하고 있는 리처드 스톨만은 현대 사회에서 컴퓨터는 매우 중요한 도구이고 소프트웨어는 공기와 같은 존재이기 때문에 소프트웨어를 누군가 독점해서는 안 된다고 주장한다.

소프트웨어나 디지털 콘텐츠를 통한 지식과 정보의 독과점을 막아 지식을 부당하게 점유하지 못하도록 해야 한다는 것이다. 또한 저작권의 남용으로 인한 사회적 비용이 발생되는 것을 방지하자는 뜻도 지니고 있다. 문화 디지털 콘텐츠 역시 무료로 공유된 후 오히려 불법 다운로드가 감소되었다는 사례도 있다. 2013년 11월 미국의 CNBC 보도에 따르면 미국의 불법 파일 공유 P2P사이트가 크게 감소되었으며 그 원인에 대해 무료로 제공하는 유튜브나 저렴한 비용으로 제공하는 스트리밍 서비스로 분석하고 있다.

저작권에는 '불편한 진실'이 있다. 아날로그 시대에 생겨난 '인위적 희소성'의 가치를 디지털 시대에서도 그대로 적용하고 있는 것이 현재의 저작권법이며 이는 독점적 가치를 만들어 낸다. 저작권 강화의 논리에 현대 사회에서는 많은 이권이 개입되어 있고, 소수의 이권에 의해 문화산물을 누릴 대중의 권리를 제약한다고 주장하고 있다.

저작권법은 과연 누구를 위한 법일까?

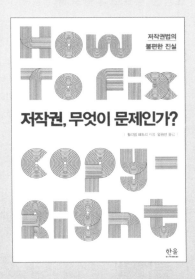

『저작권, 무엇이 문제인가?』
윌리엄 패트리 지음, 임원선 옮김, 한울아카데미, 2013

토론해 봅시다

1. 저작권을 인정해야 할 대상과 내용은 무엇이며, 저작권을 인정할 경우 얼마 동안이나 인정해야 할까?
2. 착오로 두 번 배송된 상품이라든지, 더 받은 거스름돈과 같이 우연히 부당한 이익을 얻었을 때 어떻게 행동해 왔는가?
3. 상거래 시에 발생한 작은 착오를 바로잡기 위해 많은 노력을 들여야 할 경우에 적극적으로 행동하겠는가?

쇼핑은 투표보다 중요하다 강준만(2020), 인물과사상사

정치와 무관한 것으로 간주되어온 쇼핑 행위가 정치적 행동주의의 유력한 수단으로 떠오르고 있다. 즉, 유권자가 투표하듯 소비자가 시장에서 특정한 목적을 갖고 구매력으로 투표한다고 보는 것인데, 시장을 정치적 표현의 장(場)으로 간주해 정치인에게 투표하는 대신 기업에 투표한다는 차이만 있을 뿐이다. 자신의 이익을 위해서라면 수단과 방법을 가리지 않는 '비윤리적인 소비자'로 살고 있지는 않은지 뒤돌아 보아야 할 것이다.

블랙컨슈머 – 말썽 고객의 행동과 심리에 관한 비밀 이승훈(2011), 북스페이스

이 책은 악성 고객으로 인해 고민하는 기업에게 블랙 컨슈머 현상으로 인한 피해와 감추어진 위험을 비롯하여 적절한 대응전략을 소개하고 있다. 다양한 사례 연구를 통해 블랙 컨슈머의 특징과 문제점들을 구체화하고, 기업의 입장에서 블랙 컨슈머들을 대처하는 방법을 살펴봄으로써 고객 서비스 담당자들이 실무에 활용하도록 돕는다.

돈으로 살 수 없는 것들 – 무엇이 가치를 결정하는가 마이클 샌델(2012), 와이즈베리

『정의란 무엇인가』로 화제를 모았던 마이클 샌델이 시장의 도덕적 한계와 시장지상주의의 맹점에 대하여 논의한 이 책은 시장논리가 사회 모든 영역을 지배하는 구체적인 사례들을 제시하여 시장지상주의의 한계를 짚어 보는 계기를 마련해 준다. 기존에는 시장에서 거래되지 않았던 도덕적 가치영역에까지 돈과 시장이 개입하며 발생한 문제에 주목한다. 언제 시장을 이용해야 하는지, 시장에서 거래하면 안 되는 것이 무엇인지 등 시장에 우리를 내맡기는 것이 아니라, 우리 스스로 판단할 수 있는 철학적 사고의 힘을 길러 준다.

적정 소비 생활 박미정(2016), 씨네21북스

경제교육협동조합 푸른살림 박미정 대표의 첫 책

대부분의 사람들은 돈이 적어서가 아니라 잘못된 소비로 상처받고 있다. 따라서 물질주의 소비문화에 끌려가며 상처를 받지 않고 행복한 삶을 위해서 돈이 목적이 아닌 '사람 중심의 지속가능한 경제생활'을 위해서 돈에 끌려다니지 않고 돈의 주인이 되는 관리방법과 어떻게 적정한 소비를 할 것인가에 대한 지침을 제공하는 책이다. 과다한 소비를 하지 않고 적정한 소비를 한다는 것이 자신의 경제적 권력을 바르게 행사하는 상거래 윤리의 실천이기도 하다.

가격 파괴의 저주 고든 레어드(2011), 민음사

과연 값싼 제품이 정말 소비자에게도 좋기만 할까? 이 책은 가격 할인이 가져다주는 경제적 위협을 다양한 각도에서 살펴본다. 치솟는 물가를 미처 따라가지 못하는 고물가 시대, 대형할인마트의 가격 할인은 소비자들에게 매혹적일 수밖에 없다. 하지만 우리가 소비자인 동시에 노동자라는 점을 잊어서는 안 된다. 다시 말해 우리가 소비자가 되어 값싼 제품을 탐닉할 때, 일자리는 잠식을 당하게 되고 결국은 실업자로 전락하게 된다. 한마디로 가격이 싼 제품만 찾는 행위가 결국 나와 내 이웃의 일자리를 빼앗아 버리게 되는 것이다. 우리는 '어디서 더 싸게 살까?'보다는, 과연 내게 필요한 물건인지 아닌지, 살 것인지 말 것인지 자유롭게 선택할 수 있는 소비자가 되어야 한다.

새로운 가난이 온다 – 뒤에 남겨진 우리들을 위한 철학 수업 김만권(2021), 헤다

디지털 기술을 기반으로 한 4차 산업혁명이 가속화되고 코로나19로 인한 위기가 겹쳐지면서 우리 사회의 소득과 부의 양극화문제는 더욱 심화되고 있다. 인간을 위해 시작된 기술의 발전이 다양한 노동을 대체하면서 양극화를 부추기고 사회적 안전망을 해체하며 삶에 대한 불안감을 증폭시키고 있다. 그러나 우리는 노동의 가치를 능력과 비례하는 것으로 생각했던 기존의 사고방식을 깨고 위기에 대응하기 위해 시민으로서 사회적 신뢰가 재구성되도록 해야만 새로운 불확실성을 헤쳐나갈 수 있지 않을까?

21세기 콘텐츠 전쟁 ⓒ 저작권을 지켜라

SBS 특집다큐 2010. 3. 31.

제작진은 "저작권 시장규모 세계 9위인 우리나라의 지적재산권 보호 순위는 세계 33위이며, 2008년 불법복제 시장규모는 약 2조 4,000억 원에 달했다"면서 "한 해 불법복제 시장규모가 자동차 수출규모의 9배에 육박하는 현실에서 올바른 저작권 문화 정착의 해법을 모색해 본다"고 밝혔다.

저작권법 개정 이후 저작권에 대한 국민의식이 높아지고 있지만 불법복제 등 저작권 침해 행위에 대한 공감대는 여전히 부족하다.

이 프로그램은 한류 바람을 타고 중국으로 건너간 우리의 콘텐츠들이 현지에서 불법복제물로 둔갑해 떠도는 현실을 고발하고, 치열한 문화 콘텐츠 전쟁터에서 살아남기 위해 사회 각계에서 이루어지고 있는 노력을 시청자들에게 보여주며 저작권의 중요성에 대해 강조한다.

한 창작물을 함부로 사용하지 않으면 되는 것이죠.

·········

창작자들의 땀과 열정이 담긴 문화 콘텐츠 저작권법은 그 소유물을 정당히 지켜주는 것이며 국가 경제에도 중요합니다.

·········

우리의 창작물을 우리의 손으로 세계와 공유하는 상황, 어떻게 받아들여야 할까요? 문화 콘텐츠 시장은 국경 없는 전쟁터라고 합니다. 이 전쟁의 피해가 지금 우리에게 부메랑이 되어 돌아오고 있습니다. 2001년부터 2007년까지 불법 복제로 인한 매출 손해는 무려 20조 원, 이로 인해 직장을 잃은 사람만도 16만 명에 달합니다. 정말 놀라운 수치가 아닐 수 없는데요. 아시아를 넘어 세계로 뻗어나가고 있는 우리의 한류 열풍이 만약에 모두 합법화된 시장을 통해 일어났다면 그 부가가치는 과연 어느 정도였을까요? 우리가 인터넷 사이트를 둘러보다 보면

어떤 것은 되고 어떤 것은 안 되고 저작권법 참 어렵죠. 우리는 여기서 이 결정에 대해 옳다 그르다 결론을 내리지는 않겠습니다. 여러분도 알고 계시다시피 우리 일상 속에서 저작권과 관련된 문제들은 결코 적지 않습니다. 아직도 인터넷상에서는 이용자와 저작권자 그리고 유통업자 간의 갈등이 적지 않다는 얘기죠. 여기서 많은 분들은 이렇게 생각하실지도 모르겠어요. 도대체 저작권은 무엇이고, 우리들은 어떻게 하란 소린가. 해법은 의외로 간단합니다. 우리가 남의 물건을 훔치면 안 되듯이 다른 사람의 소중

마주치는 표시들이 있습니다. CCL 표시가 된 저작물은 특정 조건하에서 가져가서 사용해도 된다는 것을 의미하는데요. 인터넷에서의 자유로운 표현과 창작을 위해 저작권자가 이용자의 권리를 공유하겠다는 뜻입니다.

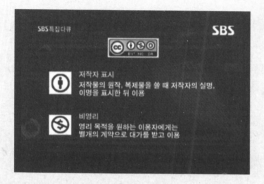

저작권법에는 그냥 자동적으로 백 퍼센트의 보호를 하게 되는데 그 100%의 보호 때문에 이용은 100% 제한되는 것입니다. 그러한 부분(공정이용)을 열어주는 것을 스스로 표준화된 표기를 함으로써 이용자 입장에서는 자유롭게 이용할 수 있는 것이 퍼블릭 도메인, 공중의 영역으로 그 영역이 넓어지기 때문에 사회 전체적으로 도움이 됩니다.

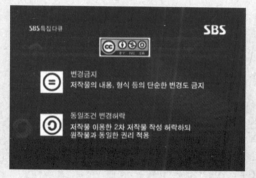

자유롭게 유통되는 것이 본인의 이익임에도 불구하고 자신이 아무런 표시를 하지 않으면 저작권법에는 자동적으로 100%의 보호를 하게 되는데, 대신 이용도 100% 제한됩니다.

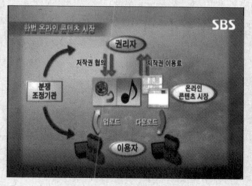

경찰청 브리핑(2016), 우리 사회의 부끄러운 자화상 갑질 문화 이제는 바로 잡아야 합니
    다, 2016. 12. 14.

구태우(2016), 대형마트 직원 '고객 폭언 감정노동' 첫 산재 인정, 매일노동뉴스, 2016.
    10. 24.

국무조정실(2019), 2019 공공분야 갑질 근절을 위한 가이드라인.

김덕성(2013), '감정노동' 스트레스로 우울증 악화 … SK텔레콤 전 상담원 승소, 리걸타
    임즈, 2013.7.28.

김민경(2014), '분신' 아파트 경비원, 스트레스로 인한 산재 첫 인정, 한겨레, 2014.12.1.

김정훈(2004), 소비자 특성에 따른 소비자 비윤리 행동, 한국생활과학회지 13권 3호,
    417-423

김정훈, 이은희(2003), 소비자 비윤리 유형과 판매자와의 상호작용 유형의 관계, 대한가
    정학회지 41권 5호, 165-178.

김종진, 윤자호, 정성진(2021), 감정노동 제도화 현황과 개선과제 검토, KLSI Issue Paper,
    제152호(2021-11호), 한국노동사회연구소.

김태영(2009), 블랙컨슈머의 효과적 대응, 기업소비자정보 112호

김태훈(2017), '블랙컨슈머'는 '블랙리스트'로 제압 갑질… 근절대책 발표, 소비자를 위한
    신문 2017.2.13.

김효정(2006), 소비자의 비윤리 상거래 행동과 관련변인 분석에 대한 연구, 한국생활과학
    회 지 15권 6호, 1015-1023.

백병성, 박현주(2009), 소비자불평행동과정에서 나타나는 소비자의 문제행동에 관한 탐
    색적 연구-소비자상담주체별 인식을 중심으로-, 소비자문제연구 36호, 1-22.

서주희, 송인숙(2005), 공적불만대응행동에서 나타나는 소비자의 문제행동연구, 소비자
    정책교육연구.

송인숙(2005), 소비윤리의 내용과 차원정립을 위한 연구, 소비자학연구 16권 2호, 37-55

송인숙, 양덕순(2008), 가전제품에 대한 불만대응행동에서 나타나는 소비자의 문제행동
    연구, 소비문화연구 11권 2호, 175-195

송인숙, 제미경(2006), 기혼여성의 물질주의 성향과 비윤리적 상거래 행동, 소비문화연구
    9권 3호, 185-206

신상헌(2000), 청소년 소비자들의 상거래 윤리에 관한 연구, 소비자학연구 11권 3호, 153-168

신상헌(2002), 비이성적 소비유형에 관한 연구, 소비자학연구 13권 1호, 159~171.

신원무(2010), CSR과 기업 경쟁력, LG경제연구원.

안전보건공단 직업건강실(2015), 직업건강 가이드라인 감정노동 종사자.

엄정여(2016), '예약부도' 갈수록 기승… 업주·고객 '윈윈'하자면?, 러브즈뷰티, 2016.6.9.

이강부(2015), 아산소비자상담센터, 소비자 비윤리적 소비행동 조사, 충청신문, 2015.6.24.

이민석, 오로라(2015), 예약문화 세계 꼴찌… '펑크' 선진국 4배, 조선일보 2015.10.14.

이병렬(2008), 식품 '악성 이물질' 발견하면 로또 당첨, 소비자가 만드는 신문, 2008.4.11.

이승현(2016), 1년 신은 신발, 절반 먹은 음식 새 걸로"… 乙의 갑질 '블랙컨슈머', 이데일리 2016.12.16.

이종원(2009), 영어 서툰 스몰비즈니스 울리는 "억지소송 다시는 없기를" '애틀랜타판 바지소송' 승소 박기수, 애틀랜타 중앙일보 2009.7.21.

임현석(2015), 무인가게 주인은 양심입니다, 동아일보 2015.3.11.

제미경, 서정희, 김영옥(2004), 대학생의 소비자 비윤리 지각과 행동 및 관련 변수, 한국생활 과학학회지 13권 6호, 891-901.

최광문(2012), 우리나라 기업들의 사회적책임활동의 인식과 실행에 관한 연구, 경원대학교 경영대학원 석사학위논문.

한국소비자원(2015), 2015 소비자피해구제 연보 및 사례집.

한국인터넷기업협회(2009), 이용자·저작권자·서비스 사업자의 상생을 위한 제언 : 카페·블러그 등 UCC 활성화를 위한 저작권 문제 해결 방안, 6월 저작권 클린포럼 발제문.

황혜선, 이경희, 김기옥(2013), 한국과 일본 소비자의 디지털문화콘텐츠의 저작권인식과 소비의도, 소비자학연구, 24(1), 273-296.

4

구매운동

소비자 한 사람이 구매 태도의 변화를 통해 세상을 바꾸기란 어려운 일이다. 하지만 많은 소비자들이 힘을 합치면 세상의 가장 거대한 경제 권력이 될 수 있다.

- 프랑크 비베, 『애플은 얼마나 공정한가』 중에서

- 제품을 구입할 때 중요하게 생각하는 것은 무엇인가? 제품의 가격, 디자인, 상표 이외에 제품을 만든 기업의 경영철학이나 가치관에 대해서 생각해 본 적이 있는가?
- 기업의 경영철학과 가치관이 소비자에게 어떠한 영향을 미친다고 생각하는가?

파란 스웨터의 여행

EBS 지식채널e 2015. 7. 1.

미국 뉴욕 월스트리트 자본주의 심장에서 시작된
파란 스웨터의 여행
어린 시절 이름을 새길 만큼 아꼈던 파란 스웨터
더 이상 쓸모없어진 어느 날 헌 옷 가게에 기증

20년 후,
11,595킬로미터 떨어진 아프리카 르완다
우연히 그 파란 스웨터를 입은 소년을 만났다.

미국에서 르완다까지
파란 스웨터의 여행이 가르쳐 준

'세상은 하나로 연결되어 있어!'
'내 작은 행동이 낯선 세계의 누군가에게 영향을
줄 수 있다니…'

파란 스웨터의 주인공
재클린 노보그라츠(미국 월스트리트 금융전문가)

2001년 세계 최초의 비영리 투자 기업 설립
투자 대상은
미혼모들이 운영하는 르완다의 빵집
탄자니아의 모기장 회사
인도의 저소득층을 위한 약국

가난한 사람들을 이용해 돈을 벌겠다고?
월스트리트에서 망하지나 않으면 다행이지!

그러나 자선단체 기부금에 의존하던 르완다의 미혼모들이
빵을 만들며 얻은 것은 돈이 아닌
스스로 삶을 개척할 수 있다는 희망
취약계층을 생산자인 동시에
소비자로 탈바꿈시키기 위해 필요한 것은
자선이 아닌 자립이다.
  - 재클린 노보그라츠, 비영리 투자기업 '어큐먼펀드' 창립자

취약계층에 일자리와 서비스를 제공하는
사회적 기업
이민 학생에게 장학금을 지원하는 교육 펀드
실직자에게 면접용 정장을 빌려 주는 렌탈숍
자본주의 심장 미국에서 퍼져 가는
따뜻한 자본주의
그리고

버려진 옷감으로 새 상품을 디자인하는 사람들
택배를 배달하는 새터민
쿠키를 굽는 장애인
"결코 남의 나라 이야기로 들리지 않았어요."

11,068킬로미터 멀리에서
앙상블을 연주하는 발달장애 청소년들
육포를 만드는 장애인들
"우리에게 필요한 것은 그냥 사는 것이 아니라 사람답게 사는 거예요."

"우리가 뭘 할 수 있느냐고요?"
고용과 생산, 소비가 만들어 내는 작은 변화
하나로 연결되어 있는 세상
우리 주변을 맴도는 내게도 있을지 모르는 파란 스웨터

소비자는 생산의 주체인 기업을 주목하고, 사회적으로 올바르게 활동할 것을 요구한다. 환경, 동물, 안전에 대한 관심이 높은 윤리적 소비자들은 제품의 생산 과정에서 좀 더 환경 친화적이고 동물을 보호하며, 공정한 대가를 생산노동자에게 지불하는 사회적으로 올바른 기업의 제품을 적극적으로 구매하는 활동을 통해 소비윤리를 실천하고 있다. 즉 사회적 책임경영을 하는 기업과 사회적 기업 제품에 대한 구매운동을 벌이고 녹색제품, 로컬제품, 공정무역 제품 등에 대한 구매운동도 하는 것이다.

이 장에서는 구매운동의 의의와 필요성, 방법에 대해 살펴보고 실천 사례로서 사회적 책임경영을 하는 기업과 사회적 기업의 제품에 대한 구매운동을 좀 더 상세히 살펴볼 것이다.

1. 구매운동이란 무엇인가?

현대 사회의 환경은 다양하게 변화하고 있다. 세계화로 인해 소비생활의 사회적 · 정치적 · 문화적 환경이 변화되었으며, 대량생산과 대량소비로 인한 자원 고갈과 환경오염에 의한 지구온난화로 자연생태환경이 변화하고 있다. 이러한 환경 변화로 인해 소비자 개개인은 자신의 만족을 추구하는 선택만이 아니라 자신의 선택이 지역적 혹은 전 지구촌의 사회, 경제, 문화, 정치, 자연생태 등에 어떠한 영향을 주는지를 인식하는 책임 있는 행동을 하도록 요구받고 있다. 즉 우리사회의 지속가능한 발전(sustainable development)을 실현하기 위해 지속가능 소비(sustainable consumption) — 인간의 욕구 충족을 수용하고 자원이용을 최소화하거나 환경파괴를 최소화할 것을 인식하여 미래 세대의 욕구충족을 저해하지 않는 소비 — 를 추구하는 것이 요구되고 있다(송인숙, 천경희, 2016).

소비자 역할은 개인이 사적 이익을 추구하는 개인적 차원으로부터 점차 사회적, 정치적, 세계적인 차원으로 그 범위가 확대되고 있으며, 소비자는 다차원적인 역할을 수행하는 적극적인 존재로 부상하고 있다(Wilstrom, 1996). 이에 따라 소비자가 생산자와 제품을 선택할 때 제도나 시장행위를 변화시키기 위한 목적지향적인 선택을 하는 정치적 소비자주의(political consumerism)도 중요한 트렌드가 되고 있다(Micheletti, 2003, p. 2). 조직적인 사회운동이 아닌 매일 이루어지는 일상적인 소비 과정을 통하여 시장에서 소비자의 정당한 권한이양(empowerment)을 위한 핵심적인 매개체가 될 수 있기 때문이다(Shaw et al., 2005).

2008년도 소비자 트렌드의 하나로 '행동하는 소비자(Mr. and Mrs. Consumers)'가 제안되면서 소비자운동 방향이 그동안 전통적으로 진행되어 온 불매운동(boycott)보다는 구매운동(buycott)과 여성주의 구매운동(girlcott) 등으로 발전될 것으로 예측되었다. 예상했던 바와 같이 2008년은 '행동하는 소비자들'의 소비자운동 원년으로 기록될 만한 해로서, 기업의 사회적 책임에 대한 관심이 높아졌을 뿐만 아니라 그것이 실제로 구매운동으로 이어지는 것을 보여 준 한 해였다(김난도 등, 2008, pp. 66-68). 당시 이러한 소비자 트렌드가 예측된 것은 일련의 사회적 사건들로 인해 기업의 사회적 책임에 대한 소비자들의 인식이 높아지고, 기업의 활동이 다른 사람과 지구환경에 어떤 영향을 미치는지 관심을 갖게 되었기 때문이다. 더 나아가 블로그, 카페, SNS 등 소셜미디어를 통해 사회적 이슈에 대한 문제제기 및 정보공유와 해결을 촉구하는 사회적·공동체적 시민의식이 한층 강화되고 있다(이상훈, 신효진, 2012, p. 142). 소비자의 높아진 윤리의식이 기업의 사회적 책임을 넘어 보다 적극적인 사회적 가치 시대를 만들어 가도록 하는 것이다(바시 등, 2012, p. 20). 즉 이러한 소비자 트렌드는 보다 적극적인 소비자 운동으로서 사회적 책임을 다하고 스스로 사회적 가치를 높이는 기업에 대한 구매운동으로 변화·발전할 것임을 예측한 것이라 하겠다.

구매운동이란 소비자들이 윤리적 제품, 즉 친환경 제품이나 공정무역 제품, 나아가 로컬제품, 사회적 기업 제품을 적극적으로 구매함으로써 윤리적 소비를 실천하는 것을 의미한다. 소비자가 소비행위를 권력화해 기업이 지켜야 할 사회적·윤리적 기준을 요구하는 것이다(김용섭, 전은경, 2008, p. 234). 결국 소비자가 화폐로써 사회적으로 바람직한 제품에 투표를 하는 것으로서, 윤리적 소비자는 제품 자체에만 가치를 두지 않고 제품과 해당 기업의 사회적 책임 및 윤리성까지 고려함으로써 기업의 정체성과 사회적 역할에까지 투표하는 것이다. 이러한 소비자의 적극적 구매운동은 공정무역을 정착시키고 사회적 기업의 창업 확대와 정부 정책의 변화를 유도하는 등 기업과 정부 및 사회에도 영향을 미치게 된다(전병길, 고영, 2009, pp. 310-311).

2. 구매운동은 왜 하는가?

구매운동은 윤리적 소비를 실천하는 운동이다. 윤리적 소비 실천의 첫 단계는 상품 선택 시에 윤리를 중요한 기준으로 삼는 것이다. 즉 가격이나 제품 본래의 효용보다는 윤리적인 가치를 더 우선시하여 사람과 동물, 환경에 해를 끼치지 않고 만들어 낸 물건인지를 생각하며 제품을 구입함으로써 지구환경에 대한 윤리, 근로자의 인권에 대한 윤리, 동물에 대한 윤리를 실현할 수 있다.

구매운동은 소비가 단순히 생계를 위한 것이 아니라 '사회적으로 옳은 삶'을 살아가는 데 도움을 줄 수 있다는 인식에서 시작하는 운동이다. 따라서 일제강점

기 우리나라의 물산장려운동이나 영국의 지배를 받던 시기의 인도의 스와데시
(Swadeshi) 운동도 구매운동의 전형으로 볼 수 있다(윤리적 소비자, 신한 FSB리뷰
2008. 2.). 구매운동을 통해 실현할 수 있는 사회적 변화를 살펴보자.

1) 윤리적 소비주의 실천

구매운동은 윤리적 소비주의(ethical consumerism)를 실천하는 한 방법이다. 소비자
들은 품질과 가격을 기준으로 소비 여부를 판단하는 것을 넘어, 윤리, 환경, 사회,
인권 등을 결정 기준으로 윤리적 기업의 제품을 선택하는 소비자운동을 통해 윤리
적 소비주의를 실천하게 된다.

윤리적 소비주의는 미국의 유기농식품 유통업체인 홀푸드마켓에서 본격화되
었다고 본다. 채식주의자이며 동물권리운동가인 설립자 존 매키(John Mackey)는
2005년 전체 매장에서 가재, 게 등 갑각류의 판매를 전면 중지했는데, 갑각류들
에게도 고통을 느끼는 감각이 있으므로 이를 무시하고 수송 · 조리하는 것은 냉혹
하다는 것이 그 이유였다. 2007년에는 공정 거래의 일환으로 홀 트레이드 개런티
(Whole Trade Guarantee)를 시작하면서 개발도상국에서 수입한 상품들에 대한 공
정한 가격 제시, 근로자들의 임금과 근로 환경 개선, 홀 트레이드 인증 상품 수익
의 1% 기부 등을 약속했다. 홀푸드마켓에서는 미국 농무부(USDA)의 유기농 인증
기준(National Organic Program Standard)을 통과하거나 자사의 유기농 품질기준을
충족한 제품, 최소한으로 가
공되고 인공첨가제 · 인공색
소 · 인공보존제 · 당 · 경화
유 등이 첨가되지 않은 식품
만을 판매하며, 유전자복제
동물의 고기나 우유, 공장식
양계장에서 나온 달걀을 판매
하지 않는다.

홀푸드마켓은 높은 제품 가
격에도 폭발적인 성장을 보이

그림 4-1 트롤리 스퀘어의 홀푸드마켓의 모습(Andrew Wee 촬영)

출처 : Flickr

고 있으며, 2017년 6월 아마존에서 137억 달러에 인수한다고 발표되었는데, 이러한 성장은 오늘날 소비자들의 의식의 변화를 시사한다. 상품을 구입할 때 가격이나 품질만을 보는 것이 아니라 그 상품이 장바구니 안으로 들어오기까지의 과정, 그 상품을 소비함으로써 생태계와 생산자들에게 미치는 영향 등 윤리적인 부분까지 생각하는 소비자들이 그만큼 증가하고 있음을 반증하는 것이다.

2) 기업의 경영 가치와 철학의 변화 유도

글로벌 컨설팅회사 맥킨지 앤드 컴퍼니가 2007년 발표한 보고서「경쟁의 새로운 규칙 형성(Shaping the New Rules of Competition)」에서는 "제품 구매결정을 내릴 때 적어도 몇 번 정도는 해당 기업의 사회적 평판을 감안하는" 윤리적 소비자층이 크게 증가하고 있으므로 기업은 이 계층에 주목해야 함을 강조하였다. 즉 소비자들이 더 이상 제품 자체에만 관심을 두지 않고 브랜드 뒤에, 제품 뒤에 실제로 무엇이 있는지 알고 싶어 한다고 분석하며, 아무리 질 좋은 제품을 생산하더라도 소비자들에게 환경오염 유발기업, 혹은 스웨트샵(sweatshop, 노동착취공장)으로 낙인이 찍히면 경쟁에서 도태할 수밖에 없는 환경이 조성되고 있다는 것이다. 소비자들과 각 지역사회는 "기업은 경제적인 요구와 함께 사회적 사명을 다해야 한다"는 생각을 갖기 시작했으며(이상훈, 신효진, 2012, p. 141), 제품 및 서비스의 품질과 가격에 대한 차별성이 적어진 것도 기업이 실행하는 기부, 공익활동, 공정거래 등 기업의 윤리성에 대한 소비자의 관심이 높아지는 원인 중 하나이다. 더욱이 쌍방향 의사소통이 가능한 웹 2.0 기술의 발달과 참여와 공개 문화가 일반화된 것이 소비자의 영향력을 강화시키고 있다(바시 등, 2012, p. 18). 소비자들이 전개하는 구매운동은 기업의 경영 가치와 철학을 변화시켜 착한 기업이 되도록 한다.

소비자의 평판에 민감한 소비재 기업들은 윤리적 소비자의 증가에 따라 친환경 제품 개발에 많은 투자를 하고 있으며, 사회책임적 마케팅 활동을 강화하고 기업 내 전담부서를 설치하는 등 적극적으로 나서고 있다.

2013년 방글라데시 수도 다카르에서 봉제공장 라나플라자의 붕괴사고가 일어나 3,700여 명의 사상자가 발생하였다. 열악한 환경에서 일하던 글로벌 의류 기업 하청업체의 노동자가 희생된 이 사건을 계기로 비영리단체 패션레볼루션

그림 4-2 #whomademyclothes 캠페인에 동참한 생산자와 패션브랜드의 매장 모습. 제품 태그를 스마트폰으로 스캔하면 제품원료, 근로자와 환경에 대한 정보가 제공된다.

출처 : NICOLE BRIDGER Gastown store 저자 촬영, 페어트레이드코리아 그루 제공

(FASHIONREVOLUTION)의 주도로 많은 소비자들이 글로벌 SPA(Specialty store retailer of Private label Apparel) 기업들의 노동착취에 대한 반대운동 #whomademyclothes 캠페인을 시작하였다. 즉 옷을 살 때 그 옷을 누가 만들었는지, 어떤 노동환경에서 제작된 옷인지 확인하기 시작한 것이다. 이에 동참하여 자사의 제품이 제작되는 환경과 근로자에 대한 처우를 개선하고 정보를 공개하는 의류 기업들이 증가하고 있다(그림 4-2).

3) 지속가능한 사회 변화 참여

모든 개인은 질 좋은 상품을 구매하고자 하는 '소비자'인 동시에 건강하고 지속가능한 사회를 희망하는 '시민'이기도 하다. 따라서 먹고사는 문제가 해결된 국가와 계층을 중심으로 지구환경과 인권 등을 고려해 제품을 구매하는 윤리적 소비가 확산되고 있는 것은 특별한 현상이 아닌 당연한 귀결이라고 할 수 있다. 실제로 많은 소비자들이 환경단체 활동에 참여하거나 제3세계 구호단체에 기부하지 않더라도

윤리적인 제품을 구매하는 행동을 통해서 세상이 점점 더 나아지는 데 기여하고 있다. 결국 구매운동을 통해 지속가능한 사회를 만드는 데 참여할 수 있는 것이다.

　　결론적으로 윤리적 제품을 선택하여 구매하는 구매운동은 **공동선**(共同善, the common good)에 대해 생각해 보고 자기의 탐욕에 따라 행동하는 이들에게 행동 지침을 제시할 수도 있고 더 나은 사회를 위한 대안을 선택할 수 있게 해 주는 것 이다. 윤리적 구매가 지니는 성격과 그 효과를 구체적으로 살펴보면 다음과 같다 (Harrison et al., 2005, pp. 32-33).

1. 기존의 경제학에서 소비자의 구매결정기준은 이기심이었으나, 윤리적 구매 에서는 타인을 고려하는 것이 소비자의 주요 선택기준이 된다.
2. 윤리적 구매행동은 대중들의 참여를 증가시킨다. 정책 형성 과정에서 소외되 었던 소비자들이 윤리적 구매를 통한 화폐 투표를 통해 더 좋은 사회를 만드 는 데 참여할 수 있다는 의식을 고취시킬 수 있다.
3. 다른 이들에게 자신의 행동이 미치는 영향을 조명해 봄으로써 각 개인이 자 신의 공적인 삶과 사적인 삶을 일치시킬 수 있는 하나의 방법이 된다.
4. 윤리적 구매행위로 타인을 배려함으로써 이타주의를 강화시킬 수 있다.
5. 소비자행동을 통해 타인과 연계됨으로써 고립에서 벗어나게 된다.
6. 좀 더 많은 부를 가진 사람들이 보다 사회지향적인 방식으로 행동할 책임감 을 고취시킬 수 있다.
7. 빈부격차와 소득양극화 문제에 소비자의 화폐 투표가 영향을 미칠 수 있음을 인식하게 해 준다.

3. 구매운동의 대상은 어떤 기업인가?

구매운동의 대상이 되는 제품은 에너지 절감 제품, 친환경적으로 제조·생산된 제 품, 유기농 제품, 동물복지 제품, 사회적 기업 제품, 생산자에게 공정한 값을 지불 하는 공정무역 제품이나 지역의 로컬제품, 공정여행 등과 같은 윤리적 제품이다. 궁극적으로 사회적 책임경영을 다하는 기업의 제품을 구매하는 것이 구매운동이다. 공정무역 제품이나 녹색제품, 로컬제품 등의 구매와 관련된 구매운동에 대해서는 다른 장에서 자세히 다루기로 하고, 이 장에서는 기업의 윤리와 사회적 책임 경영 그리고 사회적 기업에 대해 살펴보기로 한다.

1) 기업의 윤리

기업윤리(business ethics)란 기업을 경영하는 데 있어서 준수해야 하는 규범으로서 기업의 이해관계자인 경영자, 고객, 종업원, 주주, 사회 등이 상호 번영할 수 있도록 하는 도덕적 가치와 관련된 올바른 의사결정의 기준이라고 할 수 있다. 기업의 윤리는 기업의 태도나 활동의 옳고 그름을 판단하는 기준으로, 기업경영에서 발생하는 도덕적 문제를 해결하거나 최소한 이를 규명하는 역할을 하는 것이다. 기업윤리는 다음의 네 가지 요소를 포함하고 있다(이상훈, 신효진, 2012, pp. 125-126).

1. 비윤리적 행위를 막을 수 있는 도덕지침으로서의 규칙(rules)이나 기준(standards), 규범(codes) 또는 원칙(principles)을 지녀야 한다.

그림 4-3 구매운동의 대상이 되는 기업임을 확인해 주는 다양한 인증마크

2. 법 또는 사회적 규범 등의 기준을 따르거나 사실 또는 신념과 일치하는 행동과 같이 도덕적으로 올바른 행위를 포함한다.

3. 윤리적 판단을 요구하는 도덕적 딜레마에 빠진 경우와 같은 구체적 상황에 적용 가능해야 한다.

4. 여러 가지 윤리적 문제를 포괄적으로 고려하는 윤리적 의사결정과정을 포함해야 한다.

기업윤리는 1970년대 말 미국과 일본에서 일어난 워터게이트 사건이나 록히드 사건처럼 정부나 민간 기업을 대상으로 하는 대규모 뇌물수수 문제를 비롯해 소비자를 현혹시키는 기만광고, 합리적인 수준 이상으로 책정된 기업 이윤의 폭, 소비자의 안전을 고려하지 않은 제품 생산 등의 문제들로 인해 그 필요성이 제기되었다. 이후 기업의 윤리적 경영에 대해 주목하는 윤리적 소비자들이 증가함에 따라 기업의 윤리적 이미지 제고가 기업성과에 긍정적 영향을 미친다는 사실을 깨달으면서 경영자들이 기업윤리에 대해 주목하게 되었으며 윤리헌장이나 윤리위원회 설치 등 보다 적극적 의미에서 기업윤리를 이해하고 실천하기 시작하였다(이상훈, 신효진, 2012, p. 120).

윤리적 경영을 하지 않는 기업은 기업의 이미지 저하와 소비자 신뢰도의 하락 및 이에 따른 제품 판매량의 감소로 연결될 수 있으므로, 기업윤리는 기업의 새로운 경쟁력으로서의 역할을 하게 되었다.

2) 사회적 책임경영 기업

윤리적 소비자들이 적극적으로 제품을 구매하고자 하는 대상 기업은 결국 사회적 책임경영을 하는 기업이다. 이를 이해하기 위해서 기업의 사회적 책임과 이를 국제적으로 평가하는 표준제도인 ISO 26000에 대해 살펴보기로 한다.

(1) 기업의 사회적 책임(CSR)

오늘날 기업은 사회를 구성하는 기관 가운데 가장 큰 영향력을 가진 존재이다. 기업이 성장, 발전하면서 사회적 영향력이 커짐과 동시에 사회에서 담당해야 하는 책임이 커지면서 사회에 대한 일정한 활동과 복지를 수행해야 할 책임이 부과되고 있다. 기업의 성장은 기업만의 힘으로 이루어진 것이 아니며 기업 성장의 토대를 마련한 것은 바로 사회라는 인식이 기업에 대한 사회적 요구의 근본적 논리이다. 기업의 사회적 책임은 기업을 경영하는 본질적인 성격과 그로 인해 발생하는 윤리적 · 도덕적 책임, 그에 따른 경제적 · 법적 책임을 말한다(서인덕, 배성현, 2011, p. 43).

기업의 사회적 책임은 1999년 유엔 사무총장 코피 아난이 세계경제포럼 연설에서 유엔이 추진하고 있는 지속균형발전을 위한 새로운 국제 이니셔티브에 선진기업들이 참여할 것을 독려하면서 설립된 유엔 글로벌 컴팩트(UN Global Compact, UNGC)에서 시작되었다. 기업이 세계 시민사회의 일원으로서 세계화로 인해 발생한 여러 문제를 적극적으로 해결하기 위한 인권, 노동규칙, 환경, 부패방지 등 기업이 준수해야 할 지속가능하고 사회적으로 책임 있는 10대 원칙을 담은 사회적 협약을 제정하였다(박지희, 김유진, 2010, p. 230).

기업의 사회적 책임은 사회공헌을 포함한 좀 더 넓은 의미의 사회적 활동을 의미한다. 필립 코틀러는 그의 책『CSR 마케팅』에서 기업의 사회적 책임을 "임의의 경영 프랙티스와 내부 직원의 기부활동을 통해 지역사회의 복지를 향상시키기 위한 의무"라고 정의했다. 이 정의의 핵심 요소는 '임의'라는 단어인데, 즉 법률이나 윤리 기준에 의한 강제성을 가진 것이 아니라 기업이 자발적으로 스스로 실천하는 것을 강조하는 것이다. 미국《포춘》지가 매년 발표하는 미국에서 가장 존경받는 기업 선정의 8개 기준에 기업의 사회적 책임 항목이 포함되어 있으며, 기업의 사회적 책임에는 경제적 책임, 법적 책임, 윤리적 책임, 지역사회의 책임 등이 있다(전병길, 고영, 2009, pp. 197-200).

자본주의 초기에 사회에 대한 기업의 최소한의 의무는 주주의 이익극대화 또는 이윤창출이었으나 기업이 이윤창출에 집착함으로써 종업원 착취, 자원 고갈, 환경오염 등의 문제가 발생되었고, 기업에서는 사업수행을 위한 개선책으로서 이러한 문제들을 회복 또는 예방하기 위한 목적에서 사회공헌활동을 의무적으로 실천하게 되었다. 글로벌 금융위기와 같은 일부 기업의 탐욕에 의한 사회적 문제가 심화되자 기업들은 보다 근본적인 목표를 두고 사회공헌활동을 전개하게 되었는데, 즉 더불어 사는 사회를 표방하면서 소외된 계층의 근본적인 문제를 해결하는 착한 기업이 되기 위한 박애적 사회공헌활동과 기업의 경쟁우위를 강화할 수 있는 전략적 차원의 사회공헌활동을 전개하기 시작하였다(유창조, 2015).

결국 기업이 사회 변화의 촉매 역할을 하고, 그들의 브랜드가 세상을 보다 좋게 만든다는 소비자들의 높은 기대에 부응해야만 지속적인 성장이 가능한 것이다(바시 등, 2012, p. 20).

(2) 사회적 책임 국제적 표준 ISO 26000

각 국가가 기업의 사회적 책임 분야에 관한 규정을 두어 동일 분야에서 상이한 표준과 규격을 요구하게 된다면 국제 거래에서 생산자뿐만 아니라 소비자 간에도 혼란이 일어날 수 있다. 국제 거래에서의 표준을 제시하여 거래의 합리화를 기하기 위해 사회적 책임에 관해 세계적으로 통용될 수 있는 공통의 표준을 마련하는 일이 필요하게 되었다(서인덕, 배성현, 2011, p. 700). 이에 **국제표준화기구**(International Standard Organization, ISO)는 사회적 책임을 평가하는 국제적 표준인 ISO 26000을 공표하였다.

ISO 26000은 국제표준화기구에서 2001년부터 국제 표준 개발을 검토하기 시작해 2004년 사회적 책임에 대한 지침 개발을 결정하고, 2008년에 이르러 사회적 책임 이슈에 대한 세계 공통의 표준안을 발표하고 2009년 제정하여 2010년 11월 1일부터 도입된 '사회적 책임'에 대한 표준안이다. ISO 26000은 사회적 책임의 담당자를 기업에 한정하지 않고 정부, 노조, 시민단체 등 사회에 영향을 미칠 수 있는 세력에까지 확장하고 있다. 이것이 ISO 26000을 '기업의 사회적 책임 표준안'이 아닌 '사회적 책임 표준안'으로 명명한 이유이다.

ISO 26000에서 요구하는 기업책임은 ISO 9000 및 ISO 14000에서 추구하는 내용을 포괄하고 있다. 즉 경영의 지속적인 개선, 주주를 비롯한 다수의 이해관계자에 대한 기업 활동의 투명성, 경영 책임자의 책임 있는 보고 등을 기본으로 한다. ISO 26000은 모든 형태의 기업, 즉 선진국은 물론 개발도상국의 공기업과 사기업을 모두 대상으로 하며 기업 자체의 자율적 시행을 위한 지침서 역할을 한다. 이러한 기준에 따라 **지속가능성장 기업**이란 소비자를 만족시킬 재화와 서비스를 공급하면서 환경을 피폐화하지 않고, 회계분식과 노동력 착취를 하지 않으며 신뢰할 수 있는 기업관행에 기반을 둔 사회적으로 책임 있는 운영을 하는 기업을 말한다(서인덕, 배성현, 2011, p. 701).

ISO 26000은 기존의 ISO와 달리 규제나 규격이 아니라 사회적 규범이자 기업의 책무로서 환경 가이드라인처럼 강제성이 있는 것은 아니지만 수출이나 해외사업 시행 시 장벽으로 작용할 수 있기 때문에 그 기준을 만족시켜야 한다. 다시 말해 ISO 26000 기준에 맞지 않는 기업은 그 기준을 맞추지 않고서는 다른 ISO 26000 기업과 거래를 할 때 매우 불리해지는 표준안인 것이다. ISO 26000은 사회적 책임에 대한 개념, 원칙 및 실행, 그리고 7대 핵심 분야에 대한 지침을 담고 있는데, 7대 핵심 분야를 간략히 정리해 보면 다음과 같다(황상규, 2013, pp. 93-97).

1. 조직 지배구조(organizational governance) : 투명성, 윤리적 행동, 법규 준수 등 사회책임의 원칙 실행
2. 인권(human rights) : 차별 금지, 고충 해소, 표현의 자유, 경제적 · 사회적 · 문화적 권리, 작업장에서의 기본 권리, 강제 노동 금지, 아동 노동 금지 등
3. 노동 관행(labour practices) : 고용관계, 노동조건과 사회보장, 대화, 단체협약, 안전과 보건, 경력 개발 등
4. 환경(environment) : 오염방지, 자원 활용, 기후변화, 자연환경 보전과 복원
5. 공정한 운영 관행(fair operating practices) : 반부패, 정치 관여, 공정 경쟁, 영향력 행사, 재산권 존중 등
6. 소비자 이슈(consumer issues) : 공정한 마케팅과 정보, 건강과 안전, 지속가능 소비, 소비자 지원과 분쟁 해결, 개인 정보 보호, 교육 등
7. 지역사회 참여와 개발(community involvement and development)

(3) 기업의 공유가치창출(CSV)

기업의 공유가치창출(creating shared value, CSV)이라는 개념은 마이클 포터(Michael Porter) 하버드대 교수와 마크 크레이머(Mark Kramer) FSG 대표가 2011년 『하버드비즈니스리뷰』에 기고한 「자본주의를 어떻게 치유할 것인가(How to Fix

Capitalism)」라는 논문에서 처음 소개되었다. 공유가치창출은 "사회가 필요로 하는 것과 사회로부터 오는 도전을 다룸으로써 기업의 가치와 사회의 가치를 동시에 창출하는 경제적 가치를 만들어 내는 일"이다. CSV는 원래 CSR의 연속선상에서 나온 개념이며 CSR의 약점을 보완한 활동이다. 기업의 경영활동에 있어서 이윤창출과 사회적 책임 이행을 동시에 달성하는 사업을 창조적으로 개발해서 집행하며, 기존 사업을 평가할 때 수익률과 같은 경제적 기준과 일자리 창출, 사회문화 창달, 환경보존과 같은 사회적 기준을 동시에 적용하는 것이다(조동성, 2016, pp. 55-56). 즉 기업이 수익창출 이후에 사회공헌활동을 하는 것이 아니라 기업 활동 자체가 사회적 가치를 창출하면서 그 가운데 경제적 수익을 추구해야 한다는 것이다.

CSV를 가장 적절하게 설명할 수 있는 사례는 유일한 박사가 1926년 유한양행을 창립하면서 내세운 "가장 좋은 상품을 만들어 국가와 동포에게 도움을 주자"는 창립이념을 들 수 있다. 국민 건강에 도움이 되는 각종 의약품을 도입하고, 1933년 진통 소염제 '안티푸라민'을 개발하면서 "기업에서 얻은 이익은 그 기업을 키워 준 사회에 환원해야 한다"고 하였다. 유한양행은 이익극대화 목적을 포기하고 박리

표 4-1 기업의 사회적 책임 활동(CSR)과 공유가치창출(CSV) 비교

항목	CSR (Corporate Social Responsibility)	CSV (Creating Shared Value)
가치	선행(doing good)	투입비용 대비 높은 사회경제적 가치
활동	시민의식, 자선활동	기업과 공동체 모두를 위한 가치창출
인식	이윤극대화와 관계없는 활동	이윤극대화를 위한 필수요소
예산	기업의 CSR 예산	기업 전체 예산(매출액 전체)에 CSV 반영
담당 부서	기존 부서와 병렬적인 별도 부서(수직적 조직 구조)	별도 부서가 따로 없이 모든 부서에 녹아 들어가 있음(수평적 조직구조)
진정성	사회적 물의를 일으킨 회사가 하는 경우 사회는 냉소적 입장이 됨	사회가치 창출활동이 고유사업에 녹아 있으므로 사회는 긍정적 평가를 해 줌
지속성	손실이 발생하는 순간 올스톱	그때그때의 이익손실에 관계없이 진행
소통 방향	기업이 일방적으로 사회에 기여	기업과 사회(소비자)가 쌍방적으로 선택
가치 평가	사회가치에 대한 평가시스템 미비	사회가치에 대한 사전적 평가시스템 구축

출처 : 조동성(2016), 자본주의 5.0, p. 79.

다매 전략을 채택하여 국민 전반이 사용할 수 있는 보급형 의약품 생산을 유지하고 있다(조동성, 2016, p. 56; 회장님의 유언장, 지식채널e, 2015. 1. 7. 참조). 또한 LG생활건강이 2013년부터 NGO 굿네이버스와 함께 사회적 기업 'H플랜트'를 설립하여 네팔 히말라야 지역 주민들이 직접 화장품 원료인 허브 농축액을 생산하도록 지원하여 '비욘드 히말라야' 라인을 출시함으로써 지역사회 개발을 돕는 동시에 자사 제품의 품질 향상과 이미지 개선 효과를 얻은 것도 하나의 예가 될 수 있다.

CSV는 기업의 경쟁력과 주변 공동체의 번영이 상호의존적이라는 인식에 기반해 나타난 사고의 전환이다. 최근 글로벌 경제위기와 전 세계적인 환경문제에 대한 논의를 계기로 자본주의의 문제를 극복하고 기업의 지속적인 성장을 달성하기 위한 지속가능성 개념에 주목함에 따라 새로운 경영 패러다임이 필요하게 된 것이다. '공생 발전', '상생 협력' 등 새로운 경영 이슈의 등장은 이러한 흐름을 반영한다. 교육, 환경, 기후변화, 자연재해 등 다양한 사회적·환경적 도전이 증가하는 가운데 기업의 보다 적극적인 사회적 역할에 대한 기대가 더욱 커지고 있다. 기업이 사회·환경·경제 문제의 발생 원인을 제공하고 그로 인한 문제의 해결을 위해 거액의 비용을 지불하는 것보다는 이를 미리 예방하고 관리하는 것이 보다 바람직하다는 점에서 공유가치창출(CSV)은 그 의미를 갖는다.

기업의 공유가치창출(CSV)과 사회적 책임 활동(CSR)의 가장 큰 차이점은 비즈니스와의 연계 여부에 있다. CSV는 처음부터 경제적 가치와 사회적 가치를 독립된 것으로 보지 않고 서로 연계되어 있다는 통합적인 접근 방법을 적용하지만 CSR은 이미 기업이 만들어 낸 이익의 일부를 좋은 일에 쓰는 방식을 적용한다. 이러한 이유로 CSR은 기업이 지출하는 비용으로 인식되는 반면, CSV는 사회·경제적 효용을 증가시킨다는 점에서 기업의 경쟁력 향상을 위한 기회로 인식된다(유동열, 2013).

기업이 CSV 활동에 관심을 가지는 이유는 기업의 경영에 관심을 가지는 윤리적 소비자들이 증가하고 있기 때문이라 할 수 있다. 결국 기업의 경영활동을 윤리적으로 평가하여 제품을 선택하고자 하는 소비자의 구매운동이 기업의 변화를 유도할 수 있음을 알 수 있다.

3) ESG 경영

ESG란 기업의 비재무적 요소인 환경(environment) · 사회(social) · 지배구조 (governance)를 의미하며, 이를 바탕으로 한 'ESG 경영'(환경 · 사회 · 투명 경영, 문화체육관광부, 2022.01.19.)이란 이윤 추구를 목표로 탄생한 기업이 돈 버는 것 외에 환경 · 사회 · 투명 경영을 위한 사회적 · 윤리적 가치가 있는 일에 투자하는 행위이다. ESG와 관련한 핵심이슈는 〈표 4-2〉와 같으며, 구체적으로 환경은 자원 소비, 폐기물 배출 감소, 자원 보존, 친환경 생산 활동 등 환경을 보호하기 위한 기업의 노력을 나타내며, 사회는 인권, 제품에 대한 책임, 지역사회와의 관계 존중을 포함한 기업의 노력과 관련이 있다. 지배구조는 기업의 경영권 책임, 주주권 보호 또는 CEO에 대한 감시 시스템 구축과 같은 기업의 노력과 관련이 있다(Yoon, Lee, & Byun, 2018). ESG는 기업의 경제적인 이윤 추구와 사회적 책임 활동의 균형을 통해 지속가능한 경쟁우위 구현이 가능하다고 제안한다. 기업은 이러한 경쟁 우위적 요소를 활용하여 기업의 수익을 창출하기 때문에 ESG는 좋은 기업을 고르는 중요한 지표로 평가되고 있다(Giese, Lee, Melas, Nagy, & Nishikawa, 2019).

현재 한국기업지배구조원이 개발한 ESG 평가를 받는 기업은 923개에 달했으며, 국내에서도 ESG 투자에 적극적으로 참여하는 기업이 점차 증가하고 있다(한국기업지배구조원, 2018). 사용전력 100%를 재생에너지로 전환하는 글로벌 캠페인 'RE100'에도 국내기업의 참여가 활발하다. SK하이닉스 · SK텔레콤 등 SK그룹 6개 관계사가 첫발을 내딛고, 수자원공사가 뒤를 이었다. LG화

표 4-2   ESG 핵심 문제 및 이슈

ESG 경영	핵심 문제 및 이슈
환경	지구 온난화와 온실가스 감축
	플라스틱 오염 규제
사회	사회적 불평등 완화, 다양성 및 포용성 확대
	근로자 및 납품 기업 가치 증대, 산업 안전 및 인권
지배구조	투자자의 ESG 활동 촉진
	이사회 강화 및 최고경영자−주주 이익 일치

출처 : 넥스트 자본주의 ESG, 2021. p. 186

학·LG에너지솔루션·한화큐셀 등도 정부가 RE100을 국내 실정에 맞게 바꿔 도입한 한국형 RE100(K-RE100)에 참여를 발표하였고(https://blog.naver.com/mosfnet/222654679603), 삼성전자도 RE 100 동참과 2050 탄소중립 달성을 선언 하였다(경향신문, 2022. 09. 15).

앞으로 ESG 경영을 실천하는 '착한 기업'이 1등 기업이 될 것으로 전망되는데, 기업의 ESG 활동이 소비자의 반응에 어떠한 영향을 미치는지 살펴본 연구(박윤아·한상린, 2021)에서, ESG 활동이 소비자의 기업 이미지 형성에 영향을 미치는 것으로 나타났다. ESG 활동 중 환경은 기업에 대한 따뜻한 이미지 형성에 긍정적인 영향을 미치고, 사회는 기업에 대한 따뜻한 이미지와 유능한 이미지 형성에, 지배 구조는 기업에 대한 유능한 이미지 형성에 긍정적인 영향을 미치는 것으로 나타났다. 또한 지각된 따뜻함과 유능함 차원의 기업 이미지는 제품 또는 서비스에 대한 가격 공정성 지각에 긍정적인 영향을 미치고 지각된 가격 공정성은 기업에 대한 태도, 충성도, 그리고 추가 비용 지불 의사에 긍정적인 영향을 미치는 것을 발견하였다. 즉, 기업의 ESG 활동이 제품 또는 서비스의 가격 형성과는 직접적인 연관이 없는 기업 활동임에도 불구하고 소비자가 기업에 대한 이미지를 형성하는 단서가 되어 가격 공정성 지각에 영향을 미치게 됨을 확인하였다. 다음에서는 ESG 경영을 실천하는 닥터 브로너스와 파타고니아의 사례를 구체적으로 살펴보기로 한다.

닥터 브로너스 : 1948년 시작한 미국 화장품 회사로서, 주력상품은 저자극성 친환경의 액체·고체 비누로 얼굴부터 모발·몸까지 전부 사용할 수 있는 올인원 제품이다. 닥터 브로너스는 '올원(ALL-ONE)'이라고 부르는 '사람과 동물 그리고 지구는 모두 하나'라는 철학을 회사가 하는 모든 의사결정에 있어 가장 중요하게 생각하는 원칙으로 따른다. 또한 원료를 공급받는 방식부터 시작해, 제품으로 완성되는 과정, 제품 포장과 진열, 그리고 그 제품과 서비스에 사용되는 자원까지 모든 단계에서 환경을 생각하는 친환경 브랜드를 추구한다. 이를 위해서 농부의 교육과 농업 방식의 변화에 집중하고, 관련된 사회 운동에 직접 뛰어들기도 하여 10여 년의 활동으로 공업용 햄프의 켄터키주 재배 허가를 받아낸 성과를 올리기도 했다. 이를 통해 해당 지역 농부들에게 더 나은 수익을 올리도록 하고, 해외에서 햄

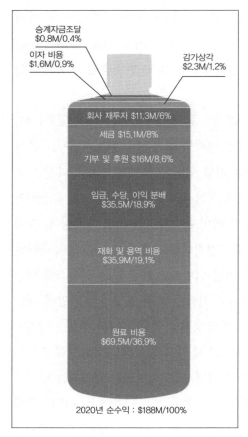

승계자금조달
$0.8M/0.4%

이자 비용
$1.6M/0.9%

감가상각
$2.3M/1.2%

회사 재투자 $11.3M/6%

세금 $15.1M/8%

기부 및 후원 $16M/8.6%

임금, 수당, 이익 분배
$35.5M/18.9%

재화 및 용역 비용
$35.9M/19.1%

원료 비용
$69.5M/36.9%

2020년 순수익 : $188M/100%

그림 4-4   자사 홈페이지에 공지한 2020년
재무 실적

출처 : 닥터 브로너스

프를 수입할 때 발생하는 탄소발자국을 줄이는 동시에, 친환경적인 작물이 재배될 수 있도록 한 것이다. 이런 기업 철학에 많은 소비자가 동의하였고, 2021년에는 세계 54개국에서 1초에 1개씩 팔려나갈 정도로 인기를 얻고 있다. 닥터 브로너스의 ESG 경영은 자사 홈페이지에 공시하는 한 해의 재무 실적을 통해서도 확인할 수 있다. 2020년엔 순매출의 약 8.6%에 해당하는 1,600만 달러(약 190억 원)를 윤리적 활동을 하는 사회단체에 기부하였고, 지배 구조 측면에서는 2002년부터 운영하고 있는 최저·최고 시급의 비율 조정에 따라 미국 법이 정하는 최저시급의 3배 높은 최저 시급에서 시작하고 임원의 급여는 최저 임금을 받는 직원 급여의 5배까지로 제한하고 있다.

파타고니아 : 파타고니아는 1973년 이본 쉬나드(Yvon Chouinard)가 설립한 친환경 아웃도어 기업이다. 1985년부터 매출액의 1%를 환경보호 활동에 지원하는 등 공인된 사회적 기업으로서 환경문제에 대한 사회적 공감대를 형성하고 있다. "불필요한 환경 피해를 발생시키지 않으며 강한 내구성, 기능성, 아름다움, 단순함을 지닌 최고 품질의 제품을 만든다"를 기업 철학으로 하고 있으며, 원료 조달과 제조 과정에서 공정무역 인증을 받은 공장에서 제품을 생산하고 경영활동의 다른 과정에서도 친환경적 방식을 채택한다. 1998년부터 재생폴리에스테르의 기능성 의류를 개발하고, PCR(Post Consumer Recycled) 매장을 통해 수거한 낡은 옷을 재활용하

며, '이 재킷을 사지 마세요(Don't Buy This Jacket)' 캠페인과 '원웨어 이벤트(Worn Wear Event)'를 통해 소비자의 과소비를 억제하고, 현명한 소비를 유도한다. '이 재킷을 사지 마세요'는 파타고니아가 블랙프라이데이에 뉴욕타임스(NYT)에 실은 광고로, '옷을 만들 때마다 환경이 파괴되니 이 재

그림 4-5 파타고니아의 원웨어 이벤트

킷이 정말 필요한지 생각해 달라'는 진정성을 담았다. 원웨어(Worn Wear)는 가지고 있는 옷을 매장(혹은 원웨어 서비스센터)으로 가져오면 무료로 수선을 해주는 서비스로서, 새 옷을 사는 것보다 기존의 옷을 수선해서 오래 입는 게 환경에 좋다는 파타고니아의 철학에 기반한 서비스이다.

파타고니아는 또한 2013년 환경에 기여하는 신생 기업을 후원하는 기금인 '20 Million & Change'를 조성해 운영하고 있으며, 파타고니아에 의해 시작된 '지속가능한 의류 연합(Sustainable Apparel Coalition)'은 전 세계 500여 개의 브랜드, 유통업체, 제조업체, 정부, 비정부기구, 학계 전문가를 포함하는 연합체로서, 의류 및 신발 제품이 지구환경과 사회에 미치는 부정적 영향을 감소시키기 위해 노력한다.

4) 사회적 기업

사회적 기업(social enterprise)이란 '이윤창출'과 '사회적 의무 달성'이라는 두 가지 목표를 동시에 달성하는 기업을 말한다. 즉 영리기업과 비영리기업의 중간 형태로, 사회적 목적을 우선적으로 추구하면서 재화·서비스의 생산·판매 등 영업활동을 수행하는 기업 또는 조직이다(www.socialenterprise.or.kr).

사회적 기업은 전 세계적으로 큰 관심을 받으며 확산되고 있는데, 각 국가가 사회적 기업에 관심을 두는 이유는 고용 없는 성장, 소득 양극화, 고용 불안 등이 심각한 현 시기에 사회적 경제가 자본주의의 한계와 폐해를 보완 또는 대체하고, 당면한 사회적 문제를 해결하는 새로운 패러다임으로서 사회적 기업의 존재가치가

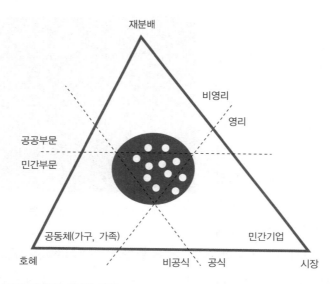

그림 4-6 사회적 경제의 개념적 위치

출처 : 장용석 등(2015), 사회적 혁신 생태계 3.0 p. 441

크다고 보기 때문이다(공혜원, 2019). 사회적 경제는 〈그림 4-6〉에서와 같이 자본주의 경제와는 다른 경제 영역으로서 국가 및 시장 부문의 한계를 보완하며 민간과 정부 사이를 매개하는 영역에 중첩해 존재하며, 경제적 행위를 할 때 공동체 지향성, 사회적 약자에 대한 포용성, 시민적 자치 역량 강화를 강조한다. 대표적으로 협동조합, 공제조합, 사회적 기업이 이에 해당한다(조신, 2021, p. 103). 사회적 기업은 기업의 운영 원리를 통해 사회문제를 해결해 나가는 혼합조직(hybrid organization)으로 사회적 가치와 경제적 가치를 동시에 추구하는 독특한 특성을 보이며, 정부나 NGO, 기업과는 달리, 사회문제를 지속가능하게 해결할 수 있다는 이점을 가지므로 시장실패와 정부실패의 보완책으로서 관심을 받고 있다.

1902년 미국 보스턴의 에드거 헬름즈 목사에 의해 설립된 굿윌은 사회적 기업의 시초로서, 실업자 및 부랑아, 장애인, 가난한 이민자 등을 위한 고용 및 취업 지원을 목적으로 시작되었다. 헬름즈 목사는 교회를 통해 빈민지역 공동체의 삶을 향상시키는 데 필요한 사회적 서비스, 특히 교육, 보건 등 정부가 직접적으로 관여하기 어려운 부분에 많은 노력을 기울였으며, 1902년 경제위기가 불어닥치자 구호 중심의 자선 프로그램만으로는 실업자와 빈곤층을 도울 수 없음을 깨닫고 직업

훈련과 취업을 지원하는 혁신적인 프로그램의 운영을 시작하여 사회적 약자들의 자립을 도모하고자 한 것이 지금의 사회적 기업의 모델이 된 것이다(전병길, 고영, 2009, pp. 54-57). 사회적 문제를 해결하기 위해 꼭 필요하나 일반 기업과 공공기관이 감당하기에는 애매한 틈새를 찾아내 사업화하는 기업을 사회적 기업이라 볼 수 있다.

우리나라는 2000년대에 들어서 지식정보화가 급격히 진행되고 세계화로 인한 생산시설 해외 이전 등의 이유로 경제규모는 커지지만 일자리는 줄어드는 고용 없는 성장을 경험하게 되었고, 2007년부터 정부 주도로 일자리 창출의 지속가능한 모델을 사회적 기업으로부터 찾게 되었다. 「사회적기업육성법」에 따르면 우리나라의 사회적기업은 "취약계층에게 사회서비스 또는 일자리를 제공하여 지역주민의 삶이 질을 높이는 등의 사회적 목적을 추구하면서 재화 및 서비스의 생산·판매 등 영업 활동을 하는 기업으로서 고용노동부 장관의 인증을 받은 기관"으로 정의하고 있다. 따라서 우리나라의 사회적 기업은 취약계층을 위한 일자리 서비스 제공의 의미가 크고, 시민사회의 전통이 뿌리 깊은 유럽에서 발달된 사회적 혁신을 위한 사회적 기업과는 조금 차이가 있다(전병길, 고영, 2009, pp. 70-72). 사회적 기업은 비영리 기업, 지역사회 벤처, 사회적 목적 기업으로도 불리며, 사회적 가치가 가장 중요한 동기라는 점에서 비영리단체와 유사하나 기부금에 의존하지 않고 기업적 활동을 통해 수익을 창출한다는 점에서 차이가 있다. 우리나라에서 활동 중인 사회적 기업은 2022년 4월 현재 3,271개이며, 사회적기업이 되기 위해서는 다음과 같은 고용노동부의 인증을 받아야 한다(www.socialenterprise.or.kr).

1. 조직 형태 : 민법에 따른 법인·조합, 상법에 따른 회사, 특별법에 따라 설립된 법인 또는 비영리 민간단체 등 대통령령으로 조직 형태를 갖출 것
2. 유급근로자 고용 : 유급근로자를 고용하여 재화와 서비스의 생산·판매 등 영업활동을 할 것
3. 사회적 목적의 실현 : 취약계층에게 사회서비스 또는 일자리를 제공하거나 지역사회에 공헌함으로써 지역주민의 삶의 질을 높이는 등 사회적 목적의 실현을 조직의 주된 목적으로 할 것

4. 이해관계자가 참여하는 의사결정구조 : 서비스 수혜자, 근로자 등 이해관계자가 참여하는 의사결정구조를 갖출 것

5. 영업활동을 통한 수입 : 영업활동 수입이 노무비의 50% 이상일 것

6. 정관의 필수사항 : 사회적기업육성법 제9조에 따른 사항을 적은 정관이나 규약 등을 갖출 것

7. 이윤의 사회적 목적 사용 : 회계연도별로 배분 가능한 이윤이 발생한 경우에는 이윤의 3분의 2 이상을 사회적 목적을 위하여 사용할 것(상법상 회사 · 합자조합 등)

사회적 기업은 소비자를 자각시키고 시장을 변화시키기 때문에 결국 사회적 기업이 소비자의 윤리적 소비욕구를 부추기는 한 요인이라고 할 수 있다. 물론 윤리적 소비가 다시 사회적 기업을 성장시키는 긍정적 부메랑이 되기도 한다(김용섭, 전은경, 2008, p. 229). 또한 사회적 기업의 육성을 통해 지속가능한 경제와 사회통합을 구현할 수 있는데, 사회적 기업도 자본주의 사회시스템 안의 기업이므로, 사회적 기업을 창업하고 일자리를 많이 창출하는 것이 첫 단계라면 다음 단계에서는 지속적으로 사회적 기업이 유지되도록 양질의 제품과 서비스를 생산하고 소비시장을 개척하며 새로운 영역에서 사회적 기업이 출현하도록 기반을 만들어야 한다(전병길, 고영, 2009, p. 296). 사회적 기업의 지속적인 성장을 위해서는 제품이나 서비스에 대한 충성도 형성이 중요하다. 고객의 충성도가 높으면 해당 제품이나 서비스를 계속 구매할 뿐만 아니라 자발적으로 블로그나 지인들에게 홍보하기도 한다. 김병수, 이윤재(2020)는 사회적 기업의 제품과 서비스에 대한 충성을 높일 수 있는 요인에 대해 살펴본 연구에서 소비자의 몰입과 신뢰가 사회적 기업에 대한 충성을 높이는 것을 발견하였다 또한 이러한 몰입과 신뢰에 영향을 미치는 요인으로 인지된 가치(기능적, 유희적, 사회적)와 소비자와의 가치 일치성의 영향에 대해 분석한 결과, 인지된 가치 중 사회적 기업 제품이나 서비스가 제공하는 기능적 가치는 사회적 기업에 대한 신뢰에, 사회적 가치는 몰입에 유의한 영향을 미치며 유희적 가치는 몰입과 신뢰에 모두 유의한 영향을 미쳤으며, 가치 일치성은 사회적 기업에 대한 신뢰에 유의한 영향을 미치는 것으로 나타났다.

4. 구매운동은 어떻게 실천하는가?

최근 들어 사회공헌활동을 수행하는 기업이 증가하고 있다. 기업들 사이에서 사회공헌활동이 비용소비가 아닌 투자라는 인식이 확산되면서 자연스럽게 사회책임적 활동을 경영전략으로서의 상생적 마케팅 활동으로 전개하는 것을 볼 수 있다. 이러한 기업들의 변화는 소비자들이 윤리적 소비자로 진화한 데 따른 것이다. 다시 말해 환경과 공동체를 고려하여 구매하는 윤리적 소비자들이 기업의 경영철학이나 가치관 등을 살펴보고 구매하기 때문에 기업이 변화한 것이다.

소비자들의 구매운동의 실천은 다양하게 이루어질 수 있는데 소비자들의 구매운동을 체계적으로 이끌고 있는 영국 윤리적소비자연구소 및 여러 비영리단체들의 활동을 함께 살펴보도록 한다.

또한 소비자들의 구매운동을 실천하는 대상이 되는 기업을 사회적 책임경영(CSR), 공유가치창출(CSV) 및 ESG 활동을 적극적으로 전개하는 기업 및 사회적 기업을 중심으로 살펴보고, 최근 크게 호응받고 있는 소비자들의 '돈쭐'을 내는 대상 기업의 특성에 대해서도 살펴보도록 한다.

1) 기업의 사회적 책임경영(CSR), 공유가치창출(CSV) 및 ESG 활동

기업이 사회적 문제와 관련된 사회공헌활동을 전개함에 있어서 사회가치 향상을 주목적으로 하는 경우 그 성과를 높이기 위해 비영리 사회단체, 환경관련 단체 등의 유관기관과 협력체계를 구축하며, 기업의 가시적인 경영성과를 목적으로 하는 경우 사회공헌활동은 대부분 독자적으로 전개되는 것이 일반적이다. 또한 사회공헌활동의 시기와 관련하여, 기업 경영에서 부정적인 사건이 발생할 경우 위기관리를 위한 적극적인 대응으로서 기업은 사회공헌활동을 전개하는 경우가 많다. 그러나 이러한 부정적 사건과 관계없이 사전적으로 사회공헌활동을 전개하는 경우 기업의 자발적인 활동으로 인식될 가능성이 높고 그에 따라 부정적 사건 발생 시 보험효과를 가져다줄 수 있다(유창조, 2015).

사전적인 사회공헌활동을 적극적으로 전개하는 기업 및 사회적 가치 향상과 이윤창출을 동시에 추구하는 공유가치창출을 실행하거나 사회문화적 개혁의 주체로서 사회적 혁신을 주도하고자 노력하는 기업들의 사례를 선행연구(바시 등, 2012; 조동성, 2016; 이상훈, 신효진, 2012; 전병길, 고영, 2008; 최인석, 2020) 및 해당 기업의 홈페이지를 참고하여 제시하면 다음과 같다.

에스티 로더 : 화장품 기업인 에스티 로더는 1992년 유방암 발병률이 특히 높은 미국에서 여성들의 유방암에 대한 인식 고취와 조기검진의 중요성을 알리기 위해 자사 고객에게 150만 개의 핑크리본과 유방암 자가진단카드를 나눠주면서 핑크리본 캠페인을 처음 시작하였으며, 수익금 일부를 비영리기관인 유방암 연구재단에 꾸준히 기부하여 총 4,500만 달러가 넘는 기금을 기부하여 유방암 임상연구에 기여하고 있다. 우리나라에서는 아모레퍼시픽 등의 기업이 2001년부터 캠페인에 동참하고 있다.

와비파커 : 미국 와튼 스쿨 학생 세 명이 2010년 시작한 온라인 안경판매 스타트업으로 파격적인 판매방식을 선보였는데, 시력을 검사하고 구매 의사를 밝힌 소비자에게 5가지의 안경테 견본을 보내 주고 일정 기간 동안 견본을 써 보면서 가장 마음에 드는 것을 고르게 한 후 소비자가 견본 안경테를 반송하면서 자신이 선택한 안경테를 알려 주면 선택된 안경테에 렌즈를 끼워 최종 배송을 해주는 것이다. 세 번의 배송 비용은 모두 회사가 부담하며 가격이 저렴할 뿐만 아니라 안경 하나를 판매하면 저소득층을 위해 안경 하나를 기증하는 'One for One' 마케팅을 실천하고 있다. 안경을 기증하는 이유에 대해 와비파커는 "안경을 구매하지 못하는 저소득층이 약 7억 명에 달하고, 이들에게 안경을 기증할 경우 생산성이 35% 향상된다"고 설명한다. 거액의 투자 유치가 이루어지고 사업이 글로벌화되면서 이미 100만 개 이상의 판매량을 기록하고 있다.

밴앤제리 : 인종차별, 공정무역, 기후변화, 난민보호, 동물복지 등 다양한 사회문제에 개입하여 기업 차원의 해결책을 선보이는 브랜드 액티비즘(brand activism)의 대표적인 기업이다. 밴앤제리의 웹사이트에는 세계 평화를 앞당기는 50가지 방법이 제시되어 있는데, 여기에는 친환경 농법으로 커피콩을 생산한 농부들에

게 상금을 지급하는 '변화를 부르는 커피(Coffee for a Change)' 프로그램과 책임 경영을 실천하는 윤리적 기업으로부터 납품을 받는 것도 포함된다. 또한 조이갱(Joy Gang)이라고 불리는 직원들의 자원봉사조직을 통해 다양한 지역사회 봉사를 진행하며 이러한 다양한 사회참여 사업에 대해 인지하고 있는 소비자들은 밴앤제리의 상표를 볼 때마다 긍정적인 감정과 좋은 이미지를 떠올리게 된다.

더바디샵 : 1976년 아니타 로딕(Anita Roddick)이 기업이 선(善)을 위한 동력원이 될 수 있다는 믿음으로 창업한 자연주의 화장품 브랜드로서, 동물 실험 반대, 커뮤니티 트레이드 지원, 자아 존중 고취, 인권 보호, 지구환경 보호를 적극적으로 실천해 왔다. 창업 40주년을 맞이하여 새로운 기업 이념[ENRICH NOT EXPLOIT(it's in our hands)]을 세우고 공정무역 원료 확대, 모든 천연원료를 100% 추적 가능하고 지속가능한 방식으로 공급하며, 숲과 서식지 보호, 지역사회가 지속가능한 방식으로 생활할 수 있도록 지원하고 있다. 세계 최대 황폐화 지역에서의 '100만 개 씨앗 심기' 캠페인, 아동 인권을 위한 'Hands & Heart' 캠페인을 진행하였으며, 2022년에는 '국내 중고교 환경 과목 필수 포함' 법안 발의를 촉구하는 '지구를 위한 목소리' 캠페인을 진행 중이다(www.thebodyshop.co.kr).

래;코드 : 2012년 설립된 코오롱의 업사이클링 브랜드로서 폐기해야 하는 3년 차 재고를 원재료로 사용하고 이와 함께 군복, 낙하산, 천막 등의 군용 폐기물(밀리터리 라인), 에어백, 카시트 등 공업용품(인더스트리얼 라인)을 함께 사용하여 새로운 디자인의 의류, 액세서리를 만들어 낸다. 의류 작업 시 불우 노인, 장애우, 미혼모 단체, 새터민 주민들과 함께하는 사회적 책임활동을 수행하며 안양 아틀리에의 봉제, 패턴 부문의 장인들이 디자이너와 함께 디자인을 완성시켜 나간다. 세계 패션 무대에서 저평가되어 온 'Made in Korea'의 뛰어난 봉제 기술이 이러한 장인정신의 가치와 명맥으로 재탄생되어 세계 유수 편집숍과 런던 프리즈 아트페어 등 친환경 전시회에서 인정받고 있다(www.re-code.co.kr).

마더 그라운드 : 2017년 "환경에서 영향을 받은 모든 제품을 직접 디자인해서 최고의 파트너들과 만들어 내며 공정하게 판매하는 것"을 목표로 설립된 기업으로, 제품 생산에 관련된 모든 비용과 협력사에 대한 상세한 내용까지 투명하게 공개하고 있다. 일반적으로 제품의 판매가격 중 30% 이상 유통 수수료로 책정되기 때문에 마더그라운드에서는 유통 수수료를 제외한 저렴한 가격 책정을 위해 자사몰(mother-ground.com)에서만 판매하는데, 소비자가 자유롭게 제품을 신어본 후 구매 결정을 할 수 있도록 '마더그라운드 신발장'과 '보부스토어'를 통한 오프라인 판매방식도 적용하고 있다. 2022년 발매한 '사과' 스니커즈는 이탈리아 마벨(Mabel)사에서 사과 가공품을 만들고 남은 찌꺼기를 재활용하여 개발한 APPLE SKIN(사과 가죽)을 적용한 밑창, 폐플라스틱을 재활용하여 제작한 신발끈, 재생 나일론 원단의 어퍼 부분 등 친환경 소재로 제작되었다. 사과 가죽을 시작으로 환경에 부담이 덜 가는 디자인, 소재, 제품에 대한 연구를 지속적으로 진행하고 있다.

2) 사회적 기업의 활동

사회 문제를 해결하기 위한 목적과 이윤추구의 두 가지를 실천하는 사회적 기업들의 사례를 보면 다음과 같다(허니맨 저, 윤지선 외 공역, 2016; 전병길, 고영, 2008 참조).

SEL(Social Enterprise London) : 영국 런던에서 지역사회의 사회적 기업 확대를 위해 1998년에 설립된 단체이며, 새로이 설립되는 사회적 기업의 경영컨설턴트를 해 주는 사회적 기업이기도 하다. 사회적 기업에 대한 영국 정부의 정의는 사회적 목적을 중심에 놓은 비즈니스로서, 창출된 잉여를 주주나 소유주가 아닌 사회적 목적을 위해 재투자하는 조직이다. SEL과 제휴하고 있는 사회적 기업 중에는 공정무역 커피 매장인 카페다이렉트, 노숙인들을 위한 잡지 『빅이슈』, 공정무역 초콜릿인 디바인, 유명 요리사 제이미 올리버가 취약계층 청년들의 자립을 돕기 위해 설립한 피프틴 레스토랑 등이 있으며, 취약계층 및 실직자들에게 교육 및 취업 기회를 제공하고 비즈니스 노하우를 공유하는 등 대안적인 비즈니스를 연대해 나가고 있다.

번동 코이노니아 : 2007년 사회적 기업으로 인증된 독특한 이름의 사회적 기업이다. 번동은 이 기업이 위치한 강북구 번동을 의미하고 코이노니아(koinonia)란 헬라어로 사귐, 교제를 뜻한다. 이 코이노니아 정신은 사람은 누구나 외모와 관계없이 자신과 똑같은 존엄성을 가진 인격체로서 서로를 차별하지 않고 대하는 것이다. 현재 번동 코이노니아는 코이노니아(여성의류), 예손(미술 상품), 기쁨 소망의 집(장애인 공동생활 가정프로그램), 경로급식 사업을 진행하고 있으며 이 중 장애인 작업 공동체인 코이노니아와 예손이 노동부 지정 사회적 기업으로 인정받았다.

도서출판 점자 : 도서출판 점자는 시각장애인을 포함한 모든 독서 장애인이 신체적·문화적 장애 없이 누구나 읽을 수 있는 책을 만들고자 하는 사회적 기업이다. 육근해 대표는 점자책을 그림점자책, 촉각점자책, 큰 글자책 등으로 다양하게 개발해 대체 책자가 2%밖에 안 되는 우리나라에서 정보에 모든 이들이 차별받지 않도록 노력하고 있다.

마리몬드 : 마리몬드는 디자인 제품이나 콘텐츠를 통해서 존귀함의 회복이 필요한 사람들을 재조명하여 일본군 '위안부' 할머니들을 비롯한 동반자들의 이야기를 알리고, 그들과 함께 성장하며, 나아가 더 멋진 사회를 만들고자 하는 사회적 기업이다. 위안부 할머니들이 자신의 상처를 넘어 위대한 생각을 가진 인권운동가이자, 예술 작품을 통해 희망을 전하는 예술가로서 기억되도록 하기 위해 위안부 할머니들의 이야기가 담긴 미술작품을 만들어 플라워 패턴으로 변환시키고, 플라워 패턴이 들어간 스마트폰 케이스, 패션잡화, 가방, 티셔츠, 문구류 등 다양한 제품을 제작하고 더 많은 사람들이 할머니들을 기억하고, 이를 기반으로 함께 소통할 수 있도록 '메시지 카드' 애플리케이션과 '공감 편지 마리 레터' 웹사이트(maryletter.com) 등을 운영하고 있다.

르 캐시미어 : 지속가능한 캐시미어 제품의 생산, 판매를 추구하는 사회적 기업이다. 캐시미어 산업으로 인한 문제들—산양의 풀 섭취로 인한 목초지 사막화와 과다한 채취 및 공장식 사육의 윤리적 문제, 유목민으로부터의 불공정한 거래의 문제를 해결하기 위해 SFA(Sustainable Fiber Alliance)의 정식회원으로 승인받은 몽골 현지 업체와 파트너십을 맺고 캐시미어 원료를 공급받음으로써 산양의 털을 채취하는 방법에서부터 환경 보호와 동물 복지 및 주민의 삶의 질 향상을 위한 방식을 실천하고 있다. 제품 제작에 있어서도 홀가먼트 방식의 제작과 제로웨이스트 기술의 사용, 친환경적 포장재 사용 등 모든 공정에서 순환경제(circular economy) 체제를 추구한다(http://lecashmere.co.kr/).

한국윤리적패션네트워크(KEFN) : 패션 분야의 윤리적 생산, 공정무역, 친환경 패션 등 사회적 가치를 실현하는 기업들이 모여 2016년 사단법인으로 설립하였으며, 페어트레이드코리아, 더뉴히어로즈, 이스트인디고, 오버랩, 비건타이거, 119REO 등 22개 브랜드가 회원사로 참여하고 있다. 지속가능 패션 기업들의 발전 방향을 모색하고 윤리적 패션 소비 활성화와 윤리적 패션 산업 생태계 구축을 목표로 윤리적 패션 스타트업 발굴 및 육성 프로그램 운영, 윤리적 패션 제품 홍보와 판로지원, 시민 참여를 위한 캠페인, 포럼, 홍보 콘텐츠 제작 등의 활동을 진행하고 있다.

3) 윤리적 소비를 이끄는 단체 : 영국 윤리적소비자연구소

1989년 설립된 영국의 윤리적소비자연구소(http://www.ethicalconsumer.org)는 맨체스터에 본사를 둔 독립적인 비영리기구로, 윤리적 소비주의(ethical consumerism)을 통해 소비자들의 구매운동을 이끌고, 윤리에 기초한 사회 시스템 확립을 위해 다양한 활동을 추진하고 있다(김현미, 2008). 윤리적소비자연구소는 "소비를 통해 세상을 바꾸자"는 슬로건을 내걸고 다음과 같은 캠페인 활동과 실천사업을 수행하고 있다.

"여러분의 지갑 속에는 투표용지(돈)가 있습니다. 이 투표용지를 여러분이 원하는 사회를 만드는 데 사용하십시오. 그 방법은 다음과 같습니다. 적극적인 구매운동(공정무역, 유기농 농산물과 같은 윤리적 상품을 적극적으로 구입), 불매운동(아동 노동, 자원 고갈, 노동자 착취 기업의 상품과 서비스를 구입하지 않음),

기업이 지역사회, 국제사회에서 어떤 역할을 하는지 판단하고, 기업과 상품을 전체적으로 비교하여 윤리적 가치가 있는 것을 선택합시다."

윤리적 소비자 발간 : 격월로 연 6회 발간하고 있는『윤리적 소비자(Ethical Consumer)』는 소비자들에게 어떤 소비행위가 환경과 지역사회, 제3세계 노동자의 인권에 유리한가를 알려주는 정보를 제공한다. 동물복지와 환경, 인간의 권리 기준에 따라 각 제품과 기업을 평가하고, 이러한 결과를 기초로 윤리적 베스트 바이 제품을 선정하여 추천한다. 또한 20년간의 사회적·환경적 기록정보를 분석하여 윤리적 추천 기업 리스트를 제시한다.

윤리지수 구매가이드(Ethiscore Shopping Guide) 발표 : 윤리적소비자연구소의 윤리지수(Ethiscore) 시스템은 기업의 제품에 대한 환경적·윤리적·사회적 기록을 제시한다. 윤리지수 웹사이트(www.ethiscore.org)는 영국에서 팔리는 많은 유명 제품 중에 실제로 윤리적인 상품과 서비스는 무엇인지를 검증하여 소비자들에게 적극적으로 해당 기업의 상품과 서비스를 소개한다. 또한 기업 검증 기준에 맞추어 점수를 매겨(12~15는 양호, 9~11은 보통, 0~8은 부족) 소비자들의 판단 근거로 사용하도록 윤리적 기업 검증 데이터베이스(Corporate Critic Research Database)를 제공하고 있다.

윤리적 구매 인증마크 부여 : 소비자들이 윤리적으로 현명한 제품과 서비스를 선택할 수 있도록 도와주는 구매 인증마크(Best Buy Label)로, 인증된 기업이 연회비를 내면 Best Buy 로고를 포장, 웹사이트, 마케팅과 프로모션 활동에 사용할 수 있다.

지속가능한, 윤리적 패션을 확산시키기 위한 다양한 가이드 제시 : 패션업계의 시스템으로 인해 '윤리적 쇼핑'이 어려운 점을 극복하기 위해 패스트 패션(fast fashion)이 갖고 있는 문제들을 공개하고 윤리적 패션의 확산을 위한 다양한 방법을 제시한다. ① 의류 재활용 시스템, 고품질 의류를 지향한 유기농 소재, 중고의류 자선 상점, 의류 교환, 수선해서 입기 등 오래 입을 수 있는 옷을 위한 관리 방법에 대해 자세히 설명하여 소비자들이 선택할 수 있는 폭을 넓혀 준다. ② 유기농 의류, 재활용 의류를 판매하고 공정무역을 실천하는 등 지구를 보호하는 옷을 만들기 위해 노력하는 윤리적 패션 기업을 선정하여 기업 정보를 자세히 공개한다. ③ 노동력을 착취하고 지구를 오염시키는 패션산업은 거부한다는 의미의 다양한 패션 캠페인(Cotton Pledge, Fair Wear Foundation, Detox Campaign, Clean Clothes Campaign, Change Your Shoes!)을 지원하고 있다. 또한 패스트 패션을 저지하기 위한 해시태그 #FightFastFashion 트위터 캠페인을 추진하고 있다.

4) 구매운동 활동 단체

굿 가이드(http://www.goodguide.com) : 굿 가이드는 2007년 버클리대학 환경 및 노동정책 교수 다라 오루크에 의해 설립된 사회적 기업이다. 25만 개의 제품에 대한 건강, 환경, 사회적 책임에 대한 정보와 소비자들이 선호하는 가치를 반영하여 소비자가 올바른 구매결정을 내릴 수 있도록 도와준다. 또한 환경적으로 지속가능하고 안전하며 윤리적 문제가 없는 제품이 확산될 수 있도록 제품성분을 공개한다.

굿 가이드에서는 ① 건강하고, 환경을 생각하며, 사회적 책임을 지는 더 나은 제품을 찾아낸다. 개인용품, 가정용 제품 등에 대해 제품의 성분을 분석하여 건강점수를 책정한다. 제품에 금지되거나 제한된 성분이 포함되었는지, 건강인증이 되었는지, 제품성분을 올바르게 표시했는지를 분석하여 헬스 스코어를 책정한다. ② 21만 개 이상의 식품, 개인용품, 가정용품을 분석하여 최고/최악의 제품을 구별 후 공지한다. ③ 전문가를 통해 복잡하고 어려운 제품정보를 단순화시킨다. ④ 쇼핑하면서 제품의 지속가능성에 대한 정보를 확인할 수 있는 모바일 앱을 서비스함으로써 소비자의 편리함을 증가시키고, 올바른 의사결정을 지원한다.

한국사회적기업진흥원 : 한국사회적기업진흥원(http://www.socialenterprise.or.kr/)은 2010년 사회적기업육성법 개정 이후, 사회통합과 사회적 기업 가치 확산을 위해 설립되었다. 진흥원은 사회적 기업과 협동조합을 육성하고 자립적 운영이 이뤄지도록 경제적 · 사회적 지원을 펼치고 있다. 주요 사업으로는 ① 사회적 기업 양성 및 모델 발굴, 사업화 지원, ② 사회적 기업 인증, ③ 사회적 기업 관련 국제교류 협력, ④ 사회적 기업 관련 연구, ⑤ 협동조합 교육, ⑥ 홍보 지원의 업무를 수행하고 있다. 디자인경영을 통한 사회적 기업 역량강화를 위해 디자인을 활용한 경영방법에 대해 교육하고, 현장에서 즉시 적용 가능한 비즈니스 모델과 경영 노하우를 전수하고 있다. 또한 윤리적 소비에 대한 관심을 높이고 활성화하기 위해 윤리적 소비와 관련된 스토리, 홍보마케팅, 디자인/영상분야의 공모전을 개최한다.

이로운몰 : 이로운몰(http://www.cookey.co.kr)은 희망제작소(The Hope Institute)에서 2008년 다수의 투자자와 함께 '생산자와 소비자 모두에게 이로운 상품과 가치를 판매하기' 위한 목적으로 출범시킨 온라인 쇼핑몰이다. 현재 쿠키쇼핑에서 운영을 대행하고 있으며, 파워블로거를 중심으로 각 분야 전문가들이 정당한 가격을 주고 구매하는 소비방식에 대해 전파하고 있다. 이와 함께 이로운몰은 저널리스트그룹 이로운넷(http://www.eroun.net)을 운영하며 ① 사회적 기업, 공정무역, 비영리단체/기부, 유기농 상품을 판매하고, ② 업체를 선정하여 제조과정을 공개하고, ③ 나눔을 실천하는 기업을 직접 소개하고 있다. 또한 친환경 제조, 공정무역 제품에 대한 판매와 더불어 제조과정과 의미에 대해 소개한다.

'돈쭐' 내주러 갑시다.

생산자가 소비자에게 할 수 있는 최선의 방법은 저렴한 가격으로 질 좋은 상품을 제공하는 것이며, 그 생산자에게 소비자가 할 수 있는 최고의 보상은 그들의 상품을 많이 팔아주는 것이다. 그런데 '선한 영향력 가게' 프로젝트와 같이 생산자가 영리 목적과 관계없는 선행을 함으로써 지역과 사회에 기여했을 경우에도 소비자가 돈으

선한 영향력을 행사하는 가게
출처 : 유튜브

로 보상해주는 방식이 일종의 유행처럼 번지고 있다. 온라인 매체와 SNS 덕분에 과거보다 훨씬 넓은 범위와 적극적인 소비자의 참여로 확장되고 있는데 이를 단적으로 표현하는 유행어로 '돈쭐 내려 간다'를 들 수 있다.

소비자는 상품을 고를 때 가격과 질은 물론이고 생산자의 철학까지도 염두하며 고른다. "좋은 생산자가 좋은 물건을 만들어 낸다."라는 소비 논리가 탄생했고 이러한 소비 패턴은 역발상적으로 기업의 상품의 생산 과정은 물론 기업의 철학을 결정하는 데 중요한 토대가 되었다. 좋은 생산자란 선한 영향력을 발휘하는 주체들(기업 혹은 생산자)을 꼽을 수 있다. 소비자는 맹목적인 후원자도, 기부자도 아니다. 다만 공익을 도모하는 곳에 동참하여 선행에 일조하고 싶다는 마음을 가장 간단하고도 현실적인 방법인 소비로 표출하는 것뿐이다.

소비자에게 진정한 선한 영향력자로 불리기 위해서는 조건을 갖추어야만 한다. 바로 자신의 분야에 대한 실력을 갖추고, 지속가능한 (생산) 철학을 가지고 있어야 하며, 분명하고 투명한 의도를 지닌 선행을 적극적으로 표방해야 한다. 형편없는 상품을 생산하면서, 질 낮은 서비스를 제공하면서 선한 영향력을 발휘하는 사람이 되고 싶다는 말은 절대적으로 모순이다.

전문가들은 돈쭐의 좋은 취지는 살리되, 이를 지나치게 의식해 선행을 너무 포장하거나 미화하는 행위는 지양할 것을 주문한다. "기업들이 돈쭐의 대상이 되고자 선행을 마케팅 활동으로 포장하는 데 급급하다면 돈쭐 현상의 본질을 제대로 읽지 못한 것이다. 기업 본연의 사회적 책임을 다하면서 기존 커뮤니케이션 채널을 통해 정공법으로 관련 활동을 알리다 보면 소비자들의 선택을 받을 수 있을 것"이라고 조언한다.

참고 : 장윤미(2020. 02. 03). '돈쭐'로 증명되는 선한 영향력엔 원칙이 있다. 르몽드 디플로마티크
노승욱(2021. 10. 14). 착한 기업에 좌표 찍고 '돈쭐'…세상 바꾸는 '선한 오지랖'. 매경이코노미
김민준(2021. 03. 14). "착한 가게 가서 돈 더 쓰자" 개념소비 '바이콧' 확산. 중소기업신문

5. 윤리적 소비자는 어떻게 사는가?

1) 처음이 어렵지 하다 보면 다 돼요. (40대 맞벌이 주부)

초등학생 자녀 1명을 두고 대구에 거주하는 40대 맞벌이 주부이다. 우리나라 농업과 지역사회, 환경에 관심이 많다.

쇼핑은 어떻게 하나요?

10년 전부터 친환경농산물을 이용하고 있고, 제철 음식을 사요. 그리고 원산지를 보고 될 수 있는 한 대구에서 가까운 데 있는 것을 먹으려고 하죠. 좀 가까운 데서 난 것은 질이 떨어져도 그것을 쓰지요. 그리고 친환경 세제를 쓰긴 하지만 최대한 세제를 덜 쓰려고 하다 보니 세탁볼도 쓰고 있죠. 대형할인마트에서는 주로 공산품을 사는데, 가면 뭘 샀는지도 모르게 10만 원을 훌쩍 넘기게 돼요. 그래서 요즘엔 필요한 것만 적어서 그것만 딱 사서 오지요. 채식주의자는 아니지만 가능한 육식을 줄이고 채소를 먹으려 하고 있어요. 요즘 고민하는 것은 음식물 쓰레기를 줄이기 위해 나온 제품을 살까 고민하는데, 그걸 사면 또 다른 소비를 하게 되고, 전기를 쓰게 돼서 망설이고 있어요. 그냥 최대한 음식물 쓰레기를 줄이고 있긴 한데… 이런저런 걸 생각하면 가능한 물건 사는 걸 줄이는 게 가장 좋긴 하니까. 그리고 정기적으로 기부하는 작은 대안학교와 아이가 하고 싶어서 시작한 유니세프, 또 몇 군데 더 있어요. 그런데 어떤 땐 생활비에서 기부할 돈이 안 나올 때가 있거든요. 그러면 출퇴근을 걸어다니거나(걸어서 30~40분 정도) 그러면 그 돈이 나오더라구요. 뭐든 처음이 어렵지 하다 보면 다 돼요. 그냥 그런 곳에 내는 돈은 내 돈이 아니다라고 생각하면 아주 심플해지거든.

윤리적 소비를 하는 이유와 바뀐 생활은 무엇인가요?

기본적으로 난 의로움이나 그런 것의 가치를 크게 생각하거든요. 그래서 친환경농산물을 사고 생협이나 시민단체에서 자원봉사 활동을 통해 다른 사람에게 권하는 거죠. 그런 소비가 늘면 그렇게(친환경농업) 농사짓는 땅이 한 평씩 한 평씩 더 늘어나게 되고 또 농약을 안 치게 되니 농민들 건강도 좋아지게 되겠죠. 또 인근 지역 제품을 이용하면 우리 지역의 경제에도 도움이 될 거구. 관심을 갖다 보니 작은 사회, 공동체 사회 이런 걸 생각하게 되더라구요. 친환경 식품을 청소년들이 천 원짜리 김밥 사 먹듯 그렇게 쉽게 살 수 있길 바라요. 또 개인적으론 비싸니까 조금 사게 되어 사과 하나를 먹더라도 그 맛을 음미하면서 먹게 돼요. 그리고 친환경농산물이 확실히 맛있거든. 그러니까 하나를 먹어도 만족감이 더 크지. 이렇게 하니까 가족의 건강은 덤으로 오죠. 그리고 친환경제품들은 비싸니까 예산을 짜게 되고, 식단을 짜게 되더라구요. 필요한 것만 사야 하니까. 그러다 보니 외식이나 술 먹는 것도 줄이게 되고. 또 기부하는 것은 아이에게 더 큰 힘을 주는 것이라 생각해요.

2) 소비자들에게 생협 관련 소식을 전해요. (50대 ○○생협 편집위원장)

○○생협에서 활동하게 된 계기와 주로 하시는 일은 무엇인가요?

2003~2004년까지 영국에 다녀온 후 오류동 쪽에 자리를 잡게 되었는데, 뭘 먹고 살아야 될까 주변에 물어보다가 대형마트 이야기도 나오고 그랬는데 아는 사람 중 한 분이 생협에서 음식을 사 먹는다는 소리를 들었죠. 생협은 잘 모르지만 사회를 위해서 좋은 일 하는 것 같고 해서 생협에 조합원으로 가입했죠. 조합원으로 가입하고 동시에 아이들 중학교에서 직영급식전환운동을 하는 선생님으로부터 연락이 와서 같이 하게 됐어요. 그냥 좋은 음식을 잘 먹이고 싶은 생각이 들어서 시작했는데, 그 급식사업체의 수익을 많이 주기보다는 식재료를 더 좋은 것을 쓰는 방향으로 동의해서 같이 운동을 한 거죠.

일을 하면서 소비를 할 때 달라진 점은 무엇인가요?

저 스스로의 변화는 단순히 아주 추상적인 생각을 갖고 들어왔다가 점점 이 조직이 활동하는 방향이라든지 윤리적 소비를 통한 윤리적 생산, 결국 농업 발전이 되어 잘사는 세상으로 갈 수 있겠다는 것을 보고 아주 작게는 생활에 있어서 물도 좀 절약하고 전기도 좀 절약하고… 이런 것에 신경 쓰고 하는 것 같아요.

윤리적 소비행동을 통해 변한 의식은 어떤 것인가요?

전에는 생협이라고 하는 것이 생활을 같이하면서 협동하면서 소위 약자들이 연대하는 정도의 하나의 조직 정도로 생각했었고, 그 중심에 먹을거리가 있다는 정도로 생각했었어요. 그런데 이제 여기 와서 몸담으면서 보니까 특히 ○○생협은 윤리적 소비 이런 것을 정체성으로 삼고 중시하고 이런 걸 보면서 슬슬 제가 협동조합인으로서 물들어 가는 거죠. 다만 음식을 사 먹는 것이 아니라 좀 크게는 이 나라의 생산, 농업생산 이런 부분을 소비자로서 내가 무언가 기여를 할 수 있는, 그래서 소비를 제대로 해야지 생산도 제대로 된다…라는 소비자들이 생각을 바르게 가지면 생산자들도 윤리적 생산을 하게 된다는 것에 동의하게 된 거죠.

인터뷰를 하면서 생협활동을 옛날부터 해 오던 사람들 이야기를 들었는데 그렇게 신날 수가 없었어요. 앞으로 협동조합과 관련된 연구를 좀 해 보려고요. 예를 들면 협동조합으로 사업을 하려는 청사진을 갖고 있는 분들을 인터뷰해서 왜 하는지 어떤 생각을 하는지 알리는 거죠.

윤리적 제품은 정말 윤리적인가?

윤리적 소비를 실천하기 위해서 소비자들은 사회적 책임을 다하는 기업과 사회적 기업의 제품을 구입한다. 그러나 윤리적 제품을 생산하는 기업이 비윤리적으로 운영된다면 이러한 기업의 제품을 구입하는 것이 실제로 지구환경이나 사회에 도움이 되는 윤리적 소비라고 할 수 있을까?

책 『나는 세계일주로 자본주의를 만났다』에는 영국 공정무역 재단의 사례가 나온다. 세계 각국의 소비자들에게 윤리적 소비를 권유하는 영국 공정무역 재단이 기업으로부터 받는 재단 로고 사용료는 재단 총수입의 90%를 차지하는데, 그중 절반이 인증 제도를 운영·감독하는 행정비로 지출되고 나머지는 공정무역 브랜드의 캠페인과 홍보비로 사용된다고 한다. 그렇다면 생산자들의 기대와는 달리 그들의 고단한 삶은 특별히 나아지는 것이 없게 된다. 따라서 윤리적 기업을 자칭하는 그들이 정말 윤리적인지 의문스럽다는 문제제기를 한다. 윤리적 기업이 윤리적으로 관리되는지 제품 생산자나 노동자에게 실제로 도움이 되는지를 살펴보고 선택해야 소비자의 윤리적 선택이 의미 있을 것이다.

『나는 세계일주로 자본주의를 만났다』
코너 우드먼 지음, 홍선영 옮김, 갤리온, 2012

토론해 봅시다

1. 구매운동의 대상이 되는 기업을 선정하고 그 이유에 대해 구체적으로 제시해 보자.
2. 구매운동을 통해 윤리적 소비를 실천함에 있어서 어려운 점은 무엇이며 어떻게 극복할 수 있을지 생각해 보자.
3. 우리나라의 사회적 문제를 해결할 수 있는 새로운 사회적 기업을 세운다고 가정했을 때 어떤 문제를 해결하기 위해 어떻게 기업을 만들지 구체적으로 제시해 보자.

유니레버는 왜 비콥이 되려 할까? 라이언 허니맨(2016), mysc

비콥(B Corp)은 세계에서 최고가 되기 위해서뿐만 아니라, 세계를 위해서도 최고가 되고자 하는 글로벌 사회혁신 기업들을 지칭하는 고유명사이다. 또한 기존의 재무적 가치 위주로 평가되던 비즈니스에서의 성공을 크게 환경, 비즈니스 모델, 지역사회, 거버넌스, 기업 구성원에 대한 긍정적인 영향력으로 재정의한 비즈니스의 새로운 표준이다. 여러 비콥의 CEO와 마케팅, 인사, 지속가능성 부문의 경영진들이 어떻게 그들의 비즈니스를 재무적 성공뿐만 아니라 사회와 환경에까지 좋은 영향력을 끼치기 위한 도구로 사용하고 있는지, 그리고 왜 비콥이 되었는지에 대해 직접 이야기한 내용을 담고 있는 책이다.

사회적 가치의 재구성 – 대한민국 사회문제 지도로 사회적 기업의 미래를 그리다

장용석, 조희진, 김보경, 황정윤, 이영동 공저(2018), 문우사

'사회적 가치 기본법'의 등장으로 나타난 또 다른 중요한 변화로 사회적 가치를 가치로 하는 사회적 기업, 소셜 벤처, NGO 등의 조직들이 크게 주목받고 있다. 시장실패와 정부실패의 보완책으로서 사회적 기업이 새로운 사회문제 해결사로서 자본주의의 새 장을 열어가고 있는지, 사회적 기업을 설명하는 또 다른 축인 사회적 가치에 대해서는 어떻게 평가할 것이며, 사회적 기업이 다양한 사회문제 해결을 통해 사회적 가치를 실현하고 있는지 살펴보고자 했다.

사회적 가치 비즈니스 – 착한 기업이 세상을 바꾼다 최인석(2020), 지형

저자는 올버즈, 파타고니아, 에버레인, 베제아 같은 사회적 가치를 반영하면서도 지속가능한 성장에 성공한 기업 사례를 깊이 있게 분석함으로써 현재 경영계에서 가장 주목받는 트렌드인 사회적 가치와 착한 기업의 시대적 변화와 임팩트를 분석하고 공통분모를 찾아 미래 세대가 현실에 적용할 수 있는 실질적 방법을 제시하고자 하였다. 사회적 가치를 반영한 소셜 벤처나 사회적 기업을 창업하고자 하는 미래 세대들에게 충실한 길잡이가 될 것이다.

넥스트 자본주의, ESG – 세상의 룰을 바꾸는 새로운 투자의 원칙 조신(2021), 사회평론

저자는 ESG를 기존의 기업이나 경영자가 아닌 투자자의 관점에서 접근하였으며, 지금까지의 ESG 관련 이론과 현황에 대한 설명과 함께 ESG를 촉발시킨 배경, 혼용되는 여러 개념들을 비교, 정리하여 체계적으로 ESG를 이해할 수 있도록 하며 실무적으로 유용한 ESG 평가 방식과 한계까지 꼼꼼히 다룬다. 또한 ESG 시대를 준비하는 세계 각국 정부와 기업의 대응 방식, ESG 투자시장 전망까지 폭넓게 다룸으로써 독자 스스로가 자본주의의 미래를 그려볼 수 있게 한다.

애플은 얼마나 공정한가 프랑크 비베(2014), 열린책들

독일 경제지 『한델스블라트』의 뉴욕 특파원이자 경제 전문 저널리스트인 프랑크 비베가 기업 윤리와 소비자 공정성에 대한 관심을 일깨우고, 세계적인 기업들에 대한 정보와 평가 자료를 제공한다. 이 책은 구글, 삼성전자, 애플, BMW 등 세계 50개 기업들이 당면한 다양한 윤리적 이슈와 이를 해결해 나가는 기업들의 모습을 보여 준다. 기업의 입장에서 간과하기 일쑤인 윤리 문제는 극단적인 경우 기업의 존립까지 위태롭게 할 수 있을 정도로 최근 중요한 문제로 부상했다. 저자는 윤리 문제를 기업 경영의 중요한 미덕으로 생각하는 기업이라면 가치뿐만 아니라 그에 따른 '사회적 책임'과 '지속가능성'에 대해서도 관심을 기울여야 한다고 말한다.

기업의 사회적 책임활동(CSR) 10계명 신강균(2008), COMONBOOKS

환경경영의 이론과 실천방법을 망라한 이 분야의 기본서이자 지침서인 이 책에서 저자는 환경경영의 기반이 취약한 국내 현실을 반영하여 환경경영의 태동 배경과 국제적 동향을 개관하면서, 각론에서는 환경경영의 구체적 실천 절차와 방법 등을 체계적으로 기술한다.

공생을 위한 착한 소비

KBS 소비자고발 2013. 2. 8.

이 영상은 4대 보험에 정규직은 기본, 일하는 사람이 행복해야 소비자도 웃을 수 있다고 말하는 사회적 기업과 개인의 이익보다는 함께 일하는 사람을 생각하는 착한 소비를 통해 우리 사회가 직면한 문제를 해결하는 방법을 소개한다.

작은 일자리가 가져온 큰 행복, 함께 일하는 세상!

청소용역업체 '함께 일하는 세상'은 자신의 이익을 낮춰 기존 인력에 지역 주민을 추가로 고용하고 직원 모두 4대 보험은 물론 정규직으로 고용하였다. 이 기업은 실근무자가 늘면서 담당 직원이 배치돼 서비스 품질이 높아져 인력이 부족해 고장 등 민원이 끊이지 않았던 관공서 별관의 화장실 민원을 사라지게 만들었다. 취약계층 3명으로 시작한 이 기업은 10년 만에 5개 계열사의 직원만 약 200여 명이 넘는 기업으로 성장했다.

환자와 의료진 모두가 주인, 안산의료생활협동조합!

거동이 힘들면 왕진 서비스를 받을 수 있는 병원이 있다. 안산의료생활협동조합은 지역 주민과 의료인 300여 명이 출자금 1억 2,000만 원으로 시작해 현재 조합원 수만 약 5,600명에 달한다. 자신들이 병원의 주인이라고 말하는 환자들. 조합원뿐만 아니라 지역 주민들의 사랑방이 되었다. 이곳 사람들은 병원의 최종 목표가 '병원이 없어지는 것'이라고 말한다.

누구에게나 열려 있는 배움과 나눔의 밥상 공동체, 문턱 없는 밥집!

점심시간은 12시부터 1시 30분까지, 가격표도 메뉴판도 없는 밥집이 있다. 밥값은 형편껏, 단 음식은 절대 남기지 않는 것이 소비자와 문턱 없는 밥집의 약속이다. 늘 적자를 면하지 못하지만 유기농 재료만을 사용하고 인공조미료는 사용하지 않는 것이 이 집의 원칙이다. 하지만 이곳도 원가도 못 미치는 가격 때문에 폐업의 위기에 놓인 적이 있었다. 그러나 이를 막기 위한 지역 주민의 노력으로 문턱 없는 밥집은 다시 기사회생할 수 있었다.

참고문헌

공혜원(2019), 사회적기업의 지속가능성: 개인특성 관점의 사회적 기업가정신. KBR 23(1), pp. 127-150

김나경(2011), 윤리적 소비자가 몰려온다, LG Business Insight 1136호, 24-32.

김난도, 권혜진, 김희정(2008), 트렌드 코리아 2009, 서울, 미래의 창.

김병수, 이윤재(2020) 인지된 가치와 가치 일치성이 사회적 기업 제품과 서비스 충성도에 미치는 영향 : 몰입과 신뢰를 중심으로, 디지털융복합연구, 18(1), pp. 83-92

김용섭, 전은경(2008), 소비자가 진화한다, 파주, 김영사.

김현미(2008), 영국의 협동조합운동과 윤리적 소비자운동, 아이쿱생협연합회보.

라이언 허니맨 저, 윤지선, 정재인 역(2016), 유니레버는 왜 비콥이 되려 할까?, 서울, mysc.

로리 바시, 에드 프라운헤임, 단 맥무러, 래리 코스텔로 저, 퓨처디자이너스 역 (2012), 굿 컴퍼니: 착한 회사가 세상을 바꾼다, 서울, 틔움.

박윤아, 한상린(2021), 기업의 ESG 활동이 기업 이미지, 지각된 가격 공정성 및 소비자 반응에 미치는 영향. 경영학연구, 50(3), pp. 643-664

박지희, 김유진(2010), 윤리적 소비-세상을 바꾸는 착한 거래, 서울, 메디치미디어.

박희주(2007), 개정 소비자기본법 해설, 정책연구 07-01, 한국소비자원.

서인덕, 배성현(2011), 기업윤리, 서울, 경문사.

송인숙, 천경희(2016), 지속가능발전교육(ESD)의 관점에서 본 윤리적 소비 교육프로그램의 특성과 의의, 소비자정책교육연구, 12(3), 191-215.

신강균(2008), 기업의 사회적 책임활동, COMONBOOKS.

심영(2009), 소비자의 사회적 책임에 관한 연구, 소비자학연구, 20(2), 81-119.

아이들을 지켜주는 특별한 책가방, 밀알복지재단, 2017. 2. 20.

유동열(2013), CSV, 윤리적 소비자 그리고 사회적 경제, 희망제작소 사회적경제센터, 2013. 3. 28.

유창조(2015), 사회공헌활동의 유형과 성공요건, 마케팅연구, 30(1), 177-197.

윤리적 소비자, 신한 FSB리뷰 2008. 2.

이상훈, 신효진(2012), 윤리적 소비, 파주, 한국학술정보.

장용석, 김회성, 황정윤, 유미현(2015), 사회적 혁신 생태계 3.0 CS컨설팅&미디어

장주영(2017), 패트병으로 만든 옷·운동화… 패션계도 업사이클링 바람, 중앙일보,
　2017. 6. 20.

전병길, 고영(2009), 새로운 자본주의에 도전하라, 서울, 꿈꾸는터.

정선희(2007), 사회적 기업, 서울, 다우.

정관영(2013), 이제는 사회적경제다 – 지역과 사람을 살리는 희망경제론, 공동체.

조동성(2015), 자본주의 5.0: 공유가치창출을 위한 클러스터 중심 자본주의, 서울, Weekly
　BIZ.

프랑크 비베 저, 박종대 역(2014), 애플은 얼마나 공정한가, 서울, 열린책들.

황상규(2013), 사회책임의 시대: ISO 26000의 이해와 활용, 서울, 틔움.

Galbreath, J.(2013). ESG in focus: The Australian evidence. *Journal of Business Ethics*, 118 (3),
　529–541.

Giese, G., L. E. Lee, D. Melas, Z. Nagy, and L. Nishikawa(2019), "Foundations of ESG
　Investing: How ESG Affects Equity Valuation, Risk, and Performance," *The Journal of
　Portfolio Management*, 45(5), pp.69–83.

Harrison R., Newholm T., & Shaw D. (2005), *The Ethical Consumer*, Sage: London.

Ife, Jim (2002), *Community Development*, Pearson Education Australia Pty.

McWilliams, A., & Siegel, D.(2001). Corporate Social Responsibility: A Theory of the Firm
　Perspective. *The Academy of Management Review*, 216(1), 117–127

Micheletti, M.(2003), Political virtue and shopping individuals. *Consumerism and　Collective
　Action*, New York : Palgrave Macmillan.

Shaw, D., Shiu, E., Hassan, L. & Thomson, J.(2005), An exploration of values in ethical
　consumer decision making. *Journal of Consumer Behavior*, 4(3), 185–200.

Wikstrom, S.(1996), Value creation by company consumer interaction. *Journal of
　Marketing Management*, 12(5), 359–74.

Yoon, B., J. H. Lee, and R. Byun(2018), "Does ESG Performance Enhance Firm Value?
　Evidence from Korea," *Sustainability*, 10(10), pp. 3635–3652.

5

불매운동

도덕성을 갖춘 기업이 수익을 많이 내는 기업이 되는 그런 자본주의 사회에서 우리가 살게 되기를 간절히 바란다. 이런 사회는 기업만의 노력으로는 부족하다. 결국에는 소비자가 이런 사회를 만들어 간다는 것을 명심하자. 한 나라의 정치 수준은 유권자가 결정하듯, 자본주의의 수준은 소비자가 결정한다.

- 김민주, 『세상을 소비하는 인간, 호모 콘수무스』 중에서

- 내가 좋아하는 유명 브랜드 회사가 어떤 방법으로 제품을 생산하는지 생각해 본 적이 있는가?
- 내가 만약 불매운동에 참여한다면 어떤 활동을 할 수 있을까?

산다는 것

EBS 지식채널e 2012. 12. 13.

'무엇을 살 것인가'
'무엇을 사지 않을 것인가'

아프리카 서해안에 도착한 영국의 배가
아프리카인들을 싣고 서인도제도로 향한다.

서인도제도에서 설탕의 원료인 사탕수수 농장에 노예로 팔려 갔던 아프리카인들
18세기 노예를 사고파는 노예무역을 통해 막대한 경제적 이익을 누렸던 영국
당시 노예무역을 강력하게 지지한 상인, 군인, 왕족과 귀족들

그러나 조금씩 퍼져 나가는 다른 생각

'인간을 사고파는 것은 금지되어야 한다.'

1791년 노예무역을 폐지하기 위해 시작한
서인도제도산 설탕 불매운동

"만약 소비자가 노예가 만든 설탕을 사지 않는다면 생산자도 설탕을 만들기 위해
노예를 사지 않을 것이며, 그러면 비인간적인 노예무역도 사라질 것이다!"

불매운동과 함께 3분의 1로 줄어든 서인도제도산 설탕 판매량
노예가 생산하지 않는 동인도제도산 설탕 판매량
2년 동안 10배 증가

소비의 방식이 바뀌면 세상이 바뀔 수도 있음을 인식한 사람들

1807년 영국 노예무역 폐지
10여 년 후

여섯 가구가 서인도제도 설탕 대신
동인도제도의 설탕을 이용한다면
1명의 노예가 덜 필요하게 됩니다.

노예제도 자체를 폐지하기 위해
부활한 불매운동
소수만이 투표권을 가지고 있던 시대
투표권은 없어도 소비자라면 누구나 가질 수 있었던
시장에 행사할 수 있는 힘

설탕 상점마다 등장한 노예제도 반대 설탕그릇

산다(live)는 것은 산다(buy)는 것이다.
산다(buy)는 것은 권력이 있다는 것이다.
권력이 있다는 것은 의무가 있다는 것이다.
    - 플로렌스 켈리, 미국소비자단체 NCL 초대 대표

소비자는 어떤 제품을 구매하거나 구매하지 않는 방법으로 자본주의 사회와 기업에 자신들의 의사를 표현한다. 그래서 소비를 화폐 투표(dollar voting)라고 한다. 불매운동은 소비자 운동의 하나로 사업자를 압박하기 위해 특정 상품의 구매를 억제하는 방법이다. 전통적인 불매운동은 가격 인하 등 소비자의 이익을 도모하기 위해 전개되는 경우가 많았으나 점차 환경, 사회, 정치 등의 문제에 대한 소비자의 의견을 표출하는 방법으로 사용되는 경우가 많아지고 있다.

소비자들이 윤리적 소비를 할 때 윤리적 상품을 구매하는 구매운동과 더불어 환경이나 사회적 문제를 일으키는 기업 및 제품에 대한 불매운동을 동시에 추구하는 경우가 많다.

이 장에서는 윤리적 소비행동의 하나로 불매운동을 이해하기 위해 불매운동의 개념과 분류, 필요성과 동기, 실천방법을 알아보고 최근에 이루어진 불매운동의 국내외 사례에 대해 살펴볼 것이다.

1. 불매운동이란 무엇인가?

1) 불매운동의 유래와 개념

가습기살균제 피해사건은 가습기살균제로 인한 폐손상 등으로 산모, 영유아 등이 사망하거나 폐질환에 걸린 사건으로, 2011년 11월 1차 피해조사가 이루어진 후 현재까지(2022년 4월 29일 기준) 공식 신고한 7,712명의 피해자 중 사망자는 1,773명이다. 사회적참사특별조사위원회의 연구 결과 신고되지 않은 사례를 포함한 국내 가습기살균제 피해자는 약 95만 명, 사망자는 약 2만 명을 넘어서는 것으로 추산된다(http://socialdisasterscommission.go.kr). 소비자단체와 시민사회단체들은 2016년 4월 25일 광화문 광장에서 가습기살균제 제조기업의 사과와 처벌을 촉구하며 옥시제품 불매운동을 전국적으로 전개하였고 현재도 이 사건은 진행 중이다. 이와 같이 불매운동은 구매활동에서 자신의 의사를 전달하는 방법으로 구매가 아닌 비(非)구매행동을 택하는 것이다. 소비자가 시장에서 구매를 하는 행동을 **화폐투표**(dollar voting)라고 한다. 소비자의 구매행동은 화폐를 투표용지처럼 사용하여 자신이 마음에 드는 제품이나 기업에 한 표씩 주는 행동인 반면, 소비자로부터 선택받지 못한 기업과 제품은 시장에서 퇴출되는 것이다.

불매운동이란 용어는 19세기 말엽 아일랜드 북동부에 경작지 재산 관리인으로 부임한 찰스 커닝햄 보이콧(Charles Cunningham Boycott)이란 영국인으로부터 유래하였다. 보이콧은 대기근 이후 소작인들이 소작료를 내릴 것을 요구했으나 이를 무시하고 주인의 뜻대로 소작료를 걷었다. 1880년 아일랜드토지연맹은 지주의 착취로부터 토지 임차인을 보호하기 위한 캠페인을 벌였다. 보이콧은 이 캠페인을 무력화시키기 위해 노력했지만, 소작인들은 그를 위해 일하기를 거부했고 그에게 물건도 팔지 않았다. 결국 소작인들이 단결하여 보이콧을 고립시켜 마을에서 떠나게 했는데 이 사건이 불매운동의 유래가 되었다. 또한 일찍이 간디는 억압적인 권력에 맞서는 가장 생산적인 대응으로 불매운동(스와데시 운동)이라는 방법을 실천적으로 제시하였다. 간디의 불매운동은 인도 민중의 자립적 삶을 위한 영국산 직물 수입 반대운동으로 시작된 것이지만, 근원적으로는 식민주의 및 산업주의 체제, 나아가 근대국가 그 자체에 대한 거부였다고 할 수 있다(김종철, 2009).

불매운동이란 하나 또는 그 이상의 운동주도 세력들이 개별 소비자들로 하여금 시장에서 특정 제품 구매를 자제하도록 주장함으로써 특정 목적을 달성하고자 하는 시도(Friedman, 1985, p. 97)이다. 특히 소비자 불매운동은 소비자가 소비자 경제 문제, 정치적·윤리적 문제 등을 해결하기 위해서 특정한 제품이나 기업, 정부 등에 대하여 자발적으로 구매를 포기하거나, 다른 제품을 구매하는 사적 행동, 그리고 타인으로 하여금 동참하도록 홍보·호소·설득하는 공적 행동을 포함하는 총체적 행위(전향란, 2013, pp. 10-12)라고 정의할 수 있다.

불매운동은 단순히 소비자가 소비행위를 할 때 개인의 경제적 이익을 위해 가격과 품질을 고려하여 소비하는 행위일 수 있지만, 넓은 의미에서 보면 환경적·사회적·정치적 이유에서 불매운동을 하는 경우 윤리적인 소비의 범주에 포함될 수 있다. 윤리적 소비는 개인의 편익보다는 윤리적 가치판단으로 상품이나 서비스를 구매 또는 비구매하는 행위이므로 불매운동은 윤리적 소비의 한 형태가 될 수 있다. 세계적으로 진행되고 있는 반(反)이스라엘 운동으로 친이스라엘 기업인 스타벅스나 맥도날드 등의 기업에 대한 불매운동이나 국내에서 일어난 옥시 불매운동, 남양유업 불매운동 등은 윤리적 소비로서 불매운동이다.

윤리적 소비를 요구하는 사회에서 불매운동은 구매운동과 더불어 활발히 전개되고 있다. 예를 들어 환경을 고려하는 녹색소비를 지향하는 소비자 중 환경에 해를 끼치는 육식을 거부하고 채식만을 고집하는 행동과 같이 환경친화적 상품이나 기업의 제품을 구매하는 적극적 구매행동과 동시에 환경에 해를 끼치는 기업이나 제품을 구매하지 않는 불매행동을 동시에 행하는 경우가 많다. 따라서 윤리적 소비의 목적을 달성하기 위해 윤리적 소비자는 불매운동을 통해 비윤리적 제품을 생산하는 기업들에게 압력을 행사하며, 윤리적 기업이나 제품에 대한 적극적 구매행동을 통해 기업들이 나아갈 방향을 제시하게 될 것이다. 그러나 한편에서는 소비자를 기만하는 비윤리적 기업의 제품을 구매하지 않겠다는 생각도 원플러스원, 가격할인 등으로 소비자를 유혹하면 불매운동을 강제할 수는 없을 것이다. 윤리적 소비를 하는 것은 소비자의 몫이지만 문제기업에 대하여 집단소송제나 징벌적 손해배상제도 등 강력한 법률을 제정하는 것은 정부의 몫이다.

2) 불매운동의 유형

프리드먼(Friedman, 1991)은 불매운동을 구분하기 위해 수단, 대상, 기능, 항의 대상, 시행공간, 지속기간, 행위요소 등 다양한 기준으로 나누어 불매운동 유형을 분류하였다.

(1) 수단에 따른 분류

소비자 불매운동은 수단에 따라 매체중심 불매운동, 시장중심 불매운동, 대리인 불매운동으로 구분할 수 있다. **매체중심 불매운동**은 아주 유명한 시민단체나 기관을 통해 불매운동의 내용을 발표하여 언론에 알리는 전략을 사용하는 것이다. 예를 들어 지난 2013년 우유업체들의 우윳값 인상 문제로 소비자단체협의회에서는 원유가격 인상폭보다 더 많이 우윳값을 인상한다는 업체들을 대상으로 불매운동을 전개할 것이라고 발표하였다. 2016년 4월부터 소비자단체와 시민사회단체들은 가습기살균제 피해사건으로 인한 옥시제품 불매운동을 전국적으로 전개하였다. 또 다른 예로 그린피스는 석유정유업체 에쏘의 모회사 엑슨모빌사가 미국 부시 대통령의 당선에 거액을 기부한 대가로 미국이 교토의정서 비준을 철회하게 한 점을 문제 삼아 '스톱-에쏘 캠페인'을 통해 불매운동을 벌였다. 국제유아식품행동망(IBFAN)은 네슬레가 아프리카 등과 같은 개발도상국을 상대로 산모들의 모유 수유를 막고 조제분유를 먹이도록 홍보활동을 한 것에 대해 이를 여론에 알리며 불매운동을 벌였다. 이러한 유명 시민단체가 수행하는 계획적 불매운동은 불매운동이라는 위협만으로도 최소한 대중들에게 문제 인식을 시킬 수 있다는 장점을 가지고 있다(한스 바이스, 클라우스 베르너 저, 손주희 역, 2008).

　시장중심 불매운동은 소비자들에게 불매운동을 하는 제품이나 기업을 쉽게 알리기 위한 운동이다. 대표적인 예로 2008년도 국내의 미국산 소고기 불매운동과 조선ㆍ중앙ㆍ동아일보의 불공정 보도로 인한 불매운동이 있다. 언론소비자주권국민캠페인(언소주)에서는 언론사와 언론사에 광고를 하는 기업과 그 기업의 제품에 대해 불매운동을 벌였다. 이 사건은 언론사에 대한 업무방해혐의는 무죄이지만 광고주에 대한 소비자 불매운동이 형사처벌을 받은 국내 최초의 사건으로 기록되었다. 미국의 풋힐타임즈 사건이 언소주와 유사한 사례인데, 1984년 미국 캘리포니

아의 환경단체는 보수 성향의 풋힐타임즈의 편파적 논조와 왜곡 보도에 항의하면
서 풋힐타임즈에 광고를 하는 기업을 압박했다. 이 신문은 막대한 손해를 입고 손
해배상 청구소송을 제기했으나 대법원은 환경단체의 손을 들어 주었다(미디어 오
늘, 2013. 8. 19.).

대리인 **불매운동**은 보다 정치적 목적이 있는 것으로 문제가 되는 기업에 대해 정
부가 불매운동의 요구를 수용할 수 있도록 하는 데 목표를 두고 있는 불매운동을
말한다. 대표적인 예로는 이스라엘이 팔레스타인 가자지구에 공습을 가하자 이를
규탄하며 이스라엘 관련 제품에 대한 불매운동이 소셜네트워크서비스(SNS)를 중
심으로 확산되었다. 커피전문업체 스타벅스와 세계적인 음료회사 코카콜라는 이
스라엘 및 이스라엘군을 지원하고 있지 않다고 해명했지만 관련 제품에 대한 불매
운동은 여전히 계속되고 있다(머니투데이, 2014. 8. 5.).

(2) 대상에 따른 분류

불매운동은 대상에 따라 직접 불매운동(1차 불매운동)과 대리 불매운동(2차 불매
운동)으로 분류할 수 있다. **직접 불매운동**은 문제가 되는 기업이나 상품에 직접적으
로 불매운동을 하는 경우를 말한다. **대리 불매운동**(2차 불매운동)은 직접 불매운동
(1차 불매운동)의 대상이 된 기업과 거래를 하는 기업에게 거래를 중단할 것을 요
구하며 펼치는 불매운동으로 불매운동 대상과 관련한 이해관계자들에게 우회적으
로 압박을 주는 형태이다. 대부분의 불매운동이 직접 불매운동(1차 불매운동)에 속
하며, 대리 불매운동(2차 불매운동)으로는 2008년 우리나라에서 전개되었던 조중
동 신문사의 광고주에 대한 불매운동을 들 수 있다.

(3) 기능에 따른 분류

불매운동은 기능에 따라 수단적 불매운동과 표출적 불매운동으로 분류할 수 있다.
수단적 불매운동이란 불매운동의 대상이 되는 집단의 행위를 변화시키기 위한 것이
고, **표출적 불매운동**이란 소비자 불매운동의 목표가 상대적으로 뚜렷하지 않은 상
태에서 집단의 좌절감이나 의사를 분출시키거나 여론화하기 위해 불매운동을 활
용하는 경우이다.

수단적 불매운동은 전통적 소비자 불매운동의 개념에서 불매운동을 통해 목적을 성취하기 위한 측면이 강조된다. 특정 목적과 목표를 두고 불매운동이 이루어지기 때문에 불매운동의 대상이 어떠한 결과를 가져다줄 것인지 비교적 명확하다. 표출적 불매운동은 개인의 감정을 표출하거나 타인의 감정을 유도하는 명시적인 측면에서 이루어진다. 사회·정치·윤리적 측면에서 펼쳐지는 현대적 소비자 불매운동은 부정적 감정이나 사회에 대한 기여, 소비자 불매운동이 주는 변화에 대한 믿음과 신뢰 등 참여 동기가 다양한 형태로 나타나 다른 소비자들이 불매운동에 참여하도록 하는 촉매제 역할을 할 수 있다(전향란, 2013, p. 21).

(4) 주도집단과 수혜집단의 일치 여부에 따른 분류

불매운동의 주도집단과 수혜집단(문제쟁점의 피해집단)이 일치하는 경우 수혜적 불매운동이라 하고, 일치하지 않는 경우 양심적 불매운동이라 할 수 있다. 수혜적 불매운동(beneficiary boycotts)은 불매운동 집단이나 개인이 이에 따른 경제적 이득이나 목적이 되는 행위에 대한 보상으로 혜택을 얻는 것이다. 양심적 불매운동(conscience boycotts)은 불매운동을 한 집단이나 개인은 이에 따른 경제적 이득이나 행위에 대한 보상을 받지 않고 다른 소비자에게 그 혜택이 돌아가는 것이다(전향란, 2013, p. 22). 아프리카에 분유를 팔기 위해 악의적인 마케팅을 펼친 네슬레에 대한 전 세계 여성들의 불매운동이 양심적 불매운동의 예이다.

(5) 항의 대상에 따른 분류

항의 대상에 따른 분류로는 상품, 회사(기업), 브랜드로 나누어 볼 수 있다. 상품에 대한 불매운동은 상품 자체의 품질이나 결함 등이 소비자에게 피해를 주는 경우에 대부분 발생하는데, 대표적인 예로는 1993년 우리나라에서 전개한 양담배 불매운동이나 안티 패스트푸드 운동 등을 들 수 있다. 기업의 경영 방식이나 정치적 이슈 등에 의해 전개되는 기업에 대한 불매운동은 1991년 낙동강 페놀사건으로 인한 두산기업 전 제품에 대한 불매운동과 1985년 여성노동자 부당해고로 인한 톰보이 불매운동을 예로 들 수 있다. 마지막으로 브랜드에 대한 불매운동이다. 유명 브랜드만 집중적으로 비판하는 이유는 실용적인 이유에서이다. 물론 무명의 제품을 제조하는 회사들도 빈곤, 부패, 인권 유린 등으로 돈을 버는 경우도 있다. 그러나 브랜드는 수십억 대의 광고로 일궈 낸 이미지 덕분에 힘을 갖고 있다. 실제와 다른 모습일지라도 자사의 브랜드 가치를 높일 필요가 있을 때에는 사회적으로 건전하고 여성을 존중하며 환경을 생각하는 브랜드로 이미지를 만든다. 한 예로 이탈리아 패션회사 베네통은 에이즈 환자, 전쟁 포로, 신생아들의 사진들로 구성된 자사의 도발적 포스터로 사회 공헌적인 모습을 보여 주었다. 그러나 터키에서 12세 어린이들을 고용하여 의류제품을 생산하고 있는 것이 1998년 세상에 알려졌다. 또한 브랜드 회사들의 경우 최종 판매가에서 생산가가 차지하는 비율은 보통 극도로 적다(한스 바이스, 클라우스 베르너 저, 손주희 역, 2008). 따라서 브랜드에 대한 불매운동은 이들 회사들의 매출 하락뿐 아니라 오랜 시간 동안 브랜드의 가치를 떨어뜨리는 효과가 있는 것이다.

(6) 시행공간에 따른 분류

시행공간을 기준으로 살펴보면 현실세계인 오프라인 불매운동과 온라인 불매운동으로 나눌 수 있다. 오프라인 불매운동은 공간과 시간적 제약이 있는 반면 온라인 불매운동은 안티 사이트나 블로그, 카페 등을 통해 다양한 제품, 기업, 브랜드에 대해 전개되고 있다. 온라인에서는 제약이 거의 없어서 지역이나 연령, 성별에 관계없이 다양한 계층이 참여할 수 있다. 그러나 참여자의 익명성으로 인해 근거 없는 정보가 양산될 수 있다는 단점을 지니고 있다.

(7) 지속기간에 따른 분류

소비자 불매운동은 시간을 기준으로 불매운동 기간이 1년 이상이면 장기적 불매운동, 3개월에서 1년 이내이면 중기적 불매운동, 3개월 미만이면 단기적 불매운동이라 할 수 있다.

(8) 행위요소에 따른 분류

프리드먼(Friedman, 1995, p. 200)은 불매운동을 실행하는 단계에 따라 불매운동 전개를 검토 중이라는 의견 표명으로 위협하는 단계인 **행위검토형 불매운동**(action-considered boycotts), 소비자들에게 불매운동을 촉구하는 단계인 **행위촉구형 불매운**

동(action-requested boycotts), 불매운동을 실행하기 위해 조직을 구성하는 단계인
행위조직화형 불매운동(action-organized boycotts), 불매운동을 직접 실행에 옮겨 실
천하는 단계인 행위실행형 불매운동(action-taken boycotts)으로 구분하였는데 각각
의 단계에서 목표를 달성하면 다음 단계로 진행되지 않을 수도 있다.

　주승희(2009 pp. 529-532)는 불매운동을 행위요소에 따라 불매행위의 필요성
을 주창하는 행위, 대상 기업이 특정 요구사항을 받아들이지 않을 경우 불매운동
을 하겠다고 취지를 고함으로써 타협을 시도하는 행위, 효과적인 불매행위를 위한
정보를 제공하거나 불매운동의 경과를 알리는 행위, 현실적으로 불매운동을 실행
하는 행위로 분류하였다. 소비자 불매운동은 위와 같은 요소를 충족한다고 하여도
대상기업의 신용을 저해하거나 자칫 파산으로까지 이어질 수 있기 때문에 법적인
허용 한도를 인식할 필요가 있다. 이를 위해 첫째, 언론보도나 학계의 연구 등 객
관적으로 진실한 사실을 기초로 행해져야 하며, 둘째, 사전에 불매운동 대상자에
게 불매운동의 취지를 고지해서 기업의 입장을 변호하거나 잘못을 시정할 수 있는
기회를 주고, 셋째, 참여자인 소비자가 자유롭게 불매운동 참여 여부를 결정하도
록 해야 하며, 마지막으로 비폭력이어야 한다.

2. 불매운동은 왜 하는가?

불매운동은 구매력을 무기로 소비자가 자신의 선호를 시장원칙에 근거해 반영하
고자 하는 소비자운동이다. 즉 소비자의 구매 선택이 많은 제품이나 기업이 시장
에서 성공하고, 그렇지 못한 기업은 퇴출되는 시장논리를 이용하여 소비자들이 문
제가 되는 제품이나 해당 기업의 제품을 구매하지 않는 방법을 통해 자신들의 의
견을 전달하여 개선하려는 것이다. 따라서 불매운동은 개인 혼자서 하는 것이 아
니라 많은 소비자들이 참여하도록 설득과 홍보를 하게 된다. 불매운동은 소비자주
권을 실현하는 것으로 「소비자기본법」상 단결권에 해당되는 것이다.

　불매운동은 해당 기업에게 치명적인 경제적 손해를 끼칠 수 있는 행동이기 때문
에 불매운동의 이유가 타당해야 하며 목표가 분명해야 한다. 소비자들은 특정 기
업의 상품을 구매하거나 구매하지 않을 선택의 자유가 있다. 또한 자신들끼리 특

정 기업의 상품을 구매하지 말자고 자발적으로 서로 간에 의견을 제시하고 설득할 수도 있다. 소비자들은 다양한 이유로 이런 행동을 한다. 어떤 경우에는 제품 광고에 나온 모델이 싫어서, 제품에 포함된 원재료에 문제가 있어서, 제조기업의 노동착취 문제가 있어서, 제조기업의 이익을 많이 남기면서 사회적 책임을 외면하기 때문에 혹은 어떤 기업의 정치적인 의견이 자신과 다르다는 이유에서 불매업체 혹은 불매상품으로 정하고 이를 공유하며 불매운동의 동참을 호소할 수 있다(www. peoplepower21.org).

다양한 이유로 시작되는 불매운동의 목적은 기본적으로 소비자의 권익 증진 및 소비생활 향상을 위한 것이다. 또한 불매운동은 경제적 문제 외에 소비자 자신이 살아가는 사회와 환경 문제 등에 대한 자신의 의견을 제시, 변화시키기 위한 목적으로 시행되기도 한다. 이런 측면에서 불매운동을 하는 동기는 미시적인 영향력이 있는 개인적 동기 측면과 거시적인 영향력이 있는 사회적 동기 측면으로 나누어 생각할 수 있다(Klein et al., 2004).

1) 개인적 동기

소비자들의 선택은 개개인의 선호에 기초하고 있기 때문에 소비자 불매운동을 하는 이유도 개인의 동기 측면에서 살펴볼 수 있다. 소비자 입장에서 불매운동에 참여하는 데 소요되는 시간과 비용이 크다면, 또한 불매운동 대상이 된 기업의 제품이나 서비스를 평소에 즐겨 사용하거나 필수품이라면 소비자 불매운동은 부담스러워질 것이다. 아울러 불매운동으로 인해 소비자가 사용하지 못하는 해당 기업의 제품이나 서비스를 대체할 만한 대상을 찾아내고, 이에 대한 정보를 제공하는 노력도 필요해진다. 그러나 개개인의 경제적 이익을 추구하기 위해 능동적으로 인터넷을 통해 특정 제품이나 기업에 대한 구매 중지 및 거부 의사를 개인적인 블로그나 카페 등에 게시한 뒤, 해당 제품 회사의 직원으로부터 개인적으로 경품이나 보상을 받는다면 불매운동을 하는 이유는 개인적인 동기에 의해 자기이익을 추구하는 것이다.

또한 소비자 불매운동은 시장 내 소비자의 권익 증진 및 소비생활 향상을 위해 가격인하와 같은 실질적인 목적을 성취하기도 한다. 이 경우 소비자들은 공동체를 형성해서 경제적인 영향력을 행사할 수 있는데 공동체의 이익과 성과를 달성하기 위하여 소비자는 수동적인 형태로 소비자 불매운동에 참여할 수 있다. 예를 들어 1960년대와 70년대 초반 미국에서 육류 및 커피 불매운동을 통해 가격인하를 이끌었는데, 이는 기업들의 부당한 가격 인상이나 고가 판매에 대하여 불매운동을 하여 해당 기업에 압박을 가하는 것이다.

우리나라 역시 물가안정운동 차원에서 턱없이 가격이 높은 제품이나 품질 문제에 대해 불매운동을 전개해 왔다. 예를 들면 2013년 우윳값을 과다 인상하려는 업체들을 대상으로 소비자단체에서 불매운동을 벌이겠다고 한 사례나 니콘 DSLR에서 발생한 셔터막 갈림 및 오일스팟 현상의 소비자문제를 해결하기 위한 불매운동 사례가 있있다.

그러나 불매운동이 정당하지 않을 때 불매운동은 직·간접 대상 사업자에게 엄청난 경제적 손실이나 이미지 손실을 발생하게 하여 근본적으로 불매운동을 보장하고 있는 이유인 '소비생활의 향상과 국민경제의 발전'이라는 효과에 역행할 수 있기 때문에 정당한 불매운동이어야 한다(우희숙, 2011).

2) 사회적 동기

최근 발생하고 있는 불매운동은 윤리적 목적 혹은 사회적 문제로 인한 경우가 더 많다. 즉 환경문제, 사회 공정성 문제, 노동 환경이나 차별의 문제, 다른 나라 소비자들에 대한 착취, 여성 및 소수인종에 대한 차별 등의 문제를 개선하려는 불매운동이 전개되고 있다. 이러한 경우 공공의 사회적 이익을 추구하기 위해 개인의 이익을 포기해야 하는 경우도 있다. 그러나 이러한 불매운동을 통해 기업과 세상이 변화할 것이라는 믿음을 가져야 할 것이다. 이와 같은 문제들이 소비자운동의 주제가 될 수 있을까에 대해 의문을 표시하는 사람들이 있을지 모르지만, 경제·사회가 발전함에 따라 이러한 사회문제도 소비자운동에 반영되는 경우가 늘어나고 있다. 이러한 의견의 차이는 소비자운동의 범위를 어디까지로 보는가 하는 문제와도 관련이 된다. 소비자운동을 단지 소비자의 이익 혹은 협의의 권리만을 추구하기 위한 행동으로 보는 경우에는 윤리적 목적의 불매운동에 대해 부정적 의견을 가질 수 있다. 그러나 소비자운동을 단지 권리 추구만이 아닌 소비자의 책임 측면에서 사회적 참여 행동으로 이해할 때 윤리적 목적의 불매운동은 당연히 지지되어야 하는 소비자 운동이다.

이러한 측면에서 전개된 불매운동의 대표적인 예는 팔레스타인 민간인 대학살을 자행하는 이스라엘에 압력을 가하기 위해 유대보수주의자가 회장인 스타벅스에 대한 불매운동을 들 수 있다. 또한 분유를 수유할 수 있는 환경이 열악한 후진국에서 병원들과 결탁하여 분유 수유를 확대시켜 영아 사망률을 높인 네슬레에 대한 불매운동을 들 수 있으며, 또 2000년 이후에는 세계 인권단체와 소비자단체가 나이키의 동남아시아 등 제3세계 여성과 어린이들의 노동력 착취 문제를 폭로하며 시작된 불매운동이 있다. 우리나라에서는 미국산 소고기 수입 보도 문제로 인한 조중동 광고주 불매운동, 대리점주에게 횡포를 부린 남양유업에 대한 불매운동, 가습기살균제 사건으로 시작된 옥시레킷벤키저 제품에 대한 불매운동 등의 사례를 들 수 있다.

3. 불매운동은 어떻게 실천하는가?

1) 개인 소비자로서 할 수 있는 불매운동 방법

문제가 있는 기업이나 제품에 대해 개인 소비자로서 할 수 있는 일은 기본적으로 조직적이고 계획적으로 전개되고 있는 불매운동에 참여하는 것이다. 불매운동은 혼자 하는 것보다는 가급적 여럿이 함께하는 것이 좋기 때문이다. 불매운동을 전개하는 단체들에서는 소비자들의 행동지침을 정해 놓고 이를 실천하기를 호소하고 있다. 이들 단체들이 많이 이용하는 불매운동 방법은 단순히 그 제품이나 기업을 이용하지 않는 것을 넘어 소비자의 의견을 직접적으로 전달할 것을 주문하고 있다. 그 예로는 해당 기업의 대표자에게 항의 메일 보내기, 전화하기, 해당 제품을 판매하는 곳에 제품 철회 요청하기, 다른 대안 제품 목록을 공개하여 이들 제품 사용하기, 관련 정부기관이나 국제 기관 및 위원회에 항의 메일 보내기, 해당 기업에 대한 캠페인에 동참하기 등을 들 수 있다. 또한 이들 업체의 문제점에 대한 정보를 널리 알리는 행동도 포함될 수 있다.

더 적극적인 소비자들의 경우에는 슈퍼마켓에서 게릴라 캠페인을 전개하기도 하는데, 서부 독일의 한 가톨릭 청소년단체에서는 네슬레, 크래프트의 초콜릿의 코코아 채취 작업에서 어린이 노예들이 투입되었다는 것을 알고 시내 슈퍼마켓에 가서 해당 기업의 모든 코코아 제품과 초콜릿 제품에 "초콜릿 게릴라의 소비자 정보 : 이 제품에 쓰인 카카오는 아동 노예들의 손으로 채취된 것입니다"라는 내용이 적힌 스티커를 부착하는 등의 투쟁적인 캠페인을 전개하기도 하였다. 개인 소비자로서 할 수 있는 한 가지 운동은 매년 11월 마지막 주에 '아무것도 사지 않는 날 (Buy Nothing Day)'이라고 해서 일 년 중 하루는 아무것도 구매하지 말자는 운동으로 1992년 캐나다의 테드 데이브가 처음 시작한 이후 전 세계로 확대되었는데 불매운동 방법으로 이와 같은 운동을 활용할 수도 있을 것이다.

윤리적 소비에 대한 정보를 제공하는 영국의 잡지 『윤리적 소비자(Ethical Consumer)』에서는 불매운동을 통해 소비자들의 의견을 전달할 수 있는 방법을 제시하고 있는데 그 주요 내용은 다음과 같다.

첫째, 문제가 되는 제품을 판매하는 상점 앞에서 불매운동에 관한 전단지 배포하기, 둘째, 불매운동을 지지한다는 서약이나 탄원서에 소비자들의 서명을 받아 해당 기업에 보내기, 셋째, 관련 이슈 등에 대해 소비자를 교육할 수 있는 교구나 영화 등을 만들거나 시위 방법 개발하기, 넷째, 티셔츠, 스티커, 배지 등을 만들기, 다섯째, 항의 메일 보내기, 여섯째, 불매운동에 대한 정보 제공 사이트 만들기, 일곱째, 대중매체에 편지 써 보내기, 여덟째, 다른 단체의 기사 읽기 등을 제시하고 있으며 이와 더불어 불매운동을 전개하고 있는 기업과 제품에 대한 리스트를 제공하고 있다. 그리고 이러한 불매운동과 더불어 소비자들이 불매운동에 실질적으로 동참하기 위해 구매할 수 있는 대안 제품의 목록을 제공하고 있는데 대부분이 공정무역 제품이나 환경친화적 제품 등을 소개하여 불매운동과 동시에 더 큰 효과를 얻기 위한 구매운동을 전개하고 있다.

개인 소비자로서 할 수 있는 소비자 불매운동은 참여 행동을 기준으로 살펴보면 〈표 5-1〉과 같이 사적 행동, 공적 행동으로 나눌 수 있으며(제미경, 전향란, 2013) 각 영역에서 다양한 형태의 행동들로 나타날 수 있다. 소비자 불매운동은 개인적 동기로 인하여 사적 행동으로 나타나지만, 불매운동이 경제적 문제뿐 아니라 윤리

표 5-1   소비자 불매운동 참여 행동

사적 행동	공적 행동
– 불만에 대해 사적으로 토로 – 구매 보류, 중지 – 경쟁사 제품 이용	– 기업에 직접 배상 요구 – 정부기관, 민간단체에 불만 전달 – 배상을 위한 법적 조치 – 불매운동 대상에 대한 불만 공론화 – 다른 소비자의 불매운동 참여 설득

출처 : 제미경, 전향란(2013) 재구성

적·사회적 문제로 인한 경우 사적 행동보다는 공적 행동을 더 요구하고 있다. 또한 개인 소비자의 입장에서 불매운동에 대한 신념이 커지면 불매운동에 대한 긍정적 태도가 높아지고 이는 불매운동 참여를 증가시킨다(전향란 등, 2014).

2) 불매운동의 효과

우리나라의 불매운동은 끝까지 성공한 경우가 없으며 기업들도 불매운동에 대해 크게 신경 쓰지 않는다고 한다. 우리나라는 불매운동을 꾸준히 하고 있지만 한 회사의 불매운동이 또 다른 회사의 불매운동으로 잊혀지는 경향이 있다. 불매운동의 효과는 해당 기업에게 경영상 위기를 겪을 만큼 타격을 주어 경각심을 주고 다른 기업에게도 본보기를 보여 줄 수 있어야 한다(오마이뉴스, 2016. 7. 11.). 유통기한이 지난 식자재를 쓴 식당이나 불친절한 동네 상점들은 지역사회 내에서 소비자 불매운동으로 망하게 할 수 있다. 그러나 글로벌 기업이나 대기업의 부도덕한 상술에 대해서는 소비자 불매운동이 효과를 보기는 쉽지 않은 일이다.

미국 경제지 『포춘』이 선정한 '2015 세계에서 가장 존경받는 기업'에 애플은 1위, 스타벅스는 5위, 코카콜라는 10위, 나이키는 13위에 올랐다. 그런데 이들 기업의 공통점은 과거 '불매운동'으로 홍역을 치른 경험을 교훈 삼아 경영의 변화를 모색했다는 것이다. 애플은 2012년 전자제품 환경평가시스템(EPEAT) 녹색인증을 받지 않겠다고 밝혔다가 미국 전역에서 불매운동이 전개될 조짐을 보이자 '우리는 환경을 중요하게 생각하는 기업'이라며 태도를 바꿨다. 스타벅스는 공정거래 커피 구매운동을 전개하고 공정무역 커피 인증제를 경영방침으로 도입하여 불매운동을 극복했다. 세계에서 물을 가장 많이 소비하는 기업 중 하나인 코카콜라는 자연과 공동체에 자사가 사용한 양만큼의 물을 돌려주겠다는 '재충전' 캠페인을 벌였고, 나이키는 아동 노동력을 이용해 축구공과 운동화를 만든다는 비난을 극복하고자 개발도상국의 청소년을 돕고 있다(동아일보, 2015. 9. 30.).

소비자의 입장에서 불매운동은 기업이나 제품에 대한 경제적 압력을 통해 문제를 해결하는 방법으로 수행하고 있으나 기업의 입장에서는 이러한 불매운동이 얼마나 기업의 매출이나 이미지에 영향을 주는지, 그 효과가 어떠한지에 대한 결과를 매우 중요한 정보로 활용한다. 기업은 불매운동을 변화의 기회로 받아들이고, 소비자는 불매운동을 지속적으로 전개해 시장의 변화를 이끌어 낼 필요가 있다. 불매운동은 잘만 활용하면 기업과 소비자가 모두 상생할 수 있다는 얘기다.

해외에서 불매운동이 힘을 갖는 이유는 선진국일수록 기업의 사회적 책임이 브랜드를 평가하는 중요한 기준이기 때문에 지속적인 경영활동을 위해서는 이를 만족시켜야 한다는 것이다. 또 하나의 요인은 소비자단체는 불매운동을 통해 기업이 소비자단체나 비영리단체의 활동을 지원할 수 있도록 유도함으로써 기업과의 파트너십을 구축한다.

불매운동의 효과에 대한 연구결과를 살펴보면 많은 소비자들이 특정 브랜드나 상품을 사는 것을 거부함으로써 사회적으로 책임 있는 결과를 성취하는 등의 효과를 보이며 소비자 불매운동의 힘이 커지고 있다고 하였다(Gelb, 1995; Mason, 2000). 또한 프리드먼(Friedman, 1985)은 미국의 1970년대의 소비자 불매운동에 대한 성공률을 조사했는데 불매운동 집단이 바라는 결과를 얻는 데 약 27% 정도가 성공적이거나 부분적으로 성공적이었다고 보았으며, 불매운동으로 인해 기업들이 기업매출 감소로 기업이익에 큰 타격을 받은 것으로 나타났다. 프룻과 프리드먼 (Pruitt & Friedman, 1986)의 연구에서는 소비자 불매운동을 언론에서 공개하는 것이 해당 기업의 총체적 시장가치 및 주가에 현저하게 부적인 영향을 주는 것으로 나타났으며, 브링크만(Brinkmann, 2004)은 소비자 불매운동은 그 효과성뿐만 아니라 상징적 역할을 하는 것으로 판단되어야 하며, 소비자 불매운동에 대한 기업의 반응은 다양하게 나타나며 대책을 강구하는 것이 가장 권장된다고 보았다.

그리고 불매운동에 대해 지난 10년 이상의 연구를 살펴보면 세계의 많은 불매운동 조직이 증가하고 있으며 불매운동이 미래의 윤리적 목적을 달성시킬 수 있는 방법 중의 하나로 계획적으로 이용되고 있는 것으로 나타났다(Newholm & Shaw, 2007).

3) 국내 불매운동 실천 사례

국내 소비자 불매운동의 주요 사례는 사회적으로 이슈가 된 소비자 문제 중에서 소비자들의 불매운동을 보도한 신문기사에서 살펴볼 수 있다. 시민사회단체나 소비자단체 등이 불매운동의 주체가 되어, 1965년 일본 상품 불매운동을 시작으로 1989년 농약이 검출된 자몽으로 인한 수입식품 불매운동, 1991년 두산전자 페놀유출사건으로 인한 두산기업과 두산기업에서 생산하는 OB맥주 불매운동 등의 사례가 있다. 두산 사건은 최초의 기업에 대한 불매운동이었고, 그 결과 두산은 각고의 노력을 기울인 결과 1994년 최우수 환경모범기업으로 선정되어 소비자 불매운동이 기업의 변화를 가져온 바람직한 사례가 되었다. 그 외에 최근에 일어난 소비자 불매운동의 주요 사례는 다음과 같다.

(1) 개인정보 유출에 대한 불매운동 : 홈플러스 불매운동

홈플러스는 2011년 말부터 2014년 7월까지 11차례에 걸쳐 진행된 경품행사에서 고객들의 개인정보 712만 건을 부당하게 입수한 후 보험사 7곳에 판매하고 148억 원을 챙겼다. 또한 홈플러스는 경품행사를 통해 응모 고객의 정보를 1건당 1,980원씩에 보험사에 팔아 수익을 챙겼고, 경품은 홈플러스 직원들이나 지인들이 나누어 가져갔다. 이번 홈플러스 사태는 경품 행사와 기존에 입수한 정보들을 합쳐 총 2,400만여 건의 개인정보를 보험사 측에 유출했고, 홈플러스는 231억 7,000만 원의 불법 수익을 올렸다. 여성시민사회단체들이 불매운동을 펼치고 검찰이 이승한 전 회장과 도성환 사장 등 전·현직 최고경영자(CEO)를 기소하자 경품 미지급과 개인정보와 관련해 사과문을 내놓았다(데일리한국, 2015. 2. 10.). 그러나 법원은 최근(2016. 1. 8.) "법에서 요구하는 제3자 유상 고지 의무를 다했다"며 관련자들에게 무죄를 선고했다.

(2) 경영권 분쟁으로 인한 롯데제품 불매운동

2015년 경영권 다툼을 하고 있는 롯데그룹에 대해 시민단체들은 광복 70주년을 맞은 15일 '소비자 8.15 독립선언'을 발표하고 롯데제품 불매운동을 선언하면서, 롯데그룹이 노동시장과 유통시장에서 자행한 불공정한 갑질, 노동 착취, 중소상인 시장 파괴 등에 대한 사죄와 대책마련을 촉구했다(뉴스1, 2015. 8. 15.). 소비자들의 불매운동은 유통, 소비재 업종을 주력으로 하는 롯데그룹 매출에 심각한 타격을 입힐 수 있다(국민일보, 2015. 8. 5.). 불매운동을 하는 소비자들은 특정 국가에 대하여 과거에 침략을 당했거나 전쟁과 유사한 행위로 인한 적대적인 감정을 가지고 있을 때 소비자 적대감이 커지게 되고 그 국가의 기업과 그 기업의 제품에 대해 구매를 꺼리게 된다. 또한 자신이 속한 집단에 대한 애정을 가지고 있는 자민족중심주의 성향으로 한국 소비자는 '일본 기업인 롯데'라는 측면에서 롯데제품 불매운동으로 확산된 사례라고 볼 수 있다.

(3) 비윤리적 경영에 대한 불매운동 : 남양유업 불매운동

남양유업은 2013년 5월 영업사원이 대리점주에게 폭언을 하는 녹취록이 인터넷에 공개되면서 '갑질'논란에 직면하게 되었다. 게다가 남양유업이 대리점들에게 물건을 강매시키는 등의 문제가 밝혀져 남양유업의 비윤리적 경영에 대해 불매운동이 벌어졌다. 이 불매운동은 소비자 불매운동뿐 아니라 편의점 등 유통업체들의 불매운동으로까지 이어져 결국 남양유업은 경영진이 대국민 사과를 하였으나 2012년 428억 원이었던 영업이익이 2013년 175억 적자로 바뀌는 등 매출 하락, 기업 이미지 실추, 주가 하락 등의 결과를 낳았다. 이 사건 이후 2015년 남양유업방지법(「대리점 거래의 공정화에 관한 법률」)이 국회에서 통과되었다. 그러나 2013년과 2014년의 적자는 2016년 418억의 흑자로 돌아섰으나 2017년 영업이익률이 92%나 급감하면서 수익률이 크게 하락했다. 남양유업은 자사의 로고를 드러내지 않는 방식으로 대응하자 불매운동을 벌리고 있는 소비자들 사이에서는 남양유업 제품을 판별하는 앱이 등장하기도 했다.

(4) 조중동 광고주 대상 불매운동

조선, 중앙, 동아일보는 2008년 5월 이전 정권에서 미국산 소고기의 위험성에 대해 보도한 것과는 입장을 180도 바꿔 미국산 소고기의 안정성과 협상결과를 지지하는 보도를 하였다. 이에 소비자들은 조중동 신문에 대한 불매운동이 아닌 해당 신문의 광고주를 대상으로 한 불매운동을 전개하였다. 이 불매운동에 대해 소비자 불매운동의 여부에 대해 국내에서는 논쟁이 일어났고 결국 법정 소송까지 이루어졌다(세계일보, 2008. 6. 7.). 2013년 8월 이 논란에 대한 법원의 판결은 신문사에 대한 업무 방해는 무죄로 판결하였으나, 광고주에게 수차례 전화를 거는 등의 행동은 업무 방해 혐의로 인정했다.

자본주의 시장경제에 가장 충실한 미국에서는 독자들이 언론사에 영향력을 행사하기 위해 해당 언론에 광고를 싣는 광고주를 압박하는 행위는 지금까지도 일상적으로 행해지고 있다.

4) 해외 불매운동 실천 사례

(1) 반전 및 팔레스타인 탄압에 항의하는 불매운동 : 친이스라엘 기업 불매운동

이스라엘의 팔레스타인들에 대한 탄압에 항의하는 불매운동이 국제적으로 이루어지고 있다. 이 불매운동은 이스라엘이 팔레스타인들에 대한 공격 중단을 촉구하는 방법으로서 친이스라엘 기업들로 알려진 스타벅스, 코카콜라, 네슬레 등의 기업 상품을 구매하지 말 것을 촉구하는 것이다. 이스라엘에 대한 불매운동은 인터넷 사이트 운영(그림 5-1) 및 동영상 제작 및 배포, 해당 기업에 이메일 보내기 등의 다양한 방법으로 진행되고 있으며 관련 기업에 대한 불매운동뿐 아니라 세계적인 물리학자 스티븐 호킹 박사는 국제 학계에서 확산되고 있는 이스라엘 보이콧 운동을 지지하는 뜻으로 2013년 이스라엘 대통령이 주최하는 국제 학술대회 참석을 철회하기도 하였다.

그림 5-1 친이스라엘 기업 불매운동 사이트

출처 : www.inminds.co.uk/boycott-brands.html

(2) 비윤리적 마케팅을 시행한 기업에 대한 불매운동 : 네슬레 불매운동

1970년대의 분유 사건이라 일컬어지는 네슬레 기업의 사건은 다국적기업이 이윤 증대를 위해 저지른 비윤리적인 마케팅을 보여 주는 단적인 사례이다. 네슬레는 아프리카 여러 국가에서 분유를 팔아 이윤을 증대시키기 위해 마케팅 전략을 계획 하여 전개했다. 당시 아프리카의 여성들은 대부분 모유를 먹이고 있었는데 네슬레 는 분유 소비를 이끌어 내기 위해 모유보다 분유가 낫다는 광고를 퍼부었고 무료 샘플도 나누어 주었다. 네슬레의 마케팅에 의해 점점 더 많은 아프리카 엄마들은 무료로 받은 분유를 먹이거나 아예 분유를 사 먹이기 시작했고, 자연히 더 이상 모 유가 분비되지 않아 어쩔 수 없이 분유를 계속 구입하게 되었다. 그러나 아프리카 의 열악한 빈곤과 물 사정으로 인해 그 결과 수천 명의 아이들이 죽어 갔다. 결국 네슬레 불매운동은 전 세계적으로 오랜 기간 계속되고 법정 투쟁까지 간 후 마케 팅 전략을 바꾸는 데 합의했다. 그러나 여전히 분유 광고 문제는 지속되고 있고 네 슬레의 부정행위로 인해 네슬레에 대한 불매운동(그림 5-2)은 진행되고 있다.

그림 5-2   네슬레 불매운동 사이트
출처 : www.babymilkaction.org

(3) 노동 착취 기업에 대한 불매운동 : 나이키 불매운동

1996년 6월 파키스탄의 아동이 나이키 축구공을 바느질하는 사진이 『라이프』지에 게재되면서 나이키가 제3세계 가난한 아이들의 노동을 착취한다는 사실이 알려졌다. 나이키는 "파키스탄의 하청업체가 아동에게 노동을 시켰기 때문에 본사는 책임이 없다"고 밝혔다. 나이키의 어이없는 해명은 공분을 일으켜 전 세계적인 불매운동이 벌어졌다. 매출이 절반으로 줄자 나이키는 전 세계 공장에 소방시설과 비상구 등 안전시설을 갖추는 작업환경 개선에 나서며 아동노동금지규칙을 선포했다. 그러나 아직까지도 멕시코의 하청 공장에서 13~14세의 어린이가 일을 하고, 중국의 하청업체에서는 시간당 겨우 17센트 정도의 임금을 지불한다. 이들은 환기가 전혀 되지 않으며 화장실에 갈 때도 반드시 허락을 받아야 하고, 노동조합은 일체 허용이 되지 않는 환경 속에서 근무한다. 캄보디아의 공장 노동자들이 집단으로 기절하는 등 여러 노동 착취 문제가 끊이지 않아 불매운동이 벌어지고 있다.

(4) 환경오염에 대한 불매운동 : 엑슨모빌 불매운동

세계 최대 석유화학 콘체른인 엑슨모빌은 약 200개국에서 활동하고 있다. 이들은 산업로비로 세계 최대 에너지 소비국인 미국이 교토의정서에 서명하는 것을 거부하도록 하였다. 또한 세계 기후보호에 대한 의무규정화 조치를 거부하며 자사 홈페이지를 통해 생태학적 세금과 온실가스 최소화에 대한 교토의정서를 논박하고 있다. 이 외에도 석유 채굴권을 획득하기 위해 앙골라, 카메룬 등의 나라에 무기 구입 자금을 대 주기도 하였다. 이러한 엑슨모빌 회사에 대한 불매운동으로 그린피스는 '스톱-에쏘 캠페인'을 벌이고 있다.

4. 윤리적 소비자는 어떻게 사는가?

1) 내가 소비하는 것이 나 하나의 소비로 끝나지 않죠. (30대 맞벌이 주부)

대학시절 낙동강 페놀 사건을 가까이에서 경험하며 환경운동을 시작하게 된 대구에 살고 있는 30대 맞벌이 주부이다. 시민단체에서 환경운동을 시작하게 된 후 10년 전 생활 속에서 실천하는 녹색소비운동을 하면서 일상생활 속에서 실천할 수 있는 과제를 찾기 시작했다.

쇼핑은 어떻게 하나요?

기본적으로 친환경농산물을 사는데 그건 내가 먹으면 친환경농업을 하는 농민이 살겠구나 하는 생각으로 먹어요. 그래서 생협을 이용해서 주로 구매하지만 판로가 없어서 고민하는 사이트를 보면 그곳에서 사요. 그리고 페어트레이드 쇼핑몰을 이용해서 커피나 설탕은 공정무역 상품을 사죠. 2004년 배낭여행을 하면서 네팔, 인도 이런 곳을 다니면서 그곳의 노동 현장을 봤었거든요. 내가 봤던 아이들의 눈망울, 내가 봤던 사람들이 겹쳐 떠오르기 때문에 공정무역이 더더욱 다가왔죠. 그런데 이런 것들이 다 비싸거든요, 비싸기 때문에 몇 달을 고민해서 정말 신중하게 사고 다른 걸 줄이게 되더군요. 그리고 10년 전 녹색소비를 실천하면서 지키고 있는 것은 쓰레기 분리수거, 면 생리대 사용, 가능한 재활용 품목으로 이용하기, 뭐 그런 것들이 있죠.

구매하지 않는 것은?

녹색소비를 시작하면서 정했던 기준이 환경과 건강, 다국적기업들 상품을 이용하지 말자였거든요. 그래서 사람들과 함께 햄버거·콜라 먹지 말기, 종이컵 쓰지 말기, 랩이나 호일 사용하지 말기 이런 것들을 정했죠. 그리고 일회용 생리대를 사용하지 말기예요. 환경운동을 시작하면서 일회용 기저귀 사용하지 말자는 운동을 했었는데, 정작 제 문제가 해결이 안 되어 그 부분이 저에겐 큰 부담이었거든요. 그런데 녹색소비 운동을 통해 알게 된 면 생리대로 바꾸게 되었죠.

소비에 대한 생각?

제가 정말 싫어하는 광고가 있는데, 뭐냐면 "당신이 사는 곳이 당신을 말해 줍니다" 이런 광고예요. 소비라는 게 너무 생활이 되다 보니까, 다른 사회문제에 대해서는 문제라 보면서 그런 것들은 그냥 무의식중에 파고들어서 소비를 하게 만들고, 소비를 얼마만큼 할 수 있는 능력이 있는지로 판단하게 하는 그런 것들이 그냥 받아들여지게 하는 것 같아요. 소비가 문제가 되지 않는. 그런 생각이 들어서 참 씁쓸하더군요. 솔직히 제가 하는 이런 행동들이 정말 세상을 바꾼다기보다 단지 하지 않는 것보다 낫다는 생각을 해요. 내가 소비하는 게 나 하나 소비하는 것으로 끝나는 게 아니니까요. 그런데 요즘 공정무역, 윤리적 소비, 착한 소비 이런 것들이 많아지고 그러는데 너무 유행처럼 하는 것이 아닌가 하는 우려도 있어요. 우리가 (소비를) 어떻게 바라봐야 하는지 좀 더 깊이 있게 생각해 봐야 하는데 말이죠.

2) 소비자들이 참여해야 세상을 변화시킬 수 있죠. (50대 ○○협동조합 임원)

○○협동조합지원센터에서 활동하게 된 계기와 주로 하시는 일은 무엇인가요?

전에는 ○○협동조합 연구소에서 사무국장을 했는데요, 저희가 조직개편을 하면서 직원 노동자협동조합을 만들었고 임원을 하고 있습니다. 협동조합은 사실 기업으로서의 역할과 어소시에이션의 역할 두 가지를 다 잘해야 돼요. 다른 생협들은 대부분 사업주들만 남고 이 어소시에이션 기능이 약화되고 있어요. 어소시에이션 기능은 결사체로서의 사회제도를 바꾸고 민주주의를 확산하는 역할을 해야 하는데 그 부분이 취약해지고 있죠. 조합원들의 의견을 모으고 민주적으로 사업에 반영하는 역할을 해야 하는데 한국 사회에서는 지금 사업조직만 남아서 잘 안 된다고 보는 거예요. 그래서 조합원들이 의사결정의 중심이 될 수 있도록 여기에서는 연합조직을 지원하고 단위생협의 교육이라든지 정부관계라든지 조직 활동, 그리고 사무관리 이런 것을 지원하죠. 조합원이 가입하고 지역 생협의 이사장이나 연합조직의 활동가가 되려면 3~5년에 걸쳐 10단계 정도의 교육을 받아요.

지금 하시는 일이 윤리적 소비와 어떤 연관점이 있나요?

기업에서 윤리적 소비를 하는 것은 상당히 부담스럽습니다. 비용 문제가 있지요. 수익성이 안 나오기 때문에… 기본적으로 자본은 사업을 하는 목적이 이윤추구잖아요. 자본기업은 이윤추구를 위해서 물가를 안정시키는 데 관심이 없어요. 언제든지 자기네 독점적인 카르텔을 형성해서라도 가격으로 장난치려고 할 것이고 그 다음에 경영진들은 주주에게 배당하고 자기 주식가치를 높이려고 직원들 고용 안정시키는 것을 소홀히 하죠.

그래서 저희가 윤리적 소비를 얘기하는 거죠. 저희는 소비자들의 안전한 식품에 대한 욕구, 이것을 가장 큰 중심으로 고용 안정이라든지 물가 문제를 고민하죠. 그래서 저희는 식품안전, 노동과 인권, 농업과 환경 이 세 가지를 목표로 하고 있습니다. 식품안전은 소비자들의 당연한 요구죠. 친환경 학교급식에 참여하고 첨가물을 넣지 않은 상품을 만들고… 그리고 노동환경은 우리 조직 내부의 노동뿐만 아니라 사회의 노동에도 관심을 갖습니다. 정부의 최저임금 시급 이상으로 하고, 1997년부터 지금까지 경영상의 이유로 한 번도 해고한 적이 없습니다. 또한 농업과 환경은 우리가 살고 있는 세상을 다음 세대에게 어떤 상태로 물려줄 것인가라는 지속가능한 사회의 관점을 갖고 협동조합이 사업을 하는 중요한 키워드라고 봅니다. 농업도 다음 세대 농업이 가지고 있는 공익적 가치나 식량 자급, 환경문제를 고려합니다. 우리밀 살리기 운동 같은 경우 지금 생협 중에서 우리밀 생산자랑 직거래는 저희밖에 안 남았어요.

옥시제품 불매운동과 소비자 선택

가습기살균제의 독성으로 인해 2022년 4월 말까지 공식 신고한 7,712명의 피해자 중 사망자는 1,773명이다. 가습기살균제는 1994년 국내에서 처음으로 개발되었고 한 신문에서는 "독성실험 결과 인체에 전혀 해가 없다"는 개발회사의 입장을 소개한 후 17년이 지난 2011년 미확인 바이러스 폐질환으로 산모들이 잇달아 사망하였다. 그해 11월 보건복지부와 질병관리본부에서는 가습기살균제에 유해한 성분이 있다고 경고하고 회수폐기명령을 내렸고, 2012년 동물실험결과로 독성을 확인했다.

옥시는 2011년 폐손상 논란이 일자 민형사상 책임을 피하기 위해 레킷벤키저로 법인을 바꾸었고 검찰수사는 사건발생 5년이 지난 2016년에서야 진행되었다. 2016년 4월 25일 37개 시민사회·소비자단체는 가습기살균제 제조 기업들의 사과와 처벌을 촉구하며 불매운동을 벌였고, 6월 최악의 가해기업 옥시의 퇴출과 가해기업 및 정부의 책임자 처벌과 옥시 재발방지법 제정을 위해 가습기살균제 참사 전국네트워크를 출범시켰다. 2016~2017년 옥시제품 불매운동을 결의하고 온라인 및 오프라인을 통해 옥시레킷벤키저 제품 불매운동을 펼쳤다.

2016년 11월 15일 가습기살균제 피해자와 유족들이 가습기 살균제 제조업체 중 하나인 세퓨와 국가에 대해 낸 손해배상청구소송에서 위자료 총 5억 4,000만 원을 지급하라는 판결을 받았지만 세퓨는 도산했고, 국가를 상대로 낸 소송에서는 패소했으며 항소심이 진행 중이다. 2016년 11월 29일 검찰은 전 옥시 대표에게 징역 20년을 구형했으나, 2017년 1월 6일 법원의 첫 판결은 신○○ 전 옥시 대표에게 징역 7년,

출처 : 뉴스1코리아, 경기·수원지역 시민단체, 가습기살균제 옥시 불매운동, 2016. 5. 2.
(http://news.naver.com/main/read.nhn?mode=LSD&mid=sec&sid1=102&oid=421&aid=0002033463)

2005~2010년 옥시 대표를 지낸 존 ○에게 무죄를 선고했다.

그러나 아직도 온라인과 슈퍼 등 소규모 사업장에서는 옥시제품이 팔리고 있다. 소비자들이 문제가 있는 기업이라는 것을 알면서도 소비자 불매운동에 참여하지 않는 이유와 불매운동 참여를 결정하는 요인이 무엇일까?

옥시제품 불매운동은 언제까지 지속될 수 있을까? 만일 실패한다면 그 이유는 소비자 때문일까? 판매를 위해 제품판촉을 증대시키는 기업 때문일까?

토론해 봅시다

1. 소비자는 말로는 불매해야 한다고 하면서도 왜 돌아서면 해당 기업 제품을 구매할까? 소비자 불매운동은 왜 이중적일까?

2. 자신이 좋아하는 유명브랜드 회사가 어떤 방법으로 제품을 생산하는지 생각해 본 적이 있는가?

3. 여러분이 생각하는 불매운동의 실천방안은 어떤 것이 있는가? 그 방안은 윤리적 소비문화를 추구하기 위해 어떤 측면에서 바람직한 방법인가? 아니면 어떤 측면에서 바람직하지 않은 방법인가?

시민불복종 쫌 아는 10대 — 부당함에 맞서는 삐따기들의 행진 하승우(2019), 풀빛

시민불복종은 위기를 알리는 북소리이다. 이 책은 우리가 처한 공동의 상황에 대하여 삼촌이 조카에게 설명하는 형식으로 여러 이슈들을 그림을 곁들여 청소년들의 눈높이로 풀어내고 있다. 거대한 상대에 맞서는 방법으로 불매운동을 설명하면서, 불매운동의 대상으로 많이 지목된 기업, 불매운동의 이유, 시민불복종과 불매운동의 공통점과 차이점을 설명하고 있다.

한국 소비자 불매운동사 천혜정(2020), 이화여자대학교출판문화원

이 책은 지난 100여 년간에 걸쳐 일어난 한국 소비자 불매운동의 역사를 서술하고 재평가를 시도하였다. 1부는 현대사회에서 소비자 불매운동이 가지는 중요성을 논의하고, 2부는 한국사회에서 일어난 소비자 불매운동의 시기, 쟁점, 대상, 주도자 등에 대하여 구체적인 사건과 사례를 중심으로 살펴보고, 마지막으로 한국 소비자 불매운동이 거둔 성과를 점검하고 불매운동의 가능성과 과제에 대해 논의한 학술서이다.

가습기살균제 리포트 이규연 등(2016), 중앙북스

가습기살균제 사건을 통해 국민의 생명을 거래한 한국 사회에 대해 치밀하게 분석하고 철저하게 고발하였다. 가습기살균제 사건일지 분석을 통해 사망자 및 피해자 추이, 가습기살균제 출시와 판매기록, 살균제 독성에 대한 국가 검증 과정, 폐질환 확산과정, 가해기업들의 행태, 정부의 늑장대처 과정, 흡입독성 실험결과 보고서 은폐, 조작사건 등을 조목조목 고발하였다. 이 책은 피해자들이 당한 고통을 다룬, 우리가 잊지 말아야 할 기록이면서 시민이 시민답게 살기 위해서 정부와 정치권, 기업에 대한 견제와 감시를 소홀히 해서는 안 된다는 교훈을 주고 있다.

왜 세계의 절반은 굶주리는가? 장 지글러(2016), 갈라파고스

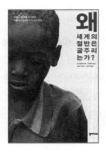

유엔 인권위원회 식량 특별조사관으로 활동한 경험을 바탕으로 기아 문제 전문가인 저자는 세계적인 굶주림의 원인에 관해 우리가 몰랐던 진실을 밝히고 있다. 빈곤과 기아의 문제를 방치하고 조장하는 여러 정부와 다국적기업의 결탁을 어린 아들 카림과의 대화 형식으로 알기 쉽게 소개하고 있다. 인간의 얼굴을 버린 채 사회윤리를 벗어난 신자유주의는 세계를 불평등하게 만들고 있고, 기아의 현장에서 부당하게 이득을 보는 사람과 그런 이득이 어떻게 재생산되며 많은 어린이들을 굶주림으로 내몰고 있는가를 말하고 있다. 저자는 이러한 신자유주의를 비판하는 것과 더불어 진보적 대안을 제시하며 새로운 변혁을 이루기를 주장한다.

소비자 보이콧 서정희, 전향란(2016), 시그마프레스

다양한 사회문제가 기업의 비윤리적 경영활동과 밀접한 관련이 있다는 인식을 하는 소비자들이 많아지면서 소비자보이콧에 대한 관심이 크게 증가하고 있다. 소비자보이콧은 기업과 사회의 긍정적 변화를 이끌어 내는 윤리적 소비행위이자 우리가 지향해야 할 소비문화이다. 이 책은 소비자보이콧에 대한 관련 연구의 고찰 및 실제 사례를 통해 소비자보이콧의 방향과 시사점을 제공한다. 특히 현장에서 소비자보이콧 운동을 전개하는 실천가들과 소비자보이콧을 예방하고 대처하려는 기업에게 이론적 지침과 실천전략을 수립하는 데 도움을 줄 수 있다.

슈퍼 브랜드의 불편한 진실-No Logo 나오미 클레인(2010), 살림 Biz

이 책은 세계화라는 이름 아래 공간을 장악하고 선택을 강요하는 브랜드에 대한 통렬한 분석을 담고 있다. 세계적인 저널리스트이자 진보적인 운동가인 나오미 클레인이 5년여 동안 직접 전 세계의 노동 현장을 조사한 결과를 풀어놓으며 '노 로고(No Logo)'를 외친다. 그리고 국경을 넘어 연대하여 세계 경제를 지배하는 슈퍼 브랜드를 밀어내고 시민 중심의 대안을 세워야 한다고 이야기한다.

공기살인

2022년 4월 22일 개봉

소개

봄이 되면 나타났다 여름이 되면 사라지는 죽음의 병. 공기를 타고 대한민국에 죽음을 몰고 온 살인무기의 실체를 밝히기 위한 그들의 사투. 증발된 범인, 피해자는 증발되지 않았다!

제작노트

누군가는 꼭 해야 할 이야기!

1994년 '세계 최초' '대한민국 유일'이라는 타이틀을 달고 처음 출시된 가습기살균제는 이후 경쟁하듯 여러 기업에서 벤치마킹 해 신제품을 쏟아내게 되었고, 그 결과 무려 17년이라는 시간 동안 약 1,000만 명이라는 판매를 기록하며 전 국민적인 사랑을 받게 되었다.

2011년 봄…
서울의 어느 한 대학병원에 동시 입원한 산모들이 원인 미상 급성폐질환으로 사망에 이르게 되었고, 그들에 대한 역학조사가 이뤄지게 되어서야 가습기살균제가 사람을 죽음에 이르게 할 수도 있는 치명적 제품이었다는 충격적인 사실이 밝혀졌고, 곧이어 역사 속으로 사라지게 되었다. 아이러니하게도 제품을 출시했던 기업들이 외치던 '세계 최초' '대한민국 유일' 한 바이오사이드 사건이 우리의 안방에서 발생하게 된 것이다.

그리고 또 다시 11년…
제품 생산에 직간접적으로 관여했던 관계자와 기업들은 대부분 무죄를 받았거나 약소한 처벌에 그쳤고, 이를 방관했던 정부도 피해자들이 납득할 만한 사과와 보상은 이뤄지지 않고 있다. 그 사이 가해자 없는 피해자와 사망자는 계속 늘어가는 중이다.

이에 우리 <공기살인> 제작진은 이 제품의 위험성에 대해 다루는 한편 당시 벌어졌던 말도 안 되는 정황들을 새로이 창작된 캐릭터에 담아 국민적 고발을 하고자 한다. 100분 남짓이라는 짧은 시간에 십수 년 피해자들의 모든 아픔과 사연을 담아낼 수 없었음을 죄송하게 생각한다.

마지막으로 이건 당신의 이야기일 수 있다. 지금이 아니더라도 언제가는 당신의 이야기, 우리들의 이야기가 될 수 있다. 다시는 이와 같은 사회적 참사를 다룬 영화가 실화라는 이름을 달고 개봉되지 않길 바라며… 그 유일한 해결책은 우리 모두의 관심임을 잊지 않았으면 좋겠다.

출처 : 네이버 영화

김종철(2009), "희망을 위한 보이콧," 녹색평론 104호.

김주영, 황형규(2015), 일본서 롯데 불매운동… 오너 다툼서 '한국 기업' 부각되자 日 극우파 반감, 매일경제, 2015. 8. 8.

동효정(2015), 10개 소비자단체, 홈플러스 불매 운동 전개, 데일리한국, 2015. 2. 10.

백상진(2015), 소비자단체, 롯데제품 불매운동 돌입, 국민일보, 2015. 8. 5.

우희숙(2011), 소비자 불매운동의 정당성, 비교형사법연구, 13(2), 89-111.

전향란(2013), 소비자 불매운동 인식유형에 따른 윤리적 소비자주의와 소비자 불매운동 참여, 울산대학교 대학원 박사학위 논문.

전향란, 염동문, 제미경(2014), "소비자 불매운동 신념이 불매운동 참여에 미치는영향에 관한 연구," 소비자문제연구, 45(3), 287-306.

제미경, 전향란(2013)", 계획행동이론을 적용한 소비자 불매운동 유형별 분석," 소비문화연구, 16(4), 191-213.

주승희(2009), "소비자불매운동의 의의 및 법적 허용 한계 검토," 경영법률, 19(3), 515-542.

최예용(2016.12.5), 가습기 살균제 참사의 교훈-환경이 아프면 몸도 아프다!, 환경보건시민센터 보고서.

한스 바이스, 클라우스 베르너 저, 손주희 역(2008), 나쁜 기업, 프로메테우스.

Brinkmann, J. (2004), "Looking at consumer behaviour in a moral perspective," *Journal of Business Ethics*, 129-141.

Friedman, M. (1985), "Consumer boycotts in the United States, 1970-1980: Contemporary Events in Historical Perspective," *Journal of Consumer Affairs*, 19 (1), 96-117.

Friedman, M. (1991), "Consumer boycotts: A Conceptual Framework and Research Agenda," *Journal of Social Issues*, 47 (1), 149-168.

Friedman, M. (1995), "On promoting a sustainable future through consumer activism," *Journal of Social Issues*, 51 (4).

Gelb, Betsy D. (1995), "More boycotts ahead? Some implications," *Business Horizons*, 38(2), 70-76.

Klein, J. G., N. C. Smith & A. John (2004), "Why we boycott: Consumer motivations for boycott participation," *Journal of Marketing*, 68(3), 92-109.

Mason, T. (2000), "The importance of being ethical," *Marketing*, 26, October, 27.

Newholm, T. & D. Shaw (2007), "Editorial studying the ethical consumer : A review of research studying the ethics of consumption," *Journal of Consumer Behaviour*, 6, 253-270.

Pruitt, S. W. & M. Friedman (1986), "Determining the effectiveness of consumer boycotts:a stock price analysis of their impacts on corporate targets," *Journal of Consumer Policy*, 9, 375-385.

〈참고 사이트〉

사회적참사특별조사위원회 http://socialdisasterscommission.go.kr
참여연대 www.peoplepower21.org

제**3**부

윤리적 소비 실천의 성장

06 녹색소비
07 로컬소비
08 공정무역

6

녹색소비

난 정말 희망을 가지고 있다.
우리의 후손들과 그들의 아이들이 평화롭게 살 수 있는 세계를 기대할 수 있다고
나는 굳게 믿는다.
나무들이 살아 있고 그 사이로 침팬지들이 노니는 세계.
푸른 하늘이 있고 새들이 지저귀는 소리가 들리는,
그리고 원주민들의 북소리가 어머니인 지구와 위대한 신이
우리와 연결되어 있음을 힘차게 되새겨 주는 그런 세계 말이다.
하지만 우리에게는 시간이 별로 없다.
지구의 자원은 고갈되어 가고 있다.
우리가 지구의 미래를 진정으로 걱정한다면,
모든 문제를 저 밖에 있는 그들에게 떠넘기는 짓은
이제 그만두어야 한다.
내일의 세계를 구하는 것은 우리의 일이다.
바로 당신과 나의 일인 것이다.

- 제인 구달의 『희망의 이유』 중에서

- 나의 소비행동 중 지구환경에 가장 나쁜 영향을 주는 행동은 어떤 것이 있을까?
- 지구환경을 위해 지속적으로 실천할 수 있는 녹색 소비행동으로는 어떤 방법이 있는지 그린 리스트를 생각해자.

행복한 불편

EBS 지식채널e 2011. 4. 25.

독일의 포도 생산지 비일(Wyhl)
1971년 원자력 발전소 건설지로 결정

그러나 포도나무 지키기에 앞장선 시민들
독일 정부, 1975년 원전 계획 철회

1986년 4월 26일 구소련 체르노빌 원전 4호기 폭발
바람을 타고 1,700km 떨어진 독일 남부까지 퍼진 방사성 낙진

"독일의 원자력 발전소는 소련보다 대단히 안전하다.
원자력 발전 포기는 국민 경제에 엄청난 손실이다."

- 독일 집권당 기민당, 기사당

그러나
사람의 실수, 테러, 자연재해에도 안전한가?
'핵'무기가 아닌 평화용으로 개발된 '핵'발전소가 과연 '평화적'인가?

방사능 위험이 절반으로 줄어드는 기간,
플라토늄239(PU-239) 2만 4,000년
폐기된 방사능 물질을 어떻게 처리할 것인가?

체르노빌 원전 사고 한 달 후,
83%의 국민, 원전 확대 반대
원자력을 멈춰야 합니다. 대신 전력 소비를 줄이겠습니다.
세계 4위의 원전 강국, 2000년 원전 폐기 공식 선언

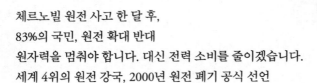

2013년 원자력 발전소 1기 폐쇄
그들이 찾은 새로운 에너지
태양과 바람, 이것이 우리의 자원이다.

태양의 도시 프라이부르크
건축 비용이 20%나 비싸지만,
집집마다 태양 발전 시설을 설치한 시민들
축구 경기장 지붕에 건설된 태양광 발전소
태양광 발전에 투자한 200명의 시민 주주

그리고
시민들이 생산한 전기를 사들인 정부

1999~2004년까지 전국에 설치된 태양광 발전 장치 10만 개
독일, 태양 전지 생산부분 세계 1위
17만 개의 새로운 일자리 창출

하지만
원자력보다 비용 대비 20배 낮은 효율성
재생에너지 정책으로 15~20달러의 세금을 추가 부담하는 독일 시민

그들이 태양에너지를 선택한 이유
후손에 대한 책임

제도가 도입될 때마다
불편함이 늘어난 건 사실이지만
나아진 환경은 계속해서 우리 곁에 있다는
공감대가 형성돼 있습니다.
       - 미하엘 베르비(독일 시민)

2010년 9월 독일의 새로운 목표
2050년까지 원자력, 화석연료 0%, 재생에너지 100%
       - 독일 환경자문위원회(SRU)

지구온난화와 자연 환경 파괴, 각종 환경오염과 같은 환경문제가 심각해지면서 기업뿐 아니라 소비자도 책임 있는 소비가 요구된다. 환경오염에 대한 문제의식과 환경의 중요성에 많은 사람들이 동의하면서 녹색소비는 세계 많은 나라에서 관심을 가지고 실천되고 있다.

우리나라 역시 「소비자기본법」 제2장 제4조, 소비자의 기본적 권리 8항에서 소비자는 자주적이고 합리적인 행동과 자원절약적이고 환경친화적인 소비생활을 함으로써 소비생활의 향상과 국민경제의 발전에 적극적인 역할을 다하여야 한다(제5조, 3항)고 적시하고 있다. 즉 환경친화적 녹색소비는 소비자의 권리 및 의무 행동으로도 명시되어 있을 정도로 중요한 소비행동이라 할 수 있다.

이 장에서는 윤리적 소비의 한 영역인 녹색소비에 대한 개념과 그 필요성을 알아보고, 구매, 사용, 처분의 단계로 나누어 실천 방법을 살펴본다.

1. 녹색소비란 무엇인가?

우리는 지금까지 바람직한 소비생활은 자신의 욕구를 정확히 파악하고, 상품 정보를 충분히 알아본 뒤, 주어진 예산 범위 내에서 계획을 짜서 가장 효용이 높은 제품을 구매하는 것이며, 이러한 소비생활을 합리적 소비라고 정의해 왔다. 그러나 오늘날과 같은 환경위기 시대에는 이러한 소비태도에서 더 나아가 사회와 환경에 미치는 영향을 고려하는 소비생활이 요구되고 있다. 국제환경단체 **지구생태발자국 네트워크**(Global Footprint Network, GFN)는 "지속가능한 생태환경을 위해서는 우리가 지구에서 살아가는 방식을 완전히 고쳐야만 가능하다"고 강조하고 있다.

환경문제를 지각하며 소비하는 **녹색소비**(Green Consumption)는 전 세계적으로는 1970년대 이전부터 나타나, 그 관심과 참여가 점차 높아졌으며, 현재 세계 각국에서 많은 소비자들이 중요하게 인식하고 실천하는 하나의 흐름으로 형성되었다. 우리나라에서는 1980년대부터 확산되어 윤리적 소비 영역 중 가장 널리 알려져 있는 윤리적 소비행동이다.

녹색소비와 관련된 개념으로는 '저탄소 녹색소비', '지속가능한 소비', '생태의식적 소비', '환경의식적 소비'가 있다(손상희 외 3인, 2010). 이들 개념은 미래세대의 소비기반에 피해를 주지 않으면서 현 세대의 소비를 충족시키는 체계를 의미한다. 다시 말하면, 자연자원의 추출, 처리과정, 상품제작 과정, 상품의 구입, 소비, 처리과정이 유기적으로 연결된 체계인 것이다. 또한 친환경적 소비는 물질순환의 전 과정을 유기적 관점을 가지고 각 구성요소를 소비함으로써 인간이 감수해야 할 환경피해를 극소화하는 데 있다. 친환경상품 구매나 반(反)환경적 생산업체를 도태시키는 소비행동, 재활용(recycling), 업사이클링(upcycling), 재사용(reusing)과 같은 행동, 소비 절제 행동 등을 통해 자원과 에너지의 사용을 줄이고 환경에 미치는 부정적 영향을 줄일 수 있는 소비를 하는 것은 녹색소비를 구체적으로 실천하는 것이 된다.

환경오염과 자연 생태계 파괴, 자원 고갈의 문제에 대해 소비자의 소비행동보다는 기업의 생산 활동이 더 큰 영향을 준다는 주장도 있다. 이것이 정부의 환경정책이 주로 기업 활동을 규제하는 데 초점을 맞추고 있는 이유라 할 수 있을 것이다.

그런데 생산과 소비 어떤 것이 먼저 변화되어야 한다고 단정 짓기는 어렵다. 기업의 생산 활동에 소비자들의 소비태도와 요구가 영향을 미치고, 소비자들의 화폐투표가 생산방식을 변화시킬 수 있는 경제체제의 관계를 생각할 때, 이 문제는 소비자-기업-정부의 모든 경제 단위가 개별적으로, 또 관계 속에서 상호 해결 방안을 함께 모색해야 할 것이다.

2. 녹색소비는 왜 해야 하는가?

1) 녹색소비의 필요성

대량생산과 대량소비 사회는 우리가 사는 생태환경을 지속불가능한 상태로 만들어 가고 있고 이 같은 생태환경의 변화는 여러 곳에서 관측되고 있다. 우리나라 충남 태안군의 기후변화감시센터에서 2013년 측정된 대기 중 이산화탄소 농도가 400ppm을 넘어서면서 학계가 정의한 생태계가 안전하게 유지될 수 있는 최대 이산화탄소 농도인 350ppm을 넘어선 결과를 보였으며, 2015년 5월에는 관측 이래 최댓값인 403.94ppm에 이르기도 했다. 이는 30년 전 1985년 9월 측정값인 344.85ppm과 비교하면 매우 높은 수치이며, 이산화탄소 농도의 증가율은 점점 높아지고 있다.

이런 환경오염과 기후변화는 자연의 파괴뿐 아니라 인류 자신의 생존조차도 위협하고 있다. 지구의 인구는 계속 늘어나고 있어 자원 고갈은 필연적이다. 미래 세대를 괴롭힐 유독물질은 전 세계에 걸쳐 꾸준히 축적되고 있다. 이산화탄소와 함께 대표적 온실가스인 메탄(CH_4)의 대기 농도도 지난 10년간 매년 1.9ppb(ppb=10억분의 1)씩 꾸준히 증가하고 있다. 2007년 측정된 한반도 대기의 메탄 농도는 연평균 1,892ppb로 지구 평균 1,812ppb보다 80ppb가량 높았다.

그렇다면 지구는 무한한 인간의 소비욕구를 언제까지 충족시킬 수 있을까?

지속가능한 지구 만들기 운동을 펼치고 있는 국제환경단체 지구생태발자국네트워크(GFN)는 이런 내용의 세계 생태발자국 추정치를 발표하고, 올해의 '지구용량 초과의 날(Earth Overshoot Day)'로 선포한다. 지구용량 초과의 날이란 자연 자원을 보호하고 기후변화를 예방하기 위해 만든 개념으로, 자연 생태계가 인류에게

준 한 해치 분량의 자원을 모두 써 버린 날로서, 그해의 생태자원 소비량이 지구의 연간 갱신(재생 또는 흡수) 능력을 초과하는 날을 뜻한다. 따라서 이날 이후부터 쓰는 자원은 미래에 쓸 것을 미리 당겨쓰는 셈이다. 한쪽에서는 바다나 숲이 흡수할 수 있는 것보다 많은 양의 이산화탄소를 배출하고, 다른 한쪽에서는 자연의 재생 능력을 넘어서는 규모의 어획, 벌채 등이 이뤄지고 있다는 이야기다. 이런 상태가 누적되면 자연은 점차 재생 능력을 잃어 간다. 그 결과, 1970년대 초반 12월 하순이었던 지구 용량 초과의 날은 1990년대 들어 10월, 2000년대 들어 9월, 2010년대 들어 8월로 각각 앞당겨졌으며, 2010년 8월 14일에서 2016년은 8월 8일로 6년 사이에 6일 앞당겨졌다. 그런데 2019년 7월 29일로 당겨졌던 것이 지난 2020년 8월 22일로 일시적으로 늦춰졌다. 경제산업 생산의 감소, 장거리 여행의 감소와 같은 코로나 19의 상황으로 인한 개인과 사회의 행동변화가 영향을 끼친 것으로 보인다. 그러나 2021년 2019년 수준으로 앞당겨진 것으로 나타났다. 이는 365일 동안 사용할 자원을 209일 만에 모두 써버리고, 156일은 미래 세대가 사용할 자원을 쓰고 있는 것이 된다. 이는 인류가 지금의 삶을 지속한다면 지구 1.7개가 필요하다는 뜻이 된다. 2021년 국가별 생태용량 초과의 날은 카타르가 2월 9일로 가장 빠르고, 인도네시아가 12월 18일로 가장 늦다. 우리나라는 4월 5일로 세계에서 8번째로 빠르다. 전 세계인이 우리나라 사람들처럼 생활한다면 지구 3.8개가 필요한 것이다(조성렬, 2021).

인류의 생태발자국은 1970년대 들어 지구 생태용량을 넘어서기 시작했다. **생태발자국**이란 인간이 소비하는 자원의 양을 그 자원의 생산에 필요한 땅 면적으로 환산해 표시한 것으로, 전 세계인의 현재 자원 소비 수준을 지속적으로 감당할 수 있으려면 1.6개의 지구가 필요하며, 전 세계인이 한국인처럼 생태자원을 소비하면서 살려면 지구 3.3개가 필요하다는 계산이 나왔다. 한국이 생태자원을 지속가능한 상태로 유지하려면 현재보다 8.4배의 땅이 필요하다는 계산이기도 하다. 이는 한국인의 1인당 생태자원 소비량이 지구가 갖고 있는 생태용량에 비해 그만큼 많다는 걸 뜻하는 것이다(한겨레신문, 2016. 8. 8.).

이 같은 환경적 우려는 전 지구적 의제로 발전하여, 1990년 UN 국가 간 협상위원회(Intergovernmental Negotiating Committee, INC) 설립 이후 **유엔기후변화협약**

(1992년), 기후변화를 위해 구체적인 의무를 담고 있는 **교토의정서가 채택**(1997년), 발효(2005년)되었으며, 2015년 12월 12일 196개국 대표가 모인 가운데 **파리협정**이 채택되었다. 기후변화협약의 목표는 '인간이 기후체계에 위험한 영향을 미치지 않을 수준으로 대기 중의 온실가스 농도를 안정화'시키는 것으로 온실가스 배출량을 1990년도 수준으로 되돌리는 것을 목표로 삼고 있다. 지구의 평균온도가 2°C 이상 상승되지 않도록 온실가스 배출량을 줄이고자 하는 것이다.

우리나라는 2030년까지 배출전망치(BAU, 온실가스를 감축하기 위한 조치를 취하지 않을 경우의 배출량 추정치) 대비 37%를 감축하겠다는 목표를 UN에 제출하였다. 정부는 파리협정을 효과적으로 이행하기 위해 시장친화적이고 혁신적인 기술을 기반으로 한 감축수단을 찾고 있으며, 저탄소녹색성장기본법 제9조에 따라 경제, 사회, 환경 등 모든 분야에서 저탄소 사회로 전환하기 위한 전략을 마련하고 있다(환경부, 2015).

2) 녹색소비의 효과

녹색소비는 생태계와 기후변화 문제에 대한 소비자들의 이해와 인식의 폭을 넓히고 그것이 실천으로 이어져 소비 행태를 변화시키는 데 그 목적을 두고 있다. 나아가 이를 통해 기업과 정부가 친환경 생산과 정책 변화를 촉진하도록 유도하고자 하는 것이다. 이러한 변화만이 현재 나타나고 있는 환경문제를 해결할 수 있으며, 더불어 인간이 자연과 조화롭게 오래도록 살아갈 수 있는 길이기 때문이다.

소비자들의 소비 행태가 환경친화적 녹색소비로 변화한다면 다음과 같은 성과를 이룰 수 있을 것이다.

첫째, 시장지향적 소비사회에서 친환경적 소비사회를 지향하는 사회를 만들 수 있다. 한 사람의 녹색소비가 세상을 변화시킬 것이라는 데는 한계가 있다. 그러나 한 사람 한 사람이 녹색소비를 실천하고, 함께하는 이웃과 지역사회와의 상호 관계성이 회복됨으로써 지속가능사회를 위한 가치를 공유하고, 협력을 통해 사회적·환경적 문제를 해결하고자 연대할 수 있다. 이웃끼리 물건을 나누고, 바꿔 사용하는 등의 녹색소비행동은 이웃과 지역사회와의 관계가 회복을 가져오고, 나아가 소비행동을 통해 인간뿐 아니라 자연, 그 안에서 살아가는 모든 생물과 더불어 살아가는 친환경적 소비사회를 이루어 갈 수 있다.

둘째, 기업과 정부의 정책 변화를 이끌어 세상을 변화시킬 수 있다. 즉 정부와 기업에 대한 녹색정책의 실천을 촉진하고, 그에 따라 녹색환경을 기대할 수 있을 것이다. 소비자들의 친환경적 소비사회 지향성은 기업에게는 녹색생산에 대한 투자, 녹색상품 생산, 그리고 진정한 녹색마케팅을 하도록 자극하게 된다. 또한 정부는 기업에게 이런 녹색생산을 장려하는 정책을 세우고, 소비자들이 녹색소비를 보다 적극적으로 실천할 수 있도록 하는 녹색소비정책 방안을 마련하게 될 것이다. 저탄소녹색소비 실천정보 및 가이드 제공, 환경마크제도, 탄소캐시백, 에코마일리지제도(서울시), 지역형 탄소포인트제(안산시), 탄소 다운 프로젝트(과천시), 탄소은행(광주광역시), 탄소마일리지(강남구)와 같은 것들이 그것이다(신민경, 2014; 이경아, 황은애, 2009).

셋째, 미래 세대의 욕구를 충족할 수 있으며, 보다 친환경적으로, 지속가능한 환경으로 변화될 것이다. 소비는 개인의 욕구에서 시작되는 행동이지만 그 행동의 결과는 개인에 머물지 않으며 생산, 환경 등 세상 전체에 영향을 미치게 된다. 지금과 같은 소비 행태로 인해 자원고갈과 환경파괴가 계속된다면 미래 세대는 그들이 욕구를 충족할 만큼 소비를 할 수 없을 것이다. 따라서 다음 세대에서 그들이 필요한 소비를 하기 위해 현 세대의 소비행동을 지속가능한 소비로 바꾸어야 할 필요가 있는 것이다. 이런 의미에서 녹색소비를 **지속가능한** 소비(sustainable consumption)라고 하는 것이다.

3. 녹색소비는 어떻게 실천하는가?

녹색소비자란 자신들의 소비행동이 환경에 미치는 영향 정도를 고려하는 방향에서 의사결정을 하는 소비자로서, 시민적 자각을 통해 일상생활을 통한 친환경적 소비체계, 즉 환경을 배려한 사고와 행위가 진행되는 소비활동을 지향한다. 때문에 녹색소비자를 친환경소비자 또는 사회의식적 소비자라고도 부른다(김성균, 1997; 허종호 등, 2006).

물론 녹색소비를 실천하는 것은 쉬운 일이 아니다. 몸에 익힌 습관을 변화시킨다는 것, 그리고 편의적인 것을 추구하는 소비행동이 아닌 다소의 불편함을 참아가며 재활용을 위해 따로 분리배출하고, 물과 전기를 아껴 쓰고, 자동차보다는 대중교통 수단을 이용하는 것은 불편한 일임에 틀림없다. 그러나 "현재 화석연료 등의 소비로 발생하는 탄소발자국이 전체 생태발자국의 60%에 이른다"며 강력한 탄소 배출 규제책을 촉구한 지구생태발자국네트워크(GFN)의 주장처럼 우리가 지구에서 살아가는 방식을 바꾸지 않는다면 지구에 사는 우리와 우리 자손들은 어떤 미래를 맞이하게 될지 우려스럽다.

신기후체제를 위한 파리기후협약으로 장기적인 저탄소녹색소비를 실천해야 하는 일은 이제 모든 사람의 자발적인 적응과 협력을 통해 이룰 수 있는 목표이다. 소비자 역시 저탄소녹색소비를 위한 인식과 태도를 갖고 적극적인 실천을 해 나가야 할 것이다. 소비자들은 종이컵, 나무젓가락 같은 일회용품 소비를 최소화하거나 전기제품의 플러그를 뽑고, 탄소절약 운행습관 갖기, 제철 농산물이나 우리 지역 농산물 소비와 같은 전략적 소비, 그리고 기후변화 방지를 위해 노력하는 기업 제품 구매, 내가 쓴 탄소량을 상쇄할 만큼의 나무를 심는 것 같은 적극적인 녹색소비에 이르기까지 자신의 소비생활을 돌아보고 실천하는 녹색소비자가 되려는 의지와 습관화가 필요하다.

또한 친환경소비는 자연자원의 추출, 처리과정, 상품제작과정, 상품의 구입·소비·처리 과정이 유기적으로 연결된 체계로서 물질순환의 전 과정을 유기적 관점을 가지고 각 구성요소를 소비함으로써 인간이 감수해야 할 환경피해를 극소화하는 데 있다. 따라서 소비의 지속가능성은 환경이용공간, 생태적 발자취, 생태배낭, 생태적 효율성, 식품수송거리 등의 기준으로 평가할 수 있다(김성균, 1997).

이를 위해서 소비자들의 '소비의 전 과정에서 생태적 측면과 경제적 측면을 고려하여, 소비자 역할을 효과적으로 수행하는 데 필요한 능력'인 녹색소비역량(손상희 등, 2010)을 나타내는 구매, 사용 및 처분의 단계를 중심으로 살펴보고자 한다. 또한 통합적인 사회적 녹색소비의 사례로서 그린캠퍼스와 생태도시를 살펴보고자 한다.

1) 구매 단계의 녹색소비

구매 단계에서의 녹색구매 실천을 위해서는 첫째, 환경친화적으로 구매한다. 정부는 환경마크제도나 품질인증마크, 에너지소비효율등급 등 다양한 표시제도, 그리고 녹색매장 지정제도 등을 운영하고 있으므로, 소비자들은 녹색매장을 활용하거나 이들 표시제도(그림 6-1)를 활용하여 다양한 녹색상품을 구매할 수 있다. 그런데 진정한 녹색상품이란 제품의 생성부터 폐기·처리 과정, 즉 원료 및 에너지의 소비, 오염물질과 폐기물의 발생 등 생산·유통·폐기의 전 과정에 걸친 **환경영향 분석**(Life Cycle Assessment: 전과정평가)을 통해 환경에 미치는 영향이 긍정적이거나 덜 부정적이어야 한다. 이 과정을 통해 소비가 환경개선을 모색하기 위한 발걸음이 되기 위해서이다.

친환경적 구매를 위한 표시제도와 관련하여 국가기술표준원의 **우수재활용품 품질인증제도**[Good Recycled(GR) Product]는 소비자들이 재활용 제품에 대한 불신을 해소하고 믿을 수 있도록 국내에서 발생한 재활용 가능자원을 활용한 제품 중 품질 및 환경친화성이 우수하고, 에너지·자원절약 등 재활용 파급효과가 큰 우수재활용제품에 대한 인증하는 제도로서 2021년 6월 1일 기준 17개 분야 337 품목이

그림 6-1　국내외 환경인증마크, 우수재활용품 품질인증제도, 에너지효율등급

인증되고 있다(http://www.buygr.or.kr/). 환경부는 생산자책임재활용제도(Extended Producer Responsibility)를 통해 생산자의 책임을 재활용이 쉬운 재질 구조의 제품을 생산하는 것에서 사용 후 발생되는 폐기물의 재활용까지로 확대하고 있으며, 재활용의무이행 인증제도를 통해 생산자들이 자원순환사회 촉진에 앞장서도록 하고 있다. 또한 에너지소비효율등급제도란 소비자들이 효율이 높은 에너지절약형 제품을 쉽게 구입할 수 있도록 하고 제조(수입)업자들이 생산(수입)단계에서부터 원천적으로 에너지절약형 제품을 생산하고 판매하도록 하기 위한 의무적인 신고제도이다. 이 제도에서는 에너지소비효율 또는 에너지사용량에 따라 효율등급을 1~5등급으로 나누어 표시하도록 하고, 에너지소비효율의 하한치인 최저소비효율기준(minimum energy performance standard, MEPS)을 적용하여 에너지소비효율등급라벨 등을 부착하고 있다.

에너지소비효율등급라벨은 에너지절약형 제품에 대한 변별력 향상을 통해 고효율 제품의 보급을 촉진하기 위하여 제품의 효율에 따라 1~5등급으로 나누어 표시하는 라벨이다. 1등급에 가까운 제품일수록 에너지절약형 제품이며, 1등급 제품을 사용하면 5등급 제품 대비 약 30~40%의 에너지를 절감할 수 있다. 전체 32개 품목(자동차 제외) 중 선풍기, 백열전구, 형광램프, 안정기내장형램프, 어댑터·충전기, 변압기, 전기온풍기, 전기스토브, 전기레인지, 셋톱박스(10개 품목)를 제외한 22개 품목에 이 라벨을 적용하고 있다. 에너지소비효율등급라벨을 적용하지 않는 10개 품목에는 별도의 에너지소비효율라벨이 적용된다(https://eep.energy.or.kr/business_introduction/effi_summary.aspx).

그런데 소비자들이 친환경 재화에 관심을 기울임에 따라 기업은 그린마케팅으로 소비자를 유혹하려 하고 있다. 이런 시장 상황에서 친환경적 특성을 허위·과장광고하는 그린워싱 현상이 두드러지고 있다. '그린워싱(green washing)'이란 '그린(green)'과 '화이트 워싱(white washing)'의 합성어로 1980년대 환경운동가 제이 웨스터벨트가 기업의 가짜 친환경 홍보를 비판하며 처음 제시한 개념이다. 즉, 기업의 경제적 이윤을 목적으로 친환경적 특성을 허위·과장해 상품을 광고 또는 홍보하거나 포장하는 행위를 말한다. 2009년 미국과 캐나다에서 친환경을 표방한 제품을 조사한 결과, 그린코드를 강조한 상품들 중 98%가 적어도 하나 이상의 '그린워싱의 6가지 죄악(감춰진 모순, 증거 부족, 모호함, 무관심, 거짓말, 은폐 축소, 부적절한 라벨)'을 저지르고 있었으며, 장난감, 유아용품, 화장품, 세제 등의 상품에서 이런 현상이 두드러졌다(송유진 등, 2011).

미국의 다국적기업 감시단체인 코프워치(CorpWatch)는 매년 4월 22일 지구의 날에 '그린워싱 기업'을 선정하고 발표하고 있다. 이와 같은 그린워싱 기업의 증가는 정식 인증을 받은 친환경제품에 대한 소비자 신뢰도가 추락하는 것은 물론 기업의 제품개발 의지도 현저히 하락하는 부작용을 낳고 있다. 실제로 한국환경산업기술원이 지난 2010년과 2012년 실시한 조사에 따르면 우리나라 소비자들의 친환경제품 구매경험이 39.6%에서 56%로 증가한 반면, '믿을 수 없다'는 응답자도 4.3%에서 8.4%로 늘었다. 또 2012년 한국소비자원 조사에서도 녹색 관련 표시를 한 제품 중 46%가 허위·과장 표현을 하거나 중요 정보를 누락한 것으로 확인되는 등 심각한 문제점을 드러냈다.

이에 따라 환경부는 2013년 '그린워싱 가이드라인'을 마련하겠다는 계획을 밝힌 데 이어 2014년 「환경기술산업법」 제16조 10항에서 부당한 환경성 표시·광고 행위의 금지조항을 신설하고 2017년부터 '환경성 표시·광고 관리 제도에 관한 고시'에 따라 부당한 환경성 표시·광고를 엄격히 규제하고 있다. 이때 환경성이란 법적 개념으로, 「환경기술 및 환경산업 지원법」(이하 환경기술산업법) 제2조 제5호에 따르면 "재료와 제품을 제조·소비·폐기하는 전 과정에서 오염물질이나 온실가스 등을 배출하는 정도 및 자원과 에너지를 소비하는 정도 등 환경에 미치는 영향력의 정도"를 의미한다. 따라서 '친환경'이라는 단어를 쓸 때는 구체적인 근거 및 범주를 한정하여 표시·광고해야 한다(지현영, 2021).

그린워싱은 비단 제품에만 한정되지 않으며 최근 금융권에서는 친환경을 표방한 기업들이 발행하는 녹색채권이나 녹색펀드의 그린워싱도 문제가 되고 있다. 이 코노미스트는 최근 "지속가능한 금융 상품들이 알고 보면 그린워싱으로 만연하다"며 세계에서 가장 규모가 큰 ESG펀드 20개 중 6곳은 미국 최대 정유사인 엑손에 투자했다고 밝혔다. 이 때문에 EU는 그린워싱을 막기 위해 환경적으로 지속 가능한 경제 활동을 업종에 따라 정의하고 판별하는 분류 체계인 '택소노미' 초안을 지난해 마련했고 2022년부터 사용할 예정이다. 한편 2021년 국내 기업들이 발행한 녹색채권은 약 11조 7,000억원 규모로 아시아에서 두 번째로 규모가 크다고 한다. 그런데 미국 경제매체 블룸버그는 "녹색채권을 발행한 한국 기업들은 대부분 탄소 배출을 많이 하는 굴뚝산업에 속한다"고 꼬집었다. 따라서 국내에서도 '한국형 녹색분류체계(K-택소노미)'를 마련하고 하반기 중 금융권에 시범 적용한다는 계획을 내놓았다(조선일보, 2021.06.03.)

둘째, 탄소 발자국, 물 발자국을 고려하여 구매한다. 탄소 발자국과 물 발자국은 지구환경 보호를 위한 지표이다. **탄소 발자국**이란 생산에서 소비, 폐기에 이르기까지 제품의 전 과정에서 직간접적으로 발생하는 온실가스 배출량을 말하며, 저탄소형 제품개발을 촉진하고 소비를 유도하기 위해 도입된 개념이다. 우리의 일상생활에서 중형자가용으로 휘발유 40만 원어치를 소비할 경우 450.67kg의 이산화탄소가 발생하며, 이는 163그루의 소나무를 심어야 없앨 수 있는 양이다. 기차로 100km 이동 시는 2.26kg 발생, 지하철 20회 탑승은 0.04kg이 발생한다. 수입농산물이나 수입의류들의 이동거리를 생각한다면 이들이 발생시키는 이산화탄소의 양은 어마어마하다(www.kcen.kr/cbook).

정부와 지자체는 이를 고려하여 탄소성적표시제도, 탄소포인트제(http://www.cpoint.or.kr/), 에코마일리지(http://ecomileage.seoul.go.kr/home/) 등을 운영하여 녹색소비를 권장하고 있다. 예를 들어 탄소포인트제에서는 전기를 5~10% 미만 감축 시 2만 점, 수도를 5~10% 감축 시 5,000점을 얻을 수 있으며, 이를 현금처럼 사용 가능하다.

물 발자국이란 제품 및 서비스의 원재료 취득부터 폐기까지 모든 과정에서 직간접적으로 사용하는 물의 총량을 합산해 환경영향을 수치화한 것으로 국제표준기구의 검증 기준인 ISO14046의 요구조건으로 검증한다. 예를 들어 소고기 1kg을 생산하기 위해서는 1만 5,500리터가 사용되며, '이는 승용차를 250km 주행할 때 나오는 양이다. 이에 비해 밀이나 쌀, 야채 등의 물 발자국 수치는 상대적으로 낮다. 이러한 수치는 우리가 채식과 육식의 적정한 소비 선택에서 자신의 건강과 더불어 지구의 건강을 위한 균형점을 생각할 필요성을 지적하고 있다. 고기 소비를 반으로 줄이는 것이 자동차 사용을 절반으로 줄이는 것보다 지구온난화를 더 효과적으로 막을 수 있을 것이다(표 6-1). 그런데 농림식품기술기획평가원의 자료

표 6-1 제품별 물 발자국

제품(1Kg)	물 발자국(L)	제품(1Kg)	물 발자국(L)	제품	물 발자국(L)
치즈	5,000	옥수수	890~1,222	맥주(250ml)	75L
달걀	2,700	밀	1,300	커피(125ml)	132~140L
소고기	15,415~15,500	감자	250~287	차(250ml)	27
		쌀	1,670		
닭고기	3,900~4,325	상추	130	우유(250ml)	255
돼지고기	3,900~4,325	토마토	214	면티셔츠(1벌)	2,700
초코렛	17,196	사과	822	가죽 1Kg	16,600~17,093
		바나나	790		
햄버거 1개	2,500	오이	353	피자 한 판	1,259

참고자료 : 세계 물발자국 네트워크, 국가기술표준원

에 따르면 같은 종류의 식품이라 하더라도 가공을 거칠수록 물 발자국이 늘어난다. 기계로 가공하고 포장하여 배달하는 과정에서 물 사용이 더 발생하기 때문이다. 가공된 쌀의 경우 2,497L의 물 발자국을 가져, 가공하지 않은 쌀보다 1,000L가량 더 많은 물을 사용하는 것으로 나타났다. 가공식품은 천연식품보다 더 많은 물을 필요로 하기 때문에, 되도록 천연식품을 소비하는 것이 더 많은 물을 아끼는 방법이 된다. 같은 식품을 재료로 하더라도 가공과정을 덜 거친 제품을 소비하는 것이 환경보호에 더 도움이 된다. 같은 작물이어도 물 발자국의 수치가 절대적으로 동일한 것은 아니다. 품종과 생산지역에 따라 물 발자국 수치가 다르게 나타난다. 이탈리아 밀은 프랑스 밀에 비해 2~3배 높은 물 발자국을 갖는 등 수치에 큰 격차를 보였다. 또한 유기농법은 토양의 영양소와 수분을 잘 보존해주는 친환경 농법으로, 유기농법으로 재배한 농작물은 합성 비료와 농약을 사용하여 재배한 농작물보다 물 발자국이 적다. 때문에 유기농 작물을 섭취하는 것 자체가 물 발자국을 줄이는 방법이 된다. 우리가 유기농 작물을 선택하고 소비해야 하는 이유이다(농림식품기술기획평가원, 2020.12.22).

셋째, '아무것도 사지 않는 날(Buy Nothing Day)'을 실천한다. '아무것도 사지 않는 날'은 1992년 캐나다의 예술가 테드 데이브에 의해 시작되었으며, 『애드부

스터』라는 잡지에 소개되면서 알려지게 되었다. 이는 상품 생산과 소비 과정에서 발생하는 모든 환경오염과 자원고갈, 노동문제, 불공정 거래 등 물질문명의 폐단을 고발하고 유행과 쇼핑에 중독된 현대인의 생활습관과 소비 행태의 반성을 촉구하는 캠페인으로, 환경오염 감축과 과소비 추방을 위해 소비자들이 일 년 중 이날 하루만큼은 소비하지 말자는 운동이다. 이는 '사회의 과소비 문제를 다루는 날'로서 전세계적으로 블랙프라이데이의 다음 날에 이루어진다. 현재 65개국이 참여하고 있으며, 한국에서는 1999년부터 11월 마지막 금요일을 아무것도 사지 않는 날로 정하고 있다. 최근 코리아블랙프라이데이, 코리아세일페스타와 같은 대형 세일행사는 가격인하라는 이익이 있다고는 하지만 소비자들의 충동구매와 과소비를 일으킬 수 있다는 지적이 있다. 한 해 한 번뿐 아니라 일주일에 한 번, 한 달에 한 번이라도 아무것도 사지 않는 날을 실천해 보자. '아무것도 사지 않는 날'에 과소비 문제에 관심을 끌기 위해 다양한 모임들과 저항 형태들을 활용하였는데, 예를 들어 ① 신용카드 자르기, ② 비영리 길거리 파티들, ③ 농성이나 공공연한 항의들, ④ 좀비 걷기(좀비가 된 참가자들이 멍한 눈빛으로 쇼핑몰 주변이나 다른 소비자 안전구역들을 배회한다. 무엇을 하고 있냐는 질문을 받으면 참가자들은 아무것도 사지 않는 날을 묘사한다), ⑤ 조용히 카트에 아무것도 넣지 않거나 실제로 아무 상품도 사지 않은 채로 길고 이해할 수 없는 콩가 라인을 형성하며 쇼핑몰이나 가게 주변에서 그들의 쇼핑 카트를 운전, ⑥ 들고양이 총파업(24시간 동안 해 뜨고 해 질 때까지 아무것도 사지 않을 뿐만 아니라 전등, TV, 컴퓨터 그리고 다른 불필요한 전기기구들을 끄고 차들을 주차시켜놓고 핸드폰도 꺼놓음), ⑦ 지구와 자연을 찬양하는 아무것도 사지 않는 날 하이킹, 자전거 타기, 물가를 따라 노 젓기 등이다.

넷째, 식품 관련 탄소발자국을 감소시키기 위한 선택을 한다. 필요한 양만큼, 로컬지역에서 생산된 식품을 구매하고, 제철에 생산되는 식품을 구매하는 것은 생산된 식품을 기르고 운송하는 데서 발생하는 이산화탄소 배출량을 감소시킬 수 있는 구매행동이 될 것이다. 또한 가능한 간편식, 반조리 식품이나 가공 식재료를 덜 구매하며, 채식식단을 확대하여 육류 구매를 줄이는 선택을 하는 것이다.

다섯째, 구매하기보다 현재 있는 제품을 재사용하거나, 재사용할 수 있는 다양한 방법을 고려한다. 일회용품보다는 재사용할 수 있는 제품을 구매하는 것 등은 구매 선택을 할 때 편리성보다는 생태와 다른 생명 모두를 배려하는 차원에서 선택하도록 노력하는 것이 녹색소비자의 중요한 역할일 것이다.

2) 사용 단계의 녹색소비

현재의 소비사회는 신제품이 빠르게 생산됨에 따라 고쳐 쓰는 것보다 새로 사서 쓰는 것을 권장하는 경향이 있다. 그 과정에서 20~30년 전 우리 사회에서 흔하게 볼 수 있었던 가전제품이나 가방, 구두 등 각종 수리점이나 전문가들은 이제는 거의 사라진 직업군이 되었다. 그러나 버려지는 상품의 양이 증가된다는 것은 폐기 처리 비용뿐 아니라 더 많은 상품이 생산되어야 하고, 그 과정에서 다량의 이산화탄소가 발생하고, 다량의 물이 사용되며, 지구의 자원이 소모된다는 것을 뜻한다. 그래서 대량생산과 대량소비 사회에서 제품사용과정에서의 녹색소비 실천은 매우 중요하다.

첫째, 탄소 발자국과 물 발자국을 인식하고 감소할 수 있는 생활태도를 갖는다. 면 티셔츠 1장을 생산하는 데 물 4,000리터, 청바지 한 벌을 위해서는 1만 2,000리터가 필요하며, A4용지 1권 생산에는 720g, 컴퓨터(본체와 모니터) 1대 생산에는 27만 5,000g, 휴대전화 1대는 6만 g의 탄소 발자국이 생긴다. 컴퓨터를 100시간 사용하면 9kg, 10리터 쓰레기봉투 10개 배출에는 2.34kg, 종이컵이나 종이접시 1개는 11g의 탄소발자국이 발생한다. 우리의 소비생활에서 불필요한 소비는 없는지, 이들을 녹색소비로 전환하고 대체할 방법은 없는지 생각하고 실천해야 할 것이다. 이들이 발생시키는 탄소 발자국과 물 발자국이 결국 우리의 미래 소비생활에 줄 영향을 우려하지 않을 수 없기 때문이다. 따라서 새로운 제품을 신중히 구매하는 것에서 나아가 자신이 소유하고 있는 물품을 잘 관리하는 일에 관심을 가져야 한다. 사용설명서에 맞게 제품을 사용하여 사용 연한을 증가시키며, 물건을 아껴 쓰고, 고쳐 쓰는 것과 같은 녹색사용은 중요한 일이다.

둘째, 생활 속에서 에너지 절약과 이산화탄소를 줄이기 위한 다양한 정책과 프로그램에 참여한다. 환경부의 온실가스 1인 1톤 줄이기 캠페인(www.kcen.kr)에서는 생활 속에서 이산화탄소를 줄일 수 있는 여러 방법을 소개하고 있고 실천할 수 있도록 도와주고 있다. 예를 들어 저탄소 친환경생활에 대한 각종 정보 제공 및 자신의 실천행동에 대한 영향 정도를 알 수 있는 탄소 가계부, 탄소 발자국 계산기, 탄소 발자국 기록장 등이 있으며 그린스타트 경연대회 등을 운영하고 있다. 탄소 포인트 제도는 기후위기 대응을 위하여 온실가스를 줄일 수 있도록 가정, 상업, 아파트단지 등에서 전기, 상수도, 도시가스의 사용량을 절감하고 감축률에 따라 탄소포인트를 부여하는 전국민 온실가스 감축 실천 제도로서 환경부, 지방자치단체, 한국환경공단에서 운영하고 있다. 탄소포인트제 사이트(https://cpoint.or.kr)에 따르면 2022년 현재(3월 17일) 약 200만 개인가구, 아파트 6,562단지가 참여하고 있으며, 가정 내 사용하는 에너지 항목(전기, 상수도, 도시가스)을 과거 1~2년간 월별 평균 사용량과 현재 사용량을 비교하여 절감비율에 따라 탄소포인트를 부여한다. 지급기준은 개인은 온실가스 감축률에 따라 연 2회 탄소포인트 부여하는데 감축 인센티브 감축률 5% 이상인 참여자에게 지급(5~10% 미만인 경우 전기는 5,000P, 상수도 750P, 도시가스 3,000P)하며, 15% 이상일 경우 전기는 1만 5,000, 상수도 2,000p, 도시가스 8,000p이다. 1탄소포인트는 최대 2원으로, 이를 현금, 상품권, 지방세 납부, 기부, 교통카드, 종량제 봉투, 공공시설 이용 등에 이용할 수 있다.

셋째, 오염물질 배출을 줄이기 위한 생활을 실천한다. 음식물 남기지 않기, 일회용품 대신 개인 컵이나 손수건 가지고 다니기, 병 재사용, 친환경 운전(경제속도, 연비 증가를 위한 운전 습관) 등 생활 속 작은 습관을 변화시켜 녹색 사용을 실천하는 것이다(그림 6-2). 농림부 스마트 그린푸드의 저탄소 발자국 식생활(http://www. smartgreenfood.org)이 제공하는 우리가 먹는 음식의 전 과정(생산·수동·조리 과정)에서 발생하는 온실가스 양에 대한 정보를 통해 우리의 식생활에서 저탄소 식단을 실천할 수도 있는데, 우리의 한

그림 6-2 녹색소비 실천 효과

표 6-2 저탄소 식생활 사례(1인 1회 분량)

밥류 · 면	Kcal	CO_2	탕류 · 찌개	Kcal	CO_2	과일 · 후식	Kcal	CO_2
쌀밥	340	115	곰탕	530	9,736	토마토	14	78
잡곡밥	490	285	육개장	250	3,006	딸기	26	86
김밥	340	406	갈비탕	3,470	5,052	참외	23	84
현미밥	410	160	설렁탕	500	10,011	수박	40	65
보리밥	260	120	된장찌개	90	371	사과	69	96
콩밥	380	140	김치찌개	160	487	복숭아	66	137
비빔밥	600	1,425	청국장찌개	170	893	단감	37	39
비빔국수	520	1,314	생태찌개	190	727	포도	24	42

출처 : 농림축산식품부 스마트 그린푸드(http://www.smartgreenfood.org/jsp/front/story/story03_1.jsp)

끼 식사에서 발생하는 탄소 발자국을 계산해 볼 수 있다(표 6-2).

넷째, 돈을 직접 지출하지 않고 자신이 원하는 것을 얻는 방법을 찾는다. 현대사회에서 우리는 욕구를 충족시키기 위해 제일 먼저 구매를 생각하는 경향이 있다. 그러나 자신이 직접 만들거나, 인간관계 속에서 서로 나누고 함께 함으로써 해결하거나(예 : 나눠쓰고, 바꿔쓰고), 또 창의적인 방법으로 구매하거나 상품을 사용하지 않고 욕구를 충족시키는 방법들이 존재한다. 이는 인간관계를 활성화하고, 경험적 소비, 창조적 활동으로 이끔으로써 인간으로서의 자부심을 증대시킬 수 있는 환경적 효과 이상의 윤리적 소비가 될 것이다.

다섯째, 덜 편한 삶을 받아들인다. 편리하고 편한 삶을 추구하는 현대인의 소비행동은 현대의 많은 환경적 폐해를 가져왔다는 것은 사실이다. 에어컨, 난방기, 청소기, 건조기, 자동차 등 수많은 전기용품을 사용하고, 샴푸, 세제, 물, 일회용품 등의 과도한 사용, 계단보다 엘리베이터를 사용하고, 자동판매기 사용 등은 인간의 노동을 감소시키고 좀 더 편한 생활을 원하는 현대인의 소비생활태도이다. 현재 지구환경의 문제를 해결하기 위해서는 우리의 생활태도를 바꾸고자 하는 의지와 이를 습관화하는 게 중요하다. 현대 소비사회의 문제를 넘어서기 위한 자발적인 실천을 기록한 『즐거운 불편』(2004)에서는 중독된 것처럼 당연하게 사용하는 것들에서 벗어나기 위한 다양한 실천들을 '즐거운 불편'이라고 하며, 이는 소비를 제한하는 것이 아니라 물질이나 에너지에 의존하지 않는 소비로 소비의 질을 전환하고자 하는 것이라고 하였다.

3) 처분 단계의 녹색소비

지속가능한 소비를 위한 사회에서 물품의 사용 후 처분에 대한 인식과 실천은 그 어느 때보다 중요한 윤리적 소비행위이다. 따라서 녹색처분은 구매행동부터 처분을 고려하여 물품을 선택하고 사용한 후 재사용 · 재활용할 수 있게 하는 것이 매우 중요하다. 구매-사용-처분의 일련의 소비 과정에서 처분은 개인적으로는 소비의 마지막 단계지만 사회적으로는 소비의 새로운 시작이 되기 때문이다. 또한 최근에는 다양한 형태의 재사용, 재활용뿐 아니라 원래의 물건에 새로운 디자인을 더해 새로운 제품을 탄생시키는 업사이클링까지 다양한 녹색처분 행동이 이루어지고 있다.

(1) 재사용

재사용(reusing)이란 한번 사용된 제품을 가공하지 않고 다시 사용하는 것으로, 자신에게 더 이상 쓸모가 없어진 경우 바로 버리기보다는 그 물건에 대해 사용가치를 느끼는 다른 사람이 사용하도록 하는 것을 말한다. 사실 형제가 많고, 이웃과의 상호관계가 밀접했던 시대에는 서로 물건을 바꿔 쓰거나 물려 쓰고, 돌려 쓰는 일은 흔한 일이었다. 그러나 오늘날 사회에서는 이러한 기능을 벼룩시장, 중고용품가게, 아름다운가게 등을 통해 실행하고 있다. 정부나 지자체들, 민간단체에서는 알뜰시장, 벼룩시장, 녹색가게, 재활용센터 등 중고품 교환 · 거래 · 수리를 위한 시장과 시설을 운영하고 있으며, 환경부는 생활계에서 배출되는 목재류 중 간단한 수리나 수선을 거쳐 재사용이 가능한 가구류를 생활보호대상자, 독거노인 등 저소득층에 제공하는 사업을 추진하고 있다. 특히 벼룩시장은 경제교육의 한 방법으로 이용되며 일반 학교나 학원 등 다양한 곳에서 개최하고 있으며, 아름다운가게와 전국녹색가게운동협의회에서 재사용할 수 있도록 상설 매장을 운영하고 있다.

우리나라에서는 빈병 및 1회용컵 회수율을 높이기 위해 빈용기보증금제도 및 1회용 컵 보증금제도를 실시하고 있다. 사용된 용기의 회수 및 재사용 촉진을 위해 출고가격과 별도로 금액(빈용기보증금)을 제품의 가격에 포함시켜 판매한 뒤 용기를 반환하는 자에게 빈용기보증금을 돌려주는 제도로서 30여 년의 역사를 가졌다. 2017년 1월부터 190ml 미만 70원부터 1,000ml 이상은 350원으로 예를 들어 소주병은 100원, 맥주병은 130원으로 책정되어 있다. 이 결과, 2016년 95.2%였던 전체 회수율이 2020년에는 97.9%로 증가하였다. 1회용컵 보증금제도는 커피전문점 등에서 음료를 주문할 때 1회용 컵에 일정 금액의 자원순환보증금을 부과하고, 소비자가 사용한 컵을 반납하면 보증금을 그대로 돌려주는 제도이다. 1회용컵 회수율은 제도가 시행되었던 2009년 37%에서 2018년 5%로 낮아져, 자원재활용법을 개정하여 법적 근거를 마련하고 2022년 6월 10일부터 다시 실시하기로 하였다. 1회용컵 보증금제의 재실시로 기존에 1회용 컵을 재활용하지 않고 소각했을 때와 비교하여 온실가스를 66% 이상 줄일 수 있고, 연간 445억 원 이상의 편익이 발생할 것으로 기대하고 있다. 1회용 종이컵은 보증금이 약 53원, 플라스틱컵은 약 75원이 될 것으로 검토되고 있다[자원순환보증금관리센터(https://www.cosmo.or.kr/home/main.do)].

(2) 재활용

재활용(recycling)은 폐기물을 물리화학적인 변형을 가져오는 가공처리를 통해 다른 용도 또는 같은 용도로 사용하는 것을 말하며, 페트병에서 섬유를 생산하거나, 우유팩을 신문지 용지로, 고무타이어를 아스팔트로 재활용하는 것 등이 있다(표 6-3). 재활용을 활성화하기 위해서는 소비자들의 적극적인 분리수거가 이루어져야 한다(표 6-4).

　많은 지방자치단체에서는 매년 쓰레기 처리 문제로 고심하고 있다. 우리나라에서는 쓰레기를 줄이고 재활용을 늘리기 위해 쓰레기 분리수거를 법적으로 의무화하였는데, 2013년에는 음식물 쓰레기에 RFID(전자태크) 방식으로 배출하는 방법을 시범적으로 시행하고 있기도 하다. 이 방법은 음식물 쓰레기 종량제의 한 방법으로 가구별로 지급된 카드를 대고 쓰레기를 버리면 자동으로 쓰레기 양과 수수료 금액을 알려 주는 방법으로 이 방법을 통해 소비자들이 음식물 쓰레기 배출을 보다 억제할 것으로 예상한다. 물론 소비자들도 음식물 쓰레기를 줄이기 위해 음식

표 6-3 재활용 사례

폐자원	재활용된 재료
금속캔	철근, 자동차 부품, 새 금속캔 재료
유리병	글라스비드, 글라스타일, 글라스블록, 새 유리병 재료
발포성수지(스티로폼)	건축몰딩, 액자 프레임, 경량 콘크리트, 부직포, 조립식 발판 재료
알루미늄캔	비행기, 자동차, 카메라 부품, 알루미늄 배트, 새 알루미늄캔 재료
페트병	부직포, 페트 와이어, 페트끈, 옷걸이, 솜 재료
플라스틱	펠릿, 사출제품, 건축용품, 경기장 의자, 놀이터 놀이기구, 마네킹 재료
종이팩	두루마리 휴지, 미용티슈, 박스 재료
신문지, 종이	책, 재생용지, 상자, 고양이 변기, 달걀 박스, 빌딩 절연재 재료

출처 : 한국자원순환유통지원센터(http://www.kora.or.kr/, Teachers Pay Teachers http://www.teacherspayteachers.com)

물 쓰레기 분쇄기나 건조기 등을 사용하고 있다.

　이처럼 대량소비로 인한 대량 쓰레기의 문제는 필연적 관계이다. 그리고 이 쓰레기들은 대부분 환경오염을 발생시키며 많은 비용을 들여 처리해야 한다. 의약품 처분의 경우 생활 하수구를 통해 버려지는 약품으로 인한 수질오염을 차단하기 위해 전국 모든 약국에서 버려지는 약을 수거하여 전문적으로 폐기하도록 운영하고 있다. 특히 쓰레기의 재활용을 위해서는 단순한 분리배출에서 나아가 공책류의 스

표 6-4 분리배출 방법

재활용 쓰레기		음식물 쓰레기	일반 쓰레기
			타는 쓰레기
종이류	신문지, 책, 공책, 사무종이, 우유팩, 박스 등	부드러운 과일 껍질, 잘게 자른 수박 껍질, 배추, 무, 기타 소금기나 매운 맛을 없앤 음식물	기저귀, 오염된 비닐·종이·박스 등
캔과 고철류	통조림캔, 알루미늄캔, 냄비, 프라이팬, 못, 철사, 도구 등		동물뼈, 달걀껍데기, 조개껍데기, 커피나 차, 한약 찌꺼기, 핵과일씨(복숭아씨, 자두씨, 대추씨 등), 고추씨나 고추, 마늘이나 양파, 옥수수 껍질, 통수박이나 통배추 등
병류	음료수병, 술병, 주스병 등		그 외 기타 비재활용 쓰레기
플라스틱류	페트병, 세제용기, 간장병, 식용유병, 고추장팩, 우유용기 등		안 타는 쓰레기
비닐류	과자나 라면 봉지, 스티로폼, 비닐봉지 등		사기그릇, 항아리, 내열냄비나 반찬통, 화분

프링을 제거하거나 병이나 플라스틱 용기를 씻고 라벨을 떼어내어 버리는 등 재활용률을 높이는 소비자 실천이 요구된다.

(3) 업사이클링

업사이클링(upcycling)은 기존에 버려지는 제품에 디자인을 가미하는 등 새로운 가치를 창출하여 새로운 제품으로 탄생시키는 것을 말하며, 폐현수막으로 가방이나 화분을 만들거나 폐소방호스로 가방을, 헌 옷이나 넥타이 등으로 새로운 옷이나 지갑을, 해안에 버려진 빈 병을 치즈트레이로 탄생하게 하는 등 최근 새로운 트렌드로 자리 잡고 있다. 더구나 업사이클링은 사회적 기업이나 새로운 아이디어 기업들의 좋은 사업 아이템으로 자리 잡고 있다(한국업사이클링디자인협회, http:// kud.kr). 업사이클링은 과거 버려지는 전단지를 바구니로 접어 식탁의 생선가시 접시로 쓰거나, 찢어진 바지에 동물 모양 천을 덧대어 주시던 어머님들의 아이디어처럼 기업적 시도뿐 아니라 일반 소비자들도 스스로 버려지는 물건들을 창의적 아이디어로 실용성 있고 아름다운 생활물품으로 바꾸는, 실생활에서 충분히 실천할수 있는 녹색소비이다(그림 6-3).

환경오염과 자원고갈, 지구온난화 등과 관련된 많은 문제들은 현재의 소비패턴에서 기인하며(박명희 외, 2013), 이것은 전 지구적 문제로 소비자들에게 지속가능한 소비와 실천방안에 관심을 갖게 하였다. 최근 대두되고 있는 메이커와 메이커운동은 그 실천방안의 하나로 사람들의 삶과 사회를 바꿀 수 있는 대안 중 하나이다. 메이커란 만드는 사람, 필요한 뭔가를 만들고 그 과정을 공유하는 사람을 말하며, 메이커운동은 메이커들이 만드는 법을 공유하고 발전시키는 흐름을 말한다. 무언가를 만드는 것은 자본주의로 이루어진 '상품'과 거리를 두고 소외되었던 자신에게 주목하는 기회이며, 이 과정에서 우리가 원했던 사물을 사용하고 소비하는 방식을 고민하면서 자신이 직접 만든 물건을 신중하게 소유하고, 기쁘게 사용하는 과정을 거치면서 사물과의 관계는 돈독해지고, 물건을 아끼는 마음도 가질 수 있을 것이다(릴리쿰, 2016). 소비자는 구매를 통해서만 욕망을 충족시키는 구매자가 아니라 크리슈머(cresumer), 즉 창조하는 소비자인 것이다. 크리슈머는 상품 자체를 만들거나 특정 상품에 덧붙일 만한 가치적 속성을 만들어 내는 데 기여하는 소비

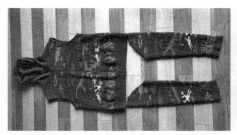
가디간 소매를 레그 워머로

조개에 천을 씌운 핸드폰 악세서리

고장난 블렌더를 화분으로

작은 건조대와 불판을 오이대로

그림 6-3 생활 속에서 실천하는 재사용과 새활용 사례

자이다(Samsung Newsroom, 2015.12.09.). 윤리적 소비자로서 만드는 행동을 삶의 일부로 받아들여서 삶의 질을 높이는 메이커로서의 활동을 실천할 필요가 있다. 이는 우리가 '쓰레기'라는 것을 어떻게 정의하고 인식하는지와도 관련이 있다. 현대 사회의 대량생산과 대량소비의 결과 예전 같으면 가치 있게 활용될 수 있는 것들이 이제는 쓰레기가 되었고, 자원의 순환적 흐름이 깨지게 되었다. 그리고 소비자들의 생활에서 만들기나 수선하기는 주변으로 밀려나게 되었고 가난의 습관으로 평가절하되었다(릴리쿰, 2016). 그러나 재사용, 재활용, 업사이클링의 개념에서 다시 쓰레기와 자원을 어떻게 인식하느냐에 따라 우리는 모두 메이커이자, 크리슈머의 위치를 회복하며 지속가능한 사회를 이루어 갈 수 있을 것이다.

4) 그린캠퍼스 운동

지구온난화의 위험성에 대한 우려와 이를 둔화시키기 위한 다양한 시도들과 정책들이 추진되고 이는 도시개발이나 건축, 생활 전반에 확산되고 있다. 대학 캠퍼스는 에너지를 많이 사용하는 인공물로서 2014년 에너지 총조사에 따르면 대학건물에서 사용하는 에너지는 대형건물 전체 소비량의 약 13.9%를 차지한다고 한다(최윤정, 2020, p. 17).

국내외에서는 그린캠퍼스에 대한 다양한 논의와 관심이 증가하고 있으며, 그린캠퍼스 실천을 증진하기 위한 노력이 적극적으로 진행 중인데, 그린캠퍼스(green campus), 에코캠퍼스(eco-campus), 지속가능한 대학(sustainable university), 친환경캠퍼스(eco-friendly campus), 저탄소 그린캠퍼스 등이 그것이다. 그린캠퍼스란 지속가능사회를 위한 대학 운영 및 교류·협력, 교육 및 연구, 친환경 교정 조성 등의 사업 수행을 위해 환경부장관이 지정하는 대학이다(https://www.gihoo.or.kr).

그린캠퍼스란 다음의 구성요소를 포함하는데, 대학은 그린캠퍼스를 이루기 위한 다양한 역할을 할 수 있다(김찬국, 정혜진, 2012, p. 138; 표 6-3).

- 생태친화적 공간 운영(eco-friendly operation)
- 환경영향을 최소화하는 자원 이용(low environmental impact)
- 참여적이고 형평성을 고려한 대학 운영(sustainable management)
- 교육과정의 녹색화(green curriculum)
- 지역사회 봉사(community service)
- 지속가능성 관련 연구 증진(sustainable research)
- 구성원과 지역사회 건강을 향상하는 환경(healthy environment)
- 에너지 절약과 전환을 통한 기후변화 대응(leadership on climate change)

환경부와 한국환경공단은 온실가스 대량 발생원 중의 하나인 대학이 온실가스를 감축하고, 지속가능 성장을 선도할 인재를 양성할 수 있도록 2011년부터 그린캠퍼스 선정 및 지원사업을 추진하고 있다. 그린 캠퍼스 선정대학은 첫째, 지속가능 사회를 위한 대학 운영, 둘째, 친환경 인재 양성을 위한 친환경 교육 및 연구를 실시하며, 셋째, 대학과 지역사회에 친환경 문화 전파를 위한 참여를 확산시키며, 넷째, 온실가스 감축을 위한 친환경 교정을 구축하는 역할을 하고 있다 (https://www.gihoo.or.kr).

그 결과, 국내에는 한국그린캠퍼스협의회, 경기, 부산, 충북, 서울그린캠퍼스협의회가 구성되어 있다. 한국그린캠퍼스협의회(2008년 설립)는 대학이 지속가능발전 원칙의 실현과 저탄소 녹색성장에 실천적으로 참여할 수 있도록 지속가능성교육과 연구를 장려하고, 캠퍼스 환경 보전과 에너지 절약에 앞장서며 지역사회와 협력하여 녹색문화 창달에 기여함을 목적으로 설립되었으며, 51개교가 회원대학으로 있다(그림 6-4). 그 외, 경기그린캠퍼스협의회에 62개교, 부산그린캠퍼스협의회 13개교, 충북그린캠퍼스협의회에 17개교, 서울그린캠퍼스협의회에 34개교가 회원으로 있다. 그린캠퍼스로 선정되기 위해서는 세 가지 조건이 요구되는데, 첫 번째 환경친화적인 캠퍼스를 위해 녹지공간 및 신재생에너지 시스템을 설치하고 에너지 절약 등 친환경 실천운동을 해야 한다. 두 번째는 각종 수업과 교내 캠페인을 통해 해당 학문을 습득하게 하고, 환경정화 실천 등을 통해 친환경 인재를 육성해야 한다. 마지막으로는 친환경생활 체험시설과 생태탐방로, 지자체 연계교육 등을 통해 지역사회와 친환경의식을 공유해야 한다(https://www.gihoo.or.kr/greencampus/intro/viewIntro02.do).

유럽과 미국의 주요 대학들은 1990년대부터 '지속가능한 발전을 위한 대학의 역할'에 관심을 갖고 협력체를 구성하였다. 유럽의 딸루아 선언(Talloires Declaration)이나 미국의 ACUPCC(American College & University Presidents' Climate Commitment), AASHE(Association for the Advancement of Sustainability in Higher

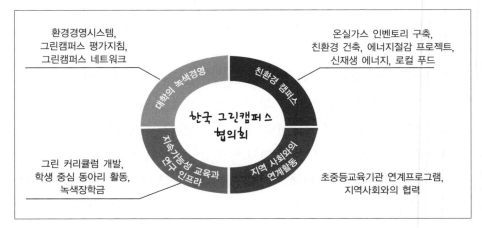

그림 6-4 환경부 그린캠퍼스

출처 : 환경부 그린캠퍼스(https://www.gihoo.or.kr/greencampus/info/viewInfo01.do)

Education) 등 협력체가 구심점 역할을 하면서 대학별로 그린 캠퍼스 활동을 전개하고 있다 .

영국에서는 2005년부터 고등교육재단이 에코캠퍼스 실천(EcoCampus Scheme)을 기획 · 운영하여, 포상, 워크숍 개최, 정보제공, 단계별 운영지원 핵심도구 제공 등 대학별 단계적 이행을 지원하고 있다. 수준별로 4단계 동상, 은상, 금상, 대상으로 분류하고 각 단계 이행 시 수상을 하고 있으며, 참여대학으로는 케임브리지 대학, 임페리얼 컬리지 등 50개 대학이 있다. 미국에서는 대학별 자체 노력과 함께 676개 대학 총장과 3,500개 연구소가 참여하는 기후변화위원회를 운영하며 온실가스 인벤토리 구축 및 감축을 추진하고 있다. 또한 대학별 배출 이산화탄소량 감축 목표를 정하고 실행에 옮기는 '행동 프로그램'을 마련하였다. 2007년부터는 고등교육 지속가능발전협의회(AASHE)를 통해 등급별 평가지표(STARS)를 운영하고 GOLD, SILVER, BRONZE, REPORTER 등 4등급으로 그린캠퍼스 이행수준을 평가하고 있으며, 예일대, 뉴욕대, UCLA등 412개 교육기관이 STARS에 참여하고 있다(https://www.gihoo.or.kr/greencampus).

5) 생태도시 운동

전 세계에서 도시가 차지하는 면적은 지구 표면적의 1%밖에 안 되지만 도시는 전 세계 생산전력의 75%를 차지하고, 이산화탄소 배출량의 75%를 배출한다. 현재 전 세계 인구의 절반이 도시에 거주하고 있고, 도시화율이 2050년에는 3분의 2로 올라갈 것으로 예측되고 있다. 최근 유럽연합은 2020년까지 온실가스 30% 감축을 위해 도시의 역할을 크게 강조하고 있다(이재준, 2011, p. 48). 미국 대도시 지역에서 한 사람이 연간 교통정체로 허비하는 시간이 1982년에 11시간에서 1999년에는 36시간으로 증가한 것으로 나타났다. 교통체증이 극심한 방콕에서는 운전자들이 1999년 한 해 동안 평균 44일에 해당하는 시간을 정지된 자동차 안에 앉아서 허비했다(양병이, 2011, p. 7). 이러한 문제들을 해결하여 도시의 지속가능성을 확보하기 위해 생태도시(Eco-City), 지속가능도시(Sustainable City), 또는 녹색도시(Green City)에 대한 관심과 노력이 증대되고 있다.

생태도시 또는 지속가능도시란 생태계를 회복하고 자연환경을 보존하며 환경오염을 줄이는 데 그치지 않고 한 도시 내 정치, 경제, 사회, 문화 전반에 걸쳐 미래세대의 이익을 고려하는 도시를 말한다(시민환경연구소(편), 2001, pp. 19-20). 이와 같은 녹색도시를 만들기 위한 원칙으로는 자립성의 원칙, 다양성의 원칙, 순환성의 원칙, 안정성의 원칙을 들 수 있는데, **자립성**이란 도시 생태계를 유지하기 위해 필요한 식량, 에너지, 물 등의 자원을 자급하여 외부 의존도를 낮추는 것을 말한다. 도시 생태계가 취약한 것은 도시에서 필요한 모든 자원을 외부에 의존하고 있기 때문이다. 따라서 자립성의 원칙에 따른 도시의 모습은 탄소중립도시, 물을 절약하고 빗물을 활용하는 도시, 먹거리를 생산하는 도시이다. 다양성은 도시사회의 구조(인간)뿐 아니라 자연생태계에도 해당된다. 다양성의 원칙에 입각한 방법은 야생동물이 함께 잘 살아가는 도시, 훼손된 생태계를 치유하는 도시, 생태적으로 다양한 도시 만들기가 그것이다. 순환성은 도시의 모든 물질이나 자원을 한 번 사용하고 버리는 것이 아니라 재활용과 재사용을 통해 물질순환이 이루어지도록 하는 것을 말한다. 순환성의 원칙과 관련된 도시의 모습은 쓰레기가 배출되지 않는 도시, 물의 순환이 원활하게 이루어지는 도시, 자연의 섭리를 잘 활용하는 도시, 오수를 재활용하는 도시가 될 것이다. 안정성은 도시가 외부로부터 충격을 흡수하여 사회와 생태계를 안정적으로 유지하는 것을 의미한다. 예를 들어 물이나 전기의 공급이 끊어졌을 때에도 도시만의 생활이 가능하고 도시가 안정적으로 유지되는 것을 말한다. 자연상태의 물길이 흐르는 도시, 오염 없는 도시, 자전거와 보행 네트워크를 갖춘 대중교통 중심의 도시, 기후변화에 적절히 대응하는 도시가 될 것이다(양병이, 2011, pp. v-vi).

이를 위해 생태도시 만들기 10원칙이 제안되고 있다(이재준, 2011, pp. 53-54).

1. 토지이용은 조밀하면서 다양하고, 푸르면서 안전하고 쾌적하며, 대중교통에 인접한 활기찬 커뮤니티를 조성하는 데 우선순위를 둔다.
2. 교통은 도보, 자전거, 대중교통에 우선순위를 둔다.
3. 훼손된 도시환경, 특히 실개천, 해안선, 산맥, 습지를 회복시킨다.
4. 안전하고 편리하고 경제적으로 화합된 주택단지를 만든다.
5. 사회정의를 배양하고 여성, 지체부자유자, 외국인 등 사회약자들에게 우호

적인 기회를 제공한다.

6. 도시녹화 프로젝트, 커뮤니티의 공원화를 위해 노력한다.

7. 환경오염과 독성폐기물을 줄이면서 재활용, 신기술, 자원보전을 권장한다.

8. 생태적으로 건전한 경제활동을 위해 기업과 함께 일한다.

9. 검소한 생활을 권장하고 물질의 과소비를 억제한다.

10. 생태적 지속가능성 이슈에 대한 국민의식을 고양시키는 활동가 및 교육 프로젝트를 진행한다.

이러한 생태도시를 지향하고 실천하는 국내외 사례를 살펴보면 다음과 같다(김해창, 2003; 시민환경연구소(편), 2001; 양병이, 2011; 이규인, 2004; 이노우에 토시히코, 스다 아키히사(편), 2002; 이재준, 2011; http://www.kcti.re.kr/web_main. dmw?method=view&contentSeq=196; http://skccblog.tistory.com/1496; http://blog.hani.co.kr/greenvil/115).

생태도시란 전체 도시의 기반을 생태계의 순환 원리에 두는 것을 의미하며, 생태도시에서는 인간 활동이 생태계에 끼치는 부담을 최소화하고, 인간만을 위한 공간이 아니라 생태계의 다양한 구성요소와 공존하는 공간을 지향하는 것이 기대된다. 이런 점에서 생태도시의 역사가 짧은 우리나라에서 적절한 생태도시의 예를 찾는 것은 어렵다. 일반적으로 우리나라에서 생태도시에 부여하는 의미는 도시마다 제각각이다. 생태도시를 살기 좋은 쾌적한 도시, 숲이 많거나, 환경기초시설이 잘 갖춰진 도시 정도로 생각하는 경우가 많다. 따라서 종합적인 면에서는 크게 부족하지만 우리나라 생태도시들은 각 부문별로 생태도시를 향한 노력을 시도하는 중이다. 녹지를 넓히고, 하천수질 및 대기질 개선, 교통망을 정비한 서울특별시, 하천의 생태적 복원을 이룩한 전주시(전북)와 청주시(충북), 자전거의 교통수송분담률이 20%인 상주시(경북), 저탄소 녹색시범도시 강릉, 친환경 순천만과 문화유산으로 절대보전지역인 순천(전남), 물환경도시이자 저탄소 친환경 생활 실천, 그리고 지속가능한 생태도시 조성을 위한 민관협업을 강화하는 울산(경북), 국내 최초로 분뇨처리장과 같은 기피시설을 활용해 만든 신재생에너지를 생산하고 판매하는 친환경에너지타운을 조성하는 홍천(강원도) 등 여러 도시들이 생태도시의 가치를 실현하기 위한 노력을 보이고 있다.

이 밖에 대부분의 지자체가 개발사업에 제약을 받을 것을 우려해 관할지역에 환경보전지구가 지정되는 것을 꺼리는 상황에서 스스로 관내 하천을 환경부에 습지보전지역으로 지정하도록 한 전남 담양군을 비롯하여, 국내 지자체 가운데 처음으로 야생동식물 서식현황까지 상세히 표시된 경기 성남시의 도시생태현황도 제작, 역시 전국 처음으로 지자체 단위에서 온실가스 배출량 감축을 시도하고 있는 충북 제천시의 기후보호도시기본계획 추진 등도 작지만 의미 있는 움직임이다.

생태도시의 해외사례로 합리적인 대중교통체계 구축으로 유명한 브라질의 쿠리치바는 문화유산을 보존하는 문화적 가치를 창출하고, 재활용 쓰레기 수집, 도시 녹지화 등으로 세계 환경수도의 대명사가 되었다.

네덜란드 아메르스포르트는 지속가능한 도시, 탄소 제로 도시, 신재생에너지의 핵심 도시로서 공공기관 건물에 태양광 집열판이 설치되고, 인간의 삶의 질이 한층 높아질 수 있음을 보여 주는 모범사례라고 할 수 있다.

독일 프라이부르크는 녹지 70% 이상, 태양·풍력 등의 무공해 발전, 식수와 생활용수를 따로 공급하는 중수도 시스템, 도로포장을 최대한 줄인 무공해 교통망, 도심 속 농경지 등을 목표로 만들어 가는 도시를 녹색도시라고 말할 수 있다.

스웨덴 말뫼시의 목표는 '클린 테크시티'로서 세계 최고 수준의 지속가능도시가 되는 것이며, 이를 위해 신재생에너지 및 친환경 기술 개발에 대한 투자를 강화하고 있다. 말뫼시 앞바다 근해 풍력단지는 세계에서 세 번째 규모로, 릴그랜드 풍력 발전소 가동으로 인근 6만여 가구에 전력을 공급하고 있다.

이 외에 자연, 인간, 도시가 평등한 덴마크 코펜하겐, 슬로푸드와 슬로시티 운동이 시작된 이탈리아 오르비에토, 대중교통과 자전거 전용도로가 가장 발전한 미국 포틀랜드, 환경 친화적 작은 주택단지로 유명한 영국의 베드제드, "7대손을 생각하고 결정하라"는 체로키 인디언의 말을 지역사회에서 실현하며, 교통개혁을 실현한 미국 채터누가 등이 있다.

자연환경 측면을 강조한 생태도시 개념에 지역문화의 가치 인식을 더하여 1999년 이탈리아 그레베 인 끼안티에서 시작된 슬로시티 운동은 슬로푸드 먹기와 느리게 살기로부터 시작되었다. 슬로시티 운동의 철학은 성장에서 성숙, 삶의 양에서 삶의 질로, 속도에서 깊이와 품위를 존중하는 것으로 느림(slow), 작은(small), 지속성(sustainable)에 주목하며, 인간 사회의 진정한 발전과 미래를 위해 지속가능한 도시 발전과 시민의 삶의 질 향상을 조화롭게 실현하고자 하는 것이다. 지역의 고유한 자연환경, 전통산업, 문화, 음식 등을 지키면서 지역민이 주체가 되는 도시발전의 대안모델을 제시하고 있다. 이는 환경적, 사회적, 경제적 지속가능성을 강조하고 있다. 현재 국제슬로시티운동에 가입된 도시는 2020년 기준 30개국 267개 도시로서 한국에는 담양, 완도, 신안, 하동, 예산, 전주, 상주, 청송, 영월, 제천, 태안, 영양, 김해, 서천, 목포, 춘천이 가입되어 있으며, 해외에서는 남아공 세즈필드, 중국 가오천, 헝가리 호드메죄바사르헤이, 호주의 굴와, 터키의 세페리히사르, 폴란드의 러셀, 프랑스의 세공작, 미국 소노마 밸리, 독일 헤이스부르크 등이 있다(한국슬로시티 cittaslow.co.kr).

4. 윤리적 소비자는 어떻게 사는가?

1) 안전한 걸 먹는다는 게 중요한 게 아니라 환경이 중요한 거죠. (30대 전업주부)

방과 후 초등학교에 가서 안전한 먹거리 강좌를 하고, 한 달에 두 번 정도 동네 사람들과 한 끼 식사를 하며 마을 모임을 꾸리고 있다. 그리고 일주일에 한 번 환경단체에서 주관하고 있는 생태안내자 강의를 듣고 있는데 안전한 먹거리에 관심이 있고 생협을 통해 환경문제에 관심을 갖기 시작했다.

쇼핑은 어떻게 하나요?

농산물은 모두 생협에서 사요. 물론 생협에서도 수입해서 판매하는 거나 인스턴트 같은 것은 사지 않죠. 먼 거리에서 기름을 써 가면서 갖고 오고 만들어진 것을 굳이 먹어야 할까 그런 생각이 들거든요. 생협에서 시킬 때도 가급적 가까운 데서 생산된 것을 먹으려 하죠. 아이들 옷은 친척들하고 동네 사람들한테서 물려 입고, 물려주고, 그렇게 하죠. 옷을 살 땐 물빨래되는 옷을 사려고 하구요. 대형마트는 안 가요. 마트는 공산품 같은 걸 살 때 갔었는데, 내가 필요하지도 않은데 사야 하는 경우가 많더라구요. 그렇게 되면 버리는 경우가 많더라구요. 싸다고 많이 사서 절반

정도 버리게 되는 거예요. 절반의 돈을 버리게 되는 거죠. 그리고 대형마트는 지역
경제에 도움이 되지 않는다고 해서 더 안 가게 됐죠. 그래서 실내화나 그런 걸 살
때는 시장에 가서 사요. 가장 기본적으론 가급적 안 사려고 해요. 이거 나중에 어떻
게 처리될까 그런 생각을 하게 돼서요. 이 물건의 과정을 자꾸 생각하게 됐구요, 그
러니까 잘 안 사게 되고, 가능하면 벼룩시장이나 이런 데 가서 사려 하죠.

생협과 환경단체에서 활동하게 된 계기는?

생협에서 놀자캠프를 갔는데, 다른 데서 하는 캠프는 먹을거리도 많이 주고, 프로
그램이 타이트 하잖아요. 근데 거긴 그렇지 않더라구요. 한지 만드는 체험하고 미
술관 가서 구경하고 자기가 싸 온 점심을 먹곤 나머지 시간은 자기가 알아서 놀아
야 하는 거였어요. 다른 때 같으면 프로그램 쫓아다니느라 바빠서 풍경을 보거나
느끼지도 못하고 올 텐데. 그때 느꼈어요. 아, 노는 것도 우리가 돈에 맞춰 노느라
제대로 못 놀았구나 하는 그런 생각을요. 그런 경험들이 쌓이다 보니 생협에서 물
품위원 등에 참여하게 됐고, 그렇게 하다 보니 환경에 관심을 갖게 돼서 환경단체
에 가서 강의도 듣고 자원봉사활동까지 하게 됐지요.

4년 동안의 윤리적 소비행동을 통해 변한 의식은?

처음을 생각하면 참 부끄러워요. 처음 친환경농산물을 먹기 시작했을 땐 안전한
걸 먹고 싶다는 제 욕심이었잖아요. 근데 지나고 나면서 안전한 걸 먹는 건 크게
중요하지 않더라구요. 내가 먹는 게 다가 아니라 내가 마시는 공기, 물, 이런 내가
가린다고 가려지지 않는 모든 것들이 중요한 거였죠. 이젠 이기적인 걸 넘어야겠
다는 생각을 해요. 결국 내 생활이랑 다른 사람한테 내가 해 줄 수 있는 것들을 찾
아야 한다는 것을 깨달았죠.

2) 우리 지역의 환경보전과 지속가능발전을 위해 힘쓰죠. (40대 ○○시 지속가
능발전협의회 사무국장)

○○시 지속가능발전협의회에서 활동하게 된 계기와 주로 하시는 일은 무엇인가요?

여기 의제에 온 것은 2011년 1월이고요, ○○에는 2000년에 와서 나눔자활훈련기
관에서 일을 했었어요. 그 뒤로 ○○ 지역에서 일을 계속 같이 하자고 해서 그 당

시 ○○이 ○○산 살리기 운동을 개발하려고 했던 때여서 시민단체 일을 하면서 시민의식을 변화시키는 데 교육이 굉장히 중요하다고 생각해서 2004년에 환경교육센터를 만들었어요. 7년간 환경교육센터에서 일하고 이쪽으로 오게 되었죠. 지금은 환경영역에서 일을 해요. 의제는 1992년 리우에서 채택되었는데 우리나라도 1996년부터 서울에서 만들어지기 시작했고, 240개 시군구 중 한 230개는 있어요.

일을 하면서 소비를 할 때 달라진 점은 무엇인가요?

학교 다닐 때부터 사회문제에 관심이 있어서 처음에는 인권 쪽의 일을 했었어요. 하다 보니까 지역에 와서는 시기적으로 필요한 일이 환경적인 일이겠다 해서 환경 쪽 일을 했구요. 물론 저도 도시생활에 굉장히 익숙해져 있는 편이었는데, 환경운동을 하면서 그런 면에 있어서 이렇게 생활하면 안 되겠구나 하는 지점들이 많은데… 생각을 가지고 있다가 생활에서 실천하는 것까지는 시간이 굉장히 걸렸어요. 환경교육을 가면 사람들에게 생활패턴이나 생활방식의 변화를 이야기하는데 제가 실천하지 않으면 안 되는 것들이 있잖아요. 그래서 차를 없애는 것부터 시작해서 집 안에서 에너지 사용을 줄이고 웬만하면 대형마트는 끊고 안 가고 있거든요. 생협도 이용하고 있고, 지역의 공제조합을 이용하고….

윤리적 소비행동을 통해 변한 의식은 어떤 것인가요?

제가 하는 활동을 통해서 지역이 변화하고 새로운 것이 안착되는 것을 보니 보람 있고 좋은 것 같아요. 언제 또 시민단체로 가서 활동을 하게 될지 모르겠지만 저는 일자리를 찾아서 온 게 아니라 지역에서 "너가 이 일을 하면 좋겠다."라고 해서 그냥 가서 일하겠다고 한 것이어서 앞으로도 쭉 이 일을 하면서 살게 될 것 같아요.

우리는 진정한 환경주의자인가?

우리 곁에 유행처럼 자리 잡은 '녹색 소비'를 비판한 책『녹색 탈을 쓴 소비 자본주의, 에코의 함정』은 '게으른 환경주의자'에게 일침을 가한다. '게으른 환경주의자'란 유기농 표식을 부착한 먹거리가 지구를 건강하게 만들고, 바이오 연료가 생태계에 이로우며, 클릭 한 번으로 손쉽게 자신이 배출한 이산화탄소를 통제할 수 있다고 믿는 사람들을 말한다. 저자 헤더 로저스는 우리의 소비가 이루어지는 경제구조와 정치구조를 무시한 채 소비가 우리를 자유롭게 만들어 줄 것이라는 믿음이 얼마나 대책 없는 낙관론인지를 철저하게 파헤친다. 그는 지구를 구할 진정한 방법은, 물건을 사서 쓰는 소비가 아니라 우리의 생활방식을 바꾸는 데서, 그리고 바라는 세계의 모습을 실현해 가려는 노력에서 찾을 수 있다고 말하면서 '녹색'과 '자본주의'가 양립할 수 있는지에 대하여 성찰한다.

이 책에서 저자는 우리의 '녹색소비'가 가치 없다고 매도하는 것이 아니다. 그러한 소비자 행동에 실제적인 힘이 있는지를 진지하게 묻는 것이다. 이윤과 논리, 경쟁에 몰두하는 녹색경제로는 우리의 양심, 환경, 지구, 그 어느 것도 구할 수 없음을 강조한다. 이를 증명하기 위해 파라과이의 유기농 사탕수수밭에서부터 인도네시아의 열대우림, 미국 자동차 대기업의 중역실까지, 지구 곳곳에서 벌어지고 있는 녹색의 현실을 보도하고 있다.

『녹색 탈을 쓴 소비 자본주의, 에코의 함정』
헤더 로저스 지음, 추선영 옮김, 이후, 2011

토론해 봅시다

1. 녹색소비는 우리 사회의 경제적 성장을 방해하는가? 녹색소비와 자본주의 경제가 조화롭게 양립할 수는 없을까?

2. 내가 가진 물건 중 꼭 필요한 것과 없어도 되는 것을 분리해 보자. 없어도 되는 물건들을 나는 왜 소유하고 있나? 이것이 없다면 우리의 삶은 어떻게 될까?

3. 소비자들의 녹색실천을 확대하기 위해 음식물 쓰레기 종량제나 빈 용기 보증금 인상과 같은 제도를 실시하고 있다. 새로운 제도들을 제안해 본다면?

그린캠퍼스 가이드북 최윤경(2020), 충북대학교출판부

최근 지구온난화 진행단계가 심각한 징후를 보이고 있어, 에너지 다소비 기관의 상위권을 독점하고 있는 대학 캠퍼스의 그린캠퍼스로의 전환이 시급한 상황이다. 이에, 이 책은 그린캠퍼스 추진의 필요성, 그린캠퍼스의 개념, 관련제도, 선진 그린캠퍼스의 추진내용, 추진전략을 제안한다. 아직 시작단계에 있는 우리나라 그린캠퍼스 추진을 위해, 캠퍼스 운영진과 구성원으로서 실천의지의 마중물이 될 수 있도록 사진과 쉬운 언어로 소개하고자 하였다.

그레타 툰베리의 금요일 그레타 툰베리, 스반테 툰베리, 말레나 에른만, 베아타 에른만(2019). 책담.

문제의식 없이 행복한 일상을 누리다가 특별한 계기로 삶이 완전히 달라지게 된 한 가족의 이야기이자 곧 지구상의 많은 가족과 개인이 겪게 될지도 모를 이야기이다. 이 책은 스웨덴의 유명한 오페라 가수인 엄마와 연극배우인 아빠, 큰딸 그레타와 작은딸 베아타가 적극적으로 환경 운동에 앞장서게 된 데까지의 힘들고 가슴 아프지만, 감동적인 경험담을 담고 있다. 무엇보다 아스퍼거 증후군을 앓고 있는 16세의 그레타가 왜 세계가 주목하는 환경 운동가가 될 수밖에 없었는지를 생생하게 증언하고 있다.

위장환경주의 카트린 하르트만(2018). 에코리브르

다국적 기업은 자신들의 행동을 위장하기 위해 어떻게 환경을 이용하는가? 환경의 범위는 넓고도 깊다. 그 가운데 현재 가장 뜨거운 주제는 지구 온난화다. 기온 상승을 억제하기 위해 전 지구적으로 다각적인 노력을 펼치고 있으나 번번이 실패했다. 그렇다면 그 실패의 원인은 무엇일까? 이 책은 이러한 실패의 원인들 가운데 가장 근본적인 사실을 찾아 나서는 노력이라고 할 만하다. 바로 환경을 교묘하게 이용해 끊임없이 탐욕을 채우는 다국적 기업과 일부 NGO의 민낯을 집요하게 추적하고 분석하기 때문이다.

지구에 대한 의무 I – 우리의 삶은 어떻게 환경을 파괴하는가 스티븐 부라니, 폴 툴리스, 조너선 왓츠, 다르 자메일(2022). 스리체어스

삶의 터전을 파괴하는 유용한 재료들. 더 나은 삶을 위해 생각해야 할 인간의 의무. 영국 언론 『가디언』이 추적한 악순환의 늪에 빠진 지구의 실상. 인류가 더 편리하고 쾌적하게 살기 위해 만들어 낸 것들이 지구를 파괴하고 있다. 지구를 지속 가능한 상태로 유지하는 방법은 무엇일까. 지구에 대한 인간의 의무를 돌아본다.

그건 쓰레기가 아니라고요 홍수열(2020). 슬로비

국내 최초의 한국형 분리배출 안내서
재활용될 거라 굳게 믿고 열심히 분리해서 버린 당신의 쓰레기는 어디로? 제대로 '잘' 버려야 되살릴 수 있다!
우리가 내놓는 재활용 쓰레기의 실제 재활용률은 불과 40%, 나머지는 쓰레기로 남아 어딘가를 떠돈다. 재난이 된 쓰레기, 어떻게 해야 자원이 될까? 해법은 분리배출에 있다. 자원화할 수 있는 재활용품이 쓰레기로 처리되는 현실에서 벗어나려면, 배출자가 쓰레기를 제대로 알아야 한다.

착한 소비는 없다 최원형(2020). 자연과생태

'착한 소비'는 없지만 '똑똑한 소비'는 있습니다.
현대 사회에서 소비란, 지구 자원을 쉼 없이 착취해서 온갖 물건을 만들어 쓰고는 이내 쓰레기라는 이름으로 곳곳에다 버리는 일과 다름없다. '착한 소비'란 있을 수 없는 시대가 되어버린 것이다. 이 책은 이제껏 우리가 무분별하게 소비해 온 방식이 어떻게 폭염과 한파, 미세 먼지, 빙하 감소, 물과 식량 부족, 생물 멸종, 방사능 피폭, 노동 착취, 성 테러 등과 이어지는지를 일상 속 사례를 들어 차근히 짚어준다. 이와 더불어 조금이라도 덜 쓰고, 여러 번 다시 쓰고, 꼼꼼하게 살펴 쓰는 방식이 어떻게 지속 가능한 지구, 사회로 방향을 트는 데 도움이 되는 '똑똑한 소비'로 이어지는지를 찬찬히 알려준다.

불편한 진실

2006년 개봉 다큐멘터리 영화

기상이변으로 인한 심각한 환경 위기! 킬리만자로, 몬태나주 빙하국립공원, 콜롬비아 빙하, 히말라야, 이탈리아 알프스, 남미 파타고니아… 바로 전 세계에 자연의 경이로움을 자랑하는 빙하와 만년설을 가진 곳이다. 하지만 그것도 옛말이다. 지구 역사 65만 년 동안 가장 높은 온도를 기록했던 2005년, 대부분의 빙하 지대가 녹아내려 심각한 자연 생태계의 파괴를 불러왔다. 모든 것이 지구온난화 때문이다.

미국 전 부통령이자 환경운동가인 앨 고어는 지구온난화가 불러온 심각한 환경위기를 전 인류에게 알리고자 모든 지식과 정보가 축약된 슬라이드쇼를 만들어 강연을 시작했다. 그가 이야기하는 지구온난화의 진행 속도와 영향력은 심각하다. 인류의 변화된 소비 행태가 부추긴 CO_2의 증가는 북극의 빙하를 10년을 주기로 9%씩 녹이고 있으며 지금의 속도가 유지된다면 오래지 않아 플로리다, 상하이, 인도, 뉴욕 등 대도시의 40% 이상이 물에 잠기고 네덜란드는 지도에서 사라지게 된다. 빙하가 사라짐으로 인해 빙하를 식수원으로 사용하고 있는 인구의 40%가 심각한 식수난을 겪을 것이며, 빙하가 녹음으로 인해 해수면의 온도가 상승, 2005년 미국을 쑥대밭으로 만든 '카트리나'와 같은 초강력 허리케인이 2배로 증가한다. 이와 같은 끔찍한 미래는 겨우 20여 년밖에 남지 않았다.

기온 상승은 국가를 막론하고 전 세계에서 진행되고 있다. 기온이 상승함으로 인해 어떤 지역은 대홍수, 또 다른 지역은 극심한 가뭄을 겪을 것이며 기후까지도 완전히 뒤바꿔 놓을 것이다. 이는 인류의 생명과 지구의 안위를 위협할 것이며, 우리는 결국 평생의 생존 터전과 목숨까지도 잃게 될 것이라고 앨 고어는 경고한다. 지금부터라도 환경 위기를 극복하기 위해 실천하고 행동한다면 우리의 미래는 달라질 것이라고 앨 고어는 이야기한다.

김성균(1997), 녹색사회를 향한 친환경적 소비에 관한 연구, 지역연구, 16, 101-116.

김찬국, 정혜진(2012), 그린캠퍼스의 개념 정립과 그린캠퍼스 평가틀 개발, 한국환경교육학회 학술대회 자료집, 136-139.

김해창(2003), 환경수도, 프라이부르크에서 배운다, 이후.

릴리쿰(2016). 손의 모험. 코난북스.

박명희, 박명숙, 제미경, 박미혜, 정주원, 최명숙(2013), 가치소비시대의 소비자의사결정, 교문사.

변희원(2021), 친환경 탈을 쓴 기업 ··· '그린워싱'에 속지 마세요, 조선일보 2021년 6월 3일.

손상희, 김경자, 나종연, 최신애(2010), 녹색소비역량의 구성체계와 측정지표에 관한 연구, 소비자정책교육연구, 6(3), 95-119.

송유진, 이정, 김길홍, 유현정(2011), 그린워싱 정보 인식에 따른 소비자의 구매행동의도, 소비자학연구, 22(1), 315-338.

시민환경연구소 편(2001), 생태도시로 가는 길, 도요새.

신민경(2014), 녹색소비정책의 소비자지향성 비교 평가 연구, 소비자학연구, 25(5), 85-113.

양병이(2011), 녹색도시 만들기, 서울대학교 출판문화원.

오마이뉴스, 2021.11.15. 진화하는 기업들의 그린워싱, 속지 않기 위해 필요한 것들

이경아, 황은애(2009), 저탄소녹색소비 실천정보 활성화 방안 연구, 한국소비자원 정책연구보고서.

이규인(2004), 세계의 지속가능한 도시주거, 발언.

이노우에 토시히코, 스다 아키히사 편, 유영초 역(2002), 세계의 환경도시를 가다, 사계절.

이재준(2011). 녹색도시의 꿈. 상상대자인.

조성렬(2021), 지구생태용량초과의날, 중부매일 2021년 7월 4일.

중부메일, 2021.07.04.

지현영(2021), 진화하는 기업들의 그린워싱, 속지 않기 위해 필요한 것들, 오마이뉴스 2021년 11월 15일.

최윤정(2020). 그린캠퍼스 가이드북. 청주시, 충북대학교 출판부.

허종호, 안나, 임효창(2006), 녹색 소비자의 특성에 관한 연구, 경영컨설팅연구, 6(2), 145-165.

환경부(2015), 교토의정서 이후 신기후체제, 파리협정 길라잡이.

후쿠오카 켄세이(2014). 즐거운 불편. 달팽이.

〈참고 사이트〉

농림부 스마트 그린푸드의 저탄소발자국 식생활 http://ww.smartgreenfood.org

농림식품기술기획평가원 https://blog.naver.com/prologue/PrologueList.naver?blogId=ipet1002&categoryNo=19

농림식품기술평가원 https://blog.naver.com/ipet1002/222175673110

산업통상자원부 국가기술표준원 GR제품정보시스템 http://www.buygr.or.kr/

에코마일리지 http://ecomileageseoul.go.kr/home

자원순환보증금관리센터 https://www.cosmo.or.kr/home/main.do

한국기후환경네트워크 탄소발자국 기록장 www.kcen.kr/cbook

한국슬로시티 cittaslow.co.kr

한국업사이클링디자인협회 http://kud.kr

한국에너지공단 https://eep.energy.or.kr/business_introduction/effi_summary.aspx

한국자원순환유통자원센터 http://www.kora.or.kr

한국환경공단 https://www.gihoo.or.kr

환경부그린캠퍼스 https://www.gihoo.or.kr/greencampus/intro/viewIntro02.do

CO_2 줄이기 탄소포인트제 http://www.cpoint.or.kr

Eco Network http://www.ecomoney.co.kr

https://news.samsung.com /[스페셜 리포트] 6부작 특별 기획 'IT로 문화 읽기'_④소비 문화, 컨슈머 · 프로슈머 · 크리슈머까지… IT가 소비 문화도 바꾼다 카테고리 : 스페셜 리포트 특별기획, 2015/12/09

Recycleeverywhere http://www.recycleeverywhere.ca

Teachers Pay Teachers http://www.teacherspayteachers.com

7

로컬소비

다른 조건이 같다면
그 지역에서 나는 농산물을 먹는 게 나은 여러 가지 이유가 있다.
가장 중요한 이유는 화석연료 등 에너지 사용의 감소이다.
두 번째는 투명성이 높아진다는 사실이다.
또한 더불어 살아가는 공동체의 가치가 회복된다.

- 피터 싱어, 『죽음의 밥상』 중에서

- 내가 먹는 음식들은 어디에서 왔을까?
- 전통시장이나 지역의 중소 소매점을 이용하는 것이 지역경제에 어떠한 영향을 미칠까?

그 씨앗 속에는 씨앗이 있을까?

EBS 지식채널e 2014. 10. 28.

탐스러운 배추에서 받아낸
배추 씨앗을 다시 땅에 심으면?

2대째 정체불명의 잡초
3대째 온갖 벌레의 공격으로 초토화
4대째 괴상한 모양의 배추

끝내 배추 씨앗에서 배추를 수확하지 못한
한 농부의 5년간의 실험

씨앗의 정체
많은 수확을 위한 품종개량

한번 수확하고 나면
스스로 파괴하도록 만들어진 일회용 씨앗

우리 농작물의 50% 이상
해마다 새로 사게 되는
외국 종자 회사의 비싼 씨앗

씨앗 가격에 포함되어 지불되는 로열티
연간 약 200억 원

그 배추 씨앗에서는 다시 배추가 나지 않는다.
그 토마토 씨앗에서는 다시 토마토가 나지 않는다.

그 씨앗의 대부분
뛰어난 상품성, 뛰어난 수익성
'돈이 되는 작물들'

그리고
작고 못생긴
몇 안 되는 열매

그중 제일 좋은 것 몇 개는
먹지 않고 남겨 잘 말린 뒤
다시 씨앗으로 만든다.

30년 된 왕가래팥, 돼지파, 갓끈동부…
50년 된 토종 물고구마, 밀갓, 조와 수수…
100년 된 하얀 팥, 밤콩, 녹두…

작고 느리고 볼품없지만
더 달고 맛있는 열매

오랜 시간 변화하는 기후에도
스스로 적응해 살아남는
'토종'을 물려주시는 할머니들

70년대 이후
급속도로 사라지기 시작한 우리 토종 씨앗은
현재 5% 정도만 남아있다.

"저 집 호박이 실하면 거기서 호박씨 받아다 심고
우리 집 콩이 잘 되면 내 씨앗 갖다 주지.
옛날부터 씨앗은 서로 나눠 갖는 거야."

로컬소비는 세계화와 시장자유화로 인해 나타나는 다양한 문제를 극복하기 위해 소비생활을 통해 삶의 양식 변화를 도모하는 운동이다.

로컬소비는 지역의 제품을 그 지역의 주민이 소비하는 것이 핵심으로 지역 공동체의 연대와 결합을 증진하고, 지역의 재화와 서비스를 구입함으로써 지역경제를 발전시킨다. 또한 과도한 생산과 소비를 줄임으로써 환경 개선에 기여하고 소비물의 안전성을 높이는 역할을 한다. 따라서 로컬소비는 환경적·사회적·경제적 측면에서의 지속가능성을 증진하는 윤리적 소비라고 볼 수 있다.

이 장에서는 로컬소비가 무엇이며 로컬소비를 왜 실천해야 하는지 알아보고, 로컬소비를 실천하는 대표적인 방식인 로컬푸드 운동과 지역상권 살리기 운동에 대해 검토하고, 국내외 로컬소비 실천 사례에 대해서 살펴본다.

1. 로컬소비란 무엇인가?

1980년대 이래로 세계는 자유시장정책의 방향으로 움직이며 국경을 넘어선 경제적 통합이 증가하게 되었다. 이러한 흐름은 지구상의 모든 인간과 자연을 산업경제 시스템에 적용하는 세계화를 가속시키고 있다(유호근, 2009).

신자유주의자들은 세계화에 의한 시장자유화가 빈곤과 불평등을 감소시키고, 생활수준을 향상시키며, 후원자–수혜자적 의존을 탈피하게 하는 등 긍정적인 영향을 가져온다고 주장한다. 그러나 실제 통계를 보면 그들의 주장과는 현저하게 차이가 나는 현실을 알 수 있다. 세계화의 본질이 경제발전과 경제성장이라는 이데올로기의 끊임없는 확장에 있으므로 세계화는 곧 모두를 소비주의에 흠뻑 빠지게 한다(Hamilton, 2010). 자본에 의해 주도된 신자유주의 세계화는 경쟁과 효율만을 강조한 결과 경제적 불안정성 및 노동 불안정성 증대, 대규모 실업과 노동조건의 악화, 부와 소득의 불평등과 빈곤의 심화 등을 야기하였다(김창근, 2009). 또한 세계화로 통합된 시장에서 전 지구적인 거래를 하려면 거대한 물자를 이동시키기 위해 상당한 연료를 사용해야 한다. 이는 직접적으로는 기후변화에 악영향을 주고 간접적으로는 지역경제의 쇠락, 식품 안전성 문제 등을 야기한다(Christmann & Taylor, 2002). 신자유주의 세계화 운동은 스스로가 낳은 부정적 결과 때문에 '반세계화 운동', '대안세계화 운동', '반자본주의 운동' 등 다양한 저항에 직면해 왔다.

이처럼 세계화의 문제를 극복하고자 하는 운동이 곧 로컬운동이며, 소비생활을 통해 삶의 양식 변화를 도모하고자 하는 운동이 바로 로컬소비이다. 로컬소비는 지역에서의 생산과 소비로 경제의 지역화(localization)를 이루는 것을 의미하며, 신자유주의적 자본주의의 문제를 규모의 문제로 보고 국가 또는 글로벌 경제 대신 지역경제를, 대기업 대신 중소기업을 대안으로 인식한다(Hines, 2003; Shuman, 1993). 이때 로컬이란 '특정 장소' 혹은 '국부'를 지칭하는가 하면 삶의 공간에서 살아가는 사람들을 뜻하기도 하는 상대적 개념이다. 또한 로컬은 그 지역, 지역적인 것, 지역의 정체성 또는 지역민들로 해석할 수 있기 때문에 로컬(local)과 정체성(identity)의 결합인 로컬리티(locality)의 의미로 사용되기도 한다(배윤기, 2008). 로컬소비 운동은 특히 개발도상국과 선진국의 중소 자영업자들, 그리고 선진국의 지역운동가들과 다양한 환경운동가들의 지지를 받으며 주목받게 되었고 주로 미국과 영국을 중심으로 활발하게 진행되고 있다.

경제 패러다임의 차원에서 지역화는 실체적 경제론에서 이론적 근거를 얻을 수 있다(Røpke, 2009). 폴라니는 인류 역사에서 경제를 통합하는 원칙에는 교환(exchange), 재분배(redistribution), 호혜(reciprocity)의 세 가지 형태가 이어져 왔다고 주장한다(칼 폴라니, 2009). 실체적(substantive) 경제론에 대응하는 형식적(formal) 경제론은 목적·수단의 논리적 특성에 따라 교환원리를 통해 재화 및 서비스의 생산과 분배가 이루어지므로 시장이 중심이 되는 사회이다. 형식적 경제론하에서는 재분배원리에 기반한 공동체는 파괴되고 호혜 원리에 기반한 비화폐적 거래는 가치를 인정받지 못한다. 인간 역사의 오랜 시간 동안 경제는 사회에 묻어 들어있었다면(embeddedness), 산업혁명 이후 형식적 경제론이 시장경제의 보편적 원리로 작용함에 따라 사회와 경제의 관계가 역전된 것이다(김형돈, 2019).

이와 달리 실체적 경제론은 목적·수단의 논리적 특성이 아니라 인간 삶의 실체적 본질에서 도출된다. 자원의 희소성을 바탕으로 극대화를 추구하는 것이 아니라 교환, 재분배, 호혜의 세 가지 원리의 조화로운 공존을 통해 물질적 필요를 '적정' 수준에서 충족시키는 과정이다(김영철, 2011). 실체적 경제론은 기본적으로 경제를 '사람과 환경 사이의 제도화된 상호작용의 과정'으로 인식한다. 이런 패러다임에서 경제는 자연과 인간, 인간과 인간이 상호 공생하는 규범을 마련하는 것을 의미하며, 모든 경제행위는 사회·문화적 맥락에서 영위된다. 로컬운동은 시장경제의 보편성에 입각하는 형식적 경제론을 부정하고, 그 대안으로서 인간의 구체적 삶과 문화적 영역을 중시하는 실체적 경제론을 추구하는 것이라고 볼 수 있다. 실체적 경제론의 관점에서 볼 때 로컬운동, 로컬소비는 단순한 유토피아적 공상이 아니며, 거대자본의 축적과 집중화에 대항하여 지역공동체를 지키고 사회적 통합과 지속가능성을 달성하기 위한 노력의 과정이자 냉혹한 자본주의를 통제하여 생태적으로 만들기 위한 대안 이데올로기 운동이라고 볼 수 있다(원용찬, 2003).

로컬소비는 로컬생산과 함께 순환적으로 이루어진다. 로컬운동의 단계는 〈그림 7-1〉의 로컬생산-로컬소비의 단계적 가치사슬 모형에 제시된 것과 같이 크게 세 단계로 구분해 볼 수 있다. 1단계는 지역에서 생산한 상품이나 서비스가 지역 시장

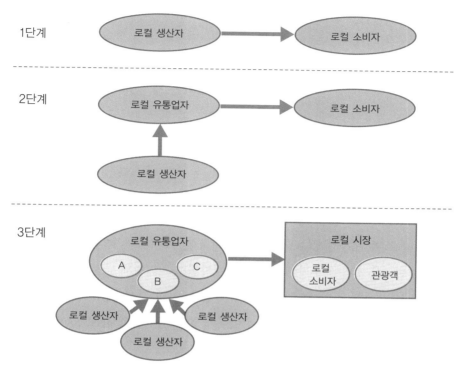

그림 7-1 로컬생산-로컬소비의 가치사슬 모형

출처 : www.een-letsbear.com

에서 소비되는 것으로, 가장 기본적인 로컬소비의 경로이다. 2단계는 생산과 유통이 분리되는 것으로 지역에서 생산된 상품이나 서비스가 해당 지역의 유통업자에게 판매되고, 해당 지역의 유통업자는 이를 가공하거나 수량을 세분화하여 그 지역의 소비자에게 판매하는 것이다. 마지막으로 3단계에 이르면 지역의 구성원들이 서로 연대하여 로컬 시장의 활성화가 이루어진다. 개개인의 생산자와 유통업자가 로컬 생산자 집단, 로컬 유통업자 집단으로 연대하여 지역만의 독특하고 신선한 상품을 로컬 소비자뿐만 아니라 관광객 등 외부 소비자들에게도 판매하는 단계이다. 이를 통해 부가가치가 창출되어 로컬 시장이 자립하는 것은 물론 지속가능한 방식의 발전을 도모할 수 있다.

로컬소비는 자기가 속한 지역의 상품 소비를 장려한다는 점에서 종종 국산품애용 운동과 비교된다. 국산품애용은 제품에 대한 선택의 자유가 보장되지 못하고,

소비자의 권리가 무시될 수 있으며, 국가나 정부의 과잉보호로 인해 기업의 경쟁력을 약화시킬 수 있다는 점에서 여러 비판을 받는다. 반면 로컬소비는 독점적이고 배타적인 관점이 아니라 지역의 제품을 그 지역에서 소비함으로써 이웃과 동물, 지구환경, 지속가능성을 고려하는 윤리적 소비의 일환이라고 볼 수 있다. 따라서 자국 시장 보호를 위해 자국 제품만 이용하도록 권장하는 국산품 애용과는 지향하는 바가 다르다.

2. 로컬소비는 왜 해야 하는가?

『오래된 미래』의 저자 헬레나 호지는 전 세계적으로 나타나는 획일화된 경제나 소비문화는 빈곤을 창출할 수밖에 없다고 전제하면서 지역경제 발전만이 지구를 구하고 인간을 행복하게 할 수 있다고 주장하였다. 이제 경제성장만으로는 인류가 진정한 풍요와 행복을 누릴 수 없다. 하나밖에 없는 지구에서 지속가능한 삶을 영위하기 위해서는 로컬소비 실천을 통해 변화해야 한다.

1) 지역자립과 지역경제 활성화

로컬소비는 지역의 제품을 그 지역의 주민이 소비하게 함으로써 지역의 자립과 경제 활성화에 기여한다. 이러한 장점은 로컬푸드 운동에서 두드러진다. 윤병선, 유학열(2009)의 연구보고서에서는 "대자본들의 영역 확대가 지역 및 국경을 초월하여 주도되고 있는 오늘날의 세계 농식품 체계는 세계 곡물시장의 안정성을 훼손하고, 먹을거리의 안전과 농업의 지속성을 위협하고 있다"고 지적하면서 "생산자와 소비자 사이의 '관계의 확대, 거리의 축소, 신뢰의 확산'으로 일컬어지는 로컬푸드 운동을 통해 지역소비를 기초로 한 지역경제의 활성화와 농어민의 안정적 생활, 지역 내 자원 활용을 통한 지역생태계의 보존, 식품의 안정성을 확보하기 위한 지속가능한 농업, 생산-소비의 지역 내 회전을 통한 고용 창출 및 소득 증가 등을 꾀할 수 있다"고 주장하였다. 특히 생산자와 소비자 사이의 신뢰를 회복함으로써 장기적으로 식탁의 안전과 농업생산의 안정화가 가능하다고 설명하였다.

2) 지역의 일자리와 고용 창출

로컬소비는 지역의 생산자 및 유통업자들에게 안정적인 소득을 보장해 줄 수 있다. 또한 직거래 장터를 통해 발생한 수익금을 일자리 창출과 취약계층을 위한 후원금으로 사용할 수 있다. 특히 여성이나 고령자가 농산물 가공 사업에 참여하는 것을 통해 새로운 고용기회를 창출할 수 있다. 필연적으로 지역의 일을 일상적으로 처리해야 하는 경우가 많아지게 되어 지역의 활력이 높아지며, 이는 지역 산업의 진흥으로도 연결된다. 즉 로컬소비를 통해 각 지역이 가지는 공공재적 가치가 발현되고, 지역에 필요한 사회적 서비스를 제공함으로써 궁극적으로 지역의 일자리가 창출될 수 있는 것이다. 이런 점에서 지역 내에서 생산된 제품이 지역의 유통망에서 소비되는 로컬소비 운동은 지역 시민의 경제적 안정을 도모하는 중요한 대안으로 떠오른다.

3) 온실가스 감축과 지구온난화 감소

로컬소비는 제품의 운송거리를 단축함으로써 운송 중에 발생하는 온실가스의 양을 줄이고 환경 보전에 이바지한다. 식품 소비 과정에서의 탄소배출량을 계산하고 줄이려고 노력하는 것이 바로 푸드 마일리지 운동이다. 푸드 마일리지(food mileage)란 1994년 영국의 환경운동가 팀 랭이 제창한 것으로 식자재가 얼마나 많이 얼마나 멀리서 조달되어 오는지 나타내는 지표로 물량에 거리를 곱해 구한다. 여기에 운송수단에 따른 이산화탄소 배출계수를 곱하면 식품이 우리에게 오기까지 배출된 온실가스의 양을 알 수 있다. 즉 운송거리가 멀어질수록 푸드 마일리지가 높아지고, 불필요한 에너지 소비가 많으며 그만큼 환경에 나쁜 영향을 미친다고 할 수 있다. 예를 들어, 감귤류 5kg을 먹는 경우 국내 제주산은 592km, 푸드 마일리지 2.96tkm, 온실가스 배출량 357g이고, 미국산은 11,127km, 푸드 마일리지 55,635tkm, 온실가스 배출량 2,590g이다. 즉 미국산 오렌지를 제주산 감귤로 대체할 경우 온실가스 배출을 2,233g 감량시킬 수 있다.

3. 로컬소비는 어떻게 실천하는가?

로컬소비는 다양한 영역에서 다양한 방식으로 전개될 수 있는데, 로컬생산으로서의 로컬푸드 운동과 로컬유통으로서의 지역상권 살리기 운동을 그 대표적인 사례로 꼽을 수 있다. 다음에서는 세계적으로 활발하게 이루어지고 있는 로컬푸드 운동과 지역상권 살리기 운동의 내용과 사례에 대해 구체적으로 살펴본다.

1) 로컬푸드 운동

소비자는 안전하고 믿을 수 있는 먹거리를 원한다. 이는 인간 생존을 위한 기본적 요소이며 더 나아가 삶의 질을 높이기 위해 좋은 음식에 대한 요구가 커지는 것 역시 본능적 요구로 볼 수 있다. 세계화의 추이 속에서 우리나라에서는 나지 않는 희귀한 먹거리를 소비할 수 있다는 것은 분명 반가운 일이었다. 하지만 장거리 이송에 따른 푸드 마일리지의 증가 및 먹거리 상태 유지를 위한 살충제나 방부처리에 대한 안전 위험이 높아지며 최근 대안으로 로컬푸드에 대한 관심이 높아지고 있다(김종남, 구혜경, 2020).

소비자들이 어떤 먹거리를 소비하느냐는 그 먹거리의 생산과 직결된다. 소비자가 알건 모르건 나쁜 먹거리를 소비하게 되면 생산자와 유통자에게 나쁜 농업을 부추기는 결과를 가져온다. 따라서 나쁜 먹거리는 섭취자의 건강을 해치는 것에 그치지 않고 지구환경에도 부정적으로 작용한다. 반면에 좋은 먹거리의 섭취는 개인에게 좋을 뿐만 아니라 농민들로 하여금 좋은 먹거리 생산을 고취하고 지속가능한 농업을 통해 지구환경에도 긍정적으로 기여한다. 이처럼 소비자의 음식 취향이나 선택은 개인의 문제를 넘어 지구환경에까지 영향을 미치는 것이다(Halweil, 2002, pp. 7-8).

(1) 로컬푸드 운동의 개념

로컬푸드(local food)는 그 지역에서 생산되어 장거리 운송을 거치지 않은 제철 식품이 일정 지역에서 생산·가공되는 것으로, 직거래나 공급체인의 단축을 통해서 지역주민에게 유통되는 농산물 및 식품, 나아가 생산자와 소비자 간에 먹거리를 매개로 하는 활동을 의미한다(Hinrichs, 2000). 보다 포괄적으로 로컬푸드는 생산자와 소비자 간의 '사회적 거리', 생산자와 소비자 간의 '물리적 거리', 그리고 농식품의 '자연적 거리'를 줄이는 것을 의미한다(Lamine, 2015). 즉 로컬푸드는 일정 범위에 한정된 개념이라기보다는 인간과 자연, 인간과 인간의 관계맺음에 초점을 두고 공동체 안에서 자원의 순환이 이루어지는 것을 뜻한다. 이때 '로컬'의 범위는 각국의 문화적 · 사회경제적 상황에 따라서 다르게 적용된다. 미국 로컬푸드의 개념인 반경 250km를 국내에 적용하면 우리나라는 대부분의 지역이 로컬푸드 지역에 속하지만 농촌진흥청에서는 로컬푸드를 '50~100km 거리 내의 지역 생활권역에서 생산, 가공, 유통되는 안전하고 신선한 친환경 먹거리로서 공신력 있는 기관의 인증마크를 획득한 것'으로 정의 내리고 있다. 국내에서 로컬푸드는 '지역 먹거리', '향토음식', '지역농산물' 등 다양한 형태의 용어로 불린다.

로컬푸드에 관한 논의는 1992년 유럽연합(EU)이 농산물의 품질을 보장하자는 취지로 농산물 원산지 표기 규정을 제정하며 본격화하였다. 특히 1996년과 2001년 광우병, 구제역이 크게 발생하여 전 세계를 공포로 몰아넣은 이후 영국에서 로컬푸드 논의가 심화되었다. 우리나라에서는 친환경 급식 운동의 일환으로 로컬푸드의 중요성이 강조되었고 자국의 농산물 확대와 로컬푸드 정책 활성화를 위해 생산농가의 조직화, 다양한 인증제도의 도입 등이 추진되었다(원미경 등, 2015).

(2) 로컬푸드 운동의 효과와 의의

세계화로 글로벌푸드가 증가하고 식품 생산 및 소비 과정에의 자본 개입이 지역과 국경을 초월하여 이루어지고 있다. 로컬푸드와 글로벌푸드의 특징을 비교해 보면 〈표 7-1〉과 같다. 생산자 측면에서 글로벌푸드는 영농기반을 파괴하고 단작 농업으로 농업의 다양성을 악화시킴으로써 장기적으로 농민소득 감소를 초래한다. 반면 로컬푸드는 판매 이익률이 증가하여 농민소득이 향상되고, 농민과 소비자 간 소통과 거래의 증가로 지속가능한 영농이 가능해진다. 또한 로컬푸드 운동이 지역의 다양한 수요를 충족시킬 수 있는 방향으로 전개되는 과정에서 다품종 소량생산이 촉진될 수 있다. 다품종 소량생산체계는 대규모 단작체계로 사라진 생물 다양성이나 독특한 농촌경관 회복에 기여하게 된다. 또한 소비자 측면에서 글로벌푸

표 7-1   로컬푸드와 글로벌푸드의 특징 비교

	글로벌푸드	로컬푸드
생산자 측면	• 영농기반 파괴 • 단작 농업으로 농업 다양성 악화 • 농민소득 감소	• 판매 이익률 증가로 농민소득 향상 • 생산자와 소비자 간 소통과 거래 증가로 지속적인 영농 가능 • 농경지의 효율적 활용
소비자 측면	• 지역농산물을 접할 기회 감소 • 약품 처리 등 건강에 부정적 영향	• 신선하고 안전한 먹거리 확보 • 먹거리 생산자 확인에 따른 신뢰 확보 • 농산물 구입자금을 지역생산자에게 제공함에 따라 먹거리 품질 향상
환경 측면	• 농약 사용, 원거리 이송으로 인한 환경파괴 • 단작으로 인한 생태계 불안	• 친환경 농업에 의한 영농의 지속 및 생물 다양성 유지 • 이동거리 축소로 탄소배출량 감소

출처 : 건강밥상 꾸러미 홈페이지(www.hilocalfood.com)

드는 다양한 국가의 먹거리를 접할 수 있도록 해 주는 장점이 있지만 생산 및 유통 과정을 확인하기 어렵고 안전성이 비교적 낮다는 단점이 있다. 반면 로컬푸드는 그 지역에서 생산된 신선하고 안전한 먹거리를 확보해 주며, 먹거리의 품질 향상에 직접적으로 기여할 수 있다. 그리고 이동거리가 축소된다는 점에서 로컬푸드가 글로벌푸드보다 환경에 긍정적 영향을 미치는 것으로 평가된다.

로컬푸드 운동은 그 밖에도 다양한 의의를 가진다. 건강 및 보건 의료 측면에서 비만, 아토피 등 식원성 질병을 예방하여 사회적 비용을 절감할 수 있으며, 어린이 및 청소년 건강유지에 기여할 수 있다. 교육적인 측면에서도 농사체험, 생태교육, 학교급식, 먹거리 교육의 연계가 가능하다. 사회복지 측면에서는 저소득층의 먹거리 보장과 소농 생계보장의 연계가 가능하며, 문화적 측면에서는 농산물·음식·요리의 지역성을 극대화할 수 있다. 무엇보다 지역 먹거리의 섭취는 사람들로 하여금 음식을 둘러싸고 얼굴을 맞대는 상호작용의 즐거움, 먹거리를 누가 생산했는지 아는 데서 오는 안전성을 깨닫게 해 준다(허남혁, 2006). 이상에서 살펴본 로컬푸드 운동의 효과와 의의를 정리하면 〈표 7-2〉와 같다.

(3) 로컬푸드 시스템의 유형

로컬푸드 시스템의 유형은 국가별로 차이가 있지만 공통적으로 농민시장, 공동체

표 7-2 로컬푸드 운동의 효과와 의의

영역	내용
지역사회 및 경제	• 농촌지역 사회 유지 및 지역경제 활성화 • 농촌 고용 창출 • 농민소득 증가
환경	• 농촌 환경과 도시 환경 개선 • 농업 생물 다양성 증진 • 지구온난화 방지에 기여
건강 및 보건의료	• 건강하고 안전한 먹거리 공급 • 식원성 질병(비만, 아토피) 예방을 통한 사회적 비용 절감 • 어린이 및 청소년 건강 증진
교육	• 농사체험-생태교육-학교급식-먹거리 교육 연계 • 식생활 교육 과정에서 지역 농업의 가치와 중요성을 알림
문화	• 농산물-음식-요리의 지역성/전통문화/다문화성 극대화 • 지역에 대한 자부심과 문화적 가치를 높임
사회복지	• 저소득층의 먹거리 보장 • 소농 생계보장

출처 : 이민수 등(2012), pp. 20-21.

지원농업, 농산물 직매장, 학교급식 형태로 구분된다. 이하에서는 로컬푸드 시스템에 관한 정은미(2011), 하상림(2016)의 연구를 요약하여 네 가지 로컬푸드 시스템에 대해 살펴보도록 한다.

① 농민시장

농민시장(Farmer's Market)이란 인근 지역에서 생산된 농산물을 농민이 소비지 도시 내의 특정 장소에 정해진 날짜에 직접 가지고 나와서 판매하는 장터를 의미한다. 이는 가장 단순한 형태의 로컬푸드로 생산자와 소비자 간 사회적 거리가 매우 가까우며 '얼굴 있는 농산물 거래'가 이루어진다. 농민시장을 통해 지

그림 7-2 미국 LA 농민시장

출처 : www.flickr.com/photos/69091371@N00/5885087758

역공동체도 공동 성장하게 되며 지역 관광 상품이 되기도 한다.

② 공동체지원농업

공동체지원농업(community supported agriculture, CSA)이란 소비자가 생산자와 계약을 해서 일정 기간 농산물을 배달받는 회원제 직거래 시스템을 의미한다. 회원인 소비자는 1년치를 선납 출자하고 신선한 지역 농작물을 매주 공급받는다. 지불된 연회비는 흉작으로 생산량이 확보되지 않거나 공급 품목을 변경해야만 하는 경우에도 환불되지 않는다. 공동체지원농업은 지역 소비자들이 농민들을 재정적으로 지원함으로써 생산자와 소비자가 함께하는 공동체를 만들겠다는 이념이 강한 로컬푸드 형태이다(하상림, 2016).

③ 농산물 직매장

농산물 직매장은 농민이 생산한 농산물을 소비자에게 직접 판매할 수 있도록 개설된 시설로 로컬푸드 직매장의 형태로 운영된다. 로컬푸드 직매장은 당일수확과 당일판매가 기본원칙이다. 농민시장과 다른 점은 생산자와 소비자가 직접 대면하지 않는다는 점과 생산자가 직접 원하는 가격을 책정한다는 점이다. 중간 유통단계가 줄어들어 농가는 제값을 받고 팔 수 있고, 소비자는 신선한 농산물을 저렴하게 구매할 수 있어 생산자와 소비자 모두에게 이득이 되는 유통 시스템이다.

④ 로컬푸드 학교급식

로컬푸드와 연계한 학교급식은 좋은 식재료로 만든 급식을 학생들에게 제공하며 농업과 환경, 지역사회와의 공생 등의 가치를 전달하는 교육적 효과를 얻을 수 있다. 일례로 미국은 연방정부와 주정부, 비영리단체 등이 연계하여 FTS(Farm to School) 학교급식 프로그램을 운영하고 있다. FTS 프로그램은 2016년 기준 미국 전역의 학교 중 42%가 참여하고 있다. 로컬푸드 구매처는 농민시장, 지역 협동조합, 전통 도매상, 국방부 신선 프로그램(DoD Fresh Program) 등 다양한 형태로 운영된다.

그림 7-3 미국 학교급식(FTS) 프로그램

출처 : www.flickr.com/photos/dccentralkitchen/13721339193

(4) 로컬푸드 운동 실천 사례

[해외 사례]

① 일본의 지산지소 운동

일본의 지산지소운동(地産地消運動)은 "지역에서 생산한 농산물을 지역에서 소비하자"는 로컬푸드 운동이다. 지산지소운동은 지역 소비자의 요구에 대응해 농업생산이 이뤄지고 생산된 농산물이 소비될 수 있도록 생산자와 소비자를 연계해 주는 방안의 하나로 믿을 수 있는 식품을 선호하는 소비자들의 욕구와 만나 힘

그림 7-4 일본 농산물 직매장 '부도우바타'

을 얻었다. 지자체를 중심으로 각 지역의 고유음식, 고유 특산물 등을 통해 관광 상품화하고, 도시민의 지역방문(에코 투어리즘)을 유도하여 소비활성화를 도모하고 있다. 코로나19 이후에는 지산지소 맛집을 찾아가는 것이 제한되자 지역 명물로 유명해진 '지역 구르메'를 가공상품으로 출시하여 지역에서만이 아닌 전국적으로 소비되는 '지산타소'로 확장되고 있다(농민신문, 2020. 9. 23.).

② 이탈리아의 슬로푸드 운동

슬로푸드(slow food) 운동은 1986년 이탈리아에 진출하려는 맥도날드를 반대하면서 시작되었다. 슬로푸드는 패스트푸드에 대한 반대의 의미로서 인공의 속도가 아니라 자연의 속도에 의해 생산된 먹거리, 사철 먹거리가 아니라 제철 먹거리 그리고 소비자에게서 먼 곳이 아니라 가까운 곳에서 생산된 지역 먹거리라는 의미가 있다. 음식을 표준화하고 전통음식을 소멸시키는 패스트푸드의 진출에 대항하여 미각의 즐거움, 전통음식 보존 등의 가치를 내걸었으며

그림 7-5 슬로푸드 치즈 축제
출처 : www.flickr.com/photos/ameliaoil/1418699531

1989년 파리에서 선언문이 발표됨으로써 국제적인 운동으로 발돋움하였다. 미국에서 슬로푸드 회원이 빠르게 증가하며 『뉴욕타임스』는 2001년 지구촌 유행 및 발명품으로 '슬로푸드'를 선정하기도 하였다.

③ 미국, 캐나다의 도시 텃밭 운동

로컬푸드 운동은 농촌뿐만 아니라 도시에서도 실천할 수 있다. 공공기관, 기업, 학교, 가정 등의 빈터나 옥상에 텃밭을 만들어 채소를 재배할 수 있고, 아파트에서도 베란다를 이용하여 텃밭을 만들 수 있다. 이러한 활동을 도시농업(urban agriculture) 또는 녹색도시(green city)라고 부른다. 미국에서는 텃밭 가꾸기를 통한 로컬푸드 운동이 농무부를 중심으로 확산되고 있으며, 캐나다 몬트리올에서는 1985년부터 시 차

그림 7-6 토론토 공공텃밭
출처 : www.flickr.com/photos/jbcurio/3972938413

원에서 도시 텃밭을 운영하고 있다. 캐나다 토론토는 공공텃밭 네트워크(Toronto Community Garden Network, TCGN)를 창설하여 공공 및 개인 텃밭 운영을 지원하고 있다(City Farmer News, www.cityfarmer.info).

④ 캐나다 100마일(161km) 다이어트 운동

로커보어(locavore)는 2005년 샌프란시스코만 지역에서 열렸던 세계환경의 날(World Environment Day)에 처음 사용된 말로, 지역에서 생산된 음식을 먹는 사람을 뜻한다. 최근에는 조금 더 구체적인 용어로 집에서 100마일 반경에 있는 지역에서 생산된 음식만 먹는다는 의미의 '100마일 다이어트'라는 말이 많이 사용된다. 100마일(161km) 다이어트 운동은 '100마일 다이어트 소사이어티(100mile Diet Society)'의 설립자인 밴쿠버에 사는 프리랜서 작가 부부 앨리사와 제임스에 의해 시작된 것으로 사는 곳에서 100마일 반경 이내에서 생산된 것으로 만든 음식을 고집하는 생활방식이다. 이 운동은 북미 지역에 로컬푸드 운동을 각인시키는 계기가 되었다.

[국내 사례]

① 완주 로컬푸드협동조합

전라북도 완주의 로컬푸드협동조합은 2014년 1월, 생산자와 직원, 시민단체로 구성된 다중이해관계자 협동조합으로 설립되었다. 완주 로컬푸드협동조합은 참여농가 및 참여직원의 출자금과 행정과의 거버넌스에 의해 운영되고 있으며, 6개의 로컬푸드 직매장, 농가레스토랑, 온라인 쇼핑몰, 소비자농촌체험활동 등의 사업을 운영하고 있다. 로컬푸드 직매장에 농산물과 가공품을 출하하는 농가 중 60세 이상이 72.6%를 차지하여 고령의 영세 소농민들에게 안정적 소득을 보장하고 있다. 소비자들이 로컬푸드 직매장을 이용할수록 지역경제에도 도움이 돼, 완주지역은 귀농·귀촌 인구가 2014년 898가구에서 2020년 3,637가구로 급증하며 '귀농·귀촌 1번지'로 떠오르고 있다.

② 나주 로컬푸드 공공급식

우리나라 로컬푸드 운동은 학교급식 개선을 중심으로 진행되어 왔다. 전남 나주시는 2003년부터 친환경급식을 시작하여 현재는 급식 재료의 90% 이상을 지역에서 공급하고 있다. 나주는 전국 최초로 학교급식 지원조례를 제정하고 '친환경 학교 급식 클러스터'를 구상하였으며 생산/포장/유통/마케팅/교육 등을 지원하는 학교 급식 지원센터를 설립하였다. 15개 지역 농협·축협이 공동 출자해 설립한 공동사 업법인은 농산물산지유통센터를 운영하며 지역의 친환경농산물 100여 품목을 학 교급식에 공급하고 있다. 또한 정부, 지자체, 혁신도시 공공기관과 로컬푸드 공급 확대 협약을 체결하여 지역 공공기관에 로컬푸드 식재료를 공급하고 있다. 로컬푸 드 공공급식 확대를 통해 출하 농가는 안정적인 수요를 소득원으로 삼을 수 있고, 공공기관도 건강하고 신선한 식재료를 제공받을 수 있는 1석 2조의 효과를 얻고 있다.

③ 수원 공유냉장고 사업

경기 수원지속가능발전협의회는 지역농산물 등 먹거리를 채워 넣고 누구나 꺼내 먹을 수 있는 공유냉장고 사업을 추진하고 있다. 2018년 1호점을 설치한 것을 시 작으로 빠르게 성장하여 2022년 3월 기준 49호점이 운영되고 있다. 협의회가 기부 받은 냉장고를 농산물판매장, 사회복지시설, 요식업소 등 동참 의사가 있는 곳에 설치해주면 이들은 관리주체가 되어 냉장고 관리와 먹거리 수급을 살핀다. 지자체 는 로컬푸드 직매장을 통해 먹거리를 취약계층에게 공급하여 복지 사각지대를 해 소하고, 마을별 공유냉장고를 통해 먹거리공동체의 회복이 가능하다. 공유냉장고 사업은 2019년 정부의 '로컬푸드 기반 사회적 모델 발굴 지원사업'의 최우수사례 로 선정된 바 있다.

(5) 국내 로컬푸드 운동의 과제

국내 로컬푸드 직매장 수는 2012년 3개소에 불과하던 것이 2020년 기준 554개로 크게 증가하였으며, 판매액도 2015년 1,659억 원에서 2020년 7,143억 원으로 빠 르게 증가하고 있다(국민일보, 2022. 1. 20). 소비자들의 호응이 로컬푸드 직매장 확대에 영향을 미친 것으로 분석된다. 하지만 국내 로컬푸드 운동이 지속적으로 성장하기 위해서는 고려해야 할 이슈들이 있다.

첫째, 우리나라의 식량자급률에 따른 로컬푸드 범위의 확대이다. 우리나라 식량자급률은 2021년 기준 45.8%에 불과하여 국내에서 소비하는 식품 소비의 절반 가량을 수입 농산물에 의존해야 하는 상황이다. 즉 우리나라 전국을 통합하더라도 농업 생산과 소비의 불균형은 해소할 수 없기 때문에 우리나라 로컬푸드에서 지역 농산물의 생산과 소비라는 물리적 거리의 단축은 크게 의미를 찾기 어렵다. 따라서 로컬푸드를 지역 범위의 협소한 의미로 받아들이기보다는 국내산 농산물을 우선하여 사용하는 넓은 의미로 받아들이는 것이 실효적일 수 있다.

둘째, 농산물은 지역적으로 생산 가능한 품목을 정해진 시기에 다수의 생산자가 생산하여 연중 소량 다품목을 소비하기 때문에 생산 효율성이 낮아질 위험이 있다. 실제 로컬푸드 구매자들을 대상으로 한 조사에서 가격을 중시하는 소비자집단의 로컬푸드 구매 정도가 매우 낮게 나타나 아직은 로컬푸드의 가격경쟁력이 부족한 것으로 나타났다(고주희, 나종연, 2021). 따라서 이러한 태생적 한계에 유의해야 하며, 농산물 거래에서 꼭 필요한 안전과 신뢰의 문제, 기존 농산물 유통 시스템이 제공하지 못하는 생산지와 소비지의 거리 단축 문제 등을 로컬푸드 운동을 통해 해결하는 동시에 그 가치에 대해서도 소비자에게 적극적으로 전달하여야 할 것이다(정은미, 2011).

셋째, 부가가치상품의 개발, 음식메뉴, 체험메뉴 등의 확대가 필요하다. 가공·유통·관광 등을 융·복합하여 농업의 6차 산업화를 이룸으로써 소비자들의 다양해진 욕구에 부응하고 유효수요를 창출하는 것이 필요하다(송춘호, 백승우, 2014). 일례로 로컬푸드 브랜드를 관리하여 일반 상품과 차별화하고 신뢰도를 증진하는 방법이 시도될 수 있을 것이다.

2) 지역상권 살리기 운동

로컬소비가 실현되기 위해서는 로컬에서의 생산뿐만 아니라 로컬에서의 유통이 필수적이다. 로컬유통으로서의 지역상권은 '지역상점 혹은 지역상인에 의하여 형성된 상업상 세력권'으로 그 중심에는 전통시장이 자리한다. 전통시장은 과거부터 지역주민의 전통문화와 정서가 담긴 곳으로 고용 창출, 서민층의 저가 구매기회 제공 등 지역경제적 측면에서 다양한 기능과 역할을 수행해 왔다(이춘근, 2002). 하지만 최근 유통환경은 전통시장, 중소 소매점 등 지역 중심의 생계의존형 유통구조에서 점차 백화점, 대형마트, 편의점 등 기업형 유통구조로 변화하고 있다. 이러한 유통구조의 변화는 시설, 환경, 서비스 등이 기업형 유통구조에 비해 영세하고 낙후된 전통시장 및 중소 소매점의 경쟁력 약화로 이어지고 있다.

로컬운동가 하인스(Hines, 2003)는 지역화를 위해 독과점을 억제하는 경쟁정책이 필요하며, 지역화된 경제에서도 어떤 한 기업이 차지하는 시장점유율에 일정한 제한을 설정해야 한다고 주장한 바 있다. 지역경제 보호수단 및 독과점 제거를 위한 지역 경쟁정책의 도입과 소비자들의 자발적인 로컬소비 운동이 결합될 때 지역경제가 보호받고 활성화되는 것은 물론 장기적으로 시장 전체의 지속가능한 발전이 가능해질 수 있다.

(1) 지역상권의 여건 변화

지역적 관점에서 유통업태별 입지의 특성을 비교해 보면, 대형마트 등 기업형 유통업체는 대도시와 중소도시에 밀집되어 있는 반면, 전통시장의 입지는 전국적으로 고르게 분포되어 있다(이영주, 임은선, 2011). 이를 통해 상업성만을 중요시하는 기업형 유통업체와 달리, 전통시장이 해당 지역의 경제 및 커뮤니티 중심지 기능을 수행하고 있다는 것을 유추해 볼 수 있다. 즉 전통시장은 단순히 상업적 유통시설만이 아닌 그 지역의 문화적·사회적·경제적 기능을 하는 복합 커뮤니티인 것이다.

그런데 1970년대 중반부터 백화점, 전문점이 대거 출현하고, 1996년 유통시장이 개방된 이후 전통시장은 지속적으로 쇠퇴하고 있다. 특히 강력한 경쟁업체인 대형마트와 전문점, 편의점 등 변화하는 소비자의 욕구를 충족시키기 위한 새로운 유통의 등장은 전통시장과 중소 소매점의 경쟁과 생존에 큰 위협이 되고 있다. 대형 유통업체의 급성장은 유통업태 간 불균형을 심화시키고 전통시장 및 중소 소매점의 시장잠식 및 해당 지역상권 상인들의 반발을 초래하였다. 소상공인시장진흥공단(2020)의 조사에 따르면 실제 전통시장 매출액은 2003년 36조 원 수준이었던 것이 2020년에는 25조 원으로 대폭 감소하였다. 전통시장과 중소 소매점은 각 지역의 여러 중소업체들과 중소상인들에게 삶의 기반을 제공해 왔는데, 이러한 기반이 위협받고 있는 실정이다.

　또 다른 쟁점은 대기업 프랜차이즈가 지역 동일 상권 내 무분별하게 확장하는 문제이다. 지역의 골목상권에도 규모의 경제 논리가 작용하여 대기업 계열의 프랜차이즈가 대세를 이루면서 독립점포들의 설 자리는 갈수록 좁아지고 있다. 자본력과 구매력 모두에서 법인사업자가 개인사업자에 비해 경쟁 우위에 있는 것은 분명하기 때문에 대기업과 중소기업, 프랜차이즈와 독립점포 소상공인 간의 경쟁과 갈등 구조가 심화되는 것이다. 프랜차이즈가 지역의 명물 골목상권들에 우후죽순으로 들어서며 지역의 특색이 사라지고, 상권을 활성화한 이후 상가 임대료를 턱없이 올려 기존 상인들의 설 자리가 없어지는 일명 젠트리피케이션(gentrification) 문제도 심각하다. 무엇보다도 대기업 중심의 프랜차이즈가 확대될 경우 이익의 상당수가 지역 외부로 유출되어 지역경제의 불안정이 심화될 수 있다.

(2) 지역상권 활성화를 위한 법 · 제도적 지원

지역상권 활성화를 위한 정부 차원의 법 · 제도적 지원은 주로 전통시장 정책을 위주로 이루어졌다. 「전통시장 및 상점가 육성을 위한 특별법」 제1조에서는 전통시장 및 소상공인 지원정책의 목적을 "지역상권의 활성화와 유통산업의 균형 있는 성장을 도모함으로써 국민경제 발전에 이바지하는 것"이라고 밝히고 있다. 전통시장 관련 법률은 1961년 「시장법」과 1986년 「도소매진흥법」을 토대로 시작되었으며, 2002년 「중소기업의 구조개선과 전통시장 활성화를 위한 특별조치법」으로 보완되어 이 법안을 기반으로 전통시장 및 중소 소매점을 위한 실질적 정책이 시행되었다. 2004년에 제정된 「전통시장 육성을 위한 특별법」으로 전통시장의 경영혁신과 시설 현대화의 계기가 마련되었고, 2005년 중소기업청 산하기구로 시장경영지원센터가 설립되었다.

　2012년에는 「유통산업발전법」을 제정하여 전통시장과 일정 거리 이내에 대형유통업체를 출점하지 못하도록 출점을 규제하며, 매월 '1일 이상 3일 이내'의 의무 휴업일을 지정하고, 심야 영업을 제한할 수 있게 되었다. 이러한 법률의 개정은 사회적으로 많은 논쟁을 불러일으켰다. 대형유통업체를 규제하는 것은 대기업의 독점을 막고 전통시장과 중소 소매점을 보호하며 지역상권을 살리고 노동자의 쉴 권리를 보장하는 등 다양한 사회적 가치를 지향한다. 하지만 동시에 정부가 특정 유통업체의 영업을 규제하는 것이 시장경제질서 확립에 위반되고, 소비자선택권을 제한함으로써 소비자후생을 저하시키게 될 것이라는 점, 또한 규제가 지역상권을 활성화하는 근본적 대책이 되지 못할 것이라는 점에서 비판의 목소리도 높았다(허민영, 2013; 이진명, 나종연, 2015). 2021년에는 일정 구역 내 상가들의 임대료 상승을 제한하고 대기업 출점을 막아 젠트리피케이션을 방지하자는 취지의 「지역상권 상생 및 활성화에 관한 법률」을 제정하였다. 이 법은 지역상권 구성원 간 상호 협력 증진과 자생적·자립적 상권 운영에 필요한 사항을 규정하여 쇠퇴한 상권의 재도약을 지원하고 지역경제를 활성화하는 것을 목적으로 한다. 지역상권 활성화를 위한 주요 법률은 〈표 7−3〉과 같다.

한편, 소비 진작으로 지역상권 활성화를 도모하는 제도로서 **지역화폐**((local currency)의 도입도 증가하는 추세이다. 일반적으로 지역화폐는 공동체성을 회복하기 위한 목적으로 민간 조직중심으로 추진해 온 품앗이 화폐로서의 성격이 강하나, 우리나라의 지역화폐는 지자체가 행정구역 내에서 소비를 촉진해 지역경제를

표 7-3   지역상권 활성화를 위한 주요 법률

법	제정 일자	목적
시장법	1961. 8. 31.	• 시장을 적절히 운영하게 함으로써 상업 발달을 도모하여 국민경제의 건전한 진전에 기여
도·소매진흥법	1986. 12. 31.	• 도·소매업을 효율적으로 진흥하고 건전한 상거래질서를 확립함으로써 소비자보호 및 국민경제의 균형 있는 발전 도모
전통시장 및 상점가 육성을 위한 특별법	2006. 4. 28.	• 지역경제 발전을 촉진하고 서민생활과 밀착된 자생력을 갖춘 지방 중소 유통업 육성 • 전통시장 시설과 환경 개선, 경영기법과 상거래 현대화 등을 지원하여 경쟁력 강화 • 문화, 교육 등 프로그램 운영 지원
유통산업발전법	2012. 9. 2.	• 유통산업의 효율적 진흥과 건전한 상거래 질서 구축 • 대규모 점포 및 준대규모 점포와 전통시장 및 중소 소매점 등 유통산업의 균형 있는 발전
지역상권 상생 및 활성화에 관한 법률	2021. 7. 20.	• 쇠퇴한 도심 상권을 활성화하고, 상권 내몰림을 방지해 지역경제가 재도약할 수 있는 여건 조성 • 지역상권에 경제활력 선순환 체계를 구축하여 지속 발전가능한 상권으로 변모

출처 : 국가법령정보센터(www.law.go.kr)

활성화하는 상품권이나 할인쿠폰의 개념이 강해지고 있다. 이처럼 지자체에서 발행하는 상품권 형태의 지역화폐는 '지역사랑상품권'이 정식 명칭이며 2020년 5월 제정된 「지역사랑상품권 이용 활성화에 관한 법률」에 근거한다. 2020년 기준 전국 243개(17개 특광역시 · 도와 226개 기초지자체) 지자체 중 지역화폐를 도입했거나 도입할 예정인 지자체는 총 229곳에 달한다(행안부, 2020). 지역화폐는 2019년을 기점으로 2020년에 들어서며 코로나19의 경제 · 사회적 위기를 반영하여 발행액 및 도입 지자체 수가 폭발적으로 증가하였다. 중앙정부 및 지자체는 지역화폐를 액면가 대비 일정 부분 할인된 금액에 판매하거나(할인발행), 기존의 현금성 복지(예 : 출산장려금, 청년지원금 등)를 현금 대신 지역화폐로 지급하는 방식(정책발행)으로 지역 내 지역화폐 사용을 장려하고 있다(송경호, 이환웅, 2021). 지역화폐는 백화점, 대형마트, 온라인 상점 등에서의 사용을 제한하여 지역 내 소상공인과 자영업자를 보호하고, 화폐의 유통을 지역경제로 한정함으로써 지역 소비의 역외 유출을 방지하고 지역 내 금전을 유통시킴으로써 자체적으로 생산과 소비, 일자리의 선순환을 도모한다(김민정 등, 2021). 양적 성장보다 중요한 것은 지속가능성이다. 지역화폐는 안정적 운영을 통해 지역상권 활성화는 물론 소비자 후생에 이바지할 수 있도록 다양한 결제수단의 도입, 가맹등록 간소화, 홍보 확대, 정책사업과

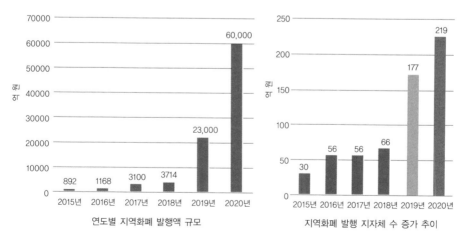

그림 7-7 지역화폐 연도별 발행액 및 발행 지자체 수 추이

자료 : 행안부, 지자체별 지역사랑상품권 도입현황, 2020. 3.

연계성 강화, 이용자 인센티브 제공, 민간기업 참여 확대 등 편의성 증진과 활용 범위 확장을 위한 개선이 이루어져야 할 것이다.

(3) 지역상권 활성화 방안

지역상권 활성화를 위해서는 대형유통업체와 차별화된 전통시장 및 중소 소매점 만의 가치를 부각하는 것이 필요하다. 이영주, 임은선(2011), 김도형(2013), 이영 주(2015)의 보고서를 토대로 지역상권 활성화 방안을 살펴보면 다음과 같다.

① 지역성을 살린 장소 만들기

지역상권의 단골고객은 지역주민이다. 지역상권의 전통시장이나 골목 등을 외부 인에게 알리고 고객을 유치하는 것도 중요하지만, 이보다 지역주민에게 인정받는 환경을 조성하려는 노력이 선행되어야 한다. 우리나라의 전통시장은 근린생활시 장이 전체의 70% 이상을 차지하고 있으며, 이들 시장은 주거지와 인접해 있으므로 공간구조적으로 지역 커뮤니티를 형성하기에 유리한 여건을 가지고 있다. 따라서 지역자원을 적극적으로 활용하는 것이 필요하다. 가령 빈 점포를 노인복지시설, 청소년공부방 등 다양한 연령의 계층을 유인할 수 있는 공간으로 조성하거나 공 연장, 전시장 등 지역문화의 행사장으로도 활용할 수 있을 것이다. 또한 시장 내에 작은 도서관을 유치하거나 빈 점포를 책방, 북카페, 놀이방 등과 같은 공간으로 활 용하는 방안을 검토할 수 있다(김도형, 2013). 이러한 시설을 통해 이용객들은 전 통시장의 접근성과 친근성을 더욱 높게 인식할 것이다.

② 창조적 지역문화 환경 조성

지역상권을 볼거리와 먹을거리가 많았던 옛날 장터의 분위기에 가깝게 만들기 위 해서는 현실에 적합한 방식으로 문화 환경을 조성할 필요가 있다(이영주, 2015). 일례로 생태적인 기능을 가미해 옥상녹화를 조성한다면, 지역주민들이 인식하는 지역상권의 이미지는 생생하고 활력 있는 녹색의 이미지로 전환될 수 있을 것이 다. 또한 특색 없는 아케이드 시설에 예술문화의 색을 덧입혀 지역의 문화·역사 자원이나 지역 특산물을 아케이드에 표현해 장소를 홍보할 수도 있다. 나아가 축 제 등 지역주민을 위한 지역사회 행사가 전통시장을 중심으로 전개될 필요가 있다. 종로구가 '세종마을 선포식'을 통인시장에서 개최했던 점, 봉화상설시장에서 고려 공민왕의 시장 행차를 지역주민과 상인이 함께 재현한 점 등은 지역사회 행사와 관련하여 좋은 사례로 꼽힌다(김도형, 2013). 지역문화가 지역상권에 뿌리를 내리면, 지역박물관, 이야기 지도 등을 만들어 상권이 하나의 지역문화 박물관이 될 수 있도록 조성하는 방안도 검토해 볼 수 있다.

③ 지역상권 구성요소 간 연대체계 강화

지역상권을 구성하는 전통시장, 상점가, 개별 중소 소매점뿐만 아니라 백화점, 대형마트, SSM 등이 공생하기 위해서는 과다한 경쟁보다는 구성요소들의 역할을 재정립하고, 상호 협력체계를 구축하는 것이 필요하다. 현재의 경쟁구도에서는 승자와 패자만 있을 뿐 지역상권 자체는 위축될 수밖에 없으며, 승자 중심으로 지역상권이 개편되더라도 지역과의 연대가 사라진다면 단순한 상행위공간에 그치게 될 것이다(이영주, 임은선, 2011). 지역에서 생산된 제품과 농산물이 공급되고 소비될 수 있도록 지역농가와 지역기업체와의 연대가 활발하게 형성되어야 하며, 유통ㆍ물류망의 정비, 마케팅, 경영지원 등 다양한 분야에서 전문가의 협력도 필수적이다. 지역친화적 상권은 지역 경제생태계의 순환을 촉진하여 소비와 고용의 증대를 가져올 뿐만 아니라 주민의 만족도를 높이는 효과도 가져올 것이다.

④ 지역공동체 의식 함양

일반적으로 전통시장과 중소 소매점은 상인들 간 독립적이고 수평적인 조직 구조를 나타내며, 서로 협력하기보다는 경쟁하는 특징을 보인다. 그러나 소상공인들은 서로를 경쟁 상대가 아니라 공동체로서 함께 살아가야 할 동반자로 인식하는 것이 요구된다(김도형, 2013). 이를 위해 상인회를 주축으로 상거래 질서를 확립하고 상인들의 도덕성을 함양하는 데 노력을 기울여야 한다. 또한 지역상권을 중심으로 한 지역발전의 혜택이 지역공동체 구성원들에게 돌아온다는 것을 알림으로써 소속감을 강화하는 것이 필요하다. 이를 위해 사회적 약자들에게 고용의 기회를 제공하거나 상인들이 지역공동체를 위한 봉사활동에 참여하고, 지역 문제 해결을 위해 앞장서는 등의 노력을 기울이는 것도 의미가 있을 것이다(이영주, 2015). 지역상권의 공동체성이 회복될 때 지역상권도 지속가능한 방식으로 활성화될 수 있을 것이다.

(4) 지역상권 활성화 사례

[해외 사례]

① 바르셀로나 산타 카테리나 시장

산타 카테리나 시장의 성공요인은 크게 세 가지가 꼽힌다. 첫째는 혁신적 디자인이 담긴 현대화된 전통시장을 구현했다는 점이다. 육각형 도자기 타일 32만 5,000개를 배열해 만든 65가지 색의 지붕에 시장에서 팔고 있는 과일과 야채, 생선의 색상

그림 7-8 바르셀로나 산타 카테리나 시장

출처 : www.flickr.com/photos/ajay_suresh/14419085778

을 반영하여 외관을 미적으로 아름답게 정비하였다. 둘째는 대형 슈퍼마켓과의 공존을 선택했다는 점이다. 대형 슈퍼마켓에서는 시장에서 팔지 않는 생필품 중심의 판매활동을 전개함으로써 소비자의 다양한 욕구를 충족하고 원스톱 쇼핑을 가능하게 하였다. 셋째, 지속적인 고객 유치 노력이다. 무인 정산기가 설치된 지하주차장을 조성하였고, 구매 고객에게는 무료주차 혜택을 제공하였다. 또한 할인판매에 대한 적극적인 광고와 포인트카드제, 배달서비스, 시장 내 무선인터넷 서비스 등 다양한 편의체계를 구축하였다.

② 런던 코벤트 가든

영국 런던의 코벤트 가든은 과거 채소시장에서 현재는 수공예품과 의류 등을 판매하는 관광과 연계한 문화관광형 전통시장

그림 7-9 런던 코벤트 가든

출처 : www.flickr.com/photos/nanagyei/4657930770

이다. 코벤트 가든은 몇 개의 구획으로 나뉘는데 애플 시장은 수제 양복과 액세서리 등을 판매하고, 주빌리 시장은 의료, 수공예품, 앤틱 제품을 판매한다. 실험적인 디자인의 의류 및 액세서리 매장과 명품 브랜드 상점을 동시에 운영함으로써 소비자들의 다양한 욕구를 충족한다. 또한 1년 내내 펼쳐지는 광대들의 공연과 광장에서의 공연을 통해 거리 예술가와 관광객들이 즐겨 찾는 세계적인 관광 명소로 자리 잡았다.

③ 중국 이우 시장

중국 항주에서 남쪽으로 120km가량 달리면 중국뿐만 아니라 세계적으로 유명한 시장 도시 이우에 다다른다. 없는 물건이 없다는 말처럼 이우 시에는 시장만 80만 평이 조성되어 있고 상가 수는 무려 52만 개에 이른다. 인구는 60만여 명이지만 물건을 사러 외지에서 몰려드는 인구가 하루 20만여 명에 이른다. 이우 시장은 세워진 지 20년 만에 중국 각지는 물론 각국 정부 구매단과 유엔이 빈민구호 물자를 사러 오기도 할 만큼 국제시장으로 발전했다. 농민들을 위한 교역시장으로 첫발을 내디딘 푸뎬 시장은 이제 도매시장 단계를 거쳐 상하이 상품교역회와 광주교역회에 버금가는 중국 3대 교역회장으로 발전했다.

④ 일본 키치조지 상점가

일본 도쿄 근교의 키치조지는 마루이, 긴테츠, 도큐백화점 등 대형유통업체와 전자제품 전문점 및 소규모 골목 상가가 어우러져 활력이 넘치는 상업지구이다. 이처럼 새로운 것과 오래된 것의 균형으로 도쿄 근교에서 살고 싶은 동네 랭킹에서 항상 1위를 차지한다. 키치조지는 1960년대 유흥시설 중심의 번화가였으나, 1980년대 구획정리사업과 환경정비사업을 실시하여 다양

그림 7-10 일본 키치조지 상점가

출처 : www.flickr.com/photos/wongwt/16015886558

한 먹거리와 개성 있는 점포들이 다수 입지하게 되었다. 2000년대에는 키치조지 미술관을 개설하고, 음악회를 열면서 명실상부한 '젊음의 거리', '문화의 거리'로 자리매김하였다. 상인 조직인 키치조지활성화협의회는 지역 거주민의 생활에 초점을 맞추어 단기·장기의 비전을 수립하고 있으며 시정부로부터 할당받은 보조금을 공공시설 설치, 이벤트 개최 등에 활용하고 있다.

[국내 사례]

① 서울 우림시장

우림시장은 서울 중랑구 망우동에 위치한 골목형 전통시장으로 상인들과 구청이 힘을 합쳐 육성한 대표적인 전통시장 활성화 모델이다. 우림시장은 환경개선사업을 추진하여 경쟁력을 강화함으로써 다수의 영세 상인을 보호할 뿐만 아니라 소방통로 확보로 안전성을 강화하고 도시 미관을

그림 7-11 서울 우림시장

크게 향상시켰다. 2002년 서울시 건축조례가 개정되어 전통시장 지정구역 도로에 비가림 아케이드를 설치할 수 있게 만들어 시장환경을 개선하였다. 또한 우림시장은 쇼핑몰형 시장구조를 갖추고 노점상을 수용하고 마케팅을 차별화하였다. 특히 대형마트에서 볼 수 있는 쇼핑카트를 비치하고, 주차장을 정비하여 편의성을 강화했으며, CCTV를 설치하고 휴게실을 갖추는 등의 노력을 기울였다. 이러한 변화에 따라 소비자의 발길이 점차 늘어나면서 가게별 매출이 20~30%씩 상승하는 효과를 가져왔다.

② 청주 골목상권 연계 융성화

1500년 고도의 역사를 지닌 청주시는 많은 문화자원을 보유하고 있었으나, 지역 전역에 분산된 상권으로 서민경제의 창출이 원활히 일어나지 못하는 아쉬움이 있

었다. 이에 청주시는 도시의 문화 · 예술자원을 활용, 낙후된 구도심 골목상권인 '운리단길'과 '성안길'을 잇는 스토리 구현과 역사문화 및 예술자원의 연계 등으로 지역상권의 재융성화를 모색하였다. 특히 직지글빵 카페 운영 및 상가 숲 환경 개선 등 보조사업과 야간경관조명 설치 등의 시설개선 사업으로 추진한 운리단길 정비 융 · 복합 사업, 성안길의 공실 가꾸기 및 골목상권 살리기 공모 등을 추진하였다. 청주시는 골목상권 축제인 '흥정(興情) 페스티벌'을 개최하여 고객 유입이 10~20% 증가하고 매출도 5~10% 증가하는 효과를 얻었으며, 이 같은 성과를 인정받아 2020년 행안부 주최의 골목경제 회복지원사업 우수사례 대회에서 최우수상을 수상하였다.

③ 서울 연남동 연트럴파크

서울 경의선 숲길과 경의중앙선이 만나는 길목에 있는 연남동 '세모길'은 1960년대 생긴 마을로 양쪽으로 철로가 지나 주변 지역과 단절되고 도시가스가 공급되지 않을 정도로 낙후된 곳이었다. 이곳은 홍대의 젊은 창작자들이 모여들며 네트워크가 형성되기 시작하고 '어반플레이'라는 문화기획그룹이 연남동을 브랜딩하여 공간, 전시, 축제, 책 등 다양한 유형의 콘텐츠들을 연결해 방문자들을 끌어모았다. 여기에 지자체의 경의선숲길 조성사업과 골목길 정비사업 등의 투자가 이루어지며 휴식공간으로서 '연트럴파크'라는 별명을 얻고 서울의 새로운 핫플레이스로서 지역상권이 대중화되었다. 연남동은 민간 콘텐츠와 정부의 지역상권 살리기 사업이 선순환 구조로 이루어지며 사람들이 유입되고 상권 규모가 확대되었다는 점에서 주목할만한 사례로 꼽힌다.

④ 함평 나비축제

전라남도 함평군의 나비축제는 1999년 처음 시작하여 2016년까지 제18회에 이르는 지역 축제이다. 함평군은 고령화와 부녀화 등 구조 변화와 농산물 수입개방으로 인한 농업경쟁력 저하를 겪게 되어 친환경 농특산물 판매로 지역경제 활성화와 군민소득 증대가 절실히 요구되었다. 이에 나비를 지역브랜드로 개발하여 축제를 기획하고 지역을 홍보하게 되었다. 함평 나비축제는 전국적으로 가장 성공적인 지역 축제로 평가받고 있다. 2016년 29만 5,000여 명의 관광객이 다녀갔고 입장 수 익금 9억 900만 원, 농·특산물 판매 11억 5,000만 원의 매출을 거뒀다. 지역 업소 의 매출과 지역 이미지 개선 등의 효과를 고려하면 경제적 파급효과만 111억 이상 인 것으로 분석된다. 또한 군민일체감 조성, 곤충벤처산업 육성, 친환경농업의 관 광자원화, 생태체험학습 기반 마련 등 다양한 문화·사회적 효과를 거두어 지역경 제 활성화와 지역사회 역동성 증진에 크게 기여하고 있다.

4. 윤리적 소비자는 어떻게 사는가?

1) 우리 농업, 농민에 대해 조금 더 생각해야 하지 않을까요? (40대 전업주부)

쇼핑은 어떻게 하나요?

한살림 매장에서 거의 모든 먹거리를 사고, 나머지는 시장으로 가요. 인터넷으론 안 해요. 전 무조건 직접 눈으로 봐야 하거든요. 그리고 우리 한살림은 모든 제품 을 로컬푸드로 하거든요. 그래서 품목이 다양하지 못하고, 금방 다 떨어지고 그래 서 부지런해야 하죠. 가끔은 상품성이 떨어지는 것들도 많은데 그런 부분은 우리 소비자가 안고 가야 한다고 생각해요. 공존하며 살아가야 하니까요. 생산자 입장 을 좀 생각해야 하지 않을까 싶어요. 먹는 것도 유행이라 잘 안 팔리는 물건도 우 리가 사 줘야 그분이 계속 농사를 지을 수 있으니까요. 처음엔 제가 한살림 가입하 는 것만으로 농사짓는 분들을 도와주는 것이라 생각했어요. 그래서 가입은 하고 이용하지는 않았는데, 지금은 제가 생산자 입장을 너무 고려하지 않고 살았지 않 나 생각해요. 무조건 소비자 입장만 생각한 것이 아닌지. 좀 더 깊이 생각하면 도 시와 우리 농업이 같이 가야 하는 건데 말이죠. 서로 돕고 사는 거였는데 말이죠. 그리고 한살림 이용자끼리 모임을 만들어 공동체 활동을 하다 보니 의무감으로 한 살림을 더 많이 이용하게 된 것 같아요. 모이면 한살림 물건들이 어떤 점이 좋았는 지 나쁜지 이야기하고 그러거든요. 또 우리끼리 한 달 주제를 정해서 실천하고 평 가도 하죠. 작년에는 손수건 사용하기, 가까운 데 걸어 다니기, 일회용 비닐봉투 줄이기 이런 걸 했죠. 그런 걸 정하고 어떻게 했는지 서로 이야기하고 그래요.

로컬소비를 한 계기는?

알고 지내던 농사짓는 분 댁에 놀러 가서 농사짓는 사람들의 이야기를 듣고 이용하기 시작했어요. 그리고 한살림 모임에서 주말 농장을 했었는데, 유기농으로 배추를 심었는데 너무 힘들었어요. 매일매일 자식 돌보듯 해야 하는 것이더라구요. 그때 많이 느꼈어요. 농사를 짓는다는 것이 생각처럼 쉬운 게 아니구나 하는 것을요. 그리고 멀리서 싱싱하게 오는 것들에 대해 다시 바라보게 됐지요. 우리 한살림의 원칙은 친환경과 가까운 지역 것이어야 해요. 수입하고 대기업 제품이 무조건 좋은 게 아니에요. 오히려 큰 기업들이 문제가 생기면 확인하기도 힘들구요. 작은 것이 좋다는 생각이 들고, 더 신뢰하게 되는 것 같아요. 그리고 우리가 밀로 당해 본 경험이 있으니까 다른 것으론 당하면 안 되죠.

로컬구매를 하면서 바뀐 생활습관은?

한살림에서 먹거리를 다 이용하니까 대형할인마트 가는 횟수가 줄었어요. 솔직히 생활비 부담이 가장 컸거든요. 그래서 조금 비싸니까 작게 사고 조금만 먹고 쓰는 거죠. 냉장고에 없으면 시장으로 달려갔는데, 그냥 있는 걸로 먹게 되고. 예전에는 그냥 샀는데 지금은 생각을 하고 사게 되더라구요. 그렇게 살다 보니 오히려 생활비가 덜 들더라구요. 또 환경을 생각하게 되니까 신경 안 쓰던 세제나 화장품 같은 것도 친환경으로 바뀌게 되더라구요.

2) 슬로시티에서 자연과 함께 천천히 농촌생활을 즐길 수 있어요. (60대 슬로시티OO 임원)

슬로시티에서 활동하게 된 계기와 주로 하시는 일은 무엇인가요?

서울에서 40년 동안 직장생활을 하다가 농사를 짓겠다고 고향으로 내려왔어요. 여기가 고향이에요. 아버지도 고향이고, 조상들이 살아온 고향이에요. 어느 날 갑자기 결정한 건 아니고 50대 후반부터는 인생을 정리하는 단계라고 생각했기 때문에 어떻게 사는 게 그나마 남은 기간을 좀 잘 살 수 있을까 생각한 결과가 시골로 돌아가서 내가 먹을 거 내가 일구면서 사는 것이라고 40대부터 생각했어요. 그래서 15년 준비해서 58세에 내려왔죠. 누릴 거 다 누리면서 살고 있었는데 그대로 계

출처 : 한국슬로시티 지역특산품 상표 로고(https://v.daum.net/v/20221214154308130)

속하다가는 안 되겠다는 생각과 하루라도 빨리 가야겠다는 생각이 들어서 과감하
게 사표를 쓰고 내려왔어요. 서울 생활을 완전히 정리하고 내려온 게 지금 10년째
예요.

　고향에서 농사만 짓고 살았는데 2년 전 군청에서 슬로시티 인증을 받은 다음 주
민들이 협의체를 스스로 조직하고 이끌어야 하는데 그걸 할 수가 없어서 군수님께
서 사무국장 일을 여러 번 부탁하셨어요. 가족과 가까운 지인들이 중요한 일이니
이번만큼은 해 보는 게 좋겠다고 생각해서 이 일을 시작했어요. 1단계는 우선 주민
들에게 슬로시티가 뭔지 이해시키고 자발적으로 참여할 수 있도록 하고, 2단계는
생태해설가 교육을 시키고 프로그램을 운영하고요. 3단계는 스케치를 했으니 채
색을 하는 단계예요. 계속적으로 사람들이 찾아 주고 주민들이 발전을 하려면 반
드시 문화예술이 이 안에 녹아져야 된다고 생각해요. 그래서 조그만 보건지소 건
물에 달팽이미술관을 만들고 주민들의 생활을 전시하고 있어요.

일을 하면서 소비를 할 때 달라진 점은 무엇인가요?

처음에는 농사만 지었어요. 농사만 지으면 그냥 월 50만 원만 있으면 살겠더라고
요. 문화생활을 즐기면서 시골에서 먹을 걱정 안 하고… 농사야말로 가장 윤리적
소비죠. 처음에 저희가 장날에 재활용품 기증받아서 장터에서 팔기 시작할 때도
시골분들이 더 완고하셔서 남이 입던 옷을 어떻게 입냐, 내가 입던 걸 어떻게 내놓
냐 하시더라구요. 좋은 물건이 비싼 게 3,000원이거든요. 처음에 한두 분이 사 입
기 시작하시더니 너무 좋으니까 자랑하고… 지금은 장날 기다렸다가 작업복 사고,

애기옷 사고 그래요. 그 변화만 해도 참 큰 변화라고 생각해요.

윤리적 소비행동을 통해 변한 것은 무엇인가요?

여기 주민들에게 도시같이 사는 게 잘 사는 게 아니라는 걸 몸으로 느낄 수 있게 보여 주고 있어요. 시골분들은 말로 하는 건 안 믿으세요. 지금 슬로시티 운동은 행복해지는 운동인데 행복의 기준을 다시 설정해 주는 거죠. 텔레비전에 나오는 도시같이 사는 것이 행복이 아니라 저희같이 공동체운동도 하고 여러 가지 일을 함께 하면서 행복을 느끼는 거죠.

저는 초기 목표가 여기에 사는 걸 자랑할 수 있게 하는 게 목표였어요. 다른 곳은 슬로시티라는 타이틀을 가지고 관광객을 마구 유치하고 관광객 유치하려는 시설들을 짓고 하는데 저희는 처음부터 그건 아니라고 분명히 주민들에게 이야기하고… 지금 달팽이미술관에 어르신들 사진으로 전시하고 있어요. 주민들이 한번 다 와서 보고 우리 얘기가 이 안에 있구나 하시면서 미술관이 뭐 이상한 건 아니구나 생각하세요. 주민들이 '우리 거구나, 우리 공간이구나'라고 생각을 하는 게 제일 중요하죠.

출처 : https://cafe.daum.net/somang365/Mc2R/42?q=%EB%8B%AC%ED%8C%BD%EC%9D%B4%EB%AF%B8%EC%88%A0%EA%B4%80&re=1

글로벌 무역은 합리적 소비를 가능하게 하는가?

로컬소비는 이동거리를 단축함으로써 이산화탄소 발생을 줄여 지구환경에 도움을 주고 일자리 창출을 통해 지역경제 활성화에도 기여한다. 따라서 로컬소비는 윤리적 소비의 다양한 방법 중에 가장 중요한 실천 방법으로 평가되고 있다.

그러나 미국, EU, 아세안뿐 아니라 싱가포르, 인도, 칠레, 페루 등 자유무역협정(FTA) 체결 국가의 증가로 수입 농산물이 기하급수적으로 증가하고 있고, IT 및 인터넷의 보급으로 전자상거래가 일반화되어 전 세계가 하나의 글로벌 시장이 되면서 로컬소비 실천이 갈수록 어려워지고 있다. 뿐만 아니라 FTA 체결로 그동안 접하기 어려웠던 수입 농산물을 쉽게, 상대적으로 저렴한 가격으로 구입할 수 있어 소비자들에게는 선택권이 확대되고 경제적 효율성도 높일 수 있게 되었다.

글로벌 무역이 소비자에게 제공해 주는 다양한 혜택에도 불구하고 로컬소비를 실천해야 하는 것일까? 경제적 측면에서 보면 글로벌 무역 제품을 선택하는 것이 합리적인 선택이라고 볼 수 있는데 그럼에도 불구하고 로컬소비를 해야 하는 것일까?

『글로벌 무역의 이해』
앨허넌 헬프먼 지음, 이성규, 황해두 옮김,
시그마프레스, 2013

토론해 봅시다

1. 소비자 관점에서 로컬소비와 글로벌 소비의 장점을 비교해 본 후, 어떠한 방식의 소비가 보다 가치 있게 여겨지는지 각자의 생각을 이야기해 보자.

2. 일상생활에서 쉽게 실천할 수 있는 로컬소비에는 어떤 것들이 있을까? 로컬소비를 확대할 수 있는 아이디어를 생각해 보자.

3. 대기업 계열 프랜차이즈 소매점의 비중이 점차 증가하고 있다. 이러한 소매점의 프랜차이즈화가 지역상권에 미치는 영향에 대해 논의해 보자.

삶을 바꾸려면 음식을 바꿔라 이원종(2016), 루이앤휴잇

이 책은 값싸고 품질 좋은 제품만을 추구하던 합리적 소비에서 생산과정의 윤리성까지 점검하는 윤리적 소비로 관심의 무게가 이동하며 소비의 패턴이 변화하고 있다는 점에 주목하며 윤리적 소비에 대한 기본적인 상식에서 시작해서 윤리적 소비의 장점과 그 뒤에 있는 한계까지를 다루고 있다. 우리가 왜 윤리적 소비를 지향해야 하는가를 생명, 인권, 환경, 동물, 공동체의 다섯 가지로 구분하여 설명한다.

골목상권 챔피언들 조성진(2013), 이와우

치킨, 피자 등 자영업자들이 선호하는 업종의 프랜차이즈 쏠림 현상이 점차 심화되고 있다. '골목상권 보호', '양극화 해결', '재벌 개혁' 등 쉴 틈 없이 쏟아지는 경제민주화 구호들은 상생, 공정, 정의와 같은 관념적 개념을 뛰어넘어 생존의 문제에 맞닥뜨린 소상인들의 절박한 외침이다. 이러한 문제의식에서 경제신문 유통 전문 기자인 저자는 골목 구석구석을 돌며 일반적인 상식으로는 상상하기 어려운 획기적인 발상과 열정으로 대기업에 맞서 승리하고 있는 소상인들의 현장을 담았다.

먹을거리 위기와 로컬푸드 김종덕(2009), 이후

저자들은 소비가 더 이상 개인의 행복을 지키는 도구에 그치지 않고 사회의 안녕을 지키는 도구로 바뀌어 가고 있다고 말한다. 소비자는 이제 윤리적 소비자로, 나아가 사회를 바꾸는 진보적 개혁 운동가로 발돋움하고 있다는 것이다. 공정무역과 공정여행을 비롯해 자연보호까지 아우르는 윤리적 소비의 정의와 역사, 그리고 실제와 미래를 총망라해 다룬다.

누가 우리의 밥상을 지배하는가 부르스터 닌(2008), 시대의창

이 책은 ADM과 함께 전 세계 곡물시장의 75%를 점유하고 있는 미국계 곡물 기업 카길의 사업에 대한 분석과 비판을 담았다. 카길이 어떤 방식으로 한 나라의 농업을 파괴하면서 배를 불리고 있는지, 카길이 배를 불리는 과정에서 얼마나 많은 사람들이 고통을 받고 자연이 파괴되고 있는지, 그 과정에서 미국 정부는 어떤 역할을 하고 있는지를 생생하게 증언하고 있다. 또한 저자는 다국적 곡물 기업 카길이 각국의 식량주권 지배를 꾀하고 있음을 알리고 식량주권의 잠식이 얼마나 무서운 일인지에 대해 경고한다.

How 로컬소비는 어떻게 상권을 살리고, 일자리를 창출했을까?
황경수(2020), 안과밖

저자는 위기의 도시 군산에서 직접 기획하고 실험한 정책의 성과를 실증적 사례로 보여주며 어떻게 준비하고 대응하느냐에 따라 지역에 나타나는 위기가 극복될 수 있음을 역설한다. 지역의 주력산업이 붕괴하고 실직자가 무려 1만 명이나 발생한 인구 27만의 작은 도시 군산에서 저자가 추진했던 로컬소비 정책을 비롯한 다양한 대안이 탄생하게 되었던 배경과 골목상권의 회생이 가능했던 이유 그리고 일자리 4,500개가 만들어진 결과를 통해 지역의 도시가 나아가야 할 방향을 제시한다.

로컬, 새로운 미래 조희정(2021), 강원창조경제혁신센터

이 책은 강원도를 기반으로 일어나는 변화의 움직임을 통해 사회 문제의 현실적 대안으로서 지역을 재발견하고자 하는 로컬 제안서이자, 지역에서 일어나는 흥미로운 변화의 흐름을 통해 지역의 의미와 가능성을 가늠해보는 안내서이다. 사람과 정부, 기업이 지역으로 향하는 외부의 자원과 다양한 내부의 동력을 사례를 중심으로 소개하며 지속가능한 지역재생을 위한 새로운 영역들과 그 윤활유가 될 수 있는 조직에 대해 제시한다.

로컬소비의 이해를 돕는 영상

식탁의 푸른 신호등 로컬푸드

EBS 하나뿐인 지구 2014. 1. 31.

지금 우리의 식탁을 채우고 있는 음식들이 누구에게서, 어디서, 얼마나 멀리서 온 건지 생각해 본 적 있는가?

우리 밥상의 안전성을 나타내는 지표, 식량자급률과 푸드 마일리지(food mileage, 식품이 생산된 곳에서 소비자의 식탁에 오르기까지의 이동거리).

2012년 우리나라 식량 자급률 : 사상 최저치 45.3%, 푸드 마일리지 : 7,085t·km/인(프랑스의 10배에 달하는 수준)

우리는 지금 매일 먹는 음식의 절반 이상을 안전을 보장할 수 없는 외국산과 신선도를 빼앗긴 원거리 음식에 의존하고 있다.

글로벌푸드로 위협받고 있는 먹거리를 지키기 위한 대안이자 농민과 우리 모두가 상생할 수 있는 '로컬푸드'. 다양한 형태로 발전하고 있는 로컬푸드의 생생한 현장을 살펴본다.

농장과 밥상의 거리를 줄이는 '로컬푸드'

현대의 먹거리 대부분은 지역에서 생산된 것이 아니며, 어떤 과정을 거쳐 생산되어서 얼마나 먼 곳에서 왔는지 알 수 없는 정체불명의 것들이다. 이렇게 얼굴을 가린 먹거리가 우리의 건강과 환경 모두를 위협하고 있다. 수입 농산물의 저렴한 가격 뒤에 숨어 있는 해로운 물질들이 우리 건강을 공격하고, 먼 거리 운송으로 발생한 탄소와 빨리 수확하기 위해 뿌린 약품이 우리 대기와 땅을 병들게 하고 있다.

안전한 먹거리를 위한 대안으로 '로컬푸드'가 떠오르고 있다. '로컬푸드'는 장거리 운송을 거치지 않은 지역 농산물로, 농장에서 식탁까지의 물리적인 거리를 줄이고 생산자와 소비자 사이에 신뢰를 쌓아 심리적 거리까지 가깝게 만든다. 누가, 언제, 어디서 재배했는지 알 수 있는 '얼굴 있는 먹거리, 로컬푸드'. 대한민국의 로컬푸드는 지금 어떤 얼굴을 하고 있을까?

로컬푸드의 역사, 영국

영국은 생산자와 소비자, 정부, 지자체와 민간단체 등 사회의 다양한 주체가 힘을 합친 로컬푸드 구조가 매우 잘 갖춰져 있는 나라다. 영국 전역에 수많은 로컬푸드 지원 단체가 있으며 생산자가 직접 생산물을 판매하는 파머스 마켓(농민 시장)도 500여 곳에서 열리고 있다. 오랫동안 자신의 얼굴을 걸고 농사를 지은 메릴리본 파머스 마켓의 농민들과 그들의 마음을 알아주고 농산물을 믿고 찾는 사람들. 그리고 이들의 만남을 지원하는 플렁켓 재단을 찾아가 본다.

농민과 시민이 상생하는 현장, 전북 완주군

전북 완주군은 로컬푸드로 가장 성공한 사례로 꼽힌다. 완주군은 소농·고령농을 살리고 시민의 먹거리 선택권을 보장하기 위해 오랜 시간 동안의 준비를 거쳐 로컬푸드를 전면 실행했다. 완주군 로컬푸드 시스템 속에서 서로에 대한 신뢰를 쌓아 가고 있는 생산자와 소비자를 직접 만나 본다.

농민들은 자신이 생산한 농작물을 직접 로컬푸드 직매장에 진열하고 노력의 대가에 합당한 가격도 직접 매긴다. 또한 CCTV나 문자를 통해 농사일을 하는 중에도 판매량 변화를 알 수 있어 자신의 개인 가게나 마찬가지다. 소비자들은 직매장에서도 농민의 얼굴을 볼 수 있지만 최근 이뤄지고 있는 소비자 농촌체험을 통해서 직접 자신이 먹는 음식이 어떻게 키워지고 있는지 눈으로 직접 확인할 수도 있다. 농민과 시민 사이의 간극을 좁히고 서로의 관계성을 이해하는 일이 상생하는 사회의 첫걸음이 아닐까.

싱싱한 먹거리를 담은 제철꾸러미

생산자와 소비자의 익명성에서 벗어나는 얼굴 있는 먹거리는 다양한 형태로 이뤄지고 있다. 그중 제철꾸러미는 지역에서 생산된 여러 품목의 제철 농산물을 하나의 꾸러미로 포장해 회원들의 가정에 주기적으로 배송해 주는 것으로 로컬푸드의 또 다른 모습이다. 맛과 영양이 가장 풍부한 시기의 제철 농산물을 편하게 집에서 받을 수 있을 뿐만 아니라 각 농산물의 생산자가 누구이며 요리법이나 농민의 이야기 등도 함께 받기 때문에 생산자와 소비자의 심리적 거리가 좀 더 가까워지고 믿음이 생긴다.

유기농 농사를 짓는 여성 농민들이 생산자로 참여하고 있는 제철꾸러미 사업체를 찾아가 제철꾸러미를 통해 맞닿아 있는 생산자와 소비자의 관계를 들여다본다.

강기운(2016), 나주 학생들에게 안전한 친환경 식탁 제공, 뉴스웨이, 2016. 11. 10.

고주희, 나종연(2021), 로컬푸드 소비자의 구매동기와 유형화 연구, 소비자학연구, 32(6), 73-99.

국민일보(2022. 1. 20), 7년 새 17배 증가… '로컬푸드 직매장' 쾌속 진격

권태구, 성낙일(2014), "대형 유통업체의 시장진입과 소매업종별 사업체 수의 변화: 실증 분석," 경제분석, 20(2), 56-91.

김도형(2013), 지역활성화를 위한 전통시장 육성방안, 한국지방행정연구원 연구보고서.

김민정, 안민선, 정연주, 최인화(2021), 지역화폐의 지속적 이용의도 연구-대전광역시 소비자를 중심으로. 소비자학연구, 32(1), 123-144.

김영철(2011), 사회적 경제와 지역의 내발적 발전. 지역사회연구, 19(2), 25-49.

김종남, 구혜경(2020), 대전·충청지역 소비자의 로컬푸드 인식 유형에 따른 구매행태와 만족에 관한 연구. 한국지역사회생활과학회지, 31(3), 459-473.

김창근(2009), "신자유주의 세계화에 대한 경제적인 지역화 대안," 마르크스주의 연구, 6(4), 12-55.

김형돈(2019), 사회적경제 조직의 다원주의적 특성에 관한 연구-폴라니의 실체적 경제 론을 중심으로. 사회복지정책, 46(3), 121-155.

농림축산식품부(2016), 로컬푸드직매장 현황, 사전정보공표 기초자료.

농민신문(2020. 9. 23). [국산의 재발견⑩] 해외 사례1 - 일본의 '지산지소 운동'

배윤기(2008), "전지구화 시대 로컬의 탄생과 로컬 시선의 모색," 미국학논집, 40(3), 69-97.

소상공인시장진흥공단(2020), 전통시장 실태조사 보고서.

손상희, 천경희(2005), "건어물시장의 현황과 활성화 방안," 전통시장의 실태와 특화전 략, 안성호, 임상일 등, 도서출판 다운샘, 164-206.

송경호, 이환웅(2021), 지역화폐(지역사랑상품권)의 경제적 효과: 소상공인 매출액에 미 친 영향을 중심으로. 한국경제의 분석, 27(3), 1-63.

송춘호, 백승우(2014), "로컬푸드 직매장의 발전전략 - 일본 JA로컬푸드 직매장의 사례 분석을 중심으로," 식품유통연구, 31(2), 17-48.

원미경, 박영희, 이연정(2015), "로컬푸드에 대한 가치인식이 구매 및 체험에 미치는 영

향," 한국식생활문화학회지, 30(1), 54-63.

원용찬(2003), "칼 폴라니의 실체경제와 지역문화운동: 유통독점자본의 지역화 운동을 계기로," 문화경제연구, 6(1), 27-53.

유호근(2009), "신자유주의적 세계화 패러다임: 비판적 검토와 대안적 전망," 아태연구, 16, 123-140.

윤병선, 유학열(2009), 로컬푸드의 실태 및 충남의 실천과제, 충남발전연구원 연구보고서.

이민수, 유소이, 장현욱(2012), 전라북도 로컬푸드 활성화 방안, 전북발전연구원 연구보고서.

이영주(2015), 다양한 사례로 본 강원 전통시장 마케팅 활성화 방향, 강원발전연구원 연구보고서.

이영주, 임은선(2011), 서민경제 안정을 위한 지역상권 활성화 방안 연구, 국토연구원 연구보고서.

이원기, 이도희, 유영설(2019), 21 세기 전통시장, 존재의 이유를 생각해보다: 주관성연구, Q 방법을 활용하여. 경영교육연구, 34(2), 111-134.

이진명, 나종연(2015), "대형마트 및 기업형 슈퍼마켓(SSM) 규제에 대한 소비자의 갈등인식 유형과 대응방식: Q방법론의 적용," 소비자학연구, 26(3), 83-111.

이춘근(2002), "지역전통시장의 실태와 활성화 방안," 한국지역학회/대구경북개발연구원 학술대회 발표논문집.

정은미(2011), 지역경제 활성화를 위한 로컬푸드시스템 구축방안, 한국농촌경제연구원 연구보고서.

중소기업청(2014), 2014년 전통시장 활성화 종합 계획.

칼 폴라니(2009), "거대한 전환," 홍기빈 역. (1944. The Great Transformation. New York: Farrar & Rinehart)

하상림(2016), 사회적경제 관점에서의 로컬푸드 시스템구축 사례 연구, 목포대학교 석사학위논문.

행안부(2020), 지자체별 지역사랑상품권 도입현황.

허남혁(2006), "글로벌 푸드, 내셔널 푸드, 로컬 푸드－농식품 분야에서의 스케일의 정치," 대한지리학회 2006년도 연례 학술대회발표논문집.

Christmann, P., & Taylor, G. (2002), "Globalization and the environment: Strategies for international voluntary environmental initiatives," *The Academy of Management Executive*, 16(3), 121-135.

Halweil, B. (2002), Home grown: The case for local food in a global market, Worldwatch Institute.

Hamilton, C. (2010), "Consumerism, self-creation and prospects for a new ecological consciousness," *Journal of Cleaner Production*, 18(6), 571-575.

Hines, C. (2003), "Time to replace globalization with localization," Global *Environmental Politics*, 3(3), 1-7.

Hinrichs, C. C. (2000), "Embeddedness and local food systems: notes on two types of direct agricultural market," *Journal of Rural Studies*, 16(3), 295-303.

Lamine, C. (2015), "Sustainability and resilience in agrifood systems: reconnecting agriculture, food and the environment," *Sociologia Ruralis*, 55(1), 41-61.

Røpke, I. (2009), "Theories of practice-New inspiration for ecological economic studies on consumption," *Ecological Economics*, 68(10), 2490-2497.

Shuman, A. (1993), "Dismantling local culture," *Western Folklore*, 52(2/4), 345-364.

〈참고 사이트〉

건강밥상 꾸러미 홈페이지 http://www.hilocalfood.com
국가법령정보센터 http://www.law.go.kr
국제슬로푸드한국협회 http://www.slowfood.or.kr
City Farmer News http://www.cityfarmer.info
Economic Empowerment Network http://www.een-letsbear.com

〈사진 출처〉

그림 7-2. 미국 LA Farmer's Market (플리커 CC BY)
  https://www.flickr.com/photos/69091371@N00/5885087758
그림 7-3. 미국 학교급식(FTS) 프로그램 (플리커 CC BY)
  https://www.flickr.com/photos/dccentralkitchen/13721339193
그림 7-5. 토론토 공공텃밭 (플리커 CC BY)
  https://www.flickr.com/photos/jbcurio/3972938413
그림 7-6. 슬로푸드 치즈축제 (플리커 CC BY)
  https://www.flickr.com/photos/ameliaoil/albums/72157602111570635

그림 7-7. 바르셀로나 산타 카테리나 시장 (플리커 CC BY)

https://www.flickr.com/photos/ajay_suresh/14419085778

그림 7-8. 런던 코벤트 가든 (플리커 CC BY)

https://www.flickr.com/photos/nanagyei/4657930770

그림 7-9. 일본 키치조지 상점가 (플리커 CC BY SA)

https://www.flickr.com/photos/wongwt/16015886558

공정무역

우리는 아침에 일어나면 탁자에 앉아
남아메리카 사람들이 수확한 커피를 마시거나
중국 사람들이 재배한 차를 마시거나
또는 서아프리카 사람들이 재배한 코코아를 마신다.
우리는 일터로 나가기 전에 벌써
세계의 절반이 넘는 사람들에게 신세를 지고 있다.

- 마틴 루터 킹

- 내가 소비하는 물건이 어디서, 누가, 어떻게 만들었는지 생각해 봅시다.
- 카카오 농장의 아동노동착취 문제를 개선할 수 있는 방법에는 어떤 것이 있을까?

커피 한 잔의 이야기

EBS 지식채널e 2005. 11. 7.

동아프리카에서 태어나
6세기 에티오피아의 양치기
염소를 흥분시키는 빨간 커피 열매 발견

아랍세계를 거쳐 10세기 이슬람의 수도승
'정신을 맑게 하는 약'
유럽을 정복한 커피
17세기 네덜란드 인도네시아에서
커피 씨앗을 밀수
유럽에 커피나무 등장

다시 남미를 거쳐 18세기 브라질
대규모 커피 재배 시작
현재 커피 생산량 세계 1위

미국 19세기 독립전쟁
영국의 독점적인 차 공급에 반기를 들며 커피 선택
현재 커피 소비량 세계 1위 국가

그리고 한국
1896년 고종황제 커피 애호가 됨
현재 커피 소비량 세계 11위

매년 7백만 톤의 커피를 생산하고
4천억 잔의 커피를 마시는 세계
전 세계 무역 거래량 1위 석유, 2위 커피

커피 한 잔의 비밀
커피 한 잔을 만들기 위해 필요한 커피콩 백 개
1파운드의 커피콩(커피 45잔)을 팔고
농부가 받는 돈 480원
커피 한 잔을 10원에 파는 농부들

100ml 커피 한 잔의 비밀
99퍼센트와 1퍼센트
이윤의 1퍼센트
소규모 커피 재배농가
이윤의 99퍼센트
미국의 거대 커피회사, 소매업자, 수출입업자, 중간거래상

전 세계 커피재배농업에 종사하는 50여 개국 2천만 명은
대부분 빈곤한 상태에 있으며
이들 중 상당수는 어린이다.

공정무역은 무역의 세계화 속에서 발생하는 국가 간 불평등한 권리구조, 제3세계 생산국의 빈곤과 노동력 착취 및 환경 문제 등을 해결하기 위해 상품 생산자에게 정당한 노동의 대가를 지불하자는 취지에서 시작된 운동이다. 대화와 투명성, 존중에 기초하여 무역거래 당사자 간의 공평하고 정의로운 관계 속에서 이루어지는 공정무역은 소외된 생산자에게 더 나은 거래조건을 제공하고 그들의 권리를 보호하여 지속가능한 발전에 기여한다.

공정무역은 동시대의 인류를 고려한 책임 있는 소비행동으로서 윤리적 소비의 큰 축을 담당하고 있으며 친환경적 소비라고도 볼 수 있다. 즉 공정무역이란, 빈곤국가들에게도 공정한 무역의 기회를 제공함으로써 참여자 모두가 지속가능한 발전과 성장을 꾀할 수 있도록 하며, 무엇보다 생산자와 노동자의 권익이 정당하게 실현되는 것을 중점으로 무역환경을 개선하고자 하는 대안적 경제의 방향성을 나타낸다.

이 장에서는 공정무역에 대한 개념과 필요성, 공정무역의 역사, 공정무역의 실태와 실천방법인 공정무역마을운동, 공정여행 등을 살펴본다.

1. 공정무역이란 무엇인가?

1) 공정무역의 개념

세계화와 자유무역을 기본으로 하는 현재의 경제시스템은 제3세계의 자원과 노동을 헐값으로 착취하여 그들의 삶과 환경을 더 심각하게 파괴하고 있다. 이러한 문제를 극복하기 위해 여러 대안적 실천들이 대두되었으며 그중 하나가 공정무역이다.

　무역은 원칙적으로 교역 대상국 간의 자발적인 교환이므로 공정하다. 그렇다면 거래에 있어서 어떤 측면이 공정한 것인지 누가 결정하며 또 우리는 어떻게 공정하다는 것을 믿을 수 있는가? 그 질문에 대한 답은 두 가지 질문으로 얻을 수 있다. 첫 번째는 '과연 누가 이익을 얻는가?'이고, 두 번째는 '누가 책임을 지는가?'이다. 첫 번째 질문에 대한 답은 자유무역의 세계에서 이미 부와 권력을 손에 쥐고 있는 사람들이다. 두 번째 질문에 대한 답은 아무도 책임지지 않는다는 것이다. 불공정 거래는 민주주의적 책임과 공존할 수 없다. 공정무역은 무역이 무엇보다 모두를 이롭게 하기 위한 것이었음에도 전혀 그렇지 못했던 메커니즘을 인간이 다시 통제할 수 있게 하자는 선언인 것이다(데이비드 랜섬 저, 장윤정 역, 2007, p. 23). 오랫동안 불공정했던 남반구와 북반구의 무역 조건은 1970년대 이후 남반구에 더욱 불리하게 돌아가기 시작했다. 수입원가나 생활비에 비해 농산물에 매겨지는 가격이 너무 낮았기 때문이다. 이런 '불평등 교환'은 수많은 부작용을 낳았다. 자급자족하던 농민들은 살던 곳에서 쫓겨나고 기아는 증가하게 되었다. 그 원인은 토지가 단지 '수출 작물'을 경작하도록 전환되고 주로 정부보조금으로 수입된 값싼 농산물이 영세농민들의 생존을 위협했기 때문이다. 공정무역은 바로 이러한 구조적 불평등함에 제동을 걸기 위한 하나의 시도이다(다니엘 재피 저, 박진희 역, 2012, p. 31).

2) 공정무역의 5가지 핵심원칙

공정무역단체(fair trade organization, FTO)들의 활동 경험에 근거한 공정무역의 5가지 핵심원칙은 세계경제 속 공정무역 네트워크의 현황들을 반영한다.[1] 구체적인

---

[1] 쿠피협동조합(2020), 〈공정무역도시 서울3.0〉 도약을 위한 정책연구, 서울시 연구보고서

표 8-1 공정무역의 5가지 핵심 원칙

원칙 1	소외된 생산자를 위한 시장접근성 • 기존의 관행무역 체계 하에서 소외되었던 지역사회 생산자집단의 연계와 상생
원칙 2	지속가능하고 공정한 거래관계 • 시장실패의 사각지대에 대한 대안적 거래방식을 확장하고 보다 정당한 노동의 가치를 실현함으로써 지역사회의 자생적 발전을 도모
원칙 3	생산자 역량 강화 • 생산자 조직의 지속적 자기 개발을 지원함으로써 자생적 경쟁력의 강화
원칙 4	소비자 인식 증진 및 소비자 참여 확대 • 소비자가 시장에 미치는 선한 영향력을 인식, 정당한 거래 방식에 대한 이해를 넘어 실천적 지지로 공정무역의 참여 주체로 확장
원칙 5	'사회적 계약'으로서의 공정무역 • 공정무역은 자선이 아닌, 정당한 사회적 거래방식에의 계약을 통해 생산자와 소비자 모두가 지속가능한 발전을 꾀하는 선순환의 대안적 거래방식

내용은 〈표 8-1〉과 같다.

공정무역은 무역 거래에 있어 불평등을 해소하고, 생산과정에 있어 환경을 파괴하지 않는 새로운 형태의 대안 무역으로 주목받기 시작했다. 공정무역(fair trade)에서 말하는 공정(fair)은 생산자와 소비자의 거래가 아닌 무역 협상에서의 상대방에 대한 존중과 공정한 거래를 의미한다. 좀 더 구체적으로 세계공정무역기구(WFTO)의 헌장에 있는 공정무역에 대한 정의를 보면 "공정무역은 대화, 투명성,

그림 8-1 매장 내의 공정무역 제품 홍보사진

표 8-2 공정무역과 자유무역의 비교

공정무역	자유무역	
• 사람, 지구, 이익에 관한 문제가 모두 중요한 사항이다. • 사전 임금 지불로 재배나 생산 중에도 소득을 얻을 수 있다. • 저소득 생산 지역의 사회적 보험료와 투자, 자기결정을 위한 기회와 함께 기술적인 지원과 훈련을 제공한다. • 여성과 소수민족 같은 사회적으로 혜택을 받지 못하는 사람들이 공정무역 공급 네트워크에서 파트너를 만날 수 있다. • 소비자 교육과 지지를 통해 사회적 책임을 지닌 기업혁신이 가능하다.	• 다른 무엇보다 이익이 가장 중요하다. • 제품 선적 시 또는 제품 선적 후 보통 30, 60, 90일 이내에 지불된다. • 한 지역에 기업이 투자를 할 경우 영리 사업에 필요한 기술을 쌓는 것에 제한되어 있거나, 기업 자선활동의 형태이다. • 공급사슬에서 보통 남을 이용하는 중간상인을 통해 낮은 비용이 드는 노동력과 원자재 품목을 얻으려 한다. • 수익성 증가를 목표로 마케팅을 한다.	

출처 : 오은영(2012), 공정무역, 초보자를 위한 가이드, p. 20.

존중의 토대하에 국제무역에서 좀 더 큰 공평함을 찾고자 하는 무역 파트너십이다. 특히 남반구에 사는 주변부 생산자, 노동자들에게 더 좋은 무역조건을 제공하고 이들의 권리를 보호하는 것을 통해 지속가능한 발전에 기여한다."로 정리하고 있다(알렉스 니콜스, 샬롯 오팔 저, 한국공정무역연합 역, 2010, p. 59). 이처럼 공정무역은 공정한 거래를 통해 가난한 나라의 생산자들이 정당한 대가를 받을 수 있도록 하는 것으로 이들이 생산한 제품에 공정하고 안정된 가격이 매겨지게 된다.

공정무역에 대한 이해를 높이기 위해 전통적 무역 방법인 자유무역과 공정무역을 비교해 볼 때(〈표 8-2〉 참조) 가장 큰 차이는 공정무역은 개발도상국의 생산자들이 보다 생산적이고 수익을 높일 수 있도록 지원해 주는 방법이 될 수 있다는 것이다. 공정무역은 생산자 파트너들의 삶과 불평등한 문제를 해결하려는 노력을 한다. 한 예로 상대적으로 무역 거래에 있어 기회가 적고 가장 값싼 노동자이자 약자인 여성이나 장애인, 소수민족과 같은 사람들이 생산에 참여하고 평등하게 가치를 인정받을 수 있도록 한다.

3) 공정무역 운영의 10대 기준

공정무역은 생산자와 소비자 간의 직접거래를 요구하고 역사적으로 불리한 생산자들에게 시장정보의 흐름을 제공함으로써 시장의 실패를 교정하려고 한다. 소농

들의 정보 부족은 협동조합 조직을 통해 정보 접근을 위한 자원을 공유하도록 하
며, 협동조합 지도자가 고객과의 직접적이고 장기적인 관계를 유지하도록 한다.
금융시장의 낮은 접근성은 수입업자들의 대금 선지급으로 해결하며, 최저가격의
보장, 사회적 초과이익 보장 등으로 개발도상국에서의 시장실패와 빈곤문제를 다
룬다(알렉스 니콜스, 샬롯 오팔 저, 한국공정무역연합 역, 2010, pp. 110-111).

경제적 · 사회적 정의를 실현하기 위한 공정무역을 운영하는 데 필요한 기준을
살펴보면 10가지로 정리할 수 있다.

1. 빈곤한 생산자에게 기회 부여
2. 투명한 경영과 무역 거래에 대한 책임
3. 생산자의 역량 강화
4. 공정무역 촉진
5. 공정한 가격 지불
6. 성 평등
7. 안전하고 건강한 노동환경
8. UN 아동 권리에 대한 협약 존중에 따른 아동 노동 원칙 준수
9. 환경보호
10. 상호존중과 신뢰 및 연대를 기반으로 한 장기적 관계의 무역관계

공정무역은 지속가능한 무역과 주도적인 시장을 통해 개발을 이끌어 가기 때문
에 빈곤 완화에 있어서 원조나 기관의 개입보다 더욱 효과적인 메커니즘이 될 수
있다. 공정무역 제품을 구매한다는 것은 소비자가 자신이 필요한 제품도 구매하고
동시에 제3세계 빈곤과 노동문제 해결에 도움을 줄 수 있는 행동이다. 시장경제에
서 공정무역이 활발하게 이루어지기 위해서는 소비자가 이러한 공정무역의 다양
한 의미를 인식하고 소비해야 할 것이다.

커피나 카카오 같은 농산물이나 공산품 외에 서비스 품목에서도 공정무역 정신
을 실천하는 운동이 확대되었다. 가장 대표적인 것이 공정여행이다. **공정여행**은 책
임여행으로도 불리며 윤리와 인권에 바탕을 둔 여행이다. 서비스 노동자의 보호,

포터의 노동권리로부터 여성과 아동 착취, 멸종동물의 보호 등이 포함된다. 또한 여행자의 지출이 직접 지역사회로 돌아올 수 있는 지역에 기반한 여행자 프로그램을 지지한다. 이처럼 공정임금, 지역의 장기적 이익에 초점을 두는 윤리적 구조를 갖는다(Transitions Abroad Magazine, 2006).

2. 공정무역은 왜 해야 하는가?

1) 공정무역의 필요성

세계경제포럼에서는 2014년 10대 글로벌 리스크로 소득 불균형, 기후변화 대응 실패 등을 들었다. 세계화와 자유무역주의로 시장개방을 받아들여 신자유주의적인 정책을 실행했던 국가들은 무역을 할수록 빈곤과 저성장이 심화되고 실업률이 증가하게 되었다. 2004년을 기준으로 북미와 유럽은 전 세계 인구의 12%가 살고 있으면서 전 세계 물자와 서비스의 60%를 소비하고 있는 반면 전 세계 60%를 차지하고 있는 아시아인의 20%는 1달러 이하의 생활비로 하루를 보내는 절대 빈곤층을 형성하고 있다. 그렇기 때문에 존 이커드(John Ikerd)는 오늘날 국제 자유무역은 사실상 빈국과 부국 사이에 이루어지는 강압적인 무역이며, 기업들의 정치적 영향력이 증대됨에 따라 자본주의 경제는 더 이상 도덕적 양심이나 효과적인 내부 제재 조치가 존재하지 않고 무제한 성장하는 암과 같은 존재가 돼 버렸다고 말한다. 이같이 가시화된 신자유주의의 위험성은 새로운 형태의 지속적인 경제 체제를 요구하게 되어 사회적 경제 혹은 사회적 기업, 기업의 사회적 책임(CSR), 공정하고 윤리적인 무역 질서, 여성 생산자에 대한 지원 등과 같은 새로운 시도들이 떠오르고 있다(김정희, 2009, p. 18).

그중 공정무역은 공정하고 상호존중을 기반으로 한 무역 파트너십의 관계를 통해 지속가능한 사회를 만들고자 하는 대안 무역 운동이다. 또한 공정무역은 친환경 무역으로 친환경 농법, 자연 소재를 이용한 전통 기술을 장려하여 사람과 자연이 공존하는 대안적 발전을 추구하고 있다. 이에 이러한 원칙들을 추구하며 기존의 냉혈적인 시장경제 시스템이 아니라 사람을 최우선으로 하는 비즈니스를 통해

빈곤과 인권, 환경 문제 등의 문제를 해결할 수 있다는 가능성을 확인한다는 의미
에서 공정무역은 매우 중요하다.

공정무역의 힘은 지구적 문제에 많은 개인이 쉽게 참여할 수 있다는 점이다. 커
피 한잔을 마시는 것만으로 빈곤한 아동이 교육받고, 지구환경을 살릴 수 있으며,
불공정한 세계를 좀 더 공정하게 만들 수 있다. 공정무역 상품을 선택하는 소비자
들은 사회정의에 관심을 가지고 있고 기회가 되면 불공정문제 해결에 동참할 의지
가 있는 사람들이다. 그들에게 공정무역은 소비의 사회적 영향력을 실천하는 통로
이다(박선미, 2013).

2) 공정무역의 성과

공정무역의 성과는 사회 곳곳에서 나타나고 있다. 개발도상국의 경우 공정무역은
생산자의 최저생활을 보장하면서 지역사회의 빈곤 해소에 기여하였다. 공정무역
은 환경문제 해결에 큰 기여를 하고 있다. 유기농과 친환경 작물재배는 환경의 복
원과 수확량의 안정적 확보가 가능하도록 하면서 농가의 안정적 수입에 큰 기여를
하였다(다니엘 재피 저, 박진희 역, 2010, p. 383). 페어트레이드USA는 1998년에
서 2009년 사이에 미국에서 판매된 공정무역 제품의 프리미엄 2억 2,000만 달러
가 커피 농민에게 돌아갔다고 추정한다. 좀 더 작은 규모에서 도움을 준 예로는 필
라델피아의 인디펜던츠 커피협동조합이 있다. 그들은 페루의 농민들에게 커피원
두 태양건조기를 설치하는 지원금 1만 2,000달러를 제공했다(키스 브라운 저, 이
은숙 역, 2013, p. 249). 공정무역은 생산자조합의 활성화를 통해 지역활성화와 결
속을 강화했으며 전통문화와 농업에 의한 토착문화가 계승되는 데 기여하였다. 공
정무역이 확대되면서 지속가능한 지역발전을 추구하는 정책이 국가의 전략으로
부상하고 있다. 공정무역의 많은 이익은 자유시장의 기능 향상과 관계가 있지만
외부적 혹은 개발적인 이익도 있다. 공정무역이 이루어지는 지역사회에서 공정무
역에 관여하지 않는 농민도 사회적 초과이익으로 생기는 도로, 병원, 학교 같은 기
반시설의 이용은 물론 공정무역의 부가적 수입의 증식 효과로부터 이익을 얻는다.
공정무역 농민들이 구매자와 장기무역 관계를 맺으면서 얻은 다양한 정보는 비공
정무역 체제에 있는 농민들의 교섭에서도 더 유리하게 작용한다. 또 다른 중요한

표 8-3 개발도상국과 선진국의 공정무역 성과

차원	개발도상국	선진국
경제	• 최저가격보장에 따른 생산자의 소득 증가 • 국제시장의 접근성 향상 • 노동권보장(아동노동, 노동착취 금지)	• 공정무역단체 증가 • 공정무역 소비와 윤리적 소비의 확대
사회	• 사회적 프리미엄 효과 • 지역공동체활동 활성화 • 전통문화에 대한 존중과 여성권익 증대	• 공정무역운동(캠페인) 활성화 • 공정무역마을의 등장
정치	• 공정무역의 생산자지원 정책 추진	• EU의 공정무역 인정 결의안
환경	• 유기농과 친환경적 생산 확대 • 환경적 지속가능성 추구	• 지속가능한 환경 유지와 발전 • 유전자조작 식품의 반대 확대

출처 : 이용균(2014).

혜택은 공정무역 기준에 따라 농민들과 저임금 노동자들이 조직화하여 시장과 직접 교류함으로써 역량이 강화된다는 것이다(알렉스 니콜스, 샬롯 오팔 저, 한국공정무역연합 역, 2010, p. 100). 공정무역은 선진국의 소비패턴과 사회에도 큰 변화를 가져오고 있다. 선진국이 경험한 공정무역의 성과는 윤리적 소비의 확대라고 할 수 있다. 공정무역의 주류화는 공정무역 제품의 대량판매와 가격인하에도 영향을 미치고 소비 증가를 가져오고 있다(Clark et al., 2007). 공정무역단체 활동의 증가와 '공정무역마을'의 등장은 사회적으로 공정무역이 하나의 윤리적 실천운동으로 전개되고 있음을 말해 준다. 또한 공정무역 제품의 소비가 환경운동의 맥락에서도 전개되고 있다(Fair Trade Advocacy Office 저, 한국공정무역연합 역, 2010, p. 22, 39). 공정무역의 성과를 개발도상국과 선진국으로 구분하여 각각 사회, 경제, 정치, 환경의 차원에서 정리하면 다음과 같다(이용균, 2014).

소비자가 자신이 소비하는 상품이 어디서 왔는지, 그것의 생산자가 어떻게 살고 있는지에 대해서 관심을 갖게 했다는 것은 공정무역의 성과이다. 그러나 적절하고 정확한 지식과 비판적 사고가 뒷받침되지 않은 참여는 감정이나 경제 사정의 변화에 따라 쉽게 중단될 수 있다. 그러한 참여는 지속성과 책임감을 담보하지 못하기 때문에 진정으로 참여하는 세계시민을 기르기 위해서는 제3세계에 대한 동정 어린 시선을 거두고 그 지역의 빈곤이나 갈등 원인과 구조에 대한 진지한 탐구 기회를 제공해야 할 것이다(박선미, 2013). 이용균(2014)은 현재의 공정무역에서 가장 큰 문제는 선진국 주도의 무역시스템이라고 보고 공정무역단체와 참여 대기업의 수익을 창출하는 시스템으로 변모할 가능성을 언급하였다. 근본적으로 공정무역도 세계의 불평등한 무역구조를 양산한 현 글로벌 시장의 메커니즘을 활용하고 있다는 것이다. 따라서 공정무역은 원조가 아닌 개발로서 개발도상국의 발전을 도모하자는 취지였으므로 제3세계 생산자의 지위를 향상시키면서 지속가능한 발전으로 이끌 수 있도록 개발도상국 시민의 입장에서 세계를 바라볼 필요가 있을 것이다.

3. 공정무역은 어떻게 실천하는가?

1) 공정무역운동 실천의 역사

(1) 해외 공정무역운동

서구에서 공정무역운동은 자유무역에 대한 도전으로 시작되었다. 특히 자유무역에서 소외된 자 또는 소외된 부문에 대한 배려 차원에서 시작되었다. 제3세계 농업의 피폐화에 대한 문제의식과 제3세계 지원을 위한 소비자들의 윤리적 각성이 출발점이었다. 서구의 공정무역운동은 이기적 동기의 소비자를 사회적 책임이 있는 소비자로 전환하는 운동에 기초하고 있다. 공정무역운동은 유럽 사회운동의 연장선상에서 이루어지고 있기 때문에 협동조합의 전통, 노동조합 조직이 배경이 되고 있다(이정옥, 2011).

　서구의 공정무역은 1940년대 교회조직을 통해 시작되어 이후 본격적인 운동은 여러 단계를 거쳐 발달되어 왔다. 현재 세계공정무역기구(World Fair Trade Organization, 이하 WFTO)와 국제공정무역기구(Fairtrade International, 이하 FI)가 세워지고 공정무역인증제도인 공정무역마크제도(FLOCERT)가 시행되는 등 공정무역 운동이 전 지구적으로 확산되고 있다. 영문으로 Fairtrade는 주로 국제공정무역기구(FI)를 중심으로 한 공정무역인증(FLOCERT) 제품이나 시스템을 의미한다. 반면 Fair Trade는 통상적으로 일컬어질 수 있는 보다 포괄적이고 전반적인 공정무역 자체를 의미하는 용어로 비교하여 이해할 수 있다.

공정무역은 미국에서 1940년대 말부터 난민이나 제3세계 극빈층이 만든 수공예품을 팔아 주는 것으로 시작되었다. 당시에는 주로 교회 조직을 기반으로 이루어지다가 1958년 미국에 최초의 공정무역 가게가 문을 열게 되었다(김정희, 2009, p. 14). 이후 본격적인 운동은 유럽에서 시작되어 공정무역의 역사를 살펴보면 크게 세 단계로 진화해 온 것을 알 수 있다.

① 태동기

1950년대 말에서 1970년대 초까지 공정무역에 관심을 가진 미국과 유럽의 NGO 단체들이 산발적으로 공정무역운동을 전개했다. 이 당시에 거래되는 제품들은 설탕과 사탕수수 등 제한적이었으며 그 규모는 크지 않았다. 1964년에 결성된 최초의 공정무역 기구는 옥스팜 트레이딩(Oxfam Trading)이었고 이어 네덜란드에서 페어트레이드 오가니사티에(Fair Trade Oganisatie)가 만들어져 제3세계 극빈 노동자들을 살리는 운동이 본격화되었다.

② 도약기

1970년대 초반부터 국제공정무역협회(IFAT)가 결성되기 이전인 1980년대 말까지이다. 이 시기는 공정무역이 대중화하는 단계로서 특히 전 세계 기호품인 커피를 공정무역으로 수입하면서 멕시코 등지로 확산되었고 1988년 네덜란드에서 만든 '막스 하벨라르'라는 상표는 전 세계 커피 시장에서 3%의 점유율을 보일 정도로 급성장했다. 공정무역의 대중화는 특히 1984년에 결성된 유럽 세계상점네트워크인 NEWS(Network of European World Shops)에서 촉발되었는데 1989년 국제공정무역협회 결성에 견인차 역할을 하였다.

③ 공정무역운동의 전 지구적 확산

이 시기는 특히 WTO 출범으로 인해 신자유주의 세계무역체제에 대항하는 대안 사회운동의 확산과 연결된 시기로 1998년 공정무역에 관련된 국제기구들은 신자유주의 무역 독점에 효과적으로 대항하는 공동연대기구들인 파인(FINE)이라는 조직을 만들었으며 여기에는 국제공정무역상표기구(FLO), 국제공정무역협회(IFAT), 유럽세계상점네트워크(NEWS), 유럽공정무역협회(EFTA)가 참여하여 개발도상국 노동자들의 임금을 착취하는 다국적기업에 맞서고자 했다. 또한 공정무역의 연대기구가 생기면서 거래되는 제품의 양이 늘어났고 주류 무역질서에서 벗어나 대안적인 무역시장을 구축하는 단초를 만들었다. 이후 1989년에 전 지구적 조직으로 국제공정무역협회(International Federation for Alternative Trade, IFAT)가 5대륙에 걸쳐 270여 개 단체와 조직이 참여하여 결성되었고 2008년에 IFAT의 정식명칭을 WFTO(World Fair Trade Organization)로 변경하였다. 그리고 2004년 인도에서 열린 세계사회포럼에서 공정무역운동이 반세계화 운동의 중요한 실천전략으로 채택되었고 이 회의에서는 국제공정무역상표기구[Fair-trade Labelling Organization International, FLO : 현재 국제공정무역기구(Fairtrade International)]를 통한 국제적 연대를 강화하였다(이동연, 2008).

공정무역운동은 수십 년 동안 무역이 자연자원과 환경을 보호하는 동시에 생산자들과 노동자들의 삶을 향상시키는 데 지속가능하고 중대한 기여를 할 수 있다는 것을 증명해 왔다. 미약하게 시작했던 공정무역운동은 이제 농장과 공장의 수백만 명의 소규모 생산자들과 노동자들, 수천 개의 무역회사 및 소매상들, 비정부기구

표 8-4 국제공정무역기구와 세계공정무역기구의 비교

	국제공정무역기구 Fairtrade International (FI)	세계공정무역기구 World Fair Trade Odganization(WFTO)
특징	• 1997년 FLO(Fairtrade Labelling Organization)으로 시작하여 FI로 명칭 변경 • 공정무역제품을 생산/가공/판매하는 협동 조합 및 기업 등이 참여 • 가장 큰 규모의 공정무역인증기구 • 2004년부터 Fairtrade International (FI) 와 FLOCERT의 두 독립 기구로 분리 발전	• 1989년 국제대안무역연맹(the International Federation for Alternative Trade)로 시작, 2009년 WFTO로 명칭 변경 • 공정무역의 생산자단체 및 판매 네트워크 등을 포함 • 2009년 공정무역조직을 인증하는 WFTO Guarantee System 운영
역할	• 소비자의 접근가능성을 높이고 생산자의 더 지속가능한 이익 창출을 위한 공정무역 주류화 추진	• 공정무역에 관계하는 회원 조직기구들의 글로벌 공동체
현황	• 2019년 기준, 세계72개국 1,822개 생산자단체를 지원	• 2019년 기준, 361개의 공정무역단체와 공정무역을 지지하는 55개의 네트워크 및 조직들이 참여

들과 인증기구, 수억 명의 소비자들과 연결되는 조직화된 무역체계로 세계적 네트워크를 구축하기에 이르렀다(알렉스 니콜스, 샬롯 오팔 저, 한국 공정무역연합 역, 2010, p. 59). 일반적으로 북반구에서 수입과 유통사업을 하는 공정무역 기업은 주로 유럽과 북미에서 활발하지만 호주, 일본, 뉴질랜드 그리고 러시아와 같은 다른 국가들에서도 활동하고 있다. 미국은 영국과 더불어 최대 규모의 국내 공정무역 시장을 형성하고 있는데 10억 달러가 넘는 매출이 이루어지고 있으며 꾸준히 성장하고 있다(벤저민 휴브레츠 저, 한국공정무역연합 역, 2016, pp. 70-71).

(2) 국내 공정무역운동

한편 국내에서의 공정무역운동이 본격화하기 시작한 것은 2000년 이후부터이다. 국내에서 공정무역운동이 시도된 것은 2004년 두레생협이 필리핀에서 마스코바도 당을 수입한 것이 계기가 되었다. 공정무역의 차원으로 인도적 지원과 소비자의 웰빙의식의 확산을 결합한 유형이 한국의 공정무역이 시작된 지점이다. 서구의 공정무역운동이 소비자의 조직과 소비자의 각성을 통해 현지 생산자 조직을 재구성한 반면 한국은 조직화된 생산자 집단을 선택하고 소비자들을 인도주의 관점에서 설득하고 있는 방식으로 기존의 사회운동 단위와 유기적으로 결합하지 않고 각 단체의 개별적 차원에서 시작되었다는 점도 눈여겨 볼 필요가 있다(이정옥, 2011).

한국의 공정무역운동은 크게 두 가지 흐름으로 나누어 볼 수 있는데, 그 하나는 1980년대부터 환경단체 중심으로 조직화되었던 생활협동조합 그룹들이 생협운동의 영역을 국제적인 수준으로 확장하기 위해 그 대안으로 공정무역에 참여한 흐름이 있었다. 그리고 또 다른 하나는 환경단체는 아니지만 한국의 NGO단체들이 국제연대활동의 일환으로 제3세계 노동자들의 정당한 이익을 대변해 공정무역에 참여한 흐름이었다. 그중 전자는 두레생협이나 아이쿱(iCOOP)과 같은 단체에서 행하는 국제적 생협 운동을 들 수 있다. 후자는 참여연대의 아름다운가게나 YMCA의 동티모르 커피노동자 돕기 운동인 '피스커피' 운동을 들 수 있다. 특히 YMCA는 기존의 공정무역단체에서 개발된 지역이 아닌 동티모르 사메 지역에 2005년부터 농촌 개발 지원 사업 프로젝트의 일환으로 동티모르 공정무역커피(East Timor Coffee Fair Trade) 사업을 시작하였다. 이후 원두를 직수입하며 공정무

역 전문커피매장과 커피쇼핑몰을 개장하였으며 이를 통해 얻은 수익금으로 동티
모르 사메 지역에 커피농사를 원활히 할 수 있도록 생산 현지 마을에 커피원두 창
고와 정수시설, 공동작업장 건립과 각종 기기들을 지원하였다. 또한 아름다운가게
는 네팔과 페루 유기농 커피를 공정무역으로 거래하고 있으며, 여성민우회는 한국
생협연대와 공동출자하여 자연드림이라는 공정무역 초콜릿 판매회사를 설립하였
으며, 여성환경연대는 ㈜페어트레이드코리아라는 시민주식회사 형태의 공정무역
회사를 설립하여 온 · 오프라인 매장을 운영하고 있다(이동연, 2008).

한국의 공정무역은 세계 공정무역 운동 추세에 영향을 받아 2000년대 초부터 여
러 단체가 참여하여 2012년에 한국공정무역단체협의회(KFTO)가 설립되었으며
지속적인 매출 증가세를 나타내고 있다. 국제공정무역기구에 따르면, 전 세계 공
정무역제품 판매액은 2017년 기준 한화 약 11조원에 육박하였으며, 이는 2007년
도 약3조원 규모 대비 10년 사이 3배 이상 급격한 성장세를 나타낸다. 한국의 경
우, 공정무역 판매액 집계는 2011년 처음 시작한 당시 약291억원의 매출을 낸 반
면, 2017년에는 대략 387억 원으로 2배가량 되는 빠른 성장 속도를 보여주었다(양
승희, 2019).[2]

최근에는 이러한 사회적 흐름들이 정부의 정책 거버넌스와 협력하며 공정무역
도시 및 공정무역마을운동으로의 진화를 보여주고 있다. 정리하자면, 국내의 경
우, 프랑스의 공정무역법 등과 같이 체계적인 정부주도형 모델과 일본의 시민단체
및 생활협동조합에서 살펴볼 수 있는 민간단체주도형의 성장모델이 결합된 방식
으로 발전한 새로운 국면으로의 진입을 경험하고 있다.

2) 공정무역 인증

공정무역 인증 제품은 지속적으로 증가하고 있다. 공정무역 인증마크는 소비자가
공정무역 제품을 구매할 때 쉽고 편리하게 선택하는 데 있어 중요한 역할을 한다.
이 인증마크는 생산자 집단이 공정무역 제품의 기준을 지켰다는 것과 공정무역에
서 발생한 이익이 생산자의 지역사회와 경제 발전을 위해 쓰인다는 것을 보증하는

---

[2] 양승희(2019), "공정무역2019 현주소", 이로운넷

것이다.

공정무역 제품에 대한 표시는 1988년 커피 제품에서부터 시작하였는데 이후 1997년 21개국이 참여한 국제공정무역기구(FI)가 발족되었다. FI에서는 공정무역 제품의 표준, 규격 설정, 생산자 단체 지원, 검열 등의 업무와 더불어 2002년부터 공정무역 인증 제도를 시행하고 있다.

세계공정무역기구(WFTO)는 생산자와 공정무역 조직에게 인증마크를 주어 이 마크를 붙인 생산자와 조직이 일반적인 거래와 차별화하여 시장 거래를 하는 데 이용할 수 있도록 하였다. 현재 공정무역 인증 제품은 커피, 차, 코코아, 바나나, 설탕, 금, 면화 등 3만 5,000여 품목에 이른다. 전 세계 약 140개국에서 판매된 공정무역 인증 제품은 2015년 기준 약 9조 5,000억 원의 매출을 기록했고, 2014년 대비 16%의 성장세를 나타냈다. 한국에서는 2015년 기준으로 전년도 대비 257%가 성장한 약 190억 원의 FLOCERT 인증마크 제품이 판매되었다(아시아투데이, 2016. 10. 18.).

FTO 마크 제품도 증가하고 있는데 세계공정무역기구 아시아(WFTO-ASIA)는 회원 보증시스템인 FTO 마크를 도입해 2014년부터 성과를 내기 시작했다. 아시아 114개 회원 단체 가운데 5개 단체가 공정무역 보증을 받았고, 국내에서는 아름다운커피, 아시아 공정무역 네트워크(APNet),

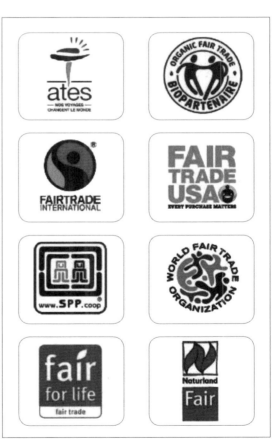

그림 8-2 국제 공정무역 인증마크
출처 : International Guid to Fair Trade Labels, Edition 2020.

표 8-5 FLO, FTO 인증의 특징 비교

FLO 보증요소	FTO 마크 사용조건
• 생산자 집단이 공정무역 제품의 기준을 지켰다는 것을 보증한다. • 공정무역에서 발생한 이익은 사회와 경제 발전을 위해 쓰인다는 것을 보증한다. • FLO에 등록된 무역업자들이 생산자들에게 공정한 거래가격을 지불했다는 것을 보증한다.	• 정직하게 무역 거래를 한다. • 공정가격을 지불한다. • 세계 주변부의 소외받는 사람들과 함께 일한다. • 여러 가지 기술을 나누고 개발한다. • 모두를 위해 더 좋은 품질과 능력을 배양한다. • 어린이의 인권을 보호한다. • 환경을 소중히 여긴다.

출처 : www.flocert.net, www.wfto.com

울림 등 3개의 단체가 이 마크를 받기 위해 보증절차를 밟고 있다(한겨레, 2014. 10. 16.). 최근 국내 APNet 등의 공정무역단체들은 아시아공정무역네트워크(AFN)가 보증한 FTO 마크 제품을 판매하고 있다. 국제적으로 가장 빈번하게 사용되고 있는 독립된 민관 기관의 공정무역 인증은 대표적으로 6가지(WFTO, Fairtrade international, Naturalnd Fari, For Life, SPP, Fair Trade USA)가 있다(그림 8-2 참조).

3) 공정무역 제품

공정무역 제품은 대표상품인 커피, 초콜릿 외에도 마스코바도 설탕, 올리브유 등의 식품류, 의류 및 패션소품, 축구공 등 다양한 상품이 취급되고 있다. 소비자의 의식과 행동이 변화하고 윤리적 구매가 늘어나면서 공정무역 제품의 판매량도 해마다 급증하고 있지만 공정무역은 전 세계 교역규모의 0.01%에 불과하다. 이들 제품에 대해 보다 자세하게 살펴보며 공정무역에 대한 이해를 높이도록 한다.

(1) 식품류 : 커피, 초콜릿, 바나나 등

① 커피

커피는 북반구에서 판매된 최초의 공정무역 인증 제품이며 대부분 국가의 공정무역 시장에서 지속적으로 가장 높은 교역량과 가치를 보이고 있다. 1989년 국제커피협정에서 미국이 탈퇴한 이후 커피 공급이 증가하고 가격이 하락하여 국제커피협정은 실패로 끝났다. 이는 커피 가격의 하락뿐만 아니라 특히 커피 가공과정에 충분한 투자를 할 만큼의 양을 생산하지 못하는 소규모 커피 농민에게 더 많은 불이익을 가져왔다. 공정무역의 가치체계는 중간상인을 배제함으로써 소규모 커피 농민들이 소매가의 상당 부분을 소득으로 얻을 수 있다(알랙스 니콜스, 샬롯 오팔 저, 한국공정무역연합 역, 2010, pp. 164-166). 공정무역 인증 커피의 시초는 1988년 네덜란드에서 결성된 '막스 하벨라르'라는 단체가 커피 생산 농가로부터 공정한 가격으로 커피를 구입한 것이라고 할 수 있다. 국내에서도 2006년에 아름 다운가게에서 '히말라야의 선물'을 판매하면서 공정무역 커피 시대가 열렸다. 공정무역 커피는 농약이나 화학비료를 쓰지 않는 친환경·지속가능 농법을 사용하여 '지속가능한 개발'을 추구한다는 점에서도 착한 커피라 할 수 있다(헤럴드경제, 2016. 1. 13.). 최근 들어 공정무역 단체들과 공정무역 커피 마케팅을 하는 소규모 로스팅업체들이 성공을 거두고 스타벅스를 포함한 대규모 커피 로스팅업체들이 공정무역 시장에 진입했다(알랙스 니콜스, 샬롯 오팔 저, 한국공정무역연합 역, 2010, p. 170).

② 초콜릿

1994년 그린앤블랙스의 마야 골드 유기농 초콜릿은 영국에서 최초로 공정무역 인증을 받은 제품이 되었다. 홀어스푸드(Whole Earth Foods)의 설립자 크레이그 샘스가 가난한 사람들이 모여 사는 밸리즈의 톨레도 지역을 방문해서 마야 원주민들이 이 지역에서 재배한 코코아로 만든 향긋한 차를 마신 다음부터 이 초콜릿을 생산하기 시작했다. 그린앤블랙스는 톨레도 농민조합이 생산하는 코코아를 최소가격에다 사회적 초과이익을 더하고 유기농 인증비용까지 얹어서 사들인다. 그린앤블랙스는 급속하게 증가하는 코코아 수요를 맞추기 위해 2005년 다국적기업 캐드버리 슈웹스와 합병하였다. 또 다른 공정무역 초콜릿 성공 사례로는 쿠아파 코쿠를 들 수 있다. 1993년 가나의 정부 대표는 공정무역기업인 트윈 트레이딩에게 가나의 영세 코코아 재배 농민들이 직접 회사를 세우고 여기서 재배한 코코아를 공정무역 시장에 판매하도록 돕게 했다. 쿠아파 코쿠는 트윈 트레이딩이 마을에 창업자금을 대출해 주면서 탄생했다. 쿠아파는 회사의 구호를 '파파파'(최고 중의 최고)라고 정했다. 트레이드크라프트는 이 코코아를 사서 초콜릿을 만든다. 쿠아파의 조합원은 영국에 있는 데이초콜릿 회사의 지분을 47% 가지고 있다. 데이는 디바인초콜릿과 더블초콜릿을 만드는 회사이다. 디바인과 더블은 판매량이 빠르게 성장하고 있으며 유명한 공정무역 제품이 되었다(마일즈 리트비노프, 존 메딜레이 저, 김병순 역, 2007, pp. 249-251).

③ 바나나

공정무역 바나나 수입의 선두주자는 네덜란드의 비정부기구인 솔리다리다드와 개발도상국 생산자 간의 합작회사인 아그로페어(Agrofair)다. 아그로페어는 네덜란드 시장에 공정무역 바나나 시장을 개척하였고, 유럽으로 수입되는 60% 이상의 공정무역 바나나를 책임지고 있다. 주요 공급자는 에콰도르, 도미니카공화국, 코스타리카의 농민조합과 가나의 한 농장이다. ATJ(Alter Trade Japan)는 1998년부터 공정무역 바나나를 필리핀의 네그로스 섬에서 수입하고 있다. 캐나다에서는 지속가능개발기구와 옥스팜 캐나다가 공정과일 계획(Fair Fruit Initiative)을 통해서 브리티시콜럼비아로 공정무역 바나나를 소개하고 있다. 2000년 초반에는 공정무역 바나나가 영국의 몇몇 슈퍼마켓에 진열되어 판매되기 시작하였다(데이비드 랜섬 저, 장윤정 역, 2007, pp. 230-231). 영국의 경우 현재 공정무역 바나나의 시장점유율이 80%에 달한다. 2015년 처음으로 국내 유통된 공정무역 인증 바나나는 2015년 한 해에만 약 833톤이 수입되었다(아시아투데이, 2016. 10. 27.). 자연드림 바나나는 국제공정무역기구의 인증기준을 받은 유기농 바나나로서, 산지 생산자 협동조합과의 직계약을 통해 생산자의 지속가능한 생산을 보장하고, 연내 안정적인 가격과 수량을 공급하고 있다. 이때 생산지의 플라스틱 폐기물을 재활용하고 자체 퇴비는 만드는 등, 지역사회의 지속가능한 환경을 위해서도 노력을 아끼지 않고 있다. 아이쿱자연드림은 국내 최초로 인증된 공정무역 유기농 바나나, 와인, 향신료, 파인애플 등을 취급함으로써 초콜릿과 커피가 대부분이었던 국내 공정무역 시장을 다변화하는 데 기여하였다. 2017년 아이쿱자연드림 공정무역 거래 규모는 99억 원이며, 이는 한국공정무역협의회 소속 13개 단체 매출액 합계의 53%에 해당하는 수치이다(위클리오늘, 2018. 10. 16.).

④ 기타 공정무역 식품 : 설탕, 올리브유, 포도주 등

마스코바도는 다국적 식품기업이 지배하는 설탕 시장에서 자기 영역을 개척한 '공

정한 설탕'이다. 사탕수수를 착즙기에 넣어 원액을 얻은 뒤 3~4시간 끓이는 전통
적인 정제 방식 때문에 일반 설탕에 비해 중독성이 적으며 정제 과정에서 비타민 A
와 미네랄도 덜 파괴된다. 이렇게 만들어진 마스코바도는 영국의 옥스팜 등 공정
무역 기업에 팔린다. 필리핀 파나이 섬의 파나이공정무역센터(PFTC)는 각 지역의
생산협동조합과 계약을 맺고 마스코바도를 한국의 아이쿱 생협연대 등에 공급해
왔다. 소작농민, 여성, 빈민들이 생산 공정에 투입되고 이들에게 혜택이 고루 돌아
간다. 한국의 아이쿱 생협에서는 필리핀에 공정무역 설탕의 생산시설을 지원하기
도 하였다(한겨레, 2010. 12. 6.).

올리브유는 팔레스타인 최초 공정무역회사 '카나안페어트레이드'의 나세르 아
부파하 씨에 의해 개발되었다. 팔레스타인이 자립하면서, 어려운 상황을 전 세계
에 알릴 방법을 고민하다가 팔레스타인의 올리브 농가를 모아 '팔레스타인 공정무
역 협동조합'을 조직하고 여기서 생산된 올리브를 오일로 만들어 공정무역회사를
설립했다. 올리브오일 공정무역 기준은 2009년 국제공정무역기구에서 정식 채택
됐다. 현재 올리브유는 미국, 캐나다, 호주는 물론 한국까지 총 25개국에 수출되어
연 매출만 900만 달러(원화로 약 106억 원)에 이른다. 국제사회가 계속 팔레스타인

그림 8-3 다양한 공정무역 식품들

문제에 관심을 갖도록 하기 위해서 해외에서 소농들에게 올리브나무 등 묘목을 기부하는 'Tree For Life' 운동도 이어 가고 있다. 이를 통해 전 세계에서 해마다 약 12만 5,000그루의 나무를 팔레스타인에 기부하고 있으며 한국의 아이쿱 생협도 여기에 참여하고 있다(조선일보, 2016. 6. 28.).

　세계 최초의 공정무역 포도주 '탄디'는 남아공 웨스턴 케이프 지역에서 생산하는 포도주 브랜드 이름이다. 1995년부터 '탄디 프로젝트'를 통해 탄생한 탄디는 포도주 가운데 처음으로 2003년 국제공정무역기구가 공식 인증한 공정무역 제품이 됐다. 현재 탄디 프로젝트는 니베긴을 비롯한 3개 농장의 200여 농가가 참여하고 있으며 이들이 만드는 포도주는 한국을 비롯해 14개 나라로 수출된다. 한국에서는 생활협동조합 '아이쿱'에서 판매된다. 수익금 일부는 탁아소부터 청소년 학교 등록금, 성인의 문자 교육비 등 공동체의 미래를 위한 투자에 쓰고 있다(한겨레, 2013. 11. 5.).

(2) 의류 및 패션소품

거대 패션업체들은 제3세계의 값싼 노동력을 이용하여 제품을 생산함으로써 소비자들로부터 윤리적이지 못하다는 비난을 받기도 한다. 의류산업에서는 이러한 문제 해결을 위해 공정무역을 대안으로 활용하고 있다. 패션산업에 있어 공정무역은 2013년 4월 방글라데시 의류공장 '라나 플라자' 붕괴 참사를 계기로 새로운 대안으로 떠오르기 시작했다. 이 사건을 계기로 방글라데시와 같은 저개발국 의류 생산 공장 근로자들에 대한 거대 의류 브랜드들의 노동착취 현실 또한 국제적 주목

그림 8-4　공정무역 의류 브랜드 '그루'의 의류와 패션소품

을 받게 됐기 때문이다. 미국의 공정무역 단체인 '페어트레이드USA'의 집계에 따르면 방글라데시 의류공장 화재 사건 이후 공정무역 인증표시가 된 제품 판매가 급격히 늘어났다. 공정무역 인증을 받은 의류 브랜드는 방글라데시 화재 전까지는 손에 꼽을 정도에 불과했지만, 지금은 20여 개 브랜드로 증가했다. 패션 브랜드 언더더캐노피, 아웃도어 의류 등을 생산하는 파타고니아, 홈인테리어 브랜드 웨스트엘름 등이 공정무역 인증표시를 달고 제품을 생산하는 브랜드들이다(연합뉴스, 2015. 7. 8.).

공정무역 패션의 대표적인 사례로 영국 브랜드 '피플 트리(People Tree)'는 공정무역과 에콜리지를 모토로 하는 패션기업으로 빈곤과 환경 문제 해결을 목적으로 하는 세계공정무역기구가 정한 공정무역의 기준을 준수하면서 인도, 방글라데시, 네팔 등지에서 생산한 공정무역 인증 면화로 만든 제품을 개발·판매하고 있다. 그 밖에 세계적인 록그룹 U2의 리더인 보노(Bono)가 설립한 이둔(Edun), 인디지너스(Indigenous), 몬순(MONSOON), 헤리엣앤레오(Harriet & Leo)의 수공예 벨트, 라이징 타이드 페어트레드(Rising Tide Fair Trade), 고시피움(Gossypium), 네팔리 바자로(Nepali Bazaro), 국내의 그루(g:ru) 등이 대표적인 공정무역 패션 브랜드이다. 공정무역을 추구하는 윤리적 패션은 생산과정에서 생산자 권리보호, 공정한 가격결정, 지속가능한 개발에 대한 기여를 키워드로 하고 있다(유홍식, 2013).

(3) 기타 공정무역 제품 : 스포츠 공, 금 등

① 스포츠 공

세계에서 사용하는 축구공의 약 3분의 2가 파키스탄의 시알코트 시 주위에서 만들어진다. 축구공 하나에 32개의 가죽 조각을 붙이기 위해 700번의 바느질을 해야 하는데 숙련된 재봉사도 하루에 5개밖에 만들 수 없다. 축구공을 꿰매는 일을 하는 어른과 어린이들은 주로 하청을 받아서 일하는데 임금이 매우 낮다. 1997년 아동구호기금, 유니세프, 국제노동기구 등의 압력을 받고 나이키, 아디다스, 리복, 퓨마 같은 주요 스포츠 공 회사들은 14세 이하 어린이들을 재봉사로 고용하지 않겠다는 '애틀랜타 협약'을 체결했다. 이듬해 국제축구연맹은 국제 축구공 제조에 어린이 노동을 금지하는 행동규약을 체결했다.

　　2002년 시알코트에 있는 스포츠 공 제조업체 세 곳이 공정무역을 하기 시작했고 공정무역 인증 공을 제조했다. 이 공들은 처음에 스웨덴과 이탈리아에서 판매되었는데 지금은 호주, 캐나다, 독일, 일본, 뉴질랜드, 영국, 미국과 여러 나라에서 팔린다. 공정무역 공은 FIFA 승인 국제 경기 표준 축구공 말고도 배구공, 럭비공, 농구공, 어린이 축구공 등 다양하다. 축구용품 세트와 골키퍼 장갑은 아직 공정무역 인증을 받지 못했지만 살 수는 있다. 영국에서 이것들을 공급하는 주요 업체인 페어딜 트레이딩(Fair Deal Trading)은 공정무역 공이 다른 공들보다 더 비싸지 않다고 본다(마일즈 리트비노프, 존 메딜레이 저, 김병순 역, 2007, pp. 138-140).

② 공정무역 금

공정무역 · 공정채광 금으로 만든 상품은 2011년 영국에서 세계 최초로 판매되기 시작하였다. 영국 왕실의 보석 브랜드인 제라드 등은 반지, 귀걸이, 목걸이 등 보석 세트에 공정채광을 통해 생산되고 공정무역으로 거래된 금으로 제작된 제품을 포함시키기로 했다. 공정무역재단은 금광 채굴의 작업환경이 열악하고 위험하며 임금 역시 낮은 수준이라고 밝혔다. 소규모 광산을 운영하는 광부들이 손에 쥐는 돈은 런던의 금 거래소인 '불리언마켓'에서 거래되는 금값의 35~85% 수준에 불과한 실정이다. 따라서 공정무역재단은 금의 최저 값을 시장거래 값의 95%까지 보장하고 최저임금에 공정무역으로 인한 프리미엄을 얹어 주는 한편 공정채광 시스템을 확립해 광부들의 안전을 보장할 수 있는 채광환경을 만드는 것을 조건으로 했다(경향신문, 2011. 12. 14.). 우리나라에서도 2013년부터 공정채굴, 공정거래의 윤리적 공정을 거친 금으로만 제작된 공정무역 인증 반지를 판매하고 있다(뉴시스, 2013. 2. 13.). 공정 휴대전화도 나왔는데 원료를 채굴하는 과정에서 환경을 파괴하지 않고 내전 자금으로 사용되는 분쟁광물을 사용하지 않으며 노동착취나 열악한 작업환경을 방지하는 착한 스마트폰이다. 네덜란드 사회적 기업 페어폰은 네덜란드의 공정무역 인증단체 막스 하벨라르와 협력하여 페루에 있는 미네라 소트라미사로부터 금을 공급받고 있어 소비자용 전자기기를 위한 공정무역 금 공급처를 최초로 구축했다(뉴스토마토, 2016. 5. 19.).

4) 공정여행

관광산업은 본질적으로 불공정한 세계경제 체제의 한 부분이다. 관광은 여행업자, 여행사, 공항직원, 호텔직원, 택시운전사, 요리사, 기념품판매원, 청소부 등에 이르기까지 많은 사람들이 관계하는 노동집약산업이지만 많은 노동자들은 무대 뒤에 있고 대부분 눈에 보이지 않으며 무시된다. 불공정한 관광산업은 가난한 사람들과 환경을 착취하며, 세계여행은 여러 가지 방식으로 가난한 사람들의 희생을 통해 부유한 사람들의 이익을 늘려 주는 마지막 보루이다. 여행자로서 우리가 "이제 그만!"이라고 외칠 때까지 우리의 휴가는 어디에서든 불평등과 착취를 가져올 것이다(패멀라 노위카 저, 양진비 역, 2013, p. 210, 232).

나의 여행이 환경과 사회정의에 미치는 영향을 생각해 보는 작은 인식의 변화, 작은 실천이 바로 공정여행의 출발점이 될 수 있을 것이다. 공정여행을 경험한 소비자들은 여행경비의 일부가 여행국의 가난한 현지민에게 직접 전달된다는 점에 상당히 만족을 하고 있었으며 여행 소비를 통해 나눔을 실천하고 기존 여행이 지닌 지나친 상업성이나 비자율성의 문제점을 해결해 주고 있다고 느끼는 것으로 나타났다(박미혜, 2010). 국내에서는 '트래블러스맵'과 같은 공정여행 전문업체의 증가와 더불어, 각 지자체에서 지역경제와 공동체 문화를 성장시키고자 하는 또 하나의 플랫폼으로 공정여행을 기획하고 활용하는 추세이다.

(1) 해외 공정여행

사람과 사람이 만나고 지역 고유의 역사문화를 바탕으로 자립하고, 지속가능한 생태환경이 이루어지는 **공정여행**이라는 개념이 관심 있는 소비자 사이에서 공유되고 있지만 공정여행과 비공정여행을 가릴 수 있는, 여행업계에서 통용되는 규범이나 법적 조항이 있는 것은 아니다. 소비자들은 일반적으로 여행사의 공정여행 프로그램을 선택하는 경우가 대부분이다. 문제는 공정여행이라는 것이 개개인에게 어떤 경험과 변화를 선물하고 사회에 어떤 변화와 성장을 이끌었는지에 주목해야 한다는 것이다. 만약 개인적으로 공정여행을 실천한다면 가장 손쉬운 방법은 되도록 탄소발생을 줄이는 것이다. 될 수 있으면 걷거나 대중교통을 이용하고 여행 중 그 지역에서 활동하는 환경단체에 적은 금액이라도 기부하는 것이다. 숙소의 경우 국

비행기가 지구온난화의 주범?! '플라이트 셰임' 캠페인의 확산

플라이트 셰임의 시작

플라이트 셰임(flight shame)이라는 단어는 스웨덴어 '플뤼그스캄(flygscam)'에서 비롯된 것인데요, 이것만 보아도 알 수 있듯이 플라이트 셰임 운동은 유럽 중에서도 기후변화와 환경문제에 민감한 스웨덴에서 처음 시작되었습니다.

2017년 스웨덴의 유명가수 스테판 린드버그가 지구를 위해 항공기를 이용한 여행을 그만두겠다고 발표한 이후에 유명인사들이 동참하기 시작하면서 점차 빠르게 확산되었습니다.

출처 : shutterstock

수많은 운송수단 중에서 특히 비행기의 사용을 줄이기로 한 것은 비행기가 시간 대비 온실가스 배출량이 가장 높기 때문입니다. 실제로 유럽환경청(EEA)에 따르면 비행기를 이용하는 승객 한 명이 1km를 이동할 때 배출되는 이산화탄소 배출량은 285g으로, 이는 버스의 4배, 기차의 20배에 달하는 수치라고 합니다.

실제 플라이트 셰임 운동의 영향으로 스웨덴의 여행 패턴 역시 변화한 것으로 평가하고 있습니다. 스웨덴 공항 운영사인 스웨다비아는 기후변화에 대한 우려로 스웨덴 공항 국내 승객 수가 지난해 3% 감소했다고 밝혔으며, 세계자연기금(WWF)의 분석에 따르면 무려 스웨덴 국민의 23%가 비행기를 이용한 여행을 줄였다고 분석했습니다.

플라이트 셰임 행동강령

플라이트 셰임 운동가들은 몇 가지 행동강령을 만들어 공유하며 캠페인을 이끌어가고 있습니다.

> 비행기보다는 가급적 기차 타기
> 국제회의는 화상통화로 대체하기
> 비행기를 꼭 타야 할 경우 가급적 승객을 많이 싣는 비행기 타기
> 1등석이나 비즈니스석보다는 이코노미석 타기
> 비행기 연료를 줄이기 위해 수화물 줄이기
> 항공편을 이용한 해외 직구 줄이기
> 장거리 항공편보다 연비가 좋지 않은 단거리 항공편은 최대한 자제하기

각국의 노력

스웨덴 외에도 해외 각국에서 플라이트 셰임 운동의 영향을 받아 기후변화를 막기 위해 다양한 노력을 기울이

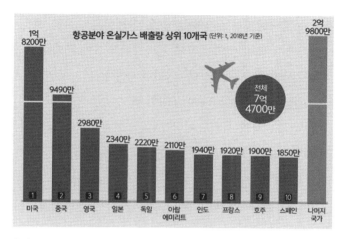

항공분야 온실가스 배출량 상위 10개국 (단위: t, 2018년 기준)

전체
7억
4700만

미국 1억8200만
중국 9490만
영국 2980만
일본 2340만
독일 2220만
아랍에미리트 2110만
인도 1940만
프랑스 1920만
호주 1900만
스페인 1850만
나머지국가 2억9800만

출처 : https://v.daum.net/v/20191102130154127

고 있습니다. 영국에서도 비행기를 타지 않도록 독려하는 '플라이트프리2020 (FlightFree2020)' 캠페인이 진행되고 있으며 벨기에, 캐나다 등에서도 유사한 프로젝트가 이뤄지고 있습니다. 프랑스에서는 자국 공항을 이용해 떠나는 항공편에 환경세를 부과하고 있습니다. 마찬가지로 네덜란드도 2021년부터 환경세를 부과할 예정이며, 벨기에 역시 지난 3월에 열린 환경장관회의에서 EU 회원국 내 모든 항공에 환경세를 부과하자고 제안했습니다.

물론 플라이트 셰임 운동이 이미 교통인프라가 잘 갖춰져 있어 비행기 외에도 선택지가 많은 일부의 부유한 유럽국가들이나 가능하다는 목소리도 있습니다. 하지만 플라이트 셰임을 넘어 최대한 주어진 여건에서라도 전 세계 모든 국가가 기후변화를 막기 위한 노력에 동참해야 한다는 것은 의문의 여지가 없을 것입니다(기후변화홍보포털, 2019).

출처 : 2019기후변화홍보포털, 겨울호 웹진
(https://www.gihoo.or.kr/portal/webzine/2019_winter/sub03.jsp)

가에서 운영하거나 공익재단에서 운영하는 곳을 이용할 수 있다. 예를 들면 국제기구인 아시안브릿지에서 필리핀 마닐라에 게스트하우스를 운영하고 있는데, 이 수익금으로 필리핀 도시 빈민을 지원한다. 이러한 여행은 민간차원의 교류를 시작하고 왜곡된 여행문화를 개선하는 하나의 계기가 될 수 있다.

태국의 치앙마이에는 그 지역 시민단체인 YMCA가 운영하는 호텔이 있는데 이 호텔은 수익금으로 태국 북부 소수민족을 지원한다. 숙소를 운영하는 것으로 누군가를 고용하고 지역경제가 활성화되는 것은 기본이고, 수익으로 그 지역 공공의 이익을 대변하는 숙소가 점차 늘어나고 있다. 소비자가 공정여행을 하는 몇 가지 방법은 다음과 같다.

- 현지인이 운영하는 교통, 숙박, 음식점을 이용하여 현지에 도움이 되는 소비를 한다.
- 현지인의 설명을 들으며 그 국가의 문화를 이해한다.
- 홈스테이를 진행하여 관광지가 아니라 일상의 공간으로서 그 나라를 체험하고 전통문화를 공유한다.
- 주민들이 손수 만든 수공예품을 사며 추억을 담아 간다.
- 활기 넘치는 재래시장에서 판매자와 소비자 모두가 미소 짓는 공정한 쇼핑을 한다(고두환, 2015, pp. 52-54).

국제민주연대의 윈난성 여행의 권장사항을 보면 '착한 여행자'가 되기는 어렵지 않다. 여행은 대부분이 윈난성에 거주하고 있는 소수민족들의 삶터와 재래장터를 중심으로 짜여 있다. 식사와 숙박 역시 소수민족들이 직접 운영하고 있는 현지 음식점이나 민박을 이용한다. 통상적인 여행 가이드도 없다. 이는 현지인들과 여행자가 직접 만나고 여행자가 제대로 여행지를 즐기기 위해서이다. 여행의 주요 코스가 현지의 소수민족들의 재래장터와 현지인 운영 음식점인 점을 고려하면 여행자들은 여행 중 '공정무역'을 직접 실천하게 되는 셈이다(오마이뉴스, 2009. 1. 29.). 공정여행 기업 트래블러스맵의 여행 프로그램에는 쇼핑과 옵션 코스, 팁이 없다. 교통수단은 무조건 대중교통이고 인원수도 10명 내외로 제한한다. 여행지가 아닌 곳을 여행지로 만들기도 하는데 국제기구와 손잡고 식수를 공급하는 탱크나 화장실을 만드는 일부터 시작하고 지역 주민들에게는 홈스테이에 대해 교육한다. 최소한의 인프라를 갖춘 후 해당 지역으로 가는 여행상품을 만들면 여행자들에겐 새로운 경험을, 주민들에겐 일자리를 창출할 수 있다. 실제로 이렇게 조성한 캄보디아 반티아이츠마 마을은 5년째 인기 여행지다(중앙일보, 2016. 9. 22.).

(2) 국내 공정여행

공정여행은 단순히 현지 사람들에게 정당한 대가를 지불하고 지역의 자립을 돕는 행위에 그치지 않는다. 사람과 사람의 만남은 사회와 사회의 교류가 어떻게 공정해질 수 있는지를 고민하는 삶의 귀중한 행위 중 하나이다. 국내인이 해외를 여행하는 공정여행뿐만 아니라 외국인이 국내에서 공정여행을 하는 프로그램도 개발되고 있다. 대전 원도심 공정여행 '대흥동 사람들'은 여행을 매개로 소통과 지역경제 활성화, 지역주민의 삶의 질 향상에 기여하는 프로그램이다. 국내 공정여행 사례로는 제주도의 올레길 걷기나, 해녀가 가장 많이 사는 마을 하도리에서의 체험과 식사가 있다. 애월에 들어선 사회적 기업 '제주슬로비'도 이주민과 제주도라는

표 8-6 제주생태관광 사례

비전	**'여행으로 세상을 행복하게'** 1. 아름다운 제주자연, 지금 모습 그대로 2. 지역주민의 삶을 행복하게 3. 여행자들이 제주를 깊이있게 이해하도록 생태관광 전문 안내자가 항상 동행
현황	• 2013년 문화체육관광부 인증 '최우수생태관광상품상' 수상 • 2015년 '우수사회적기업상' • 2019년, 제주도 내 경력단절 여성 대상 자연놀이지도사 양성과정 진행 • 2019년 기준, 62개 기업, 1860명 여행 참여
프로그램	1. 로컬 에코여행 　• 머체왓숲몸치유 : 숲산책과 명상 테라피 등으로 통한 치유 프로그램 　• 오름감성여행 : 야생화 관찰과 생태해설, 제주만의 풍광 경험 프로그램 　• 제주보말쿠킹클래스 : 진짜 제주 바다 체험, 보말크림파스타 쿠킹클래스 2. 단체 대상 에코프로젝트 　• 무장애여행 : 보행약자를 위한 발편한 여행, 장애 특성 및 단체유형별 맞춤 프로그램 기획 　• 평화기행 : 제주 4.3해설사의 동행, 유족과의 만남, 평화 놀이프로그램

출처 : 제주생태관광 홈페이지(https://sayecojeju.com/)

지역사회가 어우러지는 모델이다(고두환, 2015, p. 204, 220).

그 밖에 국내에서 공정여행하는 법으로 몇 해 전부터 활발히 전개되고 있는 농ㆍ산ㆍ어촌 '체험마을 여행'이 있다. 마을 대다수가 참여하는 공동체가 주체가 되며 마을 체험으로 인한 수익도 비교적 고르게 분배된다. 여행지의 자연과 문화를 오랫동안 지켜 온 현지인들에게 여행 경비가 그대로 들어간다. 현지인들과 교류하고 현지 문화와 풍습을 체험해 본다는 공정여행의 원칙에도 부합하고 도시민들에게는 일상생활 속에서의 생태적 삶을 돌아볼 수 있는 계기가 된다. 지역 축제와 민속공연을 찾는 여행도 정보를 잘 찾아보면 즐거운 공정여행을 만들 수 있다. 축제에는 그 지역을 대표할 수 있는 공연과 놀이, 먹을거리, 특산물 판매 등이 함께 어우러지고 여행지의 지역경제에 이바지하는 효과도 크다(한겨레21, 2009. 3. 27.).

소비자 입장에선 비용과 불편을 줄이고 주민 입장에선 지역을 활성화시켜 상부상조하는 국내 공정여행으로 낙동강을 끼고 살아가는 주민들이 민박과 식사를 제공하고 걷거나 자전거로 여행하는 '낙동강 에코투어', 부산의 수정동 산복도로, 아미동 비석마을 등 골목골목 서민들의 삶이 배어 있는 여행지를 찾는 '골목여행'도 있다(중앙일보, 2016. 9. 22.).

공정여행 국내 1호 기업인 트래블러스맵은 2009년 설립 이후, 여행 현지의 지역경제 발전에 실질적인 도움을 주고 동시에 환경 피해를 최소화하고자 하는 공정여행을 기획해왔다. 트래블러스맵은 현지인이 운영하는 숙소 제공은 물론, 현지 식당을 발굴하고 현지인을 여행가이드로 교육 및 고용하는 등, 지역공동체 친화적 여행상품으로 현지에 보다 직접적인 경제적 발전이 이뤄질 수 있도록 노력하였다. 트래블러스맵은 소규모 인원으로 팀을 구성함으로써 관광에 따른 환경적 피해를 최소화하는 것을 원칙으로 삼는데, 이는 유명 관광지가 쓰레기 및 소음 피해에 더해 부동산ㆍ물가 상승 등으로 지역민들에게 오히려 피해가 발생하는 부작용을 지양하고자 함이다. 이에 20% 수준에 그치는 일반 관광상품의 지역사회 환원율 대비, 공정여행은 관광객이 현지에서 소비하는 금액의 90% 이상이 현지의 발전을 위한 소득원으로 활용됨을 비교해 볼 수 있다(비즈니스포스트, 2022.3.24.). 소비자로서 우리는 단순한 자연과 풍광을 즐기는 소비에서 원주민의 삶이 관광산업을 통해 삶의 질이 향상될 수 있도록 공정여행의 작은 실천을 선택해야 할 것이다.

5) 공정무역 단체 및 기업

(1) 해외

① 옥스팜

옥스팜(OXFAM)은 제2차 세계대전 시절부터 영국 옥스퍼드 주민들이 자발적인 모금으로 난민이나 빈민을 지원하면서 시작된 자선단체로, 1995년 13개의 독립적인 비정부기구들과 연계하는 '옥스팜 인터내셔널'을 결성하고 전 세계적으로 빈곤 및 그와 관련된 불공평 문제를 해결하기 위해 다양한 활동을 전개하고 있다(www.oxfam.org).

옥스팜은 영리적 유통업자들에 의해서 이루어지는 대부분의 1차 상품 무역이 개발도상국인 생산자들에게 공정한 대가가 돌아가지 않고 있고 거래량이 늘어나더라도 생산자들의 소득은 증가되지 않는 불공정무역이라고 규정하고 이를 시정하기 위해서는 소비자들이 직접 유통에 참여하여 공정한 거래를 해야 한다고 주장한다. 옥스팜은 영국의 최종 소비자가 커피를 마시기 위해 지불한 금액 중에서 우간다 생산농민에게 돌아간 비율이 0.5%에 불과하고 99.5%는 중간 유통업자들이 차지했다고 분석하고 직접 커피숍을 운영하고 있다. 소비자들은 이 커피숍을 이용함으로써 커피 생산자들을 보호하고 옥스팜에도 기부하는 효과를 얻으며 커피 생산자들은 이 커피숍에 주주로 참여하고 커피원료를 공급함으로써 이익을 실현한다. 그 사례가 프로그레소(Progreso)라는 커피 체인 사업체이다(강용찬, 2007).

② 트레이드크레프트

트레이드크레프트(Tradecraft)는 1979년 설립된 영국과 유럽의 공정무역 분야의 선도적인 공정무역 사회적 기업이다. 이 단체는 2,000만 파운드 이상의 매출액을 기록하며 성공적인 기업으로 발전하였고 공정무역 분야의 전반적인 변화에 영향을 주었다. 카페다이렉트를 설립하고 영국공정무역재단을 구성하는 데 중요한 역할을 하였다. 기독교 네트워크를 바탕으로 수많은 자원봉사자들이 그들의 제품을 판매하고 캠페인을 진행했기 때문에 이익을 창출하는 동시에 시민사회와 밀접한 관계를 형성하였다. 또한 트레이드크레프트는 주류 기업과의 파트너십으로 신제품을 개발하고 자체상표를 부착하여 슈퍼마켓에 유통하기 시작하였다. 그동안 전 세계의 수많은 생산자 단체들과의 파트너십이 개발되었다(벤저민 휴브레츠 저, 한국공정무역연합 역, 2016, p. 100).

③ 트윈

영국의 런던 시의회에 의해 1985년 설립된 트윈(TWIN)은 공정무역기구가 공공기관에서 시작된 흥미로운 사례이다. 트윈은 두 활동영역으로 분리하였는데 자선단체 트윈은 생산자 지원을, 트윈무역은 제품 수입과 새로운 공급사슬체계를 형성하는 데 중점을 두었다. 이후 특정 상품을 중심으로 하는 공정무역회사를 설립하였다. 1998년에 데이 초콜릿(현재 디바인 초콜릿), 2001년 과일회사 아그로페어, 2007년에 견과류 회사 리버레이션을 설립하였다. 디바인은 공정무역 기업 최초로 생산자들(파트너인 쿠아파 코쿠 협동조합)이 45% 지분을 소유하고 이사회에도 참여하여 다른 공정무역 기업의 모범이 되었다(벤저민 휴브레츠 저, 한국공정무역연합 역, 2016, pp. 83-84).

④ 이퀄익스체인지

1979년 영국에서 개발원조에 동참했던 세 명의 봉사자들이 만든 이퀄익스체인지(Equal Exchange)는 노동자 협동조합으로 창립되었으며, 1986년 회사의 성공을 이끌면서 미국에 자회사를 설립하게 되었다. 1991년 트레이드크레프트, 옥스팜영국, 이퀄익스체인지 그리고 트윈이 '카페다이렉트(Cafédirect)'를 함께 설립했다. 이 4개의 기업은 커피라는 한 가지 품목을 중심으로 공동소유의 회사를 설립하면서 힘을 모았다. 카페다이렉트는 그 당시에 매력 있는 제품들을 디자인하고 슈퍼마켓에 유통시키는 특이한 사례였는데 매우 성공적이었다. 2007년에 영국 소비자들은 2,000개의 기업 사이에서 영국에서 가장 추천하고 싶은 브랜드로 '카페다이렉트'를 선정했다(벤저민 휴브레츠 저, 한국공정무역연합 역, 2016. p. 83).

⑤ CTM 알트로메르카토

이탈리아 최초의 공정무역단체인 제3세계 협동조합 CTM 알트로메르카토(CTM Altromercato)는 1988년에 설립되었다. CTM의 역할은 단지 월드숍이 물건을 팔 수 있도록 해 주는 수입업체로서만이 아니라 월드숍의 발전을 촉진하고 그들에게 광범위한 서비스를 더 많이 제공하는 것이었다. CTM은 노동자들의 참여를 위한 수단으로 협동조합 형태를 선택하였으며 월드숍도 협동조합의 회원이 되었다. 1990년대 초 대부분의 도시와 마을에 월드숍이 생겼으며 그들 중 일부는 CTM협동조합에 가입하였다. 그리고 CTM에 가입하지 않은 월드숍들이 1991년 세계상점협회를 창립했다. 1998년에 CTM은 개인이 아닌 주로 월드숍의 조직으로 구성되는 컨소시엄으로 진화하였다. 그 컨소시엄 형태는 120개의 단체를 통합하고 350개의 월드숍을 대표하면서 CTM을 더욱 성장시켰다. CTM의 식품공급연대 사업을 통하여 학교들이 공정무역의 홍보와 소비에 활발히 참여하게 되었다. 이러한 참여는 특히 두드러져 공정무역을 지원하는 대중적 참여의 성공적인 사례로 제시된다(벤저민 휴브레츠 저, 한국공정무역연합 역, 2016, pp. 87-88).

⑥ 공정무역 금융기관

공정무역 제품을 사는 것은 단지 그 행위로 끝나는 것이 아니라 훨씬 많은 뜻이 담겨 있다. 우리는 셰어드 인터레스트, 협동조합은행, 트리오도스(Triodos) 은행 등 공정무역 기금 조달 기업에 투자함으로써 공정무역기업의 주주가 될 수 있다. 셰어드 인터레스트는 세계에서 손꼽히는 공정무역 금융기관으로 협동조합 조직으로 전 세계의 가난한 나라에 공정하고 정당한 금융 서비스를 제공하여 가난을 줄이는 것을 목표로 한다. 셰어드 인터레스트는 1990년에 설립되었고 회원들이 소유하고 관리하며 투자금은 공동 출자하여 공정무역을 활성화하는 데 쓰인다.

야야산 미트라 발리는 1993년 발리의 옥스팜 대표부 지원을 받아 설립되었다. 이 재단은 공정무역원칙을 지키면서 시장 기능을 맡기도 하고 영세 수공품 생산자들을 위해 수출을 연결해 주는 역할도 한다. 야야산 미트라 발리는 국제 공정무역협회의 회원기관이며 이 재단은 생산자들의 곤궁을 극복하기 위해 이들이 만든 제품을 국내 및 국제 시장에 판매하고 공정무역 수입업체와 일반 수입업체에 수출한다. 셰어드 인터레스트와 야야산 미트라 발리는 2001년부터 함께 일하기 시작했다. 셰어드 인터레스트는 여러 곳의 대형 수업업체가 주문한 물량을 생산하도록 금융 지원 서비스를 제공한다. 협동조합은행은 개발도상국에서 제품을 생산하고 공급하는 과정에서 공정무역원칙을 지키고 노동권에 대해 책임을 지는 기업들을 지지한다는 국제노동기구 총회의 지원을 옹호한다.

　트리오도스 은행은 자선단체와 공동체 집단, 사회사업과 환경단체에만 자금을 빌려 주는데 사회복지와 풍력발전, 건강 및 주택사업, 유기농 식품에서 카페다이렉트 같은 공정무역 기관사업까지 지원한다. 이 은행은 공동계좌를 운영해서 사람들이 가장 중요하게 생각하는 사업을 하는 업체에 돈을 적립할 수 있게 한다. 예를 들면 이 은행은 공정무역재단, 지구의 친구들, 영국토양협회, 국제사면위원회, 세계개발운동과 제휴하고 있다. 트리오도스는 공정무역 저축계좌와 윤리적 개인 저축계좌도 운영한다(마일즈 리트비노프, 존 메딜레이 저, 김병순 역, 2007, pp. 264-267).

(2) 국내
① 아름다운커피

아름다운커피는 2003년 '아름다운가게'를 통해 소개되었다. 아름다운가게는 2003년 아시아지역 수공예품 수입·판매로 국내 최초 공정무역사업을 시작하였다. 2006년 공정무역 원두커피 '히말라야의 선물'을 출시하였고 잇달아 '안데스의 선물', '마운틴 블렌드'를 출시하고 2008년 직영카페 안국점(1호)을 열었다. 2009년 공정무역 브랜드 '아름다운커피'를 출범하였고 '킬리만자로의 선물'을 출시하고 캠페이너 '아름다운 커피특공대'를 출범하였다. 2010년 공정무역 초콜릿과 핫초코를 출시하였고 다큐멘터리 〈히말라야 커피로드〉를 제작하고 방송하기도 하였다. 2014년 아름다운커피 공정무역 비영리 재단법인으로 독립하였다. '이퀼 페루 코코아', '수마트라의 선물', '넛트의 약속 캐슈넛', '넛트의 약속 브라질넛' 등을 출시하였고 세계공정무역기구 아시아(WFTO-ASIA) 서울 컨퍼런스 기획 및 실행을 하였다. 현재 공정무역 시민대사 양성과정을 진행하고 다양한 공정무역 커피와 차 제품을 출시하고 있으며 공정무역 카페 공동 브랜드 '아름다운커피 유니온(Beautiful Coffee UNION)'이 출범했으며 다양한 캠페인을 벌이고 있다(http://beautifulcoffee.org).

② 페어트레이드코리아

2007년 5월 설립된 페어트레이드코리아는 공정무역 라이프스타일을 지향하는 사회

그림 8-5 노무현 시민센터 내에 있는 아름다운 커피 '커피 사는 세상'

적 기업이자 시민주식회사다. 특히 제3세계 아시아 여성의 빈곤문제 해결에 초점을 맞춰 공정무역 사업을 전개하고 있다. 페어트레이드코리아가 운영하는 공정무역 전문매장 '그루(g:ru)'에서는 면, 울, 마, 실크 등 자연 소재를 사용한 친환경 의류와 패션 소품, 유기농 면제품 등 다양한 생활용품을 판매하고 있다. 이들 제품은 주로 네팔, 방글라데시, 인도 현지에서 아시아 여성 생산자들이 만들었다. 현재 네팔, 방글라데시, 인도 등 총 26개의 공정무역 생산자 조직과 무역 동반자 관계를 맺고 있으며 의류, 액세서리, 화장품, 생활용품 등 600여 종이 넘는 제품을 매년 생산하고 있다. 공정무역과 함께 에코 비즈니스를 지향하는 그루는 생산의 전 과정에서 환경 파괴를 최소화하고 생산자들의 친환경 전통 기술을 적극 반영하기 위한 에코 가이드라인을 지킨다(매일경제, 2015. 12. 27.).

③ 한국공정무역연합

한국공정무역연합(Korea Fair Trade Association, KFTA)은 2006년 공정무역 TV 다큐멘터리 2부작 〈아름다운 거래〉의 제작과 방송을 계기로 우리나라에 공정무역의 가치를 올바르게 알리고 소비자들과 함께 실천하고자 2007년에 서울특별시에 비영리 민간단체로 등록해 활동해 왔으며, 2010년 사단법인 설립 승인을 받았다. KFTA은 세계공정무역기구 아시아지부(WFTO-ASIA)의 회원단체로서 WFTO와 WFTO-ASIA 총회, 공정무역 관련 국제 심포지엄 및 박람회 등에 참여하면서 공정무역의 국제적인 흐름을 이해하고 주요 공정무역 단체 및 생산자, 활동가들과 연대하며 교류활동을 하고 있다. 공정무역 관련 교육, 워크숍, 캠페인 등을 개최하고

있으며, 도서출판, 교재개발 등 다양한 자료와 정보를 수집·정리·보급하여 많은
사람들이 일상생활에서 공정무역의 의미와 가치를 알고 실천함으로써 한국 사회
에 공정무역이 올바르게 뿌리내리도록 힘쓰고 있다. KFTA는 바구니, 장난감, 생
활소품, 코끼리똥 종이문구, 설탕, 초콜릿, 패션 소품 등을 판매하는 공정무역가게
'울림'을 운영하고 있다. 한국의 소비자들이 공정무역을 통해 개발도상국의 가난
한 사람들과도 따뜻한 정을 나누고 더불어 살면서 그들의 빈곤 완화와 경제적 자
립에 기여함으로써 국제사회에서의 책임과 역할을 할 수 있는 기회를 제공하고 있
다(https://m.blog.naver.com/befair_2015/185089557).

④ YMCA 카페티모르

카페티모르의 출발은 한국YMCA다. 한국YMCA가 저개발 국가를 지원하는 국제개
발사업의 일환으로 시작한 동티모르 지역사회개발 프로젝트가 카페티모르의 시초
다. 동티모르의 지속성장을 위해 동티모르의 거의 유일한 수출 가능 작물인 커피
를 수입해 판매하기로 지원방식에 변화를 준 것으로 2005년 6월 동티모르 커피를
공정무역 거래를 통해 구매, 그해 11월부터 국내로 들여왔다. 한국YMCA는 '피스
커피(peace coffee)'라는 완제품 상태로 판매하면서 회원과 일반 소비자들에게 공정
무역과 윤리적 소비의식을 전파하는 데 중점을 뒀다. 이후 한국YMCA 바리스타
학교를 만들어 청소년들에게 바리스타 교육을 했으며 청소년 바리스타를 중심으
로 카페티모르를 운영하며 영역을 넓혔다.

  2010년 사회적 기업 인증을 획득했으며 2012년에는 한국YMCA로부터 나와 독
립법인으로 홀로 섰다. 카페티모르는 동티모르 2개 마을 500가구를 대상으로 공
정가격을 제시하며 거래를 시작했다. 저개발국의 생산물에 '정당하고 지속가능한'
가격을 책정함으로써 이들의 자활을 돕겠다는 취지였다. 나아가 커피 생산시설을
선진화하는 데 집중했으며 공정무역 프리미엄을 지급하기 위해 학교 개·보수, 보
건소 건설 등도 지원했다. 2014년 말부터는 공정무역 산지를 캄보디아로 확대했
다. 기존 동티모르 마을을 모델로 5개년 프로젝트를 진행 중이다. 현재 베트남 벤
트레 지방 5가구와 공정무역을 협의했으며, 미얀마, 라오스, 필리핀, 인도네시아
등 커피가 나오는 아시아 지역을 위주로 공정무역을 늘려 나갈 계획이다(뉴스토마

토, 2016. 4. 28.).

⑤ 두레생협 에이피넷

소비자생활협동조합의 공정무역은 '협동조합을 통한 국제개발협력'을 말할 때 대표적인 국내 사례로 꼽힌다. 2003년 두레생협을 시작으로 공정무역 방식으로 제3세계 나라의 제품을 구매하고 있다. 두레생협은 사업 시작 1년 후이던 2004년 10월 공정무역을 전담할 별도 사업체인 에이피넷(APNet)을 설립하고, 필리핀 네그로스에서 마스코바도 설탕을 수입하고 있다. 에이피넷은 필리핀 생산자단체인 대안무역회사(Alter Trade Corporation, ATC)와 협력해 필리핀 네그로스의 설탕 생산자와 노동자들의 권익과 자립을 돕고 있다(한겨레, 2014. 3. 25.).

2005년 연합 생활재위원회에서 올리브유 공급을 결정한 뒤 2006년 9월, 2008년 4월 팔레스타인 생산자를 한국에 초청했다. 2009년 1월에는 팔레스타인 가자지구 식료품 보내기 운동, 2010년 10월 두레생협연합회 실무자 팔레스타인 올리브유 생산지 방문을 통해 꾸준히 생산자와 소비자의 만남을 진행해 왔다. 2014년 여름 50여 일 동안 '가자-이스라엘 전쟁'이 일어났을 때 팔레스타인 올리브유 생산은 큰 타격을 입었다. 이후 '팔레스타인 올리브 나무 심기' 프로젝트가 시작되고 에이피넷에서 이를 지원하였다(프레시안, 2015. 5. 15.).

⑥ 한국공정무역단체협의회

한국공정무역단체협의회(KFTO)는 한국의 주요 공정무역단체들 간의 협력과 공정무역운동의 영향력 강화를 위해 2012년 정식 발족한 전국적 네트워크 조직이다. KFTO는 공정무역마을 운동, 세계 공정무역의 날 한국페스티벌, 세계공정무역기구-아시아 컨퍼런스 개최 등 국내외 주요 공정무역 캠페인을 주도하고 있다. 현재 회원단체 총 13개로 정회원은 기아대책 행복한나눔, 두레생협 APNet, 아름다운커피, 아시아공정무역네트워크, 아이쿱생협, 페어트레이드코리아 그루, YMCA카페티모르, 더페어스토리, 어스맨, 트립티, (사)인천공정무역단체협의회, 준회원은 얼굴있는거래, 공기핸디크래프트이다. KFTO회원사의 매출은 약 160억 원(2015년 기준)이며, 거래국은 총 33개국이다. 공정무역 수입량(2014년 기준)은 총 963톤으로 설탕, 바나나, 커피 순으로 전체 85%를 차지하고 있다(전남일보, 2016. 9. 5.).

4. 공정무역마을운동 현황

공정무역에 관한 이슈 제기는 주로 개인의 윤리적 소비 차원에서 고려되었다. 그러나 최근 공정무역은 보다 통합적 방식의 공동체 관점으로 새로운 질적 변화를 꾀하고 있다. 공정무역마을운동이 바로 그것인데(헤럴드경제, 2022.3.14.), 2023년 1월 국제공정무역마을위원회(http://www.fairtradetowns.org) 등록 기준으로 전 세계 2,209개의 공정무역마을이 인증 및 운영 중이다. 국내에서는 경기도가 특히 2017년 '경기도 공정무역 지원 및 육성에 관한 조례'를 제정하며 세계 최대 인구의 공정무역도시로 적극적인 공정무역 가치사슬을 확장하고 있다.

국내에서는 공정무역 도입 초기부터 조직기반전략에 근거한 시장의 확장이 이뤄졌으며, 2011년도에 인증기반전략의 일환으로 국제공정무역기구 한국사무소가 설립되었다. 2010년도 이후에는 지방자치단체들의 적극적인 아젠다로 공정무역을 주목하며, 지역기반전략의 공정무역마을운동이 강한 성장세를 보여주었다(장승권 등, 2021).[3]

윤리적 소비가치의 확산과 더불어 공정무역에 대한 개인 소비자들의 관심과 선택이 지역 단위의 공동체 지향적인 지역 기반형 풀뿌리 시민운동을 강화하고, 지금의 공정무역마을이라는 로컬 생태계를 구성하기에 이른 것이다. 공정무역마을운동의 시작은 2000년 영국 랭커셔주의 작은 마을 가스탕(Gastang)이다. 다양한 민

표 8-7 공정무역 발전전략

발전 전략	등장	접근방식	활동영역	주요조직
조직기반전략	1940년대 후반	시장경제 대안, 생산자와의 파트너십	틈새시장 (월드숍 등)	FTOs, NGOs, WFTO 등
인증기반전략	1980년대 후반	시장경제 보완, 인증을 통한 주류화	일반시장 (소매점 등)	FI, FLOCERT, 다국적 기업 등
지역기반전략	2000년대 초반	상품에서 장소로 확장, 지역기반의 집단소비	지역공동체 (학교, 종교기관 등)	공정무역마을위원회 지역별 네트워크

출처 : 장승권 등(2021), p. 210.

---

[3] 장승권 등(2021), 한국의 공정무역은 어떻게 발전해 왔는가? 조직기반전략, 인증기반전략, 지역기반전략 간의 협력과 갈등, 지역개발연구 제53권 제2호, p.199-234.

관 협력, 무엇보다도 적극적인 시민의 요청과 참여로 지역 소매상에서도 공정무역 바나나가 판매될 수 있도록 하고, 아이들의 학교 급식에도 공정무역 제품이 사용되도록 하는 등, 가스탕 마을은 공정무역을 일상 소비생활의 자연스러운 일부분으로 체화하였다(프레시안, 2018.4.23.). 이렇듯 작은 마을에서 시작된 공정무역마을운동은 유럽과 북미로 확산되며 가장 효과적이고도 성공적인 공정무역 실천의 장으로 자리 잡기에 이른 것이다.

공정무역마을은 국제공정무역마을위원회에서 제시하는 다음의 다섯 가지 목표를 달성하면 심사를 거쳐 공정무역마을로 등재되는데, 구체적인 내용은 다음과 같다.

- 지방정부 및 의회는 공정무역을 적극적으로 지지한다.
- 지역 내 공정무역 제품의 판로를 적극적으로 확보하여 시민들의 접근 가능성을 높인다.
- 다양한 지역 내 기관과 공동체 생활공간에서 공정무역 제품을 사용한다.
- 미디어를 통한 홍보와 대중의 지지를 이끌어낸다.
- 지역 내 공정무역위원회의 지속적이고 적극적인 활동이 이루어진다.

국제공정무역마을위원회는 전 세계의 공정무역마을운동을 지원하고 가이드한다. 무엇보다 공정무역마을이 되기 위한 5대 목표를 제시하고 국가별 특징에 따라 기준의 변형 및 추가가 이루어진다. 더불어 각 참여 국가마다 공정무역마을 지위를 인정하는 기구(위원회)와 국제공정무역마을위원회와의 커뮤니케이션을 담당하는 내셔널 코디네이터도 한 명씩 두도록 한다. 한국공정무역마을위원회가 국제공정무역마을위원회의 한국 대표 기구로서, 2013년도에 출범하였다. 이는 국내 도시와 대학 및 각종 기관 등의 다양한 커뮤니티에서 공정무역마을운동에 참여를 활발히 하도록 장려하며, 인증기준을 심사 및 평가하여 공정무역 마을 및 기관으로 지위를 부여하는 역할을 맡는다.[4] 2013년에 공정무역활동가 및 민간단체와 학계 전

---

[4] 한국공정무역마을위원회(2021), 한국공정무역마을 인증안내서, (사)한국공정무역마을위원회.

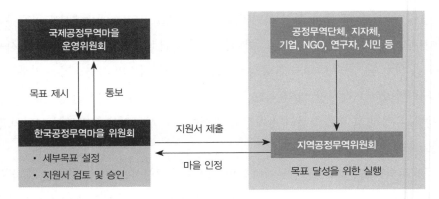

그림 8-6 한국 공정무역마을 인증 프로세스

자료 : 김은경 등(2021), 광명시 공정무역활성화 방안 연구, GRI, p. 25.

문가 13인을 위원으로 한국공정무역마을위원회 1기가 출범하였으며, 2021년 2월
기준, 총 24명의 5기 한국공정무역마을위원회가 출범하였다.

우리나라의 경우에는 2010년 인천시에서 공정무역도시 추진을 선언하며 공정
무역도시 운동이 본격적으로 점화되었다. 이에 2012년에는 서울시가 공정무역도
시 추진을 선언하고 동참하여 이를 바탕으로 민관 협력을 기반으로 한 다양한 공
정무역마을운동 및 캠페인들이 활성화되었으며 2017년에는 부천시와 인천시가 공
정무역도시로 인증되기에 이르렀다. 2020년 12월 기준으로 서울시와 경기도를 비
롯하여, 국내 11개 도시가 공정무역도시 인증을 받았다. 2020년 1월에 자치구 중
처음으로 인증을 받은 인천 계양구의 경우에는 2018년 11월 계양구 공정무역 조례
가 제정되면서 본격적인 출발을 알렸으며, 2019년에는 '공정무역도시 계양'의 세
부 추진계획을 수립, 나아가 부구청장을 위원장으로 하는 공정무역위원회가 구성
되며 연대와 협력의 생활 단위로서 자치구의 성공 가능성을 다시금 강조하였다(한
겨레, 2020.07.06.). 계양구 사례에서 볼 수 있는 민관 협력의 교두보 역할로 아이
쿱생협의 역할을 빼놓을 수 없다. 아이쿱생협은 국내 공정무역 제품의 절반가량을
소비하는 주요 공정무역단체로서 공정무역의 시민교육과 강사단 양성 교육을 병
행하며 지역사회 안에서 '공정무역의 가치 확산'을 주요 사업목표로 삼고 있다. 아
이쿱생협의 공정무역 취급 원칙은 〈표 8-7〉의 내용을 참고한다.

또한 2018년 로컬페어 제품으로 개발된 '캐슈두유' 사례도 공정무역마을운동에

표 8-7   아이쿱생협의 공정무역 취급 원칙

공정무역 취급원칙	• 국내에서 생산되지 않는 품목, 국내 자급률 3퍼센트 이하 품목 • 공정무역 원칙에 부합 • 국제공정무역 인증 취득 물품 • 아이쿱생협 물품 취급 기준 부합 제품 • 친환경적 물품 우선 취급 • 아이쿱생협의 안전성 검사 기준 준수 • Non-GMO 사용 원칙 • 국내외 공정무역 운동기구와 정보를 공유하며 공정무역운동의 발전에 기여
예외사항	• 국내에서 생산된다 할지라도 소비량 대비 생산량이 현격히 떨어지거나 공정무역품 으로의 대체 공급에 대한 조합원 요구가 있을 시 취급 가능 • 비인증 공정무역의 경우, 아이쿱생협의 현장 점검 후 취급

자료 : 김선화, 신효진(2021), p 60에서 재인용

미치는 의의가 크다. 이는 경기도와 경기지역 경제단체 등의 공동출자로 설립된 경기도주식회사의 '공정무역 활성화 지원사업' 결과물인데, 국내 소농을 외면하고 있다는 공정무역에의 비판에 대한 대안으로 주목할 만한 성과를 보여준다. 베트남에서 수입한 공정무역 캐슈넛에 경기 지역에서 생산된 콩을 주재료로 한 상생전략의 모델로서 국내 공정무역의 새로운 국면으로 주목되고 있는, 로컬페어트레이드, 즉 '공정무역과 지역경제의 상생' 가치를 잘 나타낸다는 평가이다.

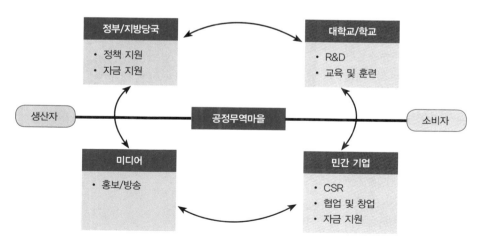

그림 8-7   공정무역생태계 구축 모델
자료 : 김은경 등(2022), 사회적 가치실현을 위한 공정무역, GRI, p. 15.

페어몬도 협동조합

'페어몬도(Fairmondo)'는 이베이나 아마존의 대안인 '협동조합 온라인 마켓'을 제공함으로써 소규모 공정무역 회사의 윤리적인 제품이나 서적 등 약 200만이 넘는 제품을 판매한다. 2,000명의 조합원이 약 60만 유로의 출자금을 모아 사업을 진행했다. 2015년 12월 현재 2명의 집행위원회를 포함하여 12명의 직원과 7명의 조합원으로 이루어진 감독위원회가 운영을 맡고 있다.

온라인몰의 정기적인 이용자는 1만 2,000명 이상이며, 이 중 2,000여 명의 조합원은 구매자, 판매자, 직원 등으로 구성되어 있는 다중이해관계자협동조합이다. 페어몬도는 공정한 제품과 서비스 제공은 물론 책임 있는 소비를 장려하기 위해 2012년 12월 독일에서 설립되었다.

창립자 중의 한 명인 펠릭스 웨스(Felix Weth)는 2011년 아프리카를 여행하면서, 인터넷이 곳곳에 보급되어 있음에도 불구하고 미국, 유럽, 아시아 등의 온라인 마켓 회사들이 이들에게 충분한 서비스를 제공하지 못한다는 것을 깨달았다. 펠릭스 웨스는 지역에 도움이 되는 서비스를 제공하는 시장을 만들고자 생각했다. 이에 당시 독일 플랫폼인 'startnext.com'을 사용하여 크라우드 펀딩 캠페인을 진행했다. 조합원과 출자금을 동시에 모집했고, 독일법에 따라 협동조합으로 등록했다.

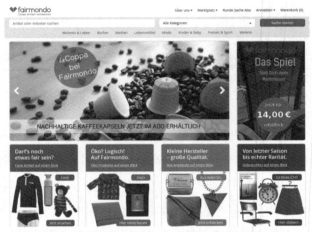

그림 8-8 공정무역마을운동 캠페인 사례

자료 : 페어몬도 협동조합 사이트
페이몬도 독일 (www.fairmondo.de)
페이몬도 영국 (https://fairmondo.uk)
SHAREABLE(www.shareable.net)
https://www.tbd.community/en/a/new-cooperatives-fairmondo

로컬 페어트레이드

아직 국내에는 낯선 개념인 '로컬페어트레이드'는 무엇일까요?

북북무역, 도메스틱페어트레이드로도 불리는 '로컬페어트레이드'라는 개념이 본격적으로 나오기 시작한 건 약 5년 전입니다. 지난 20년 동안 부의 불평등 문제가 심화되면서 빈곤 문제는 기존의 남반구뿐 아니라 북반구 소농들에게도 큰 위기로 다가왔습니다. 이에 세계 여러 나라에서는 북반구 소농들도 공정무역의 범주에 넣어야 한다는 목소리가 나오기 시작했습니다. 즉, 빈곤 문제 해결을 위해 세계의 소농들이 함께 연대해야 한다는 거죠.

이탈리아를 비롯해 공정무역을 선도했던 유럽과 북미의 많은 나라에서는 공정무역과 자국 내 소농들이 함께 연대해 새로운 생산품을 개발하는 등 연대를 통한 시너지를 기대하고 있습니다.

이러한 세계적 흐름에 발맞춰 국내에도 공정무역과 로컬푸드를 결합해 제품을 만드는 기업들도 있습니다. 청년 창업기업인 '지새우고'는 전남 순천에서 재배하는 국내산 재료와 더불어 해외 공정무역 제품을 사용해 잼을 만듭니다. 비건 베이커리 카페인 '뿌리온더플레이트'도 유기농 식재료와 유전자를 변형하지 않은 콩 등 로컬푸드와 공정무역으로 산 견과류 등으로 케이크를 만들어 주목을 받고 있습니다.

그림 8-9 로컬페어트레이드 캠페인 사례

출처 : [세계공정무역의날] 이제 로컬페어트레이드 시대! | 작성자 서울SE센터(2018.04.30)

2020년부터는 한국공정무역마을위원회의 공정무역도시 인증기준에도 변화가 나타나, 공정무역도시 2차 재인증을 위해서는 공정무역커뮤니티 인증이 포함되어야 한다. 이는 교육기관을 비롯한, 지역 커뮤니티 내의 다양한 생활시설 및 기관들이 보다 실질적인 공정무역의 장으로 생활화될 수 있도록 지역사회의 참여 모델을 더욱 활성화할 당위성을 강조한다. 2023년 1월 현재 국내 공정무역도시 인증현황은 시 13개 도 1개, 구 5개, 대학교 2개, 고등학교 3개, 초등학교 1개 실천기반 32개이다(http://www.fairtradetownskorea.org).

공정무역마을운동이라는 공정무역의 보다 발전적인 생태계는 소비자의 생활 반경 안으로, 우리의 지역경제 안에서 함께 성장해나갈 수 있는 공정무역의 오늘을 잘 보여준다. 독일의 공정무역 플랫폼 협동조합인 '페어몬도(Fairmondo)' 사례에서도 볼 수 있듯이, 로컬페어트레이드가 확장되기 위해서는 공정무역과 사회적 경제가 협력의 가치사슬을 이어나가며 소비자의 일상적 선택의 지점들로 확장되도록 기획해야 할 것이다.

5. 윤리적 소비자는 어떻게 사는가?

1) 공정무역, 누이 좋고 매부 좋은 소비죠. (30대 맞벌이 주부)

결혼 후 살림을 시작하며 남편과 함께 환경에 해를 주지 않는, 가능한 한 환경에 좋은 살림법을 인터넷에서 찾아가며 실천하고 있다. 최근 남편의 관심으로 공정무역을 시작하게 되었다.

쇼핑은 어떻게 하나요?

저흰 쇼핑을 해도 막 하진 않아요. 한 가지 살 때 한 열 번은 왔다 갔다 하면서 신발이 닳도록 다니면서 사고 그래요. 기본적으로 막 사들이는 것을 싫어하죠. 먹는 것은 맞벌이를 하니까 집에서 먹는 경우가 별로 없어서 아이 것을 중심으로 사죠. 직장 아래에 있는 유기농 매장에서 아이 간식을 사고, 동네 시장에서 나머지를 사요. 그리고 인드라망으로 쌀 같은 무겁거나 저장해서 먹을 수 있는 식품을 사죠. 인드라망은 종교적 이유도 있고, 도와주고 싶은 마음도 있고 해서 의무적으로 이용하죠. 대형할인마트는 안 가고 동네 가게에서 라면이나 휴지 같은 걸 사는 걸로 정했어요. 남편이 자원배분, 노동문제에 관심이 많아서 작은 실천이라도 하는 거죠. 그리고 TV에서 우리나라도 공정무역 제품을 판다고 해서 (매장에)가서 2주일에 한 번은 커피를 사죠. 초콜릿하구요. 아이 장난감은 렌트하는 곳을 이용해서 쓰구요. 우리가 결혼해서 싹 바꾼 것은 세제를 안 쓰는 거예요. 집들이 때 들어온 세제도 다 나누어 줬어요. 우린 폐식용유로 만든 비누나 베이킹소다를 써서 세탁할 때나 설거지할 때 써요. 소다로 욕실 청소 다 하고 수세미는 아크릴 수세미로 쓰고. 결혼해서 초기에 남편과 그렇게 바꾸기로 한 거예요. 인터넷을 뒤져서 알아낸 정보들을 우리 생활에 실천한 거죠. 환경에 좋다니까 그렇게 바꾸어 나가는 거예요.

공정무역을 하게 된 계기는?

연애할 때 남편은 초콜릿도 못 먹게 했어요. 초콜릿이 대표적 (노동)착취 물건이라고, 이게 아이들의 눈물로 뽑은 건지 아냐고. 그러다 공정무역을 이용하니까 너무 좋아했어요. 이런 건 빨리 바뀌어야 하는 거라며. 그래서 저보단 남편이 공정무역 커피를 사 먹으면서 뿌듯함을 느끼는 것 같아요. 자기는 나름 작은 실천이라도 했다고 좋아하는 거죠. 전 환경에 도움이 된다니까 좋아요. 만약 공정무역이 사람에게만 좋은 일이었다면 하지 않았을 거예요. 환경에 해를 주면서 사람을 위하는 것은 아닌 것 같거든요. 그런데 이건 환경에도 좋고 사람에게도 좋은 두 가지 의미가 있는 것 같아요. 게다가 저흰 맛 좋은 커피를 마시니 좋구요. 다른 것도 사고 싶은데 거기 있는 게 너무 독특해서 우리가 살 게 별로 없더라구요. 그래서 매번 아이 쇼핑만 하죠.

2) 소비의 부산물은 자연 파괴라고 생각해요. (60대 전업주부)

1970년대 초반 맑은 안양천에서 남편과 낚시를 하던 때부터 시커멓게 오염된 모습, 최근 맑아지고 있는 모습까지 모두 보아 오면서 환경이 얼마나 중요한지 몸으로 느꼈다. 40대 초반 지병으로 큰 수술을 한 후 삶을 뜻있게 살고 싶어 지역의 환경단체와 녹색가게 등에서 현재까지 자원봉사활동을 하고 있다.

쇼핑은 어떻게 하나요?

쇼핑은 보통 일주일에 한 번 정도 걸어서 시장에 가요. 대형마트는 한 달에 한 번 갈까 말까 하고. 거기 가면 충동구매를 하기 쉽기 때문에 가능한 안 가려 하죠. 그리고 시장엘 가도 싸다고 한꺼번에 많이 사지 않아요. 필요한 정도만 사지. 난 가능한 적게 먹고, 직접 해 먹으려고 노력해요. 뭐든 적당히 사는 게 중요해요.

소비 중 어떤 점을 중요하게 생각하나요?

가능한 적게, 적당량 하려고 해요. 난 환경에 가장 안 좋은 건 쓰레기라고 생각하거든요. 안양천을 보면서 느낀 거죠. 우리 집에선 음식물 쓰레기가 거의 나오지 않는데, 그건 25년 동안 살고 있는 우리 집 옥상의 텃밭 때문이죠. 거기서 음식물 쓰레기를 거의 100% 처리하고 있거든요. 물론 다른 생활 쓰레기도 가능한 줄이려 노력하고 있지만. 그리고 녹색가게에 10년 이상을 다니다 보니 재활용하려는 습관이 들었죠. 지금 입고 있는 이 옷도 15년 전에 산 옷인데, 촌스러워 안 입고 있었죠. 예전 같으면 버렸을 텐데, 옷 끝부분에 레이스를 달고 이렇게 입은 거죠. 괜찮죠?

요즘 소비사회에 대한 생각은?

살아오면서 보니까 급속도로 발전한다는 것은 결국 자연을 파괴하는 것이더라구요. 사람이 손쉽게 한다는 것은 뭔가 누군가의 손을 빌려야 한다는 것이거든. 근데 힘을 빌린다는 것은 과학적이든 에너지 소비든 뭐든 같이 가더라구요. 그래서 내가 터득한 것은 급속도로 발전한다는 것은 그만큼 부작용이 있다는 거죠. 그리고 뭐든지 소비를 지향하게 되는데, 소비를 많이 하게 하면 그 부산물이 뭐냐, 결국 환경을 파괴하는 거잖아요. 그리고 자연을 파괴하는 것은 나 자신을 서서히 죽이는 거더라구요. 게다가 생산할 때도 오염물질이 나오잖아요. 그러니까 소비는 좀 적게 하고, 물건을 사면 한 번 더 쓰고 그러는 게 좋지요. 그런 면에서 녹색가게는 일거양득이라고 생각해요. 버려지는 것을 다시 쓸 수 있게 팔고 또 그 돈으로 어려운 사람도 돕고, 이중삼중의 효과를 얻는다고 생각해요.

공정무역도시 런던

영국은 옥스팜, 트레이드크라프트 등 공정무역단체들이 있는 곳으로 전 세계 공정무역 제품 판매액의 4분의 1이 거래되며, 2009년 런던은 공정무역도시로 지정되었다. 공정무역도시로 승인을 받기 위해서는 첫째, 공정무역 지지 결의안을 통과시켜야 하며 사무실과 모임 등에서 공정무역 제품을 이용해야 한다. 둘째, 지역 내 소매점 등에서 공정무역 인증 제품을 구매할 수 있어야 한다. 셋째, 직장이나 학교, 종교단체 등의 지역 내 공동체에서 공정무역 제품이 사용되어야 한다. 넷째, 지역의회에서 공정무역 캠페인 등의 홍보에 노력해야 한다. 다섯째, 공정무역 지위를 유지하기 위한 관련 위원회가 개최되어야 한다. 2023년 1월 33개국 2,209개 도시가 공정무역도시로 선정되었다.

세계 공정무역의 날 페스티벌

세계 공정무역의 날(World Fair Trade Day)은 국제공정무역기구(IFAT)에서 공정무역을 알리기 위해 지정하여 개최되는 전 세계적인 공정무역 축제날이다. 매년 5월 둘째 주 토요일이 바로 그날이며, 그 주 전체는 공정무역 주간으로 지정되어 공정무역과 관련된 다양한 행사가 진행된다. 우리나라에서는 2007년부터 서울을 중심으로 개최되고 있으며 2016년에는 서울시와 한국공정무역단체협의회가 서울시청 서소문청사 주변과 덕수궁 돌담길 일대에서 '21세기 풍류, 공정무역을 맛보다'를 주제로 '세계 공정무역의 날 한국페스티벌'을 개최하였다. 2021년 세계공정무역의 날 캠페인 슬로건, '더 공정한 재건(#BuildBackFairer)'은 공정하고 동시에 지속가능한 미래 구축을 위한 경제적 탄력성과 사회적 공정성, 그리고 환경적 지속가능성이 함께하는 내일을 만들어야 한다는 내용을 담고 있다.

국내 공정무역도시 인증

경기도 내 대표적 문화도시로 자리매김한 부천시가 공정무역운동에 본격적으로 나서 2016년 12월 공정무역도시 선포식을 가진 데 이어 2017년 6월 '공정무역도시 인증'을 받았다. 같은 해 10월 한국공정무역마을위원회에서도 공정무역도시 인증을 받았으며, 2019년, 2022년 공정무역도시 재인증을 받았다. 부천시는 현재 역곡 상상시장과 상동시장, 자유시장 등 여러 곳에서 공정무역 제품을 판매한다. 또한 지역축제나 시민참여 행사에서 공정무역을 지속적으로 알리고 있다.

서울시는 이미 2012년에 공정무역도시가 되기 위한 선언을 하였으며 2013년부터 공정무역 관련 민간단체와 자치구를 대상으로 지원을 해왔다. 이에 2018년 '공정무역도시'로 인증을 받았으며 2020년에는 1차 재인증을 받았다. 인천시도 2010년부터 공정무역도시 인천 만들기 추진계획을 진행하고 있다. 인천시는 2017년 대한민국 최초 공정무역도시로 인증을 받고 2021년 1차 재인증에 이어 2차 재인증에도 성공했다.

공정무역도시 비전 선포는 글로벌 윤리적 시민운동 동참, 시민에게 안전한 먹거리 제공, 소상공인 지원을 통한 지역경제 활성화를 도모하고자 하는 목적을 갖는다. 더불어 2003년 세계 최초로 영국 옥스퍼드대학교가 공정무역대학 인증을 받게 되었는데, 국내에서는 2018년 전주대학교가 한국공정무역마을위원회와 공정무역대학 서면협약을 체결, 공정무역대학 인증을 받았으며 2022년에는 성공회대학교가 공정무역대학 인증을 받았다. 한편 2016년 12월 부천대학교는 공정무역 제품을 판매하는 인증을 받은 최초의 국내 공정무역 캠퍼스로 지정되어 부천시와 국제공정무역기구(IFAT)가 주최한 공정무역 캠퍼스 지정 현판식을 개최했다.

공정무역, 어떤 관점에서 보아야 하는가?

공정무역은 환경과 노동 문제에서 여러 장점이 있지만 비판도 있다. 가장 큰 비판은 공정무역도 현행 무역과 마찬가지로 석유에너지를 이용하는 거래로 환경파괴를 일으킨다는 것이다. 천규석은 책『윤리적 소비』를 통해 공정무역이 윤리적 소비가 아니라고 주장한다. 그는 기본적으로 공정무역의 에너지 사용으로 인한 환경파괴 문제뿐 아니라 기존의 무역과 약간만 다를 뿐 자급자족이 되지 않는 제3세계 주민들을 여전히 일부 품목에 제한된 플렌테이션 농업을 지속하게 하고 수출에 의존하며 살도록 하는 무역이라고 비판하고 있다. 제3세계 사람들의 삶을 진정으로 향상시키기 위한 목적이라면 그들이 자급자족할 수 있는 시스템을 마련할 수 있도록 지원해야 한다고 주장한다.

이 외에도 공정무역에 대한 비판은 일부 공정무역 인증 단체의 권력과 이익이 커지고 있는 것에 대한 문제, 대규모 농장의 생산자들의 혜택이 커지는 문제, 다국적 대기업들이 사회적 책임 마케팅 수단으로 공정무역 제품을 이용하는 문제 등이 있다.

『천규석의 윤리적 소비』
천규석 지음, 실천문학사, 2010

토론해 봅시다

1. 공정무역에 대한 위와 같은 비판적인 시각들에 대한 자신의 견해는 어떠한가? 찬성과 반대의 입장을 나누고 토론해 보자.

2. 공정무역 제품 구매나 공정여행을 한 경험이 있는가? 자신의 경험을 이야기해 보자.

3. 실생활에서 공정무역 소비가 많이 이루어지지 않는 이유는 무엇이며 활성화시키기 위한 방안은 어떤 것이 있는지 이야기해 보자.

윤리적 소비에서 공정무역마을운동으로 아이쿱 이야기 김선화 · 신효진(2021), 쿱드림

이 책은 윤리적 소비실천을 통해 시장의 변화를 꾀하고자 하는 '아이쿱 생협'의 공정무역 비즈니스 모델을 자세히 설명한다. 이는 한국의 공정무역 발전의 역사이기도 하므로 체계적인 아이쿱 이야기들은 소비자의 이해를 친절히 독려함은 물론, 소비생활의 영역에서 구체적인 실천의 방법론들도 다양한 사례를 통해 공유한다. 생산자와 소비자의 공정한 거래방식을 통해 모두가 지속가능한 성장을 도모하는 공정무역의 가치와 철학을 실증적으로 설명한다.

커피. 트립티(Tripti), 공정무역 최정의팔 외 12인(2021), 동연

이 책은 "국경을 넘어 행복한 이웃이 되자"라는 비전을 보여준다. 우리 이웃의 이야기에서 나아가 지구촌이 함께 겪고 있는 위기에 관한 이야기, 마을과 생태 위기를 극복한 이야기 등 다양한 필진의 실천적 경험담들은 감동적인 공감을 불러일으킨다. 총 4부로 구성된 책의 내용은 트립티에서 일하는 사람들의 이야기, 국제적 연대의 촉구와 대안적 경제 모델에 대한 제시, 공정무역의 지속가능성을 실천하는 청년 세대의 메시지 등으로 구성되어 있다.

가난한 사람들의 선언 프란스시코 판 더르 호프 보에르스마(2020), 마농지

세계 최초의 공정무역 인증마크인 '막스 하벨라르'를 만들고 대안경제운동을 시작한 프란시스코 신부의 저작이다. 남미에서 수십년간 노동사제로 활동한 그는 멕시코 원주민 공동체와 UCIRI라는 커피 생산자 협동조합을 설립, 소비자의 직접적인 가치사슬을 창출함으로써 자선에 의존하지 않고, 지역공동체의 자체적 역량을 강화해나가는 대안적 경제모델을 제시한다. 공정무역의 대안적 실험을 가능하게 했던 저자의 실척적 사유를 담고 있다. 이 책은 '지구와 인류 전체를 소중히 여기는 공공선의 소비윤리'를 고민하게 함으로써 포스트 코로나 시대를 살아가는 작금의 현대인들에게 소중한 메시지를 전달한다.

흑설탕이 아니라 마스코바도 – 필리핀 빈농의 설탕이 공정무역 상품이 되기까지
엄은희(2018), 따비

이 책은 윤리적 소비의 개념과 역사, 유럽과 한국에서 실천하고 있는 윤리적 소비 방법 등을 어린이들이 알기 쉽게 소개한다. 학대받는 동물, 위협받는 먹을거리, 사라져 가는 논과 환경오염, 가난한 제3세계 어린이들이 어려운 환경에서 만드는 축구공과 초콜릿 등 세계적으로 문제가 되고 있는 생산과 소비 생활을 짚어 본다. 또한 이러한 문제들을 해결하는 방법으로서 윤리적 소비와 공정무역뿐 아니라 여행지의 주민과 환경을 배려하는 공정여행까지 자세히 살펴본다.

공정무역 사회적 기업, 원칙과 시장 사이에서 길을 묻다 벤저민 휴브레츠(2016), 시대의창

공정무역 사회적 기업들이 '시장'과 '연대' 사이에 존재한다는 것을 보여 주기 위해 쓰여진 책이다. 저자는 유럽의 공정무역 사회적 기업을 근거로 공정무역 조직 모델의 유형을 분류하고, 서로 다른 조직 모델이 공정무역의 경제적·사회적·정치적 측면에서 어떻게 결합하는지, 그리고 각 분야의 긴장관계를 어떻게 풀어 나가는지를 탐구한다. 특히 '사회적 경제', '사회적 기업가 정신', 혹은 '사회적 기업'들과 조직 연구에 대한 광범위한 분야를 공정무역 조직들의 변화와 연결해 살폈다. 또한 다양한 경제적·문화적 배경에서 다른 방법으로 공정무역을 실천하는 현장을 연구하고 공정무역 사업에 참여하고 있는 많은 사업가들, 봉사자들 그리고 다른 조직 활동가들과의 만남을 소개한다.

공정무역 세계여행 – 더 나은 세상을 만드는 공정무역 이야기 김이경 글, 문신기 그림(2021), 나무야

빈곤과 차별에 저항하며 희망을 일구고 있는 세계 곳곳의 사람 이야기를 공정무역이라는 프리즘으로 들여다본 책이다. 글쓴이는 공정무역을 스포츠에 빗대어 '무역에도 페어플레이가 필요하다'고 설명하면서 어린 독자들을 공정무역의 세계로 안내한다. 그러고는 우리 곁에 늘 있고 언제든 사 먹을 수 있는 초콜릿이나 바나나가 누구의 손으로 생산된 것인지, 상점에 진열된 옷들은 어디에서 어떻게 만들어져 여기까지 왔는지, 스티브 잡스처럼 유명한 사업가만 있으면 휴대폰은 척척 만들어질 수 있는지 물음표를 던지면서 그 안에 어떤 사람들의 삶이 깃들어 있는지 생생하게 드러내 보여준다. 독자들은 카카오, 바나나, 사탕수수, 면화를 재배하며 열심히 일하는 농민들이 왜 점점 가난해지는지, 스마트폰이나 노트북을 만드는 데 필요한 광물을 직접 손으로 채취하는 노동자들이 왜 정작 자신은 휴대폰 살 돈을 못 버는지 알게 되고 그들의 진솔한 목소리에 귀를 기울이게 된다.

커피 한 잔의 윤리

사단법인 인천공정무역협의회 2018. 2. 09.(OBS 특집 다큐멘터리 방송)

https://www.youtube.com/watch?v=LSZnx_AtezQ

<커피 한 잔의 윤리>는 태국 북부 치앙라이 고산지대의 소수민족 팡콘마을을 배경으로 한다. 전통적으로 양귀비 재배를 해왔으나, 생계의 불안정성이 심화되던 중, 소수민족들은 정부의 권유로 커피 농사를 시작했다. 그러나 이 또한 품질 관리와 유통망 확충이 늘 문제였다.

인천공정무역협의회는 공정무역의 메커니즘을 통해 가난한 생산자와 지역공동체에 지속가능한 경제적 자립 플랫폼을 함께 만들어간다. 마을공동체를 위한 희망프로젝트를 추진하고 점심을 굶는 아이들을 위해 커피 수입의 일부를 무료급식 사업비용으로 활용한다. 학교교육의 적극적 지역사회 역할은 인접 국가인 미얀마에서 오는 40여 명의 학생들까지 포용하며, 총 134명의 학생들을 위한 교육의 장으로 공동체 내에서 긍정적인 영향력을 확장하고 있다.

더불어 협의회는 현지의 생산자 모임 요크커피협동조합과 함께 생산계약을 맺고, 지역 카페 운영을 통한 청년 일자리 창출은 물론, 현지 대학과의 연계를 통해 교육을 통한 미래세대 지원에도 앞장선다.

강미애(2016), "우리가 만든 올리브유, 고립된 팔레스타인과 세상 이어주는 통로", 조선 일보, 2016. 6. 28.

강용찬(2007), "공정무역의 규범적 정립과 윤리적 접근 : 시장적 논리와 형평적 논리의 비교 연구", 관세학회지, 8(3), 177-206.

고두환(2015), 우리의 여행이 세상을 바꿀까, 선율.

권오성(2013), 와인 팔아 세운 탁아소…"공정무역이 준 '어린이낙원'", 한겨레, 2013. 11. 5.

김경애(2014), 공정무역 상품 이용은 인류 미래 살리는 일, 한겨레, 2014. 10. 16.

김기중(2016), 한국공정무역단체협의회 회원사 작년 매출 160억 원, 전남일보, 2016. 9. 5.

김선화, 신효진(2021), 윤리적 소비에서 공정무역마을운동으로, CoopDream.

김은경 등(2021), 광명시 공정무역활성화 방안 연구, GRI2021-486

김정희(2009), 공정무역, 희망무역, 동연.

남종영(2010), 자본의 그늘 지울 '공정한 설탕공장' 첫 삽, 한겨레, 2010. 12. 6.

다니엘 재피 저, 박진희 역(2012), 커피의 정치학: 공정무역 커피와 그 너머의 이야기, 사람의 무늬.

데이비드 랜섬 저, 장윤정 역(2007), 공정한 무역, 가능한 일인가?, 이후.

도현정(2016), [커피 한잔의 비밀③] 착한커피, 나쁜커피, 헤럴드경제, 2016. 1. 13.

류연주(2018), 아이쿱자연드림 공정무역 유기농 바나나 이벤트, 위클리오늘, 2018. 10. 16.

마일즈 리트비노프, 존 메딜레이 저, 김병순 역(2007), 인간의 얼굴을 한 시장경제 공정무역, 모티브북.

박미혜(2010), "공정여행 경험에 대한 소비자인식연구", 한국생활과학회지, 10(5), 857-872.

박선미(2013), "지구적 문제에 관한 실천적 참여의 의미와 교육 방향 검토-공정무역에의 윤리적 소비자 참여의 의미를 중심으로-", 한국지리환경교육학회, 21(2), 69-85.

박정규(2022), 공정무역 활성화 가치사슬 생태계 구축 필요, 헤럴드경제, 2022.03.14.

박종민(2013), 공정무역 금반지, 뉴시스, 2013. 2. 13.

방영덕(2015), 훈훈한 연말 보내는 쉬운 방법 '공정무역 생활백서', 매일경제, 2015. 12. 27.

벤저민 휴브레츠 저, 한국공정무역연합 역(2016), 공정무역 사회적기업, 원칙과 시장사이에서 길을 묻다, 시대의 창.

서울SE센터(2018), 이제 로컬페어트레이드 시대, 서울SE센터 블로그, 2018.04.30.

서울시 협동조합(2018), 페어몬도 협동조합, 착한 제품만 모은 온라인마켓, 서울시 협동조합 블로그, 2018.07.13.

알렉스 니콜스, 샬롯 오팔 저, 한국공정무역연합 역(2010), 공정무역-시장이 이끄는 윤리적 소비, 책으로 보는 세상.

양승희(2019), "공정무역2019 현주소", 이로운넷

오세은(2016), 공정무역 인증제품 전 세계 소비증가, 아시아투데이, 2016. 10. 18.

오세은(2016), 국내 공정무역 바나나 수입량 증가, 아시아투데이, 2016. 10. 27.

오은영(2012), 공정무역: 초보자를 위한 가이드(Fair Trade: A Beginner's Guide, Jacqueline DeCarlo 번역논문), 제주대학교 통역대학원 석사학위논문.

유홍식(2013), "윤리적 소비 측면에서 살펴본 패션산업에서의 공정무역", 한복문화, 16(1), 51-67.

윤석만, 김나한(2016), 장애인·독거노인 2500명에 무료 생태여행…쇼핑·옵션·팁 없는 3무 패키지 투어 만들어, 중앙일보, 2016. 9. 22.

은주성(2022), 공정여행 추구하는 트래블러스맵, 코로나 19 이후 '착한 여행' 준비, 비즈니스 포스트, 2022.03.24.

이경태(2009), '세상을 바꾸는 착한여행' 한번 가볼까, 오마이뉴스, 2009. 1. 29.

이동연(2008), "생태주의 대안운동의 가능성과 한계 : 공정무역운동에서 생협운동까지", 문과학사, 56, 195-219.

이용균(2014), "공정무역의 가치와 한계-시장 의존성과 생산자 주변화에 대한 비판을 중심으로-", 한국도시지리학회지, 17(2), 99-117.

이윤영(2015), 공정무역, 세계 패션계의 새로운 트렌드로, 연합뉴스, 2015. 7. 8.

이정옥(2011), "서구 공정무역운동의 사회적 의미와 한국적 수용, 사회과학논총", 제10집, 1-62.

이종규(2020), 마을운동으로, 로컬페어로, 진화하는 공정무역, 2020.07.07.

이지선(2011), '황금'도 공정무역, 경향신문, 2011. 2. 14.

이지은(2016), 커피로 희망을 심는다… 사람을 좇는 '카페티모르', 뉴스토마토, 2016. 4. 28.

이혜란(2018), 공정무역마을운동을 아시나요, 프레시안, 2018.04.23.

장승권(2014), 지속가능성·투명성으로 원조 효과 극대화, 한겨레, 2014. 3. 25.

장승권 등(2015), 서울시 공정무역 현황 및 공정무역도시 전략 연구, 쿠피협동조합

장승권 등(2021), 한국의 공정무역은 어떻게 발전해 왔는가? 조직기반전략, 인증기반전략, 지역기반전략 간의 협력과 갈등, 지역개발연구 제53권 제2호, p.199-234.

정현주(2015), 올리브나무, 이들에겐 생명입니다, 프레시안, 2015. 5. 15.

최정규(2009), 시골 작은 길에서 새로운 풍경을 보라, 한겨레 21, 2009. 3. 27.

쿠피협동조합(2020), 〈공정무역도시 서울3.0〉 도약을 위한 정책연구, 서울시 연구보고서

키스브라운 저, 이은숙 역(2013), 공정무역이란 무엇인가-문화, 도덕 그리고 소비, 김영사.

패멀라 노위카 저, 양진비 역(2013), 공정여행, 당신의 휴가는 정의로운가?, 이후.

한국공정무역마을위원회(2021), 한국공정무역마을 인증안내서, (사)한국공정무역마을위원회

Fair Trade Advocacy Office 저, 한국공정무역연합 역(2010), 공정무역의 힘, 시대의 창.

황보현(2016), 페어폰(Fair phone): 착한 스마트폰 회사의 분쟁 없는 금(Gold) 찾기, 뉴스토마토, 2016. 5. 19.

Clarke, N., Barnett, C., Cloke, P. & Malpass, A.(2007), "The political rationalities of fair-trade consumption in the United Kingdom", *Politics & Society*, 35(4), 583-607.

Deherty, B., Davies, I. A., & Tranchell, S.(2012), "Where now for fair trade?", *Business History*, 1-29.

Le Velly, R.(2015), "15. Fair trade and mainstreaming", Handbook of Research on *Fair Trade*, 265.

Transitions Abroad Magazine(2006), *Responsible Travel Handbook* 2006.

〈참고 사이트〉

국제공정무역기구 한국사무소 홈페이지 http://www.fairtradekorea.org/main/index.php

국제공정무역기구 홈페이지(FI) https://www.fairtrade.net/

국제공정무역마을위원회 홈페이지 http://www.fairtradetowns.org

국제공정무역상표기구 홈페이지(FLO) https://www.fairtrade.net/

세계공정무역협회 홈페이지 http://www.wfto.com

아름다운커피 홈페이지 http://www.beautifulcoffee.org

옥스팜 인터네셔널 홈페이지 http://www.oxfam.org

제주생태관광 홈페이지 https://sayecojeju.com/

한국공정무역마을위원회 홈페이지 http://www.fairtradetownskorea.org

한국공정무역연합 홈페이지 https://m.blog.naver.com/befair_2015/185089557

한국공정무역협의회 홈페이지(KFTO) https://kfto.org/

1000 LOGOS https://www.youtube.com/watch?v=YCDRg-EmG9Q

2019기후변화홍보포털, 겨울호 웹진

  https://www.gihoo.or.kr/portal/webzine/2019_winter/sub03.jsp

FLO 인증기구 홈페이지 http://www.flocert.net

제**4**부

윤리적 소비 실천의 성숙

09 공동체운동

10 절제와 간소한 삶

11 기부와 나눔

12 윤리적 소비의 실천과
   행복한 삶

공동체운동

다음 부처는 사람의 형태를 취하지 않을 것이다.
바로 공동체의 형태를 취할 것이다.
이해를 실천하고 친절을 사랑하며 충만한 삶을 실천하는
공동체의 모습을 하고 오실 것이다.
지구의 생존을 위해 우리가 할 수 있는
가장 중요한 행동이 바로 공동체를 이루는 것이다.

- 틱낫한

- 나의 이웃들과 함께해서 좋았던 때가 있었는지 생각해 보자.
- 공동체가 가지는 힘은 어디까지이고, 어떠한 사회적 가치를 실현할 수 있을지 생각해 보자.

먹고 사는 문제 : 어떻게 하면 사람들이 이곳을 떠나지 않고 먹고 살 수 있을까?

EBS 지식채널e 2018.12.13.

여기, 아일랜드에서 제주도를 찾아온 한 남자

"제주 토종돼지를 직접 보면 저희가 왜 양돈사업에 뛰어들었는지 아실 겁니다.
키우는 데 시간도 오래 걸리고 손도 많이 가서 농가 입장에서는 비용이 많이 드는 가축이죠.
이 때문에 제가 직접 본을 보이고자 농장을 시작하게 되었습니다."

1954년 4.3 사건으로 7년 동안 1만 4,231명이 학살당한 뒤
가난과 고통으로 신음하던 살아남은 제주 사람들

1954년 제주도를 찾은
검은 옷의 남자 아일랜드인 신부

어느 날 한 신자가 그를 찾아온다.
"신부님, 제 딸아이가
부산에 일하러 갔다가 사고로 죽었습니다."

섬에 일자리가 없어 육지로 나가거나
빈농의 삶을 근근이 이어가야 했던 제주 사람들
어떻게 하면 사람들이 이곳을 떠나지 않고

먹고 살 수 있을까?
돌무더기 버려진 땅
가축을 키우기 딱 좋은 땅

1959년 양돈교육과 가축은행 시작
가축은행: 돼지를 한 마리씩 분양하고 그 값은
1년 뒤 새끼로 갚는 방식

아이들에게 사육법을 가르치고
집마다 돼지를 나눠주는데
"신부님! 학교 끝나고 집에 가보니 돼지가 없어
졌어요!"
당장 먹을 것이 없어
돼지도 사료도 팔아야 하는 가난한 살림

내가 사람들의 삶을 정확하게 이해하지 못했구나

1961년 주민들과 밤낮 없이
버려진 풀밭을 개간해
함께 목축업을 배우고
돼지와 양을 키우는 마을공동 목장 시작

이 동물들로 주민들의 경제적 자립을 돕는
방법은?

돼지의 유통 판로를 열기 위해 국내외 출장
일자리를 제공하고
목축업의 기반이 되는 사료 공장 설립
여성들이 일할 수 있는
양모 수직 회사 설립

그 결과
1년에 돼지 약 1만 마리 이상 수출(1980년대 기준)
양모 수직회사는 여성 1,000여 명을 고용하고
육지 전역에 옷 수출(1970년대 기준)

그리고 이 사업들의 또 다른 기능
요양원, 복지의원, 어린이집, 호스피스 병동
다양한 사업들의 수익을 사회복지 시설로 환원

27세의 이방인 신부가
90세에 한국 이름으로 제주에 잠든 뒤에도

끊임없이
시대와 지역에 맞는 사업을 개발하며

이제는 비싼 땅
제주에 여전히 이 목장이 존재하는 이유
제주다운 방식으로
'함께 사는 것'

지역 주민이 중심이 되고
개발이익을 사회복지로 연결하는 '맥글린치 모델'

'맥글린치 모델'에서
중심은 항상 공동체다

공동체운동은 현대자본주의 시장경제사회에서 나타나는 많은 문제를 해결하기 위한 대안적 경제운동이다. 공동체운동은 공동체의 상생을 도모하고 지속가능한 소비를 지향하며 사회와 환경을 배려하는 활동이며, 나아가 현대 사회의 물질만능주의로 인한 소외 문제에 대해서도 긍정적인 영향을 미치는 것으로 나타나므로 세계적으로 활성화되고 있는 윤리적 소비운동으로 볼 수 있다. 더욱이 공동체운동은 생활 속에서 윤리적 소비를 실천할 수 있고, 지역 내의 경제를 활성화시킨다는 점에서 최근 각광받고 있는 사회운동이라고 할 수 있다.

이 장에서는 다양하게 이루어지고 있는 공동체운동 중에서 소비자로서의 삶과 소비생활에 많은 영향을 주는 공동체화폐운동, 타임뱅크 운동, 공유경제 운동, 마을공동체운동, 협동조합 운동을 중심으로 살펴본다. 왜 공동체운동이 확산되고 있는지 그 이유를 짚어 보고, 나아가 다양하게 이루어지고 있는 공동체운동의 방법과 내용에 대해 알아보고 마지막으로 공동체운동의 사례를 살펴본다.

1. 공동체운동이란 무엇인가?

우리 사회는 급속한 산업화와 도시화로 인해 큰 변화를 겪게 되었다. 통계청과 유엔의 국제통계연감 자료에 따르면 한국의 도시화율은 2022년 기준 81.4%로 나타났고, 1980년의 56.7%에 비해 24.7%p가 올라갔다. 도시화로 인해 빈부격차의 확대와 양극화, 무분별한 생태파괴, 수도권으로의 초집중화, 농촌의 공동화 현상 등여러 가지 문제에 직면하면서 도시화는 한국 사회의 지속가능성까지 위협하는 상황이 되었다. 이러한 문제를 극복하기 위한 해법으로 제시된 것이 공동체 회복과지역 활성화의 시도이다. 우리 사회가 당면한 문제의 해법을 공동체성의 회복에서찾고자 하는 것이다.

공동체는 일반적으로 공동의 삶을 영위하는 집단을 일컫는 말이다. 힐러리는"공동체는 한 지리적 영역 내에서 하나의 혹은 그 이상의 부가적인 공동의 유대를통해 사회적으로 상호작용하는 사람들로 이루어진 것"으로 정의하고 있다(Hillery, 1955).

역사적으로 볼 때 공동체가 자연발생적으로 형성된 것이라면, 공동체운동은 인간의 의도하에 형성되어 대안적인 사회를 만들어 내고자 한다는 점에서 양자 간에 본질적인 차이가 있다. 대안 공동체운동의 '공동체'는 계획공동체(planning community), 의도적 공동체(intentional community), 유토피아 공동체(utopian community) 등 다양한 용어로 불리고 있는데, 그 이유는 그것이 목적지향적이고의식적인 측면이 강하기 때문이다. 공동체가 자연적으로 형성된 측면이 강하다면, 공동체운동은 말 그대로 당대의 문제를 해결하거나 대체함으로써 대안 사회를 모색하고자 하는 인간의 실제적이고 의지적인 활동이며 실험이라는 것이다. 현재 공동체운동은 현실 사회에 대한 비판과 동시에 의도적이고 계획적으로 대안적인 삶의 공간인 공동체를 형성해 가는 사회운동의 형태로 나타나고 있다(정희연, 2008).

공동체운동은 그동안 여러 주체에서 다양한 관심을 가지고 다양한 형태로 전개되어 왔다. 공동체가 지향하는 목적에 따라 유통(네트워크)중심 공동체, 생산중심공동체, 교육중심 공동체, 종교영성 공동체, 생태마을, 지역공동체 등 다양한 유형의 공동체가 존재한다. 모두가 함께 살아가는 사회, 공존하는 사회의 도래를 꿈꾸고 있다. 이러한 사회를 이루기 위해서는 생명, 평화, 지속가능성을 갖는 공동체가 전제되어야 한다. 이 장에서는 윤리적 소비의 실천을 위해 소비를 중심으로 하는 공동체운동에 초점을 맞춰 살펴보고자 한다. 윤리적 소비를 위한 공동체운동으로는 크게 공동체화폐 운동, 타임뱅크 운동, 공유경제 운동, 마을공동체운동, 협동조합 운동 등을 꼽을 수 있다.

2. 공동체운동은 왜 해야 하는가?

공동체운동은 새로운 사회경제적 방식의 삶을 살고자 하는 노력이다. 산업화와 세계화의 과정에서 물질적 풍요를 얻었지만 그 대신 환경 파괴와 불공평한 부의 분배라는 문제를 낳았다. 『꿈의 도시 꾸리찌바』의 저자이기도 한 박용남 소장은 "세계화는 기후 파괴, 공동체 파괴, 환경 파괴라는 재앙을 던지고 있다"면서 "지역화의 필요성은 갈수록 커지고 있으며 공동체화폐 운동은 이 목표를 위한 구체적인 수단"이라고 강조하였다. 공동체운동을 통해 그동안 소외되었던 지역을 돌아보고, 물질의 교환에만 의존했던 경제시스템을 보완하며, 유휴상태의 기술과 자원을 순환시킴으로써 자원의 효율성을 달성할 수 있다.

한국의 공동체는 급속한 산업화, 도시화, 1인 가구의 증가 등으로 인해 해체되고 있다. 이러한 배경에 덧붙여 경제성장률의 둔화는 '나 혼자만도 살기 버거운' 경쟁적 삶을 만들어 공동체적 삶이 사라지고 있는 실정이다. 주변인과 공유할 것이 없어진 현재는 내 옆에 누가 사는지, 잘 생활하고 있는지 알 수 없다. 이로 인해 나타난 하나의 사회적 문제는 무연고 사망자, 즉 고독사의 증가이다. 고독사는 평상시 왕래하는 이웃이 없을 뿐만 아니라 자식과도 연락이 두절되어 사망하고 나서야 발견되는 죽음을 의미한다. 보건복지부에 따르면 무연고 사망자는 2016년 1,820명, 2017년 2,008명, 2018년 2,447명, 2019년 2,536명, 2020년 2,880명으로 매해 증가하고 있는 것으로 나타났다.

공동체운동은 고독사나 고령화의 대비책뿐만 아니라 수많은 사회현상의 해결책이 될 수 있다. 사회적으로 심각해지고 있는 빈부격차의 확대와 양극화 문제에 있어서 공동체운동은 효과적인 해결책 중 하나가 될 수 있다. 2020년 OECD가 발표한 한국경제보고서에 따르면 OECD 국가 중 일곱 번째로 우리나라 소득 불평등도가 높다고 밝혔고, 상대빈곤율은 OECD 국가 중 세 번째로 높은 것으로 나타났다. 공동체운동이 추구하는 기본 목적 중에 소득 불균형의 해소, 양극화된 재산이 아닌 공동이익의 우선이 있다. 공동체화폐 운동은 이러한 운동의 대표적인 사례라 볼 수 있다.

또 다른 사회적 문제로 대두되고 있는 무분별한 생태파괴 문제에 대해서 공동체운동은 하나의 해결방안이 된다. 일회용품 사용의 증가, 환경보다 우선시되는 경제적 이익, 환경을 고려하지 않는 각종 만행 등 다양한 행태가 오늘날 수질오염, 대기오염, 토양오염 등 다양한 환경오염과 생태파괴를 불러왔다. 현 지구의 환경은 후대에 물려주어야 할 자산이므로 '지속가능한 소비'가 필요하다.

'지속가능한 소비'의 의미는 '지속가능한 발전'의 개념에 기초하고 있다. 1987년 환경과 발전에 관한 세계위원회(WCED)가 지속가능한 발전의 개념을 제시한 후 1990년대에 이와 관련한 많은 논쟁이 전개되었다(박명희, 2006). 지속가능한 발전의 개념은 가난, 경제발전, 환경 악화 간의 악순환 고리에 기초하고 있다. 그리고 지속가능한 발전의 개념은 "미래 세대가 그들의 필요를 충족시킬 능력을 저해하지 않으면서 현세대의 필요를 충족시키는 것"이라고 정의되고 있다(WCED, 1987, p. 43). 이 개념은 현세대가 물려줄 환경과 자연 자원의 여건 속에서 미래 세대도 최소한 현세대만큼 잘 살 수 있도록 담보하는 범위 안에서 현세대가 환경과 자연 자원을 이용해야 한다는 것을 의미한다. 즉 지속가능한 발전의 개념은 소비가 적정 수준에서 이루어질 때 생산량이 억제되고 생산량의 억제는 자연 자원 추출의 억제를 가져오므로 자연 자원의 추출과 생산과정에서 발생하는 환경 악화를 억제하자는 논리라고 할 수 있다.

따라서 지속가능한 발전은 개념 정의에서 직접적으로 소비라는 용어를 사용하고 있지는 않지만 그 실천 방안은 사실상 '적정 수준의 소비 → 적정 수준의 생산 → 적정 수준의 자연 자원 추출'이라는 도식에 기초하고 있다. 이렇게 보면 지속가능한 소비란 '소비가 지속적으로 이루어질 수 있는 것'을 의미하는 것이 아니라 '자연의 원래의 질과 상태가 지속가능한 범위 안에서의 소비'라고 정의할 수 있다(박명희, 2006). 이러한 지속가능한 소비를 할 수 있도록 공동체운동은 친환경 생산, 생

태마을과 같은 목표를 가지며 실천한다. 공동체운동이 하나의 해결방안이 되는 것
이다.

수도권으로의 초집중화, 농촌의 공동화 현상 역시 공동체운동으로 어느 정도 해
소될 수 있는 문제이다. 수도권으로의 초집중화란 수도권으로 인구가 과도하게 밀
집되는 현상으로 통계청 자료에 따르면 2020년도 수도권(서울, 인천, 경기) 인구
는 전체 인구의 50.2%인 2,603만 7,000명으로 2016년(49.5%) 대비 1%p 상승했다.
수도권 인구 비율은 2016년 49.5%, 2017년 49.6%, 2018년 49.8%, 2019년 50.0%,
2020년 50.2%로 계속 상승하면서 수도권 집중 현상이 여전한 것으로 나타났다.
이러한 현상은 수도권과 비수도권 간의 격차를 벌릴 뿐만 아니라 수도권 지역의
인구 대비 인프라 부족, 치안 악화 등을 야기할 수 있는 문제가 있다.

수도권으로의 초집중화 현상에 함께 작용하는 농촌의 공동화 현상 역시 문제를
유발한다. 농림어업총조사에 따르면 2012년 농가인구가 2,912명에서 2020년에는
2,314명으로 농가인구가 감소된 것으로 나타났다. 농촌인구의 감소는 고령화를
더욱 부채질하고 있다. 농가인구는 전체 인구보다 빠르게 고령화가 진행되고 있는
데, 농가 고령인구 비율은 2012년 35.6%에서 2020년 42.3%로 증가했다. 정부는
농가인구 감소에 대해 고령화와 산업단지나 택지조성 등 농업구조 변화의 영향이
컸던 것으로 분석하나 전문가들은 열악한 정주여건과 도시보다 낮은 소득, 문화·
의료·교육 등 복지인프라 부족 등을 주원인으로 분석한다. 농촌을 떠나 수도권으
로 집중되는 인구를 분산시키기 위해 현재 공동체운동에서는 지역경제 살리기, 귀
농운동, 대안학교 등을 통해 부족한 복지인프라를 채우고, 소득을 높이며 서로 도
움을 줌으로써 열악한 정주환경을 극복하고 있다.

1인 가구의 빠른 증가는 '사회적 고립'이라는 새로운 문제들로 나타나고 있다.
1인 가구는 다인 가구에 비해 이웃과의 만남이나 접촉의 기회가 적어 사회적 관계
가 단절되고, 그로 인해 스스로를 더욱 고립시키는 상황으로 만들게 된다. 통계자
료에 의하면 2020년 기준 우리나라 1인 가구 비율은 31.7%로 2015년 27.2%에 비
해 4.5%p 증가된 것으로 나타났다. 1인 가구의 사회적 고립을 예방하고 사회적 관
계를 유지하기 위해서는 이웃들과의 관계 형성이 매우 필요함을 말해준다(이경영
등, 2019).

이와 같이 공동체운동은 보다 인간적인 삶의 회복을 통해 다양한 사회적 문제를 해결하는 데 기여할 수 있다. 경쟁적인 삶, 커지는 임금 격차, 소가족화, 개인화 속에서 약해져 가는 공동체의식을 회복하고 공동체가 가지는 긍정적인 영향을 더 많이 얻기 위해 구체적인 공동체운동 방법을 배우고 실천하려는 노력이 필요하다.

3. 공동체운동은 어떻게 실천하는가?

공동체운동은 그동안 여러 주체에서 다양한 관심을 가지고 다양한 형태로 전개되어 왔다. 형태와 방법은 조금씩 다르지만 모두 함께 살아가는 사회, 공존하는 사회의 도래를 꿈꾸고 있다. 윤리적 소비의 실천을 위해 소비를 중심으로 하는 주요 공동체운동으로는 크게 공동체화폐 운동, 타임뱅크 운동, 공유경제 운동, 마을공동체운동, 협동조합 운동 등을 꼽을 수 있다. 그럼 각각의 공동체운동을 사례와 함께 살펴보자.

1) 공동체화폐 운동

(1) 공동체화폐 운동의 개념

공동체화폐 운동은 우리나라에 오래전부터 내려오는 전통인 두레, 품앗이, 계와 같이 서로 돕고 보살피고 나누고 협동하는 다자간 품앗이를 화폐를 통해 현대화 · 시스템화한 것으로, 노동력과 물품을 가상의 공동체화폐를 매개로 교환 · 거래할 수 있도록 체계화하려는 일련의 노력이다. 즉 회원 간에 돈이 없어도 재화와 서비스를 서로 주고받을 수 있는 제도를 체계화하고자 하는 것이다. 이러한 공동체화폐 운동은 특정한 지역 내에서 돈을 순환시킴으로써 경제의 안정화와 활성화를 꾀함과 동시에 글로벌 경제로 인해 붕괴되고 있는 지역공동체를 구축하는 것을 그 목적으로 한다(아베 요시히로, 2003).

공동체화폐는 그 지역공동체 안에 가입되어 있는 어느 누구와도 서로 교환할 수 있는 돈이다. 시장경제체제에서 유통되는 돈이 없어도 공동체화폐만 있으면 병원에도 갈 수 있고 미장원에도 갈 수 있으며 식당에서 밥을 먹을 수도 있다. 공동체화폐만 있으면 서로에게 필요한 서비스를 주고받을 수 있는 것이다(이기춘 등,

2008).

이와 같은 공동체화폐는 법률로 정해진 국가화폐, 즉 원이나 달러, 엔, 유로, 마르크 등과 대비되는 단어로 보완통화, 지역통화, 자주통화, 자유통화, 회원제통화, 커뮤니티통화, 그린달러, 에코머니, 오리지널머니 등으로도 불리고 있다(천경희, 2006). 이러한 공동체화폐는 '희소성'에 기반을 두는 일반화폐와 반대로 '풍부함'에 기반을 두는 화폐로서 기존의 화폐를 중심으로 이루어진 대량소비사회의 문제점을 극복하기 위한 대안경제제도이다(천경희 등, 2005).

공동체화폐는 20세기 초에 시장경제가 위축되었을 때 국가화폐가 원활하게 유통되지 못하는 것을 만회하기 위한 대안화폐로 등장하였으나 경제상황이 호전되면서 그 역할이 감소되어 대부분 사라졌다가 20세기 후반 경제가 어려워지면서 새로이 등장하였다. 대표적으로 LETS, Time Dollar, Hours 등이 있다. 이들은 현재 운용되고 있는 각각의 국가로부터도 강력히 지지받는 보완적 의미의 화폐로 인식되고 있다. 위의 세 종류 이외에도 1998년 시작한 캐나다 토론토에서 비즈니스 관계자가 참가하기 쉽도록 만든 '토론토 달러'가 있으며 프랑스의 SEL(system of exchange), 멕시코의 Tlaloc(수표 형태로서 상호신용제도), 아르헨티나의 RGT(red global de trueque, 글로벌교환네트워크)가 있다(아베 요시히로, 2003).

세계적으로 운용되고 있는 공동체화폐는 화폐에 대한 가치를 고려할 때 크게 두 가지로 분류할 수 있는데, 하나는 공동체화폐의 가치를 시간으로 환산하는 공동체화폐 유형으로 LETS Scheme, Talents, Time Dollar, Hours, Ithaca Hours, Grains of Salt 등이 이에 속하며, 다른 하나는 공동체화폐의 가치를 국가화폐와 동일하게 매기는 것으로 LETS, Deli Dollars, Wir 등이 이에 속한다. 우리나라에서도 공동체화폐가 운영되고 있는데 1998년 3월 우리나라에서 처음으로 '미래를 내다보는 사람들의 모임'이 '미래화폐(future money)'란 이름으로 공동체화폐제도의 운영을 시작하였다. '미내사' 이외에도 다양한 공동체화폐제도가 운영되고 있다. 현재 우리나라에서 운영되고 있는 공동체화폐운동은 LETS와 타임뱅크(time Dollar) 두 가지 형태가 모두 있는데 '한밭레츠', '과천품앗이'는 LETS이고 '송파품앗이', '구미사랑고리'는 타임뱅크이다(천경희, 2006).

또한 유통되는 형태로 구분하면 크게 세 가지로 분류할 수 있다. 첫째, 실제 화

▲ 화폐형 : 미국 이타카시의 'Ithaca Hour'

▲ 수표형 : 일본 사이비시의 'Happy'

▲ 통장형 : 광명시의 '지역품앗이 광명그루'

그림 9-1 공동체화폐의 형태

폐 형태로 유통되는 형식이다. 미국 뉴욕의 이타카시에서 폴 글로버(Paul Glover)
가 만든 '이타카 아워'가 대표적이라고 할 수 있으며 직접 인쇄해서 실제 화폐 형태
로 발행하고 있다. 둘째, 전표나 수표 등을 보완적으로 활용하는 방식이다. 브라질
의 생태도시 꾸리찌바나 영국과 헝가리 일부 지역에서 사용한다. 셋째, 화폐나 전
표 없이 등록소에서 관리하는 가상화폐. 에드가 칸(Edgar Cahn) 교수가 은퇴자
들의 가정이나 사회복지 프로그램을 위해 개발해 시카고를 비롯한 미국의 몇몇 도
시에서 운영 중인 타임달러 시스템이 여기에 해당한다. 한편 영국의 대표적인 공
동체화폐인 '루스 파운드'와 '토튼스 파운드'의 경우에는 일반 화폐처럼 세금을 부
과하는 경우도 있다. 공동체화폐의 성격을 갖는 타임뱅크에 대한 자세한 내용은
공동체화폐 운동 다음에 자세히 다루어 보고자 한다.

(2) 공동체화폐 운동의 방법

공동체화폐 운동은 독특한 방식으로 운영되는 공동체화폐제도를 통해 이루어진
다. 즉 공동체화폐제도는 지역주민이 가진 역량을 발휘하여 상호거래 및 교환을
촉진하여 국가화폐의 부족으로 인한 경기침체를 극복하려는 동기에서 개발된 시

스템이므로 한정된 지역 내 주민에게만 회원가입 자격을 부여하며 회원이 제각기 제공 가능한 물품이나 서비스의 내용을 알림으로써 원하는 거래를 공개한다. 이러한 내용은 회원들이 모두 열람하여 공개하고 원하는 당사자들 간에 공동체화폐를 이용하여 거래한다. 구매한 사람의 계좌에는 (−) 계정이 이루어지고 거래한 사람의 계좌에는 (+) 계정이 이루어진다. 물품이나 서비스 제공자와 수요자의 일대일 교환이 아니라 공동체화폐제도에 가입한 회원들 전체 사이에 교류가 이루어지는 체계이다. 즉 A가 B에게 서비스를 제공한 뒤, 그 대가는 자신이 필요할 때 C나 D 등의 제3자에게서 제공받을 수 있다는 것이다. 제공된 물품이나 서비스에 대한 가치는 개별 지역통화의 단위를 적용하여 교환거래자 간의 합의에 의하여 결정된다. 즉 서비스 제공자와 수요자의 합의로 가격이 결정된다는 뜻이다(류은화, 2000).

공동체화폐제도 운영을 원활하게 하기 위하여 운영하는 단체에서는 네트워크 관리를 담당하는 관리자와 관리를 위한 사무소를 두고 있다. 이곳에서는 회원들이 제공할 수 있는 서비스나 기술, 물품이 열거된 목록을 보유하거나 거래가 발생했을 때 회원들 사이의 거래관계를 일일이 보고받고 기록하며 서비스 목록이나 거래 상황, 회원들 간의 상세한 계좌 현황을 정기적으로 통보한다.

공동체화폐제도는 노동력을 강제로 팔지 않고 억압적인 명령 체계 속에서 일하지도 않으며 화폐의 수량이나 가시적 성과에 따라 인간을 평가하지 않는 새로운 사회경제 방식, 즉 새로운 삶의 방식(천경희, 2006)으로 공동체 내부의 개인의 가치, 즉 자유와 그에 따라 생기는 책임에 기초하며, 동의, 무이자, 공유, 정보공개라는 네 가지 원칙을 갖는다(西部 忠, 2000). 동의는 참가와 탈퇴는 물론이고 모든 거래를 동의에 기초한다는 것이고, 무이자란 구좌의 차변과 대변, 어느 쪽의 잔고에도 이자가 붙지 않는다는 것을 의미한다. 공유란 공동체화폐제도 내의 지원 서비스를 참가자 중의 누군가가 비영리 원칙에 따라 실비로 제공하며 그 비용을 참가자 전체가 이용 상황에 따라 공동으로 부담한다는 것을 의미하고, 정보 공개는 사용자가 행동하는 데 있어서 정보가 주어지는 것을 보증한다는 것을 뜻한다.

공동체화폐제도는 일반적인 시장질서나 유사시스템과는 다른 대응성, 호혜성, 기록성, 공개성이라는 네 가지 특성을 지닌다(이창우, 2002). 즉 공동체화폐제도에서 서로 간의 채무관계는 일반적인 시장질서와 비슷하지만 빌린 사람에게가 아

니라 회원 중 아무에게나 갚으면 되며(대응성), 자원봉사와 비슷하나 봉사에 대가
가 있고(호혜성), 이웃 간의 상부상조와 비슷하나 도와주고 나눠 주고 빌려 준 일
을 모두 기록해 놓으며(기록성), 은행의 계좌와 비슷하지만 이자가 없고 거래내역
을 회원에게 공개한다(공개성)는 특성을 말한다(박경화, 2004).

우리가 사용하고 있는 국가화폐와 공동체화폐의 차이를 통해 공동체화폐가 운
용되는 방법을 구체적으로 살펴보면 〈표 9-1〉과 같다.

(3) 공동체화폐 운동의 사례

① 독일의 '킴가우어'

독일의 킴가우어(Chiemgauer)는 현재 유통되고 있는 지역화폐의 가장 대표적인 성
공사례이자 모범사례로 꼽히고 있다. 독일의 킴가우어는 바바리아에서 2003년 시
작된 지역화폐로 지역 내 고용과 지역문화를 활성화하고 지역 식품공급을 효율적
으로 하기 위해 만들어졌다. 고등학교 교사인 크리스찬 갤러리와 그의 학생들에
의해 프로젝트가 시작되었고, 경제학자 실비오 게젤과 루돌프 슈타이너에 영향을
받았다.

킴가우어는 지역 내 40여 개 소에서 유로를 킴가우어로 교환할 수 있으며, 유로

표 9-1   국가화폐와 공동체화폐의 차이

구분	국가화폐	공동체화폐
경제학적 기능	가치척도, 교환, 가치저장	매개(가치척도, 교환)
화폐의 형태	현금통화, 예금통화	지폐발행형, 집중관리형
이자	유이자(→ 가치증식)	무이자
시간개념	자본축적 → 투자	없음(소비의 한계)
통화시장	주류경제	대안경제
공간개념	공동체 → 글로벌경제화	글로벌경제화 → 로컬경제
인류학적 기능	외부화폐기능(교환)	내부화폐기능(상호보응)
발생영역	공동체와 공동체 간의 접점	공동체 내부
사용동기	편리성, 신용	헌신, 지지, 상호보응
가치기능	절대가치	상대가치

출처 : 박상헌(2004), p. 21.

그림 9-2　지역화폐 킴가우어의 웹사이트

출처 : www.chiemgauer.info

를 킴가우어로 교환할 경우 3%의 보너스를 받을 수 있다. 또한 100 킴가우어를 유로로 교환할 경우 95유로를 지급하여 5%의 수수료를 부담하며, 화폐가치 유지를 위해 3개월마다 화폐가치의 2%가 감소하는 통용세를 적용한다. 즉, 킴가우어는 분기당 −2%의 마이너스 이자를 부과해 사용자가 킴가우어를 쌓아두기보다 소비하도록 하며, 이렇게 쓰이는 킴가우어 화폐는 지역 안에서 활발히 유통되어 지역경제를 살린다는 개념을 갖는다(이상훈 등, 2019).

② 영국의 브리스톨파운드

2012년 9월에 처음 발행된 영국에서 가장 성공한 지역화폐로 가장 큰 규모를 자랑한다. 시민활동가들은 지역 자금이 외부로 나가지 않고 지역 안에서 돌 수 있도록 브리스톨에서만 쓸 수 있는 화폐를 만들기로 했고, 그렇게 지역기업과 동네가게를 가맹점으로 모집, 신협을 설득해 협조를 끌어냈다. 브리스톨파운드는 정부가 아닌 비영리 지역공동체 기업과 브리스톨 신협이 함께 운용한다. 시 정부는 CIC에 사무공간을 제공하고 초기 3년간 연 5만 파운드를 지원했다.

　브리스톨파운드는 교통비, 식료품, 세금 등 다양한 활용성을 자랑하며, 그 결과 절정기에는 매주 브리스톨파운드로 수백 건의 거래가 이루어지며, 연간 거래액이 100만 브리스톨파운드를 넘었다. 현재 브리스톨파운드는 시대의 변화에 맞춰 2021년 9월 종이화폐 유통을 만료하고, '브리스톨 페이'라는 새로운 플랫폼으로 전환을 한다(경기도뉴스포털, 2021. 6. 11).

③ 대전 한밭레츠의 '두루'

한밭레츠는 LETS형 지역화폐가 국내에 도입된 첫 사례이자 대표적인 사례이다. 대전에서 공동체 내 상호부조 및 지역경제 활성화를 위해 2002년에 출범하였고, '널리 또는 두루두루'라는 뜻의 순우리말인 '두루'라는 이름을 붙였다. 대전 한밭레츠의 '두루'는 금속이나 종이를 재료로 만드는 실제 화폐와 달리 크기와 모양을 갖지 않는 가상의 화폐이다. 한밭레츠에 회원 가입을 하면 등록소에서 홈페이지 상에 ID와 두루통장을 개설하고, 회원은 개인별 계정을 갖게 된다. 개인 회원이 다른 회원에게 물품 혹은 서비스를 제공한 뒤 그 가치만큼의 두루가 본인의 개인 계정에 적립되고, 물품 혹은 서비스를 제공받은 회원은 그만큼의 두루가 본인의 개인 계정에서 차감되는 방식이다.

서비스나 물품의 성격에 따라 두루나 현금, 어느 하나로만 결제할 수 있지만 대개는 현금과 두루를 조합하여 사용하고, 한밭레츠는 두루 사용을 촉진하기 위해 거래 시 두루의 비중을 30% 이상으로 하는 것을 원칙으로 하고 있다. 2018년 기준 670여 가구가 회원으로 가입되어 있으며, 한 해 거래는 8,070건, 거래액은 2억 4,200만 원에 달한다(이상훈 등, 2019; 금강일보, 2019. 2. 26).

④ 과천 과천품앗이의 '아리'

과천에서 공동체 내 상호부조를 위해 2000년 11월부터 과천자원봉사센터의 도움을 받아 시작된 후, 현재는 자생적으로 운영 중에 있다. 공동체 화폐인 아리를 도입하여 전통적인 방식인 개인 간 품앗이에서 다자간 품앗이로 거래를 다양화시켰다.

회원 간 품(노동)거래는 아리를 매개로 이루어지고, 모든 품(노동)은 1시간에 1만 아리를 받게 되며, 품의 종류에 차별은 없다. 품(노동)의 종류는 육아, 음식 마련, 자녀교육, 이미용, 다도, 심리치료 등 매우 다양하다. 또한 회원 간 품(노동) 교환에 그치지 않고 자원봉사 기금을 지원받아 중학생들을 대상으로 전래놀이를 교육시키는 등 문화자원을 공동체 전반에 확산시키는 봉사도 하고 있으며, 천연화장품 만들기, 면 생리대 만들기 등 자연친화 활동도 병행하고 있다(이상훈 등, 2019).

2) 타임뱅크 운동

(1) 타임뱅크 운동의 개념

1980년대 『이제 쓸모없는 사람은 없다』의 저자인 미국 인권변호 에드가 칸 박사에 의해 처음 고안된 타임뱅크는 이웃을 위해 또는 공동체 이익을 위해 필요한 도움을 제공하면, 그 도움 시간을 저축하는 시스템이다. 또한 도움이 필요할 때에는 저축된 그 시간을 화폐처럼 지불하고 도움을 받을 수 있다. 즉, 타임뱅크 운동은 비시장 경제 영역에서의 봉사활동을 시간적 가치로 환산하여 이를 기록-저장-교환하고, 동시에 봉사자와 수혜자의 전통적인 역할 구분에서 벗어나 양자간 공동체의 도움 순환시스템을 작동하도록 만드는 대안적 공동체화폐 운동이라고 볼 수 있다.

타임뱅크는 '1시간의 봉사활동 =1타임 달러'로 환산하여 모든 사람의 노동이 동등하다고 간주하며, 이 가치 교환을 위해 가상화폐를 발행한다. 누군가를 위해 한 시간 동안 봉사나 노동을 하면 그 시간만큼 저축이 되었다가 자신이 원하는 봉사나 노동으로 되돌려 받는 방식이다.

이 타임뱅크는 소외계층이 당당한 주체로서 공동체에 참여하도록 유도하는 것을 주요 목적으로 하고 있기 때문에 호혜성과 네트워크에 기초한 수평적 교환체계를 지향한다(한성일, 2015).

타임뱅크가 지향하는 가치는 5가지로 나누어 볼 수 있다.

- **자산 중심의 관점** : 타임뱅크는 사람에게서 결핍보다는 이미 가지고 있는 자산을 먼저 발견하고, 그 자산으로 공동체에 기여할 수 있는 길을 모색하며, 그 사람을 공동체에 소속시킨다. 즉, 모든 사람이 사회를 위해 기여할 수 있도록 하는 것이다.
- **새로운 의미의 노동** : 아이를 양육하고, 가족을 유지하고, 이웃의 안전을 살피고, 취약한 사람을 돌보고, 불의를 바로 잡는 데 필요한 노력은 모두 소중한 노동이다. 타임뱅크는 이런 노력이 노동으로 인정받을 수 있도록 그 가치를 인정하며, 그 노동의 대가를 시간화폐로 지불한다.
- **호혜성** : '당신에게 내가 필요해요'라는 일방향의 메시지를 주기보다 '우리는

서로가 필요합니다'라는 양방향의 상부상조를 직접 체험할 수 있도록 도움을
순환시켜야 한다.

- **사회적 자본** : 도로, 항만, 시설 등 경제적 인프라 구축만큼 신뢰, 호혜, 시민참
여로 생성되는 사회적 관계망 유지에 지속적으로 투자할 필요가 있다.

- **존중** : 개인의 표현과 선택에 대한 존중은 민주주의 핵심이다. 사람들에 대한
우리의 바램 때문에 그들을 존중하는 것이 아니라, 인종, 성별, 종교적 신념,
사회적 지위와 관계없이 그들의 현 상태를 그대로 존중해야 한다.

(2) 코프로덕션과 코어경제

타임뱅크 운동에 있어서 항상 따라 다니는 용어가 바로 **코프로덕션**(Co-Production)
이다. 타임뱅크는 시간을 단위로 노동을 교환하고 저축하는 시스템인데, 이 체계
안에서 타임뱅크를 움직이는 내재적인 원리가 코프로덕션이다.

타임뱅크에서 코프로덕션은 '강력한 공동체와 더욱 효과적인 사회서비스를 위
해 함께 일하는 것'이라고 규정한다. 에드가 칸은 코프로덕션이 핵심경제인 비시
장경제의 영역을 강화할 수 있는 동력을 제공한다고 본다. 시장에서 배제되어 왔
던 수많은 자원들, 취약계층의 사람들을 공공서비스 생산과 소비의 당당한 주체로
참여할 수 있도록 하는 토대를 제공하고, 이를 통해 시장경제에 의해 훼손된 비시
장경제의 기능이 복원될 수 있다고 보기 때문이다(김정훈 등, 2018).

또한 코프로덕션은 외부에서 정해진 서비스를 전달하는 것이 아니라 내게 필요
한 서비스를 받고 내가 줄 수 있는 것을 제공하게 하려는 적극적이고 근본적인 참
여이기 때문에 코프로덕션은 제공할 서비스의 설계, 전달, 평가과정을 서비스의
수혜자와 함께한다고 볼 수 있다.

코프로덕션은 화폐경제의 세상과 코어경제로 이루어진 가정, 이웃, 지역 사회
간의 협력이 기본이다. 여기서 **코어경제**는 시장경제와 구별되어 가족과 이웃, 지역
사회를 중심으로 형성되는 경제영역을 말한다. 코어경제 영역에서 이루어지는 돌
봄과 양육이라는 생산활동이 한 인간을 전인적으로 성장시키며, 시장경제의 생산
활동에 바로 투입할 수 있는 인재로 준비시키기도 한다. 타임뱅크는 시장이 평가
절하하고 훼손한 가족과 공동체를 부활시키고 이런 공동체들이 시장경제와 대등

한 파트너십을 갖도록 해주는 도구인 것이다.

(3) 타임뱅크 유형 및 교환방식

타임뱅크는 지역사회 공동체 타임뱅크, 목적 중심 타임뱅크, 혼합형 타임뱅크 3가지 유형으로 나누어 진다(김자옥 등, 2019).

먼저 **지역사회 공동체 타임뱅크**는 지역사회에서 이웃끼리 도움을 교환하며, 신뢰와 돌봄의 네트워크를 만들고 사회적 대가정을 이루어가는 방식을 말한다. 영미권에서 시작된 많은 타임뱅크가 이 유형이다. 지역사회 공동체 타임뱅크가 갖는 특성은 다음과 같다.

- 내가 누군가를 돕는다면, 그 사람은 다른 사람을 돕고, 도움을 받는 사람은 또 다른 사람을 돕는다.
- 부유한 지역사회나 빈곤한 지역사회 모두에 적용될 수 있다.
- 경제, 사회, 인종의 경계선을 쉽게 초월할 수 있다.
- 돌봄, 신뢰, 협력을 이끌어내어 사회적인 변화를 위한 특정 지역 혹은 장소의 공동체 구축에 추진력을 제공한다.

표 9-2 타임뱅크 교환방식

교환방식	기관역할	주요목표
P2P	• 회원 모집 및 운영 • 운영자에게 자금 제공 • 개별 조직 구성원	• 사회자본 및 커뮤니티 네트워크 구축 • 취약계층의 서비스 제공 참여 • 서비스 제공과 수혜의 선순환 창출
P2A	• 사람들의 호혜적 참여 • 매개 파트너와 함께 타임 크레디트 발행 및 보상	• 사회자본 및 커뮤니티 네트워크 구축 • 취약계층의 서비스 제공 참여 • 코프로덕션을 통한 서비스 제공 전환 • 커뮤니티 주도의 지속가능한 서비스 제공
A2A	• 상호협력 • 공유적 학습 • 자원 및 자산의 공유	• 자원의 효율적 활용을 통한 보다 나은 서비스 제공 • 기관 보유 자산의 효율성 증대 • 지속가능한 미래

출처 : Ryan-Collins et al.(2008); 김정훈 · 이다겸(2018), 김정훈 등(2018)

두 번째 유형은 **목적 중심 타임뱅크**이다. 특정 사업에 참여하는 사람과 관련된 형태로 참여하는 봉사자에게 시간화폐를 주고, 그 봉사자들이 원하는 도움을 봉사자 그룹 안에서, 타임뱅크 회원 안에서, 다른 프로그램 또는 기관과 연계하여 도움교환을 확장해 나가는 유형이다. 예를 들어 담배꽁초 줍기, 시각장애인을 위한 책 읽어주기, 독거 어르신 반찬배달 등과 같이 구체적인 목적을 위한 프로그램을 타임뱅크와 결합하여 시작한다.

세 번째 유형은 **혼합형 타임뱅크**이다. 위 두 가지 유형을 병행하면 아주 효과적인데, 지역사회에서 자생한 공동체 중심의 도움 교환 네트워크가 특정한 목적을 둔 사회적 프로그램과 연결되기 때문에 시너지 효과가 강력하다. 지역사회 기반의 공동체 타임뱅크가 구성원 개인 간의 교환을 촉진시키려면 외부 단체와의 협력이 필수적이므로 구체적 목적을 가진 기관의 타임뱅크 프로그램과 연계하여 지속적으로 공동체의 지평을 넓혀야 생명력을 가질 수 있다.

타임뱅크는 교환관계에 따라서도 분류될 수 있는데, 개인-개인(P2P) 교환, 개인-단체(P2A) 교환, 단체-단체(A2A) 교환으로 구분된다(김정훈 등, 2019; 김자옥 등, 2019).

- 개인-개인(P2P) 유형 : 회원 개인들 간 자발적인 교환이 이루어지는 방식으로 회원 개인에게 필요한 도움을 다른 개인이 주고 서로의 계좌에서 시간화폐를 차감 또는 적립한다. 타임뱅크의 가장 기본이 되고 주류가 되는 교환방식이다.
- 개인-단체(P2A) 유형 : 지역사회의 특정한 목적을 달성하기 위한 활동에 타임뱅크를 결합하여 운영하는 방식으로 개인에게 필요한 도움을 주지만, 시간화폐는 단체의 계좌를 통해 지불하는 방법이다.
- 단체-단체(A2A) 유형 : 지역공동체 기관들이 보유한 자원을 상호 호혜적으로 공유하는 방식으로 일시적으로 미사용된 인적·물적·지적 자원을 상호 교환하는 모델이다. 즉 각 지역의 공유자원을 지역 간 공유자원으로 확장하는 방식이라고 할 수 있다.

표 9-3 지역화폐와 타임뱅크 차이점

구분	지역화폐(LETS)	타임뱅크
목적	• 부의 역외 누출방지를 통한 지역공동체 활성화	• 코어경제 영역에서의 봉사를 노동으로 인정 • 저장과 교환을 통해 공동체성 확보(시장경제와는 코프로덕션)
기준	• 서비스 제공자와 수요자 간의 간섭	• 1시간의 노동＝1타임 크레디트
코디네이터	• 없음(회원 리스트에서 직접 찾아 교섭)	• 있음
단체가입	• 상호부조가 개인 간에 이루어짐	• 단체가입이 많음 • 복지, 환경, 교육, 지역 진흥 등 많은 분야 프로그램 운영 가능
시민의식	• 시민들의 자발성에 맡기기에 회원 의식이 높지 않으면 확산에 한계가 있으며, 거의 비용이 들지 않음	• 문제해결형 시스템으로 다양한 주제 참여 • 시장에서 쓸모없다고 평가받은 사람의 참여 프로젝트 성격이기에 상당한 규모의 예산 소요 • 장애인, 실업자, 저소득자 등 취약계층의 참여 가능

출처 : 서울시자원봉사센터(2019), 우리동네 친구더하기＋타임뱅크 가이드북

(4) 지역화폐와 타임뱅크의 시간화폐의 차이점

지역화폐와 타임뱅크의 시간화폐 차이점은 다음 〈표 9-3〉과 같다.

(5) 타임뱅크 운동의 사례

1980년대 미국 에드가 칸 박사에 의해 시작된 이 운동은 미국을 비롯하여 영국, 호주, 뉴질랜드, 일본, 그리스, 스페인 등 현재 약 40여 개 국가에 1,700여 타임뱅크가 운영되고 있는 것으로 추정하고 있다(김정훈, 2022).

우리나라의 경우에는 2002년 무렵을 타임뱅크 시작으로 본다. 노인복지를 목적으로 구미시 구미요한선교센터에서 시작한 '사랑고리' 운동이 그 시초라고 보고 있다. 이후 2017년 9월 14일 (사)타임뱅크코리아가 설립되어 타임뱅크 운동을 주도해 나갈 코디네이터 양성과정 및 온라인플랫폼 개발 등에 주력하고 있다. 2022년 6월에는 서울시 서대문구 홍은동에 '타임뱅크하우스'를 오픈하여 지역주민과 발달장애인을 위한 다양한 활동을 진행하고 있다. 타임뱅크 운동의 주요 사례를 살펴보면 다음과 같다.

① 영국 템포 타임뱅크

템포(Tempo)는 기존 타임뱅크 모델을 타임크레디트(time credit)로 개발하기 위해 2009년 설립한 사회적 기업이다. 템포의 타임뱅크는 지방정부의 공적서비스 시스템에 타임뱅크 시스템을 적용하여 공공서비스의 효과성을 향상시키는 전략에 집중한다고 볼 수 있다.

초기 웨일스대학교 내 연구소에서 경험했던 유럽의 지역통화 비교연구 프로젝트에서 얻은 통찰을 살려 기존 타임뱅크와 차별화를 시도하였다. 개인 간의 서비스 거래를 취급하는 지역사회중심 교환을 추구하되, 기존 지역단체나 정부의 공적서비스에 타임뱅크를 접속하여 타임뱅크의 임팩트를 확대하는 방향을 추구한 것이다. 템포의 타임뱅크 모델은 이웃과 지역을 위한 봉사를 통해 적립한 시간화폐를 지자체나 지역단체가 제공하는 각종 혜택을 그 시간만큼 받을 수 있도록 하는 것에 중점을 두고 있다. 개인 간의 교환도 촉진하지만 템포가 형성한 단체 네트워크를 통해 지역사회를 위한 참여 활동을 촉진하고, 그 시간화폐를 활용하여 개인적인 자기 개발, 친교, 여가활동 접근권을 얻을 수 있도록 하는 데 집중한다.

또한 템포는 그 자체가 하나의 타임뱅크로 활동하기보다 다양한 지역의 이슈를 중심으로 지자체와 지역단체가 함께 타임뱅크 프로그램을 운영할 수 있도록 설계하고 자문, 촉진하는 역할을 하며, 지역별 템포가 집중하고 있는 분야는 지역사회 공동체, 보건의료, 공동거주, 학교, 청년 등이다.

② 뉴질랜드 리틀턴 타임뱅크

인구 3,000명의 작은 항구도시인 뉴질랜드 리틀턴에서는 2010년 9월 대형 지진이 발생하여 주택가를 비롯한 도로, 전력, 수로, 병원 등이 심각하게 손상되었던 적이 있다. 당시 리틀턴 타임뱅크의 약 400명 회원은 물 공급, 편의시설 알림, 가정방문, 음식 및 숙박 제공 등 다양한 재해복구 활동을 주도하며 총 3만 시간 이상의 거래를 기록했다. 단기적인 긴급 지원이 끝난 후에도 장기적으로 도시를 재건하는데에서도 타임뱅크가 중요한 역할을 수행했다. 타임뱅크는 지역사회에 도움을 주기 위해 지역 라디오, 방송국, 보건소 등 지역기관과 파트너십을 형성하는 데도 노력했다.

당시 타임뱅크 코디네이터는 동네의 공식 보고와 함께 응급 브리핑에 초대받아 중요한 정보를 게시판에 계속 공유하고 업데이트 했고, 타임뱅크 회원들이 정보센터에서 활동하면서 주민들을 초대하여 대화하며 주민들의 상황을 듣고, 차를 나누고, 공감했다. 이러한 소통이 사회적 대응능력을 끌어오는 데 사용되었다. 냉장고와 발전기가 필요하면 타임뱅크 회원들이 찾아왔고, 응급수리가 필요하면 타임뱅크 네트워크를 통해 수리할 사람과 연결하는 시스템을 만들었다. 많은 피해가옥이 생겼을 때 타임뱅크 네트워크를 통해 안전한 곳을 찾아내었다. 재난이 닥쳤을 때 이러한 타임뱅크 문화는 사람들을 단합시켰고, 쉽게 도움을 요청할 수 있게 해주었다. 뉴질랜드 리틀턴 타임뱅크는 지역공동체 회복력 강화에 좋은 사례로 남았다(김자옥 등, 2019).

③ 구미시 구미요한선교센터 사랑고리

구미시 구미요한선교센터가 2004년부터 시작한 '사랑고리'는 국내에서 가장 오랫동안 운영하고 성공한 타임뱅크이다. 사랑고리는 복지수혜자를 복지서비스의 공급자로 전환하고 타임뱅크를 통한 공공복지사업의 효율성 극대화, 마을공동체의 회복 등을 목적으로 하고 있다.

다른 사람 혹은 지역사회를 위해서 제공된 1시간의 봉사는 1고리로 사랑고리은행에 적립되고, 적립된 사랑고리는 자신이 도움이 필요할 때 사용하거나, 도움이 필요한 이웃에게 사랑고리를 기증하여 그 이웃이 도움을 받을 수 있도록 하고 있다. 2020년 기준 구미 사랑고리 회원은 700명이며, 도움 교환 고리는 2019년 연간 1만 1,585시간 이용되었다.

사랑고리 봉사활동으로 독거 및 장애 세대에게 밑반찬을 제공하는 해평 음식나눔방, 봉사를 받던 분들이 텃밭 가꾸기, 병원 동행, 물건 나누기 등 다양한 봉사활동에 참여할 수 있도록 하는 섬기는 사랑마을, 청소년봉사, 환우와 가족의 고통에 함께 공감함으로써 서로에게 치유의 장이 될 수 있는 병원봉사 활동을 수행하고 있다. 또한 정부의 서비스 자원이 들어가지만 가까운 거리에 마련된 작은 쉼터에 매일같이 어르신들이 모여 여가활동 등이 지원될 수 있도록 은빛둥지, 황금둥지를 운영하고 있다. 이러한 활동을 통해 경제적으로 취약한 분들에게 혜택을 주기 위

철수는 사랑고리 은행에 가입하고 자신의 기술과 필요한 것을 등록한다.

사랑고리 회원인 최 할머니는 시장 봐줄 사람을 구하는 전화를 한다.

철수는 최 할머니를 위해 시장을 봐주고 1고리를 번다.

철수는 우편으로 사랑고리 거래내역서를 받는다.

철수는 이제 어디에서 그의 사랑고리를 사용할 것인가?

철수는 그가 참석하는 모임에 '농악지도'를 해주시는 김 할아버지에게 고리를 지불한다.

진석 어린이는 번 고리로 철수 아저씨에게 영어지도를 받는 데 고리를 쓴다.

김 할아버지는 초등학생 손주에게 컴퓨터 지도를 해주는 그루회원에게 고리를 지불한다.

타임뱅크

진석 어린이는 최 할머니에게 오카리나 연주를 해주고 고리를 번다.

영준 아저씨는 혼자 사시는 최 할머니에게 고리를 기증한다.

그루 회원은 차량봉사를 해주는 영준 아저씨에게 고리를 지불한다.

그림 9-3   사랑고리 순환도
출처 : 구미요한선교센터(http://www.johncenter.or.kr/)

해 벌어들인 봉사고리를 물건이나 필요한 봉사로 교환하도록 하고 있다.

사랑고리는 결핍에 중점을 둔 기존 복지제도에서 벗어나 복지서비스 수혜자들도 지역사회에 기여하는 자산으로 거듭날 수 있음을 보여주는 사례라고 할 수 있다.

④ 서울시자원봉사센터 타임뱅크

서울시자원봉사센터는 타임뱅크 프로그램으로 지역사회 주민 누구나 봉사자로서 함께 활동하는 '우리동네 시간은행'과 시민주도형 단체발굴을 위한 타임뱅크 스타트업 '서로-연결 프로젝트', 청소년봉사학습을 위한 '연결된 배움' 모듈개발 등을 관계중심 자원봉사를 시도하고 있다.

'우리동네 시간은행'은 (사)타임뱅크 코리아와 컨소시엄을 통해 관악구, 노원구, 서대문구에서 시범운영을 추진하고 있으며, 특히 노원구에서는 자원봉사 캠프를 중심으로 직접 타임뱅크를 운영하고 있다. 노원구 자원봉사 캠프와 시민모임인 사이조아가 운영하는 '우리동네 시간은행'은 매월 '매칭데이'를 열어 회원들의 도움 수요를 조사해 서로 연결하여 말벗, 산책, 장보기, 외출동행과 같은 일상적인 작은 도움부터 시작해 문서작성과 악기연주 등 전문성이 필요한 배움까지 다양하게 운영하고 있다. 이렇게 타임뱅크에서 주고 받은 도움활동은 각 회원의 도움교환 통장에 시간 단위로 기록되며 은행에서처럼 도움을 준 시간을 인출해 다른 도움을 받는 데 사용할 수 있다.

'서로-연결 프로젝트'는 코로나 블루 극복을 위한 작은 소모임 활동부터 온라인 비대면 활동까지 다양한 방법으로 이웃과 이웃을 연결하는 단체와 시민모임을 지원하고 있는데, 2020년 10월~11월까지 진행되었다. 코로나19로 만나지 못하는 다섯 가족이 화상회의 서비스인 ZOOM을 통해 이웃 간 소통하는 '맛보자 재밌는 세상' 프로젝트가 시도되었고, 재능맘이 보드게임, 독서토론 등의 일일강사가 되어 부모와 자녀, 각 가족 간의 교류와 소통이 보다 잘 이루어질 수 있도록 촉진하는 역할을 하였다. 이 밖에도 지역주민을 요리강사로 초빙하여 간단한 반찬 만드는 방법을 알려주고, 이웃과 반찬을 나누며, 반려동물을 위해 수제간식을 만들고 산책을 시키는 등 함께 돌보는 다양한 활동이 서로-연결 프로젝트를 통해 타임뱅크 방식으로 진행되었다(서울시자원봉사센터 보도자료, 2020.10.29).

⑤ 노원구 노원(NW)

노원구 노원(NW)은 2016년부터 시작한 서울시 품앗이 시범사업으로 시작되었고, 2018년 노원구청의 본격적인 정책으로 노원(NW)을 전체 지역으로 확대하여 운영하기 시작하였다. 노원구는 자원봉사자를 자원봉사활동 시간에 따라 일반, 그린, 골드카드로 구분하여 발급하던 '자원봉사 전자카드'를 블록체인 지역화폐로 통합하여 지역화폐를 적극적으로 활용할 수 있도록 하였다. 지역화폐 노원(NW)은 자원봉사, 기부와 같은 사회적으로 가치 있는 활동을 통해 지역화폐를 적립하고 적립된 화폐를 가맹점에서 현금처럼 사용할 수 있는 제도이다.

노원(NW)은 NO-WON의 약자로 1노원(NW)은 1원의 가치를 가지며, 자원봉사 1시간을 700노원으로 설정하고, 물품의 기부와 판매 시 10%가 지역화폐로 적립되는 운영구조를 갖는다(김자옥 등, 2019).

3) 공유경제 운동

(1) 공유경제의 정의

미국의 경제학자 제레미 리프킨(Jeremy Lifkin)은 인류가 추구하는 경제활동이 '소유'에서 '접근'의 방향으로, '교환가치'에서 '공유가치'의 방향으로 전환되어 가는 '협력적 공유사회'로의 이행을 예상했다(Lifkin, 2004; 박미혜, 2016에서 재인용). 보츠먼과 로저스(2010)는 공유경제가 자신이 소유하고 있는 재화에 대한 접근권이나 사용권을 타인과 공유·교환·대여함으로써 새로운 가치를 창출해 내는 것을 의미하는 協力적 소비(collaborative consumption)를 바탕으로 한다고 하였다(Botsman & Rogers, 2010; 고윤승, 2014에서 재인용). 최근 들어 소유보다는 소비 경험 자체에 중점을 둔 생각이 증가하고 미국을 중심으로 세계적으로 공유를 다루는 기업들이 등장하고 있으며, 다양한 소비자들이 구매보다는 대여라는 새로운 소비에 대한 생각을 형성하고 있다. 또한 유휴자원 공유를 통한 이익 창출을 꾀하는 방법으로 기존의 소유에 대한 관념을 새로 바꾸고 있다(Geron, 2013; 박미혜, 2016에서 재인용). 공유경제는 온라인 플랫폼을 기반으로 재화, 상품 및 서비스를 공유하는 것을 뒷받침해 주는 포괄적 개념으로서 대여하거나 교환하는 활동을 칭한다. 공유경제에는 숙박, 자동차, 소비재, 식사, 오락 등이 포함될 수 있으며, 신뢰와 공동체의식, 편의와 비용적 효율 등이 공유경제의 도입을 추진하는 힘이 된다. 이러한 공유경제는 기존 소유경제의 한계점을 극복할 수 있는 신유형의 경제방식으로서 지속가능한 소비와 자원의 재분배라는 점에서 중요한 의미를 갖는다(박미혜, 2016).

(2) 공유경제 운동의 대두 배경

① 경제환경의 변화

2008년 세계 경제위기를 맞이하며 세계 전반적인 '경제위기'의 글로벌 환경 변화가 나타났다. 세계 경제위기로 인한 높은 실업률, 저성장, 가계 소득의 감소는 소비에 있어 근본적인 변화를 만들어 냈다. 기존의 '소유' 소비보다는 합리적인 '사용가치

추구'의 소비를 시작했다. 필요한 물건은 교환, 대여 혹은 중고로 구입함으로써 절약하고 가지고 있던 빈방과 자신의 여유시간, 차량 등은 새로운 소득원이 되었다.

세계 경제위기로 인해 야기된 큰 문제 중 하나는 청년 실업의 고착화다. 이를 해결하기 위한 정책적인 대안으로 공유형 창업이 등장했다. 공유경제 비즈니스 모델들은 협동조합, 사회적 기업, 벤처 창업, 마을 기업으로 주목받고 있다. 공유경제 모델이 공동체적·사회적 가치를 담고 있고, 좋은 일과 소득창출이라는 일거양득적인 형태가 긍정적인 시선을 이끌어 내는 데 도움이 되었다.

② 정보통신환경의 변화

공유경제시장의 확대 뒤에는 정보통신 기술의 발달이 자리하고 있다. 인터넷과 모바일, 소셜네트워크서비스(SNS)가 발달하면서 다방면으로 연결된 네트워크 사회를 통해 거리, 국경 제한 없이 공유경제라는 새로운 경제 패러다임이 확산되었다. 소셜네트워크 기술의 발전은 개인이 중개자 없이 신뢰와 평판을 기반으로 직접 거래할 수 있는 플랫폼이 되었다. 특히 한국의 경우 스마트폰 이용자가 3,000만 명에 달할 정도로 세대와 지역을 넘어 보급된 상태이다. 이러한 상태는 온라인 커뮤니티를 통한 소규모의 교환, 대여, 거래, 지식 나눔 등의 공유형 소비를 가능하게 할 수 있다. 즉 온라인을 기반으로 한 공유경제 플랫폼에 시간적·장소적 제약 없이 쉽게 접속할 수 있는 것이다.

③ 인구·사회환경의 변화

대가족 중심의 소유 문화에서 소가족 중심의 소유 문화로, 최근엔 1인 가구의 실용적 소비 문화로의 변화과정에 따라 소유에 대한 소비자들의 선호도는 줄어들고 공유의 효율성, 필요성은 증가하고 있는 추세이다. 1인 가구의 증가는 공유경제의 효율성과 일치해 더욱 각광받는다. 또한 환경 위기, 친환경 트렌드와 자원 고갈에 대한 우려 등은 공유경제에 대한 관심을 한층 더 높여 이에 대한 실용적 대안으로 대여, 임대, 교환, 증여 등 환경보존적이고 자원절약적인 공유경제의 문화에 집중하고 있다. 공유경제의 다양한 서비스는 자원 활용도를 높이고 불필요한 소비를 줄여 환경친화적 사회 구축에 도움이 되고 있다.

(3) 공유경제의 분류

공유경제는 제공 서비스에 따라 〈표 9-4〉와 같이 분류될 수 있다.

표 9-4   공유경제 서비스 유형

제공 서비스	거래방식	공유자원	관련 기업체	
			해외	국내
물물교환	필요하지 않은 제품을 필요한 사람에게 재분배	경매시장	eday, craiglist, flippid	옥션, 지마켓, 11번가
		물물교환시장	Threadup, Swapstyle	키플, 열린옷장, 폴업, 우리울림
		무료/상품권 교환	Freecycle, Giftflow	띠앗
제품 서비스	사용자들이 제품 혹은 서비스를 소유하지 않고 함께 사용	자동차 셰어링	Zipcar, Streetcar, Gocar	쏘카, 그린카, 시티카
		바이크 셰어링	Velib, Bardats, Cyde Hire	푸른바이크 셰어링
		태양에너지 공급	SolarCity, Solar Century	–
		장난감 대여	DimDom, Babyplays	희망장난감 도서관
		도서 대여	Chegg, Zookal	국민도서관, 책꽂이
협력적 커뮤니티	커뮤니티 내 사용자 간의 협력을 통한 방식	공간 공유	Airbnb, Roomorama	코자자, 비앤비 히어로, 모두의 주차장
		구인구직	Loosecubes, Desknearme	알바몬, 알바천국
		여행 경험	Airbnb	플레이플레닛
		지식 공유	TeachStreet, TradeSchoo, 위키피디아	위즈돔, 와우텐
		택시 셰어링	Taxi2, TaxiDeck, TaxiStop	티클
		크라우드 펀딩	Kickstarter, Indiegogo	씨앗펀딩, 굿펀딩

출처 : 경기개발연구원(2014) 자료를 토대로 저자 수정.

(4) 공유경제의 사례

① 공유차량 서비스

세계적으로 유명하고 대표적인 차량공유 서비스는 우버이다. 우버는 단순히 차량과 손님을 연결해 주는 서비스를 제공하고 그 수수료를 얻어 유지하는 기업으로 인식하기 쉽다. 하지만 우버가 주목받는 이유는 그들이 보유한 '데이터' 때문이다. 우버의 데이터 서버에 저장되는 기하급수적인 정보는 어마어마한 가치를 가진다. 개인 차원에서는 나의 위치 정보부터 신용카드 정보, 이동 정보 등이 담겨 있다. 그리고 개인의 정보가 겹겹이 축적되면 도시 전체의 혈류를 파악할 수 있게 된다. 이처럼 우버는 도시의 교통에 관해 통찰력을 갖춘 정보를 제공할 수 있다. '우버 무브먼트'가 주목받는 이유다. 이들이 제공하는 데이터는 우선 연구 집단이나 행정 당국 등에 제공된다. 최종적으로는 일반인들에게도 공개하는 것을 계획하고 있다(시사저널, 2017. 1. 11.).

우리나라 차량 공유서비스의 대표적인 것으로 쏘카와 그린카 등이 있으며, 미국에는 Lyft, 중국에는 디디추싱, 동남아에는 Grab이 있다. 차량 공유서비스에 대한 법적·제도적 규제와 도덕적 현안, 신뢰도 문제가 남아있지만, 차량 공유비즈니스 시장 규모는 지속적으로 성장할 것으로 전망하고 있다.

② 에어비앤비

공유 숙박 서비스 에어비앤비는 2008년 미국 샌프란시스코에 거주하던 두 명의 20대 청년의 아이디어로 출발했다. 이들은 샌프란시스코에서 매년 열리는 국제 디자인 컨퍼런스 기간에 사람들이 몰려들어 호텔이 만실을 이루는 것을 보고, 자신들의 월세를 충당할 겸 임차를 하고 있는 아파트의 일부 공간을 일정 금액을 받고 빌려 주자는 발상을 했다.

이들은 컨퍼런스 참석 차 샌프란시스코를 방문한 사람들을 대상으로 방을 빌려준다는 공고를 냈고, 얼마 후 세 명의 여행객을 맞이하게 되었다. 두 청년은 여행객들에게 침대 2개와 간이침대 하나를 내줬고, 간단한 시리얼을 아침식사로 제공했다. 컨퍼런스 일정을 마친 후에는 함께 시내 관광을 다녀오기도 했다. 두 청년은 일주일간 여행객들과 서로의 경험을 공유했고, 여행객들이 돌아간 뒤에는 수중에

천 달러의 돈이 생겼다. 이것이 에어비앤비의 시작이었다.

얼핏 보면 아주 사소한 이 발상은 청년들의 인생을 완전히 바꿔 놓았다. 애당초 이들의 삶은 매달 월세를 내는 것조차 버거웠지만, 에어비앤비를 창업한 지 5년 만에 100년에 가까운 역사를 자랑하는 힐튼 호텔(1919년 설립)의 기업 가치(276억 달러)를 넘어서면서, 순식간에 빌리언달러 스타트업의 CEO가 되었다.

2020년 에어비앤비는 미국의 최대 규모의 기업공개(IPO)로 기록됐고, 기업 가치는 1,000억 달러(한화 약 108조 8,500억 원)를 넘긴 것으로 나타났다(뉴스1, 2020. 12. 11). 에어비앤비는 오랜 세월 고착화되어 있던 전 세계의 여행·숙박의 패턴을 바꿨다. 기존에는 호텔과 게스트하우스가 여행객들의 유일한 선택지였다면, 이제는 에어비앤비가 또 하나의 선택지가 된 것이다.

③ 열린옷장

청년 구직자들에게 정장 공유 서비스를 제공하는 비영리단체 '열린옷장'은 2012년 7월, 직원 스스로 기증한 정장 9벌로 옷 대여 서비스를 시작하였다. 열린옷장에는 정장 3,000여 벌과 셔츠 및 구두 등 아이템 9,000여 점을 보유하고 있다. 지금껏 기증자는 8,574명이며, 누적 대여자 수는 16만 5,095건에 달한다.

구직자들은 열린옷장을 통해 남녀 정장 재킷과 바지, 구두, 셔츠, 벨트까지 3만 원 정도면 3박 4일을 이용할 수 있다. 이용법도 간단하다. 구직자의 상황에 따라 직접 방문해 대여받을 수 있고, 온라인으로도 서비스를 이용할 수 있다.

열린옷장은 '착한 나눔'을 지향점으로 삼고 있다. 단순히 정장을 대여해 주는 것에 그치지 않고 기증자와 대여자를 이어 주는 역할을 한다. 기증자들은 대여자를 위한 응원편지를 작성한다. 그동안 모인 편지만 해도 2만 여 통이나 된다. 열린옷장의 조력자는 기증자뿐만 아니라 전문 세탁을 맡아주는 세탁소를 비롯해 기업들의 도움도 이어지고 있다. 특히 서울과 경기도 등 12군데 지방자치단체들이 청년 일자리 정책으로 면접용 정장 대여비를 지원해 현재 열린옷장 대여자 60% 정도는 무료로 옷을 빌리고 있다. 취업 준비생뿐만 아니라 경조사 참석 등 정장이 필요한 모든 사람에게 문이 열려 있는 열린옷장은 누구에게나 열린 공유문화로 자리 잡고 있다. 또한 열린옷장은 2019년 정도부터 법무법인 '별'의 지원을 받아 청년들의 법률 문제도 상담해주고 있고, 비영리단체 '바라봄'과 손잡고 저렴하게 지원서 사진을 찍을 수 있게 '열린사진관'도 운영하고 있다(서울경제, 2021. 1. 11.).

④ 공유오피스

공유오피스는 업무 공간은 구분지어 사용하되, 회의실, 화장실, 휴게공간 등은 공용으로 두어 관리비, 통신비 등 부대비용을 절약하고자 고안된 공간 임대시스템이다. 4차 산업혁명에 대한 인식이 제고된 후, 1인 기업 및 스타트업 등이 확대되면서 공유오피스 시장이 성장했다. 공유오피스에 대한 명확한 분류기준은 존재하지 않으나 제공하는 서비스 범위에 따라 3가지로 분류된다. 사무공간을 분할 임대하되 커뮤니티는 제공하지 않는 '서비스드 오피스', 공간 임대와 이용자 간 네트워크 환경을 함께 제공하는 '코워킹 스페이스', 투자 지원이 가능한 '기업 지원형 코워킹 스페이스'로 분류된다. 주요 공유오피스로는 우리나라에는 패스트파이브, 스파크 플러스가 있으며, 외국에는 위워크, 리저스, 저스트코, TEC 등이 있다(KB금융지주 경영연구소, 2021. 5. 17.).

⑤ 공유주택

공유주택은 개인방과 욕실은 따로 있으면서 주방과 거실 등 공용시설은 나눠 쓰는 '셰어하우스' 형태를 말한다. 같은 관심사를 가진 타인과 네트워크를 이루어 교류하며 경험을 공유하고 싶어 하는 젊은이들은 공유주택이라는 새로운 주거 형태를 만들었다. 이러한 공유주택은 1인 가구의 증가와 높은 집값으로 인해 수요가 증가하고 있다.

공유주택의 대표적인 사례로는 세계 최대의 공유주택인 영국 런던의 '올드오크'를 들 수 있다. 올드오크에는 546명이 한곳에 모여 사는데, 입주자들은 약 3평의 작은 방을 사적공간으로 제공받고 나머지는 모두 공유 공간으로 함께 사용한다. 세련된 도서관에서 책을 읽을 수 있고, 최신 유행을 담고 있는 식당과 극장에서 영화를 보거나 게임방에서 보드게임도 즐길 수 있다. 이 모든 공간이 다른 입주자들과 함께 시간을 보낼 수 있는 공유 공간인 동시에 개인의 삶을 풍요롭게 만들어주는 문화공간이 된다(WDS-ADMIN, 2019. 2. 19.).

　　유럽에는 중세시대부터 이어온 '베기넨'이라는 여성 주거 공동체가 있었고, 이를 배경 삼아 독일 베를린에서는 2007년에 '베기넨호프'라는 여성 공동주택이 들어섰다. 이곳 거주자들은 자신만의 집을 갖고 있으면서도 네 가구가 함께 사용하는 층별 공동 아케이드 공간에서 이웃과 함께 이야기를 나눈다. 혼자가 아니라 함께 살기 원했던 여성들은 자기 집에서 사생활을 철저하게 보호받으면서도 동시에 문을 열고 나오면 활기찬 공동체에서 지낼 수 있는 환경을 가지고 있다(한겨레, 2020. 5. 16).

⑥ 공유킥보드 및 자전거

퍼스널 모빌리티로 대표되는 공유킥보드 시장이 빠르게 확대되면서 관련 기업들의 경쟁도 거세지고 있다. 한국교통연구원에 따르면 국내 개인형 이동장치 시장은 연평균 20% 이상 성장하고 있으며, 2022년까지 약 20만 대가 증가할 것이라는 전망도 내놓았다. 또한 국내 전동킥보드 시장규모는 약 6,000억 원으로 성장했다고 밝히고 있다. 공유킥보드 업체들은 규모의 경제를 이루고자 운행 기기를 늘리는가 하면 지역 확장에 바빠진 모습을 보이고 있다. 국내 공유킥보드 서비스를 제공하는 대표적인 업체로는 디어, 라임, 빔, 지쿠터 등이 있다. 공유킥보드는 사람들로 하여금 편리함을 주고 있지만 이용자와 보행자 안전문제가 심각하게 대두되면서 다양한 안전대책도 마련하고 있다(지디넷코리아, 2021. 3. 5.).

　　서울 시내의 지하철역 주변에는 공유 자전거 '따릉이'를 볼 수 있다. 따릉이는 스마트폰 어플을 활용하는 자전거 무인 대여시스템으로 버스나 지하철 요금보다 저렴하게 이동할 수 있는 교통수단이다. 민간기업의 대표적인 공유자전거로는 '카카오T 바이크'가 있으며, 전기자전거의 이점과 대여와 반납이 쉬운 플랫폼의 편리성을 내세워 서비스 지역을 확대하고 있다.

4) 마을공동체운동

(1) 마을공동체의 개념

마을공동체운동은 1990년대 지방자치의 시작으로 주민들과 지역의 리더를 맡고 있던 시민활동가들이 지역공동체의 회복을 도모하고 활성화를 위한 자발적인 노력을 전개하면서 시작되었다. 마을은 촌락과 같은 뜻으로, 동 단위보다는 작은 규모의 공간으로 일상생활을 함께하면서 소통을 바탕으로 공동체 문제를 해결해 나가는 사람들이 모여 있는 공간을 의미한다. 즉 마을공동체란 주민들이 모여 자신들이 속해 있는 '마을'에 관한 일을 주민들 스스로 해결하고 결정하는 것을 말한다.

마을공동체는 지역공동체, 마을 만들기 등 다양한 용어로 사용되고 있는데, 중요한 것은 일정한 지역 내에서 소속감, 정서적인 유대감을 가지고 밀접하게 상호작용하는 주민집단이라는 점이다. 즉 집단의식을 나타내는 공동의 가치와 공동의 목표를 기반으로 한 연대의식과 사회적 상호작용을 특징으로 한다(이기태, 하현상, 2016).

한국은 경제성장에도 불구하고 사회 양극화와 주민 간의 갈등, 지역 내 문제(생활안전, 고령화-복지, 일자리 창출, 실업, 다문화 가정 등)가 해결되지 않고 지속적으로 야기되면서 지역공동체의 중요성에 관심이 모아지기 시작했다. 정책적으로도 지역공동체의 활성화를 위해 지역마다 특색을 살린 사업을 만들고 추진하여 '같이 잘 먹고 잘 살 수 있는' 마을을 이루려는 시도를 하고 있다.

마을공동체는 도시와 농촌에 따라 사회문화적·경제적 특징이 다르기 때문에 지역적 특수성을 토대로 도시형과 농촌형으로 구분하는 경우가 많다. 도시형 공동체는 일반적으로 필요한 목적에 의해서 실익 중심으로 느슨한 결속력을 가지고 있지만 사회적·경제적인 의존도는 매우 높은 기능적으로 결속된 공동체를 형성하는 경향이 있다. 반면에 농촌형 공동체는 목적보다는 지역적·혈연적 연대감으로 강한 결속력을 가지고 있지만 경제적인 면에서는 도시보다 덜 의존적이다(Eagle et al., 2009). 즉 사회문화적 측면에서는 농촌 주민들이 도시 주민들보다 더 강한 공동체 연대의식을 가지고 있지만 경제적인 측면에서는 도시 주민들이 농촌 주민들보다 더 강한 의존성을 가지고 있다(이기태, 하현상, 2016).

(2) 마을공동체의 사례
① 영국의 생태마을 '핀드혼 마을'
핀드혼은 1962년 피터, 에일린 캐디(Peter & Eileen Caddy) 부부와 친구 도로시 맥린(Dorthy Maclean)에 의해 영국의 최북단 스코틀랜드에 만들어진 생태마을이다.

그림 9-4 핀드혼의 리빙머신

처음에는 자연의 생활로 돌아가기를 원했던 한두 가족에서 시작되었다. 이들은 자연과의 교감을 통해 황무지에 밭을 일구며 유기농 농사를 지었고, 주변에 소나무 숲을 가꾸기 시작했다. 이들의 활동이 입에서 입으로 전해져 이들처럼 살고자 하는 사람들이 하나둘 모여들기 시작하면서, 지난 1980년대부터는 주변에서 자재를 구해서 생태적 가옥을 스스로 짓는 등 본격적인 생태마을 프로젝트를 이어 오고 있다. 성공적인 프로젝트 사업의 결과, 지금은 연간 1만 명 이상의 국내외 방문객이 찾아오는 주민 300여 명의 건강한 마을로 성장했다.

  핀드혼에는 독특한 설치물인 미생물 하수처리시설인 리빙머신(Living Machine)이 있다. 캐나다에서 발명된 리빙머신은 구성원들의 물 사용을 개선하기 위해 유럽 최초로 1995년 핀드혼에 완성된 자체 오수처리 시스템이다. 다양한 친환경 사업을 펼치고 있는 핀드혼에는 40개가 넘는 크고 작은 사업체들이 등장했다. 따라서 그들이 이용하는 지역생협경제는 하나의 모델이 되고 있다. 그중에 특히 에코피아(Ekopia) 지역화폐는 윤리적 투자 기회를 제공함으로써 건전하고 지속가능한 재정기반을 마련하고 있다(이소영, 2009).

② 스코틀랜드 에든버러시의 '20분 동네 만들기'

스코틀랜드 에든버러시는 2030년까지 탄소중립(Net Zero) 도시가 되겠다는 목표를 세웠고, 이 목표를 수행하기 위한 방안의 하나로 '20분 동네 만들기'를 추진하고 있다.

'20분 동네 만들기'는 기존 커뮤니티 주변 서비스를 재구성하여 주민들이 집에서 20분 이내 거리에서 자동차를 사용하지 않고, 걷거나, 자전거를 타거나, 대중교통을 타도록 장려하여 탄소배출을 하지 않으면서 생활할 수 있도록 하는 것이다.

에든버러시는 이러한 새로운 접근방식을 이용하여 보다 지속 가능한 장소를 제공하고, 공공서비스를 개선하여 에든버러시 전역에 강력한 지역공동체 의식을 구축하고자 하는 목표를 가지고 있다. 즉, 지역주민들이 공공, 자원봉사 및 민간 부문의 파트너가 제공하는 서비스를 지속가능한 방식으로 대부분의 일상 생활 서비스를 제공하고자 하는 방법들이 포함된다.

따라서 20분 이웃은 지역주민들이 필요한 서비스를 필요한 장소와 시간에 이용할 수 있도록 도울 수 있고, 지역 이웃을 구축하면 삶의 질과 지역주민들의 웰빙이 향상될 것으로 기대할 수 있을 뿐 아니라 최전선 서비스에서 탄소 발자국을 줄이고, 도보 거리 내에서 지원을 더 쉽게 받을 수 있다.

그림 9-5 에든버러시 '20분 동네'

출처 : 20-Minute Neighbourhood Strategy: Living Well Locally 보고서

에든버러시 정책 및 지속가능성 위원회에서 발표한 '20분 동네 만들기 전략' 보고서에 따르면 이 정책의 목표를 다음과 같이 정하고 있다.

- 주민들이 일상적으로 필요한 서비스 대부분을 균등하게 이용할 수 있도록 지속가능하고 안전하며 탄력적인 지역 구축
- 공공 부문 전반에 걸쳐 양질의 서비스를 지역 내 공동 배치
- 주민들이 사는 곳에서 그들이 의지하는 서비스들로 신뢰할 수 있는 관계를 구축할 수 있도록 일하는 방법의 변화를 이끔
- 지역사회의 일상적인 요구를 지원하고, 주민들의 고용기회를 창출할 수 있도록 지역경제와 기업에 대한 지원
- 탄소배출을 줄이기 위해 도시 전체의 토지와 건물의 더 나은 관리와 사용을 보장
- 빈곤예방에 중점을 둔 서비스 제공에 대한 개선된 접근법 적용
- 지역사회를 하나로 묶고 자발적인 센터 거점을 통해 사회적 자본을 강화하는 서비스와 네트워크 제공
- 모든 사람이 온라인 또는 5초 이웃 서비스를 이용할 수 있도록 디지털 및 스마트 시티 전략 제공

③ 마포구 '성미산 마을'

우리나라의 대표적인 마을공동체로는 마포구 성산동 성미산 마을을 들 수 있다. 성미산 마을공동체는 서울시 마포구의 작은 야산인 성미산 자락을 중심으로 공동체를 이루며 살아가고 있는 사람들을 말하는데, 행정구역으로는 서울시 마포구의 성산동, 망원동, 합정동, 연남동, 서교동을 아우르는 지역이다.

성미산 마을공동체의 태동은 1994년 공동육아운동으로 거슬러 올라간다. 이들은 교육의 주체 측면에서 교사와 부모를 교육의 주체로 인식하고, 교육 내용의 측면에서 자연과 일과 놀이가 결합된 생활을 강조하는 사람들이었다. 이들은 1994년 자신들의 모임 이름을 '탁아제도와 미래의 어린이 양육을 걱정하는 모임'에서 '공

동육아연구회'로 개칭하고, 직접 구체적인 공동육아 터전 만드는 작업을 시작하였다. 이들은 부모들이 스스로의 힘으로 공동육아 터전을 만들고 서로의 기대와 가치관을 나누고 절충하며 함께 주도적으로 운영할 수 있는 '협동조합' 방식을 채택하였고, 1994년 최초의 공동육아 어린이집인 '신촌우리어린이집'을 개원하게 되었고, 현재는 5개의 공동육아 어린이집이 운영되고 있다. 2004년 9월에는 초중고 장애-비장애 통합 12년제 학교인 성미산학교가 개교하였고, 이 외에도 또보자마을학교, 토끼통공부방, 개똥이네책놀이터, 와글와글도서관 등 다양한 배움터들이 마을의 교육생태계를 만들어가고 있다.

지리적으로 마포구 성산동의 작은 야산인 성미산 인근에서 아이들을 함께 키우는 동시에 어른들도 함께 지내게 되면서, 공동육아에 참여한 부모들은 행동반경을 넓혀 생활에 공동체적 요소를 도입하게 되었는데, 2000년에 설립된 생활협동조합이 대표적인 사례라 할 수 있다. 성미산 마을에 설립된 두레생협은 출자자들을 조합원으로 하고, 친환경적인 먹거리를 공동구매하는 것으로 시작하여, 생활용품까지 판매하게 되면서 지역주민들과의 관계를 넓혀 가는 데 중요한 역할을 수행하였다. 아이들이 어린이집을 졸업한 이후에도 성미산 인근에 정착한 주민들은 육아공동체와 교육공동체를 비롯하여 생활공동체, 주거공동체, 문화공동체, 마을동아리 운영 등을 통해 공동체적 유대관계를 확장시켜 나가고 있다(주창복, 2005; 성미산 마을 홈페이지).

④ 월촌책마을프로젝트 '끌림골목'

2015년 1월 '월촌책마을 끌림골목 프로젝트'로 시작해 현재 10개의 동아리, 100여명의 회원이 활동하고 있는 협동조합이다. 전농로 16길(배봉꿈마루 청소년 독서실에서 배봉근린공원의 배봉산 숲속 도서관까지의 골목길)을 지나는 모든 사람들과 동물들까지 행복한 골목을 만들기 위해 활동하고 있다. 소소한 마을공동체, 골목상인, 마을기록가, 지역 작곡가들과 골목 주민들이 모여 공유수레, 공유서가를 제작하고 골목매거진을 발간하여 골목문화제와 축제를 열어 함께 축하하고 격려한다. 정기적으로 골목반상회를 열어 골목주민들이 만나서 건강한 밥상 이야기를 나누고 골목의 활동을 공유하고 있다(서울 마을미디어지원센터 홈페이지).

5) 협동조합 운동

(1) 협동조합 운동의 개념

협동조합은 경제적으로 약한 지위에 있는 영세업자나 소비자가 서로 협력하고 경제적 지위를 향상시켜 상호복리를 도모할 목적으로 공동출자에 의해 형성된 기업을 말한다. 따라서 협동조합의 목적은 영리보다는 조합원의 경제활동에 있어서의 상호부조에 있다. 협동조합은 산업혁명에 의하여 비약적으로 발전된 대기업의 압력에 대항하기 위하여 19세기 초에 형성된 것으로, 생산조합, 영국의 소비조합, 독일의 신용조합이 그 대표적인 예이다.

일반적으로 사회적 운동은 이론이나 사상과 함께 시작되는 데 반해 협동조합은 현장에서 사업과 운동이 먼저 시작되었고, 그 시간과 역사가 축적되어 가면서 나중에 그 가치와 원칙이 정해졌다. 협동조합의 시작을 1760년으로 봤을 때 무려 235년 후인 1995년에서야 국제협동조합연맹(International Cooperative Alliance, ICA) 창설 100주년을 기념하며 그 개념 정의가 이루어졌다. 협동조합이라는 정신에 알맞은 정의를 내리기 위해 오랜 시간 검토해 온 결과 국제협동조합연맹(ICA)은 협동조합을 '공동으로 소유되고 민주적으로 운영되는 사업체를 통하여 공통의 경제적·사회적·문화적 필요와 욕구를 충족시키고자 하는 사람들이 자발적으로 결성한 자율적인 조직'이라 정의했다. 이 밖에 한국에서 사용되는 협동조합기본법에 따르면 '재화 또는 용역의 구매·생산·판매·제공 등을 협동으로 영위함으로써 조합원의 권익을 향상하고 지역사회에 공헌하는 사업조직'(제2조 제1호)이라 정의하며, 한국의 협동조합은 국제기구와 국내법의 기준 둘 다 채택하고 있다.

국제협동조합연맹(ICA)은 '협동조합 정체성에 대한 선언(Statement on the Cooperative Identity)'을 통해 다음과 같이 협동조합의 7대 원칙을 발표했다.

1. 자발적이고 개발적인 조합원 제도
2. 조합원에 의한 민주적 관리
3. 조합원의 경제적 참여
4. 자율과 독립

　　5. 교육, 훈련 및 정보 제공

　　6. 협동조합 간의 협동

　　7. 지역사회에 대한 기여

(2) 협동조합 운동의 종류

협동조합에 대한 분류 기준은 매우 다양하다. 그중 일반적으로 사용되는 분류는 먼저 '모이게 된 목적'에 따라 성격을 규정한 후 '사업 범위'에 따라 다시 구분될 수 있는데, 이는 곧 '소비 목적'인지 아니면 '생산과 일자리 목적'인지에 따라 구분된다(정원각, 2013).

① 소비자협동조합

소비자협동조합은 기본적으로 지니고 있는 소비자라는 지위에서 그들이 소비에 있어 협동할 수 있도록 환경을 조성해 줌으로써 올바른 소비활동을 돕기 위한 목적을 가지고 있다. 소비자협동조합에는 두 가지 하위 유형이 존재한다. 먼저, '소비구매협동조합'은 과거부터 이어져 온 한국의 계나 두레 등 공동생활의 양식을 본떠 만든 것으로 공동구매를 중심으로 운영된다. 이러한 구매협동조합의 경우에는 조합원들이 협동조합에서 물품을 구매할 경우 그 소유권이 조합에서 조합원으로 이전되는 특징을 갖는다. 다른 소비자협동조합 하위 유형은 '소비이용협동조합'으로 조합 차원에서 공동으로 형성한 자산과 서비스를 함께 이용하는 것을 중심으로 한다. 이 조합의 경우에는 조합원이 조합의 자산과 서비스를 이용하는 경우라도 그 소유권은 협동조합에 귀속되는 것이다.

　이와 같이 소비자협동조합은 상부상조의 정신을 이어 자립적·자치적·자주적인 조합 활동을 통해 조합원이 원하는 것을 공동구매 혹은 공동이용 형태로 이용하게 도와줌으로써 조합원의 소비 수준 향상과 동시에 올바른 소비의 방향, 더 나아가 국민의 복지, 생활문화의 질적 향상에 견인 역할을 수행함을 목적으로 한다.

　소비자협동조합은 좁게 바라보면 '소비'만을 위한 협동조합이라 볼 수 있지만 그 '소비'를 위해 낮은 가격을 형성하기 위한 노력으로 점포 운영, 생산자와의 협약, 간소화된 배송 절차 등을 실행하고 있다. 소비자협동조합은 가장 근접하게는

생활협동조합부터 의료협동조합, 주택임대협동조합, 공동육아협동조합 등과 같이
더 세부적인 목표를 가질 수 있다. 공동구매 혹은 서비스의 이용, 공동이용과 같은
목적으로 움직이는 소비자협동조합의 경우엔 포괄적으로 소비자협동조합이라 정
의 가능하다.

② 생산자협동조합 : 농민(농업), 중소기업, 노동자 등
생산자협동조합은 프랑스에서 시작한 협동조합 유형으로, 생산자가 생산수단을 소
유하고 공유하기 위해서 만든 것이다. 이때 생산자의 유형에 따라 생산수단의 종
류도 달라지고, 세부적인 협동조합의 모습도 달라진다. 노동자협동조합을 예로 들
자면 생산수단의 공유보다는 관련 정보 교류 및 관리와 협력 작업을 위해 만들고,
중소기업협동조합의 경우에는 금융 관련 필요성으로 인해 협동조합을 조성하는
것이 일반적이다(김상희, 허창덕, 2013).

　사업자협동조합은 생산자협동조합의 하위 영역으로 생산자협동조합의 약 3분의
2를 차지하고 있다. 자립적 · 자주적 · 자치적인 협동조합 활동을 통해 조합원의
상부상조, 권리의 향상, 관련 분야의 건전한 발전 및 균형 있는 국민경제의 발전에
기여하는 것을 목적으로 하는 협동조합이다. 사업자협동조합도 공동소유와 민주
적 운영 등 협동조합의 일반적 특징을 지닌다. 그리고 조합원들이 총회에 참가하
여 의결권을 행사하고 임원진을 직접 선출하며 특히 각종 위원회에 직접 참여하여
조합 활동을 책임짐으로써 민주적 운영을 꾀하고 있다.

③ 사회적 협동조합
사회적 협동조합은 지역주민들의 권익 · 복리 증진과 관련된 사업을 수행하거나 취
약계층에게 사회서비스 또는 일자리를 제공하는 등 영리를 목적으로 하지 아니하
는 협동조합을 말한다. 일반 협동조합이 조합원들의 필요를 충족시키는 이기적 동
기에 기반하고 있다면, 사회적 협동조합은 사회적 목적 실현이라는 이타적 동기에
기반하고 있다. 즉 일반 협동조합의 조합원은 자기에게 부족한 것을 채우기 위해
협동조합에 가입하지만, 사회적 협동조합의 조합원은 자기가 가진 것을 베풀기 위
해 협동조합에 가입한다.

사회적 협동조합이 다른 협동조합과 다른 점은 네 가지로 나타난다. 첫 번째, 사회적 협동조합은 공익사업을 40% 이상 수행한다. 공익사업이란 지역사회 공헌, 지역주민 권익 증진, 취약계층 지원, 일자리 제공, 공공기관 위탁사업 등 기타 공익을 위한 사업을 뜻한다. 두 번째, 사회적 협동조합은 관계부처 심사를 거쳐 '인가'를 받아야 한다. 이와 달리 일반 협동조합은 5명 이상이 모여 정관을 만들고 총회를 연 후에 시 · 도지사에게 신고만 하면 된다. 세 번째, 사회적 협동조합은 조합원 배당이 금지되고, 잉여금이 생기면 30% 이상 법정 적립금으로 적립하고 남은 잉여금은 모두 임의 적립금으로 쌓아 둬야 한다. 일반 협동조합은 잉여금의 10% 이상을 적립하되 남은 잉여금의 배당은 허용된다. 마지막으로, 사회적 협동조합은 주요 경영공시자료를 결산일로부터 3개월 이내에 기획재정부 혹은 연합회 홈페이지에 게재해야 한다. 일반 협동조합은 정관, 규약, 총회, 이사회 의사록, 회계장부, 조합원 명부 등 경영자료를 사무소에 비치하고 협동조합의 조합원 및 채권자가 열람할 수 있도록 해주면 된다.

(3) 협동조합 운동의 사례

① 스페인의 몬드라곤 협동조합

스페인의 몬드라곤 협동조합은 '사회적 경제'의 새로운 가능성을 입증한 사례로 주목을 받았다. 2008년 세계를 휩쓴 경제위기의 결과 수많은 기업들이 파산하고, 살아남은 기업들도 고용을 줄이고 대량으로 직원을 해고할 때 단 한 명의 해고도 없이 오히려 1만 5,000명의 신규고용을 창출하고 안정적인 성장세를 이어 가 화제가 되었다.

스페인 바스크 지역에 있는 작은 도시 몬드라곤은 15세기 이후 철강, 금속 산업이 발달했던 곳이지만 스페인 내전 후 인구의 80%가 떠났고, 산업은 완전히 붕괴되었다. 그곳에 부임한 호세 마리아 아리스멘디아리에타(José María Arizmendiarrieta)

신부는 청년들이 아무 할 일이 없어서 무기력과 폭력에 빠진 것을 보고 마을 아이들을 위한 기술학교를 세우고 작은 석유난로 공장을 세웠다. 그렇게 해서 만들어진 것이 울고(ULGOR)인데, 이것이 몬드라곤 협동조합 기업(Mondragón Cooperative Corporation, MCC)의 시작이다.

몬드라곤 협동조합은 날이 갈수록 성장하여 구겐하임 빌바오 미술관을 건축한 몬드라곤 건설을 비롯하여, 에로스키(Eroski), 파고르(Fagor) 등 유수 기업을 포함, 250여 개의 사업체로 구성된, 스페인에서 7번째로 큰 기업이 되었다.

② 미국의 썬키스트

썬키스트는 미국 캘리포니아 지역에서 생산되는 오렌지의 대표 브랜드다. 캘리포니아에서 오렌지를 재배한 역사는 1840년대로 거슬러 올라간다. 1870년대 미국 대륙횡단철도의 개통은 캘리포니아 지역에 국한됐던 오렌지 소비를 미국 전역으로 확대시켰다. 당연히 오렌지 산업은 크게 성장했지만 오렌지 재배 농가들은 도매상들의 횡포에 고통을 당해야 했다. 도매상들은 판매된 오렌지에 대해서만 대금을 지불했고 그 결과 모든 리스크를 감귤 재배 농가들이 짊어져야 했다. 그럼에도 불구하고 이익의 대부분은 도매상들이 가로채 오렌지 재배 농가들은 적자를 면치 못했다.

결국 1893년 몇몇 오렌지 재배 농가들이 '남부 캘리포니아 거래소'를 만들어 판매와 유통을 직접 수행했다. 1905년에는 조합원이 5,000 농가로 늘었는데, 이는 캘리포니아 오렌지 산업의 45%를 차지하는 것이었다. 이 거래소가 오늘날 썬키스트 협동조합으로 발전하게 된 것이다. '썬키스트'는 1908년부터 거래소에서 판매되는 고품질의 오렌지에만 붙인 이름이었는데, 이를 계기로 썬키스트는 최고급 오렌지의 대명사가 됐다.

오늘날 썬키스트 협동조합은 미국 캘리포니아와 애리조나주의 6,000여 오렌지 재배 농가를 조합원으로 두고 있다. 썬키스트 협동조합은 엄격한 품질관리로 브랜드를 관리함으로써 세계적으로 많은 로열티 수입을 올리고 있다.

③ 아이쿱 생협

아이쿱(iCCOP) 생협은 소비자인 조합원들이 자발적으로 모여 만든 소비자생활협동조합이다. 안전한 먹거리에 대한 소비자들의 요구가 높아짐에 따라 뜻을 함께 하는 사람들이 모여 아이쿱 생협을 만들었다. 2020년 12월 기준 조합원 수는 3만 2,561명, 회원생협 101조합, 자연드림 매장은 243개로 우리나라 가장 큰 규모의 소비자생활협동조합이라고 할 수 있다.

아이쿱 생협은 다양한 사회문제에 관심을 보이며 조합원의 자발적이고 적극적인 실천을 통해 다양한 활동을 펼치고 있다. 특히 안전하고 신선한 친환경 농산물과 식품을 제공하기 위해 자연드림 HF식품(치유식품)의 개발, GMO 완전표시제 실천, 치유와 힐링을 위한 식품과 서비스를 만드는 클러스터인 자연드림파크 등을 조성하여 더욱 안전한 먹거리에 힘쓰고 있다. 또한 12개국 15개 공정무역 제품을 취급하며 이웃과 함께 하는 윤리소비를 위한 캠페인에도 앞서고 있다. 이밖에도 기후위기를 해결하는 공익활동도 함께 펼치고 있다.

④ 대전 민들레의료복지사회적협동조합

민들레의료복지사회적협동조합(이사장 조세종, 이하 민들레의료사협)은 가족과 이웃의 건강을 위해 지역주민들이 자발적으로 만든 병원이다. 병원은 살아남기 위해 많은 환자를 봐야 한다. '3분 진료'가 환자의 권리를 누릴 수 없는 환경을 방증한다. 이곳은 과도한 항생제 사용 등을 억제하고 믿을 수 있는 병원을 만들어 의사들이 품고 있는 양심의 의료 철학에 따라 진료를 한다. 당연히 수익은 적고, 비용은 늘어나 수지타산을 맞추기 어렵다. 이에 대해 '신뢰로 먹고사는 것'이라는 것이 조 이사장의 소회다. 불필요한 진료는 없애고 병원이 수익을 내면 지역주민들에게 혜택이 돌아가기 때문이다.

2002년 대덕구 법동에서 시작한 민들레의료사협은 2008년에 사회적 기업으로 승인됐고, 2013년 협동조합기본법이 만들어지면서 민들레의료복지생활협동조합에서 민들레의료복지사회적협동조합으로 전환했다. 발기인 300명에서 출발한 조합원 수는 2022년 2월 기준 4,195세대로 불어났다. 조합원들이 출자를 했지만 의료사협은 일반 병원같이 시민이라면 누구나 이용할 수 있다.

⑤ 한살림 협동조합

한살림은 사람과 자연, 도시와 농촌이 생명의 끈으로 이어져 있다는 생각에서 자연을 지키고 생명을 살리는 마음으로 농사짓고 물품을 만드는 생산자들과 이들의 마음이 담긴 물품을 이해하고 믿으며 이용하는 소비자들이 함께 결성한 생활협동조합이다. 한살림은 생명농업을 바탕으로 생산자와 소비자 간의 직거래운동을 펼치며 어려운 이웃과 더불어 살아가려는 노력, 절제된 소비, 자연과 조화를 이룬 생활문화를 통해 생명을 살리고 지구를 지키는 생활 실천을 하고 있다.

한살림은 1986년 강원도 원주 지역에서 사회운동을 하던 박재일 전 회장이 농민들과 함께 무농약 쌀과 잡곡, 참기름, 유정란을 가지고 서울 제기동에 쌀가게 '한살림농산'을 열면서 그 토대를 만들기 시작했다. 당시 우리 농촌은 농산물시장 개방 등으로 앞날을 내다보기 어려웠고, 도시 사람들의 밥상 역시 농약과 화학 비료, 저질 수입농산물 때문에 위태로웠다. 작은 쌀가게가 희망의 밥상을 위한 씨앗이 되었다. 1988년 협동조합을 설립한 뒤 1991년 우리밀 살리기 운동, 1993년 흙살림연구소 창립, 1994년 환경농업단체연합회 창립, 1999년 수돗물 불소화반대, GMO 반대 운동을 벌였으며, 2008년부터는 계간지 『살림이야기』를 발간하고 있다. 2013년에는 한살림연합 2기를 시작, 국내뿐 아니라 해외에서도 다양한 활동을 펼치기 시작하였으며, 2022년 기준 전국 조합원의 수는 79만 5,315세대로 우리나라 대표적인 협동조합으로 성장하였다.

⑥ 학교협동조합

2012년에 생겨나기 시작한 학교협동조합은 2021년 기준 전국에 약 130여 개가 운영되고 있다.

학교협동조합은 학교를 기반으로 공통의 경제적·사회적·문화적·교육적 필요와 욕구를 충족시키고자 학생, 교직원, 학부모, 지역주민 등이 자발적으로 결성한 협동조합기본법상의 협동조합이다. 주로 매점을 중심으로 진행된 활동들은 이제는 방과후 학교, 창업, 기본소득, 기후위기 대응 등 다양한 시도록 확장되고 있다.

2020년 학교협동조합 공모전에서 수상한 우수사례 중 영림중학교의 경우 2013년 최초로 교육부 인가를 받은 학교협동조합의 선진모델이 되고 있다. 영림중학교 학생들은 '여물점'이라는 매점을 열고 안전한 먹거리를 제공하고자 친환경 매점을 만든 것에서부터 출발했다. 단순히 먹거리만 판매하는 곳이 아니라 학생들이 협동, 나눔, 위안, 쉼, 재능 발휘, 흥미 발견의 기회를 가지도록 다양한 시도를 하고 있다. '여물점'에서는 사회적경제 기업과의 활발한 상호거래를 통해 상품들을 판매하고, 친환경, 공정무역 상품을 이용하면서 함께 캠페인을 진행했고, 환경과 기후위기, 국제경제의 순환과정에 대해 배우면서 자연스럽게 세계 속 민주시민으로 성장하고 있다(학교협동조합 중앙지원센터).

4. 윤리적 소비자는 어떻게 사는가?

품앗이 활동으로 사람과의 관계의 '문'을 열고 행복을 얻었죠.(50대 전업주부)

사람 모이는 것을 좋아하고 봉사활동도 하였지만 지속가능하지 못한 한계가 있었어요. 그러다 공동체운동인 '품앗이'를 하면서 사람과 관계를 맺는 것이나 행복하게 사는 방법을 자연스럽게 깨닫게 되었죠.

소비를 어떻게 하나요?

사실 저는 정말 돈 없이도 사는 사회가 될까? 정말 그러면 그건 사기라고 생각했어요. 왜냐하면 돈은 정직한 거거든요. (그래서 품앗이를 하면서도) 처음에는 '아휴 저 사람도 속으로 이게 돈이 아니라는 걸 알거야.' 이렇게 생각했는데, 이것이 현실화되고 다른 사람들도 인정해주니까, '아 이게 돈 없이 살아가는 것이 가능하구나…'라고 알게 된 거죠.

품앗이 내에서는 '문'을 이용해서 대가를 지불해요. (여기에서는) 구입이 꼭 물건만이 아니고 저는 배우는 것을 좋아하니까. 제가 이것을 해보면서 퀼트도 배우고 캘리(그라피)도 하고 노래를 좋아하니까 노래도 배우고 기타도 배우고 하면서… 그런데 다 돈이 아닌 관계의 '문'을, 관계의 돈, 따뜻한 돈을 가지고 이것을 풀어가요. 내가 배운 것을 또 다른 사람에게 가르쳐주기도 하구요.

내가 누군가에게 그냥 받는다면 그것처럼 비굴한 것이 없거든요, 그런데 품앗이 내에서는 내가 줄 때가 있으면 받을 때가 있는데 그게 시기만 다를 뿐인 것이죠.

품앗이 안에서 나의 재능을 가지고 내가 풀었을 때는 플러스가 되고… 플러스 마이너스 해 가면서 살아가는 거죠.

또 이전에는 집 정리를 하면 버릴 것, 쓸 것이었다면 지금은 나눌 것이 더해졌죠. 그래서 버릴 게 줄어들기도 했어요.

품앗이(공동체운동)를 한 계기는?

사람 모이는 것을 좋아하기도 했고, 집수리 봉사 모임에 들어가 활동을 했었어요. 그러면서 이 동네에서 주말에 집수리 봉사를 했죠, 열악한 집을 골라서. 그런 활동들이 동기가 돼서 품앗이를 하게 되었어요. 다른 사람을 그냥 도와준다는 것은 지속가능하질 않더라구요. 고민하던 중에 TV에서 보았죠. 품앗이는 주고 받는 것이라는 걸. 인터넷 검색을 해서 알아냈고, 자연스럽게 하게 된 것 같아요.

바뀐 생활 습관은?

관계의 문을 여는 거요. 이제 저에게 '우리의 삶이 항상 누구를 도와주고 누구를 위하는 것' 이런 것이 타이틀이 되었어요. 직장 생활을 하든 결혼 생활을 하든 사람 관계가 힘들잖아요. 관계를 만들어 가는 것에는 기다림이 필요하다는 걸 제가 배웠어요. 사람은 절대로 기다려줘야 된다는 것. 왜냐하면 그 사람이 들리는 소리의 시점과 내가 들리는 소리의 시점이 분명히 다르거든요. 그런데 그 기다림이라는 게 정말 힘들지만… 그렇지만 제가 품앗이를 통해 관계 맺기를 경험하면서 품앗이는 정말 매력이 있는거구나. 누가 어떻게 나를 변화시키느냐 품앗이는 관계를 통해서 스스로 경험하는 거라는 걸 제가 하면서 깨달은 거죠. 그런 관계를 만드는 것, 기다려주는 관계의 즐거움을 깨달으면서 행복을 만들어 가는 것을 알았죠.

품앗이를 하면서 좋은 사람들을 만나서 활동을 하니 서로 끈끈한 정이 생기구요, 내가 살고 있는 동네에 대한 애착이 생겼어요, 이 마을을 사랑하는 마음이 생겨요.

또 저는 늘 좀 자신감이 없었던 사람인데 품앗이 활동을 하면서 자신감이 많이 생기더라구요, 무슨 일을 시키면 자신이 없어 도와주는 것만 할 수 있었는데 이젠 앞에서 끌어가는 것도 할 수 있고.. 나의 숨겨진 끼들을 알게 되구요.

지역화폐 "상생의 시작인가, 혈세 먹는 하마인가"

지역화폐는 지역경제를 활성화하는 것에서부터 지역 내 생태 및 환경을 지키는 것, 지역 공동체를 복원하는 것 등 목적이 다양하다. 여기서 공통점은 지역문제를 해결한다는 것이다. 지역의 소득이나 자금이 지역 밖으로 빠져나가지 않도록 지역화폐를 도입한다든지, 지역의 일자리 창출을 위해 지역화폐를 도입한다든지, 지역의 영세 상인들의 상권을 활성화하기 위해 지역화폐를 도입한다든지 등 목적은 여러 가지이 지만 결국엔 '지역'을 혁신하는 것에 중점을 두고 있다는 것이다.

지역화폐는 '화폐적 측면'과 '언어적 측면'을 동시에 가지며 '경제적 측면'과 '윤리적 측면'을 동시에 가진다. 이러한 지역화폐의 양면성은 기존의 시장이나 국가와는 전혀 다른 새로운 공공의 영역을 개척할 수 있도록 한다. 모든 것을 경제적 가치로 일원화하여 평가하고 사람들이 서로에게 있어서 그저 수단으로 작용하게 되는 '시장'을 극복하면서 나아가 '국가'에 의한 규제, 정책, 이익 유도에 의존하지 않고 사람들이 자유로운 시민으로서 자신의 다양한 가치와 목적을 창조적으로 실현할 수 있는 협동적인 사회를 추구하는 것이 지역화폐가 가지는 의미라고 할 수 있다.

이러한 지역화폐를 두고 한쪽에서는 '균형발전'이고, 다른 쪽에서는 '재정낭비'라고 말한다. 지역화폐는 지역 내에서 소비하도록 유도하기 위해서인데, 주민들의 소비를 지역 내에 묶어두기 위해 투입되는 비용이 과도하다는 지적이 논란을 야기했다. 즉, 지역화폐를 발행할수록 해당 지역의 경기는 활성화될 수 있겠지만, 국가 전체적으로 화폐가치가 떨어지고 재정부담이 가중될 수 있다는 것이다.

따라서 지역화폐가 단발성 정책이 아닌 사회적으로 지속가능하고 정책적인 안정성을 가지려면 거시적이고 장기적인 안목이 필요하다. 지역화폐가 제 기능을 다할 수 있도록 이론과 실제를 살펴보고 적합한 발전모형을 찾는 노력이 필요한 때이다.

『뉴머니 지역화폐가 온다』 이한주 외 7명 지음
다할미디어, 2020
이데일리 기사, 두 얼굴 지역화폐
'상생의 시작 vs 혈세먹는 하마'
(https://v.kakao.com/v/20200923220005312)

토론해 봅시다

1. 지역화폐에 대한 자신의 견해는 어떠한가? 입장을 나누고 토론해 보자.
2. 지역화폐를 사용한 경험이 있는가? 있다면 사용하면서 만족했던 점과 불만족했던 점에 대해 이야기해 보자. 만약 사용 경험이 없다면 그 이유에 대해서 이야기해보자.
3. 다양한 기술혁신이 적용된 4차 산업혁명 시대에서 지역화폐가 지속적으로 나아갈 수 있는 방안에 대해 자유롭게 논의해보자.

타자의 추방 한병철(2017), 문학과지성사

이 책은 '타자가 존재하던 시대는 지나갔다'라는 강력한 문장으로 시작한다. 낯선 타자와 맞닥뜨릴 기회가 줄고 자신에게 익숙하게 길들여진 것만 상대하면서 살아갈 수 있게 된 오늘의 나르시시즘적 사회를 비판한다. 테러리즘, 민족주의, 진정성 추구, 셀카 중독과 같은 현대사회의 병폐로부터의 구원은 타자로부터 온다고 주장한다.

타임뱅크, 사람과 마을을 잇다 손서락(2018), (사)타임뱅크코리아

이 책은 타임뱅크를 자세히 이해할 수 있도록 돕기 위한 일종의 타임뱅크 안내서이다. 타임뱅크는 여러 사회문제들을 해결하는 동력인 시민의 힘을 조직하고 현실화할 수 있는 도구이다. 이러한 도구가 필요한 시민, 활동가들, 시민사회단체, 사회적 경제 관계자 등에게 실제적인 도움을 준다.

어서 와, 사회적경제는 처음이지? 주수원(2021), 이상북스

이 책은 우리 사회에서 중요한 이슈로 떠오른 사회적경제에 대해 우리에게 친근한 영화와 TV 드라마를 끌어와 보다 쉽게 설명한다. 이 책에서는 시민들에게 공신력 있게 다가오는 정부의 정의인 '구성원 참여를 바탕으로 국가-시장 경계에서 사회적 가치를 추구하는 경제활동'으로 사회적 경제를 설명한다.

다시, 협동조합을 묻다 김기태 등(2021), 복돋움coop

협동조합기본법 시행 10년, 협동조합 2만 개 시대를 맞아 지나온 역사와 현실 상황을 살피고, 한국의 협동조합은 무엇을 해야 할지 모색하여 새로운 대안으로 협동조합 허브론을 제시한다. 협동조합 운동의 본질은 협동하려는 인간에 대한 신뢰를 바탕으로 자유롭고 평등한 사회를 만들겠다는 인류의 꿈을 실현하는 것이다. 그러나 갈수록 심해지는 불평등과 인류의 존재 자체를 위협하는 기후 위기 앞에서 그 꿈은 닿을 수 없는 이상에 불과한 것이 아닌가 하는 회의의 정서가 짙다. 이 책은 이런 참혹한 현실을 직시하면서 협동조합의 정체성을 다시 한번 알려준다.

불편한 편의점 김호연(2021), 나무옆의자

이 책은 청파동 골목 모퉁이에 자리 잡은 작은 편의점을 무대로 힘겨운 시대를 살아가는 우리 이웃들의 삶의 속내와 희로애락을 따뜻하고 유머러스하게 담아낸 작품이다. 이 책은 2013년 세계문학상 우수상 수상작 『망원동 브라더스』로 데뷔한 후 일상적 현실을 위트 있게 그린 경쾌한 작품과 인간의 내밀한 욕망을 기발한 상상력으로 풀어낸 스릴러 장르를 오가며 독자적인 작품 세계를 쌓아 올리고 있는 작가 김호연의 작품으로, 서울의 오래된 동네 청파동에 대한 공감각을 생생하게 포착해 또 하나의 흥미진진한 '동네 이야기'를 탄생시켰다. 이 책을 통해 골목길의 작은 편의점은 불편하기 짝이 없는 곳이었다가 고단한 삶을 위로하고 웃음을 나누는 특별한 공간이 된다.

공유경제 2.0 : 코로나가 앞당긴 공유 플랫폼의 진화, 독점에서 나눔으로
조산구(2021), 21세기북스

이 책은 경제적 가치 중심의 공유경제 1.0의 기본 개념과 흐름뿐만 아니라 시스템 구성원 모두에게 혜택을 주는 사회적, 환경적 공유경제 2.0의 현재와 미래를 담고 있따. 먼저 코로나시대에 공유경제가 갖는 의미와 향후 발전 방향을 짚어본다. 그리고 공유경제의 개념과 등장 배경을 소개한 후 공유경제의 주요 분야인 모빌리티, 공간, 설비, 재능 등 대표적인 공유 플랫폼의 특징을 알아보고 그 의미를 해석한다. 마지막으로 공유경제를 둘러싼 문제와 해법을 살펴본 후 한국 공유경제의 현황과 향후 발전 방향에 대해 논한다.

아름다운 세상을 위하여

2001년 개봉 영화

무언가 진정으로 도움되는 일이지만, 사람들이 스스로 해결할 수 없는 일을 내가 다른 사람들을 위해 해주되, 도움을 받은 사람은 다른 세 명의 사람에게 똑같은 조건의 도움을 베푼다.

중학교 사회 선생님인 유진 시모넷에게 있어서 가장 중요한 것은 질서로서 모든 것은 정리되어 있어야 하며 그렇지 않을 경우에는 참을 수 없어 하는 성격의 소유자이다. 한편, 앨렌느 맥키니는 혼자서 11살인 아들 트레버를 키우며 살아가는데, 양육비를 벌기 위해 정신없이 바쁘게 움직이지만, 삶의 비전을 발견할 수 없으며 그 자신은 알코올 중독자이기도 하다. 그녀에게 있어서 무엇보다 큰 문제점은 아들에게 새로운 삶을 안겨주고 싶어 하지만, 마음대로 되지 않는다는 점이다.

유진은 트레버의 학급에 새로운 숙제를 내는데, "어떻게 하면 세상을 바꿀 수 있을지 실제로 바꿀 수 있는 방법을 생각해서 제출해라"였다. 이 숙제를 받고 트레버는 고민에 빠진다. 그러면서 평소에 자기가 생각했던 것을 정리하고 첫 번째 일로 자기 집으로 오가면서 만난 노숙자 한 사람을 집에 데려다가 밥을 먹여주고 목욕도 시켜주고, 심지어 자기 집에서 재워주기까지 한다. 트레버의 엄마는 저녁에 집에 와서 보니 노숙자가 집에 있는 것에 너무 놀라고 당황했지만, 그 노숙자는 어린 트레버가 자신에게 관심을 가

져준 게 너무 고마워서 그 집에 있는 고장난 자동차를 고쳐준다. 우연히 그 광경을 목격한 엄마는 감동을 받고 아들이 생각하고 있는 그 생각을 따라서 살아가게 된다.

트레버는 사회 수업시간에 자기가 어떻게 하면 세상을 변화시킬 수 있는지를 발표한다. 트레버는 "한 사람이 누군가에게로부터 도움을 받는다. 돈을 받게 되면 보통 돈을 되돌려주고 은혜를 갚는데 그렇게 하는 게 아니라 은혜를 받은 한 사람이 그 은혜와 감사를 다른 세 사람에게 베푸는 것이다. 그렇게 하면 온 세상이 변화될 수 있다"고 이야기한다.

고윤승(2014), ICT 발달에 따른 공유경제에 대한 소고, e-비즈니스연구, 15(6), 77-100.

김상희, 허창덕(2014), 생활협동조합의 프레임 변화에 관한 연구, 환경철학 17, 5-33.

김자옥, 양혜란(2019), 타임뱅크의 현실적 적용방안과 효율적 운영관리체계 개발에 관한 연구, 서울시자원봉사센터 연구보고서.

김정훈(2022), 타임뱅크와 마을공동체, 마을실천대학 교육과정 이슈특강 자료, 2022. 3. 16.

김정훈, 이다겸(2018), 지역공동체경제 활성화를 위한 전략연구: 타임뱅크를 중심으로, 경기연구원 기본연구 2018-07.

김정훈, 이다겸(2018), 타임뱅크를 활용한 복지서비스의 혁신, 이슈&진단, 310, 경기연구원.

김회권(2017), 우버, 비밀 유지보다 '공생'을 택했다, 시사저널, 2017. 1. 11.

니시베 마코토 지음, 이홍락 역(2006), 우리끼리 만들어서 쓰는 돈, 돈키호테.

류은화(2000), 국내 지역통화운동의 실태 및 효과에 관한 연구-인천연대 '나눔'을 중심으로, 계명대학교 석사학위논문.

박경화(2004), 도시에서 생태적으로 사는 법, 명진출판.

박명희(2016), 지속 가능 소비문화의 정착을 위한 대안 탐색 연구, 소비문화연구, 9(4), 213-240.

박미혜(2016), 공유경제 서비스에 기반한 소비자의 협력소비 경험, 소비자학연구, 27(4), 175-205.

박상헌(2004), 21세기 지역통화의 패러다임, 대운출판.

박상헌(2004), 일본 지역통화(에코머니) 도입실태, 도시정보, 01, 15-18.

박현욱(2021), [인터뷰]김소령 열린옷장 대표 "정장 한 벌로 취준생도 '멋질권리' 되찾기를", 서울경제, 2021. 1. 11.

백봉삼(2021), 값싸고 안전한 공유킥보드 어디?, 지디넷코리아, 2021. 3. 5.

서울시자원봉사센터(2019), 우리동네 친구더하기+ 타임뱅크 가이드북.

서울시자원봉센터(2020), 서울시자원봉사센터 코로나시대 연결·관계 중심 '타임뱅크' 프로그램 개발, 석간용 보도자료.

손서락(2018), 타임뱅크, 사람과 마을을 잇다, (사)타임뱅크 코리아.

송승기(2019), 대전 지역화폐, '두루'를 아시나요, 금강일보, 2019. 2. 26.

신기림(2020), '따상' 에어비앤비 기업가치 1000억 달러...美 IPO 열풍, 뉴시스, 2020. 12. 11.

아베 요시히로, 이즈미 루이 저, 전저근 역(2003), 누구나 알 수 있는 지역통화입문-미래를 여는 희망의 돈, 아르케.

이경영, 정문기(2019), 1인 가구의 이웃관계 영향요인 연구: 경기 북부-남부의 지역 간 비교를 중심으로, 지방행정연구, 33(4), 315-348.

이기춘 외(2008), 열일곱가지 소비자이슈, 교문사.

이기태, 하현상(2016), 마을공동체 활성화를 위한 중간지원조직의 역할-거래비용 이론 관점에서-, 한국정책학회보, 25(1), 455-491.

이미영(2021), [세계의 지역화폐②] 돈이 돌고 도는 선순환 경제 실현, 경기도뉴스포털, 2021. 6. 11.

이상훈, 유영성, 강남훈, 박누리, 이다겸, 이지혜(2019), 지역화폐 도입·확대에 따른 성과분석 및 발전방안, 경기연구원 정책연구 2019-63.

이성은(2016), 에어비앤비를 주목하라, 미래한국, 2016. 12. 7.

이소영(2009), 지속가능 소비생활방식의 실천을 위한 대안탐색-영국 핀드혼 사례를 중심으로, 제3회 녹색구매세계대회 자료집, 녹색소비자연대.

이정연(2019), 동네효과와 타임뱅크를 활용한 모바일 사회 서비스 제안, 디지털콘텐츠학회논문지, 20(1), 99-108.

이창우(2002), 우리나라 지역화폐 운동의 현황 및 과제, 한밭레츠 실험 3년 평가, 워크샵 자료집.

정원각(2013), 한국의 협동조합운동의 역사와 현재, 진보평론, 57, 101-125.

정희연(2008), 탈현대사회 대안 공동체운동의 이론과 실천-독일의 ZEGG 사례연구-, 경희대학교 NGO 대학원 글로벌거버넌스 전공, 석사논문.

주창복(2005), [특집/'지역'이라는 교육적 화두로 모인 이들] 공동육아조합에서, 성미산 학교가 되기까지, 중등우리교육 2005년 4월호(통권 제182호), 80-84.

채혜원(2020), 나만의 집 갖지만 외롭지 않은 둥지 '베기넨호프', 한겨레, 2020. 5. 16.

천경희(2006), 공동체화폐운동에 참여하는 소비자의 경험과 소비자주의적 함의 연구, 서울대학교 대학원 박사학위논문.

천경희, 이기춘(2005), 지역화폐운동의 소비문화적 의미 연구-한밭레츠 참여자의 소비 행동을 중심으로, 한국생활과학회지, 14권 4호, 593-611.

한성일(2015), 타임뱅크시스템과 무제한적 호혜성의 원리, 문화와 사회, 18, 381-431.

Botsman R. & R. Rogers 저 (2010), 이은진 역(2011), 위제너레이션, 모멘텀.

Eagle, Nathan, Yves-Alexandre de Montjoye & Luis M. A. Bettencourt (2009), Community Computing: Comparisons between Rural and Urban Societies using Mobile Phone Data, *International Conference Proceedings of Computational Science and Engineering*, 4, 144-150.

Geron, T. (2013), Airbnb and the Unstoppable Rise of the Share Economy, Forbes, Feb 11.

Hillery, G. (1955), Definitions of Community: Areas of Agreement. *Rural Sociology*, 20, 111-123.

How Timebanking Helps People Build Better Public Services, New Economics Foundation.

KB금융지주경영연구소(2021), 포스트 코로나 시대 공유 오피스의 현재와 미래, KB지식 비타민, 2021. 5. 17.

Lifkin, J. 저, 안진환 역(2014), 한계비용제로사회: 사물인터넷과 공유경제의 부상, 민음사.

OECD, 2020 OECD 한국경제보고서, 2020.8.11.

Ryan-Collins, J., L. Stephens and A. Coote(2008), The New Wealth of Time:

WCED(1987), Our Common Future. World Commission on Environment and Development, Oxford University Press, Oxford.

WDS-ADMIN(2019), 세계 최대 규모의 셰어하우스, 런던 콜렉티브 올드 오크, we design space, 2019. 2. 19.

〈참고 사이트〉

구미요한선교센터 사이트 http://www.johncenter.or.kr/

국가통계포탈사이트 https://kosis.kr/index/index.do

대전 민들레의료복지사회적협동조합 홈페이지 http://www.mindlle.org/

서울 마을미디어지원센터 홈페이지 http://www.maeulmedia.org/

성미산마을 홈페이지 https://sungmisan.org/

아이쿱(iCOOP)생협 홍보물자료 http://sapenet.net/data

에든버러시 사이트 https://www.edinburgh.gov.uk/

열린옷장사이트 https://theopencloset.net/rental

타임뱅크 사이트 https://timebanks.org/

타임뱅크코리아 사이트 http://www.timebanks.or.kr/

학교협동조합 중앙지원센터 홈페이지 https://www.schoolcoop.kr/center/main/main.do

한살림 홈페이지 http://www.hansalim.or.kr/

2020농림어업총조사사이트 https://www.affcensus.go.kr/mainView.do

UN(2018), World Urbanization Prospects, the 2018 Revision, 2018. 8

절제와 간소한 삶

짐 정리라는 과제를 통해서 배운 것은
무엇이든 갖다 버릴 필요가 있다는 것이 아니었다.
그보다는 분류하고, 검토하고, 골라내는 과정을 거쳐서
내 삶의 중요한 요소를 특별하고 독특한 맛이 나도록
정제해 낼 수 있다는 것이다.

- 세실 앤드류스, 완다 우르반스카,『소박하게 사는 즐거움』중에서

• 하루 중 가장 많은 시간을 어떻게 보내는가? 자신이 가장 소중하다고 생각하는 일에 자신의 시간과 에너지를 얼마나 쓰고 있는가?

아미시 프로젝트

EBS 지식채널e 2012. 2. 27.

하루에 50통의 문자메시지를 보내고
250명의 멘션을 읽고
1시간 30분 온라인 친구와 교류하는
평범한 미국 대학생
제이크 라일리(24)의 특별한 실험

일 년 만에 만난 옛 친구들
그 순간 문득 든 생각
"도대체 이게 뭐지?"
이게 진짜 삶일까?

모니터 대신
'진짜 세상'을 들여다보기로 결심
그 호숫가
숲속 가장 가까운 마을과도 1마일쯤 떨어진 곳

문명의 이기를 거부하고 살아가는
'아미시 공동체'에서 이름을 딴
일명 '아미시 프로젝트(The Amish Project)' 시작

휴대전화를 정지시키고
소셜네트워크를 탈퇴하고
'올해 말까지는 이메일을 사용하지 않아요.
감옥이나 재활원에 가는 건 아니고
약간의 인생 리모델링을 하고 싶어요.' - 제이크

야심 차게 시작한
도전 첫날
컴퓨터의 소음
휴대전화의 알림 소리가 사라지자

견딜 수 없는 침묵
"불안과 걱정, 고립감을 느꼈죠."

결국
공중전화로 향한 제이크
"미안, 지금 전화받기 좀 곤란한데…
내가 다시 걸게."

공중전화 앞에 우두커니 앉아
친구의 전화를 기다리는
일상을 반복

그렇게 2주 후…
"내가 지금 여기서 뭐하고 있는 거지?"

직접 친구를 찾아가기로 결심
"나만의 연락 규칙을 만들자!"

창문에 호박을 두면
'집에 있으니 들어오라'는 신호
친구의 집 앞,
유리창,
눈밭에 메시지를 남기며
다양한 방식을 시도
"8시에 내가 있는 곳으로 와!"

조금씩 그의 생각을
인정하기 시작한 친구들
그만을 위해 만들어 준 게시판
"안녕, 제이크"
"제이크, 별일 없지?"

140자 타이핑 대신
손으로 쓴 편지들
돌아온 답장들

그리고
프로젝트의 가장 큰 지지자
할아버지
"그게 우리가 살아온 방식이야.
상상이나 해 봤니?"

구매를 안 하는 날이 한 달에 며칠이나 될까? 현대 사회에서는 소비가 경제를 성장시키고 사람들에게 만족과 행복을 가져다줄 수 있다며 끊임없이 소비를 하도록 종용하고 있다. 하지만 소비로 인해 사람들이 느끼는 만족감은 오래가지 못하며 환경적으로나 사회적으로 심각한 문제를 발생시키고 있다. 그 결과 사람들은 자신의 각박한 삶에 대해 회의를 느끼게 되었으며 기존의 삶의 방식에 대한 변화의 필요성을 느끼게 되었다.

소비 절제와 간소한 삶은 소비뿐 아니라 삶에 대한 가치관까지 변화가 이루어지는 가장 높은 차원의 윤리적 소비 실천 행동이라 할 수 있다. 삶의 방식에 대한 변화를 포함하는 간소한 삶은 대중소비사회에서 실천하기가 쉽지 않다. 이를 실천하기 위해서는 스스로 자신의 욕구를 조절할 수 있는 능력을 갖추어야 한다.

이 장에서는 전체적인 삶의 변화를 만들어 낼 수 있는 소비 절제와 간소한 삶의 개념과 필요성을 살펴보고 실천 방법과 사례를 제시하여 보다 쉽게 이해할 수 있도록 할 것이다.

1. 절제와 간소한 삶이란 무엇인가?

소비자들의 구매는 소비사회의 발달과 함께 폭발적으로 증가하여 평균 가정에서 소유하고 있는 물건 개수가 1만 개가 넘는다고 통계 전문가들은 말한다. 도시 소비 자들은 치열한 경쟁 속에서 열심히 일을 하고 그 대가로 받은 임금으로 스마트폰, 옷, 맛집 탐방, 헬스장 등 샘솟듯 솟아나는 욕구를 만족시키기 위해 소비를 한다. 그리고 돌아오는 청구서와 결제 후 얼마 남지 않은 통장 잔액을 보며 허탈해하면 서도 똑같은 일상을 바꾸지 못하고 스트레스를 짊어지고 살아간다.

쌓여 가는 물건들과 후회하는 소비로 인해 스트레스를 받고 있지만 여전히 소 비를 멈추지 못하는 이유 중 하나는 풍요로운 물질이 높은 삶의 질과 행복을 가져 다준다는 고정된 생각 때문이다. '소비를 줄인다'는 말을 '삶의 질을 떨어뜨린다' 는 말과 동일시하기도 한다. 그렇다면 소비를 더 많이 하는 사람들은 삶에서 만족 감을 더 느끼며 살아가고 있을까? 이 질문에 대한 답은 그렇지 않다는 것이다. 많 은 연구와 사회 현상에서 나타난 결과는 과도한 소유가 사람들에게 오히려 더 큰 스트레스를 주고 소비나 물건으로는 진정한 행복을 느끼지 못한다고 밝히고 있다. 가지고 있는 많은 물건을 관리하고 청소하는 일은 즐거움이 아닌 귀찮고 짜증 나 는 일이며 구매할 때 행복감을 주었던 물건들은 언제부턴가 집 안 곳곳을 뒹굴고 있는 '잡동사니'가 되어 더 큰 스트레스 유발자로 존재한다. 이러한 상황 속에 직 관적으로 소비자들은 새로운 라이프 스타일인 간소한 삶에 관심을 두게 되었다. 무수히 많은 책과 블로그에서 소비 절제와 간소한 삶에 대한 노하우와 생활 정보 를 공유하고 있다.

간소한 삶의 첫걸음인 소비 절제는 소비 '금지'가 아닌 '정도를 넘지 않도록 알 맞게 조절하고 제한하는 것'을 의미한다. 소비 다이어트인 것이다. 제임스 월먼의 『과소유 증후군』(황금진 역, 2015)에서 언급됐던 것같이 다이어트와 소비 절제는 많은 면에서 같은 이치다. 과식을 하면 먹는 순간의 즐거움 이후 몰려드는 여러 후 유증과 길고 긴 후회가 남는 것처럼 과소비 역시 그렇다. 사람들이 식단을 조절하 고 운동을 하는 등 다이어트를 하며 건강한 삶을 살아가는 것과 같이 소비 절제도 구매를 조절하고 제한하며 자신의 삶에 더 집중하는 생활을 하는 것이다.

절제와 간소한 삶은 단순히 검소한 삶이 아니라 소비와 삶에 대한 렌즈를 바꾸는 것이다. 간소함, 투명성, 명확함 등은 본질에서 벗어난 부가적인 것들을 뺀다는 것이다. 그러니 간소함은 단지 돈을 절약하는 것 그 이상이며 궁극적으로 '내가 어떤 사람인가?', '나는 삶을 어떻게 살아가고 싶은가?', '무엇을 하면 내가 진정으로 행복해질 수 있을까?'에 대해 스스로 파악하고 가치 있게 여기는 것들에 대한 분명한 판단으로 정말 제대로 잘 살기 위해 필요한 것이 무엇인지 이해하는 것이다(세실 앤드류스, 완다 우르반스카 저, 김은영 역, 2016, pp. 19-20).

절제와 간소한 삶을 특징으로 하는 미니멀라이프는 미니멀리즘(minimalism)이라는 단순함과 간결함을 추구하는 예술과 문화적 흐름을 삶의 일부로 차용한 라이프스타일이다. 집 안의 물건을 최소로 줄이는 간소한 생활 방식을 말한다. 2000년대 미국 등지에서 나타난 이 라이프스타일에 대해 일본에서는 2011년 대지진 이후 사람들의 관심이 높아졌다. 지진과 같은 재해가 일어났을 때 물건들이 자신의 생명을 위협할 수 있다는 것을 깨달았기 때문이다. 우리나라에서도 간소한 삶에 대한 관심이 늘어나고 있고, 실제 소득 대비 소비 감소 현상도 나타나고 있다. 통계청과 한국은행, 금융감독원의 '2021년 가계 금융·복지조사 결과'를 보면 2021년 평균 가계소득은 2019년과 비교했을 때 5.14% 증가한 반면 가계소비지출은 2.7%만 증가하여 소득증가율보다 소비증가율이 더 낮았다. 미니멀라이프는 소비 절제보다 단순한 스타일의 인테리어나 소품에 더 초점이 맞춰진 경향이 있어 새로운 소비를 유발하기도 하지만 미니멀라이프, 소박함, 간소한 삶, 절제에 대한 관심은 전반적으로 구매를 줄이고 단순한 생활의 라이프스타일로 변화시키고 있다.

절제와 간소한 삶은 물질적 간소함뿐 아니라 정신적인 부분도 모두 포함된 삶 전체의 가치관과 행동 변화까지 영향을 미친다. 간소한 삶(voluntarily simplicity)이란 말은 마하트마 간디의 신봉자인 리처드 그레그(Richard B. Gregg)가 맨 처음 사용하였으나 이를 대중화시킨 사람은 듀안 엘진(Duane Elgin)이다. 듀안 엘진은 간소한 삶에 대해 "필요 없는 곳에 관심이 분산되는 것을 최소한으로 줄이고 목적 있는 삶을 사는 것"으로 정의하였다. 그는 간소한 삶은 외적인 조건과 내적인 조건을 다 포함하여 인생의 중요한 목표와 상관없이 지나치게 많은 재산이나 외적인 번잡함을 거부하고 목적의 단일함, 성실, 내면의 정직함을 의미하는 것이라 하였다. 즉 간소한 삶에 내포되어 있는 근본적 가치는 물질적 간소화(非소비 지향 사용 패턴), 인간중심척도(소규모 제도와 기술을 원함), 자기 스스로의 결정방식, 환경 인식(인간과 자연 간의 상호의존 인식), 인격적인 성장(내적 생활의 탐색과 개발)이라 할 수 있다(송인숙, 1999).

예를 들어 간소한 삶은 일단 자신의 소유물을 정리하고 비우며 소비를 절제하는 것부터 시작한다. 적은 물건으로 생활하며 물건에 대해 감사함을 느끼고 소비의 기준을 두어 절제된 소비생활을 한다. 이러한 생활을 통해 만들어진 비움은 공간의 여유뿐 아니라 시간과 정신적 여유를 가져오고 삶의 태도와 방법에도 조금씩 변화를 가져오게 된다. 실제 1년 동안 절제하는 자신의 생활을 책과 영화로 만들어 유명해진 〈노 임팩트 맨(No Impact Man)〉의 가족들과 〈굿바이 쇼핑〉의 주디스 러바인(Judith Levine)은 절제하는 생활로 변화함으로써 자연스럽게 주체적인 관점에서 자신의 생활을 돌아보게 되었고 더 나아가 환경과 사회를 생각하는 다른 사람으로 변했다고 밝혔다.

간소한 삶은 단순히 소비 절제 행동에서 그치는 것이 아니라 개인의 삶 전체의 변화에 이르는 것이기 때문에 윤리적 소비의 실천 영역 중 높은 차원의 행동이라 할 수 있다. 더욱이 간소한 삶은 개인적 변화만으로 끝나지 않고 주변 사람들과 사회에도 영향을 미친다. 소비 절제로 시작한 변화는 일하는 시간을 줄이고 자신에게 중요한 일에 더 많은 시간을 쏟게 되는 변화를 일으킨다. 안달하는 일을 줄이게 되면 평안함을 얻을 수 있다. 소비로 인한 빚을 줄여 평온함을 얻게 된다. 이런 변화는 스트레스가 줄어들어 생활에서 얻는 기쁨과 충만감이 커지게 된다. 덜 가지는 삶이지만 더 많은 것을 얻는 삶을 느끼게 된다. 가진 것을 줄이고, 일을 줄이면 가족이나 친구들과 더 많은 시간을 가질 수 있게 된다. 공동체 모임이나 창의성을 발휘할 수 있는 여유도 가질 수 있고 더불어 시민운동에 힘을 보탤 여력도 생길 수 있다(세실 앤드류스, 완다 우르반스카 저, 김은영 역, 2016, pp. 8-9). 이처럼 소비를 줄이고 불필요한 일을 줄여 자신이 목표하는 삶을 산다는 것은 자신뿐 아니라 가족과 이웃, 사회에도 긍정적 영향을 미치게 된다.

2. 왜 절제하고 간소한 삶을 살아야 하는가?

우리 사회는 농경사회에서 산업시대로 변화되었으며 지금은 생태학적 시대로 바
뀌어 가고 있다. 물질적 중요성과 치열한 경쟁, 소비를 기반으로 한 경제성장, 개
인주의를 강조하는 산업시대의 세계관과 달리 생태학적 세계관은 물질과 정신적
인 면의 조화와 상호 협력, 절제된 삶 및 생태계 보호 의식을 강조하는 세계관을
포함하고 있다.

아직까지 우리나라뿐 아니라 많은 나라에서 산업시대의 성장 패러다임이 강하
게 자리 잡고 있지만 세계 수많은 행위자들이 산업시대 세계관에서 벗어나 성장
논리에 대한 대안을 찾고 있으며 개발도상국과 신흥국가에서도 이러한 변화가 일
어나고 있다. 특히 기후변화, 금융 및 빈곤 위기와 2011년에 일어난 일본의 원전
사고는 생태학적 세계관으로의 변화를 크게 진전시켜 많은 나라에서 현재의 생

표 10-1 산업시대와 생태학적 시대의 세계관의 비교

산업시대의 세계관	생태학적 시대의 세계관
물질적 진보가 삶의 목적	물질적인 면과 정신적인 면을 조화롭고 균형 있게 발전시키는 것이 삶의 목적
과시적 소비 강조 '좋은 삶'이란 쾌락을 추구하고 불편을 피할 수 있는 돈에 달려 있음	보존과 검소함 강조 필요한 만큼만 소비하며, 다른 사람들과 협력하면서 균형 있는 발전을 통해 만족
물질적인 소유물과 사회적 지위에 의해 사람의 가치를 결정	사랑을 갖고 창조적인 삶에 참여하는 것에서 사람의 가치가 드러남
개인은 자신의 육체에 의해 규정되며, 궁극적으로 남들과 떨어져 외로운 존재임	개인은 독특한 존재이며, 사람의 육체에 의해 제한받지 않음
자기 자신을 위한 행동 주장 (나 자신을 위해 가능한 한 많은 것을 가지려 하고, 보상을 할 때에는 상대방이 요구하는 것 이상을 주지 않음)	생명을 존중하는 행동 주장 (생명을 위해 자기 자신을 가능한 한 많이 바치고, 필요한 것 이상 보상을 요구하지 않음)
치열한 경쟁. 다른 사람들과 경쟁하여 '남을 딛고 일어서기' 위해 노력	공정한 경쟁. 다른 사람들과의 협력을 통해 일하는 것 추구
고도의 소비문화를 부추기기 위해 대중매체를 적극적으로 이용	생태학적 시각에서 삶을 바라볼 수 있는 정보와 메시지 전달을 위해 대중매체 이용
개인적인 자율성과 유동성 강조	상호 간의 유대와 공동체 강조

출처 : 듀안 엘진(1999), 소박한 삶의 철학, p. 24의 내용을 수정함.

산·소비 모델의 대안을 모색하게 만들었다. 이에 자원 소비와 성장을 분리한다거나 심지어 '탈성장 사회'에 대해서도 많은 생각이 개진되고 논의되어 출판되고 있다(토마스 파토이어 저, 김종철 역, 2014, pp. 157-158).

생태학적 시대의 흐름 속에 간소한 삶은 여러 면에 있어 지금 우리가 겪고 있는 환경, 사회 문제에 맞는 대안이라 할 수 있다. 다음은 간소한 삶의 사례와 관련한 연구결과를 통해 절제와 간소한 삶의 필요성에 대해 알아보았다.

1) 삶의 진정한 행복 추구

경제가 급성장하는 시기에는 양적 소비로 즐거움을 느껴 왔다. 그러나 1974년에 발표한 이스털린의 역설(Easterlin's paradox)과 미국 국립과학재단이 지난 30년 동안 조사한 통계를 보면, 수입은 꾸준히 증가 추세였으나 사람들의 행복 수준은 그에 비례하여 증가하지 않았고 감소하기까지 하였다. 그 이유에 대해 많은 이들은 소비 과잉의 생활방식이 절실히 필요로 하는 것들을 오히려 결핍 상태로 만들기 때문이라고 설명한다. 건강 및 사회적 관계, 안전, 재량껏 사용할 수 있는 자산 등이 위협받고 있다는 것이다. 이러한 결핍은 우리를 취약하고 의존적인 존재로 만들어 수동적 소비를 하게 만들었다. 그저 일하고, TV 보고, 기다리는 삶의 연속으로 만들었다(세실 앤드류스, 완다 우르반스카 저, 김은영 역, 2016, pp. 49-50). 그 안에서 사람들은 소비로 인한 일시적 만족감은 얻었지만 더 각박해져 가는 삶과 과중한 스트레스, 소외감, 상대적 박탈감, 우울증과 같은 정신적 문제가 심각해졌다. 이제 사람들은 행복을 추구하는 방법으로 더 많이 돈을 벌고 소비를 더 많이 해야 한다는 사고방식이 맞지 않다는 것을 받아들이는 추세로 돌아서게 되었다(제임스 월먼 저, 황금진 역, 2015, p. 33). 많은 것을 가지기 위해 끊임없이 노력하고 걱정하는 태도에서 '굳이 다 가질 필요가 있을까?'란 의문을 품기 시작한 것이다. 우리나라에서도 가족과 친한 몇 명과 함께하는 스몰웨딩, 한 도시에서 한 달씩 사는 부부, 도시를 떠난 귀농생활 등 다양한 삶의 방법을 선택하는 사람들이 늘어나고 있다. 이처럼 편리함과 과시적 욕구 충족, 경제적 축적을 가장 우선적으로 생각하던 가치에 대한 변화가 일어나고 있다. 사람들의 가치 변화는 우리나라의 청년 세대에서 특히 느껴지는데, 2021년 한국청소년정책연구원의 청년생활 보고서에 따르면 청년들이 사회에서 가장 중요하게 여기는 가치를 경제력이라고 가장 많이 응답하였으나 자신들은 일보다 여가를 더 중시한다고 하였다. 이들은 행복한 삶의 요건으로 '재산·경제력'의 중요성에 대해 2018년 36.5%였으나 2021년에는 23.5%로 감소하였고 '화목한 가정', '건강', '자아 성취' 등의 항목이 증가한 것으로 나타났다.

한편 간소한 삶을 실천하는 사람들은 소비를 절제하고 소유물을 줄여 가면서 예상치 못했던 기쁨과 행복을 느끼고 있다고 한다. 이들은 정리하고 비우면서 자신의 생활에 대한 정리의 시간을 가질 수 있으며 비움으로 인해 공간뿐 아니라 마음의 여유도 생기는 행복을 느낀다. 1년에 한 번 쓸까 말까 한 물건들이나 가격표도 떼지 않은 채 걸어 둔 옷 등 쌓여 가는 '잡동사니'를 정리하고 비워 가면서 스트레스에서 벗어날 수 있다. 정리와 비움을 통해 자신의 삶도 돌아보고 자신에게 소중한 것이 무엇인지도 찾아갈 수 있는 기회가 되는 것이다. 더욱이 적은 물건을 사용하면서 물건에 대해 더 큰 감사함도 느낄 수 있다. 예를 들어 『100개만으로 살아보기』의 저자 데이브 브루노(Dave Bruno)나 『나는 단순하게 살기로 했다』의 저자 사사키 후미오는 소비 절제를 통해 약 30여 개의 물건들로만 살게 되면서 물건을 최대한 활용하게 되었으며 물건에 대해 감사함을 느끼게 되었다고 이야기한다.

이처럼 절제와 간소한 삶으로의 변화로 사람들은 더 깊고 진정한 행복을 느끼게 되었다.

간소한 삶이 주는 혜택

- 인생에서 원하는 것이 무엇인지 다시 생각해 볼 여유가 생긴다.
- 자신의 진정한 모습을 표현하고, 내적인 욕구에 귀를 기울일 수 있는 충분한 시간이 생긴다.
- 과도한 일을 줄이고 사랑하는 사람과 좀 더 의미 있는 시간을 가질 수 있다.
- 구매 물건이 줄어들어 많은 것을 성취하고자 애쓰지 않아도 된다. 대신 내 삶에 소중한 사람들과 보다 많은 시간을 즐길 수 있다.
- 쇼핑하는 데 들이는 시간이 줄어들어 다른 창의적인 일을 할 여유가 늘어난다.

참고 : 메리 램버트 저, 이선경 역, 『물건 버리기 연습』, 2013. p. 200

2) 자립적 삶 추구

간소한 삶을 통해 얻을 수 있는 중요한 것 중 하나는 자신의 삶에 대해 주체적으로 자유롭게 선택할 수 있다는 것이다. 자유롭게 선택하기 위해서는 내적으로나 외적으로 장애물이나 억압 등이 없어야 한다. 그러나 소비주의 중심의 소비문화 속 삶에서는 자유로운 소비 선택이나 자립적인 삶을 추구하기 어렵다. 일반적인 생활에서는 하루가 멀다 하고 나오는 신상품과 물질적인 것으로 표현되는 '행복한 삶'에 대한 광고, 적극적인 마케팅에 파묻혀 소비하며 살게 된다. 이렇게 많은 상품들은 선택의 자유가 아니라 소비자에게 결정장애를 일으키기도 한다. 현재 가지고 있는 것에 금세 불만족스럽게 되고, 자신이 가지고 있지 않은 것을 끊임없이 원하게 된다. 소비자들은 자신이 정말 원하는 것이 무엇인지, 필요한 것이 무엇인지 판단하고 구매하는 것이 아니라 만들어진 욕구를 충족하기 위해 습관처럼 소비하고 있다. 이런 소비는 할부금, 카드 결제에 급급한 생활을 만들고 결국 어떤 형태로든 빚의 늪에 빠지게 된다.

경제적 성공이 최우선 가치라는 생각은 여러 면에서 우리의 선택을 제한하게 만든다. 이러한 가치는 아이들이 원하는 물건을 넉넉히 사 줄 형편이 안 되는 부모는 무능한 부모로 만든다. 돈을 많이 버는 직업은 귀한 일이고 돈을 적게 버는 직업은 하찮은 일로 치부하며 노동의 가치를 제대로 평가하지 못하게 한다. 심지어 편안한 쉼과 재충전의 시간이 되어야 할 휴식마저도 경제적 기준인 효율성으로 따져 평가한다. 즉 낮잠을 자고 아무것도 하지 않고 편안하게 쉬는 휴식은 비효율적 쉼이며 여가 상품을 소비하며 쉬어야 효율적인 쉼이라고 생각한다.

이처럼 소비와 경제적 성공 중심의 가치는 더 많은 돈을 필요로 하기 때문에 돈이 목적이 되는 삶을 살 수밖에 없다. 이러한 현상에 대해 스콧 니어링(Scott Nearing)은 일찌감치 돈이 수단이 아닌 목적이 되는 행태에 대해 우려를 나타냈다. 특히 그는 돈이 목적이 되는 경제 활동은 노동의 가치를 하락시키게 될 것이며 일자체에서 즐거움과 보람을 느낄 수 없게 될 것이라고 경고했다. 『월든』의 소로우역시 필요 이상의 소득과 소비를 하기 위해 사람들은 자신이 꿈꾸고 원하는 삶을 사는 것이 아닌 노예로서의 삶을 사는 것이라 지적했다. 이러한 문제 의식을 가진 소로우는 자신의 삶을 간소한 삶으로 전환한 실험 같은 생활을 살면서 필요한 소득과 물품을 얻기 위해서 그렇게 많은 일을 하지 않아도 된다는 사실을 깨달았다. 그는 생활을 단순화함에 따라 더 자유로운 생각과 자신이 진정 원하는 삶을 살아갈 수 있는 준비와 실현을 할 수 있다는 걸 깨달았고 사람들에게 증명하였다. 뿐만 아니라 간소한 삶을 실천하는 사람들은 절제된 생활로 빚을 줄여 나가며 재정적 자립을 완성해 나가고 인생에서 원하는 것이 무엇인지 생각해 볼 여유가 생기고 자신의 내적 욕구에 귀를 기울일 수 있는 충분한 시간을 가지게 되었다. 걸리적거리는 물건 없이 홀가분한 기분도 만끽하며, 쇼핑과 정리 정돈에 들였던 시간을 다른 창의적 일을 할 수 있는 여유도 생겼다. 창의적 활동을 통해 자신의 새로운 능력을 발견하기도 하였다(메리 램버트 저, 이선경 역, 2013, pp. 199~200).

절제와 간소한 삶의 변화는 모든 것이 갖춰져 있는 상태에서 선택하는 것이 아니라 꼭 필요한 것이 아닌 것을 정리해 나가는 과정이기 때문에 자신에게 정말 필요한 것이 무엇인지, 소중한 것이 무엇인지 분명하게 알 수 있게 해 주는 방법이다. 자신에게 충분한 시간을 들여 생각하고 신중한 선택을 통해 자신의 삶을 결정하고 실천할 수 있는 생활방식인 것이다.

3) 공동체 지향

절제와 간소한 삶은 과중한 업무나 소비, 물건을 관리하는 시간보다 가족, 친구, 이웃 등 사람들과의 친밀한 관계를 무엇보다 중요하게 생각하는 생활방식이다. 스콧 니어링은 가장 의미 있는 삶을 자기 자신뿐 아니라 자신의 주변 사람들과 행복하게 살아야 하는 것이라고 강조하였으며, 사람들과의 협동과 자기가 살아가는 사회에 폭넓게 봉사해야 한다는 것을 삶의 원칙으로 꼽았다. 더욱이 간소한 삶은 많은 것을 소유하고 살아가는 방법이 아니기 때문에 필요한 것을 빌려 쓰고 나누어 쓰는 방법으로 해결해야 한다. 그러나 현실적으로는 공동체가 거의 붕괴되어 있어 공동체적 삶은 거의 없다.

어른들은 장시간 노동을 해야 하는 현실 속에 쫓기듯 더 바빠졌고 아이들은 학교와 학원을 바쁘게 오가며 부모와 함께 대화를 나누거나 자유 활동을 하는 시간, 노는 시간이 거의 없는 생활을 하고 있다. 실제 우리나라 사람들이 가족과 함께 보내는 시간과 관련한 보건복지부와 통계청의 조사를 보면, 가족과 함께 저녁식사를 하는 경우는 2014년 65.8%로 2005년 이후 감소하는 경향을 보이고 있으며, 문화나 여가 활동을 혼자서 보내는 경우도 56.8%로 점차 증가하고 있다. 가족 관계 만족도에 대한 2016년의 조사결과에서는 56.5%만이 만족하고 있었으며 이는 전년도에 비해 감소한 것이다. 즉 우리가 알아채지 못하는 사이에 가족 간의 단절과 가족공동체의 위기가 찾아오고 있는 것이다. 뿐만 아니라 잦은 이사와 집에서 머무는 시간이 감소되고 있는 현실에서는 이웃과의 만남과 교류를 할 기회조차 빼앗기고 있어 이웃을 알지 못하고 지내게 된다. 사회 전체적으로도 경쟁과 물질적 가치 우선의 구조에서 불평등한 문제를 낳아 공동체의 결속을 파괴하고 있다. 공동체의 붕괴는 궁극적으로 자기 자신이 고립되고, 단절되고, 버려져서 혼자만 남았다고 느끼게 한다. 반면 대부분의 사람들은 가장 행복한 순간을 꼽을 때 '가족과 함께 보내는 시간'이나 '사랑하는 사람과 함께 있을 때'를 생각하게 된다. 친구나 이웃과 더불어 사는 삶이 행복한 삶이라는 것도 알고 있는 것이다. 모든 연구 조사에서는 사람들이 보살핌과 결속력을 느끼게 되면 건강해지고, 행복감을 느끼게 되며 수명도 늘어나게 된다는 사실을 보여 주고 있다(세실 앤드류스, 완다 우르반스카 저, 김은영 역, 2016, p. 71).

따라서 가족이나 이웃 등 공동체를 되살리기 위해서 절제와 간소하게 사는 생활방식으로의 전환이 필요하다. 우선 우리 인간이 사회적 존재라는 것을 이해하는 것에서부터 시작해야 한다. 친밀한 가족 관계를 가꾸어 나가기 위해서는 가족 간의 식사와 대화 시간, 함께 보내는 여가 시간 등 가족과 같이 나누는 일정을 의식적으로라도 만들어 가야 한다. 또한 사람들이 공동체에 대한 경험과 보살핌을 받는 경험이 만들어지는 과정이 필요하다(세실 앤드류스, 완다 우르반스카 저, 김은영 역, 2016, p. 74). 예를 들어 제9장에서 다룬 교육공동체운동, 마을공동체운동, 공유경제, 협동조합 등 다양한 공동체운동이 공동체를 경험할 수 있는 방법이라 할 수 있다.

물론 공동체 생활은 상부상조하는 문화를 만들어 가야 하는 것이기 때문에 쉽지 않다. 사람들과의 관계 맺기와 조화를 이루는 방법 등 공동체 생활을 위한 훈련과 문화 만들기가 필요하다. 경쟁과 물질적 가치에 대한 기존의 생각을 버리고 사람들과 교류를 한다면 가능한 일이다. 간단하게 기숙사의 친구들과 모여 이야기를 나누거나 동네 카페 등의 공간에서 두어 명의 이웃과 둘레둘레 모여 앉아 노닥거리다 보면 자연스럽게 조성될 수도 있다. 그렇게  서로 간의 유대감과 그 사이에 오가는 온정을 경험하게 되면, 사람들과 자신이 속해 있는 공동체와 주변 환경, 지구에 대한 안녕을 기대할 수 있게 될 것이다. 마음과 시간에 여유를 갖고 이웃과 주변 사람들에 대한 친절함, 다정함, 도와주려는 마음, 삶을 쾌적하게 하려는 미덕은 간소한 삶이 추구하는 가치다. 간소한 삶으로 공동체 내에 미덕의 문화를 구축함으로써 돈과 물질적 가치에 대한 세상의 생각과 문제를 바꾸어 나갈 수 있을 것이다(세실 앤드류스, 완다 우르반스카 저, 김은영 역, 2016, p. 77).

4) 지속가능한 사회 지향

경제성장은 우리에게 물질적인 풍요로움과 편리함, 안락함을 누리게 해 주었다. 우리는 소비를 할 때 보다 많고 저렴한 제품이나 서비스를 구매하는 것을 합리적 소비라 선호한다. 하지만 이때 지불하는 저렴한 가격에는 소비로 인해 발생하는 환경문제나 사회문제 등에 대한 비용이 계산되어 있지 않다. 환경보호론자들과 미래학자들은 지금의 경제활동이 생물의 다양성과 오존층을 파괴하고 사막화와 물 부족 현상 등의 제반 환경을 심각하게 훼손하고 있어 인류의 미래를 어둡게 하고 있다는 점을 누차 지적하고 있다. 현재의 대량생산, 대량소비는 미래 세대만이 아닌 자신의 5년 혹은 10년 후의 삶에까지 영향을 미치는 것이다.

특히 그 영향력과 위험성이 큰 환경문제의 심각성에 대해서는 세계 많은 나라에서 공감하여 국제기후변화협정을 맺어 이 문제를 극복하려 노력하고 있다. 그 결과 2015년 파리 기후변화협정에서 195개국 나라들은 온실가스 배출량을 감소시켜야 할 의무를 가지게 되었다. 하지만 각국이 약속을 지키지 않을 경우 이를 제재할 방법이 없다는 근본적인 한계를 가지고 있어 그로 인한 결과가 지금 나타나고 있는 것이다.

환경문제를 해결하기 위해서는 전체적인 정책의 변화도 중요하나 소비자들의 구체적인 행동 변화가 필수적으로 동반되어야 한다. 이에 지속가능한 발전과 소비에 대한 책임 행동인 녹색소비의 중요성은 오래전부터 부각되어 왔다. 녹색소비는 제6장에서 소개되었던 것처럼 다양한 소비 방법과 정책 등으로 실천할 수 있는 방법이 많으며, 최근에는 기업의 환경친화적 경영과 생산을 촉진하기 위해 녹색 구매행동이 더욱 강조되고 있다. 사업자들이 많은 에너지와 자원을 사용하며 환경을 오염시키는 생산 방법을 환경친화적 생산으로 변화시키고 녹색 경영을 지향하는 것은 지속가능한 발전에 중요하기 때문이다.

하지만 녹색제품 구매 등 어떤 형태로든 일단 소비가 이루어진다는 것은 자연이 그만큼 훼손되고 쓰레기가 발생된다는 것이다. 그러므로 환경문제를 해결하기 위해 가장 궁극적으로 추구해야 하는 행동은 소비 줄이기, 즉 절제와 간소한 삶이다. 절제와 간소한 삶은 지속가능한 사회로 나아갈 수 있는 최적의 방법이며 개인 소비자들의 삶에 대한 만족감도 높일 수 있는 생활방식이다.

한편 절제와 간소한 삶에 대해 어떤 사람들은 이러한 소비행동과 삶이 경제 활동을 방해하고 실업률을 높인다고 걱정하기도 한다. 그러나 이들의 걱정에는 근거가 없다. 현재 세상을 둘러보면 정말 필요한 것을 얻지 못하는 사람이 너무 많다는 것을 발견하게 된다. 예를 들어 문맹자들과 기술이 없는 청소년들에 대한 교육, 탁아 서비스, 의료 서비스는 제대로 실행되지 않고 있으며 이 외에도 환경과 공동체를 위해 필요한 사업은 너무도 많다. 이처럼 필요한 것도 얻지 못하거나 개발되지 않은 사업이 많기 때문에 보람과 의미를 얻을 수 있는 일도 많다. 산업사회가 개인의 소비를 너무나 강조하며 외적으로 보이는 소비 품목에만 자원을 쏟았기 때문에 공공복지를 위한 일은 뒷전으로 밀려나 있을 뿐이다. 환경을 먼저 생각하는 경제 체제나 소비 욕구를 일부러 부풀리지 않는 경제 체제라고 고용 기회나 경제성장이 이루어지지 않을 것이라는 선입견은 금물이다. 오히려 의미 있고 보람 있는 직업에 더 많은 사람이 몰릴 것이며 더 나은 소비를 하기 위해 사람들은 구매 선택을 할 것이기 때문이다(듀안 엘진 저, 김승욱 역, 1999, pp. 152-153).

3. 어떻게 절제하고 간소한 삶을 실천하는가?

사람들은 소비를 줄이고 조절하고 싶어 하면서도 잘 실천하지 못하는 경우가 많다. 제임스 월먼(James Wallman)은 사람들의 과소비로 인한 과소유 문제를 비만의 문제에 비유하여 설명하였다. 현재 비만은 과소비의 문제와 마찬가지로 개인 차원을 넘어 사회적 차원에서도 가장 우려되는 문제 중 하나가 되었다. 개인에게는 건강과 생명에 심각한 영향을 미치고 있으며 사회적으로는 비만 인구가 지속적으로 증가하고 있고 비만의 원인으로 각종 질병과 사망에 이르는 현상들이 증가하고 있기 때문이다. 게다가 비만은 다음 세대에도 미칠 영향이 심각하다는 것이다. 이렇게 해롭다는 것을 개인도 사회에서도 모두 알고 있고 식습관의 변화가 이 문제를 해결할 수 있다는 것을 알고 있으나, 대부분의 마케팅과 소비문화 속에서는 더 많이 먹고 마시는 소비를 조장하고 있고 또 한편으로는 공익광고와 건강 증진 정책 등을 만들며 신중하게 선택하라고 한다.

과소비 문제 역시 마찬가지다. 과소비 문제도 개인 차원을 넘어 사회, 환경적 차원에서 우려하고 관심 있게 지켜보는 문제 중 하나이다. 과소비가 개인에게는 개인 자산 관리와 빚, 스트레스 등의 문제를 야기하고 있으며 사회적으로는 경기 전반에 영향을 미치는 가계 위기의 문제로 나타나고 있다. 환경적으로도 과소비는 자원·에너지 고갈과 환경오염의 주요 원인 중 하나로 꼽히고 있다. 이에 과소비 우려와 올바른 소비를 조장하는 공익광고와 프로그램도 많으나 더 많은 마케팅에서는 새로운 소비 욕구를 만들어 내고 소비를 조장하고 있다. 따라서 건강을 위해 자기 스스로 식습관 조절과 운동을 하며 다이어트를 하는 것과 같이 주체적인 기준을 두고 소비를 절제하고 간소한 삶을 살기 위한 방법에 대해 알아보려고 한다.

우선 성영애(2016)의 연구를 통해 절제와 간소한 삶으로 살아가는 소비자들의 동기에 대해 전반적으로 알아보면 다음과 같다.

절제와 간소한 삶에 대한 동기는 변화에 대한 개인의 자발성에 따라 자발적 동기와 비자발적 동기로 나누었고, 또 하나는 개인적 동기와 사회적 동기로 나누었다. 개인적이고 자발적인 동기는 한때 우리 사회에서 유행처럼 번진 "부자 되세요"와 같이 자산 축적을 위한 동기라 할 수 있다. 재무관리는 소비 절제가 기본으로

표 10-2 동기에 따른 절제와 간소한 삶 유형

동기	자발적 소비 절제	←——→	비자발적 소비 절제
개인적 동기 ↕ 사회적 동기	• 재무목표달성 목표 (검소)	• 선택적 소비 절제 (작은 사치)	• 경제적 부족 • 강박성향
	• 자발적 간소화		
	• 환경문제		

출처 : 성영애(2016).

실천되어야 하기 때문이다. 즉 자신의 소득을 높일 수 있는 방법보다는 지출 항목을 관리하여 낭비되는 돈을 줄이는 방법이 훨씬 쉽고 실현 가능하다. 그리고 사회적 동기로 대표적인 것은 환경문제에 대한 높은 관심이라고 할 수 있다. 이들은 전세계적으로 종종 발생하는 환경문제, 점점 심각해지는 미세먼지와 황사, 기후변화와 2011년의 동일본 대지진으로 인한 후쿠시마 원전 유출 사고로 인한 해양오염의 심각성을 지각하여 소비자 한 사람이라도 변화하여야 한다는 의식을 갖고 간소한 삶을 실천하는 것이다. 특히 이러한 사람들은 주변의 다른 사람들에게도 적극적으로 환경문제의 심각성을 알리고 SNS 등을 통해 자신의 삶에 대한 모습과 절제방법의 정보 공유로 함께 실천할 수 있는 방법을 도모하기도 한다.

비자발적 동기의 대표적인 이유는 경제적 문제라 할 수 있다. 저성장 경제환경 속에서 대부분의 사람들이 일시적이라도 소비를 줄이는 이유가 될 수 있다. 비용은 증가하고 소득은 정체되거나 축소되는 환경에서 물건을 계속 사들일 수 없기 때문이다.

물론 이러한 동기를 갖고도 절제와 간소한 삶을 살기에는 어려울 수 있으며 어디서부터 시작해야 할지 난감할 수 있다. 따라서 절제와 간소한 삶을 실천할 수 있는 방법에 대해 구체적으로 살펴보자.

1) 소비 절제 방법

지금보다 조금이라도 절제하는 삶을 살아 보면 어떨까 하는 생각이 든다면 즐겁게 실천할 수 있는 것부터 생각해 보자. 무리하게 소비 습관과 생활방식을 바꾸면 불편하고 괴로워져 금방 포기하게 될 것이다. 아무리 뜻깊고 행복해지는 일이라고 하더라도 말이다. 소비는 매일 스스로 선택해야 하는 일이기 때문에 부담 없이 실천할 수 있는 일부터 해야 하고 나름의 기준을 세워 바꿔 나가야 한다. 꾸준히 조금씩 습관처럼 실천할 수 있다면 만족감이 커지고 행복함을 느낄 수 있을 것이다. 생활 속에서 조금씩 소비 선택을 바꾸고 소비를 절제할 수 있는 방법에 대해 간소한 삶을 살아가는 이들의 소비 기준과 행동을 통해 알아보자.

첫째, 소비를 할 때 가격이나 브랜드를 기준으로 둔 소비가 아닌 사용 가치를 높일 수 있는 소비를 한다. 가격이나 브랜드는 마케팅과 과시적 목적으로 소비를 하게 되는 경우가 많아 실제 생활 속에서의 실용적인 면에선 가치가 없어 사용 가치가 떨어지는 경우가 많다. 구매한 물건을 어떻게, 얼마나 잘 사용하는지에 따라 사용 가치는 달라질 수 있으며 이는 질적인 개념이기 때문에 단순하게 판단할 수 없다. 사용 가치를 높일 수 있는 한 가지 방법으로 공유경제를 이용하는 방법이 있다. 자신이 구매한 물건들 중 충분히 사용하고 있는 물건은 몇 개나 되는가? 가지고 있는 물건들 중 일 년에 한두 번 사용하지만 없으면 불편한 것들이 있는가? 좋은 책이라 버리긴 아까워 집에 쌓아 두고 있는 책들은 없는가? 이런 경우들이 많아 소비가 줄어들지 않고 물건을 정리하기 어렵다면 공유경제 서비스를 이용하는 것이 좋다. 즉 소유권은 자신이 가지고 있고 사용권을 나누는 방법으로 그 물건의 사용 가치를 높이는 방법이다. 공유경제 서비스를 이용한다면 자기 자신뿐 아니라 다른 사람의 소비도 줄이고 만족은 높일 수 있을 것이다. 공유경제에 대한 내용은 제9장에 자세히 설명되어 있다.

둘째, 창조적 아이디어를 곁들여 소비를 한다. 유명한 전래동화 중 엽전 한 닢으로 방 안을 가득 채울 수 있는 물건을 사 오라는 훈장의 말에 어떤 아이가 초를 사와 그 빛으로 방 안을 가득 채웠다는 이야기가 있다(구본기, 2014, pp. 216-217). 같은 돈을 어떻게 사용하는지에 따라 우리가 느끼는 행복은 얼마든지 달라질 수 있다. 2003년부터 2008년까지 MBC에서 방영한 〈행복주식회사〉라는 프로그램은 스타 두 명이 일주일 동안 만 원으로 생활하며, 수행해야 하는 미션 중 하나로 감사의 마음을 표현하고 싶은 한 명에게 선물을 하는 프로그램이었다. 만 원으로 일주일 동안 살아가기 위해 스타들은 도시락을 싸거나 자전거를 타고 이동하고 집 앞 슈퍼마켓이나 시장에서 장을 보며 조금씩 식자재를 구매해야 했다. 또한 자신의 재능을 최대한 살려 그림을 그리거나 요리를 해 선물을 하기도 했다. 이러한 과정을 통해 참여자들은 자신이 몰랐던 재능을 계발하거나 새로운 체험을 할 수 있었다. 창의적 소비는 소비를 많이 하지 않아도 삶의 만족도를 높여 주며 자신의 재능 계발과 다양한 체험을 할 수 있는 일석이조의 소비행동이라 할 수 있다.

셋째, 가치관과 소비행동을 일치시킨다. 미니멀라이프나 간소한 삶을 목적으로 소비를 하려고 해도 언제 어디서나 유혹하는 광고와 마케팅, 순간 흔들리는 감정에 따른 구매 욕구 등에 의해 우리는 습관처럼 소비를 하고 뒤늦게 후회를 하는 경우가 많다. 문제는 '새로 나온 스마트폰'과 '비싼 자동차'를 소비하는 것이 아니라 그런 것들 때문에 더 중요한 것들을 놓쳐 다른 생활에도 영향을 미친다는 것이다 (구본기, 2014, p. 223).

이상과 같이 소비 절제는 단순히 소비의 규모를 무조건 줄이는 것이 아닌 주체적인 기준을 두고 소비를 하여 필요 없는 소비를 줄이고 자신의 삶에서 중요한 것들에 더 집중하고 실질적인 삶의 질을 높일 수 있도록 해야 한다.

2) 간소한 삶 실천 방법

대중소비사회에서 간소한 삶을 실천하기란 쉽지 않다. 간소한 삶뿐 아니라 소비절제에 대해 사람들은 몇 가지 고정관념을 갖고 있는데 대표적인 고정관념으로는, 첫째 삶을 더 어렵고 불편하게 살아야 한다는 것이다. 그러나 절제와 간소한 삶은 오히려 삶에 있어 우선순위를 정하여 단순화시키는 데서 시작된다. 물론 이때 편리를 위해 소비했던 품목들이 제외될 가능성이 높다. 그러나 새로운 전자제품을 이용한 편리함은 그 제품의 작동 방법을 익히고 작동시켜야 하는 불편함을 수반하며 내가 편리한 만큼 에너지와 비용이 들기 때문에 그 비용을 상쇄시킬 수 있도록 수입을 얻어야 해 더 많은 노동을 해야 한다. 또한 소비시장에 대한 의존도가 높은 생활을 유지해야 하기 때문에 더 복잡한 활동을 해야 한다. 반면 간소한 삶에서 발생하는 불편은 소비시장에 대한 의존도를 낮추기 위해 육체적 노동을 하는 경우가 많으나 자신이 필요한 것을 직접 생산한다는 것에 대한 만족감이 더 크며 자신의 능력에 대한 자신감이 높아진다.

두 번째 고정관념은 도시에서는 불가능하며 시골에 들어가 생활해야 한다는 생각이다. 소비 절제와 간소한 삶을 위해 꼭 시골이나 산 속에 들어가야 할 필요는 없다. 단지 간소한 삶을 선택하는 많은 사람들이 내적 평화로움을 얻기 위해 자연과 함께 살려는 선택을 할 뿐 간소한 삶은 어떤 특정 생활양식이 정해져 있는 것이 아니다. 말 그대로 '스스로' 결정하는 것이다. 따라서 도시에서도 충분히 이러한 생활방식으로 살아갈 수 있고 그렇게 살아가는 사람들도 많다.

소비를 줄이는 행동은 삶 전체에 점진적으로 확장해 나가며 간소한 삶의 실천으로 이어진다. 스스로 선택한 간소한 삶의 방법은 개인적인 삶의 선택이기 때문에 규정된 유형의 생활양식은 없다. 하지만 이들의 공통된 삶의 방법을 몇 가지 정리해 보면 다음과 같다(Elgin, 1999).

1. 소박한 생활을 통해 얻어진 시간과 에너지를 가족이나 친구들에게 투자하거나 자원봉사 등의 활동으로 공동체 참여 기회를 높인다.
2. 자신의 육체적 · 영적 잠재력을 개발하기 위해 노력한다.
3. 자연에 대한 경외심이 있으며 땅과 자연이 우리의 몸과 하나라는 의식을 갖고 있다.
4. 소비량을 줄인다.
5. 소유하고 있는 물건을 오래 사용하려고 노력하며 실용성 있는 소비 패턴으로 바꾼다.
6. 가공식품에 대한 소비를 줄이고 환경에 피해를 덜 끼치는 음식(채식)으로 바꾼다.
7. 자신에게 필요하지 않은 물건들을 필요한 사람들이 사용할 수 있도록 남에게 나누어 주거나 팔아 자신의 삶에서 복잡함을 줄인다.
8. 비윤리적이라 판단하는 기업이나 상품을 소비하지 않는다.
9. 육체적 노동을 즐기며 자급자족할 수 있는 기술을 습득하고, 일상적인 수리, 목공일 등은 직접 하려고 노력한다.
10. 공동체 의식을 강화하고, 소규모의 인간적 모임을 선호한다.

3) 절제와 간소한 삶을 사는 사례

우리의 긍정적인 미래를 위한 가장 최선의 방법으로 소비 절제와 간소한 삶을 들수 있으나 소비윤리 중 가장 높은 차원의 소비행동으로 단숨에 이를 실천하기란 힘들지도 모른다. 그러나 누구나 조금씩 실천하면 점차적으로 의식과 행동이 성장해 나가 궁극적으로 윤리적 소비를 할 수 있다. 이러한 삶을 실천해 나가는 사례들을 살펴보자.

(1) 일주일 혹은 한 달간 물건 사지 않기 챌린지

2015년 두 아이의 엄마인 에밀리 헤드룬드는 1년 동안 옷을 한 벌도 사지 않기로 했다. 헤드룬드가 계산해 보니 가족들의 옷을 구매하는 데 지출한 돈이 매년 수백 달러였지만 정작 사 놓고 입지도 않은 옷들도 많아 1년 동안 가족이 입기에 충분한 옷을 가지고 있다고 생각했기 때문이다. 도전 과제를 하는 동안 그는 친구들과 옷을 교환하여 입기도 했고 패션업계의 여러 문제들을 알게 되었다. 그리고 자신과 같은 행동이 기업들에게 과잉으로 생산하는 운영 방법을 줄일 수 있도록 압력을 넣을 수 있다는 것도 알게 되었다. 물론 헤드룬드가 이 도전을 실천하기 위해 습관을 바꾸는 데는 시간이 걸렸다. 처음에는 새 물건을 사서 갖는 느낌, 쇼핑하는 행동 그 자체가 그립기도 했고 특히 계절이 바뀔 때 옷을 사러 가고 싶은 충동을 느꼈다. 그러나 시간이 흐르자 쇼핑 충동은 사라져 갔다. 도전이 끝나고 난 이후 헤드룬드는 새로운 도전을 시작하였다. 거의 한 달 동안 아무것도 사지 않기였다. 헤드룬드는 이 도전으로 "나한테는 사실 그런 물건들이 필요 없었다. 필요하다고 생각했던 것뿐이다"는 것을 깨달았다고 한다(허핑턴포스트, 2016. 10. 15.). 헤드룬드 외에도 요즘은 '일주일간 아무것도 사지 않기' 등의 챌린지를 만들어 실천하고 SNS나 블로그 등에 자신의 생활을 글로 남기는 사람들이 많아지고 있다. 처음부터 과감하게 간소한 삶을 실천하기보다 조금씩 일상의 소비를 변화시키려는 사람들이 늘어가고 있는 것이다.

(2) 단순한 삶을 추구하는 프랑스 수필가

『심플하게 산다』의 저자 도미니크 로로는 프랑스 출신 수필가로 동양의 아름다움에 빠져 1970년대 말부터 일본에 살기 시작했다. 프랑스와는 전혀 다른 문화를 가진 나라에서 자기 자신을 끊임없이 돌아보게 되었고 심플함이 삶을 풍요롭게 하는 긍정적인 가치라는 것과, 심플함을 추구하는 것이 가장 편안하면서 양심에도 부합하는 올바른 삶의 방식이라는 사실을 깨달았다. 도미니크 로로는 심플한 삶을 살기 위해 무엇을 할 수 있을지 자신에게 다음과 같은 질문을 하라고 한다.

- 내 인생을 복잡하게 만드는 것은 무엇인가?
- 그것을 내 인생에 둘 만한 가치가 있는가?
- 나는 언제 가장 행복한가?
- 소유하는 것이 존재하는 것보다 중요한가?
- 나는 적은 것에 얼마나 만족할 수 있는가?

이 질문들에 답하면서 자기 자신에 대한 목록을 작성한다면 삶을 심플하게 정리하는 데 도움이 될 것이라고 말한다.

(3) 자연주의 생활을 하는 젊은 부부

도시에서만 살았던 한 젊은 부부는 후쿠시마 원전 사고에 충격을 받아 전기 없는 생활을 하기 위해 전남 장흥에서 2013년부터 하얼과 페달이라는 별칭으로 서로를 부르며 시골 생활을 하였다. 아이들을 키우며 이들은 냇가에서 빨래하고 아궁이로 불을 때고 가스레인지 대신 화덕에서 요리를 하였다. 주변의 나무로 집까지 손수 지어 살고 전기도 가스도 없이 텃밭에서 제철 채소를 얻어 음식을 하고 천연염색된 옷을 입고 살았다. 물론 폐쇄적인 삶을 사는 것은 아니다. 이들은 태양광충전기를 이용하여 휴대전화도 사용하고 SNS로 자신들의 삶을 알리고 사람들과

출처 : EBS 하나뿐인 지구, 2016. 1. 8. 방송

소통하기도 하였다. 단순한 삶과 지구를 생각하는 삶을 여러 방법으로 살아가다 지금은 캐나다 한 시골에 새롭게 정착하여 비건을 실천하고 기후행동 집회에 참여하며 한국에서와 같이 지구에 해를 덜 줄 수 있는 방법으로 살아가고 있다.

(4) 비움을 넘어 소중함을 채우는 미니멀리스트

단순히 물건을 비우고 단순한 디자인의 가구들을 채우는 삶이 아닌 식습관부터 생활방식 등을 일상에서 실천하며 미니멀라이프를 살아가는 사람들이 늘어나고 있다. 이들은 소유했던 살림살이를 줄이고 공간을 단순하게 만들어 살아간다. 미니멀리스트로 자신의 삶의 변화를 기록하며 알리는 진민영씨는 "더 소중한 것을 위해 쓸데없는 것들을 버렸을 뿐인데 사는 게 훨씬 행복해졌다"고 한다. 진민영씨 외에도 『나는 미니멀리스트, 이기주의자입니다』의 저자 시부야 나오토 등 미니멀 라이프를 실천하는 사람들이 많아지고 있다. 이들은 생활 공간(주거 공간)을 줄이고 수납공간을 줄이며 자신에게 꼭 필요한 것만 남겨두려고 한다. 공통적으로 이들은 물건을 줄이면서 정신적 여유가 늘어남을, 구매를 줄이면서 시간과 자원이 낭비되었던 것을 느꼈다고 한다. 또한 정리와 비움이 생활 전반의 변화를 가져오고 자신이 정말 중요하게 여기는 것이 무엇인지 깨닫게 되었다고 한다. 미니멀리스트들은 처음에는 소유를 줄이고 정리하는 데 집중했다면 어느 샌가 자신이 중요하게 여기는 것들에 점차 집중하게 되고 그런 삶을 지속하기 위해 삶을 더 가볍게 하게 된다고 한다.

(5) 캡슐 옷장 프로젝트 333(333운동)

캡슐 옷장 프로젝트 333(333운동)은 한 계절, 즉 3개월 동안 33가지 옷과 신발, 액세서리만 이용하는 운동이다. 이 운동은 곤도 마리에의 『인생이 빛나는 정리의 마법』이라는 책이 인기를 끌면서 일본과 미국에 널리 알려졌다. '간소화'가 새로운 생활 방식으로 떠오르면서 가장 먼저 정리 대상에 오른 것이 옷장이었다. 옷장 내의 물건들을 줄이는 과정에서 333운동이 일어났고, 블로그와 인스타그램에는 '333 챌린지'란 제목으로 3개월간 33개의 아이템으로 살아가는 도전을 기록하는 이들이 생겨났다. 뿐만 아니라 333운동은 자라, H&M, 포에버21과 같은 다국적 의류

프로젝트 333
experiments in living with less

기간 : 3개월마다

간소화 물품 : 33가지 아이템(옷, 액세서리, 신발 포함)

제외되는 물품 : 결혼반지나 의미가 있어서 뺄 수 없는 액세서리, 속옷, 잠옷, 운동 시 반드시 입어야 하
는 기능성 의류

방법 : 33가지 아이템을 선택한 후 나머지 옷장 내의 물품들은 상자에 담아 테이프로 붙여 절대 이용하
지 않도록 정리해 놓습니다.

주의사항 : 3개월 동안 일상생활을 할 수 있는 옷장을 만들어 가고 있다는 것을 기억합니다. 고통의 프
로젝트가 아닙니다. 옷이 맞지 않거나 상태가 안 좋다면 교체해도 됩니다.

회사들이 유행시킨 '패스트 패션'에 대한 저항이기도 하다.

333운동의 3계명은 첫째, 한 계절에 30가지(옷, 신발, 가방, 스카프 포함 개수, 속옷 제외)로 살아가기, 둘째, 충동구매 금물, 셋째, 필요 없는 건 그때그때 팔거나 기부하기이다. 물론 333운동은 과소비에 반기를 드는 운동이지 패션까지 거부하는 것은 아니다(셔츠 3, 바지 3, 신발 3이면 한 계절 납니다. 조선일보 2015. 10. 28.). 그래서 자신의 SNS를 이용하여 33가지 아이템을 이용하여 여러 가지 변형을 시도하며 멋 내는 방법에 대해 정보를 교환하기도 한다.

4. 윤리적 소비자는 어떻게 사는가?

1) 뭔가 많다는 것은 나를 구속하는 것이지요. (30대 맞벌이 주부)

쇼핑은 어떻게 하나요?

소비를 할 때 시간을 많이 보내는 것 같아요. 적어도 다섯 번은 들었다 놨다 하거든요. 쉽게 사지 않으려구요. 재래시장은 일주일에 한 번 정도 가는데, 친환경농산물을 고집하진 않아요. 가능하면 건강한 먹거리를 사려고 하지요. 공산품처럼 찍어나오는 것 같은 먹거리는 사지 않아요. 가능하면 만든 사람의 뭔가가 느껴지는 것을 사려고 하지요. 그렇게 먹거리를 가리는 것이 꼭 제 건강을 위한 것만은 아니

고, 그냥 살아 있는 것을 먹고 싶은 거예요. 저는 환경이 몸과 다르지 않다고 생각하거든요. 몸이 곧 자연이니까, 콜라같이 아무것이나 먹고 싶지 않은 거예요.

주위 사람들보단 살림살이가 적은 편인데, 많이 갖고 있는 사람이 부럽지 않아요. 더 갖고 싶다 그런 생각을 하진 않아요. 오히려 그냥 다 두고 가도 되는 그런 삶을 살고 싶다는 생각을 많이 해요. 단지 내가 하고 싶은 것은 꼭 하고 싶고, 그렇게 해요. 여행이나 재봉, 침뜸, 사찰음식 만들기 같은 배우고 싶은 것이 있으면 다른 걸 줄여서라도 꼭 하죠. 삶에 대해 깨달을 수 있는 여행을 좋아해요. 그래서 지금의 내가 있는 곳과 전혀 다른 곳으로 여행하는 걸 선택하구요. 배우는 건 손으로 할 수 있는 일을 찾아요. 그 배움의 과정은 제가 잘할 수 있는 일로, 손으로 할 수 있는 일을 찾는 과정인 거죠. 머리가 아닌 손으로 하는 일, 손으로 익히고 정성을 들일 수 있는 그런 일을 하고 싶거든요.

간소한 삶을 살아가는 데 어려운 점은?

저는 뭐가 많으면 부담스럽고 그게 나를 구속하는 것 같고 그래요. 그래서 간소하게 살려고 노력은 하지만 잘 되지는 않는 것 같아요. 결혼을 하면서 시댁이나 남의 시선 이런 것을 고려하면서 살아야 하니까요. 예를 들어 채식을 엄격하게 했는데, 요즘은 가릴 수 없으면 그냥 먹는 편이에요. 내가 안 먹으면 버리게 되니까요. 잠깐씩 고민을 하다가 그냥 먹죠. 또 지금은 엄마가 젓갈 넣은 김치를 해 주시는데 그것을 안 먹겠단 소리를 못해요. 그렇게 도시에서 채식을 하려면 정말 까탈스러운 사람이 되어야 하는 거예요. 어디든 다 들어가 있으니, 그냥 가능한 지키려고 노력할 뿐이죠. 모든 음식을 내가 다 만들어 먹고 내가 스스로 뭐든 할 수 있으면 문제가 없지만 다른 사람들하고의 관계나 그런 것 때문에 쉽지 않아요. 그래서 언젠가 시골에 가서 온전한 나로 살아가려고 해요. 도시에서는 나로서 존재하는 시간이 참 적어요. 외부의 것들이 많아서, 눈에 들어오는 것도 많고 생각해야 할 것도 많잖아요. 그래서 더 많이, 치열하게 나에 대해, 삶에 대해 생각을 해도 잘 안 되는 것 같아요.

2) 일과 여가의 조화로운 삶, 그리고 생협 활동을 통해 행복한 삶을 살고 있어요. (50대 생협활동가)

윤리적 소비를 실천하면서 어떤 어려움을 겪나요?

소비라는 것이 일단은 자기 자신을 잘 다스려야 하는 것 같아요. 필요 이상의 욕심을 자꾸 갖게 되잖아요. 나에게 필요한 것이 아닌데 디자인이 좋아 보일 때 순간적으로 충동구매를 하게 돼요. 그럴 때는 나 자신에게 일관성이 없다고 느껴요. 물론 점점 줄어들고 있지만 그러기까지 시간이 좀 걸리는 것 같아요. 내가 정말 의식을 가지면서 의도적으로 자제하고 마음을 다스리는 노력이 굉장히 필요한 것 같아요. 왜냐하면 밖에 나가면 유혹하는 게 너무도 많거든요. 특히 아이들 물품을 살 때 더 과소비를 하죠. 그런 부분에서 마음을 다스리고 자제하고 나 스스로에게 일관성을 갖도록 노력하죠.

소비생활에서 행복함을 느낄 때는 언제인가요?

어느 날 방송을 보다가 깻잎에 농약을 많이 친다는 보도를 봤어요. 그런데 마침 생협 공급자가 깻잎을 가져오신 거예요. 그때 어떤 생각이 들었냐면 정말 너무 행복한 거예요. 어떻게 보면 내가 직접 수고하지 않았는데 내가 고민하지 않고 안심하고 먹을 수 있다는 것 자체가 행복하고 감사한 마음이 들더라고요. 행복한 소비는 내가 필요한 것, 내가 좋은 것이 다른 사람도 좋은 것 같아요.

저는 생협활동가로서 생협활동을 하고 직접 이용하면서 행복감은 내가 만들어 간다고 생각해요. 공정무역이라든가 이런 것들을 개선하기 위해서 그리고 생산자 문제라든지 일자리 문제, 지역경제 문제까지 내가 이용하고 활동하면서 만들어 간다는 그런 행복감은 말할 수 없이 크죠.

소비를 줄이면 경제가 위축되어 삶의 질이 떨어지지 않을까?

화폐적·물질적 가치로 환산하여 측정하는 양적 경제성장은 어떤 영역에서든 생산과 소비가 많이 이루어져 돈이 많이 유통되는 것을 경제성장이라고 판단한다. 따라서 소비 절제는 양적 측면에서의 경제성장이 위축되는 것이기 때문에 삶의 질도 떨어진다고 생각한다.

그렇다면 경제성장으로 우리는 더 행복해졌을까? 국가의 경제성장이나 나 자신이 부자가 되길 꿈꾸는 이유는 물질적으로 빈곤한 생활의 고단함을 피하고 삶을 여유롭고 행복하게 살기 위함일 것이다. 그런데 애석하게도 경제성장이 꼭 삶의 질을 높였다고는 할 수 없다. 현재 사람들은 더 많은 소비를 위해 더 오랜 시간 일을 해야 하며 스트레스와 우울증, 건강 악화, 오염된 환경 속에서 살아가는 등 여러 가지 어려움이 늘어나고 있다. 더욱이 한정된 자원과 환경오염 문제 때문에 지금과 같은 수준의 소비를 계속할 수 없다는 것은 분명하다.

데이비드 보일과 앤드류 심스의 『이기적 경제학 이타적 경제학』에서는 경제성장 중심의 전통경제학에 대한 설명과 현재 나타나고 있는 빈곤, 노동, 부채 등의 문제를 설명하며 모든 사람이 행복할 수 있는 경제학으로 '이타적 경제학'을 제안하고 있다. 이타적 경제학 모델에서는 지금과 같은 소비 수준이나 그 이상으로 경제성장

을 이룰 수 있는지, 그 속에서 우리가 더 행복해질 수 있는지에 대해 서술하고 있다.

『이기적 경제학 이타적 경제학』
데이비드 보일, 앤드류 심스 지음, 조군현 옮김,
사군자, 2012

토론해 봅시다

1. 소비 절제가 삶의 질에 미치는 영향에 대해 긍정적·부정적 입장으로 나누어 토론해 보자.

2. 가지고 있는 물건들 때문에 스트레스를 받은 적이 있는지 이야기해 보자. 그리고 많이 가지고 있지만 줄이지 못하는 이유가 무엇인지 이야기해 보자.

3. 자신의 생활을 간소한 삶으로 변화시키는 데 절제해야 하는 부분은 어떤 것인지 이야기해 보자.

월든 헨리 데이비드 소로(2017), 책만드는집

이 책은 1854년 미국의 수필가 H.D. 소로가 2년 동안 매사추세츠주 콩고드 숲 작은 호숫가에서 오두막을 짓고 자급자족 생활을 했던 자신의 실험생활을 기록한 글이다. 지독히 단순한 생활 속에서 노동과 자연 관찰, 깊은 사색을 통해 자연의 예찬과 동시에 문명사회에 대한 통렬한 비판을 하고 있다. 19세기 미국 문학의 최고 걸작으로 손꼽히는 고전 중의 하나이다.

조화로운 삶 헬렌 니어링, 스코트 니어링(2000), 보리

이 책은 헬렌 니어링과 스코트 니어링은 뉴욕을 떠나 버몬트의 작은 시골로 들어가 조화로운 삶을 산 기록이다. 이들은 조화로운 삶을 살기 위해 스스로 땀 흘려 집을 짓고, 땅을 일구어 양식을 장만하며 자급자족하는 원칙을 세우고 살았다. 되도록 다른 사람들과 힘을 합쳐 일을 해내며 이웃과 함께 한 이야기를 이 책에서 우리는 만날 수 있다.

단순한 삶 샤를 와그너(2016), 판미동

생각법, 말하기, 라이프스타일, 돈, 인간관계, 교육 등 삶의 전 영역을 망라하여 단순함이란 무엇인가를 밝히고, 그 가치를 삶에서 실천하는 방법을 제시하고 있는 책이다. 1895년 프랑스에서 '존재의 행복, 힘과 아름다움은 단순함의 정신에 그 원천을 두고 있으며, 단순한 삶이 가장 인간적인 삶'이라는 중심 메시지를 담고 있다.

작고 단순한 삶에 진심입니다 류하윤, 최현우(2022), 위즈덤하우스

'오래 쓰면 그게 에코다', '필요 이상의 효율을 추구하지 않는다' 등 단단하고 천진한 목소리로 미니멀라이프의 새로운 기준을 전하는 저자들의 에세이다. 이들은 더 작은 삶, 더 단순한 삶, 더 가벼운 삶을 끊임없이 탐구하며 살아가면서 겪은 시행착오와 변화를 담담히 들려준다.

숲속의 자본주의자 박혜윤(2021), 다산초당

"우리는 불황을 타지 않는 삶을 살기로 했다" 서울에서 평범하게 살던 가족이 특별한 계획 없이 미국 시골로 떠나 110년 된 집에서 밀을 갈고 빵을 구워먹으며 새로운 일상을 살아가는 이야기이다. 작가는 어쩔 수 없다는 마음으로 매일을 살아가는 누군가를 위해, 지친 몸과 마음에 채찍질하는 그 누군가에게 삶에는 생각보다 많은 자유가 있다는 것을 알려주고 싶다고 말하고 있다.

다운시프트 최승우(2019), 용오름

이 책의 저자는 40년 가까이 금융 분야에서 일해왔으나 100세 시대를 살아가야 하는 우리에게 돈은 행복을 위한 필요 조건이긴 하지만 충분 조건은 아니라고 말하고 있다. 돈과 행복에 관한 익숙한 생각과 결별을 시작하며 지혜롭고 행복하게 살아가는 데 도움이 되는 조언을 해 주는 책이다.

가볍게 살기 - 물건 다이어트

EBS 하나뿐인 지구 2015. 12. 4.

많이 소유하는 것이 미덕인 시대
가진 물건이 많을수록, 우리는 정말 행복할까?

물건과의 전쟁을 선포합니다

마트에 가면 흔히 볼 수 있는 1+1 행사, 사야 할 물건을 다량으로 구입하며 언젠가는 쓰겠지라는 마음으로 물건을 사다 보니 어느새 물건이 주인이 된 집에 살고 있는 한 주부. 물건으로 가득 찬 그녀의 집은 편안하게 쉬는 곳이 아니라 오히려 스트레스 그 자체가 되어 버렸다고 한다. 전문가와 함께 집을 찾아가 문제점을 진단해 봤다. 그 과정에서 드러나는 충격적인 물건들의 민낯! 함께 물건을 줄여 보며 어떤 물건을 어떻게 소유해야 하는지 고민해 본다.

물건이 필요 없는 남자, 사사키

무분별한 물건 구매와 너무 많은 물건의 소유에 지쳐 간소화한 삶을 택한 이들이 있다. 소위 미니멀리스트라고 불리는 사람들…! 제작진이 직접 일본의 한 미니멀리스트, 사사키 후미오 씨를 만나 봤다. 그의 집 안에는 당연히 있다고 생각하는 물건이 보이지 않는다. 아무것도 없는 듯한 텅 빈 공간에서 그는 어떻게 물건 없이 살 수 있을까? 그는 대체 왜, 어떻게 이런 삶을 살게 되었을까? 그의 물건 없이 생활하는 놀라운 일상이 공개된다!

가볍게 살자고? 방법은 333!

요즘 해외에서 일명 '333 프로젝트'가 유행이다. 패스트패션에 저항하는 움직임으로 시작된 이 운동은, 옷, 신발, 가방 등을 약 33개로 줄여 3개월을 살아 보는 것이다. 국내 가수 안다가 이 프로젝트에 직접 도전해 보았다. 그녀의 옷장을 확인하니 가진 옷은 무려 약 360여 벌. 과연 그녀의 옷장 다이어트는 성공할 수 있을까? 옷장을 줄이는 대신 안다가 얻은 값진 경험!

참고문헌

구본기(2014), 우리는 왜 소비를 줄이지 못하는가, 다온북스.

김우창, 김종철(2008), 좋은 삶이란 무엇인가, 녹색평론 98호.

김일방(2005), 환경윤리의 쟁점, 서광사.

김종철(2009), 희망을 위한 보이콧, 녹색평론 104호.

듀안 엘진 저, 김승욱 역(1999), 소박한 삶의 철학, 바다출판사.

로타르 J. 자이베르트 저, 백종유 역(2011), 더 단순하게 살아라, 좋은생각.

메리 램버트 저, 이선경 역(2013), 물건버리기 연습, 시공사

박명호, 오완근, 이영섭, 한상법(2013), 지표를 활용한 한국의 경제사회발전 연구:
OECD 회원국과의 비교분석, 경제학연구 61(4), 5–36.

박영숙, 제롬 글렌(2015), 유엔미래보고서 2050, 교보문고.

보건복지부, 질병관리본부(2014), 2014 국민건강통계, 보건복지부, 질병관리본부

성영애(2016), 소비절제를 추구하는 라이프스타일과 행복에 관한 연구, 소비문학연구
27(2), 233–254

송인숙(1999), 자발적으로 간소화하는 생활방식에 관한 연구, 대한가정학회지 37(11),
85–95

세실 앤드류스, 완다우르반스카 저, 김은영 역(2016), 심플리시티

제임스 월먼 저, 황금진 역(2015), 과소유증후군, 문학사상.

타보르 스키토프스키 저, 김종수 역(2014), 기쁨 없는 경제, 중앙북스.

토마스 파토이어 저, 김종철 역(2014), 녹색평론 134호, "'부엔 비비르'–'좋은 삶'과 자연
의 권리, pp. 157–182.

통계청(2022), 221년 가계 금융·복지조사 결과, 통계청

한국청소년정책연구원(2021), 2021 청년 사회 경제 실태조사 : 기초분석 보고서, 한국청
소년정책연구원

헨리 데이비드 소로 저, 김성 역(2004), 월든, 책 만드는 집.

헬렌 니어링, 스코트 니어링 저, 류시화 역(2000), 조화로운 삶, 보리.

홍연금(2009), 우리나라 윤리적 소비자에 대한 사례 연구, 가톨릭대학교 박사학위논문.

히라카와 가쓰미 저, 정문주 역(2015), 소비를 그만두다, 더숲.

그레고리 베이어(2016), 1년 동안 옷을 한 번도 사지 않은 가족, 허밍턴포스트, 2016.

10. 15

한귀영(2015), "삶의 질이 경제적 성취보다 더 중요"···'탈물질주의' 경향 뚜렷, 한겨레, 2015. 8. 30.

헤이즐 헨더슨 저, 정현상 역(2008), 그린 이코노미-지속가능한 경제를 위한 13가지 실천, 이후.

Craig-Less, M., Hill, C.(2002), Understanding Voluntary Simplifiers, *Psychlogy & Marketing* 19(2), 187-210.

Leonard-Barton, D.(1981), Voluntary simplicity lifestyles and energy conservation, *Journal of Consumer Research* 8, 243-251.

11

기부와 나눔

나눔은 우리를 '진정한 부자'로 만들며,
나누는 행위를 통해 자신이 누구이며 또 무엇인지를 발견하게 된다.

– 마더 테레사

- 우리가 나눌 수 있는 것은 무엇이 있을까?
- 기부와 나눔이 윤리적 소비의 실천이 되는 이유는 무엇이라고 생각하는가?

무엇을 나눌 건가요?

EBS 지식채널e 2021. 12. 8.

어느새 훌쩍 다가온 연말
나도 모르게 눈길이 가는 단어
나도 모르게 괜히 움직이는 마음

"커피 세 잔이요. 두 잔은 저희가 마시고
나머지 한 잔은 맡겨 둘게요."

"혹시 맡겨둔 커피 있나요?"

맡긴 사람도
커피를 만든 주인도
맡긴 것을 찾아가는 사람도

너무 익숙한 이 풍경 대체 뭘까?

커피가 기호품이 아닌 필수품인 나라 이탈리아
2차 세계대전 당시 전쟁의 공포 속에서도
커피 한 잔은 그들이 지켜야 할
최소한의 생필품이자 인간다움이었다.

가난한 이들에게 더없이 간절했던 커피 한 잔
그렇게 이탈리아 남부 나폴리에서는
작은 문화가 시작되었다.

카페, 커피를
소스페소, 잠시 맡겨두다

커피를 주문한 손님이 한 잔 값을 더 내고
영수증을 통에 담거나 붙여두면

커피가 필요한 이들이
그 영수증을 가지고 가서 커피를 마신다.

이들은 왜 직접적인 기부가 아닌
커피를 맡기는 방법을 선택했을까?

5천 원을 받는 것과 커피 한 잔을 사러 가는 것

받는 것 vs 사러 가는 것
이 작은 간극 사이

우리가 알게 모르게 가졌을지 모르는
막연한 동정, 지나친 연민, 가난에 대한 편견
모두의 인간다움을 위해
조금 더 잘 나누기 위해
이탈리아인들이 생각한 나눔의 철학

커피를 음미하는 시간
스스로가 초라해지지 않는 시간
조금 더 당당히
다시 살아갈 힘을 느끼게 하는 시간

안 입는 옷을 걸어두면
필요한 사람 누구든 쇼핑하듯이
원하는 옷을 고를 수 있고
                - 남아프리카 공화국 스트릿 스토어

필요한 사람 누구든 식료품을 가져갈 수 있는
식량 창고도 문을 열었다
                - 태국 길거리 푸드 뱅크

사람을 작아지지 않게 만드는
품격 있는 나눔

모두가 어려운 이 시기
유독 춥게 느껴지는 이 겨울

우리는 무엇을 나눌까요?

현대 사회에 나타나는 부와 권리의 불평등 문제를 해결하기 위한 다양한 노력 중의 하나가 기부와 나눔이다. 국가는 물론 기업 그리고 개인 모두가 나눔으로 이 문제를 함께 해결하려고 노력하고 있다. 왜냐하면 기부와 나눔은 전 세계적인 불평등을 해소함으로써 행복한 삶을 보장하고 공동의 선을 추구하여 지속가능한 사회를 실현할 수 있기 때문이다.

기부와 나눔이란 타인을 돕고자 자신의 소유물을 다른 사람에게 대가 없이 기꺼이 주거나 함께 공유하는 것을 의미한다. 기부나 나눔의 대상은 돈과 같은 유형의 물질적인 것이 가장 비중이 크나 내가 가진 시간이나 생각 또는 재능과 같은 무형의 것도 포함된다. 기부와 나눔은 개인만이 아니라 사회와 국가, 더 나아가 전 지구적으로 영향을 미치는 소비윤리의 가장 고차원적인 실천 영역이다.

이 장에서는 기부와 나눔의 의의, 방법, 필요성, 현황에 대해 알아보고 기부와 나눔을 잘 실천하고 있는 여러 사례를 살펴봄으로써 어떻게 하면 기부와 나눔의 윤리적 소비를 실천할 수 있을지 모색한다.

1. 기부와 나눔이란 무엇인가?

현금과 현물을 포함한 물질 기부는 물론, 시간 기부를 총체적으로 포괄하는 나눔 (giving)은 다양한 측면에서 사회에 크게 기여하는 귀중한 자원이다. 기부와 나눔은 그 자체의 금전적 가치를 가지고 있으면서 많은 사람들의 기부와 나눔 활동을 이끌며 경제적 가치와 함께 사회문화적 가치를 생산한다. 나눔의 일상화로 사회 구성원들 사이에 신뢰와 유대, 협력 등 사회자본이 축적되고, 이러한 사회자본의 축적은 개인의 인적 자본 향상뿐 아니라 공적인 사회개발과 인간개발에 직접적으로 기여한다(주성수, 2016, p. 34). 또한 나눔은 시민들의 주체적이고 자발적 노력을 북돋아 사회의 주축으로 활동할 수 있게 하며, 자본주의 사회의 불평등 문제를 완화하고 지속가능한 발전을 가능하게 하는 안전장치의 역할도 한다(강철희, 2012). 이러한 기부와 나눔을 소비윤리 측면에서 살펴보면 소비자가 자신만을 생각하는 개인 차원에서의 소비활동이 아니라 동시대의 인류를 생각하며 자신의 자원을 나누는 것으로 최고의 윤리적 소비를 실천하는 것이라 할 수 있다.

우리가 대가를 바라지 않고 남에게 뭔가 값어치 있는 것을 줄 때 '기부', '자선', '박애', '나눔' 등 다양한 용어로 표현한다. 이를 영어로 표현하면 '채러티(charity)' 혹은 '필란트로피(philanthropy)'와 같은 용어가 사용되는데 '채러티'는 빈자(貧者)에 대한 관대함, 주변 사람들에 대한 관용과 동정심과 같은 개인적인 차원의 관심과 자비심에 근거한 행위를 말한다. 이에 반해 '필란트로피'는 협의의 의미에서 돈을 기부하는 것, 그리고 교환가치가 있는 일방향의 전달, 즉 대가없는 전달을 의미한다. 이것은 개인적인 차원보다는 인류(humanity)라는 차원에서 사회 구성원이 직면하고 있는 다각적인 문제를 해결해나가기 위해 기부, 봉사, 참여를 실시하고 요청하는 것으로 넓은 의미의 사회공헌 행위와 정신이다(이형진, 2014). 윤리적 소비에서의 기부와 나눔은 광범위한 사회문제에 초점을 두고 개인의 삶뿐만 아니라 사회 전체 삶의 질에 변화를 추구하는 적극적이고 자발적인 행동으로 '필란트로피' 활동으로 볼 수 있다.

인간의 복지를 중심으로 한 경제학에 관심을 기울여 온 아마티아 센(Amartya Kumar Sen)은 인류의 발전이란 다름 아닌 자유의 확대 과정이라고 주장한다. 그런

데 자유의 확대란 단순히 총량적인 경제적 부의 증대로 충분하지 않으며, 이에 더해 정치적 억압과 빈곤, 기아 등 사회적 박탈 등이 사라져야 비로소 가능한 것이라고 강조한다. 내가 부유해도 이웃이 빈곤하거나, 내가 자유롭더라도 이웃이 억압하에 있다면 인류는 아직 부유하지도 자유롭지도 않은 것이기 때문이다.

그런데 현대 사회는 전례 없는 전반적인 풍요에도 불구하고 여전히 대다수 사람들은 권리가 박탈되고 궁핍하고 억압된 세상에서 살고 있다. 빈곤한 나라에서뿐만 아니라 부유한 나라 역시 빈곤인구가 있고, 기초 생필품이 부족하여 기아에 시달린다. 또한 기본적인 정치적 자유가 보장되지 않으며, 여성의 이익과 행위를 소홀히 하는 등의 문제와 더불어 환경과 함께 경제적·사회적 생활의 지속가능성에 대한 위협이 증대되고 있다(아마티아 센 저, 김원기 역, 2013, p. 31). 현대 사회에 나타나는 이러한 문제를 해결하기 위한 다양한 노력 중의 하나가 기부와 나눔이다. 국가는 물론 기업 그리고 개인 모두가 나눔으로 이 문제를 함께 해결하려고 노력하고 있다. 왜냐하면 기부와 나눔은 전 세계적인 불평등을 해소함으로써 행복한 삶을 보장하고 공동의 선을 추구하여 지속가능한 사회를 실현할 수 있기 때문이다.

정치·경제 전문기자이자 2004년 독일『파이낸셜 타임즈』의 경제서적상을 수상한 토마스 람게(Thomas Ramge)는 자신의 저서『행복한 기부』에서 저성장과 대량실업, 재정 위기에 처한 국가 및 사회보험 등으로 요약되는 이른바 '독일병(病)'은 비대해진 복지국가(보모국가)와 복지제도가 도덕적 해이를 부채질한 결과가 나타난 것이라고 지적하면서 이에 대한 대안은 국가가 아니라 기업, 부자, 일반 시민들이 기부와 봉사 등을 통해 창조적이고 효율적인 새로운 '나눔의 문화'를 창조함으로써 대처하는 것이라고 주장한다(토마스 람게 저, 이구호 역, 2007, p. 12). 이처럼 기부와 나눔은 사회 구성원이 함께 참여하여 사회의 문제를 해결하는 역할을 할 수 있다.

기부와 나눔으로 사회적 문제를 해결하는 대표적 예로 미국 기업가들의 자선사업을 들 수 있다. 미국의 부유층 엘리트들은 막대한 돈을 사회에 기부하는 자선행위야말로 그 사회에 살고 있는 구성원으로서의 기본 의무이고 그러한 의무 수행을 통해 비로소 그 사회의 주인이 된다는 인식이 깊게 깔려 있다. 미국 기업가들의 자선활동이 늘어난 것은 20세기 초 산업화 과정에서 엄청난 재산을 축적한 억만장자들이 자선재단을 만들면서 시작되었다. 앤드루 카네기는 "부자로 죽는 것은 불명예스러운 일"이라며 자선사업의 원칙을 확립하고 미국 전역에 2,500개의 도서관을 지어 사회에 기부하였다. 존 록펠러는 "전 세계 인류의 복지 증진을 위한다"라는 목적으로 록펠러재단을 창립하여 문화예술단체나 흑인, 히스패닉, 미국 원주민, 아시아인들을 위하여 자선활동을 하였다(이미숙, 2004, p. 21). 최근 미국의 유명 아웃도어 브랜드 '파타고니아'의 창업주 이본 쉬나드 회장은 자신과 가족이 소유한 회사 지분 4조 원을 모두 기후변화 대응과 환경보호를 위한 활동에 기부하겠다고 밝혀 큰 화제가 되었다. 쉬나드 회장은 이러한 결정에 대해 한 인터뷰에서 "소수의 부자와 셀 수 없이 가난한 사람으로 귀결되는 자본주의가 아닌 새로운 형태의 자본주의 형성에 도움이 되길 바란다"고 언급하였다(한겨레, 2022.9.15.).

부유한 국가에서 경제적인 여유가 있어야만 기부와 나눔을 실천할 수 있을까? 영국의 자선지원재단(Charities Aid Foundation, CAF)에서 최근 발표한 세계기부지수에 따르면 2021년 조사대상 114개국 중 인도네시아가 1위를 차지했고 이어 케냐, 나이지라아, 미얀마, 호주가 뒤를 이었다. 세계기부지수는 자선(모르는 사람 돕기), 기부, 자원봉사 세 가지 항목을 조사한 뒤 응답자 비율을 점수화하는데, 상위 10위권 국가 중 고소득 국가는 호주와 뉴질랜드뿐이며 한국은 끝에서 다섯 번째인 110위를 차지했다. 2018년에 이어 2021년에도 1위를 차지한 인도네시아의 비결은 '함께 어깨에 진다'라는 뜻의 '고통 로용(Gotong Royong)'의 전통문화가 있는데, 이는 남이 어려울 때 돕는 건 결국 자신을 돕는 길이고, 도움을 받으면 갚아야 한다는 삶의 태도가 오랜 기간 문화로 자리 잡아 대대로 이어지고 있기 때문이다(한국기자협회, 2021. 6. 22.).

우리 사회에 기부와 나눔의 문화가 자리잡기 위해서는 누구나 일상에서 쉽게 참여할 수 있는 방법에 관심을 가져야 한다. 기부와 나눔 활동은 특별한 사람들이 하는 것이 아니라 환경문제, 사회문제 등 어려움을 겪고 있는 상황을 목격한 것이 계기가 되어, 또는 기부나 자원봉사를 하는 이웃이나 동료들의 활동을 보고 감동을 받아 직접 나서기도 한다. 또한 기부와 나눔은 물질에 한정된 것은 아니다. 물질을 넘어선 일상의 다양한 나눔이 중요하다. 미국 자선운동계 대부라고 할 수 있는 브라이언 오코넬(Brian O'Connell)은 미국의 자선문화를 확산하기 위해 두 가지 사회운동을 시작했다. 첫째는 '손 빌려 주기 운동(Lend a Hand)', 둘째는 '5% 기부 운동(Give Five)'이다. 손 빌려 주기 운동은 자발적 봉사활동을 더 확산시키기 위해 도움을 필요로 하는 사람들에게 먼저 손을 내밀자는 캠페인이고, 5% 기부 운동은 수입의 5%를 자선단체에 기부하거나 주 5시간을 봉사활동에 쓰자는 것이다(이미숙, 2004, p. 50). 우리나라도 아름다운재단에서 '가진 것의 작은 것을 나누자'라는 의미로 '1% 나눔 운동'을 펼쳐 왔다. '1% 나눔 운동'은 나의 작은 재능 1%, 나의 월급이나 용돈 1%, 나의 소중한 날 1% 등 다양한 형태로 평범한 시민 기부자들이 스스로 기부문화를 바꾸어 가는 계기를 마련하였다. 스웨덴 국민들이 복지를 단지 빈곤구제가 아닌 인권과 나눔의 생활철학으로 승화시킨 것도 물질을 넘어선 의식을 가지고 있었기 때문이다. 물질을 넘어선 일상의 나눔에는 종류가 많지만 환경의 나눔, 지식의 나눔, 문화의 나눔 등을 생각해 볼 수 있다(양창삼, 2007).

2. 왜 남을 돕는가?

하버드대학교 사회학과 교수 프란시 오스트로어(Francie Ostrower)는 1995년 뉴욕에 거주하는 99명의 부유층 자선사업가들을 개별 인터뷰하여 그들이 왜 매년 많은 돈을 기부하는지 그리고 그와 같은 기부를 통해 기부자 개인이 얻게 되는 것은 무엇인지를 분석했다. 연구에 따르면 99명의 기부자 대다수는 기부행위를 단순한 개인적 선택이 아닌 하나의 의무로 받아들이고 있었다. 미국 자선사업가들이 기부하는 이유는 다음과 같았다(이미숙, 2004, pp. 54-60).

1. 성공하면 기부하겠다는 자발적인 인식
2. 남에게 주는 것이 아닌 사회에 돌려주는 것
3. 이 나라에 마땅히 돌려줘야 할 것
4. 물질적인 풍요로움에 대한 죄의식에서 벗어나기 위해
5. 자신의 즐거움 때문
6. 삶의 질을 높이는 일
7. 무언의 책임감

　　8. 부모님의 가르침

　　9. 재산을 물려주는 예비적 과정

　10. 돈 있는 사람들의 당연한 의무

　　하지만 미국 자선사업가들의 기부 이유로는 사람들의 기부 행동을 이해하는 데 충분하지 않다. 자본주의 사회에서는 시장을 중심으로 교류가 이루어진다. 시장에서 남을 생각하는 것은 비합리적일 수 있다는 것이 일반적이다. 경제학에서 이야기하는 소비자의 합리성은 각자 자신의 이익을 극대화한다는 의미에서의 합리성이다. 소비자가 자신의 욕망을 충족시키려고 하는 행위를 이기적이라고 본다면 완전경쟁시장에서 이타심은 필요 없는 것이다(이정전, 2002, p. 16). 그러나 기부와 나눔은 일반적으로 자신이 가지고 있는 물질이나 시간 또는 재능을 다른 사람에게 '나눠 주는' 자발적인 행동을 의미하지만 보다 엄밀히 말하면 사람들 사이에서 서로 '주고받는' 자발적인 행동을 의미한다. 따라서 나눔의 기본정신은 자발적이고, 서로 대가를 바라지 않으며, 쌍방향적이고, 타인이나 공동체를 위한 이타적·공익적인 행동이며 활동이라고 볼 수 있다(주성수, 2016, p. 38). 그렇다면 사람들이 다른 사람을 도와주고 남을 위해 희생하는 것은 어떤 이유 때문일까? 기부행동을 설명하는 다음의 이론을 통해 살펴보자.

1) 기부행동을 설명하는 이론

인간의 기부행동은 다양한 관점으로 이해할 수 있다. 먼저 사회학적 시각에서 기부행동을 설명하고 있는 이론으로는 사회학습이론과 사회교환이론 등이 있으며, 심리학적 시각으로 설명하는 대표적 이론으로는 자기확장이론이 있다(강철희, 2003). 한편 기부행동을 경제학적 측면으로 설명하는 이론으로는 이타주의, 효용 극대화이론 등이 있다. 그리고 현금을 기부할 것인가 자원봉사활동을 할 것인가 등 기부행동의 다양성을 경제학적으로 설명한 이론으로 합리적 선택이론과 공공재모형이론이 있다.

(1) 사회학적 시각

① 사회학습이론

사회학습이론은 반두라(Bandura, 1977)에 의해 제창된 이론으로 인간이 환경과의 접촉을 통해 어떻게 행동을 발달시켜 나가는지를 설명하며, 사람의 행동은 다른 사람의 행동이나 주어진 상황을 관찰하고 모방함으로써 이루어진다고 본다. 사회학습이론에서 친사회적 행동의 학습방법으로는 직접적인 체험과 타인의 행동관찰(modeling)을 중요시한다. 이러한 관점에서 본다면 개인은 부모 또는 주변 인물들의 기부나 봉사활동을 모방하고 직접 체험함으로써 나눔행동을 습득하게 된다고 할 수 있다. 이 이론은 나눔의 선택적 행동 혹은 결합적 행동의 발생을 구체적으로 설명하는 데에는 제한성을 가지나, 기본적으로 사회적 학습이 기부행동의 여부 및 정도 등에 있어서 주요한 차이를 발생시킬 수 있음을 시사해 준다.

② 사회교환이론

사회교환이론의 경우, 사회는 지속적인 사회교환관계를 맺고 상호작용하는 개인들의 총합으로 구성되며, 개인구성원들은 자신들이 지출하는 비용에 비하여 얼마만큼의 보상과 가치가 돌아오는지를 고려하여 행동양식을 결정한다고 설명한다(김주원, 2005). 즉 비용과 이익 간의 균형이 이루어질 수 있는 범위 안에서 교환이 이루어지게 되며, 개인 또는 집단은 다른 사람에게 무언가를 주는 대신 보상을 얻을 수 있다고 생각할 때 행위가 일어난다는 것이다. 이를 기부행동에 적용시킨다면 개인은 금전적인 기부나 자신의 능력과 시간을 제공하는 자원봉사를 수행하는 대신 그에 상응하는 만족감, 자부심, 보람 등의 가치를 얻기 때문에 기부행동이 발생한다고 할 수 있다. 이 이론 역시 기부의 선택적 행동 혹은 결합적 행동의 발생까지를 구체적으로 설명하기에는 제한성을 가지나, 기본적으로 개인이 인식하는 교환적 가치의 정도가 기부행동의 여부 및 정도 등에 있어서 차이를 발생시킬 수 있음을 시사해 준다.

(2) 심리학적 시각

심리학적 시각에서 시민의 나눔행동을 설명하고 있는 대표적 이론으로는 자기확장이론이 있다(강철희, 2003). 기본적으로 자기확장이론은 개인의 성숙 과정에서 타자를 자신의 스키마(self schema)에 통합시킨다는 것을 강조한다. 자기확장이란 자신의 가치와 신념, 태도 등에 있어 타자 및 가족, 집단, 사회조직 등이 포함되어 확장될 수 있다는 것을 의미하는데(Belk, 1988), 이는 더 나아가서 지역사회 및 공동체에 대한 기여행동을 설명하는 데도 유용하다. 자기확장이론을 통해 기부행동을 설명하면, 개인은 자아의 확장과 함께 자신의 신념과 가치를 보다 많은 사람들과 공유하고 확대하기를 원하기 때문에 기부행동을 수행하게 된다는 것이다. 이 이론 역시 기부의 선택적 행동 혹은 결합적 행동의 발생까지를 구체적으로 설명하기에는 제한성을 가지나, 기본적으로 개인이 인식하는 자아확장성의 정도가 기부행동의 여부 및 정도 등에 있어서 주요한 차이를 발생시킬 수 있음을 시사해 준다 (강철희, 2012).

(3) 경제학적 시각

① 이타주의

기본적으로 이타주의(altruism)는 도움을 주는 주체가 자신의 개인적인 이득에 대한 기대를 갖지 않는 것이 특징이다(Piliavin, J. A. & Charan, 1990). 이타주의란 타인을 이롭게 하거나 돕는 행동으로서 보상을 기대하지 않는 것을 뜻한다. 인간의 이기심을 유일한 동기요인으로 보는 기존 경제학의 관점과 달리 행동경제학자들은 사람들이 이타적으로 행동하는 증거를 제시하였고 이타주의는 서로에게 이익이되는 경제교환을 확대할 수 있다고 하였다. 이타주의 이론에 따르면 사람들은 자신보다 어려운 처지에 있는 사람들을 돕고자 하는 천성이 있으며 상대방의 처지가 어려울수록 그를 돕고자 하는 욕구가 더 커진다고 보고 있다.

② 효용극대화이론

경제학적으로 접근한 많은 연구들은 기부행동이 효용을 극대화하고자 하는 지극히 합리적인 행동이라고 보고 있다(Roberts, 1984). 효용극대화이론(utility maximization theory)은 단체나 기업의 기부보다는 개인적인 기부에 적용되는 이론으로 보인다. 인간이 소비로 얻는 행복은 매우 주관적이며 다른 사람을 돕는 데서오는 즐거움은 효용극대화 행동의 하나로 간주할 수 있다는 것이다. 사람마다 기부행동이 다른 것은 서로 다른 무차별 곡선, 즉 기부에 대한 다른 선호도에서 온다는 것이다. 사람들은 자신의 자원을 어디에 어떻게 어느 정도 기부할 것인가에 대해 기부 행동에서 돌아오는 즐거움과 행복감이 극대화될 수 있는 방식으로 결정한다.

③ 합리적 선택이론

자원봉사와 기부행동 간의 대체적 관계를 설명한 대표적 이론으로는 **합리적 선택이론**(rational choice theory)을 들 수 있다. 합리적 선택이론에서는 자원봉사와 기부가 경쟁적 행동으로 간주된다. 즉 두 가지 행동은 각기 다른 비용과 편익을 지니기 때문에 가능한 선택 범위 내에서 개인은 상대적인 비용–편익에 근거한 판단에 따라 행동하게 된다는 것이다(Andreoni, 1990). 따라서 기부행동에 있어서도 사람들은 자원봉사와 기부 모두를 동시에 선택해서 행하기보다는 하나를 선택하는 경향이 있는데, 자원봉사의 기회비용이 높을 때에는 기부를 선택하고, 기부의 기회비용이 높을 때에는 자원봉사활동을 대체재로 선택하게 된다. 이는 시간적 여유가 많은 사람들의 경우에는 기부보다는 자원봉사에 참여할 가능성이 높고, 소득이 높은 사람들의 경우에는 자원봉사보다는 현금 기부를 할 가능성이 높아진다는 것을 의미할 수 있다(강철희, 2012).

④ 공공재모형이론

경제학자들은 다양한 시각에서 기부행동의 형태를 설명해 왔는데, **공공재모형**(public good model)도 자원봉사와 기부 간의 대체적 관계를 설명하는 이론 중 하나라 할 수 있다. 개인의 기부행위를 설명하는 공공재모형에 따르면 기부자는 기부행위로부터 직접 만족을 얻는 것이 아니라 자신의 기부와 다른 사회의 구성원들이 한 기부가 합쳐져 공공재를 공급하게 되고 이렇게 공급된 공공재를 소비하는 것으로부터 만족을 얻게 된다(손원익, 박태규, 2008). 이때 개인은 순수한 이타주의자(pure altruists)이고, 기부의 목적은 공공재의 효과를 극대화하는 데 있으므로 기부를 실천하는 개인은 공공재 공급을 증가시키는 데 가장 효율적인 방법을 선택한다는 것이다.

2) 기부에 영향을 주는 요인

다른 사람을 도와주는 행위인 기부와 나눔을 어떤 사람은 왜 더 많이 하고 어떤 사람은 더 적게 하는 것일까? 이러한 기부와 나눔을 하는 행위에는 다양한 요인이 영향을 준다. 다른 사람을 도와주는 행동에 관한 연구는 1990년대 중반 이후 꾸준히 수행되어 왔다. 기부에 영향을 미치는 요인을 실증 연구결과를 토대로 인구사회학적 요인, 내적 요인, 사회적 요인으로 나누어 살펴보면 다음과 같다.

(1) 인구사회학적 요인

기부행동과 관련 있는 인구사회학적 요인으로는 성별, 연령, 소득, 교육수준, 결혼상태, 취업상태, 종교, 건강상태 등이 대표적으로 제시되고 있다. 그러나 이들 변수들의 일관된 방향성이나 통계적 의미는 보이지 않는다(이성록, 2002; 김태홍 등, 2007). 예를 들어 성별에 따라서는 차이가 없는 것으로 나타난 연구도 있으나 (오단이, 2007), 남성이 더 활발하게 기부에 참여하는 것으로 나타난 연구도 있다 (Chang, 2005). 연령과 기부와의 관계가 비선형적임을 밝힌 연구도 있으며(Danko & Stanley, 1986), 연관성이 없다고 밝힌 연구(강철희, 2003)도 있다. 소득의 경우, 임금수준과 자원봉사 참여 간 부적 관계(Freeman, 1997)를 보고한 연구가 있는 반면, 정적 관계를 밝힌 연구도 있다(Menchik & Weisbrod, 1987). 한편, 기부와 관련하여서는 소득수준이 기부에 정적인 영향을 주는 것으로 보고되고 있으나 (Schervish & Havens, 1995), 소득 대비 기부금의 비율은 U자형 곡선을 나타낸다는 연구도 있다(Jones & Posnett, 1991). 교육수준의 경우 학력이 높은 사람일수록(김태홍 등, 2007; 조휘일, 1991), 결혼 상태의 경우 기혼인 경우가 미혼에 비하여 자원봉사 참여 가능성이 높으며(Sundeen, 1990), 종교를 가진 사람일수록 자원봉사 참여 가능성이 높고(홍은진, 2006), 종교 활동에 적극적일수록 자원봉사 참여가 활발한 것으로 나타난다(조휘일, 1991).

(2) 내적 요인

내적 요인은 개인 스스로 자연적으로 발현되어 기부행동에 영향을 주는 동기이다. 이웃의 문제에 대한 인식에서 비롯되는 동정심은 자선적 행동의 첫 번째 선행

요인이고(Bekkers, 2007), 타인의 복지를 증진시키고자 하는 이타심은 동정의 마음에서 비롯되는 것으로 기부행동을 설명하는 데 가장 빈번하게 강조되는 동기이다(Batson et al., 2002). 동정심, 이타심과 더불어 기부행동을 설명하는 요인으로 주목받는 것은 바로 행복감이다. 기부자의 기부행동이 봉사와 자선, 사회 환원으로 인식되어 기부자의 행복감과 같은 삶의 질을 증진시킨다고 밝혀졌다(정형식 등, 2014). 또한 사회에 대한 책임감은 도덕적이며 이타적 행동이 중요하다는 개인의 믿음에서 비롯되어 기부 의사 및 기부 행동의 핵심적인 결정요인이다(Cheung et al., 2000).

우리나라에서 기부에 관한 통계나 체계적인 조사는 2001년 '아름다운재단'의 기부문화연구소에서 처음 실시하였는데, 우리 사회의 올바른 기부문화 정착과 확산을 위해 한국 기부자 성향을 분석하고 기부 선진국과 비교할 수 있는 국제비교 지수로의 발전방안을 모색해 왔다. 아름다운재단의 기부문화연구소가 발표한 '기빙코리아 2020'을 살펴보면 2019년도 우리나라의 기부자들이 기부를 하는 이유는 '시민으로서 해야 할 책임이라고 생각해서'가 30.8%로 가장 높았고 그다음으로 '불쌍한 사람들을 위해서(29.3%)', '남을 돕는 것이 행복해서(20.5%)', '남의 도움을 받은 적이 있고 이를 갚기 위해서(8.8%)', '기부금에 대한 세제혜택을 받기 위해서(5.3%)'로 나타났다. 이렇듯 사회의 구성원으로서의 책임감, 어려운 이웃을 돕고자 하는 이타심 그리고 남을 돕는 행동을 통한 행복감 등 내적 요인이 기부행동에 중요한 동기로 작용하고 있다.

(3) 사회적 요인

기부와 나눔은 사회적 상황 및 다른 사람과의 관계 속에서 발생되는 사회적 행동이다. 사회적 동기와 관련하여 사회자본은 좀 더 체계적으로 나눔행동을 설명하는 요인이다. 사회자본이란 '지속적인 관계의 연결망을 통해 얻을 수 있는 실제적이고 잠재적인 자원의 총합'이다(Bourdieu, 1986). 퍼트넘(Putnam, 2000)은 네트워크, 규범, 사회적 신뢰 등 사회자본이 상호이익을 위한 조화와 협력을 용이하게 하며, 사회를 위한 개인의 기여행동을 이끌어 내는 중요한 근원이 될 수 있음을 주장하면서 사회자본과 나눔행동 간의 관련성을 제시하고 있다. 개인이 가진 사회적 네트워크가 사회를 위해 선한 일을 행하도록 채널을 만들고, 타인에 대한 규범적 호혜를 촉진하면서 사회를 위한 기여행동에 개개인의 관심을 촉진시킬 수 있다는 것이다(강철희 등, 2016).

기부와 나눔행동과 사회자본의 관계를 검증한 연구에 따르면 사회자본의 구성요소는 기부 및 자원봉사활동에 정적인 영향을 준다. 특히 기관신뢰와 상호호혜는 기부금액에 정적인 영향을 주고(남석훈 등, 2009), 신뢰, 네트워크, 호혜적 규범은 자원봉사 참여도에 긍정적인 영향을 미치는 것으로 나타났다(홍성모 등, 2011). 또한 사회에서 어떻게 행동해야 하는지에 대한 기대를 의미하는 규범은 기부노력과 정적 관계를 갖고, 도움을 받은 사람은 도움을 준 사람을 도울 의무가 있다는 개념을 내포한 호혜는 자원봉사 참여시간과 정적인 관계를 갖는 것으로 나타났다(강철희 등, 2016).

어떤 목적에서 자신의 돈과 재능, 시간을 기부하기 시작하였더라도 그 행위는 아름다운 것이다. 대개 남을 위한다는 이타주의에서 출발하지만 그 행위를 함으로써 자신이 느끼는 만족감, 그리고 즐거움을 생각해 본다면 기부행위 자체는 자신을 위한 것일 수도 있다. 더 나아가 기부와 나눔은 자신의 소비가 개인에게만이 아니라 사회와 국가 그리고 전 지구적으로 영향을 미친다는 것을 깨달을 때 실천의 의의가 있는 것이며, 이를 소비윤리의 관점에서 바라볼 때 그 의미가 극대화될 수 있는 것이다. 왜냐하면 기부와 나눔은 소비윤리의 가장 고차원적인 실천 영역이기 때문이다.

3. 기부와 나눔은 어떻게 하는가?

최근 우리 사회에서 높은 신분과 명예에 따르는 도덕적 의무를 뜻하는 노블레스 오블리주(noblesse oblige)가 강조되고 있다. 오늘날의 노블레스 오블리주는 부의 사회 환원, 즉 가진 자의 나눔을 뜻하는 것이며 이는 기부를 통해서 실천될 수 있다. 우리나라에서 이 '노블레스 오블리주'를 실천하는 사람들이 있는데 사회복지공동모금회의 '아너 소사이어티(Honor Society)' 회원들이다. 아너 소사이어티는 한국의 기부문화를 선도하고 진정한 나눔의 가치를 창조해 나가자는 취지로 지난 2007년 12월 설립된 개인 고액기부자 모임으로 미국 공동모금회 '토크빌 소사이어티(Tocqueville Society)'를 벤치마킹한 것이다. 개인의 경우 1억 원 이상(연간 1,000만원 이상)을 기부하거나 기부하기로 약정해야만 회원으로 가입할 수 있으며 법인의 경우에는 연간 30억 원 이상을 베풀어야 한다. 아너 소사이어티는 극심해지는 양극화로 인해 생기는 사회문제를 성숙한 기부문화를 통하여 전문적이고 창조적으로 해결하고자 하는 취지로 설립되었으며 이를 통해 사회지도자들이 사회문제에 관심을 가지고 나눔을 실천하는 계기를 마련하고 있다.

기부와 나눔은 노블레스 오블리주의 실천만으로 설명될 수 있는 것은 아니다. 누구나 자신이 가진 능력과 재능 그리고 물질을 나누는 삶을 살 수 있으며 모두가 실천해야 하는 것이다. 이를 통해 소비윤리 차원으로 볼 때 가장 높은 단계의 윤리적 소비를 실천할 수 있게 된다(박명희 등, 2007).

실제로 기부와 나눔을 실천하고 있는 사람들을 보면 노블레스 오블리주를 실천하는 고액기부자보다는 작지만 자신이 노력해서 마련한 것을 기부하고 나누는 사람들을 더 많이 볼 수 있다. 필요하지 않은 물건을 모아서 재활용센터에 정기적으로 전달하는 경우도 있고, 폐휴지를 모아서 생활하지만 배우지 못한 것이 한이 되어 경제적 문제로 배우지 못하는 사람들에게 쓰일 수 있도록 기부하는 경우도 있다. 장애인을 위한 구두를 만드는 오른팔이 없는 68살의 '구두장이'가 매달 10만원씩 기부하는 경우도 있으며 전문적 지식을 기부해서 필요로 하는 사람에게 도움을 주는 경우도 있다. 이렇게 기부와 나눔이란 특별한 사람들만 할 수 있는 일이 아니라 자신의 돈, 시간, 재능을 개인적인 삶만이 아닌 주변의 사람들, 더 나아가 지구 전체를 위하는 마음을 가지고 사용하면서 윤리적 소비를 실천하고자 하는 사람들 모두가 참여할 수 있는 일이다.

그런데 통계청에 따르면 우리나라 국민의 기부 참여율이 매해 감소하고 있다. 통계청의 2021년 사회조사결과를 살펴보면 기부 경험이 있는 사람과 향후 기부 의사가 있는 사람은 2011년 이후 감소하고 있는 추세이다. 사람들이 기부를 하지 않는 이유를 보면 경제적 여유가 없어서(45.8%)가 가장 많았고, 그다음으로 기부에 관심이 없어서(35%), 기부단체 등을 신뢰할 수 없어서(12.2%) 순으로 나타났다.

그러나 기부와 나눔은 경제적인 여유가 없어도 내가 나눌 수 있는 가장 작은 것, 누구나 쉽고 편하게 일상적으로 실천하는 나눔, 그리고 함께 모이면 큰 힘이 되는 나눔의 방법을 찾아서 실천할 수 있다. 또한 기부처와 기부방식을 찾을 때 자선단체나 종교단체에만 의존할 필요는 없다. 환경문제, 아동문제, 여성문제, 동물복지 등 영역을 세분화·전문화하여 문제를 해결해 나가는 단체에 참여할 수 있고, 자신이 속해있는 공동체 안에서 작은 나눔을 실천할 수도 있다. 다음에 소개하는 물질 기부, 재능 기부, 시간과 노력 기부 등 다양한 방법을 통해 자신에게 맞는 기부와 나눔 방법을 찾아보자.

1) 물질 기부

물질 기부는 돕고 싶은 곳을 찾아 일정한 금액을 기부하는 방법이 가장 대표적이다. 그러나 물질 기부는 특정한 기부처에 기부하는 것이 아니라도 쉽고 편리하게 여러 가지 방법으로 실천할 수 있다. 다음은 후원 단체 금전 기부, 미리내 기부, 소셜 펀딩, 나눔 냉장고 등 다양한 물질 기부 방법을 소개한다.

(1) 후원 단체 금전 기부

금전 기부는 가장 일반적인 나눔의 방식이다. 특히 금전 기부는 연말 소득공제 혜택도 있기 때문에 공익적인 복지기관이나 시민사회단체에 직접 전달되는 것이 기부의 일반적인 체계이다. 그러나 기부를 처음 하거나 소액 기부자 입장에서는 후원 단체를 선별하기 어렵다. 후원 단체가 어떤 곳인지, 어떤 프로그램을 운영하는지, 기부금을 어떻게 쓰고 있고 어떤 효과를 내고 있는지 정보가 부족하기 때문이다.

기부를 결정했다면 좀 더 효율적으로 후원 단체를 선별하기 위한 방법은 다음과 같다. 첫째, 매달 정기적으로 기부할지 기부금은 얼마를 할지 설계한 후 후원 단체를 선정한다. 처음에는 후원 단체를 자세히 알 수 없기 때문에 행정자치부에서 운영하는 '1365 나눔포털'이나 기부 플랫폼 '해피빈' 등을 통해 알아보는 것이 도움이 된다. 둘째, 기부 대상을 정한다. 후원 단체는 크게 아동, 여성, 장애, 인권, 동물 등으로 나누어 볼 수 있다. 예를 들어 어린이를 후원하고 싶다면 해외 어린이를 후원하는 한국컴패션, 세이브더칠드런, 플랜, 굿피플 등이 대표적인 단체이다. 그

리고 소외받는 여성을 돕고 싶다면 한국여성재단, 미혼모를 지원하는 홀트아동복
지회 등이 있다. 셋째, 투명하고 효율적으로 재정운영을 하는 단체를 선정한다. 후
원 단체에서 기부자가 보기 쉽게 사업소개나 재무정보를 자세하게 표현해 놓았는
지 살펴보고 기부금을 낭비하지 않고 쓰는지 확인해야 한다. 기부금 영수증을 발
급하는 단체라면 홈페이지에 사업소개, 재무내용 등을 담고 있어야 한다(한국일
보, 2014).

후원 단체를 선별하는 데 어려움이 있다면 단체를 평가하는 비영리기구(NPO)
의 도움을 받을 수 있다. 다음 단체들은 국내외 기부단체의 운영에 대한 평가결과
를 제공한다.

채리티와치 : 미국 자선연구소(American Institute of Philanthropy)로 알려진 채
리티와치(CharityWatch)는 1992년 미국 시카고에서 다니엘 보로초프(Daniel
Borochoff)가 설립하였다. 채리티와치는 자선단체의 재정효율성, 책임, 지배구
조 등을 평가하여 자선 평가가이드 및 감시 보고서를 게시하고 있다. 또한 가이
드에서는 기부자가 현명하게 기부 의사결정을 내릴 수 있도록 비영리분야의 문
제와 팁에 대한 기사를 제공해 주고 있다.

채리티 내비게이터 : 채리티 내비게이터(Charity Navigator)는 2001년 설립된 미국
의 대표적인 자선단체 평가기관이다. 채리티 내비게이터를 설립한 주인공은 페
트와 매리언 두건(Pet Dugan & Marion Dugan) 부부로 전 재산을 기부하기 위해
자선기관을 알아보다 이들을 제대로 평가하고 있는 곳이 없다는 것을 알고 직접
평가기관을 만들게 되었다. 채리티 내비게이터는 2010년 자선단체의 재무 건전

| 지역사회
개발 | 인간과
시민 권리 | 종교 | 건강 | 환경 | 교육 | 휴먼서비스 | 국제 | 동물 |

그림 11-1 채리티 내비게이터 9개 평가 분야
출처 : http://www.charitynavigator.org

성, 책무성, 투명도를 평가하는 평가시스템을 구축하였고, 2013년 자선단체가 결과에 대해 얼마나 잘 보고하는지 평가하기 위한 등급측정 기준을 개발하였다. 단체 분류를 위한 '활동 코드'를 통해 기부자들이 조직을 더 쉽게 찾을 수 있도록 분류하여 평가하여 제시하고 있다.

한국가이드스타 : 가이드스타는 비영리단체의 정보를 제공하기 위하여 1994년 미국에서 최초로 설립되었다. 한국가이드스타(GuideStar KOREA)는 2005년 가이드스타 인터내셔널과 전략적 제휴를 추진하여 2007년 재단을 설립하였다. 이후 한국가이드스타는 2013년 국세청에 공시된 공익법인 결산서류 등을 제공받을 수 있는 민간 최초의 공익법인으로 지정되었다. 이 기관의 주요 사업은 공익법인 기부금 사용내역 등 회계정보와 사업내용을 공시하는 것이며, 기부자들이 보다 쉽게 기부활동을 위한 정보를 수집하고 공유할 수 있도록 시민사회정보시스템 홈페이지(www.guidestar.or.kr)를 운영하고 있다.

(2) 미리내 기부

분위기 좋은 카페에서 커피를 한 잔 마시거나 점심을 먹다가 혹은 재미있는 공연을 보다가 기부를 할 수 있는 방법이 있다. 최근 유행하고 있는 '미리내 기부'를 말하는 것으로, 물품을 살 때 자신

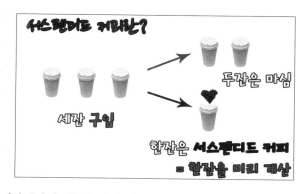

의 것 외에 다른 사람을 위해 값을 '미리 내는' 기부 방식이다. 이 방법은 이탈리아의 한 커피 전문점에서 시작된 '서스펜디드 커피'가 발전된 것이다. 서스펜디드 커피운동은 이탈리아 나폴리의 '카페 소스페소(맡겨 둔 커피)'라는 전통에서 비롯되었다. 내가 미리 낸 커피 값을 커피숍에서 보관하고 있다가 누군가에게 공짜로 커피를 주는 것, 나보다 더 어려운 이들과 커피를 나누기 위한 마음에서 시작된 것이다. 미리내 기부에 참여하는 방법은 기부자가 메뉴 금액을 미리내 가게 주인에게

https://flic.kr/p/pSUYng   https://flic.kr/p/nuBvnp

그림 11-2   서스펜디드 커피

내고, 가게 주인은 알림판에 미리 낸 메뉴를 적어 이것을 보고 누구나 해당 메뉴를 사용한다.

미리내 기부는 불우이웃뿐만 아니라 누구에게나 쉽게 기부를 할 수 있고 기부 물품이 잘 전달되는지 확인이 가능하다는 것이 가장 큰 장점이다. 우리나라는 2013년 5월 경남 산청에서 첫 번째 미리내 가게가 등장한 이후 전국에 600곳이 넘는 곳에서 미리내 운동을 이어가고 있다. 이 운동은 SNS 채널을 통해 기프티콘을 나눔 대상인 다른 구독자에게 전달해주는 형태로 학생들과 나눔을 실천하기도 한다. 2013년 국내에서 미리내 운동을 시작한 김준호 교수는 한 인터뷰에서 "미리내 운동이 가게 중심이 아니라 사람들 중심으로 가길 원한다. 앞으로는 어떤 가게에 가서든지 자신이 미리 내고 싶으면 미리 낼 수 있는 형태로 발전시킬 계획"이라며 "미리내 운동이 우리 사회의 자연스러운 '문화'로 자리잡길 바란다"고 밝혔다(e대한경제, 2021).

(3) 소셜 펀딩

소셜 펀딩은 소셜네트워크를 기반으로 창의적인 아이디어나 프로젝트를 홍보하고 프로젝트가 진행될 수 있도록 개인에게 소액의 후원을 받는 새로운 소셜 웹 커뮤니티를 말한다. 영화, 연극, 뮤지컬, 전시회 등 분야에 관계없이 내용과 주제가 훌륭하지만 투자를 받지 못해 제작을 미루는 경우 또는 어렵게 만들어졌지만 배급비용, 홍보나 마케팅 등 부대적인 활동을 위한 비용을 마련하지 못해 소비자와 만나지 못하는 경우 새로운 기회를 제공하고 지원할 수 있는 방법이 바로 크라우딩 펀딩이라고 부르는 소셜 펀딩이다.

소셜 펀딩은 1700년대 농촌 저소득 계층을 대상으로 한 소액자금대출 프로그램에서 시작되었는데 아일랜드의 작가 조나단 스위프트는 이 프로그램을 '아이리쉬론 펀드(Irish Loan Fund)'라고 했다. 2014년 1월 미국에서는 신생기업의 자금조달을 쉽게 하기 위하여 「JOBS(jump start our business startup)법」이 시행되어 이를 통해 소셜 펀딩 산업이 발전된 것으로 보인다. JOBS법이란 미국의 신생기업육성법이자 투자자금 유치와 창업 활성화, 일자리 창출을 위한 법으로 2011년 9월 오바마 대통령이 국회 승인 요청 연설을 하면서 소개되어 2013년 4월에 제정된 법이다. 우리나라의 소셜 펀딩은 대출형, 투자형, 기부형으로 나눌 수 있고, 그 중 금전적 보상을 기대하지 않고 순수하게 후원하는 기부형 소셜 펀딩이 주목받고 있다.

기부형 소셜 펀딩은 창작활동이나 문화예술상품, 사회공익 프로젝트를 인터넷에 공개하고 익명의 다수에게 후원을 받는 방식을 말한다. 우리나라 영화계에서 소셜 펀딩을 자리잡게 한 작품은 강풀 작가의 웹툰을 원작으로 만든 〈26년〉이다. 이 영화는 2008년부터 진행되었지만 투자사들의 투자 철회로 제작이 계속 미뤄졌다. 영화 관계자들은 2012년 소셜 펀딩을 통해 일반인들을 대상으로 제작비를 모금하는 프로젝트를 진행하였고, 결국 이 영화는 스크린에서 관객들을 만날 수 있었다. 이후 대중들에게 소셜 펀딩이 널리 알려지기 시작했고 공익 영화 및 독립 출판물 제작, 음반 발매를 위한 가수 후원 등 문화예술 분야뿐만 아니라 위안부 소녀상 세우기, 세월호 기억팔찌 등 사회운동 분야까지 확장되었다. 이러한 소셜 펀딩은 플랫폼에 등록된 프로젝트에 소액 기부함으로써 누구나 부담 없이 의미 있는 일에 투자하거나 동참할 수 있는 방법이다.

(4) 푸드 셰어링, 나눔 냉장고

"폐기 대신 나눔"이라는 표어로 시작된 나눔 냉장고는 먹어도 되지만 여러 이유로 버려지는 음식물 쓰레기를 줄이기 위해 생긴 **푸드 셰어링** 운동이다. 독일의 영화감독인 바렌틴 툰은 영화 촬영 도중 충분히 먹을 수 있는 음식이 그냥 쓰레기장으로

향하는 것을 보고 〈Tasts the Waste〉라는 다큐멘터리를 제작하였다. 이후 푸드 셰어링 웹사이트와 거리 냉장고를 만들어 푸드 셰어링 운동을 펼쳤고 독일과 오스트리아, 스위스 등 유럽으로 확산되었다.

그림 11-3 독일 나눔 냉장고
출처 : EBS 뉴스G 2015. 1. 21.

우리나라의 나눔 냉장고는 행정기관 주도로 이루어지던 푸드 셰어링 사업이 민간으로 확대되었다. 부산 사하구 '우렁각시 나눔 냉장고', 부산 사상구 '복이 오는 나눔 냉장고', 천안시 쌍용3동 '사랑의 쌀독'과 '반찬 나눔 냉장고', 대전 서구 월평2동 '나눔 냉장고', 거제 옥포2동 '나눔 냉장고' 등 각 지역의 주민센터와 아파트단지에 나눔 냉장고를 설치하여 주민들이 음식을 가져다 놓으면 필요한 주민이 음식을 가져가는 방식으로 운영되고 있다.

또한 민간단체인 생명나눔 푸드 셰어링은 부산 사하구 다대1동 두리하나복지회와 장림동 푸드뱅크에 나눔 냉장고를 설치했다. 이곳의 나눔 냉장고는 시민 누구나 이용이 가능하며 상하지 않은 곡류, 과일, 채소류, 라면, 생선, 육류 등 남은 음식재료를 냉장고에 넣어 놓으면 자원봉사자들이 다시 선별해 1인분씩 개별 포장해 필요한 사람이 음식을 가져가는 방식이다(여성신문 2016. 11. 3.). 그리고 전북 안주군에서 운영하는 '행복채움 냉장고'는 푸드뱅크 사업단과 로컬푸드 등이 후원에 나서서 신선한 식재료로 냉장고를 채우고 인근에서 자영업을 하시는 분들과 익명의 개인 기부자 200여 명, 단체 15곳이 함께 온정의 손길을 나누고 있다(경향신문, 2019. 3. 25.).

이 외에도 옷이나 물품을 기부하기(아름다운 가게 https://www.beautifulstore.org, 옷캔 https://otcan.org), 자신이 사용하던 물건을 중고 장터에서 거래하여 수익을 기부하는 나눔 장터(위아자 나눔장터 https://weaja.joins.com), 암환자를 위한 모발 기부(어머나 운동본부 http://www.givehair.net), 시민, 사회적기업, 비영리 단체 등에 빈 공간을 나누는 공간 기부(희망조약돌 https://www.joyagdol.com/page.php?p=space) 등 다양한 방법으로 기부와 나눔을 실천할 수 있다.

2) 재능 기부

나눔은 특별한 일이 아닌 일상에서 자신이 가진 것을 나눌 수 있는 마음에서 출발한다. 다음은 금전적인 여유가 있어야 할 수 있는 특별한 일이 아닌 자신이 가진 작은 재능으로 나눌 수 있는 방법이다.

프로보노(Pro Bono)는 '공익을 위하여'라는 뜻의 라틴어 프로보노 퍼블리코(Pro Bono Publico)의 줄임말로 로마 시대 지도층의 공익을 위한 헌신과 기부를 강조하기 위해 쓰인 용어이며 다양한 분야의 전문가들이 공익을 위하여 자신들의 전문 재능을 기부하는 활동을 뜻한다. 해외에서는 법조인들의 무보수 변론, 디자인 건축 분야의 재능기부 등 프로보노 활동이 활발하다.

나눔 문화를 확신하기 위한 캠페인과 더불어 사회적 관심이 높아지면서 프로보노, 즉 재능 기부가 기부문화의 새로운 트렌드로 부상하게 되었는데 현금기부와 단순한 자원봉사활동에서 포괄하지 못했던 시간과 재능의 기부라는 차원에서 차별화된 방식으로 인식되고 있다(김덕용, 2012). 위키백과에 의하면 프로보노는 '개인이 갖고 있는 재능을 개인의 이익이나 기술개발에만 사용하지 않고 이를 활용해

표 11-1   자원봉사, 프로보노, 비즈니스 비교

	자원봉사	프로보노	비즈니스
목적	공공적·사회적 문제 해결을 목적으로 하고, 영리를 목적으로 하지 않는다.		영리를 목적으로 한다.
방법	직업상의 기술뿐만 아니라 폭 넓은 참여 방법이 있다.	전문지식이나 기술을 활용한다.	
대가	기본적으로 무상 제공이 전제이며, 어디까지나 대가를 바라지 않고 참여한다. 유상 자원봉사처럼 실비 제공금액은 지원대상이 되는 쪽에서 제공하기도 하고 제삼자가 제공하는 경우도 있다.		이익을 염두에 둔다.

출처 : 사가 이쿠마 저, 임태형 역(2012), 프로보노, p. 40.

https://flic.kr/p/dpoN6x

https://flic.kr/p/9WinuW

그림 11-4   다양한 프로보노 활동

사회에 기여하는 새로운 기부 형태를 일컫는다. 즉 개인이 가진 재능을 사회단체 또는 공공기관 등에 기부하여 사회에 공헌하는 것'이라고 정의하며 재능 기부와 봉사활동을 구분하고 있다.

프로보노의 종류로는 슈바이처 프로젝트(의료, 보건, 건강과 관련된 분야), 오드리 헵번 프로젝트(문화, 예술 관련 분야), 마더 테레사 프로젝트(저소득층 및 사회복지 분야), 키다리 아저씨 프로젝트(멘토링, 상담, 교육 결연 분야), 헤라클레스 프로젝트(체육, 기능, 기술 관련 분야) 등이 있다(조선일보, 2010. 12. 20.). 서울특별시사회복지협회는 전문적 지식, 기술, 경력 등을 갖춘 '해피 프로보노 봉사단'을 구성하여 기술·기능(주거환경 개선, 이미용, 사진촬영 등), 교육·학습(통번역, 학습지도, 멘토링 등), 상담·정보(무료법률상담, 법률교육 등), 보건·의료(물리치료, 마사지 등), 문화·예술(벽화, 원예 치료, 악기 연주 등)을 지원한다(서울특별시사회복지협의회 홈페이지 http://s-win.or.kr). 또한 고용노동부와 사회적기업진흥원은 사회적경제기업, 예비 사회적기업을 개발하려는 개인·비영리단체에 경영자문(경영전략, 마케팅, 재무, 디자인 IT, 기술, 법률, 외국어 통역 등)과 교육활동을 하는 프로보노를 운영하고 있다(사회적기업진흥원 홈페이지 https://www.socialenterprise.or.kr/social/care/growthProbono.do?m_cd=G008).

3) 시간과 노력 기부

시간과 노력을 기부하는 것은 물질에 의존하지 않고 시간을 내어 직접 참여하는 특징을 갖고 있다. 시간과 노력을 기부하는 방법으로 자원봉사가 대표적이다. 최근에는 스마트폰을 이용한 다양한 기부 방법이 개발되어 사람들의 참여가 늘고 있다.

(1) 자원봉사

자원봉사는 소중한 시간과 노력을 나누는 자발적인 활동이다. 자원봉사자들의 봉사활동은 보통 봉사단체를 통하는 경우가 많다. 우리나라는 1365 자원봉사포털(www.1365.go.kr)을 통해 개별적으로 이루어지던 전국 자원봉사 정보를 한곳에 모아 자원봉사 정보 검색은 물론 신청부터 연계기관을 통한 실적확인까지 할 수 있다. 이러한 방식의 봉사활동은 '공식 봉사활동'으로 불린다. 자원봉사는 점차 만남과 소통 그리고 자발적인 참여보다는 단체를 통한 공식적인 활동으로 정착되는 추세에 있다. 정부 주도적인 이웃 돕기, 학점취득이나 취업을 위한 봉사활동은 나눔의 의미를 왜곡하고 지속적인 활동을 저해한다. 따라서 자원봉사는 자신의 시간과 노력을 이웃과 사회를 위해 의미 있게 소비하려는 의식과 관심 있는 분야에 자발적으로 참여하는 행동이 중요하다.

　최근에는 기부와 자원봉사 그리고 이웃돕기가 한꺼번에 이루어지는 나눔활동이 점차 늘고 있다. 2014년 출발한 '십시일밥'은 대학생들이 강의와 강의 사이의 자투리 시간인 공강시간에 학생식당에서 봉사활동을 하고, 그 대가로 식권을 받아 취약계층 학우들에게 전달하는 활동이다. 십시일밥은 학교 구내식당에서 봉사활동을 통해 식권을 벌어 돈을 아끼려고 식판 하나에 밥을 많이 퍼서 둘이 나눠 먹거나, 한 사람이 쓰고 난 식판을 받아 다시 밥과 반찬을 먹는 친구들을 돕자는 취지에서 시작되었다. 대학생들이 공강시간에 학생식당에서 봉사활동을 하고, 임금을 받아 식권을 구매하여 취약계층 학우들에게 전달하거나 십시일밥 홈페이지(http://www.tenspoon.org)를 통해 직접 후원금을 기부할 수도 있다.

　우리 주변에는 봉사단체와는 별도로 개인이 비교적 격식을 차리지 않고 자유롭게 봉사활동을 펼치는 경우도 있다. 다음은 아동교육, 시각장애인을 위한 낭독, 유기동물 보호 등 다양한 활동을 소개한다.

티칭코리아 : 한국과학창의재단 산하기관으로 홈페이지를 통해 교육 기부자와 교육 기부 수혜자 간의 온라인 매칭 서비스를 제공한다. 교육 기부자 신청 후 교육하고 싶은 프로그램을 등록하면 교육기부센터와 각 시도 교육청의 승인에 따라 참여자를 모집한다. 과학, 방과 후 학습, 진로 학습, 직업 체험 등 다양한 프로그램을 기부할 수 있다.

문화콘텐츠개발원 교육기부센터 : 교육 기부자와 수혜자가 모여 자신의 정보를 등록해 자신에게 알맞은 교육프로그램과 수혜자를 찾을 수 있다. 기업, 대학, 공공기관, 개인 등이 기자재, 콘텐츠 등을 무상으로 임대하거나 기부하고, 기관 보유 시설을 이용한 교육프로그램을 기부할 수 있으며 개인은 멘토 강연, 멘토링, 지식봉사 등의 재능 기부를 할 수 있다.

한국시각장애인복지관 낭독봉사 : 한국시각장애인복지관에 주 1회 방문하여 일반 도서를 낭독 · 녹음하는 봉사로 표준어를 사용하고 복지관 자체 실시 오디션에 통과한 사람에 한해 자격이 주어진다. 오디션을 통과하면 총 12주의 교육을 수료한 뒤 낭독봉사를 시작할 수 있다.

한국점자도서관 낭독봉사 : 한국점자도서관은 시각장애인 및 독서장애인을 위하여 점자 도서와 녹음 도서를 제작하여 전국에 무료로 배포한다. 전문 또는 일반 도서를 낭독해 녹음하는 낭독봉사는 낭독 경험이 있고 일주일에 한 번 정도 지속적으로 방문할 수 있는 사람이면 누구나 참여할 수 있다. 또한 점자 제작에 필요한 한글 입력봉사와 교정봉사도 참여할 수 있다.

신생아 모자 뜨기 캠페인 : 국제 구호개발 NGO 세이브더칠드런은 체온 유지가 필요한 아이들에게 모자를 직접 떠서 보내는 '신생아 살리기 모자 뜨기 캠페인'을 진행한다. 털실 두 개와 바늘, 뜨개 방법 소개 책자 등 신생아용 모자를 만들 재료가 든 키트를 구매해 모자를 완성한 후 모자와 희망의 편지를 담아 세이브더칠드런으로 보내면 생명의 위협을 받는 신생아들에게 전달된다.

유기동물 케어 : 동물단체 '케어'는 유기견과 유기묘를 시민들에게 입양시키는 구호동물입양센터를 운영한다. 구호동물입양센터 홈페이지에서 유기견 산책, 청소, 미용, 목욕 등 유기동물에게 필요한 활동을 신청할 수 있다.

(2) 스마트 기부

최근 스마트폰의 확대와 함께 기부 방법도 다양해졌다. SNS에서 '좋아요'를 누르거나 댓글, 공유 등의 방법으로 기부가 가능하며 스마트 콘텐츠를 이용하여 기부를 유도할 수 있는 스마트 기부 콘텐츠가 등장하고 있다. 스마트 콘텐츠(Smart Contents)는 스마트폰, 스마트패드나 태블릿 PC, 스마트 TV 등과 같이 스마트 기기를 통해 제공되는 사용자 편의 중심의 콘텐츠를 말한다(임명환 등, 2012). 애플리케이션 형태와 모바일 웹, SNS 형태로 사용자에게 제공된 기부 콘텐츠는 기부에 손쉽게 참여하게 함으로써 기부문화를 확산시키고 있다.

스마트 기부 콘텐츠는 다음 〈표 11-2〉와 같이 게임형, 리워드 광고형, 행동 유도형, 직접 후원형으로 분류할 수 있다. 스마트 기부 콘텐츠를 통해 구체적인 기부 행위를 하지 않아도 기부가 가능하도록 하기 때문에 기부를 촉진하는 효과적인 전략이 될 수 있다(박준우 등, 2014).

표 11-2 스마트 기부 콘텐츠 유형 분류

구분	내용	예
게임형	게임 형태의 콘텐츠 제공으로 사용자에게 흥미유발 요소를 제공하여 사용자가 기부에 대한 긍정적인 이미지를 갖게 하며, 지속적으로 콘텐츠에 접속할 수 있도록 유도하는 기부 형태	– 프리라이스(Free Rice) – 트리플래닛(Tree Planet)
리워드 광고형	리워드 광고라는 수익 창출형 콘텐츠를 제공하여 사용자가 자신의 이익 창출과 함께 일정한 금액에 대한 기부를 하도록 유도하여 사용자의 지출을 최소화한 기부 형태	– 캐시슬라이드(Cash Slide) – 기부타임(Give Time)
행동 유도형	사용자에게 일정한 행동을 유도하여 사용자가 특별한 기부 행동을 하지 않아도 기부가 가능하도록 하는 기부 형태	– 빅워크(Big Walk) – 도너도넛(Donordonut)
직접 후원형	사용자가 타인을 위하여 직접 자신의 경제 상황에 맞추어 기부를 할 수 있도록 하는 기부 형태	– 기부유(GiveU) – 기부톡(give talk)

출처 : 박준우 등(2014), 기부촉진전략으로서의 스마트폰 콘텐츠 활용성에 관한 연구, 한국디자인문화학회지, 20(2), p. 221.

빅워크 : 빅워크는 휴대전화를 켜고, 거리를 걷고, 쇼핑하면서도 기부가 가능한 스마트폰 기부앱이다. 쇼핑을 하거나, 산책할 때, 출퇴근길에 '빅워크'를 실행하고 걸으면 10m를 걸을 때마다 1원씩 적립된다. GPS를 통해 걷는 거리를 인식하고, 교통수단을 이용해 무분별하게 거리를 늘리지 않게 하려고 우리가 걷는 일반적인 속도(15km/h)를 초과하면 기부금은 쌓이지 않는다.

트리플래닛 : 트리플래닛 앱은 나무를 키우는 앱이다. 게임 속 아기 나무 한 그루를 키워 내면 실제로 숲이 조성된다. 트리플래닛은 숲이 부족한 나라 또는 나무가 한 그루도 없는 사막지역에 직접 나무를 심어 주는 기부 애플리케이션이다.

애플트리 : 애플트리(apple tree)는 스마트폰으로 광고와 뉴스를 보고 적립한 포인트로 다양한 단체에 기부할 수 있는 앱이다. 다양한 광고 상품에 참여하면 포인트 스토어에서 사용할 수 있는 '착한 포인트'를 적립할 수 있고, 추가로 해당 자선 단체에 전달될 기부금도 함께 쌓이는 방식이다.

프리라이스 : 엔시소프트 문화재단이 WFP(유엔세계식량계획)와 공동 협약을 맺고 개발한 '프리라이스'는 모바일 게임을 통해 공부를 하고 쌀을 기부할 수 있는 앱이다. 게임 내 퀴즈 카테고리는 영어단어, 영어문법, 4칙연산, 구구구단, 화학기호, 나라이름, 수도, 국기, 명작그림, 독일어, 프랑스어, 스페인어, 이탈리아어 등 총 14개이다. 원하는 카테고리를 선택하여 해당 부분에 대한 퀴즈를 풀면서 쌀알을 적립할 수 있다. 프리라이스는 정답을 맞출 때마다 일정량의 쌀이 적립되어 실제로 극빈층 아동에게 전달되기 때문에 가볍게 퀴즈를 풀며 공부를 하고 기부도 할 수 있다는 점에서 학생들에게 인기가 높은 앱이다.

불꽃 : 불꽃 기부앱은 기부 또는 봉사활동을 하고 싶은 분들과 도움을 필요로 하는 사람들을 연결해주는 앱이다. 모금 참여뿐만 아니라 모금 개설도 누구나 할 수 있기 때문에 함께 하고 싶은 착한 아이디어가 있다면 캠페인을 제한해 볼 수 있다. 그리고 직접 찍은 사진 하나만으로도 기부를 할 수 있다. 캠페인별로 주제

그림 11-5 다양한 스마트 기부

출처 : https://flic.kr/p/m8erya, https://flic.kr/p/e1Nfus, https://flic.kr/p/e1NfsS

에 맞는 사진을 올리면 1일 1회 1,000원씩 기부할 수 있다.

체리 희망 나눔 플랫폼 : 체리 희망 나눔 플랫폼은 블록체인과 스마트 계약 기술을 활용하여 기부금을 관리하는 시스템이다. 기부자는 체리 앱에서 현금을 1:1 가치의 체리 포인트(암호토큰)로 발행한 후 이를 단체에 기부한다. 이어 모금단체가 모금을 완료한 후 체리 포인트를 원화로 정산받는다. 체리는 모금단체 별 맞춤형 모금이 가능하고 블록체인과 스마트 기술을 활용하여 투명성을 확보하여 기부자가 모금단체에 대한 불신을 줄일 수 있다.

4. 윤리적 소비자는 어떻게 사는가?

1) 나눔은 넉넉해서 주는 게 아니라 아껴서 나누는 것이죠. (70대 할머니)

쇼핑은 어떻게 하나요?

살림은 아들하고 같이 사니까 아이들이 사 오죠. 난 뭘 사도 많이 사면 버리게 되니까 많이 안 사. 조금씩 해야 하는 거지. 소비를 많이 하게 되면 환경오염이 되니까, 내 죽은 다음에 아이들이 불쌍해. 나 혼자만이라도 하면 지구가 깨끗해지지 않겠나 싶어. 그래서 돈 들여서 사지 않고 있는 것만 쓰지. 음식물 쓰레기 나가는 게 난 참 싫어서 베란다에 말려서 농사짓는 사람들한테 줘요. 음식물 쓰레기를 왜 말리냐면 그걸 그냥 갖다 버리면 지구가 썩잖아. 나 혼자 버리는 것만으로도 굉장하다고. 다른 사람이야 어떻게 하든, 내 하나만이라도 깨끗이 하면 하나님 앞에 가도 떳떳하지 않을까? 난 좀 덜 더럽혔어요 하는…. 그리고 사람들은 종이에 스티커 붙인 거 그냥 갖다 버리거든, 난 그게 참 싫어. 분리수거하러 가면 상자들 그냥 턱턱 버리거든, 그러면 아저씨들이 또 해야 하잖아. 집에서 하나하나 정리하면 힘도 안 드는데, 자기 것만 하면, 또 손대지 않아도 되고, 깨끗하잖아. 근데 참 사람들 이상해, 그렇게 안 하거든. 그리고 세탁기 돌릴 때도 물이 많이 드니까 흰 빨래 하고 나면 물이 깨끗하니까 빨래를 다 건져서 다른 빨래를 돌리지. 그리고 내려가는 물은 받아다가 걸레 같은 거 빨고 그러지. 어떨 땐 내가 왜 이렇게 피곤하게 살지 하는 생각이 들지만 그렇게 하면 물을 굉장히 아껴. 그러니까 맘이 편하지.

나눔에 대한 실천과 생각은?

뭘 많이 주는 게 중요한 게 아니야. 나를 생각해 주는 사람이 있다는 것만으로도 기운이 나고 살맛이 나는 거잖아. 그런 생각으로 해요. 다른 사람들은 내가 잘 먹고 잘사는 줄 아는데, 남한테 주는 것은 넉넉해서 주는 게 아니라 자기 것 아껴서 주는 거지. 나는 옷이 생기거나 맛있는 게 생기면 사람들 줘. 내가 두고 안 입는 것보다 다른 사람이 잘 입고 다니면 좋잖아. 이번에도 아들이 맛있는 곶감을 갖고 왔어. 근데 나 혼자 먹으려니 목구멍에 걸려. 그래서 성당에 가서 같이 먹으니까 너무 좋은 거야. 그 사람들 맛있게 먹는 게. 그렇게 뭐든 생기면 어디 갖다 줘야겠다 하는 생각이 들지, 지금 안 쓰고 쌓아 두는 것은 나중에도 안 써요. 그러니까 없는 사람 주는 게 낫지.

2004년에 성당에서 케냐를 갔는데, 신부님이 이곳 여자들 교육을 시키면 아이들도 교육이 되고 살 수 있다고, 그런데 1년에 120만 원이 든다고 하시더라고. 그때 갔다 오니 9월이었지. 그래서 딱 한 달 동안 밤을 주워서 판 돈을 선교회에 보내는 걸 3년을 했는데, 그렇게 할 수 있는 걸 하는 거야. 밤 주우면서 허리를 다쳐서 힘들었는데 그래도 즐겁게 했어. 그런데 그렇게 뭘 주면 그냥 줌으로써 끝이야, 그 사람한테 뭘 받을 생각이나 고맙단 말 들을 생각을 말아야지. 나눔을 하든 봉사를 하든 내가 행위를 했으면 나머지는 그 사람 몫이니까. 어렸을 때부터 난 그렇게 배 웠어. 친정 엄마가 항상 나눠 먹고, 나누라고. 나눔은 몸으로 다 느끼고 배워야 하 는 것 같아.

2) 나누면서 더 성장하게 되죠. (20대 국제구호단체 활동가)

○○○에서 활동하게 된 계기와 주로 하시는 일은 무엇인가요?

한비야 씨 책을 보고 막연히 관심이 있었는데 2011년 우연하게 지인을 통해 ○○ ○에 일자리가 있는 것을 알게 되어서 바로 들어갔어요. 지금은 세계시민학교를 담당하고 있는데요, 세계시민학교에서 하고 있는 건 교육이랑 동아리 활동을 하고 있어요. 예를 들면 고등학교 어머니들이 동아리를 하나 만들어서 어머니들이랑 아 이들이랑 같이 동아리를 운영하고 다양한 활동을 통해 지역아동센터를 지원하고 있어요. 그리고 국제개발협력에 관심이 있는 대학생들에게 강사양성교육을 해서 동아리에서 강사로 활동하도록 하고 있어요.

일을 하면서 소비를 할 때 달라진 점은 무엇인가요?

옛날에는 생각 없이 아르바이트해서 한꺼번에 벌면 한꺼번에 휴가를 다녀온다든 지 했는데, 제가 돈을 벌고 제 돈으로만 생활해야 되니까 구체적인 장기계획을 세 우고 생활비는 딱 적당히 끊어서 그것만 사용하고요. 일단 조목조목 다 적어서 지 출할 항목에 퍼센트를 나눠요. 그렇게 소비생활이 바뀐 것 같아요.

그리고 제가 NGO에 있다 보니 관련 단체에 기부금에 대한 비중을 고려하고 있 어요. 지금은 두 기관에 기부하는데 소득의 2~3%밖에 안 되더라고요. 이것을 5% 까지 올리는 것을 목표로 하고 있어요.

윤리적 소비행동을 통해 변한 의식은 어떤 것인가요?

허튼 데 쓰는 게 애들한테 미안한 거예요. 그래서 매 순간 기도하고, 기부에 대한 목표도 올리고, 생활비는 웬만해서는 쓸데없는 건 줄이고요. 좀 더 합리적인 소비 가 뭘까 생각하기도 해요. 옛날에는 필요하면 빨리 사고, 싸면 된다고 생각했는데 소비에 대해 좀 더 신중해진 것 같아요.

그리고 세계시민교육을 할 때 공정무역도 가르치거든요. 그래서 공정무역에 관심을 많이 두고 있어요. 애들한테 교육하러 갈 때 초콜릿 같은 건 꼭 사 가요. 아이들한테 보여 주고 함께 먹으면서 세계 사람들이 빈곤을 줄이려고 노력하고 있다는 것을 알려 줘요.

취약계층에 대한 기부가 그들의 자립에 도움이 될까?

취약계층을 도와주기 위해 기부를 하는 경우 장기적인 관점에서 실제로 그 사람들에게 도움이 될까? 기부는 취약계층이 자립하기보다는 의존할 가능성을 높여 준다는 측면에서 기부자의 의도와 달리 바람직하지 않은 결과를 낳을 수도 있다는 견해가 있다.

'투자의 귀재'이자 '기부왕', 워런 버핏 버크셔 헤서웨이 회장의 둘째 아들인 피터 버핏은 2013년 8월 『뉴욕타임스』에 "기부가 세계의 불평등과 사회문제를 해결하는 데 실패했으며 부자들이 그들의 부에 대해 만족하게 만드는 데만 기여했다"고 비판했다. 그는 아버지의 도움을 받아 노보 재단을 세우고 아내와 함께 폭력과 빈곤, 차별에 시달리는 여성의 자립을 위한 사업을 하고 있는데 "일부 기업인이 기부를 인류 고통을 덜어주는 것이 아니라 성공적인 투자 수단으로 활용하고 있다"고 지적하면서 기부가 불평등의 근본 원인과 사회문제를 해결하는 데 실패했으며 부자들이 그들의 부를 기쁘게 여기는 데에만 기여하고 있다고 하였다.

신발 한 켤레가 팔릴 때마다 신발이 필요한 아이들에게 한 켤레씩 기부한다는 일대일 기부 개념을 도입한 탐스의 이념에 동참하기 위해 소비자들은 탐스 신발을 구입하고 있다. 그러나 기부받은 신발로 인해 지역의 경제발전을 저해하고 오히려 의존성을 키우는 등 부정적인 영향을 준다는 평가도 있다.

『탐스 스토리』
블레이크 마이코스키 지음, 노진선 옮김,
세종서적, 2012

토론해 봅시다

1. 기부와 나눔이 실제로 기부자의 의도와 달리 바람직하지 않은 결과를 가져올 수 있다는 위와 같은 비판적인 시각에 대한 자신의 견해는 어떠한가? 찬성과 반대의 입장을 나누고 토론해 보자.
2. 현재 자신이 가진 것을 다른 사람과 나누고 있는가? 그 과정과 느낀 점 등을 이야기해 보자.
3. 우리 주위에 기부와 나눔이 필요한 곳을 찾아보고 무엇을 더 나눌 수 있을지 이야기해 보자. 이런 기부와 나눔이 우리에게 어떤 변화를 가져올지 생각해 보자.

기부의 윤리학 폴 우드러프 등(2022), 교유서가

이 책은 개인 기부를 정기적으로 하는 사람들이 어떤 이유로, 어떤 목적으로, 어떤 효과를 기대하며 기부를 하는지 윤리학의 관점에서 풀어낸 학술서이다. 매달 혹은 매년 기부할 곳을 결정할 때 어떤 기준으로 정하는지 윤리학의 이론적 접근을 다양한 시각으로 분석해놓았고 기부자로 하여금 자신의 기부행위를 돌아보고 기부를 결심할 수 있도록 안내해주는 지침서이기도 하다.

임팩트 세대 샤나 골드세커 등, 신봉아 역(2021), 교유서가

이 책은 역사상 가장 주목할 만한 차세대 집단, 즉 엑스 세대와 밀레니얼 세대로 불리는 기부자들이 왜, 어떤 방식으로 기부를 하고자 하는지, 자선 분야를 어떻게 바꾸고자 하는지에 관한 이야기를 담고 있다. 차세대 기부자들의 언어로 막대한 자산과 실험적인 아이디어를 통해 자선 분야의 임팩트 혁명을 꾀하는 그들의 이야기를 전한다.

25cm의 나눔 어머나운동본부(2021), 행복에너지

어머나운동본부는 일반인들로부터 25cm 이상의 머리카락 30가닥 이상을 기부받아 하루 4명, 매년 1,500여 명씩 발생하고 있는 20세 미만의 어린 암환자의 심리적 치유를 돕기 위해 맞춤형 가발을 무상으로 제공하고 있다. 매년 많은 분들이 암환우들을 위해 자신의 머리카락을 기부한다. 이 책은 어머나운동본부가 그동안 펼쳐온 발자취를 기록한 결과물로 암환우들을 향한 치유와 회복, 그리고 응원의 메시지를 담았다.

기부 수업 니콜라스 D. 크리스토프 등, 홍영만 외 역(2017), 인빅투스

이 책은 세상을 더 나은 곳으로 바꾸는 사람들의 이야기를 통해 어떻게 하면 세상에 긍정적인 영향을 미칠 수 있는지 그 방법을 알려주고 있다. 이 책에서 저자들은 세상의 변화를 일으키고 있는 혁신가들의 경험과 그 방법을 제시하고, 세상을 변화시키는 것이 결코 불가능한 일이 아님을 우리에게 확실히 보여준다.

즐거운 모금 행복한 기부 제니퍼 맥크리어 등(2015), 나남

비영리 분야에서 각각 20년 이상 종사한 제니퍼 맥크리어와 제프리 워커의 저서로, 모금에 대한 오해를 풀고 그 가치를 새롭게 정의했다. 나아가 크고 작은 생각의 전환을 통해 비영리활동의 진정한 의미를 되짚으며, 활동가가 즐겁고 기부자가 행복해지는 마법 같은 지혜를 담았다.

나눔을 실천한 한국의 명문 종가 김영조(2015), 얼레빗

작가는 '나눔을 실천한 기준'으로 곳간을 열어 굶는 이들을 구휼했는가, 사재를 털어 교육 사업을 했는가, 재산이나 온몸을 바쳐 독립운동을 했는가를 두고 2013년부터 2014년까지 두 해에 걸쳐 이들 22곳의 종가를 찾아다녔다. 전국에 흩어져 있는 종가를 찾아 멀리 전라남도 해남에서부터 경상도, 충청도, 강원도에 이르기까지 달려가 이들 종가의 '나눔을 실천한 이야기를 들으며 감동'한 이야기를 잔잔하게 풀어내고 있다.

나눔의 행복을 아시나요?

EBS 다큐시선 2018. 11. 29.

나눔이란 아주 특별한 사람만의 것이 아니다. 돈이 많아서도, 시간이 많아서도 하는 일이 아니다.
사람을 사랑하는 따뜻한 마음이 있다면 나눔은 언제 어디서 누구나 가능한 일이다. 본 영상은 따뜻한 마음으로 기부와 나눔을 실천하는 사람들을 소개한다.

나눔과 기부의 나비효과

365일 가장 먼저 새벽을 여는 이대성 씨는 폐지를 모아 판 돈 전액을 매주 불우이웃을 위해 기부하고 있다. 그는 폐지뿐만 아니라 공병을 하나둘씩 모아 나눔과 기부를 한다. 정작 이대성 씨아침 밥상에 올린 반찬도 쌀밥에 김치가 전부일 정도로 어려운 형편이지만 8년째 기부를 멈추지 않고 있다. 또한 이대성 씨의 김장 김치 봉사활동은 수십 명의 자원봉사자가 모여 마을 전체의 행사가 되었다. 이대성 씨의 용기 있는 도전이 나비효과가 되어 봉사자들의 수도 매년 증가하고 있고 김치를 담그면서 이웃 간의 교류도 많아지고 마을 분위기도 좋아졌다.

기부와 나눔을 하지 않는 이유

통계청에 따르면 우리나라 국민의 기부 참여율이 매해 감소하고 있다. 사람들은 기부하지 않는 이유에 대한 물음에 경제적인 문제를 가장 크게 꼽았다. 영국자선지원재단의 조사에 따르면 한국의 기부지수는 34%로 139개 대상국 중 62위에 그치고 있다. 이 조사에서 미얀마를 보면 항상 3위 내에 들어간다. '가난한 나라가 무슨 기부를 많이 하는가'라고 생각할 수 있지만 얼마나 기부했는지를 조사하는 것이 아니고 어려운 사람을 보게 되면 그 사람을 도와줄 마음이 있는지, 도운 적이 있는지를 조사한다. 이는 얼마나 사람들이 이웃과 함께하고자 하는 따뜻한 마음을 가지고 있느냐, 또 그런 사회 분위기가 형성되느냐가 중요하다.

국내 기부 문화에 대한 조사를 보면 기부 문화 수준을 낮게 평가하고 있는데 그 이유 중 하나는 기부 기관의 투명성 때문이다. 우리나라의 가장 큰 현금 기부 경로는 모금단체이지만 자신의 기부금이 얼마나 어떻게 사용되고 있는지 그 사용 내역을 알고 있는 사람은 그리 많지 않다. 기부 활동에 있어서 기부자는 자신의 기부금이 어떻게 사용되는지 관심을 기울이고, 기부단체는 기부 내역을 공개하는 소통의 태도가 필요하다.

나눔은 특별한 것이 아니다.

대전 중앙동에서 운영하는 나눔 냉장고는 어려운 독거노인에게 큰 힘이 되고 있다. 나눔냉장고를 채우기 위해 인근 중앙시장 상인들이 채소류뿐만 아니라 다양한 식재료를 후원하고 있는데 마을 주민들을 위하는 일인 만큼 모두가 자발적으로 참여하고 있다. 나눔냉장고의 시작은 정부의 도움을 받지 못하는 복지 사각지대에 놓인 사람들을 위해 만든 것이다. 인력이 부족한 동사무소 직원들 대신 음식을 포장하고 관리하는 일 모두 마을 봉사자들이 하고 있다. 봉사자들은 봉사로 나눔을 실천하면서 보람도 느끼고 또 마을에 대한 자부심도 커진다. 이웃에 대한 관심이 사라진 각박한 세상에 희망의 대안이 되고 있다.

나눔은 습관이다.

경남 창원의 박희석 사장님은 매일 새벽 4시면 가게 문을 열고 죽을 만들어 쪽방촌 독거노인분들에게 무료로 나눠준다. 당장의 이윤보다 봉사가 더 귀한 일이라고 여기는 사장님은 봉사는 가진 것이 없을 때부터 몸에 배고 습관화되어야 한다고 말한다. 또한 봉사의 대모라고 불리는 91세 서두현 할머니는 66년 경력의 재봉 솜씨로 독거노인을 위한 편한 바지를 만들어 기부한다. 남편을 보내고 홀로 자식을 키우며 힘든 생활을 했던 할머니는 가난한 사람들의 절박한 심정을 누구보다 더 잘 이해한다. 할머니는 물 한 그릇이라도 베풀 수 있는 마음이 있으면 즐겁고 재미있기 때문에 건강이 주어지는 한 끝까지 봉사를 하겠다고 이야기한다.

나눔은 지금뿐만 아니라 미래의 문제를 해결할 수 있다.

대전 서구 이창재 씨의 가족들은 5년째 마을에 쓰레기를 줍는 봉사를 하고 있다. 아이들에게 봉사하는 마음을 가르치고 싶어서 동네 쓰레기 줍는 일을 시작했고 점점 참여하는 아이들이 늘어나 이제는 어린이 봉사단을 구성하여 다양한 봉사를 하고 있다. 나눔과 배려는 하루아침에 얻어지는 것이 아니다. 어린 시절부터 나눔에 대한 경험이 쌓일 때 가능한 것이다. 내가 한 나눔이 지금 나에게 어떤 혜택으로 돌아오지 않는다고 해도 함께 사는 사회에서 그 도움이 다음 세대, 우리 이웃 우리 자손들에게 영향을 미친다. 지금 우리가 하는 기부와 나눔이 미래의 문제를 완화하고 해결하는 데 더 적은 비용으로 효과적으로 작용할 수 있는 것이다.

강철희(2003), "자선적 기부행동 및 자원봉사 참여행동에 대한 탐색적 분석", 한국비영리
  연구, 2(2), 161-205.
강철희 등(2012), "기부와 자원봉사에의 참여행동에 관한 연구", 한국사회복지학, 64(2),
  273-298.
강철희 등(2016), "사회자본과 나눔 행동에 관한 연구: 신뢰, 호혜, 규범의 영향력 분석",
  사회복지정책, 42(2), 1-32.
고찬유(2021), 인도네시아가 기부 1등 국가인 까닭은, 한국일보 2021.6.22.
김덕용(2012), "기부문화와 행복 고찰", 교양논총 제7집, 48-66. 중앙대학교 교육연구소.
김영조(2015), 한국의 명문종가, 얼레빗.
김주원(2005), "대학기부자와 자선기부자의 기부행동 결정요인에 관한 실증 연구", 성균
  관대학교 대학원 박사학위논문.
김태홍, 김난주, 권태희(2007), "한국 자원봉사활동의 결정요인과 경제적 가치평가", 한
  국인구학, 30(3), 83-105.
남석훈, 이인순(2009), "장애인복지관에 대한 개인기부에 영향을 미치는 요인"-서울시
  소재 장애인 복지관을 중심으로, 한국비영리연구, 8(1), 129-155.
니콜라스 D. 크리스토프 등, 홍영만 외 역(2017), 기부 수업, 인빅투스.
박용근(2019), 행복채움냉장고 2년, '나눔'이 가득 차더라, 경향신문 2019.3.25.
변충규(2014), "개인 기부자의 기부동기 및 의례화가 기부 지속성에 미치는 영향에 관한
  연구", 한국비영리연구, 13(1), 59-85.
샤나 골드세커 등, 신봉아 역(2021), 임팩트 세대, 교유서가
서용원(2021), 미리내 운동을 기억하시나요?, e대한경제, 2021.5.25.
손원익, 박태규(2008), "한국의 민간기부에 관한 연구", 한국조세재정원구원 2008(2),
  1-240.
아름다운재단 기부문화연구소(2020), 기빙코리아 2020, 아름다운 북
아마티아 센 저, 김원기 역(2013), 자유로서의 발전, 갈라파고스.
양창삼(2007), "나눔의 경제와 기업의 사회적 책임", 사회 이론, 32, 7-34.
어머나운동본부(2021), 25cm의 나눔, 행복에너지.
이미숙(2004). 존경받는 부자들, 김영사.

이성록(2002), "자원봉사 행동에 대한 다차원적 동인의 영향력", 사회복지실천, 1, 215–275.

이정전(2002), 시장은 정말 우리를 행복하게 하는가, 한길사.

이형진(2014), 필란트로피(Philanthropy)란 무엇인가?, 아름다운재단 기부문화연구소 2014년 기획연구 보고서.

정준호(2014), 기부 단체 선별법 6가지, 한국일보 2014.12.21.

정형식, 김영심(2014), "자선단체 기부자의 기부행동과 삶의 질과의 연관성 : 과거 기부 경험의 조절적 역할을 중심으로", 한국비영리 연구, 13(1), 115–141.

조휘일(1991), "한국사회복지분야의 자원봉사 행동과 관련된 개인 및 조직 특성에 관한 연구", 한국사회복지학, 18, 117–150.

주성수(2016), 나눔문화, 한양대학교 출판부.

토마스 람게 저, 이구호 역(2007), 행복한 기부, 풀빛.

통계청(2021), 2021 사회조사결과(복지, 사회참여, 여가, 소득과 소비, 노동)

폴 우드러프 등, 강선적 역(2022), 기부의 윤리학, 교유서가

홍은진(2006), "자원봉사의 참여에 영향을 미치는 요인에 관한 연구". 한국비영리연구, 5(1), 33–71.

Bandura, A.(1977), *Social Learning Theory*, Englewood Cliffs, NJ: Prentice Hall.

Batson, C., Daniel, N. A. & Tsang, J. A.(2002), "For motives for community involvement". *Journal of Social Issues*, 58, pp. 429–445.

Bekkers, R.(2007), *Generosity and Philanthropy : A Literature Review.*

Belk, R.(1988). "Posessions and the extended self". *Journal of Consumer Research*, Vol. 15.

Brooks, A. C.(2002), "Welfare Receipt and Private Charity". *Public Budgeting & Finance*, 22(3): 101–114.

Bourdieu.(1986). "The Form of Capital" in John G Richardson. *Handbook of Theory and Research for Sociology of Education.* New York, Greenwood.

Chang, W. C.(2005), "Determinants of donations: Empirical evidence from Taiwan". *Developing Economies*, 43: 217–234.

Danko, W. D. & T. J. Stanley.(1986), "Identifying and Reaching the Donation Prone Individual: A Nationwide Assessment". *Journal of Professional Services   Marketing*, 2 (Fall/Winter): 117–122.

Freeman, R. B.(1997), "Working for Nothing: The Supply of Volunteer Labor". *Journal of*

Labor Economics, 15: 140−166.

Menchik, P. & B. Weisbrod.(1987), "Volunteer Labor Supply". *Journal of Public Economics*, 32: 159−183.

Piliavin. J. A. & Charan. H.(1990). Altruism : A review of recent theory and research. *American Review of Sociology*, 16. 27−65.

Putnam.(2000), "Social capital : measurement and consequence". Keynote address at symposium on the contribution of human and social capital to sustained economic growth and well bening. Quebec City.

Roberts. (1984), A Positive model of private charity and public transfers, *Journal of Public Economy*, 92(1), 136−148

Schwartz(1968). Personal philanthropic contribution. *Journal of Political Economy*, 1264−1291.

Wilson, J. & M. Musick.(1999), "The Effects of Volunteering on the Volunteer". *Law and Contemporary Problems*, 62(4): 141−168.

〈참고 사이트〉

사회적기업진흥원

https://www.socialenterprise.or.kr/social/care/growthProbono.do?m_cd=G008

십시일밥 http://www.tenspoon.org

아름다운 가게 https://www.beautifulstore.org

아름다운재단 기부문화연구소 홈페이지 https://research.beautifulfund.org

어머나 운동본부 http://www.givehair.net

옷캔 https://otcan.org

위아자 나눔장터 https://weaja.joins.com

채리티 내비게이터 홈페이지 http://www.charitynavigator.org

통계청 홈페이지 http://kostat.go.kr

희망조약돌 https://www.joyagdol.com/page.php?p=space

〈사진 출처〉

그림 11.2 채리티 네비게이터 9개 평가 분야

　　https://www.charitynavigator.org/index.cfm?bay=content.view&cpid=4529

그림 11.2 서스펜디드커피

 https://www.flickr.com/photos/piccololab/15672365905/

 https://www.flickr.com/photos/38292195@N03/14107281733/

그림 11.3 독일 나눔 냉장고

 EBS 뉴스G 쓰레기는 사지 마세요, 2015.1.21

 http://home.ebs.co.kr/ebsnews/menu1/newsAllView/10288365/H?eduNewsYn=N&new

 sFldDetlCd=CORNER_07&brdcDt=&dtBtn=W&srchStartDt=&srchEndDt=&srchType

 =newsTitle&srchWords=&srchWords2=&cPage=31

그림 11.4 다양한 프로보노 활동

 https://www.flickr.com/photos/61233609@N04/8141008153/

 https://www.flickr.com/photos/61233609@N04/5865334154/

그림 11.5 다양한 스마트 기부

 https://www.flickr.com/photos/120577591@N02/13208973253/

 https://www.flickr.com/photos/serblogkr/8541661882/

 https://www.flickr.com/photos/serblogkr/8541661790/

기부 단체 선별법 6가지, 한국일보 2014.12.21.

 https://www.hankookilbo.com/News/Read/201412212048054500

"미리내 운동을 기억하시나요?", e대한경제, 2021.5.25.

 https://www.dnews.co.kr/uhtml/view.jsp?idxno=202105231326135350028

인도네시아가 기부 1등 국가인 까닭은, 한국일보 2021.6.22.

 http://www.journalist.or.kr/news/article.html?no=49640

행복채움냉장고 2년, '나눔'이 가득 차더라, 경향신문 2019.3.25.

 https://www.khan.co.kr/national/health-welfare/article/201903252144015

4조원 다 내놓은 파타고니아 창업자 "지구가 유일한 주주", 한겨레 2022.9.15.

 https://www.hani.co.kr/arti/international/america/1058731.html

윤리적 소비의 실천과
행복한 삶

사람들은 자신의 두뇌나 마음을 키우기 위한 것보다도 몇천 배나 더 많이, 부를 얻기 위해 마음을 쓰고 있다. 그렇지만 우리의 행복을 위해 도움이 되는 것은 의심할 바 없이 인간이 밖에 가지고 있는 것보다도 안에 가지고 있는 것이다.

- 쇼펜하우어

- 사람들은 왜 윤리적 소비를 하는 것일까? 남을 위해서 하는 것일까? 아니면 자신을 위해서 하는 것일까?
- 윤리적 소비를 하면 누가 행복해지는 걸까?

작은 힘 1부 : 나

EBS 지식채널e 2011. 11. 28.

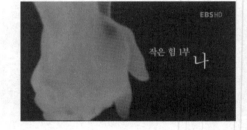

2003년 미국 미시건대학
423쌍의 장수 부부들
이들이 오래 사는 비결은 뭘까?
5년 동안 계속된 관찰
마침내 발견된 작은 공통점 하나

그들 대부분이 정기적으로 방문한 어떤 곳

몸이 불편한 사람들
가족이 없는 사람들
오고 가는 체온
도움이 필요한 사람들과 맺는 특별한 관계
"모르겠어요. 그냥 기분이 좋아져요."

헬퍼스하이(helper's high)
남을 돕고 난 뒤 며칠, 몇 주 동안 지속되는
심리적 포만감
혈압과 콜레스테롤은 낮아지고 엔도르핀은
정상치의 3배 이상 증가

1988년 미국 하버드 의대
두 그룹의 학생들
돈을 받는 일 vs 대가 없는 일
한 그룹의 몸에서만 일어난 작은 변화
"이상해요. 그냥 마음이 편해져요."

타액 속 바이러스와 싸우는 면역항체 'Ig A'
대가 없는 일을 한 학생들에게서만 월등히 높아진 'Ig A' 수치

테레사 효과(The Mother Teresa Effect)

직접 선행을 하거나 남의 선행을 바라보는
것만으로도 몸의 면역력이 높아지는 효과

남에게 주는 동안 나에게 일어나는 변화
그리고 우리는

제1부에서는 현대 사회의 소비문화와 그 문제점을 살펴보고 그 해결 대안으로 윤리적 소비를 생각해 보았다. 제2~4부에서는 구체적인 윤리적 소비 실천방법으로 상거래상의 윤리적 소비, 구매운동과 불매운동, 녹색소비, 로컬소비, 공정무역, 공동체운동, 절제와 간소한 삶, 기부와 나눔에 대해 차례로 살펴보았다.

이제 이들 전체 논의를 종합하여 윤리적 소비를 실천하면 우리가 궁극적으로 원하는 행복한 삶을 살 수 있는지를 살펴보고, 윤리적 소비자들이 경험하는 행복의 특성을 근거로 윤리적 소비를 더 확대할 수 있는 방안에 대해 논의하는 내용으로 마무리하고자 한다. 몇 가지 문항을 통해 자신의 윤리적 소비 실천이 어느 정도인지를 점검해 볼 수 있는 척도가 제시되어 있다. 또한 윤리적 소비를 실천하기 어려운 이유와 어떻게 하면 좀 더 적극적으로 실천할 수 있는지를 생각해 본다.

1. 윤리적 소비, 얼마나 실천하고 있는가?

앞서 살펴본 바와 같이 윤리적 소비는 소비자의 개별적 · 도덕적 신념에 따라 사회적인 책임을 실천하는 소비로서, 사회와 환경에 미치는 영향을 고려하는 소비행동을 말한다. 따라서 윤리적 소비는 현대 소비문화로 인해 파생되는 다양한 문제를 해결하는 대안적인 소비활동이라고 할 수 있으며 환경오염, 빈부격차, 삶에 대한 불만족 등과 같은 현대 소비사회에서 겪는 주요 문제를 개선하고자 하는 소비행동이다. 또한 생산과 유통 과정에서 야기되는 각종 비윤리적인 문제를 해결하는 데 기여할 수 있을 뿐 아니라 궁극적으로 지구의 환경문제를 개선할 수 있는 바람직한 실천행동이다.

윤리적 소비는 세계적으로 증가하고 있는 추세이다. 이러한 현상을 랭과 가브리엘(Lang & Gabriel, 2005)은 대안적 소비운동이라고 칭하며, 소비자운동의 제4물결로 표현하고 있다. 영국 협동조합연합회(The Co-op Group)의 보고서 '윤리적 소비자주의의 20년(Twenty Years of Ethical Consumerism)'에 따르면 영국의 윤리적 소비 시장의 규모는 20년 만에 거의 4배가 증가하였다. 1999년에는 112억 파운드 정도였던 윤리적 소비지출이 지속적으로 증가하여 2018년에는 411억 파운드에 이르렀고, 특히 '윤리적 식품과 음료(Ethical Food and Drink)', '녹색주거(Green Home)'에 대한 지출이 증가하였다(그림 12-1). 전체 가계의 소비지출이 그 기간에 2% 성장에 불과한 것에 비해 이는 엄청난 성장이라고 볼 수 있다. 2010년부터

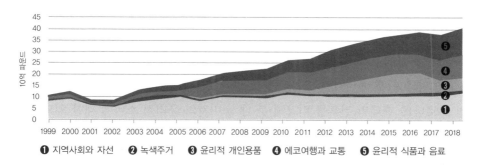

그림 12-1 영국의 윤리적 소비지출 추이 : 1999~2018년

출처 : Twenty Years of Ethical Consumerism, 영국 Co-op.

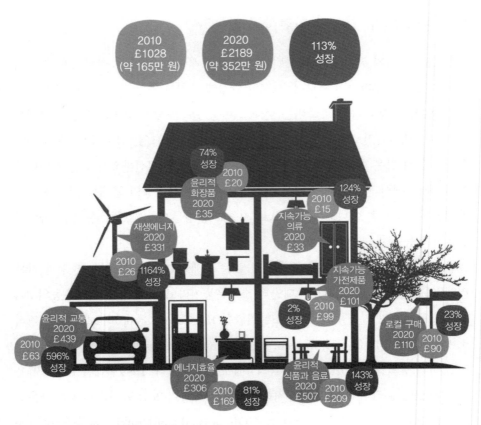

그림 12-2 가계당 윤리적 소비 평균 지출, 2010~2020

출처 : Ethical Consumerism Report 2021-Can we consume back better?, 영국 Co-op.

2020년까지 지난 10년간에도 영국의 윤리적 소비 시장은 평균 2배 이상(113%) 성장했으며, 이를 품목별로 살펴보면 재생에너지는 무려 1,164% 성장을 보이고 있고 윤리적 교통은 596%, 윤리적 식품과 음료는 143%, 지속가능 의류는 124%의 성장을 나타내고 있다(그림 12-2).

코로나19 이후 윤리적 소비는 어떻게 달라졌을까? 영국 협동조합연합회에 따르면 코로나19 팬데믹 전후를 비교해 볼 때 소비자의 윤리적 소비에 대한 의도가 전반적으로 증가하였다. 구체적으로 살펴보면, 로컬구매에 대한 의도는 팬데믹 이전에 40%였으나 팬데믹 이후 58%로 증가하였고, 플라스틱 감축에 대해서는 33%에서 52%로, 에너지 절감은 34%에서 49%로, 자전거 타기나 걷기는 28%에서 44%로,

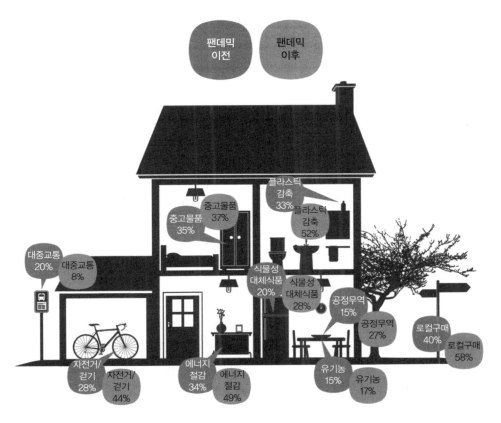

그림 12-3 코로나19 팬데믹에서의 윤리적 소비

출처 : Ethical Consumerism in the Pandemic, 영국 Co-op 보고서.

중고물품 이용은 35%에서 37%로, 식물성 대체식품 이용은 20%에서 28%로, 공정무역제품 이용은 15%에서 27%로, 유기농 식품 이용은 15%에서 17%로 코로나19 이전에 비해 이용 의도가 증가하였다. 단, 공공교통을 이용하겠다는 소비자는 8%에 불과하여 코로나 이전 20%에 비해 크게 감소하였다(그림 12-3).

국내의 윤리적 소비규모도 증가하고 있다. 예를 들어 공정무역 시장 매출은 2004년 7,000만 원에서 2009년 55억 원, 2012년 100억 원, 2018년 189억 원 규모로 큰 폭의 성장을 해 왔다(그림 12-4).

홍은실, 복미정(2019)의 연구에서는 우리나라 성인 소비자들이 절제와 간소, 적극적 구매 및 불매운동, 상거래윤리, 공정무역소비, 로컬소비, 공동체운동 순으로

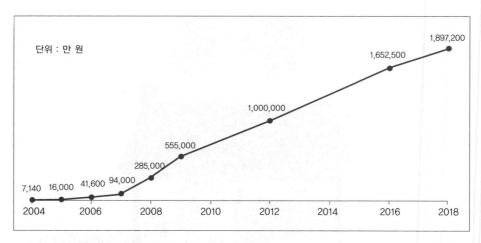

단위 : 만 원

7,140 16,000 41,600 94,000 285,000 555,000 1,000,000 1,652,500 1,897,200

2004 2006 2008 2010 2012 2014 2016 2018

그림 12-4 국내 공정무역 매출액 추이

출처 : 시사 IN 2009. 5. 6., 한겨레신문 2014. 5. 13., 이로운넷 2019. 5. 8.

윤리적 소비행동을 실천하고 있는 것으로 나타났다. 홍은실, 신효연(2011)은 우리나라 대학생 소비자를 윤리적 소비행동에 따라, 전 영역 적극집단, 전 영역 평균집단, 전 영역 소극집단, 상거래윤리지향집단, 미래지향집단의 다섯 집단으로 분류하였다. 이 중에서 상거래윤리지향집단은 9.1%, 환경적 지속가능성에 주된 관심을 가진 미래지향집단은 13.9%, 전 영역 적극집단은 16.7%로 나타나, 다양한 유형의 윤리적 소비자가 있음을 알 수 있다.

그렇다면 이상적인 윤리적 소비자란 어떤 사람이라고 말할 수 있을까? 윤리적 소비란 공정무역 제품이나 친환경제품 또는 사회적 기업의 제품과 같은 윤리적인 상품을 구매하는 활동에만 그치는 것이 아니다. 대중매체나 기업의 마케팅 분야에서는 이러한 소위 '착한' 제품을 구매하는 소비자의 행동에 주된 관심을 가지고 윤리적 소비의 개념을 제한하는 경향이 있다. 그러나 윤리적 소비는 윤리적 제품을 구매하는 것뿐만 아니라 기본적으로는 사업자와의 상거래에서 소비윤리를 지키며, 자신의 소비생활이 개인인 자기 자신에게 미치는 영향만이 아니라 사회와 더 넓은 범위에 미치는 영향을 고려하여 의사결정을 내리고, 나아가 불필요한 소비를 줄이고 간소한 삶을 지향하며 절제하고 나누는 삶을 사는 것을 포함한다. 시간적으로는 먼 미래까지, 공간적으로는 지구 전체를 생각하므로 현재만이 아니라 다음 세대의 삶까지 고려하고, 나 자신 또는 우리나라만이 아닌 동시대의 인류 전체를 고려하는 소비생활인 것이다. 결국 이상적인 윤리적 소비자란 오늘날의 소비사회에서 소비자로서 어떻게 살아가고 있는지 스스로 성찰하고 총체적인 윤리적 소비생활을 통해 좀 더 나은 세상이 되도록 애쓰는 사람이라고 할 수 있다.

2. 나는 윤리적 소비를 얼마나 실천하고 있는가?

그러면 나는 윤리적 소비를 얼마나 실천하고 있을까? 〈표 12-1〉은 앞에서 살펴본 윤리적 소비를 실천하는 각 영역별로 실천 정도를 확인할 수 있는 간단한 질문을 제시한 것이다. 이 질문을 통하여 현재 윤리적 소비를 얼마나 하고 있는지 체크해 보자.

1~3번 문항은 상거래 소비윤리, 4~6번 문항은 구매운동, 7~9번 문항은 불매운동, 10~12번 문항은 녹색소비, 13~15번 문항은 로컬소비, 16~18번 문항은 공정무역, 19~21번 문항은 공동체운동, 22~24번 문항은 절제와 간소한 삶, 25~27번 문항은 기부와 나눔 영역이다. 각각 3문항이므로 영역별 점수는 3~15점의 범위를 갖게 된다. 영역별로 얻어진 점수 합계를 〈표 12-2〉에 적고, 이를 〈그림 12-5〉 위에 옮겨 표시하여 비교해 보자. 나는 어느 영역의 실천점수가 가장 높은가? 어느 영역에 좀 더 관심과 노력이 필요한가?

3. 윤리적 소비를 실천하기 어려운 이유는?

사람들은 물건을 살 때 제품을 생산하는 기업의 사회적 책임정책과 관행을 고려한다고 응답하는 비율이 30%지만 실제 윤리적 생산제품의 시장 점유율은 3% 미만이다(아이쿱생협·한겨레경제연구소 편, 2009). 이는 윤리적 소비에 대한 생각과 행동의 차이를 보여 주는 현상 중 하나이다. 유소이(2012)의 연구에서도 공정무역커피에 대해 62.8%의 소비자가 구매할 의도가 있다고 응답한 반면 22.2%만이 구매 경험이 있다고 응답하였고, 윤리적 소비운동에 선도적 역할을 담당하고 있는 소비자생활협동조합의 조합원들을 대상으로 한 조사에서도 약 24%의 조합원들이 윤

표 12-1 윤리적 소비 실천 정도 측정 문항

윤리적 소비 실천 문항	전혀 하지 않는다 (1점)	거의 하지 않는다 (2점)	가끔 한다 (3점)	자주 한다 (4점)	항상 한다 (5점)
1. 물건을 주웠을 때 주인을 찾아주기 위해 적극적으로 노력한다					
2. 이미지나 영상을 출처 표시 없이 무단으로 사용하지 않는다					
3. 일상에서 내가 소비하는 상품이나 서비스를 제공하는 사람들에게 감사한 마음이 든다					
4. 윤리적 경영을 하는 기업의 제품을 적극적으로 구입한다					
5. '빅이슈' 등 소외된 이웃을 위한 제품을 구입한다					
6. 사회적 기업이 제공하는 제품이나 서비스를 구입한다					
7. 환경이나 사회에 문제를 일으킨 기업 제품은 이용하지 않는다					
8. 불매 기간 동안 적극적으로 불매운동에 참여한다					
9. SNS에서 불매운동에 참여하도록 적극적으로 노력한다					
10. 사용을 다한 물건의 다른 용도를 생각해 본다					
11. 환경에 대한 영향을 생각하며 구매 선택을 한다					
12. 물건을 사용할 때 환경에 미치는 영향을 생각하며 행동한다					
13. 외국에서 수입한 과일이나 야채는 적게 먹는다					
14. 가능하면 내가 사는 지역에서 재배된 농산물을 찾아서 구매한다					
15. 대형유통점보다 전통시장이나 동네 가게를 이용한다					
16. 공정무역 제품을 구매하려고 노력한다					
17. 노동자나 아동의 인권에 도움을 줄 수 있는 소비를 한다					
18. 공정여행에 관심을 갖고 참여하려고 노력한다					
19. 이웃과 지역사회에 나타나는 문제에 관심을 갖는다					
20. 이웃과 지역사회에 도움이 되는 소비를 하고자 노력한다					
21. 자주 사용하지 않는 물건은 굳이 소유하려 하지 않고 대여서비스를 이용한다					
22. 소비를 줄이려고 구체적인 노력을 하고 있다					
23. 불필요한 물건을 정기적으로 정리해서 소유물을 줄이려고 한다					
24. 물건들을 잘 관리하여 오래 사용하고 있다					
25. 매달 일정액을 기부한다					
26. 정기적으로 자원봉사를 하고 있다					
27. 인터넷 사이트, 스마트 기부 등 다양한 기부 프로그램에 적극 참여한다					

표 12-2　윤리적 소비 실천 영역별 점수 합계

영역	상거래상 소비윤리	구매 운동	불매 운동	녹색 소비	로컬 소비	공정 무역	공동체 운동	절제와 간소한 삶	기부와 나눔
점수 합계									

그림 12-5　윤리적 소비 실천 영역별 점수 비교

리적 소비를 중요하게 인식하고 있기는 하나 윤리적 소비를 실천하는 데 있어서는 소극적인 양상을 보여(이승주, 2020), 윤리적 제품에 대한 소비자의 구매 갭(gap)이 존재함을 알 수 있다. 이처럼 근래 들어 윤리적 소비에 대한 사회적 관심이 급속히 늘어나고 있지만 윤리적 소비의 실천은 생각만큼 쉽게 되지 않는다. 왜 소비자들은 윤리적 소비를 적극적으로 실천하기 어려운가?

　윤리적 소비자를 대상으로 한 연구들을 살펴보면 윤리적 소비자들은 실천과정에서 여러 가지 어려움을 겪는 것으로 나타났다. 송인숙 등(2013)의 연구에서는 윤리적 소비자들이 일반제품에 비해 윤리적 제품의 높은 가격으로 인해 가격에 대한 부담을 느끼고 있었으며, 윤리적 제품을 찾기 위해 의식적으로 시간과 노력을 들이고 심사숙고해야 하기 때문에 어려움을 겪는다고 하였다. 또 어떤 제품이 윤리적 제품이라고 해도 과연 윤리적으로 생산되었는가를 알 수 없을 경우 신뢰성이 문제가 된다고 하였다. 윤리적 제품의 품목, 가격대, 유통망 등의 다양성이 부족해서 윤리적 소비 실천이 어렵다는 시스템과 여건의 미비 등도 지적하고 있었다. 손상희 등(2011)의 연구에서도 녹색소비와 관련해서 소비자들이 일정 수준 이상의 윤리적 소비의식을 갖고 있지만 행동으로 이어지지 못하고 의식과 행동의 불일치가 생기는 경우가 많은데, 이는 소비의 영향에 대한 인식의 부족, 편의를 추구하는 생활습관, 미흡한 제품의 질과 정보의 부족, 신뢰의 부족, 가격부담 등의 요인으로 인한 것임을 밝혔다. 윤리적 소비의 실천을 저해하는 요인을 개인적 차원의 요인과 시장환경 차원의 요인으로 분류해 보면 다음과 같다.

1) 개인적 차원의 장애요인

개인적 차원의 장애요인으로는 관심 부족, 소비행동의 효과에 대한 인식 부족, 편의를 추구하는 생활습관, 주변의 시선 등의 요인을 들 수 있다.

(1) 윤리적 소비에 대한 관심

모든 소비자가 윤리적 소비에 관심을 가지는 것은 아니다. 소비의 사회적 책임에 대한 인식이 높을수록 윤리적 소비에 대한 관심도 높을 것이라 예상할 수 있는데, 아직도 많은 소비자들이 소비를 사적 영역으로만 생각하는 경향이 있기 때문이다. 소비의 개념을 개인적인 획득과 사용에만 한정하여 단편적으로 생각할 때에 소비를 둘러싼 다양한 맥락과 영향을 생각하지 못한다.

(2) 소비행동의 효과에 대한 지각

자신의 소비행동의 효과에 대한 지각은 많은 연구에서 윤리적 소비행동을 결정하는 중요한 요인으로 밝혀져 왔다. 즉 소비자들이 자신의 소비행동이 사회와 환경에 영향을 주고, 또 관련 문제들을 해결하는 데 기여할 수 있다고 생각할수록 윤리적 소비행동의 가능성이 커진다. 이러한 효과에 의구심을 가지는 소비자는 한 개인이 이런 작은 실천행동을 한다고 해서 세상이 바뀔 것인가 하는 무력감 때문에 적극적으로 행동을 하지 않게 된다. 어렵사리 윤리적 소비를 한다고 해도 자신의 소비생활이 다른 사람이나 환경에 어떤 영향을 미치게 될지에 대해 구체적이고 실질적인 정보가 제공되지 않기 때문에 윤리적 소비를 계속할 힘을 갖기 어렵다. 즉 자신의 윤리적 소비 실천행동이 문제를 해결하는 데 도움이 된다고 느끼지 못해서 실천동기가 약하다는 것이다. 따라서 윤리적 소비의 효과에 대한 과학적·실제적 증거가 주어질 때 소비자는 윤리적 소비 실천을 더 잘할 수 있을 것이다. 예를 들어 생산자와의 연계를 통해 자신의 소비가 생산자에게 직접 영향을 준다는 것을 경험한 소비자들은 윤리적 소비를 지속하게 된다(홍연금, 2009).

(3) 편의를 추구하는 생활습관

소비자들이 지금까지 생활해 오며 형성된 습관의 영향력을 무시할 수는 없다. 윤리적 소비를 실천하겠다는 의지를 가지고 변화를 시도하더라도 윤리적 소비로의 급격한 전환이 일어나지 않을 수 있다.

(4) 주변의 시선

소비의 사회적 의미라는 측면에서 사회나 주변의 시선은 윤리적 소비 실천에 영향을 준다. 오늘날의 소비문화는 소비가 경제력을 나타내는 지표로 여겨지면서 소비자들이 더 비싼 것을 더 많이 더 자주 구입하도록 추동하는 문화이다. 동시에, 같은 상품이면 더 싼 것을 더 많이 살 수 있도록 하는 소비의 효율성을 강조하는 문화이기도 하다. 이러한 상황에서 다른 상품보다 가격이 비싼 윤리적 상품의 구입이나 소비 절제 등을 전제로 한 윤리적 소비에 대해 타인들로부터 주어지는 부정적 시선을 염려하여 윤리적 소비가 방해받기도 한다. 유별나다는 가족들의 야유로 마음의 불편함을 호소하는 경우도 있다(박미혜, 2015).

2) 시장환경 차원의 장애요인

시장환경 차원의 장애요인으로는 상품의 부족한 품질과 비싼 가격, 정보와 신뢰의 부족, 접근성의 부족 등을 들 수 있다.

(1) 상품의 품질과 가격

지금까지 우리는 소위 합리적이고 경제적인 소비에 길들여져 왔다. 특히 개인의 단기적인 효율성에 근거해 소비해 왔기 때문에 자신의 경제적 이익을 먼저 계산하게 된다. 이러한 소비습관 때문에 소비자는 시장에서 가격이 싼 제품의 선택에 골몰하게 되고 이에 부응하여 생산자와 판매자는 비윤리적인 생산과정을 거쳐서라도 가격이 저렴한 제품을 공급하고자 노력하게 된다. 같은 품질이라면 가능한 가격이 싼 제품을 사려는 구매습관은 우리 몸에 철저히 배어 이를 포기하고 다른 가치를 추구하는 선택을 하기는 쉽지 않다. 윤리적 상품의 품질에 대해서는 소비자들의 평가가 다양한데, 유기농식품의 경우 건강에 좋고 맛이 좋다는 평가가 있는 반면 외관이 좋지 않아 손이 가지 않고, 의류의 경우 디자인이나 품질이 떨어진다는 평가가 있다(손상희 등, 2011). 이와 더불어 상품이 다양하지 않아 상대적으로 소비자 선택의 범위가 좁은 것도 윤리적 소비를 어렵게 하는 요인으로 작용한다.

(2) 정보와 신뢰의 부족

어떤 제품이 윤리적으로 생산된 제품인지, 어떤 제품이 비윤리적인 생산·유통과정을 거쳐 판매되고 있는지에 대한 적절한 정보를 소비자가 필요로 할 때 바로바로 알기 어려워 구매운동이나 불매운동을 하고 싶어도 실천하기 어렵다. 온라인상에서 윤리적 제품 또는 비윤리적인 제품에 대한 정보를 검색하면 어느 정도 찾아볼 수 있지만 구매시점에 이런 정보가 제공되는 것은 아니기 때문에 윤리적 소비를 하기 위해서는 개별 소비자들이 탐색과 숙고의 시간을 많이 거쳐야 하는 것이 보통이다. 이러한 정보의 부족과 혼란은 신뢰의 부족으로 이어지는데, 손상희 등(2011)의 연구에서는 상품 및 판매자에 대한 불신이 녹색구매를 저해하는 중요한 요인으로 지적된 바 있다.

(3) 접근성의 부족

시장환경 차원에서 불완전한 시장상황이나 매장 접근성의 문제도 윤리적 소비를 어렵게 한다. 전통시장을 이용하고 싶어도 소비자가 찾는 윤리적 상품이 없다든지, 하이브리드 차를 사고 싶어도 충전소를 찾기 어려워서 구매를 꺼리게 된다. 신뢰의 문제를 해결하기 위해 친환경매장을 찾고 싶어도 근처에 없어서 이용을 못하는 경우도 있다(손상희 등, 2011).

이처럼 윤리적 소비의 실천에는 어려움이 따르지만, 윤리적 소비를 지속하는 이유는 무엇일까? 점점 많은 소비자들이 아이쿱생협이나 두레생협, 한살림 등 협동조합에 가입하여 활발하게 활동하거나 아니면 협동조합원이 아니더라도 공정무역 커피나 초콜릿을 지속적으로 구입하기도 하고, 해외아동에 대한 관심을 가지고 원조에 참여하는 등 다양한 방법을 통해 윤리적 소비를 실천하고 있다. 이들은 왜 윤리적 소비에 열정을 가지고 몰입하는가? 그 동인은 무엇일까? 윤리적 소비가 단지 당위성에 의한 의무적 소비행위라면 어떻게 지속적, 자발적으로 실천을 해 나갈 수 있을까? 윤리적 소비를 실천하면서 경험하는 어떤 것이 지속의 원동력이 되는 것일까? 이러한 의문에 대해 다음 절에서 계속 살펴보자.

4. 윤리적 소비를 실천하면 더 행복한가?

윤리적 소비자들의 소비생활 변화 과정을 보면(홍연금, 2009) 초기에 윤리적 소비를 실천하게 되는 동기는 개인의 상황이나 이익을 위해 시작하는 경우가 많다. 예를 들면 자신의 건강을 위해 안전한 먹거리를 찾아 친환경농산물을 먹기 시작하다가 점차 내적 만족과 농업이나 환경과 같은 이타적인 동기가 윤리적 소비행동의 의미를 강화시켜 지속적으로 실천하게 한다. 우리나라 윤리적 소비자를 연구한 보고서에서도 비슷한 분석내용을 볼 수 있다. 즉 한국에서 윤리적 소비는 처음 건강 영역에서 제기되었지만 환경영역으로 확산되었으며, 최근 사회영역으로 발전하고 있다고 지적한다. 자신의 건강에 도움이 되는 웰빙제품에서 친환경제품, 그리고 공정무역 제품으로 초점이 바뀌고 있다는 것이다(아이쿱생협·한겨레경제연구소 편, 2009, p. 179). 이 보고서 역시 윤리적 소비란 개인적이고 도덕적인 믿음에 근거한 의식적인 소비선택을 말하며, 당장 자신에게 경제적인 이득이 되지 않더라도 이웃을 고려하며 자연환경까지 생각하는 장기적인 관점에서 내리는 구매 선택이라고 정의하고 있다. 이러한 관점은 다른 연구들과 마찬가지로 윤리적 소비에 대해 소비자의 구매행동에만 초점을 두고 있다는 한계점이 있다. 그러나 소비자의 관심이 개인적인 동기에서 시작하지만 좀 더 넓은 사회적인 것으로 변화된다는 인식에서는 홍연금의 연구와 일치하고 있다.

　또한 앞서의 각 장 말미에 실린 사례에서도 알 수 있듯이 윤리적 소비자들은 대형마트에서 과잉구매를 하는 것을 지양하고 자신의 삶 전체에서 인간답게 사는 것

에 대한 진지한 관심을 가지고 겉으로 보이는 외적 세계보다는 내적 세계에서 성
숙하기를 원하는 사람들이다. 또 나 혼자라도 바른 소비를 조용히 실천해 나간다.
최근 아이쿱생협에서는 윤리적 소비 체험수기를 공모하였는데 그 내용을 살펴보
면(아이쿱생협·한겨레경제연구소 편, 2009) 역시 윤리적 소비를 실천하는 행동에
서 내적인 만족감과 행복감을 느끼고 있음을 알 수 있다.

　윤리적 소비를 하는 사람은 과연 정말 행복한가? 왜 행복한가?

　이러한 질문에 답하기 위해 여러 연구에서 밝혀진 행복의 요인과 윤리적 소비와
행복의 관계를 살펴보면 다음과 같다.

1) 행복의 요인

(1) 사회적 차원의 행복 결정요인

미국의 경제학자 이스털린(Easterlin, 1974)이 소득이 일정 수준에 달하고 기본적인
욕구가 충족되면 추가적인 소득 증대가 행복에 큰 영향을 미치지 않는다는 이론을
주장한 이후, 행복의 결정요인에 대한 많은 관심이 제기되었다. 물질이 행복을 보
장하지 못한다면 무엇이 행복을 결정한다는 말인가?

　인구 70만 명의 작은 나라인 부탄은 GDP가 아닌 국민들의 **행복지수**(gross
national happiness, GNH)를 국가 정책의 기준으로 삼고 있다. 부탄의 GNH는 건
강, 시간활용방법, 생활수준, 공동체, 심리적 행복, 문화, 교육, 환경, 올바른 정치
등 9개 분야의 지표를 토대로 산출하며, 이는 OECD, 영국, 미국 등에서도 행복지
수를 고안하고 발표하게 한 계기가 되었다. 부탄은 2011년 영국 신경제재단(NEF)
의 행복지수 조사에서 세계 1위로 나타났는데, 부탄 국민의 행복 비결로는 환경보
호와 지속가능한 사회경제 개발, 문화보호 등이 꼽혔다(중앙일보, 2012. 4. 9. ; 연
합뉴스, 2016. 11. 2.). 한편 행복경제학자이자 유엔의 '세계 행복보고서' 대표 저
자인 헬리웰(Helliwell)은 사회적 자산인 구성원 간의 신뢰가 행복에 매우 중요하
며, 따라서 사회적 지원(social support)이 사회구성원 행복 결정의 가장 큰 요인이
라고 지적하였다(한국일보, 2016. 1. 20.).

(2) 개인적 차원의 행복 결정요인

국민 행복을 위한 국가의 정책, 사회적 지원 등이 사회적 차원의 행복 결정요인이라면, 개인적 차원의 행복 결정요인은 무엇일까? 다양한 행복 관련 연구를 종합하여 분석한 송인숙 등(2012)에 따르면, 행복에 대한 관점으로 쾌락주의적 입장과 자기실현적 입장의 두 가지 관점이 있는데, 행복의 요인은 행복에 대한 관점에 따라 다를 수 있다. 쾌락주의적 입장은 행복을 개인이 주관적으로 경험하는 유쾌한 상태, 직접적인 감각을 의미하는 것으로 본다. 따라서 즐거움의 추구나 고통회피의 결과로 쾌락을 가져다주는 것이 행복의 요인이 될 수 있다. 그러나 자기실현적 입장은 행복을 자신의 덕목과 가능성을 발휘할 때 주어지는 심리적 안녕으로 보아 환경의 통제, 타인과의 긍정적인 관계, 자율성, 개인적 성장감, 인생의 목적의식, 자기수용 등의 요인에 의해 얻어질 수 있는 것으로 본다. 소비자 스스로에 의해 자율적으로 결정된 윤리적 소비행동은 소비자에게 소비로 인한 행복을 제공해 줄 수 있는 것이다(구혜경, 2018).

하버드대에서 행복학 강의로 유명한 탈 벤 샤하르(Tal Ben Shahar) 교수는 '어떻게 하면 우리 자신을 포함해서 공동체나 사회의 모든 사람이 좀 더 행복한 삶을 살 수 있을까? 왜 우리는 물질적으로 풍족해졌지만 행복하지 못한가?'라는 질문으로부터 행복에 대한 논의를 시작하였는데, 결국 행복은 기본적으로 즐거움과 의미라는 두 가지가 충족되어야 한다고 결론지었다. 18세기 칸트는 '어떤 행동이 도덕적 가치를 지니기 위해서는 그 행동이 의무감에서 비롯되어야 한다'고 하면서 자기희생을 도덕적 시초로 삼았다. 그러나 이와 달리 탈 벤 샤하르는 다른 사람을 돕는 것과 우리 자신을 돕는 것은 서로 배타적이 아니므로 둘 중 하나를 선택할 필요는 없다고 보았다. 다른 사람을 더 많이 도울수록 우리는 더 행복해지고 우리가 행복해질수록 다른 사람을 더 돕고 싶어진다는 것이다. 다시 말하면 칸트식의 의무감에서 나오는 도덕적 삶은 의미와 즐거움을 분리하는 데 비해, 진정한 행복은 현재와 미래의 이익, 의미와 즐거움, 자기 자신을 돕는 것과 다른 사람을 돕는 것이 조화를 이루는 삶에서 얻어진다고 보았다.

긍정심리학의 창시자인 셀리그먼(Seligman)이 행복한 삶의 조건으로 제시한 것도 이와 다르지 않은데, 즐거운 삶, 적극적인 삶, 의미 있는 삶의 세 가지이다(송인숙 등, 2012). 영국 신경제재단(NEF)은 개인의 행복을 결정하는 중요한 요인으로 타인과의 관계와, 어려움을 극복하는 회복탄력성(resilience)과 같은 심리적 자원 혹은 정신적 자본을 꼽았다. 이에 따라 행복을 증진시키는 다섯 가지 활동을 제안하였는데, 사람들과의 관계 맺기, 움직이기, 주위 자각하기, 지속적으로 배우기, 그리고 나누는 삶이다(박명희 등, 2011에서 재인용).

이러한 논의들을 종합해 보면 행복은 즐거움만이 아니라 의미를 동반할 때 얻어지는 것이며, 타인과의 긍정적 관계, 자율성, 목적의식, 자기수용과 성장감, 적극적인 삶, 주위 자각하기, 나누는 삶 등의 핵심요소를 포함하는 것이다. 따라서 행복한 삶을 영위하려면 삶에 대한 성찰과 고민이 선행되어야 하고, 이를 실현하기 위한 구체적인 행동과 노력이 뒤따라야 한다. 또한 반드시 타인의 삶을 돌아볼 때 자신의 행복도 가능하다고 할 수 있다.

2) 윤리적 소비와 행복

(1) 윤리적 소비가 주는 유익

윤리적 소비는 사회와 환경을 고려하는 소비인데, 소비자 자신에게는 어떤 유익을 가져다주는가?

여러 연구에 따르면 윤리적 소비자는 비용효율성이나 상품의 품질에서 오는 만족뿐만 아니라 다양한 긍정정서를 경험하고 있었다. 손상희 등(2011)의 연구에 따르면, 소비자들이 윤리적 소비에 참여하게 되면서 노동자나 환경에 보탬이 되었다는 자부심과 긍지, 뿌듯함과 같은 감정을 느끼게 되고, 이는 다시 윤리적 소비를 추동하는 중요한 내적 요인으로 작용하였다. 박미혜(2015)의 연구에서도 사람들은 윤리적 소비를 할 때 책임감, 정의감, 만족감, 유대감, 자존감과 같은 감정을 통해 심리적 만족감을 많이 경험하며, 이러한 감정은 윤리적 소비의 과정을 이끄는 중요한 요인이 되는 것으로 나타났다. 또한 소비지향성, 혜택 종류, 혜택시점의 세 가지 가치 차원에 따라 소비 유형을 구분하여 소비자가 경험하는 소비 유형별 행복을 고찰한 성영신 등(2013)의 연구에서 윤리적 소비는 놀이 다음으로 높은 행복감을 주는 소비 유형으로 나타났다. 이들은 윤리적 소비가 사회지향적인 소비이지만 소비자들이 경험할 수 있는 행복감이 커서 본인지향적인 가치를 함께 내포하고

무엇이 행복을 결정하는가?

류보머스키, 셀든, 슈케이드(Lyubomirsky, Sheldon, & Schkade, 2005)는 행복을 결정하는 주요 요인들을 고려하여 다음과 같은 행복 공식을 제시했다.

행복 = 기준점 + 삶의 상황 + 의지적 활동

행복은 개인의 기준점, 삶의 상황, 의지적 활동이라는 세 가지 요인에 의해 결정된다는 것이다. 기준점(happiness set point)은 유전적 요인에 의해 결정되는 것이며, 삶의 상황(life circumstances)은 나이, 성별, 교육수준, 사회적 계층, 수입, 가족 및 자녀, 지능수준, 신체적 매력도와 같이 행복에 영향을 미치는 외부적인 여건을 의미한다. 의지적 활동(volitional activity)은 개인의 동기와 의지에 의해서 선택된 자발적인 활동을 의미한다. 그림과 같이 타고난 기준점이 행복수준의 50%를 결정하고 의지적 활동을 통해 40%, 그리고 삶의 상황이 10%를 결정한다는 것이다. 이 주장에 따르면 우리의 행복수준은 상당 부분 선천적으로 결정되어 있는 셈이다. 그러나 우리의 의지에 의해서 변화시킬 수 있는 행복의 범위도 상당히 넓다.

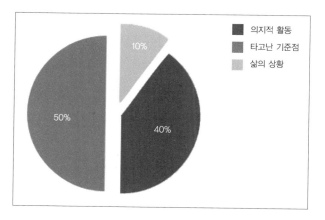

그림 12-6 행복의 결정요인

출처 : Lyubomirsky et al., 2005

참고 : 권석만(2008), 긍정심리학, pp. 88-89.

있다고 하였다.

　윤리적 소비자가 경험하는 행복한 소비의 특성은 무엇인지를 살펴본 송인숙 등 (2013)의 연구는 윤리적 소비의 어떠한 속성이 소비자에게 행복을 경험하게 하는 지에 대한 구체적인 단초를 제공한다. 윤리적 소비는 관계를 맺는 소비, 누군가를 돕는 소비, 소비욕구를 절제하는 소비, 신뢰할 수 있는 소비, 소비환경을 만들어 가는 소비를 가능하게 하며, 소비자들은 윤리적 소비의 이러한 속성을 통해 행복을 경험한다고 하였다. 즉 '관계를 맺는 소비', 특히 생산자를 아는 소비를 하거나 생산자를 포함한 '누군가를 도울 수 있는 소비'를 할 때 행복을 경험하고 있었고, 자신이 주체가 되어 꼭 필요한 것만 구입하는 '욕구를 조절하는 소비', 안심하고 신뢰하며 이용하는 '의심하지 않고 안심할 수 있는 소비', 소비환경을 개선하려는 구체적인 노력을 생산자 또는 이웃과 연대하여 실천하는 '소비환경을 변화시켜 나가는 능동적인 소비'를 할 때 또한 행복감을 경험하고 있었다.

　이성림 등(2011)의 연구에서는 소비자들은 소비에 대한 내적인 기준과 휩쓸리지 않는 소신을 가지고 소비할 때, 내적으로 자아를 발견하고, 타인을 위한 배려를 하며, 소비환경과 자신의 소비욕망, 그리고 주위 세계에 대해 자각하면서 일과 여가, 자기 자신과 타인 그리고 세상에 대한 균형 잡힌 소비생활을 할 때 행복을 느낀다고 하였다. 이러한 행복한 소비생활의 조건은 바로 윤리적 소비가 갖추고 있는 속성들과도 부합된다.

　라선아(2015)의 연구에서도 기부를 실천한 윤리적 소비가 소비자에게 행복을 가져다주는 하나의 소비 유형으로 밝혀졌다. 자선적 기부를 통해 기부자 스스로 주관적인 부를 더 많이 가진 것처럼 느끼게 하는 자기신호효과와 자신이 원하는 자아정체성이 가시화됨으로써 행복감이 발생했으며, 또한 타인에 대한 배려와 내적 성찰이 금전에 대한 초연함을 매개로 행복을 증진시키는 원리가 작용했을 수 있다는 것이다.

(2) 행복증진원리와 윤리적 소비

송인숙 등(2012)은 행복론에 비추어 현대 소비문화를 비판하면서, 내적 태도를 중심으로 한 더 행복해지기 위한 8가지 **행복증진원리**를 소비생활에서 적용할 때 더 행복한 소비가 가능하다고 하였다. 8가지 행복증진원리는 다음과 같다.

1. 감사하기 : 자신이 누리고 있는 것에 대해 감사하고 감사의 마음을 표현하기
2. 용서하기 : 과거의 부정적 경험이나 타인의 잘못에 대해 용서하기
3. 최적주의 : 비현실적인 기대를 버리며 융통성을 갖고 최선을 다하기
4. 욕망의 자기조절 : 무절제한 욕망을 절제하고 자기주도적으로 욕구를 조절하기
5. 쾌락과 의미 균형 : 즐거운 삶과 의미 있는 삶의 균형을 추구하기
6. 내적 집중 : 자신의 내면에 머무르며 내적 경험에 집중하기
7. 자기초월 : 자기안위나 이익 등 자신에 대한 몰입에서 벗어나기
8. 타인과의 관계만족 : 다른 사람과 소통하고 자신의 내면을 나누기

이 중에서 욕망의 자기조절, 쾌락과 의미 균형, 내적 집중, 자기초월의 원리가 특히 윤리적 소비의 특성과 부합되어 윤리적 소비로 인한 행복을 설명한다고 보았다.

윤리적 소비는 단순히 상거래 소비윤리를 준수하거나 윤리적 제품을 구매하는 것만을 의미하지 않고 사회와 환경을 고려한 성찰에서 비롯한 다양한 삶의 양식을 포함하는 개념이다. 즉 윤리적 소비는 삶에 대한 성찰에서 비롯된 자율적인 행동양식이고, 자신뿐만 아니라 타인의 행복을 고려하는 행위이다. 따라서 소비자는 윤리적 소비를 통해 삶에 의미를 부여할 수 있고, 자신과 타인의 관계를 고려하는 소비를 통해 행복감을 느낄 수 있다. 이처럼 윤리적 소비는 도덕적 의무감에서뿐 아니라 우리 자신의 행복을 위한 이기심에서도 정당화될 수 있다. 우리가 왜 윤리적으로 살아야 하는가를 고민한 실천윤리학자 피터 싱어(Peter Singer) 역시 윤리적으로 사는 것이 힘들고 불편하고 손해가 되고 자신에게 돌아오는 것이 없어 자신의 이익과는 대립되는 것이라고 사람들이 짐작하지만 그렇지 않다고 하였다. 인간 본성이 편협한 이기심에서 벗어날 수 있도록 인간은 진화해 왔으며, 개인의 이익을 추구하는 삶이란 쾌락과 개인적 만족을 제외하면 아무 의미가 없는 삶으로 종종 파멸을 가져오는 데 비해 윤리적 삶은 자신의 이익을 넘어선 목표를 추구하는 삶으로 우리 삶에 의미를 부여하여 더 행복하게 한다고 하였다(피터 싱어 저, 노승

영 역, 2014). 이러한 점에서 윤리적 소비는 소비자 자신에게도 행복이라는 긍정적
결과를 가져오는 것이라 할 수 있다.

5. 윤리적 소비를 촉진하려면 어떻게 해야 하는가?

윤리적 소비를 촉진하려면 먼저 태도와 행동 간의 갭을 메울 필요가 있는데, 이를
위해서는 앞서 제시한 개인적 차원, 시장환경 차원의 장애요인을 해결해야 한다.

1) 관점의 변화

우선 소비자들의 관점의 변화가 필요하다. 합리성의 판단 기준이 개인적이고 단기
적이고 미시적인 관점에서 장기적이고 거시적인 관점으로 바뀌어야 한다. 소비생
활의 기준을 자신의 단기적인 개인적 이득을 중심으로 생각하던 것을 타인과 미래
세대에게 어떤 영향을 미칠지 고려하는 것이다. 또 단지 제품의 질과 가격만을 보
던 관점에서 바뀌어 제품 생산과정까지 고려하고 노동자, 동물, 환경까지 생각하
는 것이다.

2) 소비행동의 영향에 대한 인식

자신의 소비행동의 효과에 대한 지각을 향상시키기 위해서 소비자들은 자신이 소
비하는 물건을 누가 만들었는지, 어떤 과정을 거쳐서 오게 되었는지를 알고 또 그
물건을 구입함으로써 생산자나 환경에 미치게 되는 영향을 생생하게 느끼는 것이
필요하다. 이런 점에서 소비를 할 때 생산자의 얼굴을 떠올릴 수 있고 자신의 소비
가 생산자에게 미치는 영향을 느낄 수 있는 로컬소비가 매우 중요하다. 생산자와
의 만남, 생산 현지 방문, 생산과정 인터넷 동영상 등을 통해 생산자의 이야기와
삶을 생생하게 접할 수 있는 기회를 제공하는 것은 윤리적 소비의 촉진을 위해 효
과적인 방법이다.

3) 모델링을 통한 생활습관의 변화

편의를 추구하는 생활습관을 바꾸기 위해서는 모델링이 중요한 수단이 될 수 있

다. 사회에서 존경받고 인정받는 사람들이 윤리적 소비생활을 영위해 나가는 삶의 모델이 될 수 있다면, 많은 소비자들이 윤리적 소비를 쉽게 학습할 수 있다. 또한 이들이 홉스테드(Hofstede, 2014)가 제안한 문화의 요소 중 하나인 '소비의 영웅'으로 인정되는 사회문화 속에서 윤리적 소비는 더욱 확산될 수 있을 것이다. 그러나 윤리적 소비가 얄팍한 상술에 이용돼 본질을 잃게 되는 위험을 경계해야 한다. 실제로 유기농 면화 옷을 입고, 유기농 쌀과 야채를 먹고, 하이브리드 자동차를 타는 것이 '멋진 스타일'로 여겨지면서 환경문제의 심각성을 잊게 만들거나 친환경제품들이 오히려 불필요한 소비를 부추긴다는 비판도 나온다.

4) 공동체의 지지

주변의 다양한 시선에 흔들리지 않도록 공동체적 지지가 필요하다. 많은 소비자들이 초기에 개인적인 동기에서 생협 같은 곳에서 친환경 먹거리 제품을 구입하다가 지역모임에 참여하고 교육받고 생각을 나누면서 행동이 강화되고 발전된다. 자신이 가진 윤리적 소비에 대한 가치를 소비생활에서 일관성 있게 실천하기 위해서는 같은 생각을 가진 소비자들과의 연대활동이 도움이 될 것이다.

5) 정보 제공

윤리적 소비를 하고자 하는 소비자에게 필요한 정보를 제공하여야 한다. 각 제품이 어느 곳에서 어떤 과정을 거쳐 생산되어 유통되고 있는지 그 과정에서 윤리적 문제는 없었는지 또는 개별 기업별로 사회적 책임을 어떻게 실천하고 있는지 등에 대한 정보를 다양하고 활발하게 제공함으로써 정보탐색비용을 줄이는 것이 필요하다.

최근 윤리적 소비자들의 구매운동 대상 중 하나인 사회적 기업 제품을 구매한 경험이 있는 소비자들을 대상으로 사회적 기업 제품을 지속적으로 구매하고자 하는 의도에 영향을 주는 요인이 무엇인지에 대해 조사한 연구가 이루어졌는데 그 결과 어떤 유형의 상품이든 사회적 기업에 대한 '신뢰'가 가장 중요하였다(박나랑, 손상희, 2013). 윤리적 제품에 대한 믿을 만한 정보를 지속적으로 제공하고, 해당 기업들도 자사 제품의 윤리적 생산과 경영투명성, 그리고 사회적 효과 등을 잘 알림으로써 이들 제품에 대한 신뢰가 쌓일 때 소비자의 지속적인 구매를 기대할 수 있을 것이다.

또 다른 연구(허은정, 김우성, 2012)에서는 윤리적 소비행동에 영향을 미치는 요인 중에서 소비자 가치나 인구사회학적 변수보다 심리사회적 특성변수가 더 중요했고, 심리사회적 특성 중에서는 자신의 소비가 미치는 효과에 대한 인식인 '효과성 지각'과 '이타주의'가 특히 중요하였다. 따라서 윤리적 소비행동을 늘리기 위해 교육자료를 만들 때 개개인의 소비자가 자신의 소비행동을 통해 사회를 변화시킬 수 있다는 확신을 주거나 혹은 자신만의 이익이 아닌 타인이나 제3세계의 사회적 약자에게 관심을 가질 수 있는 정보를 주어야 한다.

6) 상품과 시장환경 및 제도의 개선

윤리적 상품의 품질개선 및 적정한 가격설정, 품목의 다양화, 매장 접근성의 향상, 인증마크의 신뢰도 증진 등 상품 및 시장환경과 제도의 개선이 필요하다. 이러한 시장환경과 제도는 윤리적 소비가 실현될 수 있는 제반여건으로, 윤리적 소비의 실천을 결정하는 중요한 요인이다. 특히 이러한 요인은 소비자들이 윤리적 소비를 시작하게 하는 동인이 될 수 있다. 건강과 안전을 위해 유기농 구매를 시작한 소비자들을 예로 들 수 있다(홍연금, 2009). 녹색상품을 쉽게 접할 수 있는 환경이 주어질 때, 또 인증마크가 알아보기 쉽고 신뢰할 수 있을 때 녹색구매를 더 하게 된다는 연구결과(손상희 등, 2011)도 같은 맥락에서 해석할 수 있다.

7) 윤리적 소비를 통한 행복경험

윤리적 소비자들은 실제 윤리적 소비를 실천하는 자신의 소비생활에서 다양한 행복을 경험하고 있다. 따라서 사회적 책임을 다하기 위해 윤리적 소비를 실천해야 한다는 당위성의 논리를 강조하기보다 윤리적 소비를 통해 소비자 자신이 더 많은 행복을 경험할 수 있음을 직간접 경험으로 전달할 필요가 있다. 이는 윤리적 소비의 촉진을 위한 교육과 정책의 방향을 설정할 때 주목해야 할 점이라 하겠다.

8) 윤리적 소비를 위한 교육과 정책

윤리적 소비를 위한 교육과 정책은 이상에서 제시한 장애요인을 해결하는 데 중요한 수단이 될 수 있다. 윤리적 소비교육은 가정교육, 학교교육, 평생교육의 차원에서 고려될 필요가 있다. 학교교육을 강화하고, 일반인을 대상으로 하는 공익광고 및 정보 제공 등 평생교육이 제공되어야 한다. 또한 가정에서 부모의 윤리적 소비에 대한 관심과 교육이 아동과 청소년에게 중요한 영향을 미치므로(정주원, 2012), 가정에서 윤리적 소비에 대한 교육이 잘 이루어지도록 부모를 대상으로 한 교육도 필요하다. 윤리적 소비를 촉진하기 위해서는 소비자의 인식의 전환도 중요하지만, 소비자의 선택권을 강화하고, 소비자들이 보다 낮은 비용으로 윤리적 상품과 서비스를 이용할 수 있도록 하는 제반환경 구축이 동반되어야 하며, 이를 위한 정책적 개선이 요구된다고 하겠다.

성공의 신화와 행복

사람들이 윤리적 소비를 하기 어렵다고 생각하는 이유 가운데 경제적인 이유가 매우 크다. '윤리적 소비자가 될 만큼 경제적으로 여유가 많지 않다'는 것이다. 대안 소비자단체인 에티컬 컨수머(Ethical Consumer)는 이를 윤리적 소비에 대한 다섯 가지 오해 가운데 하나로 꼽고 있다. 그런데 실제로 우리 사회에는 빈곤이 존재하고 많은 사람들이 기본욕구를 채우지 못한 채 고통받고 있다. 그렇다면 그 해결책은 무엇일까?

2006년 개봉된 가브리엘 무치노 감독의 영화, <행복을 찾아서>는 그에 대한 해법을 실화를 바탕으로 제시하고 있다. 이 영화에서 흑인 외판원 크리스 가드너는 계속해서 닥치는 가난 속에서, 부인도 집도 잃어버리고 어린 아들과 여기저기 전전하는 신세이지만, 빨간색 페라리를 모는 성공한 주식중개인을 만나 성공할 수 있다는 희망을 가지고 주식중개인 인턴에 지원한다. 가로등 불빛으로 공부를 하는 성실함과 성공하고픈 열망으로 그는 끝내 증권회사 정식사원이 되고, 회사 밖으로 나와서 외친다. 이것이 행복이라고. 그리고 자막에는 그가 6년 만에 독립회사를 차렸고, 나중에는 백만장자가 되었음을 알려 준다.

이 영화는 한 인간이 가난의 어려움을 극복하고 지위와 부의 쟁취를 통해서 행복을 찾아가는 과정을 감동적으로 그리고 있다. 그러나 어떤 비평가는 이를 '신자유주의 시대의 환상 만들기'가 아닌지, 한 번 실패한 자들이 다시 일어나기 힘들어진 이 세상의 모습을 가리기 위한 '환상'의 역할을 하는 것은 아닌지 질문한다. 영화에서 주인공 가드너가 어린 아들에게 "네가 뭔가를 원한다면, 쟁취해. 그게 전부야."라고 말하는 장면을 예로 들면서, 이런 대사가 과도한 경쟁으로 전쟁터가 되어 가는 우리 삶을 나타낸다면 지독

히 슬픈 것이 아니냐고 얘기하고 있다(문강형준, 2007).

영화에서 말해 주듯, 사람들의 기본욕구는 꼭 채워져야 한다. 행복을 위한 기본조건이라 할 수 있다. 그렇지만 행복을 위해 죽을 힘을 다해 일해서 스스로를 업그레이드하고 원하는 것을 쟁취해서 성공을 이루고 백만장자가 되어야만 하는 것일까? 모든 사람이 부와 성공을 쟁취할 수 있는 사회가 아니라면, 다 함께 공정함의 혜택을 누리고 소박하고 간소한 삶이라 할지라도 행복하게 살 수 있는 그런 사회를 꿈꾸는 것이 좋은 길일까? 이 영화를 보면서 우리가 어떠한 세계관을 선택해야 하는지 질문하게 된다.

문강형준, <영화읽기 : 신자유주의 시대의
환상 만들기>, 씨네21(2007. 3. 15.)

토론해 봅시다

1. '성공의 신화와 행복'에 대한 나의 생각은 어떠한가?
2. 윤리적 소비를 실천하기 어려운 이유는 무엇인가?
3. 윤리적 소비가 나에게 행복을 가져다준다면 어떤 점에서 그럴까?

행복 – 청소년들의 행복 수업을 위한 첫걸음 서울대학교 행복연구센터(2021), 주니어 김영사

"행복은 우리가 최선을 다해서 적극적으로 추구해야 하는 대상으로 바라보아야 한다. 행복은 우리 인생의 기초 체력이다."라는 관점으로 시작하고 있는 이 책은 행복 추구를 위해 어떤 마음으로, 무엇을, 누구와 함께 할 것인가에 대한 생각과 방법론을 제시하고 있다. 9가지 행복 원리를 구체적인 연구 결과와 다양한 사례를 통해 설명하고 실제 적용할 수 있는 실천 활동을 소개함으로써, 주 대상인 청소년뿐만 아니라 참 행복을 위해 물질과 소비 이상의 것을 발견하고자 하는 우리 모두에게 소중한 가르침을 제공한다.

성공한 나라 불안한 시민 이태수 등(2022), 헤이북스

이 책은 모두가 행복하게 살아갈 수 있는 복지국가의 새로운 모델을 제안하고 있다. 사회의 디지털 전환과 생태 위기, 불평등과 팬데믹 등 거대한 복합 위험의 도전에 맞서 해결해야 할 과제와 구체적 해법을 논하고 있다. 가장 큰 위협으로 생태 위기를 들고 있는데, 생태 위기를 '대격변과 대전환 시대의 가장 큰 상징'으로 보고 녹색 전환, 녹색 복지, 녹색 정치 등의 새로운 개념들과 함께, 녹색 복지국가를 위한 전략으로 '소비의 재구성'을 포함한 생태사회정책을 제시하고 있는 점은 윤리적 소비와 관련하여 눈여겨볼 만하다.

우리도 행복할 수 있을까 오연호(2014), 오마이북

유엔이 발표한 세계행복보고서에 2년 연속 행복지수 1위를 한 덴마크 사회를 심층 취재하면서 저자는 그들이 생각하는 행복한 삶, 행복한 사회의 비결을 밝히고자 하였다. 취재를 통해 행복사회를 지탱하는 자유, 안정, 평등, 신뢰, 이웃, 환경이라는 6개의 키워드를 발견하고, 일하기 좋은 기업 1위로 뽑힌 제약회사 로슈 덴마크, 레고와 같은 기업과 학교교육, 협동조합 등의 사례 분석을 통해 한국 사회가 나아가야 할 길을 제시한다..

이렇게 살아가도 괜찮은가 피터 싱어(2014), 시대의창

이 책은 관념적 영역에서만 논의가 한정된 듯한 '윤리'의 문제를 구체적인 삶의 실천 영역으로 끌어당기고, '내가 생각하는 좋은 삶이란 무엇일까', '내가 진정으로 바라는 삶은 어떤 삶일까'와 같은 '궁극적 질문'을 스스로에게 던질 것을 권한다. 그리고 이러한 질문에 대한 해답을 찾아가는 과정을 통해 '윤리적 삶의 가능성'을 돌아보게 한다. 피터 싱어는 한때 월스트리트의 거물이자 미국 부호 명단에 이름을 올렸던 아이번 보스키를 비롯한 여러 인물과 사건에 대한 예를 통해 어떻게 사는 것이 좋은 삶인지, 그리고 지금 우리가 이렇게 살아가도 괜찮은지를 묻는다. 그리고 이 질문의 답을 찾기 위해 행동한다면 우리의 삶에 중요하고도 커다란 변화를 가져올 수 있음을 명쾌하게 밝힌다.

더 나은 세상을 위한 꼼꼼한 안내서 엘리스 존스 등(2012), 동녘

이 책은 미국에서 사회학을 가르치면서 지속가능한 일상 행동, 사회적인 책임 문제에 관심을 갖고 활동해 온 저자들이 우리가 원하는 세상에서 살기 위한 가장 일상적이고 구체적인 방법을 제시하고 있다. 돈, 쇼핑, 친구와 가족, 정치, 매체, 여행, 단체 등 14가지 분야로 나누어 신용카드 포인트로 기부하기, 건강한 식사하기, 공동 육아하기, 이사 덜 다니기 등 의식주와 관련된 일상적인 문제에 대해 고민해 보고 자신에게 맞는 대안을 찾을 수 있도록 안내한다.

경제학이 깔고 앉은 행복 요하네스 발라허(2011), 대림북스

이 책은 독일 뮌헨대학 교수인 저자가 과도한 물질 추구와 지나친 비용−편익적인 경제학적 사고방식의 위험성을 경고한 책이다. 인간의 행복과 삶의 만족도를 결정하는 요인을 여러 가지로 분석하며, 전통경제학이 간과해 온 인간 행복의 진정한 의미 등에 대해 논한다. 인간이 돈의 노예가 되지 않는 경제를 세우고, 빈곤과 기아, 자원 고갈, 지구온난화와 같은 세계적인 난제를 해결하기 위한 대안을 제시한다.

행복실험실 자연주의 마을 토트네스

SBS 스페셜 2008. 6. 8.

영국 서남쪽에 자리한 자연주의 마을 토트네스를 소개하는 프로그램이다. 이곳은 나병 환자를 치유하는 영험한 샘물이 있어 16세기부터 치유의 땅으로 유명했다. 그런 토트네스는 산업혁명 당시 핵심도시로 변모했다. 그 과정을 거치며, 20세기부터는 자연주의 마을로 탈바꿈하였다. 그러나 이곳은 단순한 귀농자의 공동체가 아니며, 시골 마을도 아닌, 하나의 도시다. 이 도시의 형성은 어떻게 가능했으며, 그 토대가 되는 철학과 경제구조는 어떻게 구축했는지 소개한다.

토트네스는 우리나라 광명시만 한 규모의 소도시다. 이곳은 단순한 농사를 짓기 위한 귀농도시가 아닌 자연주의 산업을 발전시켜 지역경제를 지탱시키고 있다. 이곳에서만 나오는 치즈, 300년 넘게 만들어지는 그린슈즈 등은 세계적인 지역 브랜드다. 자신이 가장 행복하게 할 수 있는 일을 가지고 있어야 한다는 생각에 지역은 많은 장인들을 키워 왔으며, 그 장인들이 이 지역의 특성화에 큰 역할을 담당하고 있는 것이다. 토트네스의 장인들은 새로운 삶을 준비하는 사람들에게 하나의 비전을 제시할 수 있는 방안인 것이다.

토트네스 타운을 벗어나면, 푸르른 초원이 펼쳐진다. 타운에서 19킬로미터 떨어진 곳에 자리한 리버포드 농장은 영국의 대표적인 유기농 농장이다. 이곳이 자리를 잡기 시작한 것은 영국이 광우병 파동으로 들썩이고 있던 1980년대 초반이었다. 모두들 유기농은 미친 짓이라고 했지만, 리버포드 농장 주인은 광우병 파동을 목도하며, 유기농이 성공할 것이라고 예측했던 것이다. 결국 지금은 영국뿐 아니라 유럽에서도 손꼽히는 유기농 농장으로 자리 잡았다.

이곳을 찾는 많은 사람들은 자신의 행복뿐만 아니라, 행복한 자녀교육을 꿈꾸며 이곳을 찾아온다. 그 역할을 담당해 주는 곳이 슈타이너 학교다. 4학년 전까지는 무엇을 가르치는 것이 아니라, 경험하는 것으로 충분하다는 것이 이 학교의 교육철학이다. 어느새 아이들은 자연 속에서 행복을 느낀다.

영국의 작은 자연주의 마을 토트네스에는 행복을 꿈꾸는 다양한 사람들이 모여들고 있다.

참고문헌

거트 홉스테드 저, 차재호, 나은영 역(2014), 세계의 문화와 조직, 학지사.

고병준, 이상현(2016), 주한 부탄대사 "행복지수 1위 국가 비결은 환경 · 문화 보호", 연합뉴스, 2016. 11. 2.

구혜경(2018), "소비자의 자기결정성이 윤리적 소비행동과 소비자행복에 미치는 영향," 사회적경제와 정책연구, 8(1), 113-142.

권석만(2008), 긍정심리학 – 행복의 과학적 탐구. 학지사.

라선아(2015), "소비자행복의 유형화 및 개념적 체계: 내러티브 분석을 중심으로," 소비문화연구, 18(3), 113 – 146.

문강형준(2007), 영화읽기 : 신자유주의 시대의 환상 만들기, 씨네21, 2007. 3. 15.

박명희 등(2011), 누가 행복한 소비자인가, 교문사.

박미혜(2015), "윤리적소비와 관련한 소비자의 감정경험," 소비자학연구, 26(3), 27 – 58.

박소영(2012), 뉴스 클립 Special Knowledge 〈428〉 삶의 질 나타내는 '행복지수', 중앙일보, 2012. 4. 9.

성영신 등(2013), "소비유형별 소비행복의 비교," 소비자학연구, 24(2), 1 – 23.

손상희, 여정성, 나종연, 김소연, 최아영(2011), "소비자들이 생각하는 녹색소비란 무엇인가?" 2011 소비자분야 통합학술대회 발표논문.

송인숙, 천경희, 윤여임, 윤명애, 남유진(2012), "행복론 관점에서 본 현대 소비문화의 특성에 대한 비판적 검토," 소비문화연구, 15(1), 179 – 201.

송인숙, 천경희, 홍연금(2013), "윤리적 소비자가 경험하는 행복한 소비의 특성에 관한 현상학적 연구," 소비문화연구, 16(4), 1 – 26.

유소이(2012), "윤리적 제품에 대한 소비자 구매 갭(Gap): 공정무역커피를 대상으로," 소비자문제연구, 41, 1 – 18.

이승주(2020), "윤리적 소비의식과 실천의지 간 부조화 요인 분석: 아이쿱(iCOOP) 조합원을 중심으로," 한국협동조합연구, 38(1), 57 – 84.

정주원(2012), '청소년의 윤리적 소비교육경험과 윤리적 소비행동에 관한 연구,' 한국가정과교육학회지, 24(3), 191 – 208.

조철환(2016), 행복경제학 창시자 헬리웰 "구성원 신뢰가 행복사회 지름길", 한국일보, 2016. 1. 20.

피터 싱어 저, 노승영 역(2014), 이렇게 살아가도 괜찮은가, 시대의 창.

허은정, 김우성(2012), "소비자의 윤리적 소비행동과 관련요인 분석," 소비자학연구, 23(4), 105－130.

홍연금(2009), 우리나라 윤리적 소비자 사례에 관한 연구, 가톨릭대학교 대학원 박사학위 논문.

홍은실, 복미정(2019), "물질주의성향과 자아존중감 유형에 따른 윤리적 소비의 특성 분석," 소비자정책교육연구, 15(4), 73-95.

홍은실, 신효연(2011), "대학생 소비자의 윤리적 소비행동에 따른 유형분류 및 특성분석," 한국생활과학회지, 20(4), 801-817.

ICOOP생활협동조합연구소(2009), 세상을 바꾸는 소비자의 힘, 한겨레출판사.

Ethical Consumer Markets Report 2014.

Lang, T. & Gabriel, Y. (2005), "A brief history of consumer activism," in The Ethical Consumer, R. Harrison et al. eds., Sage Publications, 39-53.

Lyubomirsky, S., Sheldon, K. M., & Schkade, D. (2005), "Pursuing happiness: The architecture of sustainable change," *Review of General Psychology*, 9(2), 1-47.

〈사진 출처〉

그림 12-1 영국의 윤리적 소비지출 추이 : 1999~2018년

　https://assets.ctfassets.net/5ywmq66472jr/5hkc6bA1y2eNRGsHJzyvX2/14449115fafac1c02cf4f9fd5a52b13b/Twenty_Years_of_Ethical_Consumerism_2019.pdf

그림 12-2 가계당 윤리적 소비 평균 지출, 2010~2020

　https://assets.ctfassets.net/5ywmq66472jr/3kwPOTPk1xuAUGpJmyLEdM/1249d071ea404f526041af2fdd1e86f8/COP58366_Ethical_Consumerism_Report_Final.pdf

그림 12-3 코로나19 팬데믹에서의 윤리적 소비

　https://www.ethicalconsumer.org/sites/default/files/inline-files/Ethical%20Consumer%20Markets%20Report%202020.pdf

그림 12-4 국내 공정무역 매출액 추이

　https://www.sisain.co.kr/news/articleView.html?idxno=4343

　https://www.hani.co.kr/arti/economy/economy_general/636818.html

　https://www.eroun.net/news/articleView.html?idxno=5438

찾아보기

| ㄱ |

가치 40
가치체계 40
간소한 삶 25, 61
감정노동 88
감정노동자 44
개인적 동기 168
개인적 차원의 장애요인 470
건강 42
결별점 19
경제적 효율성 42
계약이행 49
고도소비사회 9
공공재모형이론 425
공동선 122
공동체 39, 336, 397
공동체 운동 61, 336
공동체화폐 운동 340
공리주의 40
공유가치창출 82, 127
공유경제 운동 356
공장식 사육 44
공적 행동 171
공정무역 277
공정무역 금융기관 305
공정무역마을 283
공정무역소비 25

공정무역을 운영하는 데 필요한 기준 280
공정무역의 성과 283
공정무역의 역사 285
공정무역 인증마크 288
공정무역 제품 290
공정무역 패션 295
공정성 48
공정여행 297
공정한 운영 관행 127
과소비 41
과시소비 9
구매운동 25, 118
구매행동 53
국제소비자기구 41
국제표준화기구 126
권리 41
그린마케팅 202
그린캠퍼스 214
기부 59, 61
기업윤리 123
기업의 사회적 책임 80
기후변화협약 22

| ㄴ |

나눔 59
나눔 냉장고 438

나이키 불매운동 178
남양유업 불매운동 175
네슬레 불매운동 177
노동 관행 127
노동대가 43
노동조합 52
노동착취 43
노쇼 98
녹색소비 25, 195, 399
녹색소비정책 199

| ㄷ |
단기적 불매운동 166
단순화 60
대리 불매운동(2차 불매운동) 164
대리인 불매운동 164
대안적 소비 53
대안화폐 341
도덕적 신념 52
도덕적 판단 41
동물 보호 44
동물복지 42
동물 실험 52
동물학대 44
두레생협 에이피넷(APNet) 309

| ㄹ |
로컬소비 25, 235
로컬푸드 운동 240
롯데제품 불매운동 175

| ㅁ |
마스코바도 292
막스 하벨라르 296
무역 파트너십 279
물발자국 204
물질주의 10
미래 세대 46

| ㅂ |
법적 행위 49
보이지 않는 손 76
불공정거래 277
불매운동 25, 161
불매운동 방법 170
불매운동의 유형 163
불매운동의 효과 172
블랙컨슈머 83, 86
비윤리적 의식 51

| ㅅ |
사적 행동 171
사회 61
사회교환이론 425
사회적 기업 45, 133
사회적 동기 169
사회적 실천 53
사회적 책임 36
사회정의 45
사회학습이론 425
상거래 46
상거래 관계 49
상거래 소비윤리 78

상거래 질서 47

상징소비 10

생산자 49

생태도시 217

생태마을 336

생태발자국 197

생활양식 60

성장 단계 60

성장의 한계 14

세계공정무역기구 아시아(WFTO-ASIA) 289

세계 공정무역의 날 319

세계불평등보고서 17

세대 간 분배 46

셀리그만 475

소비 40

소비과정 53

소비문화 41

소비사회 38

소비자 권리 41

소비자 이슈 127

소비자집단 83

소비자 책임 41

소비주의 11

소비중심적인 삶 53

소비행동 39

소비행위 39

소셜 펀딩 436

소송제 83

수단적 불매운동 164

수혜적 불매운동 165

스마일마스크 증후군 88

시장경제 46

시장중심 불매운동 163

|ㅇ|

아그로페어 292

아너 소사이어티 431

아동 44

아동 노동 52

아름다운커피 306

아무것도 사지 않는 날 205

안전 42, 60

애틀랜타 협약 295

애프터쇼 98

양심적 불매운동 165

업사이클링 195

에어비앤비 359

엑슨모빌 불매운동 178

연대성 41

영국 신경제재단(NEF) 476

오프라인 불매운동 166

온라인 불매운동 166

욕망 40

월드숍 305

유엔기후변화협약 197

유해상품 41

윤리 39

윤리의식 51

윤리적 구매행동 52

윤리적 사용행동 59

윤리적 소비 38, 75, 463, 479

윤리적 소비교육 483

윤리적 소비 촉진 480

윤리적 소비 실천 정도 468

윤리적 소비와 행복 476

윤리적 소비의 실천을 저해하는 요인 470

윤리적 소비주의 119

윤리적 처분행동 59

윤리적 투자 59

의무주의 40

이기적 합리성 40

이스털린 474

이스털린의 역설 18

이타주의 425

이해관계자 49

인간 61

인권 42, 127

인플루언서 85

| ㅈ |

자기이익 39

자기확장이론 425

자연생태환경 43, 50

자연자원 43

자원낭비 59

자원 배분 46

자원보존 59

자원봉사 441

자유무역 279

장기적 불매운동 166

재능 기부 439

재사용 195

재활용 195

저작권 100

전과정평가 201

절제 61

정치적 소비자주의 117

제3세계 43

제3세계 빈곤 280

조중동 광고주 대상 불매운동 176

조직 지배구조 127

중기적 불매운동 166

지구온난화 43

지구촌 50

지속가능발전 목표 23

지속가능성 39

지속가능성장 기업 126

지속가능소비 25, 117

지속가능한 발전 279

지속가능한 사회 399

지속가능한 소비 199, 338

지역공동체 42, 45

지역공동체운동 25

지역사회 45

지역사회 참여와 개발 127

지역상권 살리기 운동 249

직접 불매운동(1차 불매운동) 164

| ㅊ |

차별화된 책임 원칙 22

책임 41

친이스라엘 기업 불매운동 176

| ㅋ |

캡슐 옷장 407

커피협동조합 282

쿠아파 코쿠 291

| ㅌ |

탄소발자국 204
탈 벤 샤하르 475

| ㅍ |

파인(FINE) 285
판매자 49
페어트레이드USA 282
페어트레이드코리아 306
표출적 불매운동 164
푸드 셰어링 운동 437
피스커피 운동 287
피터 싱어 479
필요 40

| ㅎ |

한국공정무역단체협의회(KFTO) 309
한국공정무역연합(KFTA) 307
합리적 선택이론 425
핵심가치 41
행복 394
행복의 역설 18
행복의 요인 474
행복증진원리 478
행복지수(Gross National Happiness,
  GNH) 474

행위검토형 불매운동 166
행위실행형 불매운동 167
행위조직화형 불매운동 167
행위촉구형 불매운동 166
허용량 12
현재 세대 46
홈플러스 불매운동 174
화이트컨슈머 92
환경 42, 61, 127
환경보존 41
환경오염 59
환경자원 46
효용극대화이론 425
후원 59
히말라야의 선물 291

| 기타 |

CTM 알트로메르카토(CTM
  Altromercato) 304
ESG 26
ESG 경영 130
FTO 마크 제품 289
LETS 341
Time Dollar 341
YMCA 카페티모르 308

지은이

천경희
가톨릭대학교 공간디자인 · 소비자학과 교수

홍연금
가톨릭대학교 공간디자인 · 소비자학과 강사

윤명애
가톨릭대학교 공간디자인 · 소비자학과 강사

이성림
성균관대학교 소비자학과 교수

심　영
서원대학교 사회복지학부 교수

김혜선
순천대학교 사회복지학부 교수

고애란
연세대학교 의류환경학과 교수

제미경
인제대학교 소비자가족학과 교수

김정훈
원광대학교 가족아동복지학과 교수

이진명
충남대학교 소비자학과 교수

유현정
충북대학교 소비자학과 교수

손상희
서울대학교 소비자학과 교수